E-Book inside.

Mit folgendem persönlichen Code erhalten Sie die E-Book-Ausgabe dieses Buches zum kostenlosen Download.

```
2018C-MW6P5-
005HB-0007K
```

Registrieren Sie sich unter
www.hanser-fachbuch.de/ebookinside
und nutzen Sie das E-Book
auf Ihrem Rechner*, Tablet-PC
und E-Book-Reader.

* Systemvoraussetzungen:
Internet-Verbindung und Adobe® Reader®

Kansy

Datenbankprogrammierung mit .NET 4.5

 Bleiben Sie auf dem Laufenden!

Der Hanser Computerbuch-Newsletter informiert Sie regelmäßig über neue Bücher und Termine aus den verschiedenen Bereichen der IT. Profitieren Sie auch von Gewinnspielen und exklusiven Leseproben. Gleich anmelden unter

www.hanser-fachbuch.de/newsletter

Thorsten Kansy

Datenbankprogrammierung mit .NET 4.5

Mit Visual Studio 2012 und
SQL Server 2012

HANSER

Der Autor: Thorsten Kansy, Nidderau-Erbstadt

Der Herausgeber: Holger Schwichtenberg, www.IT-Visions.de, Essen

Alle in diesem Buch enthaltenen Informationen, Verfahren und Darstellungen wurden nach bestem Wissen zusammengestellt und mit Sorgfalt getestet. Dennoch sind Fehler nicht ganz auszuschließen. Aus diesem Grund sind die im vorliegenden Buch enthaltenen Informationen mit keiner Verpflichtung oder Garantie irgendeiner Art verbunden. Autoren und Verlag übernehmen infolgedessen keine juristische Verantwortung und werden keine daraus folgende oder sonstige Haftung übernehmen, die auf irgendeine Art aus der Benutzung dieser Informationen – oder Teilen davon – entsteht.

Ebenso übernehmen Autoren und Verlag keine Gewähr dafür, dass beschriebene Verfahren usw. frei von Schutzrechten Dritter sind. Die Wiedergabe von Gebrauchsnamen, Handelsnamen, Warenbezeichnungen usw. in diesem Buch berechtigt deshalb auch ohne besondere Kennzeichnung nicht zu der Annahme, dass solche Namen im Sinne der Warenzeichen- und Markenschutz-Gesetzgebung als frei zu betrachten wären und daher von jedermann benutzt werden dürften.

Bibliografische Information der Deutschen Nationalbibliothek:
Die Deutsche Nationalbibliothek verzeichnet diese Publikation in der Deutschen Nationalbibliografie; detaillierte bibliografische Daten sind im Internet über *http://dnb.d-nb.de* abrufbar.

Dieses Werk ist urheberrechtlich geschützt.
Alle Rechte, auch die der Übersetzung, des Nachdruckes und der Vervielfältigung des Buches, oder Teilen daraus, vorbehalten. Kein Teil des Werkes darf ohne schriftliche Genehmigung des Verlages in irgendeiner Form (Fotokopie, Mikrofilm oder ein anderes Verfahren) – auch nicht für Zwecke der Unterrichtsgestaltung – reproduziert oder unter Verwendung elektronischer Systeme verarbeitet, vervielfältigt oder verbreitet werden.

© 2013 Carl Hanser Verlag *München*
www.hanser-fachbuch.de

Lektorat: Sieglinde Schärl
Herstellung: Andrea Stolz
Sprachlektorat: Sandra Gottmann, Münster-Nienberge
Umschlagdesign: Marc Müller-Bremer, *www.rebranding.de*, München
Umschlagrealisation: Stephan Rönigk
Satz: Kösel, Krugzell
Datenbelichtung, Druck und Bindung: Kösel, Krugzell
Ausstattung patentrechtlich geschützt. Kösel FD 351, Patent-Nr. 0748702
Printed in Germany

Buch-ISBN 978-3-446-43296-3
ebook-ISBN 978-3-446-43492-9

Inhalt

Geleitwort des Herausgebers		XV
Vorwort		XIX
1	**SQL Server 2012 – die Neuerungen**	**1**
1.1	SQL Server Management Studio	1
1.2	FileTable	2
	1.2.1 Die Installation	5
	1.2.2 FileTable anlegen	8
	1.2.3 Berechtigungen	9
	1.2.4 Transaktionen	11
	1.2.5 Zugriff	12
	1.2.6 Rekursive Zugriffe	14
	1.2.7 FileTableRootPath()	16
	1.2.8 GetFileNamespacePath()	16
	1.2.9 FileTable-Tabellen in der Datei ermitteln	17
	1.2.10 ServerProperty	17
1.3	Sequenzen	18
	1.3.1 Sequenz anlegen (linear)	18
	1.3.2 Sequenz anlegen (zirkulär)	20
	1.3.3 Werte aus Sequenzen abrufen	20
	1.3.4 Transaktionen	21
	1.3.5 Ändern und Löschen	21
1.4	Paging	22
	1.4.1 Paging vor SQL Server 2012	22
	1.4.2 Paging ab SQL Server 2012	23
	1.4.3 Der Unterschied unter der Haube	24
	1.4.4 Das Aus für die ROW_NUMBER()-Funktion?	25
1.5	Neue T-SQL-Funktionen und -Befehle	25
	1.5.1 Throw	25
	1.5.2 Try_Convert()	26

	1.5.3	Format()	27
	1.5.4	Concat()	28
	1.5.5	IIF()	28
	1.5.6	Choose()	28
	1.5.7	Datefromparts(), Datetime2fromparts(), Datetimefromparts(), Datetimeoffsetfromparts(), Smalldatetimefromparts(), Timefromparts()	29
	1.5.8	Eomonth()	29
1.6	Analytische Funktionen		30
	1.6.1	First_Value()/Last_Value()	30
	1.6.2	Lag()/Lead()	31
	1.6.3	Cume_Dist()	33
	1.6.4	Percent_Rank()	33
	1.6.5	Percentile_Cont()/Percentile_Disc()	34
1.7	With Result Sets-Klausel		35
	1.7.1	Genau eine Ergebnismenge	35
	1.7.2	Mehrere Ergebnismengen	36
	1.7.3	With Result Sets None	37
	1.7.4	With Result Sets Undefined	38
1.8	Contained Databases		38
	1.8.1	Bestehende Datenbanken umstellen	42
	1.8.2	Alles an Bord?	43
1.9	Benutzerdefinierte Serverrollen		44
1.10	SQL Server Express LocalDB		46
	1.10.1	Installation	48
	1.10.2	Keine Konfiguration	48
	1.10.3	Datenbank als Datei	48
	1.10.4	Netzwerk	49
	1.10.5	Das SqlLocalDB-Kommandozeilentool	49
1.11	Columnstore-Indizes		49
1.12	Volltextsuche		51
	1.12.1	Eigenschaftensuche	51
	1.12.2	Anpassbares NEAR	52
	1.12.3	Semantische Suche	53
1.13	Sonstiges		56
	1.13.1	CLR-Integration .NET Framework 4.0	56
	1.13.2	Standardschema für Windows-Gruppen	57
	1.13.3	Geometry/Geography	58

2 Microsoft SQL Server 2012 59

2.1	Woraus besteht der SQL Server eigentlich?		59
	2.1.1	Instanzen	59
	2.1.2	Datenbankmodul	62

	2.1.3	SQL Server Agent	62
	2.1.4	Die Systemdatenbanken	66
	2.1.5	Volltextsuche	67
	2.1.6	Analysis Services	67
	2.1.7	Reporting Services	68
	2.1.8	Integration Services	68
2.2	Verwaltungsprogramme		68
	2.2.1	SQL Server Management Studio	68
	2.2.2	SQL Server Profiler	69
	2.2.3	Datenbankoptimierungsratgeber (Database Tuning Advisor)	70
	2.2.4	SQL Server-Konfigurationsmanager	71
2.3	Die Installation		72
	2.3.1	Vorbereitung	72
	2.3.2	Installation starten	73
	2.3.3	Während der Installation	73
2.4	Die Dienste hinter den Kulissen		75
2.5	Sicherheit		76
	2.5.1	Ein wenig Begriffsklärung	76
	2.5.2	Zwei Arten der Authentifizierung	77
	2.5.3	Vordefinierte Anmeldungen	80
	2.5.4	Vordefinierte Datenbankbenutzer	80
	2.5.5	Berechtigungen vergeben	80
	2.5.6	Serverrollen	81
	2.5.7	Datenbankrollen	82
	2.5.8	Besitzer	82
	2.5.9	Benutzer anlegen	82
	2.5.10	Datenbankschema	84
	2.5.11	Schemasicherheit	84
2.6	Mit Datenbanken arbeiten		86
	2.6.1	Grundlegendes	86
	2.6.2	Datenbank erstellen	89
	2.6.3	Sichern/Wiederherstellen	90
	2.6.4	Löschen	93
	2.6.5	Tabellen & Co	94
2.7	CDC (Change Data Capture)		96
	2.7.1	Aktivierung	98
	2.7.2	DML-Bruttoänderungen	101
	2.7.3	DML-Nettoänderungen	103
	2.7.4	DDL-Änderungen	103
	2.7.5	Deaktivierung	104
2.8	Change Tracking		104
	2.8.1	Aktivierung	105
	2.8.2	Abfragen	107

	2.8.3 Änderungskontext	109
	2.8.4 Deaktivierung	110
2.9	Auditing	110
	2.9.1 Ein Überwachungsobjekt erstellen	111
	2.9.2 Eine Überwachungsspezifikation erstellen	113
	2.9.3 Auswertung	115
2.10	Volltextsuche	116
	2.10.1 Suchkatalog und Indizes einrichten	118
	2.10.2 Stopplisten	119
	2.10.3 Thesaurus	121
	2.10.4 Abfragen	121
2.11	FileStream	123
	2.11.1 Wann setze ich FileStream ein?	124
	2.11.2 Aktivierung auf der SQL Server-Instanz	124
	2.11.3 Vorbereitung der Datenbank	127
	2.11.4 Vorbereitung der Tabelle	128
	2.11.5 Ablage der Daten im NTFS-Dateisystem	130
	2.11.6 Zugriff per ADO.NET	130
	2.11.7 Zugriff per FileStream API	134
2.12	HierarchyID	139
2.13	Geometry & Geography	146
2.14	Table-Valued Parameters	154
2.15	Tipps und Tricks	158
	2.15.1 Benutzen der erweiterten Eigenschaften der Datenbank	158
	2.15.2 Welche T-SQL-Anweisungen verwendet das SQL Server Management Studio?	160
	2.15.3 Ein T-SQL-Skript für ein Objekt oder eine Aktion erstellen	160
3	**T-SQL**	**163**
3.1	SQL-Varianten	163
3.2	Anweisungen mit einem Semikolon abschließen	164
3.3	T-SQL-Anweisungen entwickeln und testen	166
	3.3.1 Syntaktische oder deklarative Fehler	167
	3.3.2 Logische Fehler im Ablauf	169
	3.3.3 Visual Studio 2012	170
3.4	Allgemeine Grundlagen	171
	3.4.1 Kommentare	171
	3.4.2 Operatoren	171
	3.4.3 Groß- und Kleinschreibung	172
	3.4.4 Literale	174
	3.4.5 Zeichenketten	175
	3.4.6 Unicode-Zeichenketten	175
	3.4.7 Zahlen mit Komma	176

	3.4.8	Datum und Uhrzeit	176
	3.4.9	Ungültige Zeichen und reservierte Schlüsselwörter	177
	3.4.10	Zeilenumbrüche und Einschübe mit Tab oder Leerzeichen	179
	3.4.11	Ausführungsblöcke (Batches)	179
	3.4.12	Ausdrücke	180
	3.4.13	Lexikografische Ordnung	180
	3.4.14	Tabellen oder Sichten	181
	3.4.15	Gruppen von T-SQL-Anweisungen	182
	3.4.16	Alles unsicher?	182
3.5	DML		182
	3.5.1	Daten abfragen	183
	3.5.2	Daten einfügen	211
	3.5.3	Daten löschen	215
	3.5.4	Daten manipulieren	217
	3.5.5	Die Merge-Anweisung	218
	3.5.6	Allgemeine Tabellenausdrücke (CTE) für rekursive Abfragen	220
3.6	Data Definition Language (DDL)		223
	3.6.1	DDL-Anweisungen automatisch erstellen lassen	224
	3.6.2	Datenbanken	226
	3.6.3	Tabellen	230
	3.6.4	Trigger	250
	3.6.5	Sichten (Views)	257
	3.6.6	Gespeicherte Prozeduren	259
	3.6.7	Benutzerdefinierte Funktionen	263
	3.6.8	Synonyme	266
	3.6.9	Benutzerdefinierte Datentypen	267
	3.6.10	Datenbankschemata	269
3.7	Indizes		271
	3.7.1	Clustered Index	272
	3.7.2	Unique Index	273
	3.7.3	Notclustered Index	273
	3.7.4	Filtered Index	273
	3.7.5	Spatial Index	274
3.8	Transaktionen		274
3.9	Tipps und Tricks		275
	3.9.1	Ermitteln der eingefügten Identitätswerte	275
	3.9.2	Werte in die Identitätsspalte einfügen	275
	3.9.3	Aktuellen Wert der Identitätsspalte auslesen und festlegen	277
	3.9.4	In das Anwendungsprotokoll des Systems schreiben	278
	3.9.5	Bei der Ausführung eine Pause einlegen	278
	3.9.6	Einschränkungen deaktivieren	279

4 SQL Server 2012 mit ADO.NET 281
- 4.1 Übersicht über die Klassen 281
- 4.2 Die SqlConnection-Klasse 283
  - 4.2.1 Wichtige Methoden und Eigenschaften 284
  - 4.2.2 Zustand der Verbindung 285
  - 4.2.3 Ereignisse 286
  - 4.2.4 Verbindungs-Pooling (Connection Pooling) 288
  - 4.2.5 Verbindungszeichenfolge (Connection String) 289
  - 4.2.6 Statistische Werte abrufen 296
- 4.3 Die SqlConnectionStringBuilder-Klasse 298
  - 4.3.1 Wichtige Methoden und Eigenschaften 298
  - 4.3.2 Praktischer Einsatz 300
- 4.4 Die SqlCommand-Klasse 302
  - 4.4.1 Wichtige Methoden und Eigenschaften 302
  - 4.4.2 ExecuteNonQuery-Methode 304
  - 4.4.3 ExecuteScalar-Methode 306
  - 4.4.4 ExecuteReader-Methode 306
  - 4.4.5 ExecuteXmlReader-Methode 308
  - 4.4.6 SqlCommand in Verbindung mit SqlDataAdapter 309
  - 4.4.7 Parameter verwenden 310
  - 4.4.8 Ereignisse 312
  - 4.4.9 Praktischer Einsatz 313
- 4.5 Die SqlParameter-Klasse 318
  - 4.5.1 Wichtige Methoden und Eigenschaften 320
  - 4.5.2 Übergaberichtung des Parameters 321
  - 4.5.3 Praktischer Einsatz 321
  - 4.5.4 Parameter für mehrere Abfragen wieder verwenden 322
- 4.6 Die SqlDependency-Klasse 325
  - 4.6.1 Wichtige Methoden und Eigenschaften 327
  - 4.6.2 Ereignisse 327
  - 4.6.3 Praktischer Einsatz 331
- 4.7 Die SqlDataReader-Klasse 333
  - 4.7.1 Wichtige Methoden und Eigenschaften 334
- 4.8 Die XmlReader-Klasse 339
  - 4.8.1 Wichtige Methoden und Eigenschaften 340
- 4.9 Die SqlDataAdapter-Klasse 342
- 4.10 Die SqlCommandBuilder-Klasse 342
- 4.11 Die SqlClientPermission-Klasse 342
  - 4.11.1 Wichtige Methoden und Eigenschaften 343
  - 4.11.2 Praktischer Einsatz 344
- 4.12 Die SqlBulkCopy-Klasse 345
  - 4.12.1 Wichtige Methoden und Eigenschaften 346
  - 4.12.2 Optionen für das Kopieren 347

	4.12.3	Zuordnung von Quell- und Zielspalten	348
	4.12.4	Ereignisse	349
	4.12.5	Praktischer Einsatz	350
4.13	Die SqlTransaction-Klasse		353
	4.13.1	Wichtige Methoden und Eigenschaften	356
	4.13.2	Isolationsgrad	356
	4.13.3	Praktischer Einsatz	357
4.14	Die SqlException- und SqlError-Klasse		361
	4.14.1	Wichtige Eigenschaften der SqlException-Klasse	362
	4.14.2	Die SqlError-Klasse	362
	4.14.3	Alle relevanten Informationen im Fehlerfall auswerten	363
4.15	MARS (Multiple Active Result Sets)		364
4.16	Asynchrone Ausführung		364
	4.16.1	Die IAsyncResult-Schnittstelle	364
	4.16.2	BackgroundWorker-Komponente	367
	4.16.3	Thread	367
4.17	Tipps und Tricks		369
	4.17.1	Das Schema einer Tabelle abfragen	369
	4.17.2	Das Kennwort über SqlConnection.ConnectionString erhalten	371
	4.17.3	Das Kennwort bei der SQL Server-Authentifizierung ändern	372
	4.17.4	Feststellen, warum eine SQL Server-Anmeldung fehlschlägt	372
	4.17.5	Verbindungs-Pool per Code leeren	373

5 LINQ ... 375

5.1	LINQ-Abfragen		378
	5.1.1	Klassen/Tabellen für die Beispiele	378
	5.1.2	LINQ-Operatoren	380
	5.1.3	Sequenzen	384
	5.1.4	Verzögerte Ausführung	384
	5.1.5	Projektionsoperatoren	385
	5.1.6	Filteroperatoren	386
	5.1.7	Sortieroperatoren	388
	5.1.8	Gruppierungsoperatoren	390
	5.1.9	Join-Operatoren	391
	5.1.10	Set-Operatoren	395
	5.1.11	Aggregat-Operatoren	397
	5.1.12	Generierungsoperatoren	401
	5.1.13	Quantifizierungsoperatoren	403
	5.1.14	Aufteilungsopertoren	405
	5.1.15	Elementoperatoren	407
	5.1.16	Konvertierungsoperatoren	409
	5.1.17	Sonstige Operatoren	413
5.2	LINQ to SQL		415
	5.2.1	Der Datenkontext	416

	5.2.2	Entitäten-Klassen	418
	5.2.3	Abfragen	433
	5.2.4	Abfragen protokollieren	444
5.3	LINQ to DataSets		445
	5.3.1	Daten laden und abfragen	445
	5.3.2	Daten ändern und speichern	447
	5.3.3	Typisierte DataSets	448
5.4	Tipps und Tricks		449
	5.4.1	Bei LINQ to SQL statt null einen Fallback-Wert erhalten	449

6 ADO.NET Entity Framework 451

6.1	Was ist ein O/R-Mapper?	451
6.2	Architektur des ADO.NET Entity Framework	453
6.3	Der grafische Designer	454
6.4	Modellbrowser	455
6.5	Das Entitätenmodell	457
	6.5.1 Automatische Codegenerierung	458
	6.5.2 Entitätenmodell erstellen und bearbeiten	458
	6.5.3 Welcher Ansatz ist der richtige?	459
	6.5.4 Verwendung im gleichen Projekt	467
	6.5.5 Verwendung in einem anderen Projekt	468
6.6	Grundlegende Bestandteile des Entitätenmodells	468
	6.6.1 Objektkontext	468
	6.6.2 Entitäten	469
	6.6.3 Primärschlüssel	481
	6.6.4 Beziehungen	484
	6.6.5 Enumerationstyp	490
	6.6.6 Vererbung	493
	6.6.7 Fremdschlüsseleinschränkung	496
	6.6.8 Diagramme	497
6.7	Objektkontext	499
	6.7.1 Objektkontext erzeugen	500
	6.7.2 Abfragen ausführen und Änderungen speichern	500
	6.7.3 Entität erstellen	501
	6.7.4 Entität löschen	502
	6.7.5 Datenbank erstellen/löschen	502
6.8	ObjectStateManager	503
	6.8.1 Speichern in der Persistenzschicht	504
	6.8.2 Attach/Detach	504
6.9	Praktischer Entwurf eines Entitätenmodells	504
6.10	Metadata Workspace	506
	6.10.1 Konzeptionelles Modell	507
	6.10.2 Mapping Specification Language	507

		6.10.3 Physikalisches Modell	508
6.11	Prozeduren/Funktionen		509
6.12	Mappings		510
	6.12.1	Tabellenmappings	511
	6.12.2	Funktionsmappings	514
6.13	Lazy Loading		515
6.14	Parallelitätsverletzungen		516
6.15	Datenanbieter		518
	6.15.1	LINQ	518
	6.15.2	Datenmanipulation	519
6.16	Transaktionen		519

7 ADO.NET Entity Framework – Vertiefung 521

7.1	Genereller Aufbau der Designer-Code-Klassen		521
	7.1.1	Objektkontext	522
	7.1.2	Entitäten	524
	7.1.3	Komplexe Typen	527
	7.1.4	Enumerationstypen	528
7.2	Basisklassen		528
	7.2.1	ComplexObject	528
	7.2.2	EntityObject	529
	7.2.3	ObjectContext	529
	7.2.4	Attribute	530
7.3	POCOs (Plain Old CLR Objects)		532
	7.3.1	Das Problem	532
	7.3.2	Die Lösung	533
7.4	Code Only		536
	7.4.1	Entitätenmodell	537
	7.4.2	Code Only im Einsatz	539
7.5	Selftracking Entities		541
	7.5.1	Das Problem	542
	7.5.2	Die Lösung	542
	7.5.3	Der praktische Einsatz	546
7.6	Alternativen zu Visual Studio bei der Codegenerierung		548
	7.6.1	Per Befehlszeilentool	548
	7.6.2	Per Code	551
7.7	T4-Vorlagen		552
	7.7.1	Einsatzgebiete	553
	7.7.2	Funktionsweise	553

Index **557**

Geleitwort des Herausgebers

Liebe Leserinnen, liebe Leser,

das .NET Framework ist inzwischen mehr als zehn Jahre alt, und man kam ihm Reife nicht nur altersbedingt, sondern vor allem auch aus fachlichen Gründen bescheinigen. Das Besondere an .NET ist, dass es immer mehr Anwendungsarten gibt, die sich mit der gleichen Sprachsyntax, den gleichen Bibliotheken und den gleichen Werkzeugen erstellen lassen. Zu Desktop- und Standard-Web-Applikationen haben sich inzwischen Multimedia- und Office-Anwendungen sowie Rich Internet Applications und Apps gesellt. Und auch auf der Serverseite gibt es zahlreiche Möglichkeiten für den Einsatz von .NET, vom Microsoft SQL Server über  Biztalk bis hin zu SharePoint. Mit der Version 4.5 liefert Microsoft wesentliche Verbesserungen für zahlreiche Bausteine (z. B. für das ADO.NET Entity Framework) und ergänzt hilfreiche neue Klassen.

Anlässlich von .NET 4.5 aktualisieren wir natürlich auch wieder die erfolgreiche Buchreihe .NET-Bibliothek, die ich für den Carl Hanser Verlag als Herausgeber betreue. Die Fachbücher dieser Reihe liefern fundiertes Wissen zu zentralen Bausteinen der Klassenbibliothek im .NET Framework. Die Reihe zeichnet sich durch prägnant gehaltene Bücher aus, die das elementare Wissen zu einem Fachgebiet für den professionellen Entwickler aufbereiten. Ein weiteres Merkmal der Reihe sind die Autoren, die seit vielen Jahren mit .NET-Technologien arbeiten und ihre umfangreiche Praxiserfahrung aus .NET-Projekten in die Bücher einfließen lassen.

Thorsten Kansy ist ein erfahrener Datenbankexperte aus unserem Netzwerk. Der vorliegende Band zum Thema „Datenbankzugriff" wurde in der dritten Auflage komplett überarbeitet und berücksichtigt neben .NET 4.5 auch den Microsoft SQL Server 2012. Neben den klassischen ADO.NET-Datenzugriffen mit Command und DataReader berücksichtigt die Neuauflage auch verstärkt den objektrelationalen Mapper ADO.NET Entity Framework, den Microsoft als Datenzugriffsweg für neue Anwendungen empfiehlt.

Das Buch stellt die Konzepte von SQL Server 2012, ADO.NET und Entity Framework vor, liefert aber auch viele Tabellen zum Nachschlagen der wichtigsten Details.

Ich wünsche Ihnen, dass dieses Buch zu Ihrem Projekterfolg beitragen kann.

Essen, im September 2012

Dr. Holger Schwichtenberg

www.IT-Visions.de

I told you, I told you, I told you:
I was one of those!

Für Ursula – Danke für alle Liebe und Geduld

Vorwort

Willkommen! Schön, dass Sie sich für dieses Buch entschieden haben. Es ist nun schon das Dritte, das ich zu diesem Thema schreiben durfte. Der Erfolg der Vorgänger hat es möglich gemacht – vielen Dank dafür.

Dieses Buch wird Ihnen helfen, sich in der Welt der Datenbankprogrammierung mit .NET 4.5 und SQL Server 2012 zurechtzufinden. Es wurde mit großer Sorgfalt geschrieben. Ich habe versucht, meine Erfahrung aus vielen Jahren der Entwicklung mit .NET und anderen Programmiersprachen einfließen zu lassen. Hilfreich waren dabei auch die unzähligen Schulungen und Gespräche mit Entwicklern. Es ist das Buch eines Programmierers für Programmierer. Ich hoffe, dass sich dies positiv in diesem Werk bemerkbar macht.

Für wen ist dieses Buch?

Dieses Entwicklerbuch richtet sich sowohl an den Anfänger, der bereits ein wenig Erfahrung in der C#-Programmierung mitbringt, als auch an den Profi, der auf der Höhe der Zeit bleiben möchte.

In ein paar Stichworte gefasst, sollte der „optimale" Leser die folgenden Eigenschaften mitbringen:

- Interesse und Spaß an der Technik und Programmierung
- Neugier und Geduld
- Kenntnisse in C#
- einige Kenntnisse in SQL und relationalen Datenbanken, vielleicht sogar SQL Server

Und mehr braucht es gar nicht – alles Weitere erfahren Sie in diesem Buch.

Warum dieses Buch?

Dieses Buch bringt Ihnen ganz gezielt die Grundlagen und Techniken rund um die Datenbankentwicklung mit C#, .NET 4.5 und SQL Server 2012 näher. Es beschreibt die Neuerungen, die SQL Server 2012 und Visual Studio 2012 im Bereich Datenbankentwicklung mit sich bringen, und zeigt in vielen Beispielen, wie verschiedenste Herausforderungen gemeistert werden können. Bei all dem konzentriert es sich auf die genannten Themen – andere Programmiersprachen oder Datenbankserver werden nur ganz am Rande erwähnt, damit mehr wertvoller Platz für das Kernthema zur Verfügung steht.

Kapitel 1 beschäftigt sich, als allgemeine Einführung, erst einmal mit den Neuerungen, die SQL Server 2012 mit sich bringt. Hier können sich diejenigen, die bereits vertraut mit SQL Server 2008(R2) sind, auf den neusten Stand bringen.

Darauf folgen Kapitel 2 und 3, die Ihnen den Einstieg und den Umgang mit T-SQL und dem neuen SQL Server 2012 näherbringen werden. Denn trotz aller Assistenten und Visualisierungen geht es ohne eine solide Prise an Kenntnissen über die Basis von Abfragen und des Datenbankservers noch lange nicht so gut wie mit.

In den Kapiteln 4 bis 5 finden Sie dann alles Wissenswerte über die C#-Programmierung mittels Datenbankzugriff via ADO.NET und die Möglichkeiten und unzähligen Operatoren der LINQ-Abfragesprache, mit der sich ebenfalls neue Wege in der Entwicklung von hochperformanten Anwendungen beschreiten lassen.

Die Kapitel 6 und 7 zeigt schließlich, wie das ADO.NET Entity Framework 5.0 funktioniert und was es kann. Mit .NET Framework 4.5 ist Microsofts O/R-Mapper nochmals erweitert und dezent überarbeitet worden und damit nun endgültig den Kinderschuhen entwachsen.

Buchaufbau und Konventionen

Um Ihnen das Lesen und Suchen nach bestimmten (Kern-)Informationen zu erleichtern, folgt dieses Buch einigen Konventionen bezüglich der verwendeten Schriftarten und Formatierungen.

`Quellcode (C#, T-SQL, etc), Schlüsselwörter, Methoden und Eigenschaften wurden mit diesem Format versehen.`

Wichtige Details werden darüber hinaus noch **fett** hervorgehoben. Dies geschieht meist in einem bestimmten Kontext und wird recht spärlich eingesetzt, um die Wirkung zu erhalten.

Dateipfade, Menünamen, Tastaturkürzel oder Beschriftungen von Schaltflächen etc. werden in KAPITÄLCHEN gedruckt.

 Besonders wichtige Hinweise und Warnungen stehen in diesem Kasten.

 Wichtige Hinweise und Informationen stehen in diesem Kasten.

 In diesem Kasten finden Sie hilfreiche Tipps.

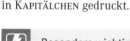 Inhalte in diesem Kasten enthalten keine zwingend wichtigen Informationen, vermitteln jedoch interessantes Zusatzwissen.

Es wurden alle Anstrengungen unternommen, um dieses Werk möglichst fehlerfrei drucken zu können. Sollten Sie (was ich natürlich nicht hoffe) Fehler/Unstimmigkeiten finden, Anregungen oder Kritik (auch positive) für mich haben oder Unterstützung benötigen, so freue ich mich über eine E-Mail unter *tkansy@dotnetconsulting.eu*. Zudem empfängt meine Webseite *www.dotnetconsulting.eu* rund um die Uhr Besucher.

Als Letztes möchte ich mich noch, bevor ich Sie den folgenden Kapiteln überlasse, bei meinem Herausgeber, den Mitarbeitern des Carl Hanser Verlages und meinen Freunden bedanken, ohne deren Unterstützung ich wohl niemals fertig geworden wäre. Besonderer Dank gebührt auch meinen Lesern, die mit Ihren E-Mails (sowohl kritisch als auch lobend) geholfen haben, dieses Buch noch besser zu machen.

Nidderau-Erbstadt, im September 2012

Thorsten Kansy

MCPD • MCTS • MCAD • MCSD • MCDBA • MCSE+I • MCT

Consultant, Software Designer, Trainer, Fachautor

1 SQL Server 2012 – die Neuerungen

Microsoft bietet mit der neuen Version SQL Server 2012 eine ganze Reihe von Erweiterungen und Verbesserungen für den Entwickler. Darunter befinden sich komplett neue Funktionalitäten wie das FileTable-Feature, aber auch einige neue T-SQL-Befehle, die vieles einfacher machen. Dieses Kapitel gibt Ihnen einen tiefen Einblick in die Neuerungen. Um den Umfang dieses Buches nicht zu sprengen, musste jedoch auch eine Auswahl getroffen werden, sodass leider nicht alle Themen in voller Tiefe behandelt werden können. Andere, wenngleich zwar interessant, aber nicht im Fokus dieses Buches, können leider nur angekratzt werden oder müssen sogar komplett unerwähnt bleiben. Allerdings sei dem geneigten Leser versichert: Die spannendsten Neuerungen für Entwickler sind in diesem Kapitel zu finden.

Doch zunächst beginnen wir mit der wohl augenfälligsten Neuerung nach der Installation und dem ersten Start des SQL Server Management Studios.

■ 1.1 SQL Server Management Studio

Mit dem wohlklingenden Codenamen „Juneau" ist die wohl offensichtlichste Neuerung im SQL Server Management Studio 2012 angekündigt worden: SQL Server Management Studio (SSMS) verwendet nun die gleichen GUI-Komponenten wie Visual Studio 2010.

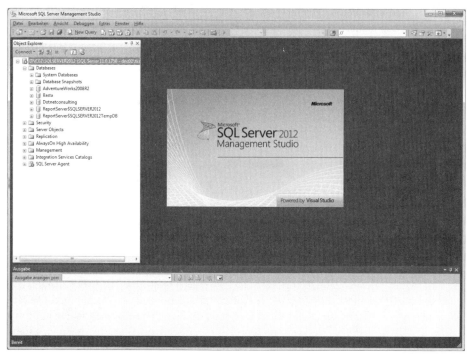

Bild 1.1 Das SQL Server Management Studio im neuen Gewand

Auf diesem Weg sollen die vom Entwickler verwendeten Tools vereinheitlicht werden.

1.2 FileTable

Die Einführung von FileStream mit SQL Server 2008 war bereits ein Schritt in diese Richtung: Große, binäre Inhalte (auch Blobs genannt), wie z.B. Office-Dokumente, Audio- und Videodateien etc., konnten der Performance zuliebe im Dateisystem gespeichert werden. Inhalte wurden aufseiten der Tabellen in Spalten vom Typ VARBINARY(MAX) abgespeichert. Ein Zugriff war über T-SQL (ADO.NET) und eine entsprechende API möglich. Hier liegt allerdings auch der größte Nachteil: Eine Anwendung, die nicht über T-SQL auf die Daten zugreifen wollte, musste dies über eine spezielle API und in Zusammenarbeit mit dem SQL Server tun. Ein direkter Zugriff war nicht vorgesehen (obwohl theoretisch auch möglich) und jegliche Änderung an den Dateien führte zu einer Datenbankinkonsistenz. Das neue FileTable-Feature von SQL Server 2012 macht dies nun möglich: Ordner und Dateien werden als Tabelle abgebildet, können jedoch auch parallel von jeder Anwendung aus dem Dateisystem geöffnet und bearbeitet werden. Hier kommen die gewohnte Win32 IO-API oder die .NET-Klassen aus dem System.IO-Namensraum zum Einsatz.

 Das FileStream-Feature wird in Abschnitt 2.1 näher beschrieben.

FileTables sind eine neue Art von Tabellen, die auch im SQL Server Management Studio getrennt von den bisherigen Tabellen mit relationalen Daten angezeigt werden.

Bild 1.2 FileTables im SQL Server Management Studio

Der Inhalt einer Tabelle sieht auszugsweise wie in Bild 1.3 aus.

Bild 1.3 Der Inhalt einer FileTable

Die gleichen Daten werden übrigens in Bild 1.6 im Windows Explorer abgedruckt.

> Geben Sie FileTables nach Möglichkeit nicht mittels `NSELECT *`-Anweisung aus, da dies konsequenterweise die Spalte `file_stream` mit einschließt. In dieser Spalte wird der komplette Inhalt der Datei gespeichert und damit ausgegeben – eine unnötige Belastung der Ressourcen von Server und Client.

FileTables werden von allen SQL Server-Editionen von Express bis hin zur größten Variante unterstützt.

> Die Express Edition verfügt über ein Limit von maximal 10 GB Größe pro Datenbank. Daten und Dateien, die per FileStream oder FileTable gespeichert werden, fallen nicht unter dieses Limit. Hier ist theoretisch kein Limit gegeben und es kann so viel gespeichert werden, wie Platz auf der Partition vorhanden ist.

Die Daten werden in der Tat physikalisch auf der lokalen Festplatte (NTFS-Laufwerk) gespeichert. Auf den entsprechenden Ordner hat jedoch standardmäßig nicht einmal der Windows-Administrator per NTFS-Berechtigung Zugriff. Zwar kann der Administrator sich diesen Zugriff erzwingen, doch sollte davon (besonders schreibend) Abstand genommen werden. Zum einen sind die Informationen ohnehin gut verborgen und außerhalb des SQL Server kaum zu verwerten, zum anderen sorgen Änderungen dafür, dass die Datenbank unrettbar inkonsistent wird.

Dass die Dateien nicht einfach 1:1 im Ordner zu finden sind, liegt daran, dass zusätzlich auch eine ganze Reihe von Metadaten benötigt wird, um z.B. Sicherungen, Replikationen etc. zu ermöglichen.

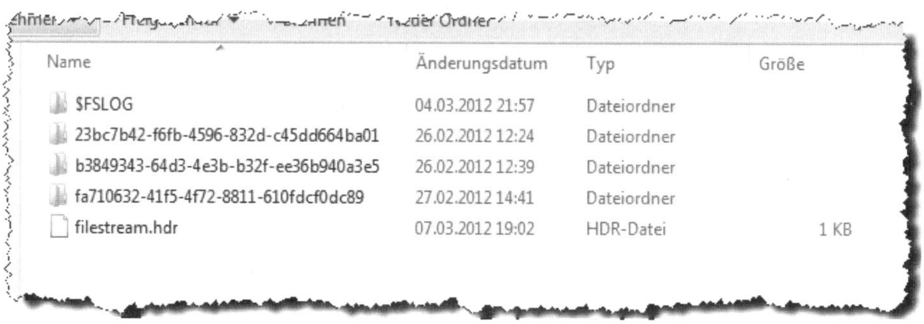

Bild 1.4 Ein Blick in das FileStream-Verzeichnis

Der tatsächliche Zugriff auf die Dateien kann wie schon beschrieben via T-SQL (ADO.NET) oder Win32 IO-API erfolgen. Für Letzteres wird ein Pfad benötigt und dies ist im Falle des FileTable-Features ein UNC-Pfad. Dieses kann auch ohne Weiteres mit dem NET SHARE-Befehl in der Eingabeaufforderung aufgelistet werden.

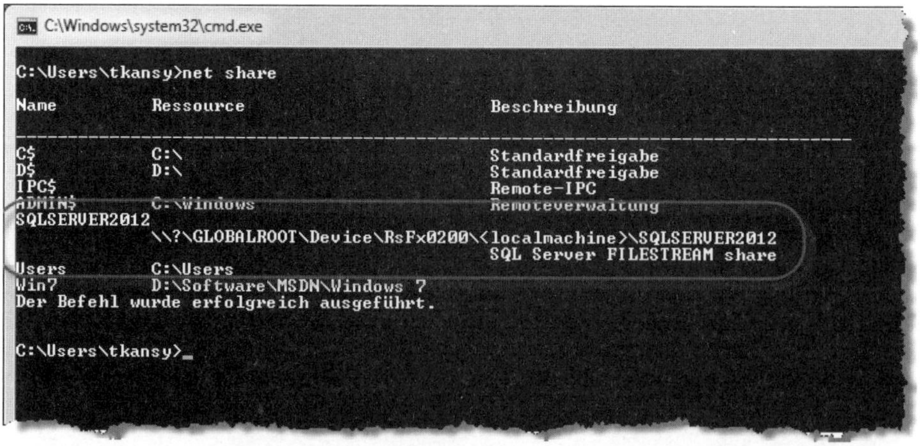

Bild 1.5 Der Name der Freigabe mit dem kryptischen Verweis auf den SQL Server als Ressource

Wie in Bild 1.5 zu sehen ist, lautet der gewählte Name der Freigabe „SQLSERVER2012"
(dieser kann bei der Einrichtung bestimmt werden, siehe dazu Abschnitt 1.2.1, „Die Installation"). Über die Freigabe können Sie dann auf die Dateien zugreifen.

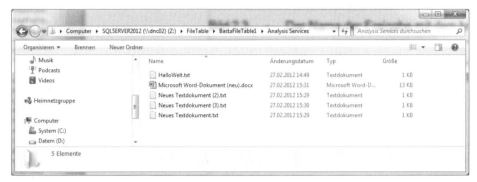

Bild 1.6 Die Dateien im FileTable, zu sehen über den Windows Explorer

Selbstredend können die Dateien hier direkt mit der entsprechenden Anwendung wie z. B.
Microsoft Word oder einfach nur Notepad dargestellt werden.

 Um es nochmals ganz deutlich zu sagen: Es findet keine Synchronisation oder
Ähnliches zwischen den Daten in der Tabelle und den Dateien in der Freigabe
statt – es sind die gleichen Daten, die vom SQL Server auf der einen Seite als
Tabelle und auf der anderen als Dateien bereitgestellt werden. Es gibt also
keine Latenz oder Ähnliches zwischen beiden!

Nach diesen grundlegenden Erläuterungen geht es nun um die Einrichtung von FileTables.

1.2.1 Die Installation

Da FileTable technisch auf dem FileStream-Feature aufbaut, muss dieses ebenfalls aktiviert
und konfiguriert werden. Dies geschieht entweder direkt während der Installation oder
nachträglich über den SQL Server Configuration Manager (SQL SERVER 2012 > CONFIGURATION TOOLS > SQL SERVER CONFIGURATION MANAGER).

 In Abschnitt 2.11 wird die Konfiguration des FileStream-Features beschrieben, sodass an dieser Stelle nur auf dieses Kapitel verwiesen sei.

Die nächste wichtige Einstellung befindet sich auf der Datenbankebene. Hier muss festgelegt werden, dass Zugriffe auf das FileStream-Feature ohne Transaktion möglich sind. Dies
ist eine notwendige Voraussetzung für FileTable. In Abschnitt 1.2.4, „Transaktionen", wird
dieser wichtige Aspekt vertieft.

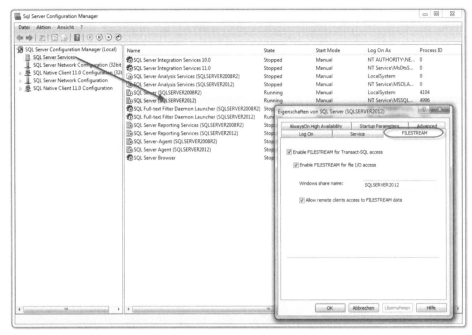

Bild 1.7 Der SQL Server Configuration Manager mit den FileStream-Einstellungen

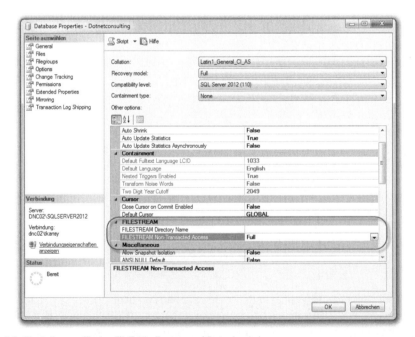

Bild 1.8 Einstellungen für das FileTable-Feature auf Datenbankebene

Ob und welche Datenbank in diesem Bezug richtig konfiguriert ist, kann einfach mit dieser Abfrage ermittelt werden.

Listing 1.1 Übersicht über die FileStream-Einstellung aller Datenbanken

```
SELECT DB_NAME(database_id),
       non_transacted_access, non_transacted_access_desc FROM sys.database_
filestream_options;
```

Das Ergebnis kann wie in Bild 1.9 aussehen.

	(No column name)	non_transacted_access	non_transacted_access_desc
1	master	0	OFF
2	model	0	OFF
3	msdb	0	OFF
4	AdventureWorks2008R2	0	OFF
5	Basta	2	FULL
6	ReportServer$SQLSERVER2012TempDB	0	OFF
7	ReportServer$SQLSERVER2012	0	OFF
8	tempdb	0	OFF
9	NULL	0	OFF
10	Dotnetconsulting	2	FULL

Bild 1.9 Übersicht über alle Datenbanken inklusive deren Transaktionseinstellungen

Die Datenbank ohne Namen (siehe Bild 1.9, Zeile 9) ist die interne Ressourcen-Datenbank des SQL Servers. Dies ist erkennbar, wenn der Wert der database_id-Spalte ausgegeben wird. Er ist bei besagter Ressourcen-Datenbank immer 32767. Weitere Details dazu finden Sie in der MSDN[1].

Bevor nun ein FileTable in der Datenbank erstellt werden kann, muss nun sichergestellt sein, dass eine FileStream-Dateigruppe mit mindestens einer Datenbankdatei vom Typ „FileStream Data" existiert. Dies gehört eigentlich zur Konfiguration, sodass an dieser Stelle nur ein kurzes Skript gedruckt folgt, das beides via T-SQL anlegt.

Listing 1.2 Anlegen einer Dateigruppe und Datei vom Typ „FileStream Data"

```
USE [master];
GO
ALTER DATABASE [Dotnetconsulting] ADD FILEGROUP [FileStreamGroup] CONTAINS
FILESTREAM;
GO
ALTER DATABASE [Dotnetconsulting] ADD FILE
( NAME = N'Dotnetconsulting_Blobs',
  FILENAME = N'D:\...\Dotnetconsulting_Blobs' ) TO FILEGROUP [FileStreamGroup];
```

Damit ist die Einrichtung so weit abgeschlossen und es kann damit begonnen werden, FileTable in der gewünschten Datenbank anzulegen. Abschnitt 1.2.2 zeigt, wie es geht.

---

[1] http://msdn.microsoft.com/en-us/library/ms190940.aspx

1.2.2 FileTable anlegen

Aktuell können FileTables nur direkt via T-SQL angelegt werden. Selbst wenn ein entsprechender Befehl im SQL Server Management Studio existiert, öffnet dieser nur ein Abfragefenster mit einer Vorlage, die noch von Hand bearbeitet werden muss, damit sie lauffähig wird.

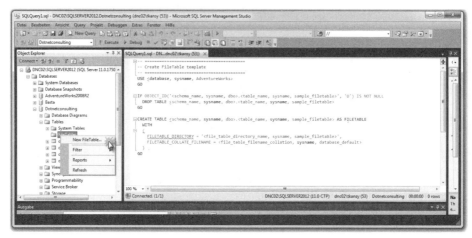

Bild 1.10 Eine neue FileTable via SSMS erstellen

Die einfachste Anweisung, um ein FileTable anzulegen, ist die folgende. Das Wichtige und Neue bei dieser Anweisung ist der AS FILETABLE-Zusatz.

Listing 1.3 Erstellung einer FileTable I

```
CREATE TABLE dbo.MeinFileTable AS FILETABLE;
```

Die Anweisung setzt allerdings voraus, dass ein „FILESTREAM Directory Name", also ein Standardverzeichnis für die FileTables dieser Datenbank, existiert. Dies geschieht wie in Bild 1.8 gezeigt über die entsprechende Eigenschaft.

Ist diese Eigenschaft nicht gesetzt und kann auch nicht gesetzt werden, so muss ein Verzeichnis bei CREATE TABLE angegeben werden.

Listing 1.4 Erstellung einer FileTable II

```
CREATE TABLE dbo.MeinFileTable2 AS FILETABLE
WITH
(
    FILETABLE_DIRECTORY = 'D:\Temp'
);
```

Somit verfügt die Datenbank über eine weitere, leere FileTable.

1.2.3 Berechtigungen

Berechtigungen, d. h. welcher Benutzer wie auf die Daten/Dateien zugreifen darf, wird einzig und alleine durch die SQL Server-Berechtigungen auf die FileTable bestimmt. Sie können also nicht über die Freigabe oder eine der so veröffentlichten Dateien/Ordner festgelegt werden.

Das hat einige tiefreichende Konsequenzen, die beim sicheren Einsatz von FileTable berücksichtigt werden müssen. Zunächst einmal kennt SQL Server nur ein Sicherheitskonzept, das (in diesem Fall) pro Tabelle gilt. Es legt fest, welche Rechte ein Benutzer innerhalb der Tabelle besitzt. So wird bestimmt, wer Dateien anlegen, lesen, verändern und löschen darf – analog zu dem, was sonst mit Zeilen in einer gewöhnlichen Tabelle geschehen kann. Im Gegensatz zu Berechtigungen auf NTFS-Ebene, die pro Datei festgelegt werden können, gilt das hier Gesagte allerdings nur für die gesamte FileTable.

Wird Windows-Authentifizierung in Form von Windows-Logins verwendet, so ist dies kein Problem. Anhand der Windows-Anmeldung kann damit sowohl beim Zugriff auf die Tabelle via T-SQL (ADO.NET) als auch beim Zugriff durch die Freigabe via Win32 IO-API bestimmt werden, ob der Zugriff erlaubt sein soll.

 Die Windows-Authentifizierung ist bei SQL Server immer aktiv. Lediglich die SQL Server-Authentifizierung muss aktiviert werden (im gemischten Sicherheitsmodus).

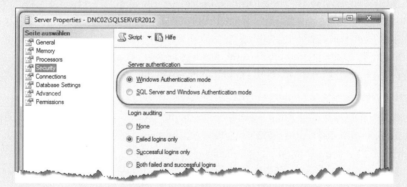

Bild 1.11 Authentifizierungsmodus in den SQL Server-Eigenschaften

Für Details sei auf Abschnitt 2.5.2 verwiesen. Dort werden beide Sicherheitsmodi beschrieben.

Wird allerdings die SQL Server-Authentifizierung verwendet, bei der der SQL Server die Berechtigungen autrak bestimmen, so ist dies leider nicht so einfach. Aufseiten der Tabelle ändert sich zwar nichts, aber beim Zugriff mittels Win32 IO-API entsteht ein Problem. Der Anwender, der mit seiner SQL Server-Anmeldung zugreifen darf, erhält mit seinem Windows-Login eventuell keinen gleichartigen Zugriff.

Außer der Möglichkeit, doch (z. B. über einen Webserver) mit der Windows-Authentifizierung zu arbeiten, gibt es eigentlich nur die Lösung, dass jeder den gleichen Zugriff auf die Dateien hat[1]. In diesem Fall kann das Gast-Konto des SQL Servers für die betreffende Datenbank aktiviert und diesem das entsprechende Recht auf der FileTable zugewiesen werden.

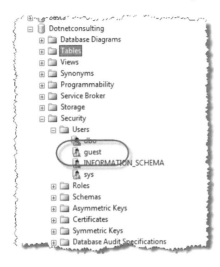

Bild 1.12 Der Gast in der SQL Server-Datenbank

Damit der Anwender nicht einfach die Freigabe mittels Windows Explorer öffnen und sich so anschauen kann, welche Dateien und Ordner existieren, kann dem Gast das Recht *Definition anzeigen* entzogen werden. So müssen zumindest der Name und der Pfad der Datei für einen Zugriff bekannt sein.

Via SQL Server Management Studio geht dies wie folgt:

1. Aus dem Kontextmenü öffnen Sie die Eigenschaften der FileTable.
2. Dort klicken Sie *Berechtigungen* (*Permissions*) an.
3. Über „Suchen" (*Search*) wählen Sie das Gast-Konto aus.
4. Im unteren Teil des Dialogs setzen Sie den entsprechenden Haken.
5. Den Dialog bestätigen Sie mit einem Klick auf die OK-Schaltfläche.

Alternativ geht dies per T-SQL wie folgt.

Listing 1.5 Entzug des Rechts „Definition anzeigen" für den Gast via T-SQL
```
DENY VIEW DEFINITION ON [dbo].[MeinFileTable] TO Guest;
```

Damit ist der Zugriff auch für einen dem SQL Server unbekannten Anwender realisierbar.

 Wie der interessierte Leser bereits erkannt haben wird, sind FileTable- und SQL Server-Authentifizierung nicht wirklich gut kompatibel in der Praxis. Daher empfiehlt es sich, wenn möglich, die Windows-Authentifizierung zu verwenden.

---

[1] Natürlich nur, wenn es sich nicht um sensible Daten handelt.

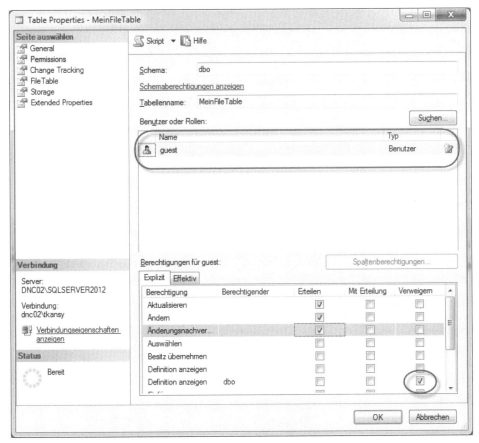

Bild 1.13 Berechtigung via SQL Server Management Studio setzen

1.2.4 Transaktionen

Zugriffe (insbesondere Änderungen) auf FileTable-Tabellen unterliegen, wie schon erwähnt, keinen Transaktionen. Dies betrifft sowohl Zugriffe via Win32 IO-API als auch Zugriffe via T-SQL und sowohl implizite als auch explizite Transaktionen. Im Detail bedeutet dies:

- Umfangreiches Löschen von Daten/Dateien kann dazu führen, dass bei einem Abbruch nur ein Teil der gewünschten Daten/Dateien gelöscht wurde.
- In einer expliziten Transaktion (BEGIN TRAN...COMMIT TRAN) werden bei einem Zurückrollen der Änderungen (ROLLBACK TRAN) mögliche Änderungen an anderen Daten/Dateien (nicht FileTable) rückgängig gemacht.
- Das Transaktionsprotokoll verzeichnet Änderungen an FileTable nur rudimentär – eine Maßnahme, um die Größe nicht ins Unermessliche steigen zu lassen.
- Auch wenn keine Transaktionen greifen, Daten/Dateien in einer FileTable sind immer entweder gelöscht oder vorhanden. Hier ist nicht zu befürchten, dass eine Datei nur „halb" vorhanden ist.

Werden diese Punkte bedacht und im Konzept einer Anwendung berücksichtigt, sind Zugriffe auf Daten/Dateien in einer FileTable wahrlich kein Hexenwerk.

 Wie in Abschnitt 1.2.1, „Die Installation", gezeigt, muss dieser nicht transaktionelle Zugriff für die Datenbank aktiviert werden. Geschieht dies nicht, sind die Daten/Dateien in einer FileTable entweder gar nicht oder nur lesend verfügbar.

1.2.5 Zugriff

Über den Zugriff auf die Dateien mittels Win32 API (System.IO) muss wohl nicht sehr viel geschrieben werden, da dieser jederzeit z.B. mittels Windows und seinem Explorer oder jeder anderen Anwendung möglich ist. Bei entsprechender Konfiguration stellt die SQL Server-Instanz eine passende Freigabe bereit, damit ein Zugriff von anderen Maschinen aus möglich ist. Der dabei benötigte (absolute) Pfad wird mit der GetFileNamespacePath()-Funktion ermittelt, auf die später noch eingegangen wird.

Um das Durchsuchen noch mehr zu vereinfachen, bietet das SQL Server Management Studio einen entsprechenden Ordner mit einem Befehl zum Öffnen des Pfades im Kontextmenü an.

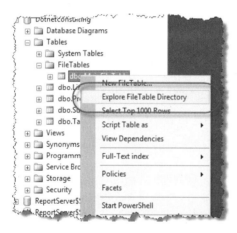

Bild 1.14 Das Verzeichnis einer FileTable kann direkt im Windows Explorer geöffnet werden.

Auf der Seite von T-SQL (ADO.NET) stellt sich der Ordner als eine Tabelle mit festem Schema dar, die entsprechend der Berechtigungen alle Zugriffe vom Lesen über Änderung und Anlegen bis hin zum Löschen über die entsprechenden DML-Anweisungen (SELECT, INSERT, UPDATE, DELETE und MERGE) ermöglicht. Wichtig ist jedoch die Tatsache, dass Änderungen an FileTable-Tabellen keinerlei Transaktionen unterliegen. Somit hat z.B. ein ROLLBACK TRANSACTION schlicht keine Wirkung.

Tabelle 1.1 listet die vorhandenen Spalten und deren Zweck einer FileTable-Tabelle auf.

Tabelle 1.1 Spalten einer FILETABLE-Tabelle und ihr Zweck

Spaltenname	Zweck
stream_id	Eindeutige ID dieser Datei in der entsprechenden FileTable-Tabelle
file_stream	Diese Spalte spiegelt den binären Inhalt der Datei wider. Bei einfachen Inhalten wie z. B. .TXT kann dieser mit einer solchen Abfrage SELECT [stream_id], CONVERT(VARCHAR(MAX), [file_stream]) FROM [Basta].[dbo].[MeineFiletable]; testweise ausgelesen werden.
Name	Name der Datei/des Verzeichnisses
path_locator	Diese Spalte beschreibt mit einem Wert vom Typ HIERARCHYID die Position der Datei/des Verzeichnisses in der Hierarchie der Verzeichnisstruktur.
parent_path_locator	Ebenfalls ein Wert vom Typ HIERARCHYID, der allerdings die Position des übergeordneten Verzeichnisses beschreibt oder mit NULL anzeigt, dass dieses Element im Basisverzeichnis liegt
file_type	Dateierweiterung der Datei (theoretisch auch Verzeichnis)
cached_file_size	Größe der Datei in Bytes. Dieser Wert ist aus Gründen der Performance zwischengespeichert und muss daher nicht immer stimmen.
creation_time	Zeitpunkt der Erstellung
last_write_time	Zeitpunkt der letzten Änderungen
last_access_time	Zeitpunkt des letzten Zugriffs
is_directory	Gibt an, ob dies ein Verzeichnis ist. Andernfalls ist es logischerweise eine Datei.
is_offline	Attribut „Offline" der Datei oder des Verzeichnisses
is_hidden	Attribut „Hidden" der Datei oder des Verzeichnisses
is_readonly	Attribut „Read Only" der Datei oder des Verzeichnisses
is_archive	Attribut „Archive" der Datei oder des Verzeichnisses
is_system	Attribut „System" der Datei oder des Verzeichnisses
is_temporary	Attribut „Temporary" der Datei oder des Verzeichnisses

Jede FileTable-Tabelle ist eine Tabelle mit festem, d. h. unveränderlichem Aufbau.

 Um weitere Informationen („Metadaten") an Dateien/Verzeichnisse zu binden, bietet es sich an, eine zweite Tabelle mit den benötigten Informationen zu erstellen und über eine 1:1-Beziehung mit der FileTable-Tabelle zu verbinden.

1.2.6 Rekursive Zugriffe

Da FileTables Verzeichnisse abbilden, die auch rekursiven Inhalt beherbergen können (ein Verzeichnis beinhaltet ein weiteres), müssen auch Abfragen, welche diese Verschachtelung berücksichtigen, rekursiv ausgelegt sein. Zu diesem Zweck besitzt T-SQL allgemeine Tabellenausdrücke (Common Table Expressions, CTE).

 Allgemeine Tabellenausdrücke können nicht nur mit FileTables verwendet werden. Vielmehr stellen sie eine sehr elegante Möglichkeit dar, rekursive Abfragen für den SQL Server zu schreiben. In Abschnitt 3.5.6 erfahren Sie mehr darüber.

Kern sind hierbei die Spalten `path_locator` und `parent_path_locator`, die Auskunft über die eigene Lage in der Hierarchie und die des übergeordneten Ordners geben (falls vorhanden, sonst `NULL`).

Die folgende Abfrage zeigt, wie ein solcher allgemeiner Tabellenausdruck aussehen kann, der alle Verzeichnisse nebst ihren Inhalten (weitere Verzeichnisse und Dateien) ausgibt.

Listing 1.6 Rekursive Abfrage einer FileTable-Tabelle

```
-- Wie soll der Pfad ausgegeben werden?
DECLARE @AbsolutePath INT = 1;
-- oder
DECLARE @RelativePath INT = 0;

WITH FileTableCTE (name, path_locator, parent_path_locator, cached_file_size,
[level])
AS
(
    -- Anker
    SELECT file_stream.GetFileNamespacePath(@AbsolutePath),
           path_locator, parent_path_locator,cached_file_size, 0
        FROM dbo.MeinFileTable WHERE parent_path_locator IS NULL

    UNION ALL

    -- Rekursion
    SELECT file_stream.GetFileNamespacePath(@AbsolutePath),
           ft.path_locator,
           ft.parent_path_locator,
           ft.cached_file_size,
           [level] + 1
            FROM dbo.MeinFileTable ft INNER JOIN FileTableCTE cte
    ON ft.parent_path_locator = cte.path_locator
)
SELECT * from FileTableCTE ORDER BY Level;
```

Die Abfrage verwendet die `GetFileNamespacePath()`-Funktion, die in Abschnitt 1.2.8, „GetFileNamespacePath()", genauer beschrieben wird, um auf den Pfad für den Zugriff via Win32 IO-API zuzugreifen.

Sowohl path_locator als auch parent_path_locator sind beides Spalten vom Typ HIERARCHYID, auch wenn dies für das rekursive Durchlaufen von FilteTable direkt keine große Rolle spielt. Nähere Details zu diesem Datentyp finden Sie in Abschnitt 2.12.

Ähnlich sieht es aus, wenn Daten gelöscht werden müssen. Beim Löschen ist zudem wichtig, dass in der richtigen Reihenfolge gelöscht wird: zuerst die Dateien/Order, die am tiefsten verschachtelt sind, anschließend die der nächsten Ebene usw. Schon die Abfragen in Listing 1.6 geben die Verschachtelungstiefe als Level-Spalte zurück. Diese wird in der nächsten Abfrage zum geordneten Löschen (siehe Listing 1.7) verwendet.

Listing 1.7 Löschen des komplettes Inhaltes einer FileTable-Tabelle

```
-- Inhalte auflisten. "Tiefste" Elemente zuerst
WITH FileTableCTE (stream_id, path_locator, [level])
AS
(
    -- Anker
    SELECT stream_id, path_locator, 0
        FROM dbo.MeinFileTable WHERE parent_path_locator IS NULL

    UNION ALL

    -- Rekursion
    SELECT ft.stream_id,
           ft.path_locator,
           [level] + 1
        FROM dbo.MeinFileTable ft INNER JOIN FileTableCTE cte
    ON ft.parent_path_locator = cte.path_locator
)
SELECT stream_id INTO #Temp FROM FileTableCTE ORDER BY Level ASC;

-- Löschen der Inhalte
DELETE dbo.MeinFileTable WHERE stream_id IN (SELECT * FROM #Temp);
```

Auf diese Weise wird systematisch der komplette Inhalt gelöscht – Filter sind natürlich möglich.

Soll der komplette Inhalt einer Tabelle gelöscht werden, kann es unter bestimmten Umständen sinnvoll sein, dies mittels der TRUNCATE TABLE-Anweisung zu tun. Voraussetzungen sind, dass es keine Fremdschlüssel gibt und selbstverständlich dass die notwendige Berechtigung vorhanden ist. Details finden Sie in Abschnitt 3.5.3 dieses Buches.

1.2.7 FileTableRootPath()

Die `FileTableRootPath()`-Funktion liefert das Basisverzeichnis einer FileTable-Tabelle in UNC-Notation. Der Parameter der Funktion ist dabei der Name der Tabelle. Die Abfrage `SELECT FILETABLERootPath('dbo.MeineFILETABLE');` kann also ein solches Ergebnis liefern: `\\DNCX99\SQLSERVER2012\FileGroup\MeineFileTableVerzeichnis`. Ein optionaler zweiter Parameter erlaubt es, genau zu bestimmen, in welchem Format die Rückgabe stattfinden soll (z. B. ob der Name des Servers vollqualifiziert werden soll).

Die erlaubten Werte für den zweiten, optionalen Parameter sind in Tabelle 1.2 zu sehen.

Tabelle 1.2 Werte zum Steuern der Rückgabe der FileTableRootPath()-Funktion

Wert	Effekt
0	Liefert den Servernamen im NetBIOS-Format (Großbuchstaben etc.): `\\DNCX99\SQLSERVER2012\FileGroup\MyFileTableDirectory` Dies ist der Standardwert, der auch angenommen wird, wenn kein zweiter Parameter übergeben wird.
1	Liefert den Servernamen ohne irgendwelche Formatierung: `\\DNCX99\SQLServer2012\FileGroup\MyFileTableDirectory`
2	Liefert den vollqualifizierten Servernamen inklusive seiner Domäne: `\\DNCX99.dotnetconsulting.eu\SQLServer2012\FileGroup\MyFileTableDirectory`

1.2.8 GetFileNamespacePath()

Diese Funktion ist wahrscheinlich die wichtigste, um auf Dateien mittels Win32 IO-API (`System.IO`) zuzugreifen. Sie liefert den kompletten Pfad der Datei, der dabei auf Wunsch absolut oder relativ zum Basisverzeichnis der FileTable-Tabelle sein kann. Da diese Funktion bei absoluten Pfaden mit der zuvor beschriebenen `FileTableRootPath()`-Funktion arbeitet, kann wieder das Format der Rückgabe über einen optionalen Parameter beeinflusst werden. Etwas speziell ist der Aufruf dieser Funktion, der als Methode der `file_stream`-Spalte geschieht. Dies sieht wie folgt aus.

Listing 1.8 Absolute und relative Pfade für den Zugriff via Win32 IO-API

```
SELECT file_stream.GetFileNamespacePath(1) AS Absolut,
       file_stream.GetFileNamespacePath(0) AS Relativ
FROM dbo.MeineFileTable;
```

Durch ein Prädikat (`WHERE`) kann selbstverständlich eine Einschränkung durchgeführt werden. Die Rückgabe erfolgt jeweils einmal aus dem absoluten und einmal aus dem relativen Pfad der entsprechenden Datei. Ein Programm hat damit alle benötigten Informationen, um auf eine Datei oder ein Verzeichnis zuzugreifen.

1.2.9 FileTable-Tabellen in der Datei ermitteln

Um zu bestimmen, welche FileTable-Tabellen in einer Datenbank existieren, gibt es mehrere Wege. Zum einen ist eine Abfrage auf den Datenbankkatalog via `SELECT * FROM sys.FILETABLES;` möglich. Zum anderen kann eine Abfrage auf die altbewährte `sys.tables`-Methode durchgeführt werden, bei der auf die neue `is_FILETABLE`-Spalte gefiltert werden kann, um keine herkömmlichen Tabellen zu liefern.

Listing 1.9 Ausgeben, welche FileTables in der aktuellen Datenbank existieren

```
SELECT * FROM sys.tables WHERE is_FILETABLE = 1;
```

Als Drittes wäre auch eine Abfrage auf die ANSI-kompatible Sicht `INFORMATION_SCHEMA.Tables` möglich, doch diese lässt keinen Rückschluss darauf zu, ob es sich bei einer Tabelle um eine FileTable-Tabelle handelt oder nicht – beide Arten von Tabellen werden zusammen zurückgegeben.

1.2.10 ServerProperty

Für das FileStream- und damit auch das FileTable-Feature gib es drei Servereigenschaften, die wie folgt abgefragt werden können.

Listing 1.10 Abfragen einer Servereigenschaft mittels SERVERPROPERTY

```
SELECT SERVERPROPERTY('FilestreamShareName');
```

Die Ausgabe im SQL Server Management Studio sieht wie in Bild 1.15 aus.

Bild 1.15 Die Ausgabe der SERVERPROPERTY()-Funktion

Auf diesem Weg lassen sich auch aus einer .NET-Anwendung heraus gezielt gewünschte Werte abfragen.

Tabelle 1.3 Für FileStream/FileTable interessante Eigenschaften

Eigenschaft	Rückgabe
FilestreamShareName	Der Name der von FileStream verwendeten Freigabe
FilestreamConfiguredLevel	Die konfigurierte FileStream-Zugriffsebene
FilestreamEffectiveLevel	Die effektive FileStream-Zugriffsebene. Dieser Wert kann von FilestreamConfiguredLevel abweichen, wenn die Ebene geändert wurde und ein Neustart der Instanz oder des Computers aussteht.

Weitere Details über die `SERVERPROPERTY( )`-Funktion und viele weitere Servereigenschaften finden Sie in der MSDN unter folgendem Link: *http://msdn.microsoft.com/de-de/library/ms174396.aspx*.

■ 1.3 Sequenzen

Sequenzen (*engl.* sequences) sind, vereinfacht gesagt, die geordnete Abfolge numerischer Werte, deren aktueller Wert für die gesamte Datenbank gilt und deren nächster Wert automatisch ermittelt wird, wenn dessen aktueller Wert abgefragt wird. Der große Unterschied zu Identitätswerten (*engl.* identity values) ist, dass dies für eine gesamte Datenbank Gültigkeit hat und nicht nur für eine bestimmte Tabelle. Außerdem wird, unabhängig davon, von wo (Tabelle, Prozedur, Funktion etc.) der aktuelle Wert einer Sequenz abgerufen wird, vom SQL Server sichergestellt, dass dieser Wert nur einmal vergeben wird, bevor der nächste ermittelt wird. Mögliche Ausnahme sind natürlich zirkuläre Sequenzen, die wir in einem der folgenden Abschnitte besprechen werden. Dass keine „Lücken" entstehen, z. B. durch Transaktionen, die zurückgerollt werden, ist jedoch nicht garantiert. Später erfahren Sie mehr zu diesem Aspekt.

Sequenzen verwalten immer numerische Werte und können linear sein (also von einem Start- bis zu einem Endwert verlaufen) oder zirkulieren – je nach Wunsch.

1.3.1 Sequenz anlegen (linear)

Beginnen wir zunächst mit der Erstellung einer Sequenz. Dies geschieht alternativ mit der folgenden T-SQL-Anweisung.

Listing 1.11 Eine Sequenz per T-SQL anlegen

```
CREATE SEQUENCE MeineSequenz
    AS INT
    MINVALUE 1
    MAXVALUE 1000
    START WITH 1;
```

Eine Sequenz verfügt über einen (datenbankweit) eindeutigen Namen, einen numerischen Datentyp (erlaubt sind hier `TINYINT`, `SMALLINT`, `INT`, `BIGINT`, `DECIMAL` und `NUMERIC`), ein Minimum, ein optionales Maximum und einen Startwert, der beim ersten Zugriff zurückgeliefert wird, bevor der nächste Wert ermittelt wird. Wie der nächste Wert zu ermitteln ist, kann mit `INCREMENT BY` bestimmt werden, sodass die Sequenz alternativ auch folgendermaßen angelegt werden könnte.

Listing 1.12 Eine Sequenz mit INCEREMENT BY per T-SQL anlegen

```
CREATE SEQUENCE MeineSequenz
    AS INT
    MINVALUE 1
    NO MAXVALUE
    INCREMENT BY 3
    START WITH 1;
```

Hier sehen Sie auch, dass es kein direktes Maximum geben muss. Lediglich der größte Wert des zugrunde liegenden Datentyps ist hier das tatsächliche Maximum. Wird darüber hinaus versucht, weitere Werte abzurufen, kommt es zu einem Fehler.

Eine Sequenz lässt sich aber auch über die neue Version des SQL Server Management Studio (SSMS) verwalten. Zu diesem Zweck gibt es im Objekt Explorer nun in jeder Datenbank unter *Programmierbarkeit/Sequenzen* (oder *Programmability/Sequences*) einen entsprechenden Container.

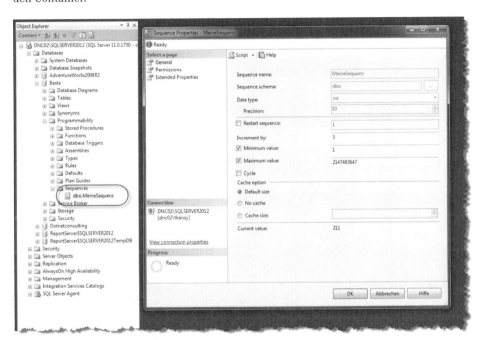

Bild 1.16 Sequenzen lassen sich auch mit dem SSMS verwalten.

Welche Sequenzen zurzeit in der Datenbank mit welchen Eigenschaften existieren, lässt sich zusätzlich per T-SQL durch die folgende Abfrage ermitteln.

```
SELECT * FROM sys.sequences;
```

1.3.2 Sequenz anlegen (zirkulär)

Ein besonders interessantes Detail besteht darin, dass die Sequenzen zirkuläre Werte vergeben können. Das folgende Bespiel liefert die Werte von 1 bis 50 und beginnt anschließend wieder am Anfang mit dem Wert 1.

Listing 1.13 Eine Sequenz mit CYCLE per T-SQL anlegen

```
CREATE SEQUENCE CyclingSequence
    AS INT
    MINVALUE 1
    MAXVALUE 50
    CYCLE;
```

Selbstredend müssen MINVALUE und MAXVALUE angegeben werden und mit sys.sp_sequence_get_range darf nicht versucht werden, mehr Werte abzurufen, als überhaupt möglich sind. Ansonsten ist die Entnahme von Werten vom Vorgehen her so, wie es zuvor bei nicht zirkulären Sequenzen gezeigt wurde.

1.3.3 Werte aus Sequenzen abrufen

Um auf den nächsten Wert einer Sequenz zuzugreifen, existiert die ebenfalls neue NEXT VALUE FOR-Anweisung, die wie folgt verwendet werden kann.

Listing 1.14 Abfrage eines einzelnen Sequenzwertes

```
DECLARE @id INT = NEXT VALUE FOR MeineSequenz;
```

Die Variable enthält nach der Ausführung dieser Zeile den zu der Zeit aktuellen Wert der Sequenz und der nächste Wert wurde ermittelt.

Wird zu einem Zweck mehr als nur ein Wert benötigt, so wäre ein mehrfacher Aufruf von NEXT VALUE FOR in einer Schleife sicherlich recht ineffizient. Daher existiert nun die sys.sp_sequence_get_range-Prozedur, die es erlaubt, gleich eine gewünschte Anzahl von Werten abzufragen.

Listing 1.15 Abfrage mehrerer Sequenzwerte

```
DECLARE @firstValue SQL_VARIANT,
        @lastValue SQL_VARIANT;

EXEC sys.sp_sequence_get_range
    @sequence_name = 'MeineSequenz',
    @range_size = 12,
    @range_first_value = @firstValue OUTPUT,
    @range_last_value = @lastValue OUTPUT;

SELECT FirstValue = CONVERT(INT, @firstValue),
       LastVlaue = CONVERT(INT, @lastValue);
```

Die beiden Output-Parameter @firstValue und @lastValue enthalten nach dem Aufruf den ersten und letzten Wert einer Folge von lückenlosen Sequenzwerten, deren Anzahl durch den @range_size-Parameter bestimmt wurde. Diese Werte können dann benutzt werden, ohne dass NEXT VALUE FOR verwendet werden muss.

1.3.4 Transaktionen

Sequenzen arbeiten unbeachtet von Transaktionen, d. h., der nächste Wert einer Sequenz wird nicht davon beeinflusst, ob eine begonnene Transaktion zurückgerollt wird oder nicht. Ähnlich verhalten sich auch Identitätswerte. Hier entstehen Lücken in den vergebenen Werten, wenn Transaktionen zurückgerollt werden.

Listing 1.16 Transaktionen sind für Sequenzen transparent.

```
BEGIN TRANSACTION
-- In der Transaktion einen Wert aus der Sequenz abrufen
DECLARE @id INT = NEXT VALUE FOR MeineSequenz;
SELECT @id
GO
ROLLBACK TRANSACTION

-- Ungeachtet des ROLLBACK wird der nächste Wert aus der Sequenz abgerufen
DECLARE @id INT = NEXT VALUE FOR MeineSequenz;
SELECT @id;
```

Dieses Verhalten ist „by Design" und auch nicht anders realisierbar, da ein einmal abgefragter Wert nicht wieder „zurückgezogen" werden kann – schließlich wird er an anderer Stelle ja bereits verwendet.

Mehrere Werte, die mit NEXT VALUE FOR einer Sequenz entnommen wurden, müssen außerdem auch nicht lückenlos sein (Ausnahme sys.sp_sequence_get_range).

1.3.5 Ändern und Löschen

Bestehende Sequenzen können selbstverständlich auch geändert und gelöscht werden. Besonders um eine Sequenz „von vorne beginnen zu lassen", ist dies recht praktisch. Dies ist mit dem SQL Server Management Studio oder per T-SQL möglich.

Listing 1.17 ALTER SEQUENCE zum Zurücksetzen einer Sequenz

```
ALTER SEQUENCE MeineSequenz
RESTART WITH 10
INCREMENT BY 10
NO MAXVALUE;
```

Wird eine Sequenz letztendlich nicht mehr benötigt, so reicht eine einfache DROP SEQUENCE MeineSequenz-Anweisung, um sie aus der Datenbank zu entfernen.

1.4 Paging

Oftmals werden von einer Abfragemenge nur bestimmte Zeilen benötigt, bei denen es sich nicht um die ersten Zeilen handeln muss (in diesem Fall würde ein einfaches `TOP n [WITH TIES]` genügen). Bei einer Suche sollen dem Anwender z. B. die Ergebnisse auf der vierten Seite angezeigt werden. Bei jeweils zehn Treffern pro Seite wären dies die Nummern 31 bis 40 – natürlich entsprechend viele Treffer vorausgesetzt. Bei einer sortierten Auswertung sind die hinteren Ränge von Interesse. Das Verfahren wird allgemein im Englischen als „Paging" bezeichnet, was schon auf das Zerteilen einer größeren Anzahl von Zeilen in einzelne Seiten anspielt.

> Ich hoffe inständig, dass kein Leser für ein Paging ernsthaft in Erwägung zieht, alle Zeilen in den Client einzulesen und die ersten Zeilen, die nicht benötigt werden, einfach zu löschen/zu ignorieren. Das wäre eine immense Ressourcenverschwendung, insbesondere bei sehr vielen Zeilen und/oder rechenintensiven Abfragen.

Für SQL Server gibt es bereits ab Version 2005 eine effiziente und elegante Lösung. Ab SQL Server 2012 wird zu diesem Zweck T-SQL um die `OFFSET`- und `FETCH NEXT`-Befehle erweitert. Bevor auf diese Neuheiten eingegangen wird, werfen wir zunächst einen Blick auf das Paging ab SQL Server 2005 und dessen Realisierung, damit anschließend ein Vergleich zwischen altem und neuem Vorgehen möglich ist.

1.4.1 Paging vor SQL Server 2012

Paging ist ab SQL Server 2005 elegant mit der `ROW_NUMBER()`-Funktion realisierbar. Um z. B. Kunden aus einer gleichnamigen Tabelle von Position 11 bis 20 zu ermitteln, kann eine T-SQL-Abfrage ähnlich der folgenden verwendet werden.

Listing 1.18 Paging vor SQL Server 2012

```
DECLARE @Von INT;
DECLARE @Bis INT;
DECLARE @Ort VARCHAR(50);

SET @Von = 11;
SET @Bis = 20;
SET @Ort = 'Frankfurt';

SELECT * FROM
(SELECT ROW_NUMBER() OVER (ORDER BY Name) AS 'RowNr', * FROM Kunden WHERE Ort = @Ort) T
WHERE RowNr BETWEEN @Von AND @Bis;
```

Im Kern besteht die Abfrage aus einer Unterabfrage, die, und das kann schnell zu einer nervenaufreibenden Fehlersuche führen, mit einem Alias (hier T) versehen sein muss. In dieser Unterabfrage werden alle Zeilen, die das Prädikat erfüllen (hier Ort = @Ort), mit einer ROW_NUMBER()-Funktion mit Zeilennummern versehen, für deren Ordnung die entsprechende Sortierung (hier nach Name) verwendet wird. Die erzeugten Zeilennummern werden schließlich via Filter (hier BETWEEN @Von AND @Bis) auf den gewünschten Abschnitt angewendet.

 Die ROW_NUMBER()-Funktion wird detailliert in Abschnitt 3.5.1.15 beschrieben.

Alles in allem ist dies keine übermäßig komplizierte Abfrage, die, bis auf den Zwangsalias vielleicht, sicherlich kein Hexenwerk darstellt.

1.4.2 Paging ab SQL Server 2012

Ab SQL Server 2012 steht das OFFSET-Schlüsselwort zur Verfügung, das es erlaubt, bei einer Ergebnismenge die ersten n Zeilen zu überspringen. Zusammen mit der FETCH NEXT-Klausel, welche die maximale Anzahl der anschließend zurückgelieferten Zeilen begrenzen kann, kann recht einfach und leicht verständlich das gleiche Paging realisiert werden, für das zuvor die ROW_NUMBER()-Funktion inklusive Unterabfrage verwendet werden musste.

Das neue Pendant zur vorherigen T-SQL-Abfrage kann dann wie folgt aussehen.

Listing 1.19 Paging ab SQL Server 2012
```
DECLARE @Von INT = 11;
DECLARE @Bis INT =20;
DECLARE @Ort VARCHAR(50) = 'Frankfurt';

SELECT * FROM Kunden WHERE Ort = @Ort
ORDER BY Name
OFFSET (@Von - 1) ROWS
FETCH NEXT @Bis - @Von + 1 ROWS ONLY;
```

Zwei Punkte sind bei dieser Abfrage zu beachten. Zunächst einmal muss (genau wie bei der ROW_NUMBER()-Funktion) eine Sortierung mittels ORDER BY existieren – ohne diese liefert der SQL Server einen Fehler. Zum anderen wird dem aufmerksamen Leser nicht entgangen sein, dass die Festlegung der maximalen Anzahl von gelieferten Zeilen bis dato die Aufgabe der TOP-Klausel ist. Diese darf jedoch nicht verwendet werden, wenn die Abfrage mit OFFSET arbeitet. Zwar ist die FETCH NEXT-Klausel nur optional und kann daher einfach weggelassen werden, die Kombination TOP/OFFSET führt jedenfalls immer zu einem Fehler.

Kleines Detail: Gibt es weniger Zeilen, als OFFSET überspringen soll, oder weniger Zeilen, als FETCH NEXT liefern darf, so kommt es selbstverständlich nicht zu einem Fehler.

1.4.3 Der Unterschied unter der Haube

Somit scheint klar: Das neue OFFSET/FETCH NEXT-Abfragefeature ist auf den ersten Blick nichts anderes als alter Wein in neuen Schläuchen. Mitnichten! Interessant ist die Art, wie der SQL Server die Abfrage ausführen kann. Auskunft über die Art und Weise der Ausführung gibt wie üblich der Ausführungsplan einer Abfrage. Die beiden Pläne weisen einige Unterschiede auf.

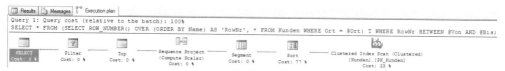

Bild 1.17 Ausführungsplan der ROW_NUMBER()-Variante

Bild 1.18 Ausführungsplan der OFFSET/FETCH NEXT-Variante

Die Abfragevariante mit OFFSET/FETCH NEXT kommt mit weniger Verarbeitungsschritten aus. Selbst wenn bei der Verarbeitung bekannt ist, dass die ROW_NUMBER()-Funktion im mathematischen Sinne streng monoton steigend ist (ein Umstand, der zur Optimierung der Abfrage verwendet werden kann), müssen mehr Zeilen verarbeitet werden, als später durch die Einschränkung auf die gewünschte Anzahl zurückgeliefert werden.

Im Ausführungsplan der ROW_NUMBER()-Funktion ist dies leicht am „Filter"-Verarbeitungsschritt zu erkennen bzw. daran, dass hier überhaupt ein Filter existiert, um die Zeilen auf den gewünschten Abschnitt zu beschränken.

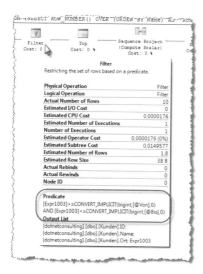

Bild 1.19 Der „Filter"-Verarbeitungsschritt zum Einschränken auf die Zeilen 11 bis 21

Die Schritte davor (also rechts im Ausführungsplan) arbeiten mit der vollen Anzahl von Zeilen, welche durch den Filter auf einen Ort (hier „Frankfurt") zugelassen sind – und dies können unter Umständen auch sehr viele sein.

Anders sieht es im Ausführungsplan mit dem OFFSET-Schlüsselwort aus. Hier ist der Filter zum einen kompakter und schränkt zum anderen die Menge der übersprungenen Zeilen früher in der Verarbeitungsfolge ein. Dies kann bei entsprechend vielen Datenzeilen ein entscheidender Vorteil sein.

1.4.4 Das Aus für die ROW_NUMBER()-Funktion?

Das OFFSET-Schlüsselwort dürfte jedoch nicht das Ende der ROW_NUMBER()-Funktion bedeuten. Vielleicht für Paging-Szenarien, doch ist die Kernaufgabe der ROW_NUMER()-Funktion das Erzeugen von Zeilennummern – Paging ist damit nur ein Nebeneffekt. Es sei außerdem angemerkt, dass diese Funktion mithilfe der PARTITION BY-Klausel auch in der Lage ist, z. B. die ersten drei Kunden aus jeder Stadt aufzulisten.

Listing 1.20 Die ROW_NUMBER()-Funktion mit PARTITION BY-Klausel

```
SELECT * FROM
    (SELECT ROW_NUMBER() OVER (PARTITION BY Ort ORDER BY Name) AS 'RowNr',
    * FROM Kunden) T
WHERE RowNr <= 3;
```

Es können z. B. auch nur alle ungeraden Zeilen geliefert werden, die Zeilennummerierung kann mit ausgegeben werden etc. Dies sind nur einige Einsatzmöglichkeiten der ROW_NUMBER()-Funktion. Es gibt sicher noch weitere, in denen das OFFSET-Schlüsselwort die Funktion nicht oder nur schlecht ersetzen kann.

■ 1.5 Neue T-SQL-Funktionen und -Befehle

SQL Server 2012 bietet eine ganze Reihe von neuen T-SQL-Funktionen und -Befehlen, die nun vorgestellt werden sollen. Diese lassen sich nicht einer bestimmten Oberfunktion wie „Paging" oder Ähnlichem zuordnen und werden daher in diesem Abschnitt zusammengefasst.

1.5.1 Throw

Die THROW-Anweisung erlaubt das Auslösen von Fehlern. Solche Fehler können dann entweder in einem TRY/CATCH-Block im T-SQL selbst oder von der aufrufenden Codeschicht (z. B. ADO.NET) behandelt werden.

Listing 1.21 Die THROW-Anweisung

```
BEGIN TRY
    -- ...
    THROW 51000, 'THROW wirft einen Fehler', 1;
END TRY
BEGIN CATCH
    PRINT 'Fehler erneut werfen';
    THROW;
END CATCH;
```

Die Funktionsweise ist damit recht ähnlich zur altbekannten `RAISERROR`-Anweisung. Die `THROW`-Anweisung ist allerdings zudem in der Lage, innerhalb eines `CATCH`-Blocks den auslösenden Fehler „hochzureichen", damit der Aufrufer diesen behandeln kann. In Tabelle 1.4 werden die weiteren Unterschiede zwischen `THROW` und `RAISERROR` im Detail gegenübergestellt.

Tabelle 1.4 Vergleich THROW und RAISERROR

THROW	RAISERROR
Die verwendete ID der Nachricht (`msg_id`) muss nur optional in der `sys.messages`-Tabelle vorliegen.	Die `msg_id` muss in der `sys.messages`-Tabelle vorliegen.
Eine Formatierung à la `printf` ist nicht möglich.	Eine Formatierung à la `printf` ist möglich. Damit können z. B. Zeichenketten mit „%s" in die Nachricht eingefügt werden.
Der Schweregrad (Severity) des Fehlers ist immer 16.	Der Schweregrad (Severity) des Fehlers wird mit dem `Severity`-Parameter bestimmt.

1.5.2 Try_Convert()

Die `CONVERT()`-Funktion ist schon lange in der T-SQL-Sprache verfügbar. Sie dient dem Konvertieren eines Wertes in einen gewünschten Datentyp (z. B. `VARCHAR()` zu `DATETIME`) – aber leider nur wenn dies auch möglich ist. Der Nachteil ist nämlich, dass es zu einem Fehler kommt, wenn der übergebene Wert nicht in den gewünschten Datentyp konvertiert werden kann. Die neue `TRY_CONVERT()`-Funktion hingegen liefert in einem solchen Fehlerfall lediglich `NULL`.

Listing 1.22 Die TRY_CONVERT()-Funktion

```
-- Liefert den korrekten Wert als Integer
SELECT CONVERT(INT, '100') AS ValueInt;
SELECT TRY_CONVERT(INT, '100') AS ValueInt;

-- Erzeugt einen Fehler
SELECT CONVERT(INT, 'A100.000') AS ValueInt;

-- Liefert lediglich NULL
SELECT TRY_CONVERT(INT, 'A100.000') AS ValueInt;
```

In Kombination mit der `ISNULL()`-Funktion kann so jeder Import- oder ETL-Prozess[1] mit einem geeigneten Standardwert robust auf unsaubere Daten reagieren.

Listing 1.23 TRY_CONVERT() und ISNULL() in Kombination

```
-- Der gelieferte Wert ist 0, da die Konvertierung fehlschlägt
SELECT ISNULL(TRY_CONVERT(INT, 'A100.000'), 0) AS ValueInt;
```

1.5.3 Format()

Auch wenn eine Persistenzschicht wie der SQL Server eigentlich nicht die Ebene sein sollte, die Daten für die Ausgabe formatiert, ist es dennoch praktisch, dass mit der `FORMAT()`-Funktion nun dieser Weg offensteht. Damit sind die Zeiten vorbei, in denen mit komplexen Ausdrücken, den eingeschränkten Möglichkeiten der `CONVERT()`-Funktion oder eigenen Implementierungen (vorzugsweise mit der CLR-Integration) vorliebgenommen werden musste.

Formatiert werden können alle eingebauten Datentypen und zusätzlich neben der frei definierbaren Maske ist es optimal möglich, die zu verwendende Sprache (Kultur) zu übergeben.

Listing 1.24 Die FORMAT()-Funktion

```
DECLARE @date DATE = '2012-07-04';
DECLARE @amount DECIMAL(12,2) = 1234567.34;
DECLARE @value int = 18;

SELECT FORMAT(@date, 'dd/MM/yyyy', 'en-US' );
SELECT FORMAT(@date, 'dd/MM/yyyy', 'de-DE' );
SELECT FORMAT(@date, 'yyyy-MM-dd' );
SELECT FORMAT(@date, 'dddd, dd. MMM yyyy', 'de-DE' );

SELECT FORMAT(@amount, 'C', 'de-DE')
SELECT FORMAT(@amount, 'C', 'en-US')

SELECT FORMAT(@value, 'X');

-- Mehrere Sektionen für positive, negative Werte und 0
SELECT FORMAT(@amount, '#,##0;(#,##0)');
SELECT FORMAT(-@amount, '#,##0;(-#,##0)');
SELECT FORMAT(0, '#,##0;(-#,##0);(Null)');
```

Besonders interessant ist die Option, bei numerischen Formatierungen bis zu drei Sektionen (jeweils durch Semikolon voneinander getrennt) für jeweils positive, negative Werte und 0 festzulegen. Damit lässt sich z. B. mit der Maske „#,##0;(-#,##0);(Nichts)" der Wert 42 zu „42,00", -42 zu „(-42,00)" und 0 zu „(Nichts)" formatieren. Das System ist ähnlich das, welches auch die `String.Format()`-Funktion des .NET Frameworks verwendet.

---

[1] ETL: Extract, Transform, Load ist ein Prozess, der Daten aus mehreren ggf. unterschiedlich strukturierten Datenquellen in einer Zieldatenbank vereint.

1.5.4 Concat()

Zugegeben, mein erster Gedanke über die neue CONCAT()-Funktion war: „Wozu braucht es die denn? Der +-Operator kann doch auch dazu verwendet werden, um einzelne Werte zu einer Zeichenkette zusammenzusetzen." Richtig! Nur müssen diese Werte bereits Zeichenketten sein. Ansonsten werden ungewollte Additionen durchgeführt oder es kommt zu Konvertierungsfehlern. Und hier kann die neue CONCAT()-Funktion ihre Stärken ausspielen. Ihr können beliebig viele Werte übergeben werden, die zu einer Zeichenkette zusammengefügt werden.

Listing 1.25 Die CONCAT()-Funktion

```
-- Führt zu einem Fehler "Conversion failed when converting date
-- and/or time from character string."
SELECT Name + ' ' + Geburtsdatum FROM Personen;

-- Fügt fehlerfrei alle Inhalte als Zeichenkette zusammen
SELECT CONCAT(Name, ' ', Geburtsdatum) FROM Personen;
```

Damit sorgt die CONCAT()-Funktion zu viel übersichtlicheren Abfragen, da die explizite Umwandlung zu einer Zeichenkette (mittels CAST() oder CONVERT()) entfallen kann.

1.5.5 IIF()

Die für SQL Server neue IIF()-Funktion liefert einen von zwei Werten, abhängig von einem booleschen Ausdruck. So liefert das folgende Beispiel eine Anrede „Herr" oder „Frau" plus Nachname.

Listing 1.26 Auswahl der Anrede mittels IIF-Funktion

```
SELECT IIF(IstMann, 'Herr', 'Frau') + ' ' + Nachname;
```

Ob es sich dabei um eine Frau oder einen Mann handelt, bestimmt der Wert IstMann. Statt der beiden Werte im zweiten und dritten Argument können natürlich auch entsprechende Ausdrücke stehen.

1.5.6 Choose()

Die CHOOSE()-Funktion fungiert als indexierter Zugriff auf eine Menge von angegebenen Werten oder Ausdrücken. Dabei bestimmt der erste Parameter den Index des Wertes, der zurückgeliefert werden soll, während alle weiteren Parameter (theoretisch beliebig viele) die zur Verfügung stehende Wertemenge beschreiben.

Listing 1.27 Rückgabe des vierten Wertes mittels der CHOOSE()-Funktion

```
SELECT CHOOSE(4, 'I', 'II', 'III', 'IV', 'V');
```

Die Rückgabe besteht aus der römischen Zahl „IV".

Werden zu wenige Werte zur Auswahl angegeben (oder ein zu großer Index, je nachdem wie man es sehen möchte) oder wird ein Index kleiner gleich 0 übergeben, kommt es nicht zu einem Fehler, sondern es wird lediglich NULL zurückgeliefert.

1.5.7 Datefromparts(), Datetime2fromparts(), Datetimefromparts(), Datetimeoffsetfromparts(), Smalldatetimefromparts(), Timefromparts()

Gleich eine ganze Batterie an Funktionen erlaubt es, aus einzelnen (Teil-)Werten einen entsprechenden Datum-/Uhrzeitwert zu erstellen. Exemplarisch kann so z.B. mittels TIMEFROMPARTS ein Wert vom Typ TIME erzeugt werden, in dem die benötigten Werte für Stunden, Minuten etc. übergeben werden.

Listing 1.28 Erstellung eines Wertes vom Typ TIME

```
SELECT TIMEFROMPARTS(18, 15, 59, 0, 0);
```

Analog sieht die Erzeugung eines Wertes von Typ DATE mittels DATEFROMPARTS wie folgt aus.

Listing 1.29 Erstellung eines Wertes vom Typ DATE

```
SELECT DATEFROMPARTS(1971, 12, 18);
```

Die Anzahl der Parameter bei den Funktionen dieser Gruppe und deren Bedeutungen unterscheiden sich zwar, jedoch ist deren Funktionsweise immer die gleiche. Selbstverständlich können statt der einzelnen konstanten Werte wie in den beiden vorherigen Beispielen Ausdrücke oder Spalten von Abfragen verwendet werden, sodass sich diese neuen Funktionen hervorragend dafür eignen, auf einfache Art und Weise „auseinandergenommene" Datum-/Zeitwerte wieder zusammenzusetzen.

1.5.8 Eomonth()

Die EOMONTH()-Funktion liefert das letzte Datum, das in einen Monat fällt, in dem auch der übergebene Datumswert liegt. Sie liefert damit also das Ende des Monats passend zu einem übergebenen Datum.

Listing 1.30 Ermittlung des letzten Tages des Juni 2012

```
SELECT EOMONTH(DATEFROMPARTS (2012, 6, 18))
```

Das Ergebnis ist hier richtigerweise der 30.06.2012.

1.6 Analytische Funktionen

Neben den zuvor vorgestellten neuen T-SQL-Funktionen und -Befehlen ist die T-SQL-Sprache um eine Reihe von Funktionen zur Datenanalyse erweitert worden, die auch gut in die Welt der Analysis Services und der dort verwendeten Sprachen MDX (Multidimensional Expressions) und DMX (Data Mining Extensions) gepasst hätten.

Beachten Sie bei der nun folgenden Vorstellung der neuen analytischen Funktionen besonders FIRST_VALUE()/LAST_VALUE() sowie LAG()/LEAD(). Deren Funktionalität war auch schon vor SQL Server 2012 mit T-SQL realisierbar, doch nur mit wesentlich umfangreicheren und damit auch unübersichtlichen Konstrukten.

1.6.1 First_Value()/Last_Value()

Wie der Name dieser Funktionen wohl schon suggeriert, liefert diese Funktion den ersten oder letzten Wert aus einer Ergebnismenge. Die dafür notwendige Sortierung wird mittels ORDER BY bestimmt, während die optionale PARTITION BY-Klausel dazu genutzt werden kann, diese Menge in einzelne Abschnitte aufzuteilen, sodass aus jedem Abschnitt der erste/letzte Wert geliefert wird.

Listing 1.31 zeigt die beiden Funktionen im Einsatz.

Listing 1.31 FIRST_VALUE()/LAST_VALUE() ohne PARTITION BY

```
-- Erster Wert
SELECT FIRST_VALUE(Name) OVER (ORDER BY Geburtsdatum ASC), Ort FROM dbo.
Personen;
-- Letzter Wert
SELECT LAST_VALUE(Name) OVER (ORDER BY Geburtsdatum ASC), Ort FROM dbo.
Personen;
```

Das Ergebnis der ersten Abfrage sieht wie in Bild 1.20 aus.

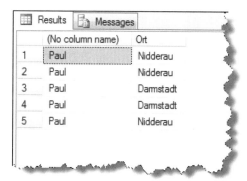

Bild 1.20 Ergebnis der FIRST_VALUE()-Funktion

Für jede Zeile der dbo.Personen-Tabelle werden jeweils der Ort und der erste Name aufsteigend nach Geburtsdatum sortiert zurückgeliefert. Letzteres ist natürlich immer der gleiche Name, da stets die gesamte Tabelle bei der Ermittlung betrachtet wird. Soll der Name pro Ort ermittelt werden, muss die PARTITION BY-Klausel verwendet werden. Die Sortierung und Auswertung wird dann für jeden individuellen Wert berechnet, der nach dieser Klausel angegeben wurde. Im folgenden Beispiel ist es der Wert der Spalte Ort.

Listing 1.32 FIRST_VALUE()/LAST_VALUE() mit PARTITION BY

```
-- Erster ListingWert 1.33
SELECT FIRST_VALUE(Name) OVER (PARTITION BY Ort ORDER BY Geburtsdatum ASC),
Ort FROM dbo.Personen;
-- Letzter Wert
SELECT LAST_VALUE(Name) OVER (PARTITION BY Ort ORDER BY Geburtsdatum ASC),
Ort
    FROM dbo.Personen;
```

Das Ergebnis sieht nun wie in Bild 1.21 aus.

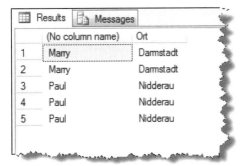

Bild 1.21 Ergebnis der FIRST_VALUE()-Funktion mit der PARTITION BY-Klausel

1.6.2 Lag()/Lead()

Die neuen Funktionen LAG() und LEAD() sind in der Lage, auf Werte nachfolgender (LEAD()) oder vorheriger (LAG()) Zeilen zuzugreifen. Dazu muss zwingend die Sortierung via ORDER BY im OVER-Zweig existieren, damit die Reihenfolge der Zeilen klar definiert ist. Beide Funktionen besitzen mehrere Überladungen, die jeweils auf die nächste/vorherige Zeile zugreifen oder per (positivem) Offset für den Zugriff mehrere Zeilen überspringen. Existiert die entsprechende Zeile nicht, wird entweder NULL geliefert oder der Wert, der bei der Drei-Parameter-Überladung übergeben wurde.

 LAG() und LEAD() akzeptieren leider keine negativen Werte als Offset. Dies ist ein wenig schade, da solch eine Abfrage, die entweder vorherige oder nachfolgende Zeilen berücksichtigen soll, dies durch IF oder IIF tun muss. Dies bedeutet mehr Abfragetext und kann vom SQL Server bei der Ausführung nur schlecht optimiert werden.

Beide Funktionen kommen in Listing 1.34 und Listing 1.35 zum Einsatz.

Listing 1.34 LAG() und LEAD() im Einsatz

```
-- Wert aus der nächsten Zeile
SELECT Name, LEAD(Name) OVER (ORDER BY Geburtsdatum ASC) FROM dbo.Personen;
-- Wert aus der übernächsten Zeile
SELECT Name, LEAD(Name ,2) OVER (ORDER BY Geburtsdatum ASC)
 FROM dbo.Personen;
-- Wert aus der übernächsten Zeile mit Standardwert '-'
SELECT Name, LEAD(Name ,2, '-') OVER (ORDER BY Geburtsdatum ASC)
 FROM dbo.Personen;

-- Wert aus vorheriger Zeile
SELECT Name, LAG(Name) OVER (ORDER BY Geburtsdatum ASC) FROM dbo.Personen;
-- Wert aus der Zeile 2 zuvor
SELECT Name, LAG(Name ,2) OVER (ORDER BY Geburtsdatum ASC) FROM dbo.Personen;
-- Wert aus der Zeile 2 zuvor mit Standardwert '-'
SELECT Name, LAG(Name ,2, '-') OVER (ORDER BY Geburtsdatum ASC)
 FROM dbo.Personen;
```

Die `LEAD()`-Funktion liefert dabei ein Ergebnis, das sich dadurch auszeichnet, dass der Name der nächsten Zeile in der aktuellen Zeile verwendet wird. Die Pfeile in Bild 1.22 deuten dies an.

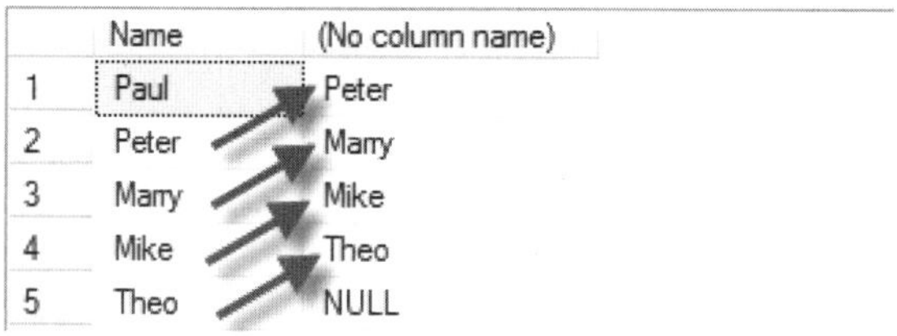

	Name	(No column name)
1	Paul	Peter
2	Peter	Marry
3	Marry	Mike
4	Mike	Theo
5	Theo	NULL

Bild 1.22 LEAD() liefert den Wert aus einer der nächsten Zeilen.

Bei der `LAG()`-Funktion ist es genau umgekehrt. Hier zeigen die Pfeile an, dass der Name in einer Zeile aus der folgenden Zeile ermittelt wird (siehe Bild 1.23).

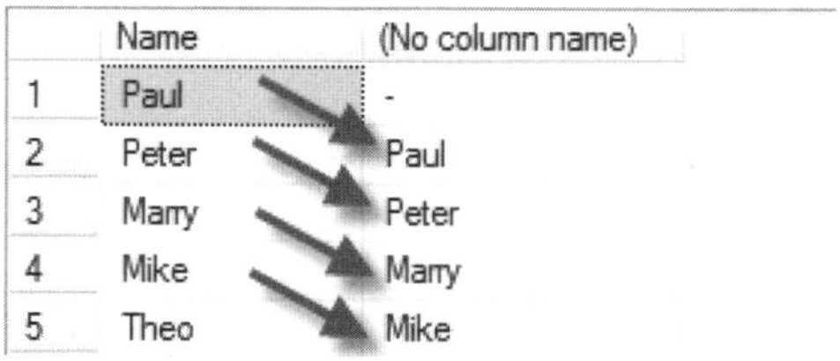

	Name	(No column name)
1	Paul	-
2	Peter	Paul
3	Marry	Peter
4	Mike	Marry
5	Theo	Mike

Bild 1.23 LAG() liefert den Wert aus einer der vorherigen Zeilen.

Ohne `PARTITION BY`-Klausel berücksichtigen `LAG()` und `LEAD()` jeweils die gesamten Zeilen. Mit dieser Klausel werden jeweils die Zeilen mit gleichen Werten in den angegebenen Spalten zusammen berücksichtigt. Listing 1.35 zeigt, wie das geht.

Listing 1.35 LAG() und LEAD() mit PARTITION BY-Klausel

```sql
-- Wert aus der übernächsten Zeile mit Standardwert '-', gruppiert nach Orten
SELECT Name, LEAD(Name ,2, '-') OVER (PARTITION BY ort ORDER BY Geburtsdatum
ASC) FROM dbo.Personen;

-- Wert aus der Zeile 2 zuvor mit Standardwert '-', gruppiert nach Orten
SELECT Name, LAG(Name ,1, '-') OVER (PARTITION BY ort ORDER BY Geburtsdatum
ASC) FROM dbo.Personen;
```

1.6.3 Cume_Dist()

Mit der CUME_DIST()-Funktion kann die kumulierte Verteilung einer numerischen Datenmenge berechnet werden. Damit lassen sich Aussagen treffen, wie z. B. „n% aller Werkstücke sind schwerer als 250 g". Diese n% umfassen dann alle Werkstücke mit einer Masse ab 250 g und vergleichen deren Anzahl mit der Gesamtmenge der Werkstücke.

Listing 1.36 zeigt ein Beispiel auf Basis der bekannten AdventureWorks-Datenbank.

Listing 1.36 Die CUME_DIST()-Funktion im Einsatz

```sql
USE AdventureWorks2012;

SELECT Department, LastName, Rate,
CUME_DIST() OVER (PARTITION BY Department ORDER BY Rate)
FROM HumanResources.vEmployeeDepartmentHistory AS edh
INNER JOIN HumanResources.EmployeePayHistory AS e
ON e.BusinessEntityID = edh.BusinessEntityID
WHERE Department
    IN (N'Information Services',N'Document Control')
ORDER BY Department, Rate DESC;
```

Auch bei dieser Funktion kann optional eine PARTITION BY-Klausel eingesetzt werden, wie es schon bei den FIRST_VALUE()/LAST_VALUE()- oder LAG()/LEAD()-Funktionen beschrieben wurde.

1.6.4 Percent_Rank()

Seit SQL Server 2005 gibt es bereits die RANK()- und die DENSE_RANK()-Funktionen, mit deren Hilfe die Position (Rang) einer Zeile in einer Ergebnismenge ermittelt werden konnte. Diese Position wurde jedoch immer mit einer absoluten Zahl angegeben. Die neue PERCENT_RANK()-Funktion liefert im Gegensatz dazu einen relativen Prozentwert als Position, sodass nun einfache Abfragen erstellt werden können, um z. B. die wenigen Zeilen zu ermitteln, welche zu den 25 % der Besten gehörten. Die dazu notwendige Reihenfolge wird wieder über die ORDER BY-Klausel bestimmt.

Listing 1.37 zeigt ein Beispiel auf Basis der bekannten AdventureWorks-Datenbank.

Listing 1.37 PERCENT_RANK() mit PARTITION BY-Klausel

```
USE AdventureWorks2012;

SELECT Department, LastName, Rate,
PERCENT_RANK() OVER (PARTITION BY Department ORDER BY Rate)
FROM HumanResources.vEmployeeDepartmentHistory AS edh
    INNER JOIN HumanResources.EmployeePayHistory AS e
    ON e.BusinessEntityID = edh.BusinessEntityID
WHERE Department
    IN (N'Information Services',N'Document Control')
ORDER BY Department, Rate DESC;
```

Dieses Beispiel verwendet optional die PARTITION BY-Klausel, wie es schon bei den FIRST_VALUE()/LAST_VALUE()- oder LAG()/LEAD()-Funktionen beschrieben wurde.

1.6.5 Percentile_Cont()/Percentile_Disc()

Mit den beiden Funktionen mit den etwas unhandlichen Namen PERCENTILE_CONT() und PERCENTILE_DISC() kann der Quantilwert einer sortierten Zahlenreihe ermittelt werden. Wird der Funktion ein Wert von 0,5 übergeben, so wird der statistische Median (auch Zentralwert genannt) berechnet. Durch Werte kleiner 0,5 bzw. größer (erlaubt sind Werte von 0,0 bis 1,0) kann eine Gewichtung nach links bzw. rechts erfolgen. Der Unterschied zwischen beiden Funktionen liegt darin, dass PERCENTILE_CONT() den korrekten Wert interpoliert, egal ob dieser in der Wertemenge vorhanden ist, während PERCENTILE_DISC() immer einen Istwert aus der Wertemenge liefert.

Im Folgenden ist ein Beispiel abgedruckt, das beide Funktionen in Aktion zeigt.

Listing 1.38 PERCENTILE_CONT()/PERCENTILE_DISC() in Aktion

```
USE AdventureWorks2012;

SELECT DISTINCT Name AS DepartmentName,
PERCENTILE_CONT(0.5) WITHIN GROUP (ORDER BY ph.Rate) OVER (PARTITION BY Name),
PERCENTILE_DISC(0.5) WITHIN GROUP (ORDER BY ph.Rate) OVER (PARTITION BY Name)
FROM HumanResources.Department AS d
INNER JOIN HumanResources.EmployeeDepartmentHistory AS dh
    ON dh.DepartmentID = d.DepartmentID
INNER JOIN HumanResources.EmployeePayHistory AS ph
    ON ph.BusinessEntityID = dh.BusinessEntityID
WHERE dh.EndDate IS NULL;
```

Auch bei dieser Funktion kann optional eine PARTITION BY-Klausel eingesetzt werden, wie es schon bei den FIRST_VALUE()/LAST_VALUE()- oder LAG()/LEAD()-Funktionen beschrieben wurde. Auch wenn die PARTITION BY-Klausel weggelassen wird, muss OVER() angegeben werden.

1.7 With Result Sets-Klausel

Die neue WITH RESULT SETS-Klausel stellt eine Erweiterung der EXECUTE-Anweisung (oder kurz EXEC) zur Ausführung von gespeicherten Prozeduren dar. Sie ermöglicht es, die Spalten und Datentypen von Ergebnismengen, die von Prozeduren zurückgeliefert werden, für die Ausführung neu zu definieren und umzubenennen. Dabei ist Folgendes zu beachten:

- Die WITH RESULT SETS-Klausel kann für Prozeduren angegeben werden, die keine, nur eine oder beliebig viele Ergebnismengen liefern.
- Die Anzahl der Spalten kann nicht verändert werden.
- Ein Einsatz in Verbindung mit INSERT...EXEC ist nicht möglich.

Die WITH RESULT SETS-Klausel wird in unterschiedlichen Varianten bereitgestellt, die im Folgenden mit Beispielen vorgestellt werden.

1.7.1 Genau eine Ergebnismenge

Als Beispiel sei die gespeicherte Prozedur gezeigt, die genau eine Ergebnismenge mit maximal zwei Zeilen liefert.

Listing 1.39 Gespeicherte Prozedur, die genau eine Ergebnismenge liefert

```
CREATE PROCEDURE usp_SingleResult
AS
BEGIN
    SELECT TOP 2 BusinessEntityID, LastName FROM Person.Person;
END;
```

Der Aufruf mit und ohne WITH RESULT SETS-Klausel sieht dann wie folgt aus.

Listing 1.40 Aufruf mit und ohne WITH RESULT SETS

```
EXECUTE usp_SingleResult;

EXECUTE usp_SingleResult
WITH RESULT SETS
(
    (
        EmployeeId INT,
        EmployeeName VARCHAR(50)
    )
);
```

Das Ergebnis sieht im Vergleich mit einem unveränderten Aufruf dann wie in Bild 1.24 aus.

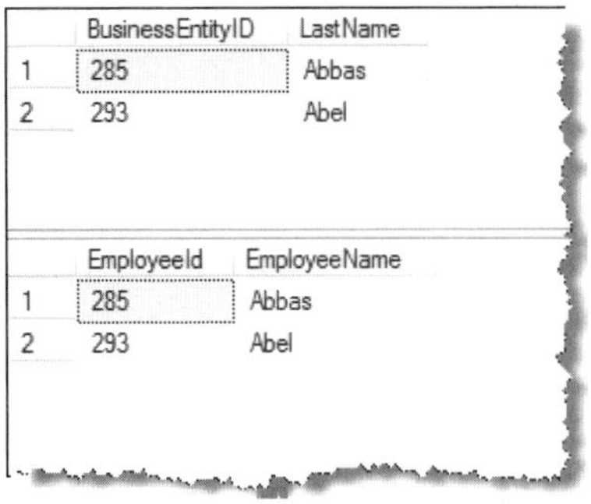

	BusinessEntityID	LastName
1	285	Abbas
2	293	Abel

	EmployeeId	EmployeeName
1	285	Abbas
2	293	Abel

Bild 1.24 WITH RESULTS SET und eine Ergebnismenge

Gut zu erkennen ist, dass die Namen der Spalten für die Ausgabe verändert wurden. Alternativ zu der Angabe einer Spaltenliste kann auch eine bestehende Tabelle, eine Sicht oder eine Tabellenwertfunktion, ein Tabellentyp und sogar XML quasi als Vorlage für die Spalten benannt werden.

Nehmen wir nun an, es existiert eine Tabelle wie in Listing 1.41.

Listing 1.41 Tabelle als Vorlage für WITH RESULT SETS

```
CREATE TABLE WithResultSetsTemplate
(
    EmployeeId INT,
    EmployeeName VARCHAR(50)
);
```

Dann kann diese Tabelle (genauer ihre Spalten) auf folgende Weise als Vorlage für die WITH RESULT SETS-Klausel dienen.

Listing 1.42 Aufruf mit WITH RESULT SETS und einer Tabelle als Spaltenvorgabe

```
EXECUTE usp_SingleResult
WITH RESULT SETS
( AS OBJECT WithResultSetsTemplate );
```

Soll die Vorgabe ein Tabellentyp mit dem Namen tvType sein, so ändert sich die Anweisung nur geringfügig.

Listing 1.43 Aufruf mit WITH RESULT SETS und einem Tabellentyp als Spaltenvorgabe

```
EXECUTE usp_SingleResult
WITH RESULT SETS
( AS TYPE tvType );
```

Das Ergebnis ist jeweils das gleiche, wie wenn die Spalten explizit angegeben werden.

1.7.2 Mehrere Ergebnismengen

Liefert eine gespeicherte Prozedur mehr als nur eine Ergebnismenge, so wie im folgenden Beispiel, kann für jede Ergebnismenge eine Definition angegeben werden.

Listing 1.44 Gespeicherte Prozedur, die mehrere Ergebnismengen (genauer: zwei) liefert

```
CREATE PROCEDURE usp_MultiResults
AS
BEGIN
    SELECT TOP 2 BusinessEntityID, LastName FROM Person.Person;
    SELECT TOP 2 ProductID, Name FROM Production.Product;
END;
```

Der Aufruf mit mehreren Definitionen durch die WITH RESULT SETS-Klausel sieht wie folgt aus.

Listing 1.45 Aufruf mit mehreren Definitionen und ohne WITH RESULT SETS

```
EXECUTE usp_MultiResults;

EXECUTE usp_MultiResults
WITH RESULT SETS
(
    (
        EmployeeId INT,
        EmployeeName VARCHAR(50)
    ),
    (
        ColumnA INT,
        ColumnB VARCHAR(50)
    )
);
```

Da eine Prozedur beliebig viele Ergebnismengen an ihren Aufrufer liefern kann, sind auch beliebig viele Definitionen via WITH RESULT SETS möglich. Gibt es mehr Ergebnismengen als Definitionen oder liegen mehr Definitionen vor als Ergebnismengen gesendet wurden, so kommt es zu einem Fehler. Die Anzahl von Ergebnismengen und Spaltendefinitionen muss also übereinstimmen. Allerdings ist es erlaubt, Spaltendefinitionen und die Angaben von Tabelle, Sicht etc. als Vorgabe für Spalten bei mehreren Ergebnismengen zu vermischen.

Listing 1.46 Gemischte Angaben für die Spalten

```
EXECUTE usp_MultiResults
WITH RESULT SETS
(
    AS OBJECT WithResultSetsTemplate,
    (
        Spalte1 INT,
        Spalte2 VARCHAR(50)
    )
);
```

1.7.3 With Result Sets None

Die WITH RESULT SETS-Klausel erlaubt es dem Aufrufer auch festzulegen, dass er gar keine Ergebnismengen wünscht. In diesem Fall kommt es zu einem Fehler, falls doch Daten geliefert werden. Somit kann sichergestellt werden, dass keine (möglicherweise aufwendige) Berechnung der Daten durchgeführt werden muss, die anschließend nicht verwendet werden.

 Es spielt keine Rolle, ob die Ergebnismenge Zeilen enthält oder nicht. Ihre reine Anwesenheit reicht für das Auslösen eines Fehlers.

In einem solchen Fall müssen konsequenterweise keine Spalten definiert werden, sondern lediglich WITH RESULT SETS NONE angegeben werden. Das folgende Beispiel zeigt den Aufruf.

Listing 1.47 Aufruf mit WITH RESULT SETS NONE

```
EXECUTE usp_SingleResult
WITH RESULT SETS NONE;
```

1.7.4 With Result Sets Undefined

Mit der Variante WITH RESULT SETS UNDEFINED kann der Aufrufer bestimmen, dass es für ihn unerheblich ist, ob eine Ergebnismenge geliefert wird oder nicht.

Listing 1.48 Aufruf mit WITH RESULT SETS UNDEFINED

```
EXECUTE usp_SingleResult
WITH RESULT SETS UNDEFINED;
```

Dies entspricht dem Standard, der auch bei der Ausführung zum Einsatz kommt, wenn überhaupt keine WITH RESULT SETS-Klausel angegeben wird.

■ 1.8 Contained Databases

Ein weiteres neues Feature des SQL Server 2012 sind die Contained Databases.

Bisher war es so, dass ein SQL Server-Login auf Serverebene angelegt werden musste (gespeichert in der Master-Datenbank), dem dann in einer oder mehreren Datenbanken ein Benutzer für den Zugriff zugewiesen wurde. Es gab also immer eine starke Abhängigkeit von der Datenbank zum Server, mit dem sie verbunden war. Das Problem ist hier, dass das Verschieben der Datenbank auf einem anderen SQL Server unter Umständen dazu führen konnte, dass zwar der Benutzer in der Datenbank vorhanden war (durch das Einspielen der Sicherungen), jedoch nicht das benötigte Login. Man spricht hier von „verwaisten Benutzern".

Mit den Contained Databases wird diese Abhängigkeit nun gelockert, indem auch die Logins in der Datenbank gespeichert werden. Dies hat insbesondere beim Wiederherstellen einer Datenbank als auch bei Hochverfügbarkeit Vorteile, da so eine Datenbank einfacher von einem Server zu einem anderen „verschoben" werden kann.

1.8 Contained Databases

Neben den erwähnten entsprechenden Logins werden auch temporäre Objekte direkt in der Contained Database gespeichert, des Weiteren auch Verbindungsserver, SQL-Agent-Jobs und andere Objekte des Anwendungsbereichs.

Nachteile ergeben sich bei Contained Databases dadurch, dass ein Anwender, der Zugriff auf mehrere Datenbanken eines Servers erhalten soll, beim Einsatz von SQL Server-Authentifizierung für jede Datenbank eine eigene Anmeldung mit (potenziell) unterschiedlichen Kennwörtern besitzen kann. Auch kann eine einmal aufgebaute Verbindung nicht in eine andere Datenbank (oder in eine Contained Database) wechseln und damit nur Objekte in der ursprünglichen Datenbank verwenden.

> Die Kerberos-Authentifizierung kann nicht mit Contained Databases verwendet werden. Das kann in Szenarien mit Anwendungsservern (z. B. Web-Services, ASP.NET Servern etc.) zu Problemen führen.

Um Contained Database anzulegen, muss die Option erst einmal aktiviert werden. Dies kann über das SQL Server Management Studio in den Eigenschaften des Servers geschehen.

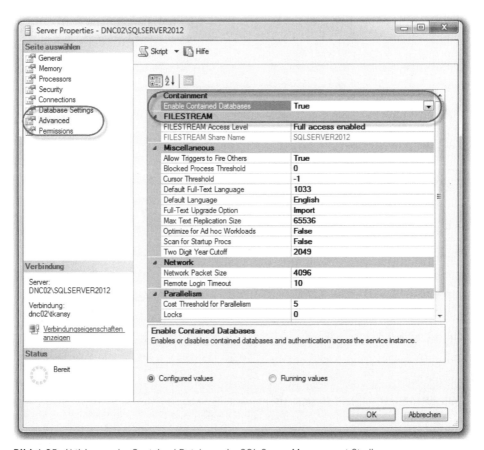

Bild 1.25 Aktivierung der Contained Databases im SQL Server Management Studio

Die Option kann alternativ auch mittels T-SQL aktiviert werden.

Listing 1.49 T-SQL zum Aktivieren von Contained Databases

```
EXEC SP_CONFIGURE 'show advanced options', 1;
RECONFIGURE;
GO
EXEC SP_CONFIGURE 'contained database authentication', 1;
RECONFIGURE;
```

Ist das erledigt, kann über die Eigenschaften eine Datenbank zu einer Contained Database gemacht werden.

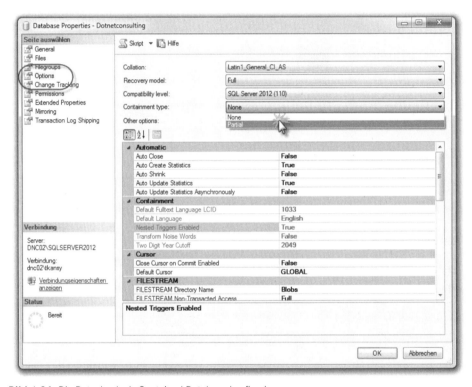

Bild 1.26 Die Datenbank als Contained Database konfigurieren

Auch dies geht natürlich direkt via T-SQL.

Listing 1.50 Die Datenbank per T-SQL zu einer Contained Database konfigurieren

```
ALTER DATABASE [Dotnetconsulting] SET CONTAINMENT = PARTIAL WITH NO_WAIT;
```

Anschließend kann wie gewohnt in der Datenbank unter Sicherheit der entsprechende Benutzer angelegt werden, diesmal direkt inklusive seines Kennwortes, das dann direkt in der Datenbank abgelegt wird (bzw. ein Hash des Kennwortes).

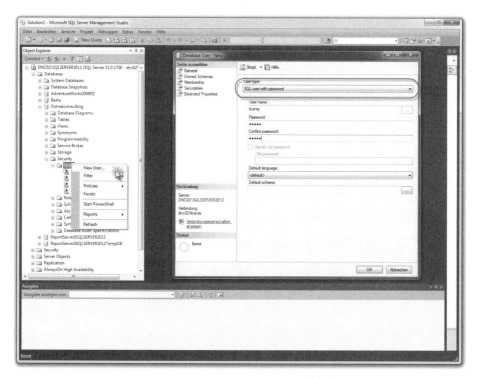

Bild 1.27 Benutzer mit Kennwort via SQL Server Management Studio anlegen

Oder Sie wählen hierzu den T-SQL-Befehl.

Listing 1.51 Benutzer mit Kennwort via T-SQL anlegen

```
CREATE USER tkansy WITH PASSWORD = 'Geheim4711';
```

Nun kommt ein Detail, das wohl nur das SQL Server Management betrifft, da jede Anwendung durch ihre Verbindungszeichenfolge in der Regel direkt Verbindung mit einer Datenbank aufbaut („...;Initial Catalog={Name der DB};..."). Das SQL Server Management Studio baut hingegen keine Verbindung zu einer bestimmten Datenbank auf (genauer gesagt eigentlich zur Master-Datenbank) und wechselt dann zur Standarddatenbank der Anmeldung. Wissend, dass eine Verbindung zu einer Contained Database ebenfalls nicht nach Verbindungsaufgabe gewechselt werden kann, ergibt sich hier das Problem, dass die Verbindung in der Master-Datenbank „feststecken" würde. Um dies zu umgehen, kann beim Verbindungsaufbau direkt die gewünschte Datenbank angegeben werden.

Nach erfolgreichem Verbindungaufbau spiegelt sich die Verbindung zur Contained Database dadurch wider, dass nur diese einzelne Datenbank im Objekt-Explorer angezeigt wird. Soll mit mehreren Databanken gleichzeitig gearbeitet werden, so müssen mehrere, letztendlich voneinander unterschiedliche Verbindungen aufgebaut werden.

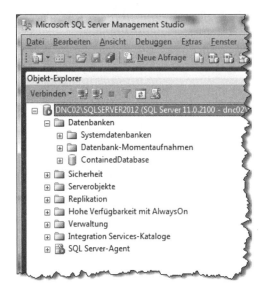

Bild 1.28 Verbindung zu einer Contained Database mit dem SQL Server Management Studio

1.8.1 Bestehende Datenbanken umstellen

Soll eine bestehende Datenbank mit vorhandenem Benutzer umgestellt werden, so müssen diese einzeln mit der `sp_migrate_user_to_contained`-Prozedur umgewandelt werden, sodass dieser sich anschließend innerhalb der Contained Database befindet.

Listing 1.52 Umwandlung eines Benutzers

```
USE ContainedDatabase;

EXECUTE sp_migrate_user_to_contained
    @username = N'TKansy',
    @rename = N'keep_name',
    @disablelogin = N'disable_login';
```

Bei einer größeren Anzahl von Benutzern ist dieses Vorgehen aufgrund des Aufwands nur noch bedingt zu empfehlen.

Listing 1.53 ist hingegen besser geeignet. Es durchläuft alle Benutzer mittels eines Cursors und führt für jeden einzelnen die `sp_migrate_user_to_contained`-Prozedur aus.

Listing 1.53 Umwandung aller Benutzer mithilfe eines Cursors

```
USE ContainedDatabase;

DECLARE @username sysname ;
DECLARE user_cursor CURSOR
    FOR
        SELECT dp.name
        FROM sys.database_principals AS dp
        JOIN sys.server_principals AS sp
        ON dp.sid = sp.sid
```

```
            WHERE dp.authentication_type = 1 AND sp.is_disabled = 0;
OPEN user_cursor
FETCH NEXT FROM user_cursor INTO @username
    WHILE @@FETCH_STATUS = 0
    BEGIN
        EXECUTE sp_migrate_user_to_contained
        @username = @username,
        @rename = N'keep_name',
        @disablelogin = N'disable_login';
    FETCH NEXT FROM user_cursor INTO @username
    END
CLOSE user_cursor;
DEALLOCATE user_cursor;
```

1.8.2 Alles an Bord?

Bei einer Migration der Datenbank ist ebenfalls wichtig, prüfen zu können, ob alle Objekte (besonders Sichten, Prozeduren und Funktionen) wirklich unabhängig von anderen Datenbanken sind. Diese Objekte würden im Falle eines tatsächlichen Verschiebens der Datenbank auf eine andere Serverinstanz nämlich nicht mehr funktionieren und zu Fehlern führen.

Zu diesem Zweck gibt es die neue sys.dm_db_uncontained_entities-Systemsicht. Sie gibt nicht nur an, welche Objekte betroffen sind, sondern auch u. a. die Nummer der Zeile, in der der Zugriff über die Datenbankgrenze geschieht. Dies erlaubt die Analyse komplexer Sichten, Prozeduren etc.

Listing 1.54 Abfrage auf sys.dm_db_uncontained_entities

```
USE ContainedDatabase;

-- Join mit sys.objects, um den Namen des Objekts ausgeben zu können
SELECT SO.name, UE.* FROM sys.dm_db_uncontained_entities AS UE
LEFT JOIN sys.objects AS SO
    ON UE.major_id = SO.object_id;
```

Angenommen, es existiert eine Sicht wie in Listing 1.55 definiert.

Listing 1.55 Unzulässige Sicht, die auf eine andere Datenbank zugreift

```
USE ContainedDatabase;

CREATE VIEW vwTorten
AS
SELECT * FROM TonisTortenTraum..TortenSatz;
```

 Auch in einer Datenbank, die bereits als Contained Database konfiguriert wird, können solche Sichten definiert werden, auch wenn dies sicherlich kontraproduktiv ist. sys.dm_db_uncontained_entities eignet sich also auch zur regelmäßigen Kontrolle hervorragend.

In einem solchen Fall liefert eine Abfrage auf `sys.dm_db_uncontained_entities` das in Bild 1.29 dargestellte Ergebnis.

Bild 1.29 Objekte, die gegen die Unabhängigkeit der Datenbank verstoßen

In der ersten Zeile ist gut die in Listing 1.55 definierte Sicht zu erkennen. Die Spalten `statement_line_number` und `statement_offset_begin` zeigen darüber hinaus, dass der „Fehler" in Zeile 3, ab Position 52, liegt – genauer geht es eigentlich nicht mehr.

Interessant ist vielleicht auch die „Route" in der zweiten Zeile. Dieser Eintrag taucht auch bei völlig leerer Datenbank auf und kann daher ignoriert werden. Routen selbst sind Nachrichtenwege für den SQL Server Message Broker, der in diesem Buch jedoch nicht näher beachtet wird.

■ 1.9 Benutzerdefinierte Serverrollen

Bis SQL Server 2012 galt die eiserne Regel, dass die eingebauten Serverrollen nicht verändert werden können – sie konnten weder neu erstellt noch konnten bestehende gelöscht werden; Berechtigungen ließen sich nicht verändern. Mit SQL Server 2012 ist dieses eiserne Gesetz seit Urzeiten des SQL Servers gefallen.

Zwar können eingebaute Serverrollen nach wie vor nicht modifiziert werden, doch können beliebige eigene Serverrollen angelegt und mit individuellen Berechtigungen ausgestattet werden.

 Dass es sich bei einer Serverrolle selbstredend um eine Rolle auf Serverebene handelt (daher ja der Name), können nur Rechte auf Ebene des Servers vergeben werden. Rechte auf Objekte innerhalb einer Datenbank sind nicht vorgesehen.

Eigene Serverrollen können mittels des SQL Server Management Studio erstellt, verwaltet und gelöscht werden.

1.9 Benutzerdefinierte Serverrollen

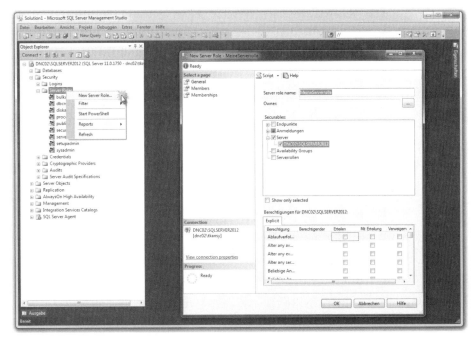

Bild 1.30 Eigene Serverrollen im SQL Server Management Studio verwalten

Alternativ steht wieder der Weg offen, dies via T-SQL zu erledigen.

Listing 1.56 Eigene Serverrollen mittels T-SQL verwalten

```
-- Serverrolle anlegen
CREATE SERVER ROLE MeineServerRolle AUTHORIZATION [sa];
GO
-- Rechte der Serverrolle zuweisen
GRANT CONNECT SQL TO MeineServerRolle;
GRANT VIEW ANY DATABASE TO MeineServerRolle;
GRANT VIEW ANY DEFINITION TO MeineServerRolle;
-- Anmeldung der Rolle zuweisen
ALTER SERVER ROLE MeineServerRolle ADD MEMBER tkansy;
GO
-- Serverrolle löschen
DROP SERVER ROLE MeineServerRolle;
```

Aus Sicht eines .NET-Programms kann es interessant sein zu prüfen, ob der angemeldete Anwender (oder ein bestimmter Anwender) Mitglied einer bestimmten Serverrolle ist. Anhand dieser Information kann z. B. eine bestimmte Funktion innerhalb der Anwendung ein- oder ausgeschaltet werden. Zu diesem Zweck bietet der T-SQL-Sprachumfang die IS_SRVROLEMEMBER()-Funktion.

Listing 1.57 T-SQL-Abfrage, ob eine Anmeldung Anwendermitglied der neuen Serverrolle ist

```
-- Ist der aktuelle Benutzer Mitglied der Rolle?
SELECT IS_SRVROLEMEMBER('MeineServerRolle');
-- Ist ein bestimmter Benutzer Mitglied der Rolle?
SELECT IS_SRVROLEMEMBER('MeineServerRolle','UKaiser');
```

Für die zweite Variante mit angegebenem Benutzernamen müssen Sie auf dem SQL Server entsprechende Rechte zur Verwaltung von Anmeldungen haben, sonst wird schlicht NULL zurückgegeben.

Die Rückgabe kann aus einem von drei möglichen Werten bestehen.

Rückgabewert	Bedeutung
0	Die Anmeldung ist kein Mitglied der Serverrolle.
1	Die Anmeldung ist ein Mitglied der Serverrolle.
NULL	Entweder die Anmeldung/Serverrolle ist unbekannt oder es liegen nicht ausreichende Berechtigungen für die Funktion vor. Zu einem Fehler bei der Ausführung kommt es jedoch nicht.

Durch die Möglichkeit von NULL als Rückgabewert ist ein Aufruf in folgender Form oftmals sinnvoll.

Listing 1.58 Ungültige Serverrollen oder fehlende Rechte führen zu einer Rückgabe von „0".
```
SELECT ISNULL(IS_SRVROLEMEMBER('MeineServerRolle'), 0);
```

Weitere Details zur IS_SRVROLEMEMBER ()-Funktion finden Sie unter diesem Link: *http://msdn.microsoft.com/de-de/library/ms176015.aspx*.

■ 1.10 SQL Server Express LocalDB

Mit SQL Server 2012 Express LocalDB (SQL LocalDB) wird eine neue Edition bereitgestellt, um Anwendungen die Möglichkeit zu geben, über einen lokalen SQL Server zu verfügen. Bis dato war dies eher die Domäne der SQL Server Express Edition, die auch nach wie vor lizenzfrei verfügbar ist. Alternativ gab es auch die Edition SQL Compact, die jedoch den Nachteil hatte, technisch kein vollwertiger SQL Server zu sein, sondern eine extrem abgespeckte Version, die im Prozess der laufenden Anwendung als DLL ausgeführt wurde.

SQL Server Express LocalDB hat im Vergleich zur Express Edition einige Vorteile, die später in diesem Abschnitt vorgestellt werden sollen. Ein Vergleich mit der SQL Compact Edition macht jedoch keinen großen Sinn, da diese aus technischer Sicht keinen vollwertigen SQL Server darstellt und eine Anwendung speziell für SQL Compact konzipiert werden muss. Jedoch ist es denkbar, dass SQL LocalDB den SQL Compact als eingebettete Datenbank (embedded database) in vielen Situationen quasi ersetzen kann. Damit steht einer Anwendung ein vollwertiger SQL Server (SQL Express) zur Verfügung.

Der Zugriff auf SQL LocalDB macht nur eine Anpassung der Verbindungzeichenfolge der Anwendung nötig. Die Anwendung an sich muss nicht angepasst werden. Die Verbindungzeichenfolge sieht wie folgt aus und gibt als Datasource (LocalDB)\v11.0 an – das reicht schon.

Listing 1.59 Eine Verbindungzeichenfolge zu einer Datenbank unter SQL LocalDB

```
Data Source=(LocalDB)\v11.0; Initial Catalog=dotnetconsulting; Integrated
Security=true;
```

Das SQL Server Management Studio kann ebenfalls ohne Weiteres mit SQL LocalDB verbunden werden. Dazu muss im Verbindungsdialog als Servername wieder einfach (localdb)\v11.0 angegeben werden. Nachdem die Verbindung hergestellt wurde, verhält sich SQL LocalDB wie eine „echte" SQL Server Express-Instanz.

Bild 1.31 Eine Verbindung von SQL Server Manangement Studio zu SQL LocalDB

Die Servereigenschaften beweisen, dass es sich dennoch technisch um eine vollwertige SQL Server Express-Instanz handelt.

 Das SQL Server Management Studio wird nicht zusammen mit SQL LocalDB installiert. Eine erweiterte Version, wie sie für den SQL Server Express (... with Advanced Services) bekannt ist, und in dee auch eine abgespeckte Management Studio-Version enthalten ist, gibt es (zurzeit noch) nicht.

Dass die SQL Server-Version (11.0) in der Datenquelle zu finden ist, zeigt, dass es möglich sein wird, bei kommenden SQL Server-Versionen die jeweilige SQL LocalDB-Version parallel betreiben zu können. Die Datenquelle wird dann einfach „=(LocalDB)\v12.0", „=(LocalDB)\v13.0" etc. heißen.

1.10.1 Installation

Zur Installation können die notwendigen Dateien unter folgendem Link heruntergeladen werden: *http://www.microsoft.com/en-us/download/details.aspx?id=29062*.

Die Größe des MSI-Paketes ist knapp 30 MB (27,7 MB für 32 Bit und 33,00 MB für 64 Bit), es lässt sich laut Microsoft in nur knapp 30 Sekunden installieren – ein Wert, der maßgeblich von der zugrunde liegenden Hardware abhängig ist, jedoch bei den meisten Installationen zutraf – und ist damit schneller und einfacher als die Installation von SQL Express; zumal während der Installation keine Einstellungen vorgenommen werden können/müssen.

SQL LocalDB kann unbeaufsichtigt („unattended") installiert werden. Ein einfacher Aufruf wie der folgende reicht dazu aus.

Listing 1.60 SQL LocalDB unbeaufsichtigt installieren

```
msiexec /i SqlLocalDB.msi /qn IACCEPTSQLLOCALDBLICENSETERMS=YES
```

Die Programmdateien befinden sich nach abgeschlossenem Setup unter `%ProgrammFiles%\Microsoft SQL Server\110\LocalDB`.

1.10.2 Keine Konfiguration

Dadurch, dass SQL LocalDB nicht als eigenständiger Dienst ausgeführt wird, ergibt sich ein Szenarium, das keinerlei Konfiguration notwendig macht. Das macht sowohl die (manuelle) Installation einfacher und vermeidet darüber hinaus Probleme durch fehlerhafte Konfiguration. Auch der Support für die Anwendung vermindert sich dadurch.

Beim ersten Zugriff auf SQL LocalDB wird dieses als Subprozess gestartet, der kurz nach dem Ende der Anwendung wieder beendet wird. Damit werden bei Nichtverwendung der Anwendung absolut keine Ressourcen verbraucht und es muss nicht extra sichergestellt werden, dass der SQL Server-Dienst tatsächlich ausgeführt wird.

1.10.3 Datenbank als Datei

Verbindungzeichenfolgen für SQL LocalDB unterstützen die `AttachDbFileName`-Eigenschaft, mit der es möglich ist, direkt die Datenbank durch ihre Medien (*.MDF-/*.LDF-Dateien) anzugeben – die Datenbank muss zuvor nicht an den SQL Server angebunden sein. Befinden sich MDF-/LDF-Dateien z. B. unter D:\Daten\, so kann z. B. mit folgender Verbindungszeichenfolge auf die Datenbank zugegriffen werden.

Listing 1.61 Verbindungszeichen mit Angabe einer Datenbank als Datei

```
Data Source=(LocalDB)\v11.0;Integrated Security=true;AttachDbFileName=
C:\Daten\dotnetconsulting.mdf
```

Mit SQL Server Express ist dieses Vorgehen ebenfalls möglich. Es ist also kein Alleinstellungsmerkmal von SQL LocalDB.

1.10.4 Netzwerk

Während SQL Express über das Netzwerk von anderen Clients angesprochen werden kann, funktioniert dies mit SQL LocalDB nicht. Ein Verbindungsaufbau via Netzwerk ist nicht möglich. Der (lokale) Client kommuniziert immer via Shared Memory mit der Datenbank.

Für Szenarien, in denen mehrere Computer auf ein und dieselbe Datenbank zugreifen müssen, ist SQL LocalDB also auf keinen Fall geeignet – allerdings muss auch fairerweise gesagt werden, dass SQL LocalDB dafür schlicht und einfach nicht konzipiert ist.

1.10.5 Das SqlLocalDB-Kommandozeilentool

Über das neue `SqlLocalDB.exe`-Kommandozeilentool besteht darüber hinaus die Möglichkeit, SQL LocalDB-Instanzen auf Wunsch direkt zu starten, stoppen, etc.

Listing 1.62 SqlLocalDB-Aufruf, um eine Instanz zu starten und die installierte Versionen aufzulisten

```
REM SQL LocalDB erstellen und starten
SqlLocalDB c -s

REM Alle auf dem Computer installierten SQL LocalDB-Versionen auflisten
REM (Aktuell nur 'Microsoft SQL Server 2012 (11.0.2100.60)'
SqlLocalDB v
```

Das Tool verfügt über eine Reihe von Optionen, die vom Tool selbst aufgelistet (und erläutert) werden, wenn ein Aufruf gänzlich ohne Parameter durchgeführt wird oder als Option -? angegeben wird.

■ 1.11 Columnstore-Indizes

SQL Server 2012 bietet eine neue Art von Indizes, die spalten- und nicht zeilenweise arbeitet und damit oftmals speicherorientiert sehr gute Performance bietet. Wie funktioniert der Columnstore-Index nun also? Die Funktionsweise an sich ist schon seit PowerPivot bekannt, das in Excel 2010 auch mit über 100 Millionen Zeilen Antwortzeiten von unter Sekunden bieten kann. Diese Technologie wird als xVelocity (vormals Vertipaq) bezeichnet.

Was ist nun anders bei Columnstore-Indizes? Hier werden die im Index angegebenen Spalten separat in „ihren" Seiten gespeichert. Der Index ist so organisiert, dass die Spalten einen eigenen Bereich im Index bekommen. Sofern eine Abfrage nur spezielle Werte aus einer Spalte benötigt, so können aus dem Index heraus gezielt die Spaltenseiten verwendet werden. Das bedeutet eine deutlich geringere Abfrageleistung, da Werte aus Spalten, die nicht benötigt werden, auch nicht gescannt werden müssen. Fazit: weniger Werte, weniger IO-Zugriffe, schnellere Abfragen. Der Index, der bisher entweder in einem Heap oder per B-Tree durchsucht wurde, kann nun gezielt einzelne Spaltenwerte herausholen.

Einen nicht zu unterschätzenden Nachteil haben Columnstore-Indizes jedoch: Sie sorgen dafür, dass der Inhalt der betreffenden Tabelle nicht verändert werden kann, solange der Index aktiv ist. Damit eignet sich ein solcher Index nur für „Nachschlagetabellen".

Ein Columnstore-Index lohnt am meisten bei „Star Joins", also solchen, in denen eine (wohlgemerkt umfangreiche) Tabelle im Zentrum (Fakten) mit mehreren anderen Tabellen (Dimensionen) „gejoint" wird. In einem solchen Fall kann dies eine zehn- bis 500-fache Beschleunigung der Abfragen bedeuten. Microsoft selbst gibt das ca. 100-Fache an[1].

Columnstore-Indizes lassen sich im SQL Server Management Studio verwalten.

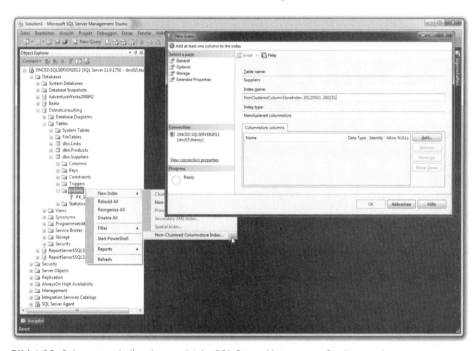

Bild 1.32 Columnstore-Indizes lassen sich im SQL Server Management Studio verwalten.

Per T-SQL lässt sich ein Columnstore-Index wie folgt erstellen.

Listing 1.63 Columnstore-Index per T-SQL anlegen

```
CREATE COLUMNSTORE INDEX MyIndex ON [dbo].[Suppliers]
(Name, Verkaufswert, Dauer)
WITH (DROP_EXISTING = ON);
```

---

[1] http://blogs.technet.com/b/dataplatforminsider/archive/2012/03/08/introducing-xvelocity-in-memory-technologies-in-sql-server-2012-for-10-100x-performance.aspx

Durch den Zusatz `WITH (DROP_EXISTING = ON)` wird ein eventuell bereits bestehender Index mit gleichem Namen zunächst gelöscht, bevor er neu angelegt wird.

Soll der Inhalt der Tabelle wieder modifiziert werden können, so kann der Index deaktiviert oder gelöscht werden.

Listing 1.64 Columnstore-Index per T-SQL deaktivieren oder löschen

```
-- Wahlweise den Index deaktivieren
ALTER INDEX MyIndex ON dbo.Daten DISABLE;

-- Oder gar ganz löschen
DROP INDEX MyIndex ON dbo.Daten;
```

Wurde der Index lediglich deaktiviert, so kann er mittels dieses Befehls wieder neu erstellt werden.

Listing 1.65 Deaktivierten Columnstore-Index neu erstellen

```
ALTER INDEX MyIndex ON dbo.Daten REBUILD;
```

Gleiches ist auch mittels des SQL Server Management Studios über das Kontextmenü des betroffenen Index durchführbar.

1.12 Volltextsuche

Auch die Volltextsuche hat mit SQL Server 2012 Neues zu bieten. Neben der allseits beliebten Performanceverbesserung gibt es insbesondere drei Punkte, auf die im Folgenden näher eingegangen wird.

1.12.1 Eigenschaftensuche

Diese neue Funktionalität erlaubt das Suchen in den Eigenschaften eines Dokumentes (Titel, Autorenname etc.), wenn es sich um ein Office-Dokument (2007/2010) handelt. Damit dieses Feature eingesetzt werden kann, muss zunächst eine Eigenschaftensuchliste (Search Property List) angelegt werden. Dies geschieht mit der `ALTER SEARCH PROPERTY LIST`-Anweisung, wie in Listing 1.66 gezeigt.

Listing 1.66 Eine Eigenschaftensuchliste anlegen

```
ALTER SEARCH PROPERTY LIST Eigenschaftensuchliste
    ADD 'Title'
    WITH (
        PROPERTY_SET_GUID = 'F29F85E0-4FF9-1068-AB91-08002B27B3D9',
        PROPERTY_INT_ID = 2,
        PROPERTY_DESCRIPTION = 'System.Title - Titel');
```

Durch diese Anweisung kann nach dem Titel eines Dokumentes gesucht werden. Die jeweilige GUID für die Eigenschaft kann in der MSDN-Dokumentation nachgeschlagen werden.

Die neu erstellte Eigenschaftensuchliste muss dann noch einem oder mehreren Volltextindizes zugeordnet werden.

Listing 1.67 Eigenschaftenliste einem Volltextindex zuordnen

```
ALTER FULLTEXT INDEX ON Dokumente
    SET SEARCH PROPERTY LIST Eigenschaftensuchliste;
```

Als letzten Schritt müssen noch die Inhaltsfilter (IFilter) installiert und aktiviert werden[1]. Die Aktivierung geschieht mit einem Aufruf der `sp_fulltext_server`-Prozedur.

Listing 1.68 Inhaltsfilter aktivieren

```
EXEC sp_fulltext_service load_os_resources, 1;
```

Ist dies alles vollbracht, kann nun über die `PROPERTY`-Funktion eine entsprechende Suche wie in Listing 1.69 gezeigt, durchgeführt werden.

Listing 1.69 Volltextsuche über Dokumenteneigenschaft

```
SELECT * FROM Dokumente
    WHERE CONTAINS(PROPERTY(Document,'Title'), 'Per Anhalter durch die
Galaxy');
```

1.12.2 Anpassbares NEAR

Das Suchprädikat `NEAR` (in Volltextfunktionen wie `CONTAINSTABLE()`) tat bis dato nicht wirklich das, was es eigentlich versprach. Es stellte lediglich sicher, dass alle geforderten Suchbegriffe in einem Dokument vorhanden waren – nicht jedoch, dass sie sich in der Nähe zueinander befanden. Die tatsächliche Nähe der Suchbegriffe hatte lediglich Auswirkung auf den Rang eines Dokumentes im Suchergebnis.

Nun ist es möglich, genau zu bestimmen, wie viele Worte zwischen den Suchbegriffen liegen dürfen. In Listing 1.70 wird nach „Hemd" und „Hose" gesucht und es dürfen nur maximal drei Worte zwischen diesen Begriffen liegen.

Listing 1.70 Suche nach Hemd und Hose in beliebiger Reihenfolge mit maximal drei Worten Abstand

```
SELECT *
    FROM Dokumente AS Doks INNER JOIN
    CONTAINSTABLE(Dokumente, Inhalt, 'NEAR((Hemd, Hose), 3)') AS Suchergebnis
    ON Doks.Key = Suchergebnis.[KEY];
```

Auf diese Weise ist die Reihenfolge der Begriffe unerheblich. Diese kann jedoch mit der Angabe eines optimalen dritten Parameters mit dem Wert `TRUE` geändert werden.

---

[1] Download für Office 2007/ 2010 auf 32/ 64 Bit: *http://www.microsoft.com/en-us/download/details.aspx?id=17062*
Achtung! Serverneustart nach Installation notwendig

Listing 1.71 Suche nach Hemd und Hose in dieser Reihenfolge mit maximal drei Worten Abstand

```
SELECT *
    FROM Dokumente AS Doks INNER JOIN
    CONTAINSTABLE(Dokumente, Inhalt, 'NEAR((Hemd, Hose), 3, TRUE)') AS Suchergebnis
    ON Doks.Key = Suchergebnis.[KEY];
```

Nach wie vor werden Dokumente, deren Suchbegriffe näher beieinander liegen, mit einem höheren Rang im Suchergebnis „belohnt".

1.12.3 Semantische Suche

Die neue semantische Suche der Volltextsuche ist eine statistische, die (zu einem gegebenen Basisdokument) nach ähnlichen Dokumenten schaut. Dies geschieht durch die Auswertung relevanter Schlüsselbegriffe und Phrasen und deren Häufigkeit. So erhält ein Dokument, das eine größere Anzahl von Begriffen und Phrasen wie auch das Basisdokument enthält, eine höhere Wertung (Score). Als Nebenprodukt kann leicht ermittelt werden, welche relevanten Begriffe in einem Dokument zu finden sind – quasi eine schnelle Übersicht sortiert nach Häufigkeit.

> Damit eignet sich die semantische Suche besonders dafür, einen Überblick über den Inhalt des Dokumentenbestands zu liefern – es werden quasi Dokumente mit ähnlichem Inhalt gesucht. Ähnlich wird nach statistischer Verteilung der Begriffe und Phrasen in den Dokumenten gesucht.

Damit eine Spalte in die semantische Suche aufgenommen wird, muss diese entsprechend dazu konfiguriert werden.

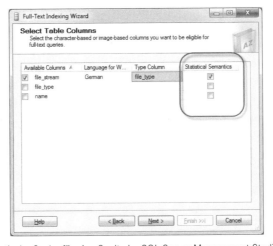

Bild 1.33 Die semantische Suche für eine Spalte im SQL Server Management Studio aktivieren

Installation

Die Installation besteht aus drei einfachen Schritten.

1. Zunächst muss eine spezielle Datenbank mittels eines Installationspakets (SEMANTIC-LANGUAGEDATABASE.MSI), das sich auf dem Installationsmedium des SQL Servers 2012 befindet, installiert werden. Die Datenbank wird in Form der Datenbankmedien (.mdf- und .ldf-Dateien) installiert, die in das gewünschte Verzeichnis kopiert werden müssen.
2. Nun muss die Datenbank an die SQL Server-Instanz angefügt werden. Dies geschieht mit der folgenden Anweisung, der die Pfade der beiden Datenbankmedien übergeben werden müssen.

```
CREATE DATABASE semanticsdb
    ON ( FILENAME = 'D:\...\semanticsdb.mdf' )
    LOG ON ( FILENAME = 'D:\...\semanticsdb_log.ldf' )
    FOR ATTACH;
```

Der Name der Datenbank kann frei vergeben und muss im dritten Schritt angegeben werden. Der Standardname lautet „SemanticsDb".

3. Als Letztes muss die Datenbank als solche für die semantische Suche registriert werden.

```
EXEC sp_fulltext_semantic_register_language_statistics_db
    @dbname = N'SemanticsDB';
```

Welche Sprachen für die semantische Suche aktuell zur Verfügung stehen, kann mit dieser Abfrage leicht ermittelt werden.

Listing 1.72 Mögliche Sprachen für die semantische Suche abrufen

```
select * from sys.fulltext_semantic_languages;
```

Anschließend liefert die Abfrage aus Listing 1.73 genau eine Zeile mit dem Namen der zuvor registrierten Datenbank. Wurde zuvor keine Registrierung durchgeführt, so ist die Rückgabe schlicht eine leere Liste.

Listing 1.73 Abfrage der registrierten Datenbank ermitteln

```
SELECT * FROM sys.fulltext_semantic_language_statistics_database;
```

Wird die semantische Suche nicht mehr verwendet, so kann die registrierte Datenbank auch wieder entfernt werden. Dazu muss die vorherige Registrierung zunächst zurückgenommen werden.

Listing 1.74 Die Datenbank für die semantisch Suche deregistrieren

```
EXEC sp_fulltext_semantic_unregister_language_statistics_db;
```

Der Name der Datenbank muss dafür nicht angegeben werden, da es nach dem Highlander-Prinzip nur eine Datenbank geben kann. Anschließend kann die Datenbank von der SQL Server-Instanz getrennt oder einfach gelöscht werden.

Ähnliche Dokumente finden

Um ähnliche Dokumente zu finden, kommt die `SEMANTICSIMILARITYTABLE()`-Funktion zum Einsatz. Sie liefert die relative Ähnlichkeit der Dokumente im Vergleich mit einem Basisdokument, das zuvor bestimmt werden muss.

Listing 1.75 Die fünf Dokumente mit dem ähnlichsten Inhalt

```
DECLARE @ID hierarchyid;

-- Gewünschtes Dokument ermitteln
SELECT @ID = path_locator from MeineFiletable where name =
    'DBProg45_K02_SQLServer2012Neuerungen.docm';

-- Die ähnlichsten 5 Dokumente
SELECT TOP 5 WITH TIES name, score
FROM SEMANTICSIMILARITYTABLE
  ( MeineFiletable,
    file_stream,
    @ID
  )
INNER JOIN MeineFiletable
  ON path_locator = matched_document_key
ORDER BY score DESC;
```

Das Ergebnis dieser Abfrage sieht wie in Bild 1.34 aus.

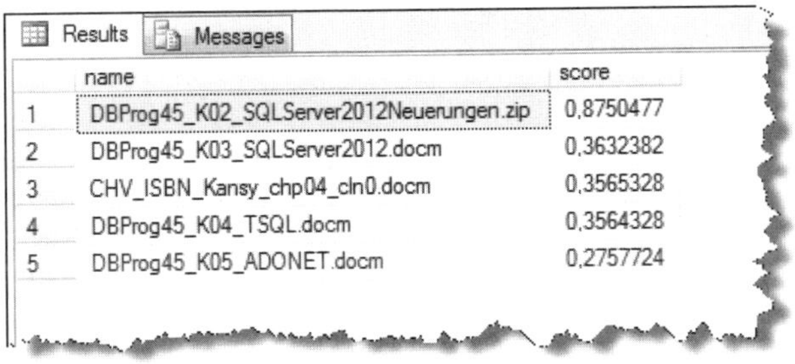

	name	score
1	DBProg45_K02_SQLServer2012Neuerungen.zip	0,8750477
2	DBProg45_K03_SQLServer2012.docm	0,3632382
3	CHV_ISBN_Kansy_chp04_cln0.docm	0,3565328
4	DBProg45_K04_TSQL.docm	0,3564328
5	DBProg45_K05_ADONET.docm	0,2757724

Bild 1.34 Die fünf Dokumente mit dem ähnlichsten Inhalt

Schlüsselbegriffe und Phrasen

Sollen die verwendeten Schlüsselbegriffe und Phrasen aus einem Dokument abgerufen werden, kann dies über die `SEMANTICKEYPHRASETABLE()`-Funktion geschehen, die zusätzlich die relative Häufigkeit liefert, sodass einfach sortiert und/oder gefiltert werden kann.

Listing 1.76 Die fünf häufigsten Begriffe in einem bestimmten Dokument

```
DECLARE @ID hierarchyid;

-- Gewünschtes Dokument ermitteln
SELECT @ID = path_locator from MeineFiletable where name =
    'DBProg45_K02_SQLServer2012Neuerungen.docm';

-- Die 5 häufigsten Begriffe ausgeben
SELECT TOP 5 WITH TIES *
FROM SEMANTICKEYPHRASETABLE
```

```
    ( MeineFiletable,
      file_stream,
      @ID
    ) AS Begriffe
ORDER BY Begriffe.score DESC;
```

Das Ergebnis der Abfrage aus Listing 1.76 sieht wie folgt aus.

	column_id	document_key	keyphrase	score
1	2	0xFCB2820B1546038FE8D2167FA9501EF9C2D087037FE5C4...	select	0,5316041
2	2	0xFCB2820B1546038FE8D2167FA9501EF9C2D087037FE5C4...	listing	0,5229604
3	2	0xFCB2820B1546038FE8D2167FA9501EF9C2D087037FE5C4...	server	0,51366
4	2	0xFCB2820B1546038FE8D2167FA9501EF9C2D087037FE5C4...	abfrage	0,4664545
5	2	0xFCB2820B1546038FE8D2167FA9501EF9C2D087037FE5C4...	sys	0,4313902

Bild 1.35 Die fünf häufigsten Begriffe

Die semantische Suche bewertet dabei nach dem Motto „Häufiger, also wichtiger". Begriffe oder Phrasen, die häufiger vorkommen, werden wichtiger als andere Begriffe eingestuft.

■ 1.13 Sonstiges

Ein Abschnitt mit dem Titel „Sonstiges" ist bei einer Liste an Neuerungen zu einem bestehenden Produkt offensichtlich obligatorisch (quasi ein Naturgesetz) und daher will ich ebenfalls nicht darauf verzichten. Daher folgen hier kurz & knackig die sonstigen Neuerungen von SQL Server 2012, die für einen Entwickler interessant sein könnten. Der Grund dafür ist ebenfalls einfach: Die Punkte gehören nicht zum Schwerpunktthema dieses Buches oder sind wirklich nur Verbesserungen im Detail.

1.13.1 CLR-Integration .NET Framework 4.0

Die CLR-Integration, die es erlaubt, Prozeduren, Funktionen etc. nicht in T-SQL, sondern mithilfe des .NET Frameworks zu entwickeln (C# oder VB.NET), unterstützt nun .NET Framework 4.0, das mit SQL Server 2012 auf dem Computer installiert wird. Assemblies für den SQL Server lassen sich damit auch mit .NET 4.5 kompilieren, es kommt jedoch zu einem Fehler, wenn eine Funktion verwendet wird, die nicht oder anders in .NET 4.0 vorliegt.

1.13.2 Standardschema für Windows-Gruppen

Eine unscheinbare, aber wichtige Verbesserung hat SQL Server dadurch erfahren, dass nun einer Windows-Gruppe als Datenbank-User bei der Verwendung von Windows-Authentifizierung ein Standardschema zugewiesen werden kann. Bis SQL Server 2012 bestanden die Alternativen darin, entweder alle Objekte im dbo-Schema zu belassen (SELECT * FROM dbo.Tabelle; oder SELECT * FROM Tabelle;) oder bei jedem Zugriff zwingend einen zweiteiligen Namen anzugeben (SELECT * FROM meinSchema.Tabelle;).

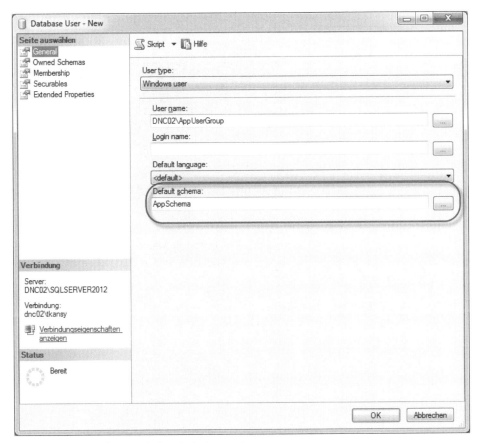

Bild 1.36 Windows-Gruppe mit Standardschema anlegen

Per T-SQL lässt sich nun ein solcher Datenbank-User für eine Windows-Gruppe wie folgt anlegen. Die WITH DEFAULT_SCHEMA-Funktion bestimmt hier das Standardschema.

Listing 1.77 Windows-Gruppe mit Standardschema per T-SQL anlegen

```
CREATE USER [DNC02\AppUserGroup] WITH DEFAULT_SCHEMA=[AppSchema];
```

Durch diese neue Möglichkeit können T-SQL-Abfragen schemaneutral (also ohne Nennung der Schemata) geschrieben werden. Dies erhöht die Lesbarkeit und ein einfaches Umschalten von einem zum anderen Schema in der Datenbank.

1.13.3 Geometry/Geography

Auch die räumlichen Datentypen GEOMETRY und GEOGRAHPY wurden bei SQL Server 2012 erweitert und verbessert. Neben einigen Performanceverbesserungen (auch bei Abfragen via SPATIAL INDEX) sind dies insbesondere folgende.

Neue Spatial-Objekte

Es gibt nun drei neue Spatial-Objekte, die sich zu den bereits existierenden (POINT, LINESTRING, POLYGON etc.) gesellen, und in Tabelle 1.5 kurz beschrieben werden.

Tabelle 1.5 Neue Objekte der Geometry-/Geography-Typen

Spatial-Objekt	Beschreibung
CircularString	Eine Ansammlung von mehreren stetigen Kreisbogensegmenten
CompoundCurve	Eine CompoundCurve ist eine beliebig große Ansammlung fortlaufender CircularString oder LineString.
CurvePolygon	Ein Begrenzungsring, der ein Polygon umschließt

Damit lassen sich verstärkt runde Konturen für z.B. Werkstücke oder Ähnliches im SQL Server abspeichern und für Berechnungen verwenden.

FullGlobe-Unterstützung

Für GEOGRPAHY werden nun Objekte möglich, die größer als eine logische Hemisphäre sind. Diese Funktion wird als FullGlobe bezeichnet und lässt sich recht einfach auf folgende Weise demonstrieren.

Listing 1.78 FullGlobe-Unterstützung

```
DECLARE @g GEOGRAPHY = GEOGRAPHY::STGeomFromText('FULLGLOBE',4326);
-- Fläche des WGS84 Ellipsoiden ausrechnen
SELECT @g.STArea()
```

Das Ergebnis sind 510 065 621 710 996 m² – ein Wert, den der Autor im Glauben an die Technik weder nachgerechnet und noch grob überschlagen hat.

2 Microsoft SQL Server 2012

Dieses Kapitel widmet sich eingehend den Grundlagen des Microsoft SQL Server 2012 (interne Version 11.0). Dabei soll der Fokus auf solche Funktionen gelegt werden, die wichtig für den Programmierer bei seiner täglichen Arbeit sind. Andere, die dabei weniger von Relevanz, mehr für den Administrator interessant sind oder sich hervorragend in den Dokumentationen zu diesem Produkt nachschlagen lassen, wie z.B. die umfangreichen Optionen und/oder gespeicherten Prozeduren/Sichten, die zum System gehören, werden dagegen kaum oder nur oberflächlich angesprochen. Dem geneigten Leser, dem dies nicht tiefgehend genug ist, sei natürlich ein spezielles Buch ans Herz gelegt, das ausschließlich dieses Thema behandelt.

2.1 Woraus besteht der SQL Server eigentlich?

Auch wenn oft nur von „dem SQL Server" gesprochen wird, bedeutet dies nicht, dass dieser aus einem monolithischen Block besteht, sondern der Name dient eher als ein Sammelbegriff für die unterschiedlichen Elemente, die insgesamt die Software ausmachen. Einige dieser Komponenten sind extern und können je nach Wunsch aus- und wieder eingeschaltet werden, andere dagegen sind intern und damit immer „mit von der Partie".

Aus Sicht des Betriebssystems besteht der SQL Server lediglich aus einer Reihe von Windows-Diensten (Ausnahme: SQL Server Express LocalDB), den Datenbankmedien mit dem Inhalt der Datenbanken und einigen, gemeinsam genutzten Programmen zu deren Verwaltung. Daher gemeinsam genutzt, weil sich die Dienste mehrfach als getrennte Instanzen auf einem System installieren lassen.

2.1.1 Instanzen

SQL Server 2012 wird immer als eine sogenannte Instanz installiert. Auf einem System können (theoretisch) beliebig viele Instanzen installiert werden, auch von älteren Versionen ab SQL Server 2000 (vorher wurden noch keine Instanzen unterstützt, und der SQL Server konnte nur einmal installiert werden). Eine dieser Instanzen kann dabei die Standardinstanz sein, alle anderen sind benannte Instanzen, deren INSTANZ-ID auf dem System eindeutig sein und die bei einer Anmeldung oder in einer Verbindungszeichenfolge verwendet werden muss. Die Konvention ist dabei recht einfach:

```
{ServernameOderIPAdresse}\{InstanzID}
```

Im Anmeldedialog des SQL Server Management Studios, dem grafischen Administrationsprogramm, sieht dies z. B. folgendermaßen aus.

Bild 2.1 Anmeldung an eine Instanz

In einer Verbindungszeichenfolge bei der Programmierung mit ADO.NET sieht es entsprechend ähnlich aus.

```
Data Source=DNC02\SQLServer2012;Initial Catalog=TestDb;
    Integrated Security=True
```

 Das SQL Server Management Studio wird in Abschnitt 2.2, „Verwaltungsprogramme", zusammen mit den anderen Verwaltungsprogrammen genauer beschrieben.

Nun gibt es für die Verwendung unterschiedlicher Instanzen eine Reihe von Gründen.

- *Unabhängiger Betrieb:* Durch die strikte Trennung können die einzelnen Instanzen unabhängig voneinander gestartet und gestoppt werden.
- *Sicherheit:* Auch versehentliche Fehler in der Administration lassen sich nicht für den Zugriff auf Datenbanken und Einstellungen in einer anderen Instanz nutzen.
- *Konfiguration:* Da jede Instanz völlig getrennt von allen anderen ist, beeinflussen auch „Servereinstellungen" nur genau die Instanz, für die sie vorgenommen werden.
- *Verwaltung:* Durch die unabhängige Konfiguration und den Betrieb der Instanz kann damit ganz hervorragend eine Instanz in die Verantwortung eines Administrators über-

geben werden, ohne dass dieser mit anderen in die Quere kommt, da auch Anmeldungen und Berechtigungen völlig getrennt sind. Ein Aspekt, der auch mit dem Contained-Database-Feature nur teilweise abgedeckt werden kann.

Nun mag der Eindruck aufkommen, dass es möglicherweise eine kluge Idee sei, für jede Datenbank eine eigene Instanz zu erstellen. Obwohl dies möglich ist, gibt es einige Gründe, die gegen eine zu starke Aufteilung sprechen:

- *Verwaltung:* Der unabhängige Betrieb, der auf der einen Seite ein Vorteil sein kann, ist auf der anderen auch Fluch, da gemeinschaftliche Einstellungen für jede Instanz einzeln vorgenommen werden müssen.
- *Ressourcen:* Da jeder Dienst einen gewissen Grundbedarf an Arbeitsspeicher und CPU hat, verbrauchen im Vergleich zehn Instanzen für je eine Datenbank mehr als eine Instanz für zehn Datenbanken.
- *Mehrere Datenbanken:* Manche Anwendungen greifen auf mehr als nur eine Datenbank zu, wenn z. B. historische und aktuelle Daten getrennt sind. In einem solchen Szenario ist es oftmals einfacher, auf die einzelne Datenbank über vollqualifizierte Namen (`SELECT * FROM DatenbankA.dbo.Tabelle;`) zuzugreifen als mehrere unterschiedliche Verbindungen in der Anwendung zu verwenden.

Um in unterschiedlichen Szenarien die jeweils optimale Lösung bieten zu können, existieren von Microsoft SQL Server 2012 unterschiedliche Editionen. Hier ein Überblick über die wichtigsten Varianten:

- *Developer:* Für die Entwicklung sehr gut geeignet, jedoch von der Anzahl der gleichzeitigen Verbindungen beschränkt.
- *Compact:* Bei dieser Edition (ehemals SQL Server CE) handelt es sich um eine in die Anwendung eingebettete Datenbank. Sie wird nicht getrennt installiert, sondern besteht nur aus einer DLL, die zusammen mit der Anwendung installiert wird. Sie verfügt über einen im Vergleich zu den anderen Varianten eingeschränkten Funktionsumfang.
- *Express:* Diese kostenfreie Edition ist auf eine CPU, ein GByte RAM und maximal 4 GByte große Datenbanken beschränkt. Sie wird ohne grafische Programme zur Verwaltung ausgeliefert, die jedoch nachträglich von Microsoft heruntergeladen und installiert werden können.
- *LocalDB:* Die neue, ebenfalls kostenfreie Express LocalDB Edition ist eine einfache Variante der Express Edition, die sich schnell und einfach installieren lässt und im Hintergrund keinen Windows-Dienst benötigt. Weitere Details über die SQL Server 2012-Neuerungen finden Sie in Abschnitt 1.10.
- *Standard:* Für Anwendungen von bis zu 250 parallelen Verbindungen ist diese Variante von Microsoft vorgesehen.
- *Business Intelligence:* Die Edition des SQL Servers, die alle BI-Funktionen bietet.
- *Enterprise:* Zu guter Letzt ist dies die Edition ohne Einschränkungen. Es werden zudem auf Wunsch alle CPUs, der gesamte Arbeitsspeicher, Cluster für Hochverfügbarkeit und Datenbanken bis zur technischen Beschränkung des Systems unterstützt. Diese Variante kommt bei kritischen 24 x 7-Anwendungen zum Einsatz.

Datenbankmedien und Sicherungsdateien sind in der Regel bei niedrigeren Editionen (Express, Developer etc.), wie sie häufig für die Entwicklung verwendet werden, auf höheren Editionen einsatzfähig. Bei den Service-Packs müssen Sie allerdings aufpassen, da diese bis dato immer nur für eine bestimmte Variante entwickelt wurden und in der Regel nur aufwärtskompatibel sind.

2.1.2 Datenbankmodul

Das Datenbankmodul ist die wichtigste Komponente des SQL Servers. Es ist für das Speichern, Abfragen und Modifizieren der Daten zuständig. Neben diesen Aufgaben übernimmt dieses Modul die folgenden Funktionen:

- *Ressourcenverwaltung:* Jegliche Ressourcen wie CPU, Arbeitsspeicher, Festplattenplatz etc. werden zentral für alle Datenbanken verwaltet.
- *Transaktionen:* Um die Konsistenz der Datenbank in jeder Situation sicherstellen zu können, werden Transaktionen verwendet. Die Abkürzung ACID[1] (oder auch AKID[2]) beschreibt dabei die benötigten Eigenschaften, über die eine solche Transaktion verfügen soll.
- *Sicherheit:* Das Datenbankmodul sorgt dafür, dass auf Daten und Funktionalitäten nur zugegriffen werden darf, wenn die benötigten Berechtigungen vorliegen. Ist dies nicht der Fall, so wird der Versuch recht uncharmant abgewiesen und auf Wunsch protokolliert, sodass ein Administrator sich davon in Kenntnis setzen kann.
- *Backups:* Die Funktion kümmert sich um das Erstellen und Wiedereinspielen von Sicherungen, welche die gesamte oder nur einen Teil der Datenbank umfassen.

Die Sprache, in der mit dem Datenbankmodul kommuniziert werden kann, ist ausschließlich T-SQL (siehe Kapitel 3). Konsequent bedeutet dies, dass alles (und gemeint ist wirklich alles), was über das SQL Server Management Studio administriert werden kann, auch in T-SQL machbar ist. Die sogenannten SMO (Server Management Objects) erledigen die notwendige Übersetzungsarbeit.

Über den SQL Server Profiler können Sie sich anzeigen lassen, welche Anweisungen dies konkret sind. In Abschnitt 2.15.2, „Welche T-SQL-Anweisungen verwendet das SQL Server Management Studio", wird der Vorgang beschrieben.

2.1.3 SQL Server Agent

Der SQL Server Agent ist der Dienst, der neben dem SQL Server immer laufen sollte (Ausnahme: Express und Express LocalDB, bei denen es den Agenten nicht gibt). Er ist für eine Reihe automatischer Aufgaben zuständig – von der Wartung der Datenbank bis hin zu der Benachrichtigung von Operatoren, wenn bestimmte Bedingungen erfüllt sind.

---

[1] ACID: Atomicity, Consistency, Isolation, Durability
[2] AKID: Atomarität, Konsistenz, Isolation, Dauerhaftigkeit

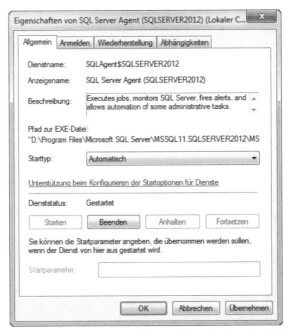

Bild 2.2 Der SQL Server Agent sollte immer ausgeführt werden und automatisch starten.

Technisch meldet sich der Agent beim SQL Server-Datenbankmodul an und kann daher nicht laufen, ohne dass dieser ausgeführt wird (der Dienst hängt also von dem des Datenbankmoduls ab). Für seine Verwaltung steht im SQL Server Management Studio ein eigener Zweig bereit, über den alle Elemente und Optionen erreichbar sind.

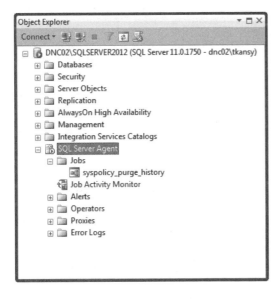

Bild 2.3 Der SQL Server Agent im SQL Server Management Studio

Aufträge (Jobs)

Jeder Auftrag besteht aus einem oder mehreren Schritten, die nach einem bestimmten Zeitplan ausgeführt werden. Ein solcher Zeitplan kann aus einem der folgenden Typen bestehen:

- *Einmal* (zu einem festen Zeitpunkt)
- *Wiederholt* (nach einem Muster wie „Jeden Montag 3:00" oder „Alle drei Wochen montags")
- *Automatisch* beim Start des SQL Server-Agenten
- Wenn die CPU sich im *Leerlauf* befindet. Dieser Wert kann über eine Servereinstellung definiert werden. Der Auftrag wird nicht abgebrochen, wenn seine Ausführung die CPU belastet und damit aus dem Leerlauf holt.

Auch wenn ein Auftrag laut Plan gestartet werden sollte, der jedoch noch läuft, wird er nicht erneut gestartet – ein Auftrag wird also immer nur einmal gleichzeitig ausgeführt.

Liegt kein (aktiver) Zeitplan vor, so kann der Auftrag von einem Administrator über SQL Server Management Studio mittels Kontextmenübefehl AUFTRAG STARTEN BEI SCHRITT... oder T-SQL oder z. B. als Antwort auf eine Warnung gestartet werden.

Die CDC-Funktion (Change Data Capture, siehe Abschnitt 2.7, „CDC (Change Data Capture)") und die Replikation zwischen unterschiedlichen Datenbanken sind ebenfalls mittels Aufträge realisiert, auch führt der Dienst auf Wunsch automatische Wartungen in der Datenbank durch.

Jedes Mal, wenn es also ein Zeitplan vorschreibt, wird der Auftrag gestartet, indem der erste Schritt ausgeführt wird. Ein Schritt kann von einem bestimmten Typ sein, der vorgibt, welche Art von Skript oder Programm gestartet werden soll. Einige wichtige Typen sind:

- T-SQL
- PowerShell
- ActiveX-Skript
- Betriebssystem (CmdExec)

Der jeweils nächste Schritt kann abhängig davon, ob der aktuelle Schritt erfolgreich war oder mit einem Fehlschlag (auf Wunsch nach mehreren Versuchen) abgeschlossen wurde, festgelegt werden. Standardmäßig wird bei Erfolg der nächste Schritt (wenn vorhanden) ausgeführt, während ein Fehlschlag die Ausführung beendet.

Zusätzlich kann ein Operator benachrichtigt oder ein Eintrag im Windows-Anwendungsprotokoll vorgenommen werden, wenn der Auftrag abgeschlossen wurde (erfolgreich, fehlerhaft oder generell).

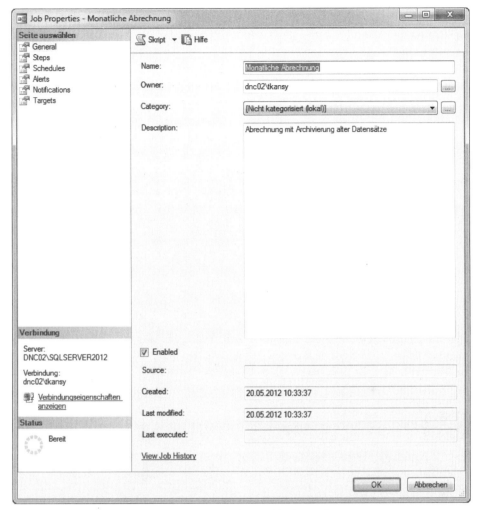

Bild 2.4 Der Dialog zum Bearbeiten von Aufträgen für den SQL Server-Agenten

Warnungen (Warnings)

Warnungen sind mehr oder weniger dramatische Fehlerzustände, die durch das Auslösen per T-SQL, Leistungsindikatoren des Systems oder WMI[1]-Abfragen ermittelt werden. Als Antwort auf einen solchen Fehler oder eine solche Warnung können ein oder mehrere Operatoren benachrichtigt werden.

Damit verfügt der SQL Server über ein eigenes Bordmittel, um auf Fehler und Ressourcenengpässe reagieren zu können.

---

[1] WMI: Windows Management Instrumentation ist die Implementierung des Microsoft Web Based Enterprise Management for Windows (WBEM).

Operatoren (Operators)

Operatoren sind Administratoren, die bei Warnungen oder bei Beendigungen von Aufträgen benachrichtigt werden. Zu diesem Zweck wird für jeden Operator neben den Namen auch angegeben, wie dieser erreichbar ist. Zur Auswahl stehen:

- E-Mail: Hierfür muss das Feature Datenbank-E-Mail eingerichtet sein. Dieses befindet sich im SQL Server Management Studio unter VERWALTUNG.
- NET SEND: Neben dem Namen eines Benutzers kann hier auch der Name eines Computers verwendet werden, sodass derjenige, der gerade an dem System arbeitet, mit einer kleinen Nachricht überrascht wird, unabhängig davon, wer dies gerade ist.

Es ist etwas ärgerlich, dass der SQL Server 2012 für einen Operator immer nur eine einzige E-Mail-Adresse akzeptiert. Soll eine Gruppe benachrichtigt werden, so bleibt leider nur der Ausweg, auf dem E-Mail-Server eine Verteilerliste einzurichten und deren E-Mail-Adressen anzugeben.

2.1.4 Die Systemdatenbanken

Die Datenbanken, die zum System gehören, also diejenigen, die nicht von einem Programmierer oder einer Anwendung angelegt wurden, werden oft als Systemkatalog bezeichnet. In ihnen speichert der SQL Server die notwendigen Daten über seine Konfiguration und bietet Platz für unterschiedliche temporäre Daten während der Ausführung.

Die hier beschriebenen vier Datenbanken finden sich in jeder Installation, es kann jedoch noch mehr geben. Zum Beispiel wird für die Replikation[1] eine Datenbank namens distribution (als Standard) erzeugt. Da die Replikation in diesem Buch nicht behandelt wird, wird auch die dazugehörige Datenbank nicht weiter erwähnt.

master

Das zentrale Gedächtnis des SQL Servers ist die master-Datenbank. In ihr werden alle Einstellungen, Angaben über Anmeldungen und Informationen darüber, welche Benutzerdatenbanken existieren, abgelegt.

tempdb

In dieser Datenbank werden temporäre Informationen abgelegt. Dabei kann es sich sowohl um temporäre Tabellen handeln, die der Programmierer erzeugt hat, als auch um interne Zwischenergebnisse bei Gruppierungen. Gelöscht werden solche Informationen automatisch dann, wenn sie nicht mehr benötigt werden oder der SQL Server beendet wird.

---

[1] Replikation ist der Prozess, um den Inhalt zweier Datenbanken durch Übermittlung der angefallenen Änderungen anzugleichen – entweder als „Einbahnstraße" oder in beide Richtungen.

msdb

Diese Datenbank wird für Einstellungen und Aufträge für den SQL Server-Agenten verwendet. Zusätzlich befindet sich eine Historie über alle gemachten Sicherungen in dieser Datenbank. Auch die Definition von Datenimporten (SSIS[1]-Pakete) findet hier Platz (siehe Abschnitt 2.1.8, „Integration Services" in diesem Kapitel).

model

Diese Datenbank dient beim Erstellen neuer Datenbanken als Vorlage. Alle Objekte, seien es Tabellen, Benutzer, gespeicherte Prozeduren etc., die sich zum Zeitpunkt der Erstellung in der model-Datenbank befinden, sind anschließend auch in der neuen Datenbank zu finden – die Datenbank wird quasi kopiert.

Es gehört noch eine weitere Datenbank dazu, die `mssqlsystemresource`-Datenbank. In ihr werden alle Verwaltungssichten gespeichert, die in jeder Datenbank zu sehen sind. Im Gegensatz zu der anderen Datenbank wird diese jedoch nicht angezeigt, und sie wird immer im `Bin`-Verzeichnis gespeichert, wo sich die Binärdateien der Instanz befinden (standardmäßig %PROGRAMFILES%\MICROSOFT SQL SERVER\MSSQL10.MSSQLSERVER\MSSQL).

2.1.5 Volltextsuche

Mit der Volltextsuche lässt sich der Inhalt von Textspalten auf dem Weg durchsuchen, wie es auch viele Suchmaschinen im Internet tun. Es wird nicht nur nach einem Muster wie bei `LIKE` gesucht, sondern die Texte werden in einen eigenen Index überführt, für den alle Worte normalisiert werden und unerwünschte Begriffe (Stop-Words) entfernt wurden. Seit dieser Version des SQL Servers wurde aus Gründen der Leistung die Volltextsuche in das Datenbankmodul eingebaut.

In Abschnitt 2.10, „Volltextsuche", finden Sie ein praktisches Beispiel, wie die Volltextsuche in einer Anwendung verwendet werden kann.

2.1.6 Analysis Services

Mithilfe der Analysis Services können mehrdimensionale Datensammlungen (sogenannte Cubes) automatisch mit Daten befüllt und ausgewertet werden. Häufig in diesem Zusammenhang vorkommende Begriffe sind OLAP (Online Analytical Processing) sowie Data Mining. Sie beschreiben Verfahren, um komplexe Abfragen aus verrechneten und verdichteten Datengrundlagen, die von der jeweiligen Fragestellung (worüber werden Aussagen benötigt) abhängen, mit geringem Zeitaufwand beantworten zu können.

---
[1] SSIS: SQL Server Integration Services

2.1.7 Reporting Services

Mit den Reporting Services des SQL Servers können servergestützte Berichte entwickelt und verteilt werden. Diese Berichte können von Anwendern abgerufen, aber auch aktiv nach einem Zeitplan z. B. per E-Mail verteilt werden.

2.1.8 Integration Services

Um Daten aus unterschiedlichsten Datenquellen (Microsoft Excel, Microsoft Access, CSV, XML etc.) zusammen und in eine einheitliche Form zu überführen, existieren die Integration Services. Anwendungen für diese sind als Pakete organisiert, welche die entsprechenden Transformationen durchführen.

■ 2.2 Verwaltungsprogramme

SQL Server 2012 wird von Hause aus mit einer Reihe von Verwaltungsprogrammen von Microsoft ausgeliefert, die auch im Standard installiert werden, wenn sie nicht extra bei der Installation abgewählt werden. Diese Programme werden auch nur einmal installiert, unabhängig davon, wie viele (Datenbank-)Instanzen auf einem Computer installiert werden.

2.2.1 SQL Server Management Studio

Das SQL Server Management Studio, das auch für die Express-Variante zur Verfügung steht, ist das wichtigste Werkzeug für die Verwaltung des SQL Servers 2012. Das Programm befindet sich direkt in der SQL SERVER 2012-Programmgruppe.

Mit dem Programm können alle wesentlichen Aspekte der Datenbank und der SQL Server-Instanz administriert, T-SQL-Skripte erzeugt und ausgeführt und Tabelleninhalte eingesehen und verändert werden.

Das SQL Server Management Studio hat jedoch oft übersehene Funktionen:

- Mit ihm lässt sich nicht nur das Datenbankmodul administrieren, sondern auch andere Servertypen wie Analysis Services, Reporting Services und die Integration Services. Zu diesem Zweck kann im Anmeldedialog bestimmt werden, zu welchem Servertyp eine Verbindung aufgebaut werden soll. Zusätzlich befindet sich im Objekt-Explorer der Befehl VERBINDEN, der ebenfalls die entsprechende Auswahl zulässt.
- Die Registrierungen werden im Objekt-Explorer gespeichert und stehen auch beim nächsten Start des SQL Server Management Studios zur Auswahl. Auf diese Weise können recht bequem mehrere, auch unterschiedliche Server verwaltet werden.

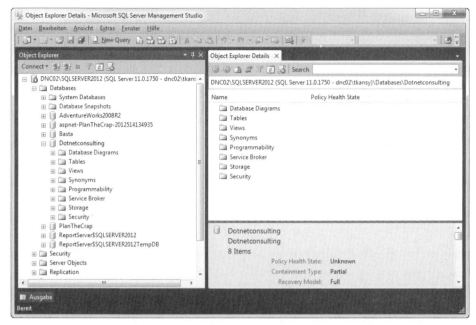

Bild 2.5 Das SQL Server Management Studio

Bild 2.6 Dem Anwender wird die Wahl gelassen, was er administrieren möchte.

2.2.2 SQL Server Profiler

Mithilfe des SQL Server Profilers können die SQL-Anweisungen angezeigt und auf Wunsch aufgezeichnet werden, die an den SQL Server geschickt werden. Diese Informationen können z. B. zu Studienzwecke und zur Fehlersuche verwendet werden.

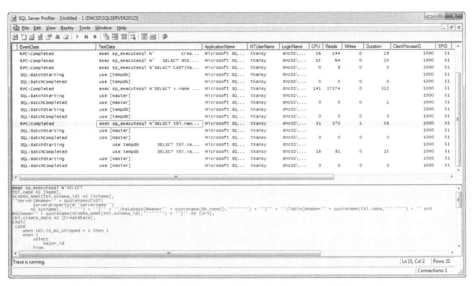

Bild 2.7 Der SQL Server Profiler zeigt Abfragen an, die an den Server geschickt wurden.

Der SQL Server Profiler kann direkt auf dem SQL Server Management Studio über das Menü EXTRAS gestartet werden. Zusätzlich befindet es sich jedoch auch in der Programmgruppe MICROSOFT SQL SERVER 2012/PERFORMANCE TOOLS.

 Spätestens durch dieses Programm sollte dem geneigten Programmierer bewusst werden, dass die Implementierung eines eigenen Anmeldeverfahrens, das Benutzername und Kennwort im Klartext in einer Tabelle speichert, keine allzu gute Idee ist – beides wird nämlich gnadenlos angezeigt.

SELECT ID FROM Benutzertabelle

WHERE Name='MeinName' AND Kennwort='MeinKennwort';

Auf die Kennwörter der SQL Server-Authentifizierung trifft dies selbstverständlich nicht zu. Muss ein eigenes Anmeldeverfahren unbedingt her, so sollte das Kennwort möglich nicht als Klartext, sondern lediglich als Hash gespeichert und in der Abfrage verwendet werden.

2.2.3 Datenbankoptimierungsratgeber (Database Tuning Advisor)

Dieses kleine Programm mit dem langen Namen ist in der Lage, eine Datenbank zu optimieren, indem es Abfragen analysiert und Vorschläge zu Indizes und der Partitionierung der Daten unterbreitet.

Ebenso wie der SQL Server Profiler kann dieses Werkzeug direkt über das SQL Server Management Studio über das Menü EXTRAS gestartet werden. Außerdem ist es auch in der Programmgruppe MICROSOFT SQL SERVER 2012/PERFORMANCE TOOLS zu finden.

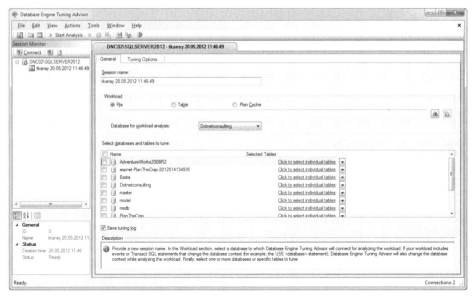

Bild 2.8 Der Datenbankoptimierungsratgeber

2.2.4 SQL Server-Konfigurationsmanager

Mithilfe dieses Programms (zu finden in der Programmgruppe MICROSOFT SQL SERVER 2012/ CONFIGURATION TOOLS) können zum einen die installierten Dienste gestartet bzw. gestoppt werden, zum anderen kann die Netzwerkkonfiguration des SQL Servers verändert werden. Damit legen Sie fest, auf welchen Netzwerkprotokollen (im Falle von TCP/IP auch auf welchen Port) er auf Anfragen von Clients reagieren soll.

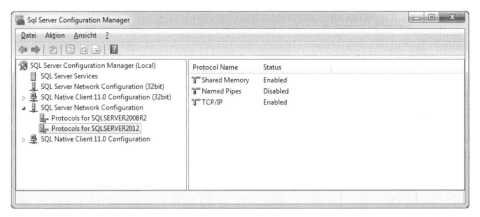

Bild 2.9 Der SQL Server-Konfigurationsmanager

Er ist in der Programmgruppe MICROSOFT SQL SERVER 2012/CONFIGURATION TOOLS zu finden.

2.3 Die Installation

Wie bei Microsoft allgemein üblich, ist die Installation des SQL Servers 2012 an sich eine recht einfache Angelegenheit. Dennoch gibt es einige Dinge, die bedacht werden sollten, bevor das Setup gestartet wird.

2.3.1 Vorbereitung

Vor der eigentlichen Installation gilt es, sich um ein paar wichtige Dinge zu kümmern, damit während der Installation alles glatt und ohne große Probleme ablaufen kann. Dabei gehen diese Punkte nicht auf die Hardwareanforderungen oder auf das benötigte Betriebssystem ein.

- *Administrative Rechte:* Für die Installation werden wie üblich administrative Rechte auf dem Computer benötigt. Es reicht, mit einem Konto zu arbeiten, das für die lokale Maschine diese Rechte besitzt.
- *Internet Explorer:* Für die MMC (Microsoft Management Console, Microsoft Verwaltungskonsole) wird der Internet Explorer verwendet. Es reicht dabei eine Minimalinstallation, und der Internet Explorer muss zudem auch nicht der Standardbrowser auf dem System sein, sonst kann es zu JavaScript-Fehlern und Ähnlichem kommen.
- *Dienstkonto:* Soll der SQL Server später einmal Teil eines Replikationsszenarios sein oder auf Ressourcen im Netzwerk zugreifen (z. B. durch CLR-Programmierung), dann muss für die Dienste ein Windows-Konto zur Verfügung stehen, das bei Start des Dienstes für die Anmeldung verwendet werden kann. Es sollte für die lokale Maschine administrative Rechte und im Netzwerk gerade so viele Rechte haben, wie für die geplanten Funktionen notwendig sind. Widerstehen Sie der Verlockung, das Konto eines Administrators zu verwenden – weder eines der Domäne noch ein lokales. Bedenken Sie, dass die Kennwörter solcher Konten regelmäßig geändert werden (sollten), und die Wahrscheinlichkeit, dass in einem solchen Fall an die SQL Server-Installation gedacht wird, ist recht gering – mal vom Aufwand abgesehen.
- *Komprimierte/Verschlüsselte Ordner:* Da sich der SQL Server weder in komprimierten noch in verschlüsselten Ordnern installieren lässt (zumindest nicht die Mediendateien), sollte sichergestellt sein, dass der gewünschte Zielordner für die Installation weder das eine noch das andere ist. Bei der Wahl der Ordner lässt sich zwischen denen für die Programmdateien (Binärdateien) des SQL Servers und denen für die Mediendateien (dort, wo die Datenbanken also physikalisch liegen) unterscheiden.

Nachdem die vorbereiteten Maßnahmen beschrieben wurden, kann die eigentliche Installation beginnen.

2.3.2 Installation starten

Die Installation an sich geht, nachdem die benötigten Komponenten für das Setup eingereicht und die Lizenzbedingungen bestätigt wurden, von dem SQL Server-Installationscenter aus. Aus diesem können gewünschte Aufgaben ausgewählt werden.

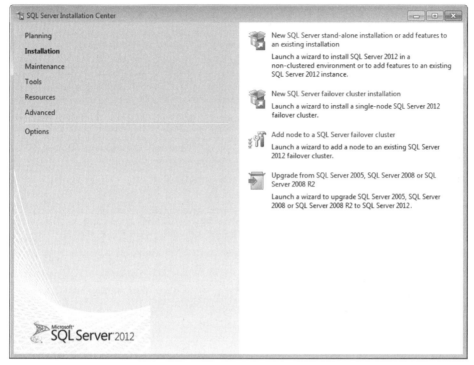

Bild 2.10 Das SQL Server-Installationscenter

Über den Punkt INSTALLATION kann der SQL Server 2012 (oder eine neue Instanz) installiert werden.

 Um den SQL Server komplett oder teilweise zu entfernen, gehen Sie bitte in die Systemsteuerung. Dort finden Sie den SQL Server, wie alle installierten Programme, unter PROGRAMME und FUNKTIONEN.

2.3.3 Während der Installation

Während der Installation gibt es einige Schritte, die bei dem vom Assistenten gesteuerten Vorgang von einiger Wichtigkeit sind, sodass wir an dieser Stelle darauf eingehen, damit das System so läuft, wie es gewünscht wird.

2.3.3.1 Featureauswahl

In diesem Schritt kann festgelegt werden, welche Komponenten von SQL Server 2012 auf dem Computer installiert werden sollen. Zudem können Sie bestimmen, wo die gemeinsamen Komponenten, wie z. B. die Client-Tools, installiert werden sollen. Der Standardspeicherort für Daten und Sicherungen wird in späteren Schritten berücksichtigt.

2.3.3.2 Instanzkonfiguration

Da von SQL Server 2012 mehrere Instanzen installiert werden können, lässt sich in diesem Schritt bestimmen, wie diese heißen sollen und wo deren Standardspeicherort auf den lokalen Festplatten liegen soll. Als Hilfe werden dabei die bereits ermittelten Instanzen, die auf diesem Computer existieren, angezeigt.

2.3.3.3 Serverkonfiguration

Im Kern besteht SQL Server 2012 „lediglich" aus einer Reihe von Diensten, sodass Sie für diese Dienste Anmeldeinformationen für deren Start bereitstellen müssen. Zusätzlich kann an dieser Stelle der Starttyp für jeden Dienst bestimmt werden.

> Am besten legen Sie den Starttyp für den SQL Server-Agenten gleich an dieser Stelle auf AUTOMATISCH fest. Das macht Sinn und wird dann später nicht mehr vergessen.

Auf einem zweiten Karteireiter kann die Sortierung für diese Instanz festgelegt werden – eine Einstellung, die Sie ohne guten Grund am besten ignorieren.

2.3.3.4 Datenbankmodulkonfiguration

Wenn das Datenbankmodul mit installiert werden soll, können Sie in diesem Schritt den Sicherheitsmodus festlegen. (Dies muss nicht zwangsläufig der Fall sein, da z. B. auch eine ausschließliche Installation der Client-Tools sinnvoll sein kann, wenn z. B. von dem Computer aus lediglich administriert werden soll.) Wird dieser auf den gemischten Modus (Windows- und SQL Server-Authentifizierung) gesetzt, so kann das anfängliche Kennwort für die sa-Anmeldung festgelegt werden.

Zusätzlich besteht die Möglichkeit, SQL Server-Administratoren zu bestimmen.

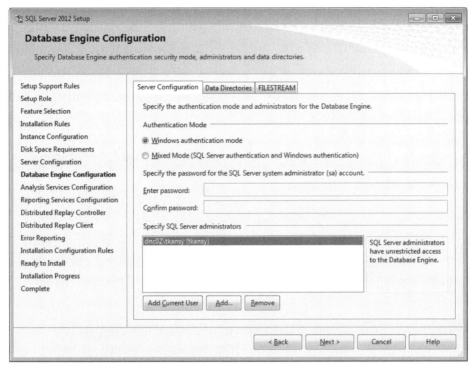

Bild 2.11 Hier können Sie Sicherheitsmodus und SQL Server-Administratoren bestimmen.

■ 2.4 Die Dienste hinter den Kulissen

Wurde der SQL Server 2012 auf einem System installiert, so ist dies immer durch eine Reihe von Diensten erkennbar, die wie üblich über die COMPUTERVERWALTUNG > DIENSTE eingesehen werden können.

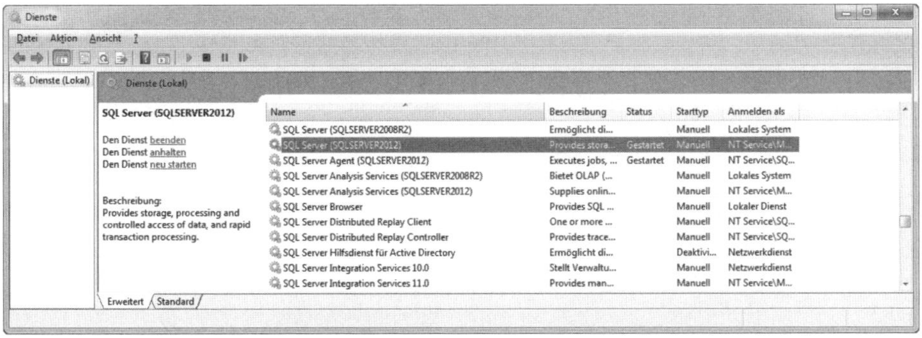

Bild 2.12 Die Dienste, die bei der SQL Server-Installation eingerichtet wurden

Neben dem SQL Server-Konfigurationsmanager (siehe Abschnitt 2.2.4, „SQL Server-Konfigurationsmanager") können in der Dienstverwaltung des Systems alle Dienste, die zum SQL Server gehören, kontrolliert werden.

> Wenn Sie den SQLSERVER-Dienst statt zu beenden lediglich anhalten, werden bestehende Verbindungen weiter bedient, jedoch keine neueren akzeptiert.

Tabelle 2.1 Die wichtigen Dienste des SQL Servers 2012

Dienstname	Aufgabe
SQLSERVER	Datenbankmodul
SQLSERVERAGENT	SQL Server Agent. In Abschnitt 2.1.3, „SQL Server Agent", finden Sie hierzu Details.

Die konkreten Namen der Dienste (diese werden angezeigt, wenn die Diensteigenschaften geöffnet werden) hängen von dem Namen der Instanz ab, für die sie installiert wurden. Wurden diese für eine andere als für die Standardinstanz (einer benannten Instanz also) installiert, so wird deren Namen ein Dollarzeichen angehängt.

> Streng genommen ist das Vorhandensein des SQLSERVER-Dienstes der einzig sichere Beweis dafür, dass der SQL Server 2012 installiert wurde, da dieser Dienst die Kernkomponente darstellt.

2.5 Sicherheit

SQL Server 2012 bietet ein umfangreiches System mit Berechtigungen für einzelne Anmeldungen oder ganze Rollen (Gruppen) an. Dieser Abschnitt wird sich (auch aus Platzgründen) auf die wesentlichen Grundzüge beschränken, damit der Entwickler einen Einblick über die ihm gebotenen Zugriffskontrollen erhält.

Benutzer müssen sich auf dem SQL Server (nicht an der Datenbank!) anmelden, bevor sie versuchen können, auf etwas zuzugreifen. Ausgenommen sind hier Contained Databases, bei denen die Anmeldungen ebenfalls in der Datenbank (und eben nicht zentral auf dem SQL Server) gespeichert sind.

2.5.1 Ein wenig Begriffsklärung

Um eine Verwechslung der Begriffe, die in der Umgangssprache oftmals synonym verwendet werden, zu vermeiden, folgt nun eine kurze Auflistung mit Erklärungen:

- *Authentifizierung:* Die Anmeldung am Server, die Benutzername und Kennwort umfasst oder sich auf das Windows-Betriebssystem verlässt. Damit ist sichergestellt, dass nur solche Anmeldungen vom Server akzeptiert werden, bei denen dies erwünscht ist. Was der Benutzer letztendlich auf dem Server und in den Datenbanken ausrichten darf, steht auf einem anderen Blatt.

- *Anmeldungen:* Alle Anmeldungen, die durch die Authentifizierung auf den Server und die Datenbanken zugreifen sollen, müssen angelegt und aktiv sein. Dies entspricht also der Anmeldung an der Domäne oder dem lokalen Betriebssystem. Um Benutzer nicht einzeln angeben zu müssen, können auch Windows-Gruppen verwendet werden, deren Mitgliedern der entsprechende Zugriff gestattet wird. Anmeldungen existieren auf Serverebene.

- *Benutzer:* Benutzer der Datenbank (also Datenbankbenutzer) sind diejenigen Anmeldungen, die Zugriff auf eine Datenbank haben. Eine Anmeldung kann Benutzer einer, mehrerer oder keiner Datenbank sein, was sie oft ein wenig nutzlos werden lässt. Benutzer existieren in der Datenbank.

- *Gruppe:* Gruppen bestehen aus einer freien Anzahl von Mitgliedern, bei denen es sich – je nachdem – um eine Gruppe aus Server- oder Datenbankebenen handelt. Gruppen können beliebige Rechte zugewiesen werden.

- *Rollen:* Eigentlich sind Rollen wie Gruppen, nur mit dem Unterschied, dass Rollen feste und unveränderliche Rechte besitzen. Daher dürfen auch keine neuen Rollen angelegt werden.

SQL Server 2012 verwendet Rollen und Gruppen weitestgehend synonym (alles wird an der Oberfläche als Rolle bezeichnet). Streng genommen sind jedoch alle Rollen, die nicht fest eingebaut sind, Gruppen, da ihre Rechte frei definierbar sind.

2.5.2 Zwei Arten der Authentifizierung

Für die Authentifizierung an einem SQL Server 2012 stehen zwei Möglichkeiten bereit.

Integrierte Windows-Authentifizierung

Dem SQL Server wird kein Benutzername oder Kennwort übermittelt, sondern er verlässt sich auf die Anmeldung, die dieser zuvor am Windows-System durchgeführt hat. Konsequenterweise müssen die benötigten Anmeldungen dem Betriebssystem bekannt sein, oder der Computer muss Mitglied in einer Domäne sein, sodass er den Anmeldungen durch einen der Domänencontroller (DC) vertraut. Durch die Verwendung von Windows-Anmeldungen und Gruppen wird die Verwaltung vereinfacht.

SQL Server-Authentifizierung

Dem SQL Server werden sowohl eine Benutzerkennung als auch ein passendes Kennwort übermittelt, sodass dieser selbst anhand seiner eigenen Benutzerdatenbank die Anmeldung durchführen kann. Diese Lösung kommt ohne Windows-Domäne aus, was besonders in kleineren Unternehmen von Vorteil sein kann.

Für welche Art der Authentifizierung sich der Benutzer entscheidet, spiegelt sich in der Verbindungszeichenfolge wider (siehe Abschnitt 4.2.5, „Verbindungszeichenfolge (Connection String)"). Welche Authentifizierung der Server akzeptiert, entscheidet seine Konfiguration, die im SQL Server Management Studio über die Eigenschaften des Servers erreichbar ist.

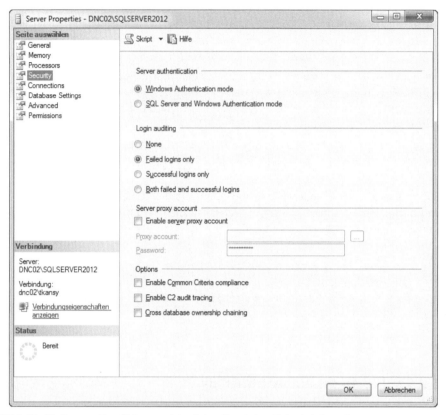

Bild 2.13 Die Serverauthentifizierung wird auf dem Karteireiter Sicherheit festgelegt.

Wie zu erkennen ist, wird die Windows-Authentifizierung immer unterstützt, während die SQL Server-Authentifizierung aktiviert werden muss. (Dies kann allerdings bereits bei der Installation geschehen.) Sind beide Methoden aktiv, so spricht man vom „gemischten Sicherheitsmodus".

Unter SICHERHEIT/ANMELDUNGEN werden alle dem SQL Server bekannten Anmeldungen angezeigt (egal von welcher Authentifizierung). An dieser Stelle können diese auch bearbeitet werden.

 Diese Informationen sind serverbezogen und werden daher in der master-Systemdatenbank gespeichert. Die Ausnahme bilden die neuen Contained Databases, welche diese Informationen selbst speichern, die somit für diese Datenbank konsequenterweise auch nicht mehr serverbezogen sind. Abschnitt 1.8 enthält viel Wissenswertes über Contained Databases.

Ein kleiner, roter Pfeil, der nach unten zeigt, symbolisiert, dass eine Anmeldung oder Windows-Gruppe den Status „deaktiviert für den SQL Server" besitzt und daher nicht berücksichtigt wird.

Über das Kontextmenü des ANMELDUNGEN-Containers, Befehl NEUE ANMELDUNG, kann eine neue Anmeldung angelegt werden. Dabei ist es unabhängig, ob es sich dabei um

- eine SQL Server-Anmeldung,
- eine Windows-Anmeldung

oder

- eine Windows-Gruppe handelt (in diesem Fall gilt dies für alle Mitglieder der Gruppe).

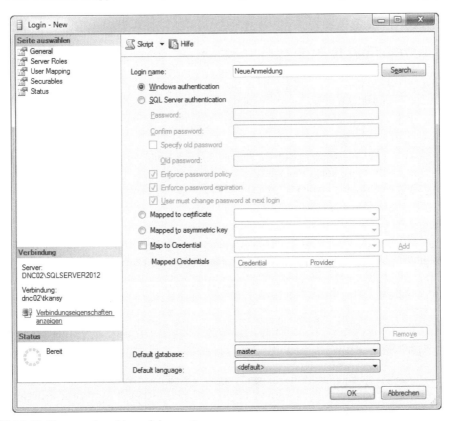

Bild 2.14 Eine neue Anmeldung wird erzeugt.

Neben der Möglichkeit, neue Anmeldungen zu erstellen, existiert bereits eine Reihe von vordefinierten Anmeldungen.

2.5.3 Vordefinierte Anmeldungen

Einige Anmeldungen werden direkt durch die Installation des SQL Servers 2012 angelegt, damit nach dessen Start ein Zugriff stattfinden kann. Viele sind vom und für das System. Eine jedoch wollen wir an dieser Stelle kurz hervorheben.

sa

Der „sa" (Abkürzung für System Administrator) ist eine SQL Server-Anmeldung, die über sämtliche Rechte auf Server- und Datenbankebene verfügt. Wer sich damit angemeldet hat, darf alles – wirklich alles!

2.5.4 Vordefinierte Datenbankbenutzer

So, wie es vordefinierte Anmeldungen auf Serverebene gibt, existieren einige vordefinierte Datenbankbenutzer, ohne dass sie von einem Administrator erstellt werden müssen.

guest

Der guest-Benutzer entspricht dem Gastkonto, das verwendet wird, wenn eine Anmeldung nicht durchgeführt werden kann, weil der gewünschte Benutzer nicht vorhanden ist. Aus verständlichen Gründen ist dieser Benutzer daher standardmäßig nicht aktiv.

dbo

Dieser Benutzer (dbo steht für „database owner") ist mit der Gruppe verbunden, die Mitglied der db_owner-Rolle ist. Er kann weder gelöscht noch deaktiviert werden und besitzt sämtliche Berechtigungen auf alle Objekte und Operationen innerhalb einer Datenbank – nicht jedoch auf Ebene des SQL Servers.

2.5.5 Berechtigungen vergeben

Berechtigungen werden an Anmeldungen vergeben (seien es Windows- oder SQL Server-Anmeldungen). Dabei ist es von Vorteil, dass diese sowohl einen Benutzer als auch Rollen (Gruppen) darstellen können. Damit ist es auf dem SQL Server ebenfalls möglich, den recht sinnvollen Weg zu gehen, Berechtigungen nicht direkt an einzelne Benutzer zu vergeben, sondern an ganze Rollen (Gruppen), in denen sich die gewünschten Benutzer befinden.

 In Abschnitt 2.5.11, „Schemasicherheit", werden sowohl Schema- als auch Datenbankberechtigungen beschrieben, die einen effizienten Weg darstellen.

Einer Anmeldung kann dabei ein Recht zugewiesen, entzogen oder verweigert werden. Effektiv sind letztendlich die Rechte ausschlaggebend, die mindestens einmal zugewiesen wurden und wobei kein einziges verweigert wurde.

Verweigern (DENY) hat immer Priorität.

Zuweisen (GRANT)

Das entsprechende Recht wird der Anmeldung zugewiesen. Damit liegt das Recht vor, falls es nicht an anderer Stelle (durch eine Mitgliedschaft etc.) verweigert wird. Über die GRANT-Anweisung können die gewünschten Rechte an ein Objekt per T-SQL zugewiesen werden.

Entziehen (REVOKE)

Das entsprechende Recht wird der Anmeldung entzogen, was bedeutet, dass es nicht zugewiesen wird. Durch andere Mitgliedschaften kann effektiv jedoch das Recht vorliegen. Die entsprechende T-SQL-Anweisung lautet REVOKE.

Verweigern (DENY)

Wird ein Recht explizit verweigert, so besitzt der Benutzer dieses Recht nicht, unabhängig davon, wie oft er es an anderer Stelle zugewiesen bekommen hat.

2.5.6 Serverrollen

Die vom SQL Server 2012 definierten Serverrollen sind seit dieser Version nicht mehr fix (siehe Abschnitt 1.9), d.h., sie können um eigene Rollen erweitert werden, denen serverweite Rechte vergeben werden können. Lediglich die in Tabelle 2.2 gezeigten Standard-Serverrollen lassen sich nicht löschen. Ihnen kommen innerhalb des SQL Servers bestimmte Rechte zu, die ebenfalls nicht verändert werden können.

Tabelle 2.2 Serverrollen auf SQL Server 2012

Serverrolle	Mitglieder dürfen ...
bulkadmin	... sogenannte BULK INSERT-Operationen durchführen. Für weitere Details siehe SQL Server-Dokumentation.
dbcreator	... Datenbanken anlegen und ihre eigene Datenbank ändern und aus einer Sicherung wiederherstellen.
diskadmin	... Datenmedien verwalten.
processadmin	... laufende Prozesse beenden.
securityadmin	... Berechtigungen auf Server- und Datenbankebene verändern und Kennwörter der SQL Server-Anmeldungen verändern.
serveradmin	... alles auf Serverebene – nicht zwangsläufig auf Datenbankebene.
setupadmin	... Verbindungsserver hinzufügen oder entfernen.
sysadmin	... alles auf Server- und Datenbankebene – einfach alles.
public	... das, was der Gruppe an Berechtigungen zugewiesen wurde. Jede Anmeldung auf diesem Server ist Mitglied dieser Rolle. Sie ist damit das Äquivalent zur Jeder-Gruppe des Betriebssystems.

Die Mitglieder dieser Rollen können auch per T-SQL verändert werden.

```
EXEC sp_addsrvrolemember 'UserName', 'bulkadmin';
```

2.5.7 Datenbankrollen

Zusätzlich zu den Rollen auf Serverebene kommen einige Rollen auf Datenbankebene hinzu, die ebenfalls unveränderlich sind. Allerdings können Sie auf dieser Ebene eigene Rollen erstellen und mit Rechten versehen.

Tabelle 2.3 Eingebaute Datenbankrollen auf SQL Server 2012

Datenbankrolle	Mitglieder dürfen ...
db_accessadmin	... Anmeldungen hinzufügen und entfernen.
db_backupoperator	... die Datenbank sichern und wiederherstellen.
db_datareader	... auf alle Tabellen und Sichten lesend zugreifen.
db_datawriter	... den Inhalt aller Tabellen verändern.
db_ddladmin	... alle DDL-Anweisungen ausführen.
db_denydatareader	... unter keinen Umständen auf Tabellen und Sichten lesend zugreifen.
db_denydatawriter	... unter keinen Umständen den Inhalt von Tabellen verändern.
db_owner	... alles in der Datenbank, da sie durch diese Mitgliedschaft Datenbankbesitzer sind.
db_securityadmin	... Mitgliedschaften verändern und Berechtigungen modifizieren.
public	... das, was der Gruppe an Berechtigungen zugewiesen wurde. Jeder Benutzer ist Mitglied dieser Rolle. Sie ist damit das Äquivalent zur Jeder-Gruppe des Betriebssystems.

2.5.8 Besitzer

Der SQL Server kennt das Konzept des Besitzers für viele Objekte. Der Besitzer eines Objektes darf mit den Objekten, die ihm gehören, alles tun und lassen, was er will. Derjenige, der ein Objekt erstellt, wird automatisch sein Besitzer. Bei Datenbanken existiert die db_owner-Rolle, deren Mitglieder automatisch die Besitzer der Datenbank sind – mit allen Konsequenzen.

2.5.9 Benutzer anlegen

Da jeder Entwickler im Laufe seiner Arbeit mit dem SQL Server sicherlich nicht nur einmal, sondern mehrfach Benutzer anlegt, seien hier kurz die Schritte zusammengefasst, die dafür notwendig sind.

1. Zuerst legen Sie die Anmeldung auf Serverebene mit dem SQL Server Management Studio unter SICHERHEIT > ANMELDUNGEN an. Ist die Anmeldung schon vorhanden, stellen Sie sicher, dass diese aktiv ist. Handelt es sich bei der Datenbank um eine Contained Database, so ist dieser Schritt nicht notwendig, da die Anmeldung in der Datenbank selbst gespeichert ist. In Abschnitt 1.8 finden Sie mehr Details über dieses neue Feature.
2. Nun legen Sie in den entsprechenden Datenbanken einen neuen Benutzer an. Zur Auswahl stehen alle Anmeldungen, die noch keinem Benutzer in dieser Datenbank zugewiesen sind. Dies geschieht in der Datenbank unter SICHERHEIT > BENUTZER.
3. Der so erstellte Benutzer kann nun auf Wunsch Mitglied beliebiger Rollen in der Datenbank werden. Existieren die Rollen noch nicht, können Sie sie hier anlegen.
4. Dem Benutzer (oder einer Rolle, in der er Mitglied ist) können nun nach Herzenslust Berechtigungen in der Datenbank und auf Objekte vergeben werden.

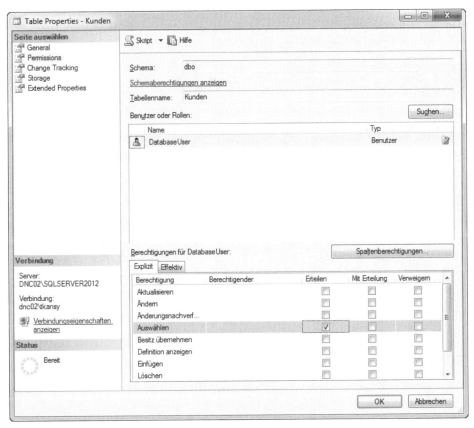

Bild 2.15 Der Benutzer „DatabaseUser" darf aus dieser Tabelle nur lesen.

2.5.10 Datenbankschema

Innerhalb einer Datenbank können unabhängige Schemata erstellt werden. Innerhalb eines Schemas wiederum lassen sich dann z. B. Tabellen, Sichten etc. erstellen. Diese können sogar identische Namen verwenden, solange sie nur in unterschiedlichen Schemata liegen. Damit kann jedes Objekt, wie hier eine Tabelle, mit einem zweiteiligen Namen angesprochen werden.

```
SELECT * FROM Schema.Tabelle;
```

Zudem ist jeder Anmeldung ein Standardschema zugewiesen, sodass dieses verwendet wird, wenn der Name nur aus einem Teil besteht, wie es oft üblich ist. Der zweiteilige Name ist also nur notwendig, wenn Objekte aus einem anderen Schema angesprochen werden sollen. Das Standardschema, das der SQL Server verwendet, heißt dbo. Der Grund dafür liegt darin begründet, dass vor SQL Server 2000 der Teil des Namens, der nun das Schema darstellt, den Besitzer eines Objektes (also denjenigen, der es erstellt hat) benannte. Dies war im Zweifel der Besitzer der Datenbank.

> Weitere Details über Schemata finden Sie zudem in Abschnitt 3.6.10, „Datenbankschemata".

Jedes Schema hat zudem einen Besitzer, der, ähnlich wie der Besitzer der Datenbank, innerhalb der Datenbank uneingeschränkte Berechtigungen auf die Objekte innerhalb des Schemas besitzt.

> Ein Schema eignet sich gut dafür, eigene Objekte in fremden Datenbanken zu platzieren, ohne Gefahr zu laufen, dass Namen bereits verwendet werden. Erstellen Sie einfach ein Schema, und weisen Sie es der entsprechenden Anmeldung als Standardschema zu. Schon ist sichergestellt, dass trotz bekannter (und vielleicht ohne Schema nicht eindeutiger) Namen auf die richtigen Objekte zugegriffen wird.

2.5.11 Schemasicherheit

Neben den Möglichkeiten, die Datenbankschemata bieten, um sicherzustellen, dass Objektnamen in der Datenbank eindeutig sind, bieten sie die Möglichkeit, Berechtigungen zu vergeben, die alle Objekte in dem Schema betreffen, sodass keine Vergabe für einzelne Elemente durchgeführt werden muss. Diese Schemaberechtigungen umfassen die bekannten Rechte für DML- (INSERT, DELETE, UPDATE und SELECT) und DDL-Aktionen (CREATE, DROP, ALTER etc.) sowie für das Ausführen von Prozeduren und Funktionen (EXECUTE) für einzelne Benutzer oder Rollen.

So kann einfach und effizient bestimmt werden, wer z. B. auf alle Tabellen/Sichten zugreifen oder alle Prozeduren/Funktionen ausführen darf (in dem Schema). Bild 2.16 zeigt, wie einem Benutzer die Rechte SELECT, UPDATE und ALTER vergeben werden.

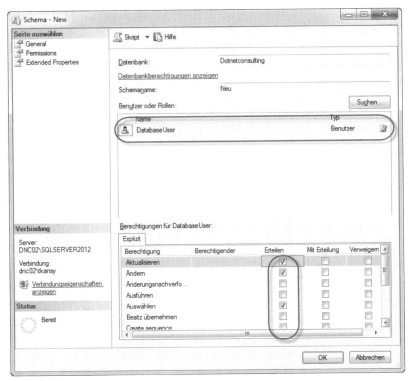

Bild 2.16 Der Benutzer „DatabaseUser" erhält Schemaberechtigungen[1].

Darüber hinaus besitzt jedes Schema einen Besitzer, der über alle Berechtigungen auf Objekte in diesem Schema verfügt und festlegen darf, wer welche Schemaberechtigungen besitzen soll. Wird explizit kein Besitzer beim Erstellen des Schemas angegeben, so ist dies automatisch der Ersteller.

 Wenn Sie sich die Berechtigung eines Objektes mithilfe des SQL Server Management Studio anzeigen lassen, so befindet sich unter BERECHTIGUNGEN im oberen Drittel ein recht unscheinbarer Link auf die Schemaberechtigungen des Schemas, zu dem das Objekt gehört. Von dort aus gelangen Sie durch einen ähnlichen Link zu den Datenbankberechtigungen.

Datenbankberechtigungen/Serverberechtigungen

Was als Schemaberechtigung auf Ebene eines Schemas möglich ist, ist im größeren Rahmen für die ganze Datenbank möglich. Allerdings sind die Datenbankberechtigungen um einiges umfangreicher, da noch Berechtigungen dazukommen, die spezifisch für eine Datenbank sind (z. B. Assembly erstellen oder Benutzer ändern).

---

[1] Interessanterweise wird dieser Dialog auch in einem englischen SQL Server Management Studio auf Deutsch angezeigt, wenn sich auf dem Computer parallel auch eine deutsche SQL Server 2008(R2)-Installation befindet. Und dies ist nicht der einzige Dialog!

Darüber hinaus existieren noch Serverberechtigungen. Diese umfassen jedoch keine DML-Berechtigungen mehr, sondern neben DDL- auch sonstige Berechtigungen rund um den Server.

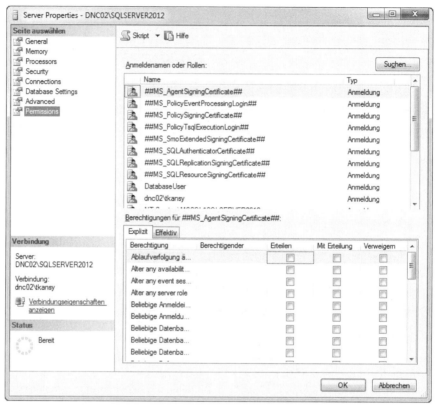

Bild 2.17 Serverberechtigungen

■ 2.6 Mit Datenbanken arbeiten

Die folgenden Abschnitte beschreiben die wichtigsten Dinge, die ein Entwickler bei der Arbeit mit dem SQL Server 2012 kennen sollte.

2.6.1 Grundlegendes

Eine Datenbank besteht immer aus mindestens zwei Dateien, den sogenannten Medien, die unterschiedliche Informationen (Zeilendaten oder Transaktionsprotokolle) speichern. Bei Bedarf können weitere Dateien der Datenbank zur Verfügung gestellt werden, damit diese ihre Daten auf anderen Laufwerken ablegen kann.

Zeilendaten werden dabei in Dateien mit der Erweiterung .MDF oder .NDF (siehe Abschnitt 2.6.1.1, „Datendateien MDF und NDF") und das Transaktionsprotokoll in einer Datei mit der Erweiterung .LDF (siehe Abschnitt 2.6.1.2, „Transaktionsprotokoll LDF") gespeichert.

Alle Dateien werden standardmäßig in das Verzeichnis gelegt, das bei der Installation dafür vorgesehen wurde. Auf Wunsch kann jedoch ein anderes Verzeichnis verwendet werden, wenn die folgenden Bedingungen für dieses Laufwerk zutreffen:

- Das Verzeichnis muss lokal sein oder auf einer SMB[1]-Freigabe liegen. Gemappte Netzwerklaufwerke und Wechselmedien, die das Betriebssystem als solche erkennt, sind tabu.
- Das Verzeichnis darf nicht komprimiert sein.
- Das Verzeichnis darf nicht verschlüsselt sein.
- Das SQL Server-Dienstkonto muss vollen Zugriff auf das Verzeichnis haben.

Falls die Festplatte, auf der die Medien abgespeichert werden, über einen Hardware-Write-Ahead-Buffer verfügt, so sollten Sie diesen ausschalten. Sonst kann es sein, dass der Treiber dem SQL Server mitteilt, die Daten seien schon geschrieben, obwohl diese sich noch im Buffer befinden. Als Nächstes würden dann die Änderungen im Transaktionsprotokoll als ordnungsgemäß geschrieben werden. Wenn es genau in einem solchen Moment zu einem Ausfall kommt, ist das Datenbankmedium höchstwahrscheinlich korrupt.

Die Dateierweiterungen MDF, LDF und NDF sind zwar technisch nicht zwingend, sollten jedoch korrekt verwendet werden, um unnötige Verwirrung zu vermeiden.

Ein Medium ist dabei trotz seiner Größe immer nur zu einem bestimmten Prozentsatz tatsächlich mit Daten gefüllt – der Rest ist leer und steht auf Abruf bereit. Ist diese Reserve erschöpft, wird (wenn möglich auch konfiguriert) das Medium erweitert – die Datei wächst. Die Größe wird später auch beibehalten, wenn der Inhalt abnimmt (weil z. B. eine große Tabelle geleert wird). Um die Dateigröße tatsächlich wieder zu verkleinern, kann dies per SQL Server Management Studio oder T-SQL geschehen.

- Über das Kontextmenü der Datenbank TASKS > VERKLEINERN > DATEIEN erscheint der Dialog zum Verkleinern einer Datei. Als Verkleinerungsaktion bietet sich der zweite Punkt (SEITEN VOR DEM FREIGEBEN...) an.
- Per T-SQL kann dies mit folgendem Befehl erledigt werden:
  ```
  USE Datenbankname;
  DBCC SHRINKFILE('TestDB', 0);
  ```
  oder:
  ```
  DBCC SHRINKFILE('TestDB_log', 0, TRUNCATEONLY);
  ```
  In beiden Fällen wird die Datei so weit wie möglich verkleinert.

---

[1] SMB: Server Message Block. Vereinfacht gesprochen eine Verzeichnisfreigabe, wie sie Windows bereitstellt, oder auch beispielsweise ein SAN (Storage Area Network).

Was passiert, wenn kein freier Platz mehr vorhanden ist?

Aufgrund der Konfiguration oder des beschränkten Festplattenplatzes kann es immer wieder einmal vorkommen, dass für die Medien kein freier Platz mehr vorhanden ist. Dies hat unterschiedliche Auswirkungen:

- Datendateien: In diesem Fall können in die entsprechenden Tabellen keine weiteren Inhalte eingefügt werden.
- Transaktionsprotokoll: In diesem Fall können die Daten in der Datenbank nicht mehr verändert (INSERT, DELETE, UPDATE, MERGE) werden.

Bereits vorhandene Inhalte können in beiden Fällen noch gelesen werden, was in vielen Fällen jedoch ein schwacher Trost ist.

2.6.1.1 Datendateien MDF und NDF

In diesen Dateien werden die Inhalte der gesamten Datenbank angelegt – seien es Schemainformationen über den Aufbau, Zelleninhalte von Tabellen oder Indizes. Da der Zugriff auf Daten maßgeblich für die Leistung einer Anwendung verantwortlich sein kann, empfiehlt es sich, die Medien auf einer schnellen Festplatte unterzubringen. Datendateien werden in Dateigruppen organisiert, sodass bei der Erstellung einer Tabelle oder eines Index bestimmt werden kann, in welcher Dateigruppe dies geschehen soll.

 Es ist eine gute Idee, diese (überlebens-)wichtigen Dateien auf einem RAID[1]-System unterzubringen – zumindest wenn die Anwendung fertig entwickelt und im Einsatz ist.

Der Unterschied zwischen der Datei mit der Dateierweiterung .MDF und den restlichen Medien, welche die Erweiterung .NDF tragen, ist der, dass in der .MDF der sogenannte Datenbankkatalog gespeichert ist. Im Gegensatz zum Systemkatalog, der alle Informationen zu der SQL Server-Instanz speichert, speichert der Datenbankkatalog alle Informationen über die Datenbank – hier finden sich also die Angaben, welche zu Tabellen, Sichten, gespeicherten Prozeduren etc. existieren.

2.6.1.2 Transaktionsprotokoll LDF

In den Dateien des Transaktionsprotokolls mit LDF-Dateierweiterung werden alle Änderungen an den Daten (bedingt durch INSERT-, DELETE-, UPDATE- und MERGE-Anweisungen) als redundante, leider jedoch nicht frei auslesbare Information abgelegt. Dies hat zur Folge, dass die Größe des Transaktionsprotokolls nicht von der Menge an Daten in der Datenbank bestimmt wird, sondern von der Häufigkeit der Änderungen, die es wie ein Videorekorder aufzeichnet. Nach Importen ist es erfahrungsgemäß oft relativ umfangreich und beträgt ein Vielfaches der Größe im Normalbetrieb. Dies hat aber auch zur Folge, dass dieses Protokoll geleert werden muss, da es sonst weiter anwächst, bis es die physikalischen Grenzen der Festplatte erreicht. Dazu sind folgende zwei Wege für einen Entwicklungsserver praktikabel:

- Die Datenbank kann in das einfache Wiederherstellungsmodell schalten. Dieses sorgt dafür, dass nicht mehr benötigte Einträge automatisch entfernt werden. Eingestellt wer-

---

[1] RAID: Redundant Array of Inexpensive Disks oder Redundant Array of Independent Disks – mehrere Festplatten, die aus Gründen der Redundanz zu einer zusammengeschaltet werden.

den kann dieses Modell über die Eigenschaften einer Datenbank auf dem Karteireiter OPTIONEN unter WIEDERHERSTELLUNGSMODELL oder per T-SQL:
ALTER DATABASE [Name] SET RECOVERY SIMPLE WITH NO_WAIT;
Der Nachteil dieses Modells ist, dass bei Verlust der Datenmedien die Datenbank nicht mehr mithilfe des Transaktionsprotokolls wiederhergestellt werden kann.

- Die Datenbank sichern (für Details siehe Abschnitt 2.6.3, „Sichern/Wiederherstellen").

 Es sei noch einmal darauf hingewiesen, dass das Transaktionsprotokoll ohne Eingriff so lange wächst, bis es dafür keinen Raum mehr hat. Im Gegensatz zu früheren Versionen ist es nicht mehr möglich, das Transaktionsprotokoll explizit ohne Sicherungen abzuschneiden. Anweisungen wie BACKUP LOG WITH NO_LOG oder DUMP TRANSACTION werden nicht mehr unterstützt.

2.6.2 Datenbank erstellen

Das Erstellen einer neuen Datenbank gestaltet sich mittels des SQL Server Management Studios als einfache Aufgabe. Im Kontextmenü einer bereits bestehenden Datenbank oder des Datenbankcontainers befindet sich zu diesem Zweck der NEUE DATENBANK...-Befehl. Im erscheinenden Dialog können Sie den Namen sowie die Einstellungen für Datenbankdateien festlegen.

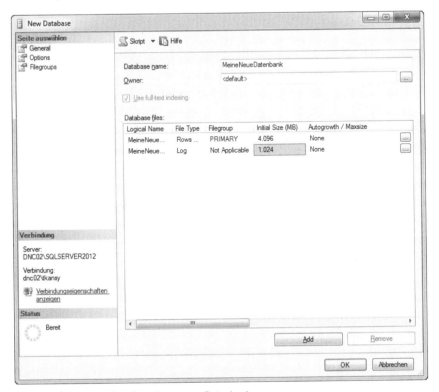

Bild 2.18 Der Dialog zum Erstellen einer neuen Datenbank

Geben Sie der Datenbank direkt bei der Erstellung die vermutete Größe und lassen Sie diese nicht erst nach und nach vergrößern. Zum einen wird letztendlich nichts an Festplattenplatz gespart, zum anderen ist so sichergestellt, das sich die Datenbank mit großer Wahrscheinlichkeit in einem zusammenhängenden Bereich der Festplatte befindet und so die Schreib-/Leseköpfe weniger bewegt werden müssen – und das ist in jedem Fall eine Performancebremse weniger für Ihre Datenbank!

Standardmäßig speichert der SQL Server 2012 die Medien in dem Verzeichnis ab, das bei der Installation angegeben wurde, und lässt eine unbeschränkte Vergrößerung zu.

Um die Vergrößerungsoptionen und den Speicherort der Datenbankmedien zu verändern, ist es notwendig, in der Liste nach rechts zu scrollen oder den Dialog entsprechend zu vergrößern und auf die entsprechende Schaltfläche mit den drei Punkten (...) zu klicken.

Die entsprechende Anweisung in T-SQL sieht wie folgt aus.

```
CREATE DATABASE [MeineNeueDatenbank]
  CONTAINMENT = NONE
  ON  PRIMARY
( NAME = N'MeineNeueDatenbank',
  FILENAME = N'D:\...\MeineNeueDatenbank.mdf' ,
  SIZE = 4194304KB ,
  FILEGROWTH = 0
)
  LOG ON
( NAME = N'MeineNeueDatenbank_log',
  FILENAME = N'D:\...\MeineNeueDatenbank_log.ldf' ,
  SIZE = 1048576KB ,
  FILEGROWTH = 0
);
```

Der Ersteller der Datenbank wird automatisch ihr Besitzer (Database Owner).

2.6.3 Sichern/Wiederherstellen

Jede Datenbank, auch in der Entwicklung, sollte regelmäßig gesichert werden. Keinem noch so perfekten Code nützt eine Datenbank, die durch einen Hardwareschaden zur großen Unbekannten geworden ist. Erstellt werden kann eine Sicherung per SQL Server Management Studio durch das Kontextmenü der entsprechenden Datenbank via TASKS> SICHERN[1].

---

[1] Ja, auch im deutschen SQL Server Management Studio heißt dieser Menüpunkt seit einigen Versionen beharrlich "Tasks".

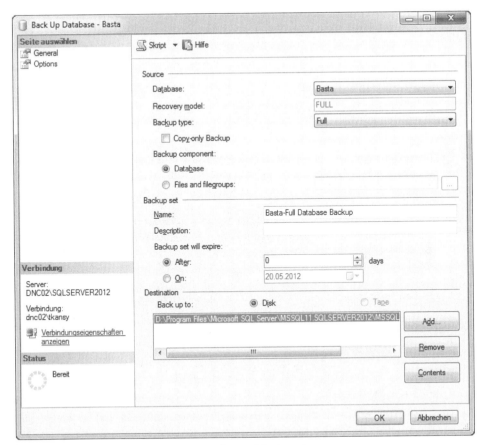

Bild 2.19 Mit diesem Dialog können Datenbanken gesichert werden.

Bei einer Sicherung spielt deren Typ eine wichtige Rolle. SQL Server 2012 unterstützt drei unterschiedliche Sicherungstypen:

- *Vollständig:* Sichert die komplette Datenbank. Wenn Dauer und Festplattenplatz es zulassen, ist dies der zu bevorzugende Typ, da für das spätere Wiederherstellen lediglich diese eine Datei benötigt wird.
- *Differenziell:* Dieser Typ sichert lediglich die Änderungen in der Datenbank, die nach der letzten vollständigen Sicherung erfolgt sind. Für das Herstellen werden daher diese Datei und die entsprechende vollständige Sicherung benötigt.
- *Transaktionsprotokoll:* Durch diesen Sicherungstyp wird lediglich das Transaktionsprotokoll gesichert und anschließend abgeschnitten, d. h., die Datenmedien sind anschließend fast vollständig leer.

Als Nächstes ist das Ziel interessant, das in den meisten Fällen für Entwicklungsserver die Festplatte und kein Bandlaufwerk sein wird. Beachten Sie, dass eine Datei (ähnlich wie ein Bandlaufwerk) mehrere Sicherungen (auch unterschiedlicher Datenbanken) beinhalten kann. Über die Einstellung ALLE VORHANDENEN SICHERUNGSSÄTZE ÜBERSCHREIBEN auf dem OPTIONEN-Karteireiter können Sie sicherstellen, dass vor jeder Sicherung evtl. vorhandene, ältere Sicherungen gelöscht werden.

Als Ziel für eine Sicherung kann nur eine lokale Festplatte der Maschine verwendet werden, auf welcher der SQL Server ausgeführt wird. Bedenken Sie dies, wenn Sie Ihre Wahl treffen und sich wundern, warum Ihre Festplatte F: nicht gefunden wird, wenn der Server nicht lokal installiert ist. Da sich leider auch keine Netzwerkfreigaben verwenden lassen, müssen Sie das fertige Sicherungsmedium ggf. von Hand kopieren/verschieben.

Da Sicherungen häufig regelmäßig erstellt werden müssen, bietet es sich an, den SQL Server-Agenten dafür „einzuspannen". Über den Befehl SKRIPT > SKRIPT FÜR AKTION IN AUFTRAG SCHREIBEN (STRG-SHIFT-M) können Sie dies ganz elegant erreichen. Durch einen zweiten Schritt kann das Sicherungsmedium dann gleich per XCOPY-Befehl auf eine andere Maschine kopiert/verschoben werden. Alternativ können Sie natürlich auch einen UNC-Netzwerkpfad als Ziel für das Backup angeben.

Auch wenn es technisch nicht notwendig ist, ist es sinnvoll, den Sicherungsdateien die Erweiterung BAK zu geben. Um von einer Datenbank eine Sicherung per T-SQL zu erstellen, kann folgende Anweisung verwendet werden.

```
BACKUP DATABASE MeineNeueDatenbank
TO DISK = N'C:\BackupVerzeichnis\MeineNeueDatenbank.bak'
WITH NOFORMAT, INIT, NAME = N'Backup Name', SKIP,
    NOUNLOAD, STATS = 10, CHECKSUM;
```

Das Wiederherstellen einer Datenbank geschieht über das Kontextmenü des Datenbankcontainers (DATENBANK WIEDERHERSTELLEN...). In dem so aufgerufenen Dialog können Sie bestimmen, welche Datenbank (Namen) aus welchen Medien wiederhergestellt werden soll. Da in der msdb-Systemdatenbank eine Historie über alle gemachten Sicherungen gespeichert wird, kann als Quelle auch eine datenbankbezogene Sicherung ausgewählt werden anstatt eines Sicherungsmediums.

Eine Datenbank lässt sich nur dann wiederherstellen, wenn sie derzeit nicht verwendet wird, d. h., keine Verbindungen existieren (auch nicht die eigene Verbindung!). Versuchen Sie es trotzdem, kommt es zu einer hässlichen Fehlermeldung.

Sollten sich nicht alle Verbindungen schließen wollen oder können, so bietet es sich an, die Datenbank vor der Wiederherstellung zu löschen. Wie in Abschnitt 2.6.4, „Löschen", beschrieben, steht für dieses Vorgehen eine entsprechende Option bereit, die eine bestehende Verbindung zuvor schließt.

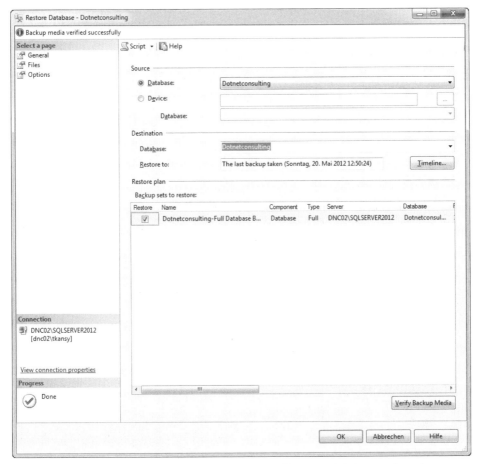

Bild 2.20 Mit diesem Dialog können Datenbanken aus einer Sicherung wiederhergestellt werden.

Als T-SQL-Anweisung sieht die Wiederherstellung wie folgt aus.

```
RESTORE DATABASE MeineNeueDatenbank
FROM DISK = N'C:\BackupVerzeichnis\MeineNeueDatenbank.bak'
WITH FILE = 1, NOUNLOAD, STATS = 10;
```

2.6.4 Löschen

Eine bestehende Datenbank kann über ihr Kontextmenü durch den Befehl LÖSCHEN gelöscht und von der Festplatte entfernt werden. Da eine Datenbank nur dann gelöscht werden kann, wenn sie derzeit nicht in Verwendung ist, befindet sich im Dialog die Option BESTEHENDE VERBINDUNGEN SCHLIESSEN, damit dies automatisch erledigt wird.

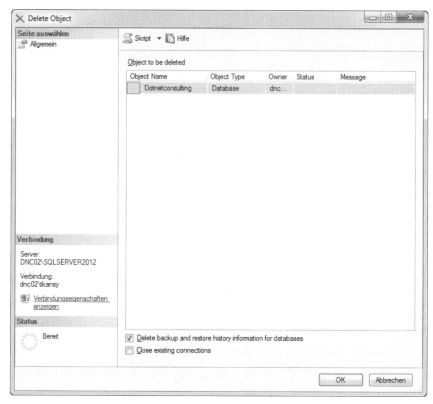

Bild 2.21 Der Dialog zum Löschen einer Datenbank

Um eine Datenbank per T-SQL zu löschen, kommt folgende kurze Anweisung zum Einsatz.

```
DROP DATABASE MeineNeueDatenbank;
```

2.6.5 Tabellen & Co

Das Kernstück einer jeden Datenbank sind sicherlich Tabellen. Ihre Erstellung und Bearbeitung kann aus dem Visual Studio 2012 heraus, per T-SQL oder über das SQL Server Management Studio erfolgen. Zu diesem Zweck steht im Kontextmenü des Tabellencontainers oder jeder schon bestehenden Tabelle der NEUE TABELLE…-Befehl zur Verfügung. Besteht die Tabelle schon, kann sie mit dem ENTWERFEN-Befehl nachträglich verändert werden.

 Viele nachträgliche Veränderungen an einer Tabelle werden so realisiert, dass eine Interimstabelle nach den neuen Angaben erzeugt, der Inhalt in diese kopiert, die alte Tabelle gelöscht und die Interimstabelle anschließend umbenannt wird. Bei kleineren Tabellen geht dies sehr schnell und ohne größere Verzögerung vonstatten. Befinden sich allerdings bereits größere Datenmengen in der Tabelle, kann dies einen längeren Zeitraum in Anspruch nehmen.

SQL Server 2012 bietet eine neue Art von Tabellen, sogenannte FileTables, die eine Weiterentwicklung des FileStream-Features sind und in Abschnitt 1.2 genau beschrieben werden. Hier ist im Folgenden von gewöhnlichen Datentabellen die Rede.

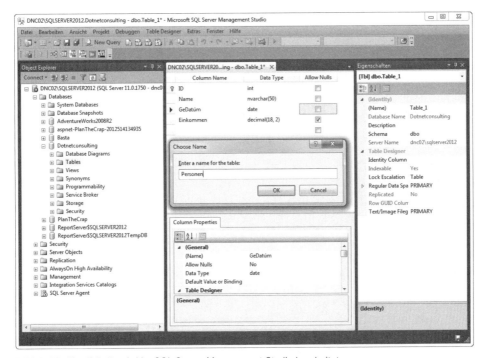

Bild 2.22 Eine Tabelle wird im SQL Server Management Studio bearbeitet.

Jede Tabelle besteht aus einer mehr oder weniger großen Anzahl von Spalten. Diese Spalten haben einen in der Tabelle eindeutigen Namen, einen Datentyp (außer berechnete Spalten) und die Information, ob sie NULL-Werte zulassen oder nicht. Weitere Eigenschaften lassen sich über das SPALTENEIGENSCHAFTEN-Gitter definieren.

 Details über Datentypen, NULL, berechnete Spalten, Einschränkungen etc. finden Sie in Abschnitt 3.6.3.1, „Tabelle anlegen".

Neben der Tabelle befindet sich eine ganze Reihe von Objekten, wie z. B. gespeicherte Prozeduren, Sichten, Funktionen etc., in der Datenbank. Das SQL Server Management Studio zeigt diese schön ordentlich in der Baumstruktur an. Dabei lassen sich Objekte (wie z. B. die Tabellen) ebenfalls aufklappen, um deren Unterobjekte anzuzeigen (wie z. B. Spalten und Trigger).

Über die entsprechenden Befehle in den Kontextmenüs lassen sich viele Objekte dabei löschen, bearbeiten (dies geht z. B. nicht mit in .NET entwickelten Objekten) oder neu erstellen. In einigen Fällen öffnet dies jedoch nur ein Fenster zur Eingabe von T-SQL. Zusätzlich zu der grundlegenden Funktion können auf diesem Weg auch die Berechtigungen für die Benutzer der Datenbank eingesehen und festgelegt werden.

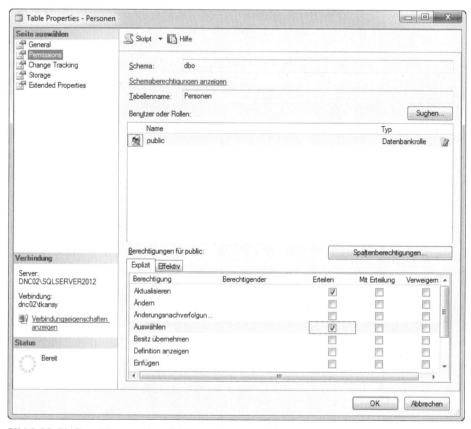

Bild 2.23 Die Berechtigungen einer Tabelle werden angezeigt.

Weitere Details über T-SQL finden Sie in Kapitel 3, das ausschließlich diesem Thema gewidmet ist.

■ 2.7 CDC (Change Data Capture)

Das seit SQL Server 2008 neue Feature CDC (Change Data Capture) erlaubt die einfache, performante und robuste Möglichkeit, Änderungen in und an Tabellen zu protokollieren.

Im Gegensatz zu anderen Lösungen (z. B. mit Triggern) arbeitet CDC asynchron und unabhängig zur DML-Anweisung (INSERT, DELETE, UPDATE und MERGE, nicht jedoch TRUNCATE TABLE!), indem es anhand des Transaktionsprotokolls die Protokolltabellen füllt. Bild 2.24 stellt dies schematisch dar.

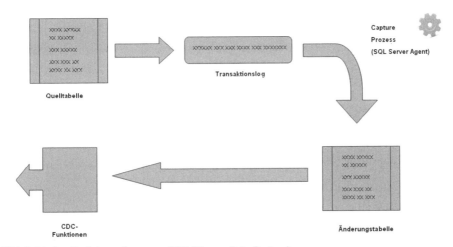

Bild 2.24 Das Funktionsschema von CDC (Change Data Capture)

Wurde eine DML-Anweisung erfolgreich ausgeführt, so werden die Änderungen mit einer eindeutigen LSN[1] (Log Sequence Number, Protokollsequenznummer) versehen und in das Protokoll geschrieben. Der SQL Server Agent liest im Hintergrund mithilfe eines Auftrags diese Änderungen aus und schreibt diese in die entsprechenden Protokolltabellen. Da diese Pflege unabhängig geschieht, wird auch im Fehlerfall die Änderungsanweisung nicht beeinflusst oder gar abgebrochen. Die so entstandenen Einträge lassen sich mittels dafür vorgesehener Funktionen wie unten beschrieben gezielt abfragen. Dabei wird zwischen Brutto- und Nettoänderungen unterschieden: Während Erstere sämtliche Änderungen einer Zeile einzeln widerspiegeln und sich so verfolgen lässt, welchen Wandel diese Zeile durchgemacht hat, werden bei Nettoänderungen aufeinanderfolgende Änderungen zu einer zusammengefasst, wenn diese die gleiche Zeile betreffen. Aus diesem Grund wird auch ein eindeutiger Schlüssel in der Tabelle benötigt: Nur mit ihm kann zweifelsfrei festgestellt werden, dass es sich mehrfach um die gleiche Zeile gehandelt hat. Das Sammeln von Nettoänderungen durch CDC muss bei der Aktivierung angegeben werden.

Da der SQL Server Agent für CDC essenziell ist, muss er für diese Funktionalität ausgeführt werden. Läuft er nicht, werden keine Änderungen aufgezeichnet. Allerdings werden nach einem Start des SQL Server-Agenten alle in der Zwischenzeit stattgefundenen Änderungen nachträglich eingepflegt. Da das Transaktionsprotokoll hier die Basis darstellt, geht nichts verloren, solange das Protokoll nicht bis zum erneuten Laufen des Agenten geleert wird (nach erfolgreichem Backup bei einfachem Wiederherstellungsmodell).

---

[1] Werden Änderungen an einer Tabelle auf dem SQL Server durchgeführt, so werden diese intern mit einer eindeutigen, aufsteigenden Nummer versehen. Diese Nummer (oft auch Protokollfolgenummer genannt) findet neben CDC auch beim Wiederherstellen einer Datenbank Verwendung. Diese sind an sich nicht sehr aussagekräftig, sodass deren Ausgabe oft keinen Sinn macht. Einzig die Tatsache an sich, dass eine LSN größer als eine andere ist, sagt aus, dass diese Änderung zeitlich nach der anderen stattgefunden hat – ob dies allerdings nur Sekunden oder Monate sind, ist unklar.

2.7.1 Aktivierung

Für die Aktivierung von CDC muss als Erstes sichergestellt sein, dass der SQL Server Agent ausgeführt wird, da der eben erwähnte Auftrag dazu erstellt werden muss. Ist das sichergestellt, muss für jede Datenbank die Ablaufverfolgung aktiviert werden. Dies geschieht mit folgender Anweisung.

```
USE MeineDatenbank;
GO
EXEC sys.sp_cdc_enable_db;
```

Die Ausführung kann beim ersten Mal eine Weile dauern, da eine Reihe von Objekten angelegt werden muss.

> Stellen Sie auf jeden Fall sicher, dass Sie die Anweisung in der richtigen Datenbank ausführen (die, für die Sie CDC aktivieren möchten). Das gilt auch für alle anderen Anweisungen. Alle beziehen sich immer auf die aktuelle Datenbank.

Um zu prüfen, ob CDC für eine Datenbank aktiviert wurde, oder um sich eine Übersicht über alle Datenbanken, für die CDC aktiviert wurde, zu verschaffen, kann folgende Abfrage benutzt werden.

```
SELECT is_cdc_enabled, [name] FROM sys.databases
    WHERE is_cdc_enabled=1;
```

Der Wert 1 in der `is_cdc_enabled`-Spalte steht für eine Aktivierung, 0 konsequenterweise für das Gegenteil.

Nachdem diese Hürde genommen wurde, muss die Überwachung für jede gewünschte Tabelle mit einem Aufruf von `sys.sp_cdc_enable_table` eingeschaltet werden. Dabei kann eine Reihe von Parametern angegeben werden, die in Tabelle 2.4 beschrieben sind.

Tabelle 2.4 Parameter der sys.sp_cdc_enabled_table_change_data_capture-Prozedur

Parameter	Erläuterung
@source_name	Name der Tabelle, die überwacht werden soll. Sichten dürfen hier nicht angegeben werden.
@source_schema	Schema, dem die Tabelle angehört
@role_name	Name der Rolle für den Zugriff auf die protokollierten Daten. Wenn die Rolle nicht existiert, wird versucht, sie anzulegen. Hat der Aufrufer dazu nicht genügend Berechtigungen, kommt es zu einem Fehler.
@capture_instance	Name der CDC-Instanz, die über diese Tabelle wacht. Wird dieser Parameter nicht angegeben, so wird der Wert nach dem Muster {Schema}_{Tabelle} gebildet.
@supports_net_changes	Legt fest, ob „Nettoänderungen" unterstützt werden. Wird ein Wert von 1 angegeben, dann muss ein Index bestimmt werden (Parameter @index_name), oder die Tabelle muss über einen Primärschlüssel verfügen. Der Standard ist 0.

Parameter	Erläuterung
@index_name	Mit diesem Parameter kann ein eindeutiger Index der Tabelle angegeben werden, der anstelle des Primärschlüssels verwendet wird. Der Parameter macht nur Sinn in der Verbindung mit @supports_net_changes=1.
@captured_column_list	Ohne diesen Parameter werden alle Spalten der Tabelle überwacht. Mit ihm kann über eine Liste von Spaltennamen, die durch Kommata getrennt sind, bestimmt werden, welche Spalten überwacht werden sollen. Enthält eine Spalte ein ungültiges Zeichen, so muss der Name mit Hochkommata oder [] eingeschlossen werden.
@filegroup_name	Standardmäßig wird die Protokolltabelle in der Standarddateigruppe angelegt. Über diesen Parameter kann alternativ eine andere Dateigruppe angegeben werden.

Um zum Beispiel die Überwachung für alle Spalten einer Tabelle mit dem Namen Kundendaten (im Standardschema dbo) sowohl für Brutto- als auch Nettoänderungen zu aktivieren, kommt folgender Aufruf zum Einsatz.

```
EXEC sys. sys.sp_cdc_enable_table
    @source_schema = 'dbo',
    @source_name = 'Kundendaten',
    @role_name = 'cdc_admin',
    @supports_net_changes = 1;
```

Nach der Ausführung kann mit folgender Abfrage überprüft werden, ob die Tabelle sich unter denen befindet, für die CDC aktiviert wurde.

```
SELECT [name], is_tracked_by_cdc FROM sys.tables;
```

Wieder stehen ein Wert von 1 in der `is_tracked_by_cdc`-Spalte für eine Aktivierung und ein Wert von 0 für das Gegenteil.

Die Aktivierung ist nicht ganz spurlos an der Datenbank vorübergegangen, sondern es wurde (neben anderen Objekten wie Tabellenwertfunktionen) auch eine Reihe von (System-)Tabellen im Schema cdc erstellt. Tabelle 2.5 zeigt, welche das sind und welche Informationen sie speichert.

Tabelle 2.5 Erzeugte CDC-Tabellen

Tabelle	Speichert
cdc.captured_columns	Informationen über die Spalten, die überwacht werden
cdc.change_tables	Informationen über Tabellen, die überwacht werden
cdc.ddl_history	Details über Änderungen an dem Schema der Tabelle – inklusive der DDL-Anweisung
cdc.index_columns	Informationen über indexierte Spalten, die überwacht werden
cdc.lsn_time_mapping	Informationen, welche LSN zu welchem Zeitpunkt verwendet wurde
cdc.dbo_Kundendaten_CT	Historische Daten. Für jede überwachte Tabelle wird eine solche Tabelle nach folgendem Schema erzeugt: cdc.{Tabellenschema}_{Tabellenname}_CT.

Diese Tabellen können wie alle anderen Tabellen direkt abgefragt werden. Allerdings werden für einige Informationen Hilfsfunktionen benötigt, da z. B. LSN-Werte für sich nicht sehr informativ sind. Die Änderungen (hier aus der cdc.dbo_Kundendaten_CT-Tabelle) werden zusammen mit fünf CDC-Spalten so wie in Bild 2.25 dargestellt gespeichert.

	__$start_lsn	__$end_lsn	__$seqval	__$operation	__$update_mask	ID	Name	Stra
1	0x0000006D0000017C001A	NULL	0x0000006D0000017C0019	2	0x1F	3	Kansy AG	Wa

Bild 2.25 CDC-Tabelle mit historisierten Daten

Rechts neben den CDC-Spalten, deren Namen alle mit „__$" beginnen, schließen sich die Spalten der Basistabelle an, die überwacht werden.

 Beachten Sie, dass die __$end_lsn-Spalte nur angelegt wird, wenn für den Parameter @supports_net_changes ein Wert von 1 übergeben wurde.

In Tabelle 2.6 finden Sie Erklärungen über den Inhalt der CDC-Spalten.

Tabelle 2.6 CDC-Spalten der Tabellen mit historisierten Daten

Tabelle	Inhalt
__$start_lsn	LSN, zu der die Änderung begonnen hat. Wie dieser Wert zu einem Zeitpunkt umgesetzt werden kann, wird im Folgenden erklärt.
__$end_lsn	LSN, zu der die Änderung abgeschlossen wurde. Diese Spalte erscheint nur, wenn der Parameter @supports_net_changes=1 bei der Einrichtung angegeben wurde. Wie dieser Wert zu einem Zeitpunkt umgesetzt werden kann, wird im Folgenden erklärt.
__$seqval	Gehören mehrere Änderungen zusammen, so werden diese zu einer Sequenz zusammengefasst.
__$operation	Art der Datenänderungen. Mögliche Werte sind: 1: Daten wurden gelöscht (DELETE). 2: Daten wurden eingefügt (INSERT). 3: Daten, bevor sie geändert wurden (vor dem UPDATE) 4: Daten, nachdem sie geändert wurden (nach dem UPDATE)
__$update_mask	Binäre Maske, welche die Spalten beschreibt, die geändert wurden. Bei DELETE (__$operation: 1) oder INSERT (__$operation: 2) wird für alle Spalten eine binäre 1 gesetzt.

Um Änderungen, egal ob brutto oder netto, abfragen zu können, müssen die jeweiligen LSN-Werte für den Anfang und das Ende der gewünschten Zeitspanne ermittelt werden. Dies geschieht mit der Funktion sys.fn_cdc_map_time_to_lsn, die zwei Parameter übergeben bekommt: eine Einschränkung und den Datum- und Uhrzeitwert. Ersterer kann dabei einer der folgenden Werte sein.

Tabelle 2.7 Mögliche Werte für die Einschränkungen der cdc.fn_cdc_map_time_to_lsn-Funktion

Wert	LSN-Wert
largest less than	Größter vorhandener, der noch kleiner ist als
largest less than or equal	Größter vorhandener, der kleiner oder gleich ist als
Smallest greater than	Kleinster vorhandener, der größer ist als
smallest greater than or equal	Kleinster vorhandener, der größer oder gleich ist als

Dieses Beispiel zeigt einen exemplarischen Aufruf, wie er auch in den beiden nächsten Abschnitten Anwendung findet.

```
DECLARE @VonLSN BINARY(10) =
    sys.fn_cdc_map_time_to_lsn('smallest greater than', '20071106');
```

2.7.2 DML-Bruttoänderungen

Für den Zugriff auf Bruttoänderungen steht eine weitere Funktion, cdc.fn_cdc_get_all_changes_{Schema}_{Tabellenname}, zur Verfügung. In diesem kleinen Beispiel werden die Änderungen für eine Tabelle dbo.Kundendaten abgerufen. Zuvor jedoch werden wie bereits beschrieben die beiden Zeitpunkte für Start und Ende in LSN-Werte umgewandelt.

```
-- Von/Bis Zeitpunkt in LSN mappen
DECLARE @VonLSN BINARY(10) =
    sys.fn_cdc_map_time_to_lsn('smallest greater than',
                               '20071106 19:00:00');
DECLARE @BisLSN BINARY(10) =
    sys.fn_cdc_map_time_to_lsn('largest less than',
                               '20071106 20:00:00');
-- Änderungen ausgeben
SELECT * FROM
    cdc.fn_cdc_get_all_changes_dbo_Kundendaten(@VonLSN, @BisLSN, 'ALL');
```

Die Ausgabe kann z. B. wie in Bild 2.26 aussehen.

	__$start_lsn	__$end_lsn	__$seqval	__$operation	__$update_mask	ID	Name	Str
1	0x0000006D0000017C001A	NULL	0x0000006D0000017C0019	2	0x1F	3	Kansy AG	Wa

Bild 2.26 Ausgabe der Bruttoänderungen

Wenn es zu keinen Änderungen in dem beschriebenen Zeitraum gekommen ist, so kommt es zu diesem Fehler:

Meldung 313, Ebene 16, Status 3, Zeile 9

Für die Prozedur oder Funktion cdc.fn_cdc_get_all_changes_ ... wurden zu wenige Argumente bereitgestellt. Der Grund hierfür liegt darin, dass in einem solchen Fall @VonLSN/@BisLSN lediglich NULL ist, sodass der Funktion in der Tat zu wenige Werte übergeben werden.

Während die rechten Spalten keiner weiteren Erklärung bedürfen, da diese lediglich den überwachten Spalten mit dem zu diesem Zeitpunkt gültigen Inhalt entsprechen, müssen über die ersten ein paar erklärende Worte verloren werden.

Tabelle 2.8 CDC-Spalten in Protokolltabelle

Tabelle	Inhalt
__$start_lsn	LSN, zu der die Änderung begonnen hat. Wie dieser Wert zu einem Zeitpunkt gemappt werden kann, wird im Folgenden erklärt.
__$end_lsn	LSN, zu der die Änderung abgeschlossen wurde. Diese Spalte wird nur dann angelegt, wenn für den Parameter @supports_net_changes bei der Aktivierung durch die sys.sp_cdc_enable_table_change_data_capture-Prozedur ein Wert von 1 angegeben wurde.
__$seqval	Gehören mehrere Änderungen zusammen, so werden diese zu einer Sequenz zusammengefasst.
__$operation	Art der Datenänderungen. Mögliche Werte sind: 1: Daten wurden gelöscht (DELETE). 2: Daten wurden eingefügt (INSERT). 3: Daten, bevor sie geändert wurden (pre UPDATE). 4: Daten, nachdem sie geändert wurden (post UPDATE).
__$update_mask	Binäre Maske, welche die Spalten beschreibt, die geändert wurden. Bei DELETE (__$operation: 1) oder INSERT (__$operation: 2) wird für alle Spalten eine 1 gesetzt.

Da die LSN-Werte bei späteren Auswertungen nicht besonders aussagekräftig sind, gibt es die sys.fn_cdc_map_lsn_to_time-Funktion, welche die Werte zu dem Änderungszeitpunkt umsetzt. Die vorangegangene Abfrage kann folgendermaßen verbessert werden.

```
SELECT sys.fn_cdc_map_lsn_to_time(__$start_lsn), * FROM
    cdc.fn_cdc_get_all_changes_dbo_Kundendaten(
        @VonLSN, @BisLSN, 'ALL');
```

Die Ausgabe sieht nun wie in Bild 2.27 aus.

(No column name)	__$start_lsn	__$seqval	__$operation	__$update_mask	I...	Name	St
1	2007-11-06 19:35:46.843	0x0000005D000000670015	0x0000005D000000670013	2	0x0F	1	Kansy AG	W

Bild 2.27 Verbesserte Ausgabe mit dem genauen Zeitpunkt der Änderung

An den Bruttoänderungen erkennt man, dass z. B. Änderungen am Primärschlüssel einer Tabelle aus einer Kombination aus Löschen und Einfügen vom SQL Server realisiert werden.

Da auch die binäre Maske, welche die veränderten Spalten beschreibt, nicht einfach zu handhaben ist, existiert die sys.fn_cdc_has_column_changed-Funktion. Sie prüft, ob in einer Spalte Änderungen vorgenommen wurden. Folgende Abfrage demonstriert dies.

```
SELECT sys.fn_cdc_has_column_changed('dbo_Kundendaten','ID',0x0F);
```

Liefert die Abfrage den Wert 1, so wurden Spalten verändert.

2.7.3 DML-Nettoänderungen

Die bisher ausgewerteten Änderungen sind sogenannte Bruttoänderungen. Oft sind jedoch nur Nettoänderungen von Interesse, bei denen mehrere Änderungen an der gleichen Zeile zusammengefasst werden. Für diesen Zweck kommt eine andere Funktion mit dem Namen cdc.fn_cdc_get_net_changes zum Einsatz, allerdings mit identischen Parametern – Anfang und Ende werden auch diesmal über LSN-Werte angegeben.

```
-- Von/Bis Zeitpunkt in LSNs mappen
DECLARE @VonLSN BINARY(10) =
    sys.fn_cdc_map_time_to_lsn('smallest greater than',
                               '20071106 19:00:00');
DECLARE @BisLSN BINARY(10) =
    sys.fn_cdc_map_time_to_lsn('largest less than',
                               '20071106 20:00:00');
-- Änderungen ausgeben
SELECT * FROM
    cdc.fn_cdc_get_net_changes_dbo_Kundendaten(
    @VonLSN, @BisLSN, 'ALL');
```

Um schließlich alle Änderungen zu erhalten, die an den Daten einer Tabelle stattgefunden haben, müssen LSN-Werte nicht für den Beginn und das Ende eines Zeitraums ermittelt werden. Vielmehr müssen der erste LSN-Wert, der für eine Änderung in dieser Tabelle vergeben wurde, und der höchste aktuelle LSN-Wert für die Datenbank ermittelt werden. Dies geschieht mit den Funktionen sys.fn_cdc_get_min_lsn und sys.fn_cdc_get_max_lsn. Zusammen mit der Ausgabe von Nettoänderungen sieht dies dann wie folgt aus.

```
-- Niedrigste und höchste LSN für diese Tabelle ermitteln
DECLARE @VonLSN BINARY(10) =
    sys.fn_cdc_get_min_lsn('dbo_Kundendaten');
DECLARE @BisLSN BINARY(10) =
    sys.fn_cdc_get_max_lsn();
-- Änderungen ausgeben
SELECT * FROM
    cdc.fn_cdc_get_net_changes_dbo_Kundendaten(@VonLSN, @BisLSN, 'ALL');
```

2.7.4 DDL-Änderungen

CDC ist nicht nur in der Lage, die Änderungen an den Daten einer Tabelle, sondern auch an ihrem Aufbau zu überwachen. Solcherlei Änderungen lassen sich ohne weitere Hilfsfunktionen mit einer JOIN-Abfrage zwischen den sysObjects- und cdc.ddl_history-Tabellen abfragen (die Spalte source_object_id ist sonst nicht sehr aussagekräftig). Praktischerweise ist neben der DDL-Anweisung als Klartext auch der genaue Zeitpunkt direkt verfügbar, sodass diesmal keine Hilfsfunktionen verwendet werden müssen.

```
SELECT O.name,H.*
    FROM cdc.ddl_history H LEFT JOIN sysObjects O
    ON H.source_object_id = O.id;
```

Wurde der überwachten Tabelle z. B. eine Spalte mithilfe der ALTER TABLE-Anweisung hinzugefügt, so sieht das Ergebnis dieser Abfrage so aus:

	name	source_object_id	object_id	requir...	ddl_command	ddl_lsn
1	Kundendaten	2073058421	1781581385	0	ALTER TABLE Kundendaten ADD Ort VARCHAR(50) NULL	0x0000005D00000

Bild 2.28 Auswertung über Veränderungen am Schema der Tabelle

2.7.5 Deaktivierung

Wird die Überwachung zu irgendeinem Zeitpunkt nicht mehr benötigt, so lässt sie sich auch wieder ausschalten. Zuerst kann die CDC-Funktionalität für eine einzelne Tabelle wieder deaktiviert werden. Dies lässt sich mit folgender Anweisung erledigen.

```
EXEC sys.sp_cdc_disable_table
    @source_schema = 'dbo',
    @source_name = 'Kundendaten',
    @capture_instance = 'dbo_Kundendaten';
```

Nach Ausführung dieser gespeicherten Prozedur wird der SQL Server Agent für diese Tabelle keine Protokolleinträge mehr anlegen. Die Protokolltabellen selbst und deren Inhalt werden durch diesen Aufruf nicht gelöscht.

Schließlich kann die Überwachung für die gesamte Datenbank deaktiviert werden. Dies geschieht mithilfe der folgenden gespeicherten Prozedur.

```
USE MeineDatenbank;
GO
EXEC sys.sp_cdc_disable_db;
```

Nach der Ausführung ist nicht nur das CDC deaktiviert, es wurden auch alle Tabellen aus dem CDC-Schema gelöscht.

■ 2.8 Change Tracking

Change Tracking ist ähnlich wie CDC ebenfalls neu und für die Überwachung von Datenänderungen in der Datenbank konzipiert.

Werden Änderungen an Daten mittels Change Tracking verfolgt, so geschieht dies im Vergleich zu CDC jedoch nicht asynchron, sondern zeitgleich mit der Änderungsanweisung (INSERT, DELETE, UPDATE und MERGE, nicht jedoch TRUNCATE TABLE). Zwar bremst Change Tracking die Geschwindigkeit dieser Anweisungen aufgrund dessen ab, jedoch können die Änderungen umgehend abgerufen werden. Eine Verzögerung muss nicht, wie bei CDC, das abhängig von der Auslastung des Systems ist, berücksichtigt werden.

Change Tracking arbeitet mit Versionsnummern, die für die gesamte Datenbank gültig sind, mit 0 beginnen und suggestiv erhöht werden, wenn Änderungen durchgeführt werden. Diese Versionsnummern stellen damit die Grundlage für eine effiziente Datensynchronisation dar, wie sie z. B. auch vom Microsoft Sync Framework realisiert wird, um zwei Datenbestände zu replizieren.

Diese funktioniert in Kürze so: Seite A hat eine Tabelle, von der Seite B weiß, dass sie bis zur Änderungsversion N auf dem aktuellstem Stand ist. Verbinden sich nun beide Systeme miteinander, so kann Seite B abfragen, welche Versionsnummer gerade auf Seite A die aktuelle ist. Ist dieser Wert gleich N, so wurde in der Zwischenzeit nichts verändert. Ist der Wert allerdings größer N, so kann Seite B fragen „Gib mir alle Änderungen der Tabelle in Version N", den eigenen Datenbestand entsprechend auffrischen und schließlich N auf den neuen, höheren Wert aktualisieren. Später wiederholt sich der Prozess, um dann die neuen Änderungen an den Daten erneut zu replizieren, usw. Ist der Wert jedoch kleiner, so müssen sich die beiden Seiten A & B komplett neu initialisieren, da dann ein Problem vorliegt. Die Synchronisation erfolgt dann oftmals so, dass eine Seite alle Daten der anderen übernimmt. Was dieses System nicht hergibt, ist der genaue Zeitpunkt, wann eine Änderung vorgenommen wurde.

Informationen über Änderungen sind nur für einen definierbaren Zeitraum verfügbar. Wird versucht, nach dessen Ablauf Änderungen abzufragen, sind diese nicht mehr gültig oder lückenhaft. Wie Sie nach der Aktivierung in den folgenden Abschnitten sehen werden, gibt es jedoch einen Mechanismus, der solche Fälle erkennt und angemessen reagiert. Zunächst wollen wir uns aber mit der Aktivierung der Änderungsverfolgung durch Change Tracking beschäftigen.

2.8.1 Aktivierung

Die Aktivierung geschieht auf zwei Ebenen: erst für die Datenbank und anschließend für jede gewünschte Tabelle. So wird sichergestellt, dass nur die Datenbanken und Tabellen überwacht werden, für die diese Überwachung von Interesse ist, da dies Ressourcen kostet. Wie üblich kann dieser Schritt sowohl mit dem SQL Server Management Studio also auch mit reinem T-SQL erfolgen. In beiden Fällen sollte beachtet werden, dass sich einige Einstellungen nicht mehr verändern lassen, ohne vorher eine Deaktivierung durchzuführen. Dabei gehen alle Informationen über vorherige Änderungen verloren!

Aufgrund der tatsächlichen Reihenfolge kommt zunächst die Aktivierung auf Datenbankebene. Die Aktivierung geschieht hier über die Eigenschaften einer Datenbank.

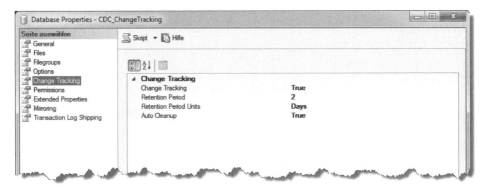

Bild 2.29 Aktivierung der Änderungsverfolgung für die Datenbank

Entsprechend der technischen Anforderungen kann bestimmt werden, wie lange Informationen über gemachte Änderungen erhalten bleiben sollen. Wurde die Einstellung *Automatisches Cleanup* eingeschaltet, so stehen Änderungen, die vor dem angegebenen Zeitrahmen liegen, nicht mehr zur Verfügung und werden entfernt. Dies geschieht durch einen Hintergrundprozess in regelmäßigen Abständen. Dieser Umstand wird später noch einmal wichtig, wenn es darum geht, korrekte und vor allen Dingen umfangreiche Informationen darüber zu erhalten, welche Änderungen getätigt wurden.

Die gleiche Aktivierung auf Ebene einer Datenbank kann mit der folgenden T-SQL-Anweisung erreicht werden.

```
USE master;
GO
ALTER DATABASE CDC_ChangeTracking SET CHANGE_TRACKING = ON
    (CHANGE_RETENTION = 2 DAYS, AUTO_CLEANUP = ON);
```

Damit ist die Grundvoraussetzung erfüllt, Change Tracking gezielt für einzelne Tabellen zu aktiveren. Microsoft rät hingegen dringend davon ab, dies für Systemtabellen zu tun, da es bei Service Packs und Patches zu Problemen kommen kann. Auch diesmal geschieht die Aktivierung aus dem SQL Server Management Studio über den Eigenschaften-Dialog der betreffenden Tabelle.

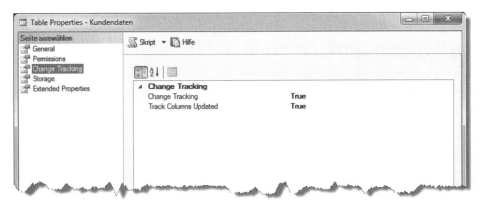

Bild 2.30 Aktivierung der Änderungsverfolgung für eine Tabelle

Bei der Aktivierung (und nur bei der Aktivierung, später ist dies nur durch vorherige Deaktivierung möglich) kann angegeben werden, ob Änderungen bis auf einzelne Spalten genau verfolgt werden sollen. Zwar kostet dies mehr Ressourcen, erlaubt aber eine genaue Erkennung darüber, welche Spalte verändert wurde, statt der simpleren Information, dass in dieser Zeile eine Änderung vorgenommen wurde. Der T-SQL-Code der Aktivierung sieht wie folgt aus.

```
USE MeineDatenbank;
GO
ALTER TABLE Kundendaten ENABLE CHANGE_TRACKING
    WITH (TRACK_COLUMNS_UPDATED = ON);
```

Aus Sicht von Change Tracking sind nun alle notwendigen Schritte erfolgt, jedoch gibt es einen wichtigen Punkt, den es noch unbedingt zu beachten gilt. Da der SQL Server bekanntlich ein Datenbanksystem ist, das parallele Änderungen an Daten zulässt, kann es während einer Abfrage für Änderungen zu zwei Situationen kommen, die zu inkonsistenten und falschen Ergebnissen führen können:

- Der Hintergrundprozess zum Entfernen von Änderungsinformationen, die älter sind als der zulässige Zeitrahmen, wird tätig und tut seine Pflicht (AUTO_CLEANUP = ON) und löscht überalterte Einträge.
- Durch andere Prozesse werden Daten in den betreffenden Tabellen verändert.

Zur eleganten Lösung dieser Probleme eignet sich der Isolationsgrad (Isolation Level) SNAPSHOT_ISOLATION und der entsprechende Einsatz einer Transaktion für die Dauer der Abfrage. SNAPSHOT_ISOLATION sorgt dafür, dass innerhalb einer Transaktion keine Änderungen sichtbar sind, die durch andere Prozesse herbeigeführt wurden, zudem werden keine anderen Prozesse blockiert. Zu diesem Zweck speichert der SQL Server den Originalinhalt jeder Zeile in der TempDB-Datenbank und liefert diesen Inhalt bei einer Abfrage zurück. Praktisch wird dabei der Inhalt der Datenbank für die Dauer der Transaktionen eingefroren.

 Der Isolationsgrad SNAPSHOT_ISOLATION kann nicht zusammen mit dem FileStream-Feature eingesetzt werden.

Vor dem Einsatz dieses Isolationsgrades muss dieser in der Datenbank mit folgender Anweisung aktiviert werden.

```
ALTER DATABASE MeineDatenbank SET ALLOW_SNAPSHOT_ISOLATION ON;
```

Kann zuverlässig ausgeschlossen werden, dass keine Änderungen von anderen Prozessen durchgeführt werden, so muss dieser Isolationsgrad selbstverständlich nicht aktiviert werden, was eine Belastung des Systems verringert.

2.8.2 Abfragen

Die Abfrage von Daten über Änderungen geschieht durch eine Reihe von Schritten, die im Folgenden aufgelistet sind.

- Der Isolationsgrad wird auf SNAPSHOT_ISOLATION gesetzt und die Transaktion gestartet (nur wenn notwendig).
- Durch einen Vergleich mit der Versionsnummer der letzten Abfrage (Synchronisation) und der CHANGE_TRACKING_MIN_VALID_VERSION()-Funktion können Sie sicherstellen, dass keine Änderungen verloren gegangen sind, da die letzte Abfrage zu lange her ist. Diese Prüfung wird pro Tabelle durchgeführt.
- Mit der CHANGE_TRACKING_CURRENT_VERSION()-Funktion wird die aktuelle Versionsnummer abgefragt.
- Mittels CHANGETABLE(CHANGES ...) und einem Join auf die Originaltabelle werden die Änderungen sowohl abgefragt als auch angezeigt bzw. eine Synchronisation durchgeführt. Dabei sollte beachtet werden, dass für den Join eine bzw. mehrere entsprechende Spalten vorhanden sein müssen.
- Transaktion freigeben (nur wenn notwendig)

Mittels eines T-SQL-Skripts können diese Schritte wie folgt realisiert werden.

```sql
-- Die Version der letzten Abfrage laden,
-- hier als Beispiel einfach die 4
DECLARE @last_version BIGINT = 4;

-- Isolationsgrad für Transaktion setzen
SET TRANSACTION ISOLATION LEVEL SNAPSHOT;

-- Transaktion starten
BEGIN TRANSACTION;

-- Für die Tabelle prüfen, ob noch alle Änderungen vorhanden sind
IF @last_version <
        CHANGE_TRACKING_MIN_VALID_VERSION(OBJECT_ID('Kundendaten'))
    BEGIN
        PRINT 'Änderungen wurden bereits entfernt';
        PRINT 'Keine vollständige Auflistung möglich';
    END
ELSE
    BEGIN
        -- Änderungen abfragen
        SELECT * FROM
            Kundendaten K RIGHT OUTER JOIN
                CHANGETABLE(CHANGES Kundendaten, @last_version) CT
            ON K.ID = CT.ID;

        -- Letzte Versionsnummer für nächste Abfrage
        -- dauerhaft speichern
        SET @last_version = CHANGE_TRACKING_CURRENT_VERSION();
    END

-- Transaktion freigeben
COMMIT TRANSACTION;
```

Eine Beispielausgabe, die auf die ersten drei Zeilen gekürzt wurde, sieht dann wie in Bild 2.31 aus.

	ID	Name	Ort	SYS_CHANGE_VERSION	SYS_CHANGE_CREATION_VERSION	SYS_CHANGE_OPERATION	SYS_CHANGE_COLUMNS	SYS_CHANGE_CONTEXT	ID
1	4	Neumann AB	Neuss	8	NULL	U	NULL	NULL	4
2	5	Wasser GmbH	Wasserhausen	9	9	I	NULL	NULL	5
3	NULL	NULL	NULL	11	10	D	NULL	NULL	6

Bild 2.31 Die Ausgabe der Abfrage im SQL Server Management Studio

Zuerst erscheinen die ursprünglichen Daten aus der Tabelle (die ersten drei Spalten) und anschließend die Spalten der Change-Tracking-Änderungstabelle inklusive dem Primärschlüssel der ursprünglichen Zeile (hier mit dem Namen ID).

Zur Ermittlung, in welchen Datenbanken und Tabellen die Überwachung von Änderungen durch Change Tracking eingeschaltet wurde, stehen die beiden Systemsichten sys.change_tracking_databases und sys.change_tracking_tables zur Verfügung. Über diese können auch Details über die Change-Tracking-Konfiguration ermittelt werden.

2.8.3 Änderungskontext

Schaut man sich die zurückgelieferten Spalten, die bei der Abfrage von Änderungen zur Verfügung stehen, genau an, so fällt auf, dass eine Spalte mit dem Namen SYS_CHANGE_CONTEXT existiert. Da diese Spalte nicht vom System genutzt wird, bietet sie dem Entwickler Platz für die Anwendung, um einen Kontext (Grund, Benutzer etc.) für jede Änderung anzugeben, der in dieser Spalte aufgeführt werden kann. Die Spalte ist vom Typ `VARBINARY` und kann daher jegliche Daten aufnehmen, auch wenn eine Zeichenkette bestimmt der wahrscheinlichste Kandidat ist. Eine sprechende `INSERT`-Anweisung als Beispiel finden Sie im Folgenden abgedruckt.

```
-- Kontext festlegen und als VARBINARY konvertieren
DECLARE @meinContext VARBINARY(128) =
    CAST('UserID: tkansy; Reason: Umzug' AS varbinary(128));

-- Änderung mit Kontext durchführen
WITH CHANGE_TRACKING_CONTEXT (@meinContext)
    UPDATE Kundendaten SET Ort = 'Frankfurt' WHERE ID = 1;
```

Andere DML-Anweisungen wie `DELETE` und `UPDATE` sind genauso aufgebaut. Bei der Verwendung aus ADO.NET heraus muss der Wert, der als Kontext verwendet werden soll, beim Hinzufügen in die Parameterauflistung entsprechend konvertiert werden. Hier geschieht dies mit der `GetBytes()`-Methode der `System.Text.AsciiEndcoding`-Klasse.

```
private void updateOrt(int Id, string Ort, string ChangeContext)
{
    // Verbindung aufbauen
    using (SqlConnection con = new SqlConnection(@"..."))
        using (SqlCommand cmd = con.CreateCommand())
        {
            // Verbindung öffnen und SqlCommand-Objekt einrichten
            con.Open();
            cmd.CommandText =
                "WITH CHANGE_TRACKING_CONTEXT (@ChangeContext) " +
                "UPDATE Kundendaten SET Ort = @Ort WHERE ID = @Id";

            cmd.Parameters.AddWithValue("Ort", Ort);
            cmd.Parameters.AddWithValue("Id", Id);
            cmd.Parameters.Add
                ("ChangeContext", SqlDbType.VarBinary).Value =
                new System.Text.ASCIIEncoding()
                .GetBytes(ChangeContext);

            // Ausführen
            cmd.ExecuteNonQuery();
        }
}
```

Ist die Überwachung für eine Tabelle dabei nicht eingeschaltet, macht dies nichts. Die Anweisung erzeugt keinen Fehler, die DML-Anweisung wird korrekt ausgeführt; die Änderungen zusammen mit dem Kontext werden natürlich nicht erfasst.

Für eine sinnvolle Abfrage muss der Änderungskontext wieder in den ursprünglichen Datentyp umgewandelt werden, da sonst nur die binäre Repräsentation zur Verfügung steht, was ein wenig unpraktisch ist. Als Beispiel wird die zentrale Abfrage des vorherigen T-SQL-Skriptes leicht modifiziert, sodass es nun wie folgt aussieht.

```
-- Änderungen mit Kontext abfragen
SELECT *, CAST(SYS_CHANGE_CONTEXT AS VARCHAR) FROM
    Kundendaten K RIGHT OUTER JOIN
    CHANGETABLE(CHANGES [Kundendaten], @last_version) CT
ON K.ID = CT.ID;
```

Das Ergebnis des gesamten Skriptes sieht im SQL Server Management Studio wie in Bild 2.32 aus. Zu sehen ist der Kontext in binärer und in konvertierter Form, dazwischen der Primärschlüssel der überwachten Tabelle.

OLUMNS	SYS_CHANGE_CONTEXT	ID	(Kein Spaltenname)
000	0x5573657249443A20746B616E73793B...	1	UserID: tkansy; Reason: Umzug
	NULL	4	NULL
	NULL	5	NULL
	NULL	6	NULL

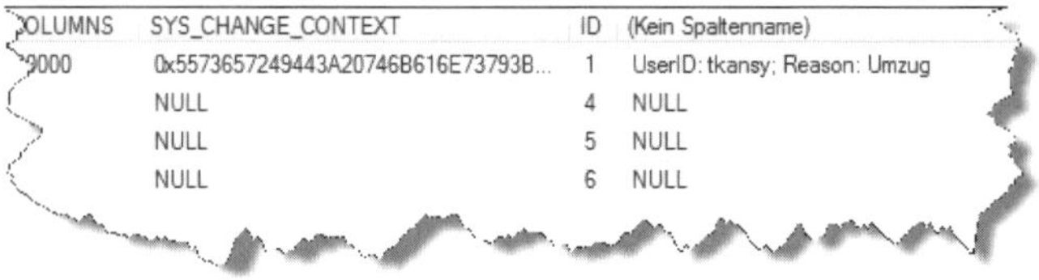

Bild 2.32 Der Änderungskontext in binärer Form und als Zeichenkette

Auf diese Weise steht ein ganz neuer Weg offen, ohne Veränderungen an der Tabelle weitere Informationen beliebiger Art (durch `VARBINARY`) an die DML-Anweisung „anzufügen".

2.8.4 Deaktivierung

Analog zur Aktivierung kann die Deaktivierung entweder für eine gesamte Datenbank oder für eine einzelne Tabelle erfolgen. Soll eine Deaktivierung für die Datenbank durchgeführt werden, so muss zuvor die Deaktivierung für alle Tabellen erfolgen, sonst kommt es zu einem Fehler. Gehen Sie also in umgekehrter Reihenfolge vor. Zum Einsatz kommen dabei die gleichen Dialoge und T-SQL-Anweisungen.

■ 2.9 Auditing

SQL Server 2012 führt ein neues Feature ein, mit dem fast alle Aktionen (DML, auch rein lesende Zugriffe, DDL etc.) in einer Datenbank überwacht und später ausgewertet werden können und auf das viele Entwickler gewartet haben: SQL Server Auditing. Dies umfasst auch solche Aktionen, bei denen es aufgrund mangelnder Berechtigung bei einem Versuch geblieben ist.

> Auditing wird nicht von SQL Server 2012 Express unterstützt. ■

Zwar wurden ähnliche Funktionen schon von den Vorgängern beherrscht, doch war deren Handhabung umständlich und schwierig in der praktischen Verwendung. Dieser Abschnitt zeigt, wie sich Auditing für eigene Anwendungen nutzen lässt. Dabei wird ein besonderes Augenmerk auf den Einsatz von T-SQL gelegt, das einfach übernommen und eingebaut werden kann. Auditing kann jedoch mehr. Hierfür sei allerdings auf die entsprechende Literatur verwiesen.

SQL Server 2012 Auditing bedient sich der erweiterten Ereignisse (Extended Events), der neuen Ereignis-Infrastruktur, die mit dieser Version eingeführt wurde. Sie machen das Laufen eines externen Prozesses überflüssig, und die Überwachung wird innerhalb des SQL Servers direkt selbst durchgeführt. Der praktische Einsatz gliedert sich grob in die vier folgenden Schritte:

- Die Erstellung und Aktivierung eines Überwachungsobjekts auf Instanzebene, das alle Zugriffe zu einem Ziel sendet. Dies kann eine Datei, das Anwendungs- oder das Sicherheitsprotokoll des Betriebssystems sein. Hier wird eine Datei verwendet, da später eine Auswertung möglich sein soll.
- Eine Überwachungsspezifikation in einer Datenbank anlegen, die festlegt, welche Aktionen von wem in dieser Datenbank aufgezeichnet werden sollen
- Aktivierung der Überwachung
- Zu einem späteren Zeitpunkt Auswertung und Analyse der Zugriffe

Im Folgenden wird beschrieben, wie Auditing eingerichtet und aktiviert wird. Eine spätere Deaktivierung geschieht im Wesentlichen in umgekehrter Reihenfolge der Aktivierung, und aus `CREATE` werden entsprechende `DROP`-Anweisungen.

Bei der Beschreibung wird weniger auf technische Vollständigkeit, dafür mehr Wert auf den praktischen Nutzen gelegt, damit es dem geneigten Leser leichter fällt, die Vielfältigkeit dieses Features zu erkennen.

Es wird in diesem Abschnitt keinerlei Rücksicht auf rechtliche Aspekte genommen, die sich aus der Überwachung der Zugriffe ergeben. Datenschutz ist zweifellos eine wichtige Angelegenheit, doch konzentriert sich dieses Buch lediglich auf die technischen Möglichkeiten. Vor dem praktischen Einsatz sollte die juristische Seite jedoch auf jeden Fall betrachtet werden und es sollte berücksichtigt werden, ob dies auch den entsprechenden rechtlichen Vorgaben entspricht.

2.9.1 Ein Überwachungsobjekt erstellen

Der erste Schritt ist zunächst einmal, ein entsprechendes Überwachungsobjekt anzulegen. Dies geschieht auf Ebene der SQL Server-Instanz für die gesamte Instanz und kann Überwachungsdaten aus unterschiedlichen Datenbanken speichern. Im Kontextmenü unter SICHERHEIT > ÜBERWACHUNGEN in SQL Server Management Studio befindet sich der entsprechende Befehl zum Anlegen einer neuen Überwachung.

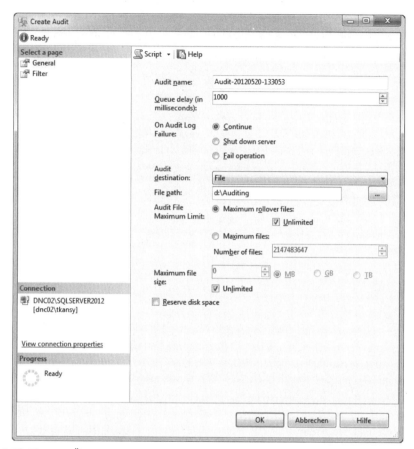

Bild 2.33 Ein neues Überwachungsobjekt erstellen

Die entsprechende T-SQL-Anweisung, für den gleichen Schritt, sieht wie folgt aus.

```
USE MASTER;
GO
CREATE SERVER AUDIT [Auditing1]
TO FILE
(
    FILEPATH = N'D:\Auditing',
    MAXSIZE = 0 MB,
    MAX_ROLLOVER_FILES = 2147483647,
    RESERVE_DISK_SPACE = OFF
)
WITH
(
    QUEUE_DELAY = 1000,
    ON_FAILURE = CONTINUE
);
```

Über entsprechende Parameter kann bestimmt werden, wie die Überwachung genau heißen soll, wo die Datei(en) liegen soll(en), wie groß sie werden darf etc. Wichtig ist dabei, dass der Datenbankkontext sich bei Ausführung der Anweisung nicht auf eine Benutzerdatenbank bezieht – die MASTER-Datenbank ist hier eine gute Wahl. Gelöscht werden kann das Überwachungsobjekt später wieder mit DROP SERVER AUDIT [Auditing1];.

Vor der Verwendung müssen Sie eine Aktivierung der neuen Überwachung durchführen, da sonst keinerlei Zugriffe protokolliert werden. Per T-SQL ist dies mit

ALTER SERVER AUDIT [Auditing1] WITH (STATE = ON);

machbar.

Eine Deaktivierung findet im Prinzip mit der gleichen Anweisung statt.

ALTER SERVER AUDIT [Auditing1] WITH (STATE = OFF);

Die Daten, die vom SQL Server 2012 bei der Überwachung gesammelt und in die Datei geschrieben werden, sind kein Klartext und können daher nur per SQL Server Management Studio und Abfrage ausgewertet werden. Damit sind die Erstellung und Aktivierung des Überwachungsobjektes abgeschlossen, und wir können mit der Festlegung fortfahren, was wo von wem überwacht werden soll.

2.9.2 Eine Überwachungsspezifikation erstellen

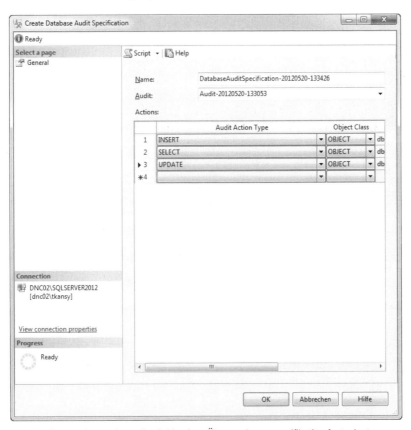

Bild 2.34 Was überwacht werden soll, wird in einer Überwachungsspezifikation festgelegt.

Nun kann innerhalb der Datenbank die Überwachung aktiviert werden. Dabei kann angegeben werden, welche Aktion oder Aktionen überwacht und welche Logins/Rollen dabei berücksichtigt werden sollen. Für DDL-Anweisungen stehen SELECT, INSERT, DELETE, UPDATE und MERGE zur Verfügung. Im SQL Server Management Studio bietet der Weg über SICHERHEIT > DATENBANK-ÜBERWACHUNGSSPEZIFIKATIONEN im Kontextmenü den notwendigen Befehl zum Erstellen einer neuen Überwachung.

Das entsprechende T-SQL-Pendant muss im Datenbankkontext der gewünschten Daten ausgeführt werden. Mit beliebig vielen ADD-Zweigen kann bestimmt werden, welches Login/ welche Rolle überwacht werden soll. Da jedes Login Mitglied der Public-Rolle ist, bezieht sich dieses Beispiel auf alle Zugriffe und unterscheidet nicht weiter.

```
USE Auditing;
GO
CREATE DATABASE AUDIT SPECIFICATION Ueberwachung1
FOR SERVER AUDIT Auditing1
ADD
(
    SELECT,
    INSERT,
    UPDATE ON Kunden BY Public
),
ADD
(
    SELECT,
    INSERT,
    UPDATE ON Kunden BY Public
)
WITH
(
    STATE = ON
);
```

Der fett hervorgehobene Teil der Anweisung aktiviert die Überwachung auch gleichzeitig, sodass die Anweisung im nächsten Abschnitt in einem solchen Fall nicht mehr notwendig ist.

Aktivierung

Wurde bei der CREATE DATABASE AUDIT SPECIFICATION-Anweisung WITH (STATE = ON) nicht mit angegeben, so muss die Überwachung nachträglich aktiviert werden. Die folgende Anweisung erledigt dies nachträglich.

```
ALTER DATABASE AUDIT SPECIFICATION Ueberwachung1
WITH
(
    STATE = ON
);
```

Eine Deaktivierung ist mit der folgenden Anweisung ebenso einfach durchzuführen.

```
ALTER DATABASE AUDIT SPECIFICATION Ueberwachung1
WITH
(
    STATE = OFF
);
```

Damit ist die Vorbereitung abgeschlossen, und es kann per Abfrage abgerufen und analysiert werden, welche der überwachten Aktionen in der Zwischenzeit ausgeführt wurden.

2.9.3 Auswertung

Gibt es mehr als nur ein Überwachungsobjekt, so muss für die Auswertung dessen Name bekannt sein, damit gezielt danach gefiltert werden kann. Da außerdem ein Überwachungsobjekt in mehreren Datenbanken verwendet werden kann, ist zudem ein Filter mit den Datenbanknamen oftmals sinnvoll. Diesem Problem wird in dem Beispiel damit begegnet, dass die Anweisung im Kontext der entsprechenden Datenbank ausgeführt (was in Anwendungen durch die Verbindungszeichenfolge oftmals der Fall ist) und im Filter später die eingebaute DB_NAME()-Funktion verwendet wird.

Die folgenden n Codezeilen zeigen, wie die Auswertung aussehen kann. Verwendet werden die Systemsichten sys.dm_server_audit_status und die Systemfunktion sys.fn_get_audit_file. Beide führen die notwendigen Filterungen und Sortierungen durch.

```
USE Auditing;
GO
SELECT database_name, schema_name, object_name,
       event_time, database_principal_name, statement,*
FROM
sys.dm_server_audit_status AS AuditStatus
CROSS APPLY
sys.fn_get_audit_file
(
    AuditStatus.audit_file_path, default, default
)
AS
AuditFile
WHERE AuditStatus.name = 'Auditing1' AND database_name = DB_NAME()
ORDER BY 4; -- Sortierung nach Zeitpunkt
```

Auf diese Weise können u. a. der genaue Zeitpunkt event_time, das verwendete Login database_principal_name und auch die verwendete T-SQL-Anweisung statement abgefragt werden.

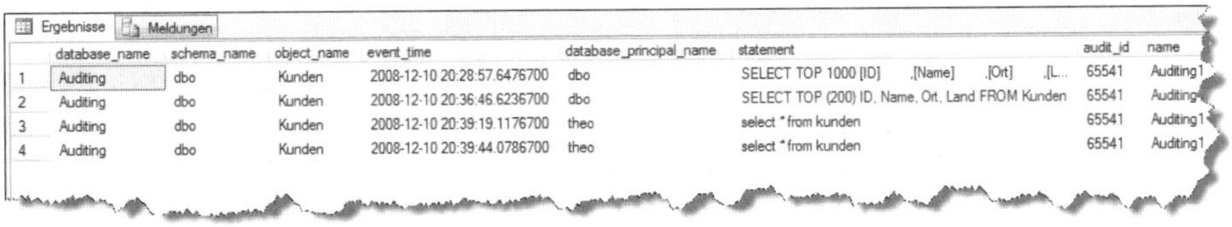

	database_name	schema_name	object_name	event_time	database_principal_name	statement	audit_id	name
1	Auditing	dbo	Kunden	2008-12-10 20:28:57.6476700	dbo	SELECT TOP 1000 [ID] ,[Name] ,[Ort] ,[L...	65541	Auditing1
2	Auditing	dbo	Kunden	2008-12-10 20:36:46.6236700	dbo	SELECT TOP (200) ID, Name, Ort, Land FROM Kunden	65541	Auditing1
3	Auditing	dbo	Kunden	2008-12-10 20:39:19.1176700	theo	select * from kunden	65541	Auditing1
4	Auditing	dbo	Kunden	2008-12-10 20:39:44.0786700	theo	select * from kunden	65541	Auditing1

Bild 2.35 Die Auswertung liefert eine Unmenge an Informationen, viele davon mit direktem Nutzen.

Für den Einsatz in einer eigenen Anwendung macht es Sinn, diese Abfrage in einer gespeicherten Prozedur anzulegen, damit ein entsprechender Ausführungsplan verwendet werden kann. Der Name des Überwachungsobjektes kann dann als Parameter übergeben werden (oder es wird immer ein fester Name verwendet). Zudem macht ein Filtern nach Zeitpunkt und wohl auch Login Sinn, um nicht in einer Informationsflut unterzugehen.

Damit bleibt dem großen Bruder im SQL Server, und natürlich auch dem Anwender, keine Aktion einer Anwendung verborgen.

2.10 Volltextsuche

SQL Server 2012 besitzt eine neue, überarbeitete Implementierung der Volltextsuche (Full Text Search, FTS[1]), die es auf recht intelligente Weise ermöglicht, nach Wörtern in Spalten zu suchen, in denen Texte oder ganze Dokumente abgelegt wurden. Dieser Abschnitt gibt einen Überblick über die Möglichkeiten, die Konfiguration und die Anwendung bei Abfragen.

Generell hat die Volltextsuche einige Vorteile gegenüber einer Suche nach Wörtern und Begriffen mit dem LIKE-Operator oder einem Vergleich mit „=". Wörter werden für die Aufnahme im zugrunde liegenden Suchindex normalisiert. Das heißt Substantive, Verben oder Adjektive werden in den Singular bzw. in ihre entsprechende Grundform überführt. Auf diese Weise werden bei der Suche nach „schlief" auch Texte gefunden, in denen „geschlafen" zu finden ist.

Die folgende Abfrage einer dynamischen Sicht, die u. a. auch den Ländercode (Local ID) der Sprache benötigt, demonstriert dies, indem sie bekannte Formen des übergebenen Wortes auflistet.

Listing 2.1 Bekannte Wortformen von „schlief"

```
SELECT * FROM sys.dm_fts_parser
(
    N'FORMSOF(FREETEXT, schlief)',
    1031,    /* LCID: 1031 Deutsch, 1033 Englisch US */
    NULL,    /* Stopplist ID oder NULL */
    0        /* Akzente (Umlaute) berücksichtigen? */
);
```

LCID (Language Code): Sprachen und Länder werden mit eindeutigen Codes gekennzeichnet. Die Volltextsuche verwendet an einigen Stellen die LCID und an anderen den sogenannten Ländercode. Die LCID für Deutsch ist z. B. 1031, der Ländercode für Deutschland „DEU". Eine recht umfangreiche Liste, die zusätzlich auch noch die entsprechenden Codepages enthält, finden Sie unter http://www.science.co.il/language/Locale-Codes.asp?s=hexadecimal.

Die Ausgabe zeigt gleichzeitig, wie diese Sicht für die Funktionsanalyse zum Verständnis der Volltextsuche verwendet werden kann. Alle Begriffe, die bei einer Volltextsuche mit

---

[1] VTS für Volltextsuche ist wenig bis gar nicht gebräuchlich.

dem übergebenen Begriff übereinstimmen (Umlaute werden umgeformt), werden hier aufgelistet.

keyword	group_id	phrase_id	occurrence	special_term	display_term	expansion_type	source_term
24 0x0067006500730063006800 6C006100660065006E00650072	1	0	1	Exact Match	geschlafener	2	schlief
25 0x0067006500730063006800 6C006100660065006E0065006E	1	0	1	Exact Match	geschlafenen	2	schlief
26 0x0067006500730063006800 6C006100660065006E	1	0	1	Exact Match	geschlafen	2	schlief
27 0x007300630068006C00610066	1	0	1	Exact Match	schlaf	2	schlief
28 0x007300630068006C006100660065006E	1	0	1	Exact Match	schlafen	2	schlief
29 0x007300630068006C006900650066	1	0	1	Exact Match	schlief	0	schlief

Bild 2.36 Unterschiedliche Formen des Verbs „schlief"

Zusätzlich werden Wörter ohne eigene Bedeutung (Stoppwörter[1]) entfernt, sodass diese bei Abfragen nicht berücksichtigt werden müssen. Darüber hinaus bietet ein Thesaurus eine gewisse Flexibilität durch die Berücksichtigung von Synonymen, wie sie aus Textverarbeitungen wie Microsoft Word bekannt sind.

Aufgrund des Zurückgreifens der Volltextsuche auf einen Index ist die Leistung auch bei umfangreichen und zahlreichen Texten höher als bei alternativen Abfragen, die meist nach dem Strickmuster `LIKE '%Suchtext%'` arbeiten, da dies die Verwendung jedes (gewöhnlichen) Index ausschließt.

Mit SQL Server 2008 wurde die Volltextsuche fast komplett umgekrempelt und ist seitdem nicht mehr als eigenständiger Windows-Dienst implementiert. Daraus ergibt sich eine Reihe von Vorteilen:

- Der zeitraubende Zugriff über Prozessgrenzen hinweg entfällt – eine höhere Performance ist die direkte Konsequenz.
- Ressourcen, besonders CPU und Speicher, können aufgrund der wegfallenden Prozessgrenze effizienter eingesetzt und verwaltet werden.
- Der Abfrage-Optimierer kann FTS-Abfragen besser optimieren, da der Volltextindex direkt in der Datenbank gespeichert wird.
- Durch eine Reihe dynamischer Verwaltungssichten und -funktionen (Dynamic Management Views/Functions) entsteht eine größere Transparenz und ein besseres Verständnis, wie FTS-Abfragen verarbeitet und ausgeführt werden.

Konsequenterweise lässt sich für die Volltextsuche auch kein eigenständiger Dienst mehr ausfindig machen. Dafür existiert jedoch ein Dienst (SQL Full-text Filter Daemon Launcher), der einen Hostprozess startet, der für das Filtern von Volltextsuchen und die Wörtertrennung verantwortlich ist. Dieser muss für die Volltextsuche ausgeführt werden und wird automatisch beim Start des Datenbankmodul-Dienstes mit gestartet.

Neue Funktionalitäten erlauben die Erstellung von angepassten Listen mit sogenannten Störwörtern (Stoppwörtern), die von FTS ignoriert und nicht in den Index aufgenommen werden.

---

[1] Sie werden oftmals auch als Störwörter bezeichnet oder mit dem englischen Begriff „Noise Words" tituliert.

2.10.1 Suchkatalog und Indizes einrichten

Die Tabelle oder Sicht muss dafür über einige Voraussetzungen verfügen. So muss sie zwingend über einen eindeutigen Index verfügen. Dabei ist recht einsichtig und überraschend, dass Spalten für die Volltextsuche verwendet werden, die Text speichern können. Darüber hinaus können jedoch auch Spalten vom Typ VARBINARY, VARBINARY(MAX), IMAGE, oder XML ebenfalls indexiert werden. Wird eine solche Spalte angegeben, so muss automatisch eine weitere benannt werden, die angibt, in welchem Format der Text gespeichert wurde. Diese Typspalte legt also fest, ob es sich bei den Daten in der Spalte z. B. um ein Microsoft Word-Dokument, eine PowerPoint-Präsentation oder eine HTML-Seite handelt. FTS verwendet vorinstallierte Filter, um den Textinhalt aus den Daten zu extrahieren, der anschließend in den Volltextindex integriert werden kann. Die Anweisung

```
EXEC sp_help_fulltext_system_components 'filter';
```

liefert eine Liste aller installierten Filter, die von der Volltextsuche verwendet werden können.

Bild 2.37 Um die 50 Filter sind zurzeit für die Volltextsuche verfügbar.

> Um auch Office 2007 oder höher filtern zu können, muss das entsprechende Filter Pack auf dem SQL Server installiert werden. Microsoft bietet dieses zum Download an.
>
> Microsoft Office 2007 Filter Packs:
>
> http://www.microsoft.com/en-us/download/details.aspx?id=20109
>
> Microsoft Office 2010 Filter Packs:
>
> http://www.microsoft.com/en-us/download/details.aspx?id=17062

Alle Werte, für die eine Typspalte zulässig ist, sind in der Spalte componentname der Ausgabe enthalten. Sind alle Voraussetzungen erfüllt, kann über den Volltextindizierung-Assistenten oder die entsprechende T-SQL-Anweisung der Volltextindex für die Tabelle/Sicht erstellt und konfiguriert werden. Der Assistent kann über das Kontextmenü der gewünschten Tabelle gestartet werden.

Dabei kann für jede Spalte, die in den Volltextindex aufgenommen wird, separat ausgewählt werden, aus welcher Sprache der Inhalt ist. Neben Chinesisch bis Arabisch kann auch eine „neutrale" Sprache gewählt werden. Die Sprachauswahl wird sowohl für das Trennen und

Normalisieren der Texte als auch zur Auswahl der passenden Stoppliste und des passenden Thesaurus verwendet. Wird keine Sprache ausgewählt, so entscheidet die Sprache der SQL Server-Instanz.

Bei der Erstellung muss darüber hinaus entschieden werden, in welcher Dateigruppe der Datenbank der Index erstellt werden soll. Die Entscheidung darüber legt also fest, auf welchen Speichermedien letztendlich die Indexdaten abgelegt und welche bei Abfragen in Anspruch genommen werden.

Neben dieser Angabe muss auch bestimmt werden, welche Änderungen an den Inhaltsspalten sich im Index wiederfinden sollen. Drei potenzielle Einstellungen sind möglich:

- *Automatisch:* Jede Änderung wird automatisch in den Index übertragen. Je nachdem, wie der Server ausgelastet ist, kann dies eine Weile in Anspruch nehmen. Man kann also keineswegs von einer sofortigen Übernahme sprechen. Bei dieser Einstellung handelt es sich um den Standard, sie erlaubt jedoch keine Festlegung, wann der Index aktualisiert wird.
- *Manuell:* Der Volltextindex wird nur durch manuelles Zutun oder vom SQL Server-Agenten aufgrund eines Zeitplans aktualisiert. Der Zeitplan kann bequem in einem späteren Schritt des Assistenten bestimmt werden. Aufgrund des Änderungsprotokolls (Change Tracking Log) ergeben sich dabei die zu berücksichtigenden Änderungen. Diese Option ist eine gute Wahl, wenn gesteuert werden muss, wann der Index aktualisiert werden soll.
- *Änderungen nicht nachverfolgen:* Änderungen werden nicht nachverfolgt, und es bedarf einer `ALTER FULLTEXT INDEX`-Anweisung mit `START FULL`- oder `INCREMENTAL POPULATION`-Klausel.

Ein Volltextindex kann also entweder vollständig oder inkrementell aufgefüllt werden. Dies kann mit den genannten T-SQL-Anweisungen oder per SQL Server Management Studio über das Kontextmenü der Tabelle/Sicht geschehen.

Wurde der Assistent abgeschlossen, so dauert es eine Weile, bis der Index komplett aufgebaut wurde. Die Dauer hängt von den dem Datenbankmodul zur Verfügung stehenden Ressourcen und von dem Umfang der Inhalte ab – entsprechende Inhalte werden bei Abfragen bis dahin nicht gefunden. Ist der Aufbau abgeschlossen, so wird eine entsprechende Nachricht protokolliert.

2.10.2 Stopplisten

Nicht jedes Wort ist es wert, in den Index aufgenommen zu werden. Solche Wörter beinhalten keine Informationen und werden daher Stoppwörter oder Noise Words genannt. Artikel, Konjunktionen und Präpositionen (alle Wörter, nach denen auch niemand im Internet suchen würde) gehören z.B. dazu und werden daher vom SQL Server 2012 in einer entsprechenden Stoppwortliste geführt. Diese Listen werden in der Datenbank (nicht mehr im Dateisystem) abgelegt. Dabei kann es sich um eine Liste handeln, die vom System bereitgestellt wird, oder um eine benutzerdefinierte, der auch neue Begriffe hinzugefügt werden können. Die folgende T-SQL-Anweisung erzeugt eine neue Stoppwortliste und verwendet als Vorlage die des Systems.

```
CREATE FULLTEXT STOPLIST MeineStoppList FROM SYSTEM STOPLIST;
```

Die Stoppwortlisten des Systems werden in der internen Ressourcen-Datenbank (Resource Database) gespeichert und stehen als Datenbank zur Verfügung. Die neu erstellte Liste mit dem Namen MEINESTOPPLIST enthält alle Wörter der Vorlagenliste und kann wie erwähnt mit eigenen Begriffen wie z. B. eigenen Produktnamen erweitert werden, nach denen in der eigenen Anwendung nicht gesucht werden würde. Wird keine Vorlagenliste angegeben, so ist die neue Liste schlicht leer. Im Folgenden sehen Sie als Beispiel das Hinzufügen des Begriffs „Windows".

```
ALTER FULLTEXT STOPLIST MeineStoppList ADD 'Windows' LANGUAGE GERMAN;
```

Diese Stoppwortliste muss nun noch für einen Volltextindex konfiguriert werden, damit sie auch verwendet werden kann. Dies geschieht mit der folgenden Anweisung, die sowohl den Namen der Liste als auch den der entsprechenden Tabelle enthält.

```
ALTER FULLTEXT INDEX ON Produkte SET STOPLIST MeineStoppList;
```

Soll eine Stoppwortliste gelöscht werden, so genügt die folgende Anweisung. Diese kann allerdings nur dann ausgeführt werden, wenn die Liste von keinem Volltextindex verwendet wird.

```
DROP FULLTEXT STOPLIST MeineStoppList;
```

Soll ermittelt werden, welche Listen in einer Datenbank vorhanden sind, so reicht die folgende Abfrage `SELECT * FROM sys.fulltext_stoplists;`, die für jede Liste einen Eintrag enthält.

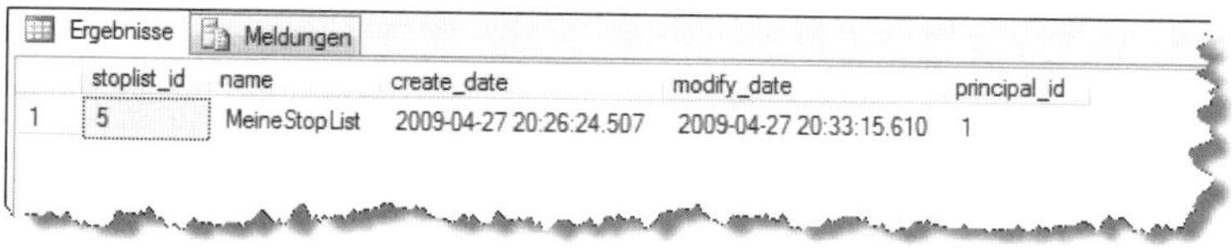

stoplist_id	name	create_date	modify_date	principal_id
5	MeineStopList	2009-04-27 20:26:24.507	2009-04-27 20:33:15.610	1

Bild 2.38 Alle Stoppwortlisten der aktuellen Datenbank

Auch kann recht leicht mit dieser Abfrage

```
SELECT * FROM sys.fulltext_stopwords;
```

ermittelt werden, welche Wörter in einer Liste vorhanden sind.

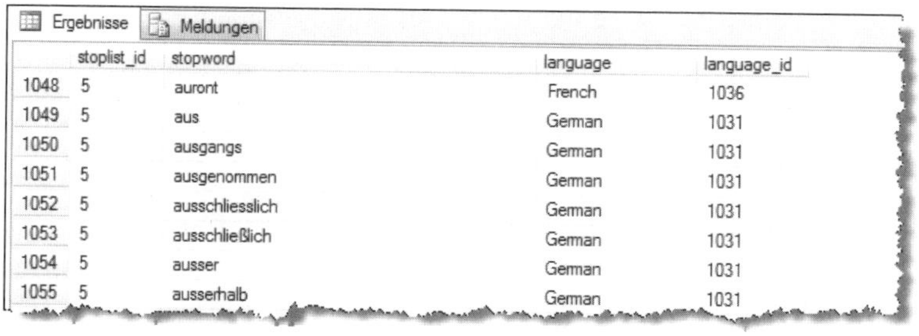

	stoplist_id	stopword	language	language_id
1048	5	auront	French	1036
1049	5	aus	German	1031
1050	5	ausgangs	German	1031
1051	5	ausgenommen	German	1031
1052	5	ausschliesslich	German	1031
1053	5	ausschließlich	German	1031
1054	5	ausser	German	1031
1055	5	ausserhalb	German	1031

Bild 2.39 Alle Stoppwörter der aktuellen Datenbank

Über die Spalte STOPLIST_ID kann eine Beziehung zwischen dieser und der vorherigen Abfrage hergestellt werden.

2.10.3 Thesaurus

Um bei der Suche Synonyme berücksichtigen zu können, unterstützt SQL Server 2012 ein Thesaurus-Wörterbuch als Datei im XML-Format. Genau genommen gibt es zwei Dateien: eine, die für alle Sprachen allgemeingültig ist (TSGLOBAL.XML), und eine speziell für jede Sprache (für Deutsch TSDEU.XML, für Englisch TSENG.XML), die auch die allgemeine übersteuern kann. Beide Dateien befinden sich im MSSQL-\FTData-Verzeichnis, so wie z. B. D:\PROGRAMME\MICROSOFT SQL SERVER 2012\MSSQL10.MSSQLSERVER\MSSQL\FTDATA.

```
<XML ID="Microsoft Search Thesaurus">

<!-- Commented out (SQL Server 2012)

    <thesaurus xmlns="x-schema:tsSchema.xml">
    <diacritics_sensitive>0</diacritics_sensitive>
        <expansion>
            <sub>Internet Explorer</sub>
            <sub>IE</sub>
            <sub>IE5</sub>
        </expansion>
        <replacement>
            <pat>NT5</pat>
            <pat>W2K</pat>
            <sub>Windows 2000</sub>
        </replacement>
        <expansion>
            <sub>run</sub>
            <sub>jog</sub>
        </expansion>
    </thesaurus>
-->
</XML>
```

Wurde eine Datei modifiziert, so muss die `sys.sp_fulltext_load_thesaurus_file`-Prozedur aufgerufen werden, die die LCID der gewünschten Sprache akzeptiert. Die allgemeine Thesaurus-Datei wird dabei ebenfalls geladen.

2.10.4 Abfragen

Sind Volltextindex, Stoppliste und Thesaurus konfiguriert, kann mittels entsprechender Abfragen nach den gewünschten Begriffen gesucht werden. Der folgende Abschnitt gibt einen Überblick über die Möglichkeiten, die dabei zur Verfügung stehen. FTS bietet dafür zunächst einmal zwei Prädikate, die bei Abfragen mit einer WHERE-Klausel verwendet werden können: FREETEXT() und CONTAINS(). Dabei akzeptiert FREETEXT() als Erstes die Namen der Spalte(n), die berücksichtigt werden soll(en); oder einen „*", um alle Spalten aus der Tabelle/Sicht zu berücksichtigen, die sich im Volltextindex befinden, und den oder die gesuchten Begriffe, die dann durch ein Leerzeichen voneinander getrennt werden. Einfache Beispiele für eine Abfrage können wie folgt aussehen.

```
SELECT * FROM dbo.Produkte
    WHERE FREETEXT((Beschreibung, Produktname) , 'Stuhl');
```

Oder:

```sql
SELECT * FROM dbo.Produkte
    WHERE FREETEXT(* , 'Stuhl Holz');
```

Gefunden wird so konsequenterweise auch eine Produktbeschreibung, die das Wort „Stühle" enthält (vgl. Bild 2.40).

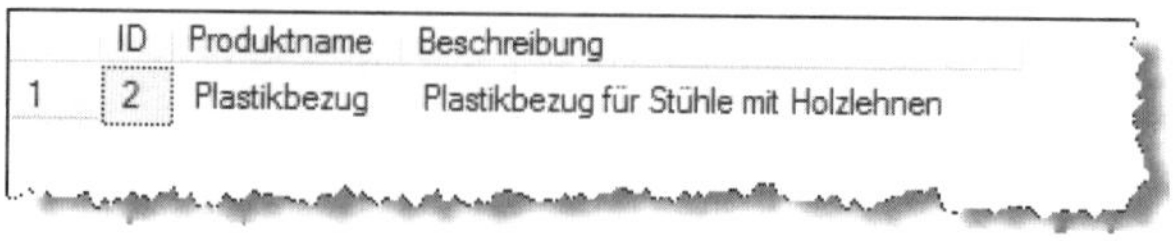

ID	Produktname	Beschreibung
1	2 Plastikbezug	Plastikbezug für Stühle mit Holzlehnen

Bild 2.40 Das Ergebnis der Abfrage

Bei der Abfrage wird die konfigurierte Sprache der jeweiligen Spalte verwendet. Ist dies nicht gewünscht, so ist ein weiterer Parameter möglich, der die LCID der Wunschsprache angibt.

Komplexere Abfragen sind mit CONTAINS() möglich. Zwar akzeptiert auch dieses Prädikat eine oder mehrere Spalten und eine LCID, doch sind komplexere Abfragen als nur nach einfachen Begriffen wie bei FREETEXT() machbar. So sind z. B. auch eine Suche mit Wildcards (*) und die Berücksichtigung von Begriffen möglich, die sich in der Nähe zu einem anderen befinden (z. B. „Stuhl NEAR Holz"). „In der Nähe" bedeutet dabei 50 Wörter vorher oder nachher.

```sql
SELECT * FROM dbo.Produkte
    WHERE CONTAINS(* , '"Stu*" NEAR Holz');
```

Bei einer Suche mit Wildcards muss der Begriff in doppelten Anführungszeichen stehen.

```sql
SELECT * FROM dbo.Produkte
    WHERE CONTAINS((Beschreibung, Produktname), '"Stu*"');
```

Darüber hinaus besteht die Möglichkeit, gewisse Suchbegriffe mit 0.0 bis 1.0 zu gewichten, um mittels Ranking das Suchergebnis zu verfeinern. Dafür ist ISABOUT vorgesehen.

```sql
SELECT * FROM dbo.Produkte
    WHERE CONTAINS((Beschreibung, Produktname),
        'ISABOUT Stuhl WEIGHT(1.0), Holz WEIGHT(0.2)');
```

Alternativ zu den beiden vorgestellten Prädikaten existieren zwei Tabellenwertfunktionen, die im Prinzip gleich arbeiten und zwei Spalten zurückliefern: KEY und RANK. Ihre Namen lauten FREETEXTTABLE und CONTAINSTABLE. Während die erste Spalte den eindeutigen Schlüssel der abgesuchten Tabelle/Sicht liefert (für einen Join), liefert die zweite ein Maß, wie gut die Zeile auf die angegebenen Suchbegriffe passt. Je niedriger, desto passender und gedacht für Sortierungen via ORDER BY. Die grundlegende Verwendung sieht wie im folgenden Beispiel aus.

```sql
SELECT * FROM FREETEXTTABLE
(
    Produkte,    /* Tabelle oder Sicht */
    *,           /* Spaltenliste */
    'Stuhl'      /* Suchbegriff*/
);
```

Ein Join mit passender Sortierung ist ebenfalls schnell gemacht und sieht wie folgt aus.

```
SELECT TOP 10 * FROM FREETEXTTABLE
(
    Produkte,
    *,
    'Stuhl'
) F JOIN Produkte P ON F.[Key] = P.IDENTITYCOL
ORDER BY F.RANK;
```

Damit soll der Überblick über die Möglichkeiten, wie eine Abfrage mit der Volltextsuche aussehen kann, abgeschlossen sein.

2.11 FileStream

SQL Server 2012 bietet ein Feature, das die Ablage von binären, unstrukturierten Inhalten der Datenbank (BLOB[1]s) direkt im NTFS-Dateisystem gestattet. Dabei sorgt das Datenbankmodul sowohl für die notwendige Transaktionssicherheit als auch für eine vollständige Integrität bei Sicherungen/Wiederherstellungen der Datenbank.

Das FileStream-Feature ist die technische Grundlage für das mit SQL Server 2012 eingeführte FileTable-Feature, das in Abschnitt 1.2 im Detail beschrieben wird.

Wird FileStream unter SQL Server Express eingesetzt, so wird die Größe der entsprechenden BLOB-Spalten nicht für die 10-GB-Grenze mitgezählt. Die Datenbank kann damit um einiges größer werden.

Vonseiten des Tabellendesigns wird mit oder ohne FileStream der Datentyp VARBINARY (MAX) für Spalten verwendet, die BLOBs aufnehmen sollen. Aus dieser Sicht ändert sich also nichts.

Technisch ist das FileStream-Feature die Basis für das mit SQL Server 2012 eingeführte FileTable-Feature, das es Anwendungen ermöglicht, via Win32 IO-API so auf Blobs zuzugreifen, als lägen diese im Dateisystem. Dies ist eine sinnvolle Weiterentwicklung, die in Abschnitt 1.2 näher beleuchtet wird.

Für die Anwendung kann es also transparent sein, wo die Daten tatsächlich abgelegt werden. Der Zugriff ist mit den üblichen ADO.NET-Aufrufen möglich, so als wären die BLOBs in der Datenbank gespeichert. Doch es gibt eine Reihe von Vorteilen, die dieses neue Feature interessant machen.

---

[1] BLOB: Binary Large Object oder Big Large Object

2.11.1 Wann setze ich FileStream ein?

Es gibt einige Gründe, warum das FileStream-Feature verwendet werden sollte oder warum es für einige Projekte eher uninteressant oder sogar völlig ungeeignet ist. So ist dieses Feature eine gute Wahl, wenn:

- die durchschnittliche Größe der BLOBs einer Tabelle mehr als 1 MB beträgt. In diesem Fall ist die Performance besser als bei BLOBs, die direkt in der Tabelle gespeichert werden.
- Änderungen den gesamten oder einen großen Teil des BLOB in einer Spalte betreffen.
- die maximale Größe eines BLOB mehr als 2 GB beträgt.
- die Größe einzelner BLOBs von einer UPDATE-Anweisung zur nächsten UPDATE-Anweisung stark schwankt, da so eine unnötige Fragmentierung der Datenbank verhindert wird.
- Verschlüsselung der Daten keine große Rolle spielt, da dies mit FileStream unter SQL Server 2012 nicht möglich ist.
- Streaming-Funktionen wie Read(), Write() und Seek() zum Einsatz kommen sollen, um gezielt bestimmte Abschnitte in den BLOBs zu lesen oder zu schreiben.
- SQL Server Express zum Einsatz kommen soll und mehr als 4 GB an BLOBs vorliegen.
- weder die Datenbank-Optionen READ_COMMITTED_SNAPSHOT noch ALLOW_SNAPSHOT_ISOLATION verwendet werden. Diese beiden Optionen dürfen bei der Verwendung von FileStream nicht aktiviert werden.

Daten, die in einer FileStream-Spalte abgelegt werden, werden wie gewohnt durch die Sicherheit des SQL Servers geschützt. Zwar ist ein direkter Zugriff auf die Daten im NTFS-Dateisystem denkbar, jedoch nur für Administratoren möglich und zudem nicht empfehlenswert.

2.11.2 Aktivierung auf der SQL Server-Instanz

Bevor FileStream zum Einsatz kommen kann, muss dieses Feature für die SQL Server-Instanz aktiviert werden, da es standardmäßig deaktiviert ist. Zur Aktivierung stehen drei Möglichkeiten zur Auswahl:

- Aktivierung zum Zeitpunkt der Installation
- Aktivierung mittels SQL Server-Konfigurationsmanager
- Aktivierung per T-SQL

Werden direkte FileStream-Zugriffe auf die BLOB-Dateien aktiviert, so wird dies technisch durch eine logische UNC[1]-Freigabe (die z. B. auch mittels der NET SHARE-Anweisung angezeigt werden kann) realisiert. Diese Freigabe ist dann entweder nur von dem lokalen System oder von einem Remoteclient aus verwendbar. In beiden Fällen ist der Freigabename für alle Datenbanken und Tabellen mit FileStream-BLOB einer SQL Server-Instanz identisch. Lediglich der weitere Pfad, der mit der PathName()-Funktion abgerufen werden kann, bildet eine eindeutige Verzeichnisstruktur nach. Der Zugriff kann dann über die später beschriebene Fileshare-API durchgeführt werden.

---

[1] UNC: Uniform Naming Convention

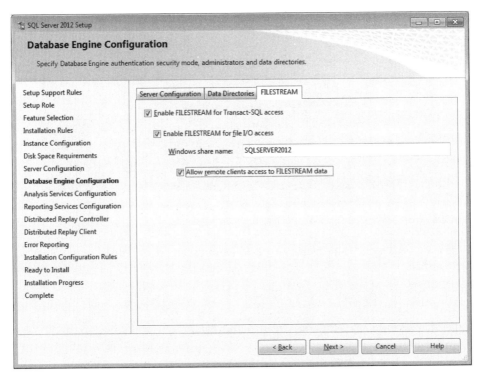

Bild 2.41 FileStream-Aktivierung bei der Installation

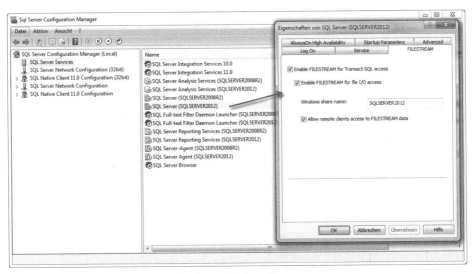

Bild 2.42 FileStream-Aktivierung im SQL Server-Konfigurationsmanager

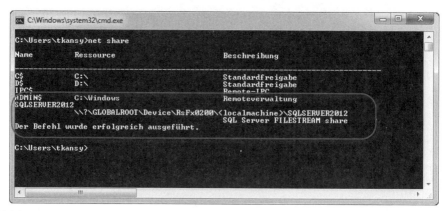

Bild 2.43 Die FileStream-Freigabe zusammen mit anderen Shares

Zudem kann auch mittels der folgenden T-SQL-Anweisung die De-/Aktivierung vorgenommen werden.

```
EXEC sp_configure FileStream_access_level, 2;
RECONFIGURE;
```

Dabei sind die in Tabelle 2.9 dargestellten Werte erlaubt.

Tabelle 2.9 Mögliche Werte für FileStream_access_level

Wert	Beschreibung
0	FileStream ist deaktiviert. Dies ist der Standard.
1	Zugriff mit T-SQL möglich
2	Zugriff mit T-SQL und über die FileStream API möglich

Unabhängig auf welchem Weg, eine Konfiguration des FileStream-Features ist den Mitgliedern der `sysadmin`-Rolle vorbehalten.

Wurde FileStream aktiviert (also ein Wert ungleich 0 gewählt) oder deaktiviert (also der Wert 0 gewählt), so kann es notwendig sein, die SQL Server-Instanz erneut zu starten. Ansonsten reicht eine `RECONFIGURE [WITH OVERRIDE];`-Anweisung, um die neue Einstellung wirksam werden zu lassen.

Soll nun später abgefragt werden, ob und inwieweit das FileStream-Feature aktiviert wurde, so reicht die folgende Abfrage, die darüber genau Auskunft gibt.

```
SELECT
    @@servername AS 'Servername',
    SERVERPROPERTY('FileStreamSharename') AS 'Share',
    CASE SERVERPROPERTY('FileStreamEffectiveLevel')
        WHEN 0 THEN 'Deaktiviert'
        WHEN 1 THEN 'Nur T-SQL-Zugriff'
        WHEN 2 THEN 'Nur T-SQL und lokales System'
        WHEN 3 THEN 'T-SQL, Lokales und entfernte Systeme'
    END AS 'Aktuelle Einstellung',
    CASE SERVERPROPERTY('FileStreamConfiguredLevel')
        WHEN 0 THEN 'Deaktiviert'
```

```
            WHEN 1 THEN 'Nur T-SQL-Zugriff'
            WHEN 2 THEN 'Nur T-SQL und lokales System'
            WHEN 3 THEN 'T-SQL, Lokales und entfernte Systeme'
       END AS 'Konfigurierte Einstellung';
```

2.11.3 Vorbereitung der Datenbank

Nachdem die SQL Server-Instanz für den Einsatz von FileStream konfiguriert wurde, muss die Datenbank ebenfalls vorbereitet werden. Mindestens eine Dateigruppe, die für die Verwendung von FileStream angelegt wurde und eine entsprechende Datenbankdatei (Medium) enthält, ist zwingend notwendig. Dieses Medium wird später bei der Erstellung der Tabelle benötigt und bezeichnet das Verzeichnis (keine einzelne Datei!), in dem später die Dateien abgelegt werden. Das Verzeichnis muss sich zwingend auf einem lokalen NTFS-Laufwerk befinden. Eine maximale Größenbeschränkung ist mit SQL Server-Mitteln leider nicht möglich. Eine Beschränkung mittels der Kontingentierung des Festplattenplatzes über das Betriebssystem ist nur bedingt zu empfehlen, da das Volumen aller Dateien auf diesem Laufwerk angerechnet wird. Daher empfiehlt es sich eher, ein komplettes Laufwerk für das FileStream-Feature zur Verfügung zu stellen. Dessen Größe begrenzt dann gleichzeitig die Gesamtgröße aller BLOBs.

Über das SQL Server Management Studio kann bei der Erstellung oder bei Änderungen an einer Datenbank sowohl eine Dateigruppe als auch eine Datenbankdatei (wie schon erwähnt eigentlich ein Verzeichnis) benannt werden. Wichtig ist, dass bei FileStream je Gruppe nur eine Datenbankdatei erlaubt ist. Eine Lastenverteilung, wie es bei Dateigruppen für Zeilendaten möglich ist, existiert nicht.

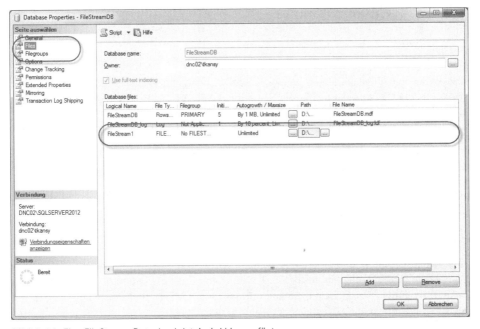

Bild 2.44 Eine FileStream-Datenbankdatei wird hinzugefügt.

Als Klausel der CREATE DATABASE-Anweisung sieht dies wie folgt aus.

```
-- Neue Datenbank erstellen
CREATE DATABASE FileStreamDB
ON
-- Primäre Ablage für Zeilendaten
PRIMARY
(
    NAME = FileStream_Data,
    FILENAME = 'D:\...\ FileStreamDB\FileStream.mdf'
),
-- Dateigruppe für FileStream
FILEGROUP FileStream1 CONTAINS FILESTREAM
(
    NAME = FileStream1,
    FILENAME = 'D:\...\FileStreamDB\Blobs'
)
-- Transaktionsprotokoll
LOG ON
(
    NAME = FileStream_Log,
    FILENAME = 'D:\...\FileStreamDB\FileStream.ldf'
);
```

Soll eine bestehende Datenbank um eine FileStream-Dateigruppe erweitert werden, so ist dies auch ohne Weiteres möglich. Wieder besteht die Wahl zwischen dem SQL Server Management Studio und einer entsprechenden T-SQL-Anweisung, so wie sie im Folgenden gezeigt wird.

```
ALTER DATABASE FileStreamDB
    ADD FILEGROUP [FileStreamGroup2] CONTAINS FILESTREAM;
ALTER DATABASE FileStreamDB ADD FILE
(
    NAME = FileStream2,
    FILENAME = 'D:\...\FileStreamDB\Blobs2'
) TO FILEGROUP FileStreamGroup2;
```

Das Entfernen nicht genutzter Dateien oder Dateigruppen geschieht ebenfalls mit einer ALTER DATABASE-Anweisung, dieses Mal mit der REMOVE FILE- bzw. REMOVE FILEGROUP-Klausel.

2.11.4 Vorbereitung der Tabelle

Bei dem Entwurf der Tabelle müssen drei wichtige Punkte berücksichtigt werden: Zum einen muss die Tabelle über eine Spalte verfügen, die als ROWGUIDCOL gekennzeichnet ist und den Datentyp UNIQUEIDENTIFIER besitzt. Dieser eindeutige Wert wird später dafür sorgen, dass der Name der internen Datei, welche die Daten speichert, auch bei Replikation und Wiederherstellung der Datenbank eindeutig ist und es auch bleibt. Als Zweites wird eine Spalte benötigt, die den Zusatz FILESTREAM trägt und als Datentyp VARBINARY(MAX) besitzt. Zu guter Letzt muss die Tabelle mit der FILESTREAM_ON-Klausel angeben, in welcher Dateigruppe die BLOBs abgelegt werden sollen.

Beim Tabellendesign muss übrigens darauf geachtet werden, dass konsequenterweise nur die Daten des BLOB abgelegt werden, nicht jedoch, um was für eine Art von Daten es sich handelt. Ist dies also von Interesse zu wissen, so muss z.B. MIME-Typ, Dateierweiterung oder Ähnliches in entsprechenden Spalten abgelegt werden, damit beim Auslesen Klarheit darüber besteht, was mit den Daten angefangen werden kann. Das folgende Beispiel speichert den kompletten Inhalt beliebiger Dateien ab, sodass es sinnvoll erscheint, dass deren Dateiname und Erweiterungen ebenfalls mit abgespeichert werden.

Die folgende T-SQL-Anweisung erstellt eine entsprechende Tabelle, die sämtliche Punkte umsetzt.

```
CREATE TABLE FileStore
(
    ID INT NOT NULL IDENTITY (1, 1) PRIMARY KEY CLUSTERED,
    Dateiname NVARCHAR(256) NOT NULL,
    Erweiterung NVARCHAR(64) NOT NULL,
    -- Eindeutige GUID für FileStream
    RowGuid UNIQUEIDENTIFIER DEFAULT(NEWID()) NOT NULL ROWGUIDCOL UNIQUE,
    -- Spalte, deren Inhalt im NTFS-Dateisystem abgelegt wird
    Blob VARBINARY(max)   FILESTREAM NOT NULL
)
ON [PRIMARY]
FILESTREAM_ON FileStreamGroup1;
```

Soll die Tabelle nicht, so wie in diesem Beispiel gezeigt, über eine zusätzliche Identitätsspalte als (gruppierten) Primärschlüssel verfügen, sondern soll stattdessen die GUID-Spalte als Primärschlüssel verwendet werden, so sollte dringend statt der NEWID()-Funktion die NEWSEQUENTIALID()-Funktion für den Standardwert verwendet werden. Auf diese Weise wird eine unnötige Fragmentierung der Datenbankseiten (Page Splits) vermieden. Die NEWSEQUENTIALID()-Funktion erzeugt aufsteigende GUIDs, indem die GUID segmentweise hochgezählt wird. Das folgende Beispiel zeigt deren Einsatz.

```
CREATE TABLE FileStore2
(
Dateiname NVARCHAR(256) NOT NULL,
Erweiterung NVARCHAR(64) NOT NULL,
-- Eindeutige GUID für FileStream und Primärschlüssel
RowGuid UNIQUEIDENTIFIER DEFAULT(NEWSEQUENTIALID())
NOT NULL ROWGUIDCOL PRIMARY KEY CLUSTERED,
-- Spalte, deren Inhalt im NTFS-Dateisystem abgelegt wird
BLOB VARBINARY(MAX) FILESTREAM NOT NULL
)
ON [PRIMARY]
FILESTREAM_ON FileStreamGroup1;
```

2.11.5 Ablage der Daten im NTFS-Dateisystem

Unter dem NTFS-Pfad, der in der Dateigruppe für FileStream angegeben wurde, hat der SQL Server ein Verzeichnis angelegt und dieses per NTFS-Berechtigungen vor unbeabsichtigtem/unberechtigtem Zugriff geschützt. Als Administrator können Sie jedoch trotzdem einen Blick in diesen Ordner werfen.

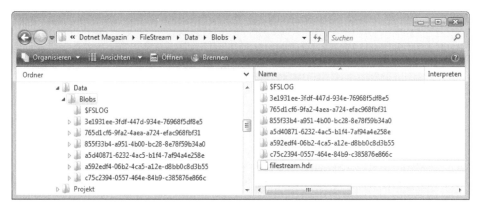

Bild 2.45 Das Verzeichnis, in dem die BLOBs plus einige Metadateien abgelegt werden

 Wichtig ist, dass es bei einem Blick bleibt. Alle direkten Änderungen an den Dateien, ganz gleich welche, führen zu einer korrupten Datenbank und sind daher tunlichst zu vermeiden!

Welche Wege für die Zugriffe auf die Daten zur Auswahl stehen, finden Sie in den nächsten Abschnitten.

2.11.6 Zugriff per ADO.NET

Der Zugriff via ADO.NET unterscheidet sich nicht von dem Vorgehen für den Zugriff auf BLOBs, die direkt in der Datenbank abgelegt sind. Daher erkläre ich an dieser Stelle nur zwei Methoden zum Lesen und Schreiben von Dateien. Die dritte im Bunde wäre das Löschen, das jedoch nur eine einfache DELETE-Anweisung mit einer entsprechenden Einschränkung auf die gewünschte Zeile darstellt und daher an dieser Stelle ausgelassen wird. Der SQL Server entfernt die Datei aus dem Dateisystem automatisch, wenn dies sicher erscheint; also dann zum Beispiel, wenn die Transaktion bestätigt ist oder eine möglicherweise vorhandene Replikation durchgeführt wurde.

Zunächst besprechen wir also das Speichern von BLOBs in einer Datenbank. Auch wenn diese Lösung einfach ist, so hat sie jedoch einen entscheidenden Nachteil: Zu einem Zeitpunkt müssen die gesamten Daten des BLOB in einem Byte-Array im Speicher vorliegen – bei einer möglichen Größe von mehreren Gigabytes sicherlich keine besonders gute Idee.

```csharp
// Benötigte Importe
using System.IO;
using System.Data.SqlClient;

private int storeFileInDatabase(int ID, string FullFilename)
{
    // SQL-Anweisung
    const string SQL = "IF EXISTS (SELECT IDENTITYCOL FROM FileStore " +
                       "  WHERE IDENTITYCOL = @ID) " +
                       "    UPDATE FileStore SET " +
                       "        Dateiname = @Dateiname, " +
                       "        Erweiterung = @Erweiterung, " +
                       "        BLOB = @BLOB " +
                       "    OUTPUT INSERTED.IDENTITYCOL " +
                       "    WHERE IDENTITYCOL = @ID " +
                       "ELSE " +
                       "    INSERT FileStore " +
                       "        (Dateiname, Erweiterung, BLOB) " +
                       "    OUTPUT INSERTED.IDENTITYCOL VALUES " +
                       "        (@Dateiname, @Erweiterung, @BLOB);";

    try
    {
        using (SqlConnection con
            = new SqlConnection
                (Properties.Settings.Default.ConString))
        {
            // Datenbankverbindung öffnen
            con.Open();

            using (SqlCommand cmd = con.CreateCommand())
            {
                cmd.CommandType = CommandType.Text;
                cmd.CommandText = SQL;

                // Werte für Parameter der T-SQL-Anweisung ermitteln
                string Dateiname =
                    Path.GetFileNameWithoutExtension(FullFilename);
                string Erweiterung =
                    Path.GetExtension(FullFilename);

                cmd.Parameters.AddWithValue("ID", ID);
                cmd.Parameters.AddWithValue("Dateiname", Dateiname);
                cmd.Parameters.AddWithValue
                    ("Erweiterung", Erweiterung);

                // BLOB einlesen und in Byte-Array speichern
                int filelength =
                    (int)(new FileInfo(FullFilename)).Length;

                // Buffer anlegen
                byte[] buffer = new byte[filelength];

                // Buffer füllen
                using (StreamReader sr =
                    new StreamReader(FullFilename))
                    sr.BaseStream.Read(buffer, 0, filelength);
```

```
                    // Ebenfalls als Parameter einfügen
                    cmd.Parameters.AddWithValue("Blob", buffer);

                    // Zeile einfügen und ID zurückliefern
                    return (int)cmd.ExecuteScalar();
                }
            }
        }
        catch (SqlException ex)
        {
            // Fehler mit SQL Server
            // ...
        }
        catch (FileNotFoundException ex)
        {
            // Datei nicht gefunden
            // ...
        }
        catch (IOException ex)
        {
            // I/O nicht möglich (Rechte?)
            // ...
        }
        catch (Exception ex)
        {
            // Sonst ist etwas schiefgelaufen
            // ...
        }
    }
```

Die hier gezeigte Methode ermittelt mit der EXISTS()-Funktion, ob die übergebene ID bereits in der Tabelle vorhanden ist und so statt eines INSERT ein UPDATE durchgeführt werden muss. Für die ermittelten und eingefügten Werte (Dateiname, Erweiterung und BLOB) spielt dies keine große Rolle. Alle Werte werden der SQL-Anweisung hinzugefügt und die Anweisung schließlich ausgeführt. Der fett hervorgehobene Teil hebt dabei die verwendete SQL-Anweisung und die Zeilen hervor, die das Byte-Array für die Übergabe an ADO.NET füllt.

Das spätere Auslesen der BLOB-Daten aus der Datenbank kann bei Erstellung des System.Data.SqlClientSqlDataReader-Objektes den Wert CommandBehavior.SequentialAccess für dessen Parameter behavior als Optimierung verwenden. Dieser Wert sorgt zwar dafür, das Spalten nur noch der Reihe nach von links nach rechts gelesen werden dürfen (also noch Spalte 2 vor Spalte 1), ermöglicht aber auch den Zugriff auf Daten einer Spalte, bevor deren Daten komplett an den Client gesandt wurden.

```
private string retrieveFileFromDatabase(int ID, string TargetDirectory)
{
    // SQL-Anweisung
    const string SQL = "SELECT Dateiname, Erweiterung, " +
        "DATALENGTH(Blob) " + AS 'Größe', Blob FROM FileStore " +
        "WHERE IDENTITYCOL = @ID;";

    try
    {
        using (SqlConnection con
            = new SqlConnection
```

```csharp
                (Properties.Settings.Default.ConString))
        {
            // Datenbankverbindung öffnen
            con.Open();

            using (SqlCommand cmd = con.CreateCommand())
            {
                cmd.CommandType = CommandType.Text;
                cmd.CommandText = SQL;

                // Parameter befüllen
                cmd.Parameters.AddWithValue("ID", ID);

                // Per SqlDataReader einlesen, dabei
                // mögliche Optimierung ausnutzen
                using (SqlDataReader dr = cmd.ExecuteReader(
                    SingleResult|SequentialAccess))
                {
                    // Zeile gefunden?
                    if (!dr.Read())
                        throw new InvalidOperationException(
                            "Unbekannte ID");

                    // Werte aus der Datenbank auslesen
                    string Dateiname = (string)dr["Dateiname"];
                    string Erweiterung = (string)dr["Erweiterung"];
                    long length = (long)dr["Größe"];

                    // Wohin speichern?
                    // Zieldateinamen zusammenstellen
                    if (string.IsNullOrEmpty(TargetDirectory))
                        TargetDirectory = Path.GetTempPath();
                    string filename =
                        Path.Combine(TargetDirectory, Dateiname);
                    filename =
                        Path.ChangeExtension(filename, Erweiterung);

                    // BLOB lesen
                    System.Data.SqlTypes.SqlBinary Blob =
                        dr.GetSqlBinary(dr.GetOrdinal("Blob"));

                    using (StreamWriter sw
                            = new StreamWriter(filename, true))
                        sw.BaseStream.Write(
                            Blob.Value, 0, Blob.Value.Length);

                    // Rückgabe des vollen Dateinamens
                    return filename;
                }
            }
        }
    }
    catch (SqlException ex)
    {
        // Fehler mit SQL Server
        // ...
    }
```

```
        catch (IOException)
        {
            // I/O nicht möglich (Rechte?)
            // ...
        }
        catch (InvalidOperationException)
        {
            // ID unbekannt
            throw;
        }
        catch (Exception ex)
        {
            // Sonst ist etwas schiefgelaufen
            // ...
        }
    }
```

Damit können binäre BLOB-Daten in der Datenbank abgelegt und wieder abgerufen werden. Es sei noch einmal darauf hingewiesen, dass dies in der gezeigten Form auch ohne das FileStream-Feature und damit z. B. auch für SQL Server 2005 funktioniert.

2.11.7 Zugriff per FileStream API

Um nur gezielt einen Teil eines umfangreichen BLOB aus der Datenbank zu lesen oder zu schreiben oder um dabei nicht die kompletten Daten im Speicher halten zu müssen, kommt die System.Data.SqlTypes.SqlFileStream-Klasse zum Einsatz. Diese leitet sich von der bekannten System.IO.Stream-Klasse ab und bietet damit die notwendigen Methoden Read(), Write() und Seek().

Um die SqlFileStream-Klasse einsetzen zu können, müssen zuvor drei teils ungewöhnlich erscheinende Aufgaben erledigt werden.

- Es muss eine Transaktion (z. B. SqlTransaction-Klasse) begonnen werden. Dies ist auch zwingend notwendig, wenn nur Daten gelesen werden sollen.

Mittels der T-SQL-Funktion PathName() muss der Freigabe-(UNC-)Pfad der BLOB-Spalte ermittelt werden. Dieser Pfad ist für jede Zeile anders und weist auf die entsprechende Datei im NTFS-Dateisystem des SQL Servers hin. Aussehen kann dieser Pfad in etwa so:

\\DNCX\MSSQLSERVER\v1\FileStreamDB\dbo\FileStore2\Blob\40562257-0128-DE11-8E70-0019B98874A0

Aus diesem Grund muss auch bei Einfüge-Operationen vor dem Einfügen der BLOB-Daten in der Tabelle bereits eine Zeile für diese vorhanden sein, damit die Datei geöffnet und befüllt werden kann.

- Mit der T-SQL-Funktion GET_FILESTREAM_TRANSACTION_CONTEXT() muss ein Kontext für den I/O-Zugriff erstellt werden.

Sind alle drei Aufgaben erledigt, kann eine Instanz dieser Klasse erzeugt werden, die entweder die Daten liest, schreibt oder beides erledigt. Mittels Seek() kann an eine beliebige Stelle in den Daten gesprungen werden. Wichtig und interessant: Es werden nur wirklich die Daten übertragen, die gelesen/geschrieben werden.

Die folgenden beiden Codebeispiele zeigen, wie die notwendigen Schritte effizient umgesetzt werden können, um Daten aus einer Datei zu speichern und wieder zu laden. Sie stellen eine Variante der beiden vorherigen Codebeispiele dar. Auch hier sind die interessanten Stellen fett hervorgehoben.

```
' Benötigte Importe
using System.Data.SqlTypes;
using System.IO;
using System.Data.SqlClient;

private int storeFileInDatabaseFileStreamAPI(int ID, string FullFilename)
{
    // SQL-Anweisung
    const string SQL = "IF EXISTS (SELECT IDENTITYCOL FROM FileStore " +
        " WHERE IDENTITYCOL = @ID) " +
        "   UPDATE FileStore SET " +
        "       Dateiname = @Dateiname, " +
        "       Erweiterung = @Erweiterung, BLOB=0x00" +
        "   OUTPUT INSERTED.IDENTITYCOL AS 'ID', " +
        "       INSERTED.Blob.PathName() AS 'PathName', " +
        "       GET_FILESTREAM_TRANSACTION_CONTEXT() AS 'FTC'" +
        "   WHERE IDENTITYCOL = @ID " +
        "ELSE " +
        "   INSERT FileStore (Dateiname, Erweiterung, BLOB) " +
        "   OUTPUT INSERTED.IDENTITYCOL AS 'ID', " +
        "       INSERTED.Blob.PathName() AS 'PathName', " +
        "       GET_FILESTREAM_TRANSACTION_CONTEXT() AS 'FTC'" +
        "   VALUES (@Dateiname, @Erweiterung, 0x00);";

    string PathName;
    byte[] FSContext = new byte[16];

    try
    {

        using (SqlConnection con
            = new SqlConnection(Properties.Settings.Default.ConString))
        {
            // Datenbankverbindung öffnen
            con.Open();

            // Transaktion beginnen
            using (SqlTransaction tran = con.BeginTransaction())
            {
                // ggf. Zeile in Tabelle anlegen,
                // in die später die BLOB-
                // Daten gespeichert werden.
                // Durch eine SQL-Anweisung mit EXISTS()-Funktion
                // wird ermittelt, ob ein UPDATE
                // oder INSERT durchgeführt werden muss
                // Außerdem muss ermittelt werden, mit welchem
                // Pfad auf die Datei zugegriffen werden kann
                // Hierfür wird die PathName()-Funktion verwendet.
                // Und der Transaktionskontext muss erstellt werden

                using (SqlCommand cmd = con.CreateCommand())
                {
```

```csharp
            cmd.CommandType = CommandType.Text;
            cmd.CommandText = SQL;
            cmd.Transaction = tran;

            // Werte für Parameter der
            // T-SQL-Anweisung ermitteln
            string Dateiname =
                Path.GetFileNameWithoutExtension(FullFilename);
            String-Erweiterung =
                Path.GetExtension(FullFilename);

            // Wert für Parameter übergeben
            cmd.Parameters.AddWithValue("ID", ID);
            cmd.Parameters.AddWithValue
            ("Dateiname", Dateiname);
            cmd.Parameters.AddWithValue
                ("Erweiterung", Erweiterung);

            using (SqlDataReader dr = cmd.ExecuteReader(
                CommandBehavior.SingleResult))
            {
                // Erste und einzige Zeile einlesen
                dr.Read();

                // Benötigte Werte einlesen
                ID = (int)dr["ID"];
                PathName = (string)dr["PathName"];
                dr.GetBytes(
                   dr.GetOrdinal("FTC"), 0, FSContext, 0,16);
            }
        }

        // Nun können die Daten geschrieben werden. Dies
        // geschieht über einen bescheidenen Buffer von
        // gerade mal 10 Kilobytes.
        using (SqlFileStream SqlFileStream
            = new SqlFileStream(
                PathName, FSContext, FileAccess.Write))
        {
            const int BufferSize = 10 * 1024;
            byte[] buffer = new byte[BufferSize];

            int i;
            using (StreamReader sr =
                    new StreamReader(FullFilename))
                do
                {
                    i = sr.BaseStream.Read(
                            buffer, 0, BufferSize);
                    SqlFileStream.Write(buffer, 0, i);

                } while (i == BufferSize);
        }

        // Transaktion freigeben, da Änderung
        tran.Commit();
    }
}
```

```
            // Rückgabe der ID
            return ID;
        }
        catch (SqlException ex)
        {
            // Fehler mit SQL Server
            // ...
        }
        catch (FileNotFoundException ex)
        {
            // Datei nicht gefunden
            // ...
        }
        catch (IOException ex)
        {
            // I/O nicht möglich (Rechte?)
            // ...
        }
        catch (Exception ex)
        {
            // Sonst etwas ist schiefgelaufen
            // ...
        }
}
```

Das Auslesen aus der Datenbank gestaltet sich recht ähnlich. Größter Unterschied ist, dass nun ein `StreamWriter`-Objekt zum Einsatz kommt und die `SqlFileStream`-Instanz für das Lesen erstellt wird. Transaktionskontext und Transaktion müssen auch in diesem Fall erzeugt werden.

```
private string retrieveFileFromDatabaseFileStreamAPI(
                                    int ID, string TargetDirectory)
{
    // SQL-Anweisung
    const string SQL = "SELECT Dateiname, Erweiterung, " +
        "DATALENGTH(Blob) AS 'Größe', Blob.PathName() as 'PathName', " +
        "GET_FILESTREAM_TRANSACTION_CONTEXT() AS 'FTC' " +
        "FROM FileStore WHERE IDENTITYCOL = @ID;";

    string Dateiname, Erweiterung, PathName;
    long length;
    byte[] FSContext = new byte[16];

    try
    {
        using (SqlConnection con
            = new
                SqlConnection(Properties.Settings.Default.ConString))
        {
            // Datenbankverbindung öffnen
            con.Open();

            // Transaktion beginnen
            using (SqlTransaction tran = con.BeginTransaction())
            {
                using (SqlCommand cmd = con.CreateCommand())
```

```csharp
{
    cmd.CommandType = CommandType.Text;
    cmd.CommandText = SQL;
    cmd.Transaction = tran;

    // Parameter befüllen
    cmd.Parameters.AddWithValue("ID", ID);

    // Benötigte Werte aus Tabelle lesen und
    // Transaktionskontext erstellen
    using (SqlDataReader dr = cmd.ExecuteReader(
        CommandBehavior.SingleRow))
    {
        // Erste und einzige Zeile einlesen
        if (!dr.Read())
            throw new
            InvalidOperationException
                ("Unbekannte ID");

        // Benötigte Werte einlesen
        Dateiname = (string)dr["Dateiname"];
        Erweiterung = (string)dr["Erweiterung"];
        length = (long)dr["Größe"];
        PathName = (string)dr["PathName"];
        dr.GetBytes(dr.GetOrdinal("FTC"), 0,
            FSContext, 0, 16);
    }

    // Wohin speichern?
    // Zieldateinamen zusammenstellen
    if (string.IsNullOrEmpty(TargetDirectory))
        TargetDirectory = Path.GetTempPath();
    string filename =
        Path.Combine(TargetDirectory, Dateiname);
    filename =
        Path.ChangeExtension(filename, Erweiterung);

    // Nun können die Daten geschrieben werden.
    // Dies geschieht über einen bescheidenen
    // Buffer von gerade mal 10 Kilobytes.
    using (StreamWriter sw =
        new StreamWriter(filename, false))
    {
        const int BufferSize = 10 * 1024;
        byte[] buffer = new byte[BufferSize];

        int i;
        using (SqlFileStream SqlFileStream =
            new SqlFileStream(PathName, FSContext,
                              FileAccess.Read))
            do
            {
                i = SqlFileStream.Read(
                    buffer, 0, BufferSize);
                sw.BaseStream.Write(buffer, 0, i);

            } while (i == BufferSize);
    }
```

```
                    // Rückgabe des vollen Dateinamens
                    return filename;
                }
            }
            // Transaktion implizit durch Ende des USING-Blocks
            // schließen (ROLLBACK)
        }

    }
    catch (SqlException ex)
    {

        // Fehler mit SQL Server
        // ...
    }
    catch (IOException)
    {

        // I/O nicht möglich (Rechte?)
        // ...
    }
    catch (InvalidOperationException)
    {

        // ID unbekannt
        throw;
    }
    catch (Exception ex)
    {

        // Sonst etwas ist schiefgelaufen
        // ...
    }
}
```

Damit sind die Daten auch mit der FileStream API wieder aus der Datenbank ausgelesen und in dem vorgegebenen Verzeichnis gespeichert.

2.12 HierarchyID

Seit SQL Server 2008 lassen sich Hierarchien in Form einer Baumstruktur mittels des HierarchyID-Typs abbilden. Dieser ist in der .NET-Programmierung auch als `Microsoft.SqlServer.Types.SqlHierarchyId`-Typ verfügbar.

Die Abbildung der Hierarchie geschieht durch einen Hierarchieschlüssel, der beschreibt, an welcher Stelle die Entität (oftmals das Objekt in einer Tabellenzeile) steht. Wie dies genau aussieht, zeigt Bild 2.46.

Der Vorteil dieses Verfahrens liegt nun darin, dass bei Veränderungen nur das einzelne Objekt geändert werden muss. Wird z. B. „Verkäufer 2" in die Produktion versetzt, so wird aus seinem Hierarchieschlüssel („/3/2") einfach „/1/1.5/". Damit ist nun klar, dass sein Vorgesetzter (Parent-Element) der Produktionsleiter ist und seine Position zwischen Arbeiter 1 und 2 liegt.

Bild 2.46 Eine einfache Hierarchie mit den dazugehörigen Schlüsseln

Es ist wichtig zu verstehen, dass HierarchyId auch lediglich mit diesen Schlüsseln arbeitet, um z. B. zu testen, ob ein Knoten ein Nachfahre eines anderen ist. Damit sind alle /1/2/-Schlüssel Nachfahren von /1/, auch wenn in der Tabelle mehrere Hierarchien gespeichert sind (diese müssen dann durch einen gemeinsamen Schlüsselwert zugeordnet werden). Auch können mehrere Knoten auf einer Position liegen, sprich den gleichen Hierarchieschlüssel besitzen. Erst ein eindeutiger Index schafft hier Abhilfe. Konsequenterweise ändert sich ein solcher Schlüssel auch, wenn sich die Position innerhalb der Hierarchie verändert. Damit scheidet ein sicherer Zugriff auf einen speziellen Knoten aus. Vielmehr kann nur der Knoten abgefragt werden, der sich an einer bestimmten Stelle befindet.

 Beim Lesen von Tabelle 2.10 sollte darauf geachtet werden, dass mit „liefert einen Knoten" eigentlich „liefert den Schlüssel eines Knotens" gemeint ist. Diese sprachliche Notation wurde lediglich zur Vereinfachung benutzt.

Tabelle 2.10 stellt die wichtigsten Methoden und Eigenschaften des HierarchyID-Typs vor.

Tabelle 2.10 Wichtige Methoden/Eigenschaften des HierarchyID-Typs

Methode/ Eigenschaft	Aufgaben
GetRoot()	Diese statische Methode liefert den Wurzelknoten einer Hierarchie. Dies ist zurzeit und wohl auch bei zukünftigen SQL Server-Versionen „/".
GetLevel()	Liefert die Tiefe, in der sich das Element befindet. Das Wurzelelement hat dabei die Tiefe 0, die Elemente der 2. Ebene eine Tiefe von 1 usw.
GetAncestor()	Liefert den Vorfahren eines Knotens
GetDescendant()	Liefert einen Nachfahren eines Knotens. Über eine entsprechende Kombination der Parameter (child1, child2) kann bestimmt werden, an welcher Stelle dieser stehen soll.
IsDescendant()	Prüft, ob der angegebene Knoten ein Nachfahre eines anderen ist. Diese Methode liefert auch für den Knoten selbst 1, sodass jeder Knoten ein Nachfahre von sich selbst ist – das funktioniert wahrlich nur in der IT.

2.12 HierarchyID

Methode/ Eigenschaft	Aufgaben
Parse()	Statische Methode zum Interpretieren von Zeichenfolgen, um daraus eine HierarchyId-Instanz zu machen
Reparent()	Mittels dieser Methode wird ein Knoten von einem Vorfahren zu einem anderen verschoben.
ToString()	Liefert eine lesbare Form (Zeichenkette) der HierarchyId-Instanz, die auch von der Parse()-Methode interpretiert werden kann. Die ToString()-Methode wird auch implizit bei der Verwendung des CAST-Operators verwendet.

In diesem Abschnitt finden Sie ein kleines Beispiel, das Ihnen genau zeigt, wie dieser Typ verwendet werden kann. In diesem werden Daten zu mehreren, getrennten Hierarchien in einer Tabelle abgelegt, und mittels einiger T-SQL-Abfragen werden Aktionen wie *Neuen Baum anlegen*, *Knoten einfügen*, *Knoten auslesen* etc. demonstriert.

Die Tabellenstruktur

Gespeichert werden die Daten in der folgenden kleinen Tabelle, die neben den notwendigen Spalten nur wenig mehr enthält, um nicht den Blick auf das Wesentliche zu verlieren.

```
CREATE TABLE-Hierarchie
(
    -- technisch notwendige Spalten
    ID INT PRIMARY KEY NOT NULL IDENTITY,
    TreeID INT NOT NULL,
    Hierarchy HIERARCHYID NOT NULL,

    -- Berechnete Spalte, um Hierarchie lesbar darzustellen
    HierarchyDisplay AS Hierarchy.ToString()

    [Text] VARCHAR(50) NOT NULL
);
```

In der Spalte „TreeID" wird die eindeutige ID des Baumes gespeichert, die angibt, zu welcher Hierarchie ein Knoten gehört. Die restlichen beiden technischen Spalten („ID" und „Hierarchy") beinhalten die eindeutigen Schlüsselwerte für den Zugriff und die Angabe der Position in der Hierarchie.

ID	TreeID	Hierarchy	Text
191	1	/	Geschäftsführer
192	1	/1/	Produktionsleiter
194	1	/2/	Leiter Marketing
195	1	/3/	Verkaufsleiter
196	1	/1/1/	Arbeiter 1
197	1	/1/2/	Arbeiter 2
198	1	/2/1/	Analyst 1
199	1	/2/2/	Analyst 2
200	1	/2/3/	Analyst 3
201	1	/3/1/	Verkäufer 1
202	1	/3/2/	Verkäufer 2
NULL	NULL	NULL	NULL

Bild 2.47 Die geöffnete Tabelle im SQL Server Management Studio

So ist sichergestellt, dass in jeder Hierarchie jede Position (also jeder HierarchyID-Wert) eindeutig ist. Um entsprechende Abfragen zu beschleunigen, macht ein entsprechender Index Sinn.

```sql
CREATE UNIQUE INDEX IDX_Hierarchie
ON Hierarchie (TreeID, Hierarchy);
```

Somit ist die Tabelle fertig und kann nun mit den folgenden Prozeduren (oder einem einmaligen Import-Skript) mit Leben gefüllt werden.

Erstellen eines neuen Baumes

Die Wurzel eines Baums, unter der alle weiteren Elemente eingefügt werden können, ist das Erste, das in einer Hierarchie erstellt werden sollte. Da es per Definition keine Vorfahren gibt, ist der einzige Parameter lediglich der Text, der in die Textspalte geschrieben werden soll. Der benötigte Wert für die „Hierarchy"-Spalte wird mit der GetRoot()-Methode erzeugt. Da dies eine statische Methode ist, wird für den Aufruf keine bestehende Instanz verwendet, sondern HIERARCHYID::GetRoot() als Notation verwendet.

```sql
CREATE PROC USP_CreateTree
    @Text VARCHAR(50)
AS
BEGIN
    DECLARE @NewTreeID INT;

    -- Parameter überprüfen
    IF @Text IS NULL
        RAISERROR ('Parameter @Text darf nicht NULL sein', 11, 1);

    -- Tabelle vor Änderungen von anderer Seite schützen,
    -- damit @NewTreeID gültig bleibt
    BEGIN TRAN;
        SET NOCOUNT ON;

        -- Nächste TreeID abfragen
        SELECT @NewTreeID = ISNULL(MAX(TreeID),0)+1 FROM Hierarchie;

        -- Einfügen und Identity-Wert zurückliefern
        INSERT INTO Hierarchie
          (TreeID, Hierarchy, [Text])
        OUTPUT INSERTED.IDENTITYCOL
        VALUES
          (@NewTreeID, HIERARCHYID::GetRoot(), @Text);

        SET NOCOUNT OFF;
    COMMIT TRAN;
END;
```

Als Rückgabe erhält man die eindeutige ID der neuen Zeile, die für den direkten Zugriff oder zum Einfügen weiterer Knoten verwendet werden kann.

Will man den Baum wieder löschen, so ist es ausreichend, den Wurzelknoten zu löschen, da mit diesem auch alle anderen Knoten (siehe hierzu den Absatz „Einen Knoten und all seine Nachfahren löschen") entfernt werden. Eine eigene Prozedur zum Löschen eines Baums ist also nicht notwendig.

Auslesen der Werte eines Knotens und seiner Nachfahren

Werden die Werte eines Knotens benötigt, so stellt sich in einer Hierarchie die Frage, ob nur genau die Werte des angegebenen Knotens gelesen werden sollen oder auch die aller seiner Nachfahren. Da dies nicht pauschal zu beantworten ist, soll ein Parameter darüber entscheiden. In der Prozedur muss außerdem die ID des Baumes ermittelt werden, zu dem der Knoten gehört. Dies ist deshalb zwingend notwendig, da sonst Knoten anderer Bäume zurückgeliefert werden, nur weil sich Knoten in anderen Bäumen auf der entsprechenden Ebene befinden. Die Rückgabe besteht neben dem eigentlichen Wert (Textspalte) auch aus der ID, der Hierarchie und der Tiefe, in der sich der Knoten befindet. Die Tiefe wird dabei so berechnet, dass der angebende Knoten die Tiefe 0 hat, die erste Ebene 1 und so weiter. Damit lässt sich einfach ein entsprechendes Steuerelement (z.B. in einem TreeView-Steuerelement) befüllen.

```
CREATE PROC USP_GetNodeValue
    @NodeID INT,
    @IncludeDescendant bit = 1
AS
BEGIN
    DECLARE @TreeID INT;
    DECLARE @HierarchyID HIERARCHYID;
    -- Parameter überprüfen
    IF NOT EXISTS(SELECT IDENTITYCOL FROM Hierarchie
                  WHERE IDENTITYCOL=@NodeID)
        RAISERROR ('ID %u ist nicht gültig', 11, 1, @NodeID);

    -- TreeID und HierarchyId des Knotens ermitteln
    SELECT @TreeID=TreeID, @HierarchyID=Hierarchy FROM Hierarchie
        WHERE IDENTITYCOL = @NodeID;

    -- Wert des Knotens zurückliefern
    SET NOCOUNT ON;

    SELECT IDENTITYCOL,
           HierarchyDisplay,
           Hierarchy.GetLevel()-@HierarchyID.GetLevel() [Level],
           [TEXT]
    FROM Hierarchie
    WHERE TreeID = @TreeID AND
          @HierarchyID.IsDescendant(Hierarchy) = 1 AND
          (@IncludeDescendant = 1 OR
           (@IncludeDescendant = 0 AND @NodeID = IDENTITYCOL))
    ORDER BY Hierarchy;

    SET NOCOUNT OFF;
END;
```

Die Werte eines Knotens verändern

Mit dieser Prozedur lassen sich gezielt die Werte (an dieser Stelle gibt es dafür nur die Textspalte) verändern. Die dafür vorgesehene Prozedur muss also erweitert werden, wenn noch weitere Spalten dazukommen. Die Erweiterungen beziehen sich dabei auf die Parameter und die UPDATE-Anweisung, welche die Spalten dann berücksichtigen muss. Eine ID wird diesmal nicht zurückgeliefert, da diese dem Aufrufer ohnehin bekannt sein muss.

```
CREATE PROC USP_SetNodeValue
    @NodeID INT,
    @Text VARCHAR(50)
AS
BEGIN
    -- Parameter überprüfen
    IF NOT EXISTS(SELECT IDENTITYCOL FROM Hierarchie
                    WHERE IDENTITYCOL=@NodeID)
        RAISERROR ('NodeID %u ist nicht gültig', 11, 1, @NodeID);

    IF @Text IS NULL
        RAISERROR ('Parameter @Text darf nicht NULL sein', 11, 1);

    -- Werte des Knotens neu setzen
    SET NOCOUNT ON;

    UPDATE Hierarchie SET [Text] = @Text WHERE IDENTITYCOL=@NodeID;

    SET NOCOUNT OFF;
END;
```

Einfügen eines neuen Knotens

Da es mehrere Möglichkeiten für neue Knoten gibt, ist das Einfügen desselbigen so ziemlich das Komplizierteste, was in einer Hierarchie geschehen kann. Die Möglichkeiten sind:

- Der Knoten ist der erste Nachfahre seines Vorfahren.
- Der Knoten soll als Erstes vor allen anderen Knoten eingefügt werden.
- Der Knoten soll als Letztes nach allen anderen Knoten eingefügt werden.
- Der Knoten soll zwischen zwei Knoten eingefügt werden.

Alle genannten Fälle werden mit der GetDescendant()-Methode abgedeckt, die den benötigten HierarchyId-Wert erzeugt. Die folgende Prozedur fügt diesen dann entsprechend in die Tabelle ein. Damit der Knoten im richtigen Baum angelegt wird, muss auch dessen ID übergeben werden. Sind die Werte der Parameter nicht schlüssig, so erzeugt die GetDescendant()-Methode einen Fehler. Aus diesem Grund prüft die folgende Prozedur nur das Nötigste. Konnte der Knoten eingefügt werden, so wird dessen ID an den Aufrufer zurückgegeben.

```
CREATE PROC USP_CreateNode
    @AncestorID INT,
    @Text VARCHAR(50),
    @Sibling1ID INT = NULL,
    @Sibling2ID INT = NULL
AS
BEGIN
    DECLARE @TreeID INT;
    DECLARE @HierarchyID HIERARCHYID;
    DECLARE @Sibling1HierarchyID HIERARCHYID;
    DECLARE @Sibling2HierarchyID HIERARCHYID;

    -- Parameter überprüfen
    IF NOT EXISTS(SELECT IDENTITYCOL FROM Hierarchie
                    WHERE IDENTITYCOL=@AncestorID)
```

```
        RAISERROR ('AncestorID %u ist nicht gültig', 11, 1, @AncestorID);

    IF @Text IS NULL
        RAISERROR ('Parameter @Text darf nicht NULL sein', 11, 1);

    -- TreeID und HierarchyId des Knotens ermitteln
    SELECT @TreeID=TreeID, @HierarchyID=Hierarchy FROM Hierarchie
        WHERE IDENTITYCOL = @AncestorID;

    -- HierarchyId für Sibling1 und 2 ermitteln
    SELECT @Sibling1HierarchyID=Hierarchy FROM Hierarchie
        WHERE IDENTITYCOL = @Sibling1ID;
    SELECT @Sibling2HierarchyID=Hierarchy FROM Hierarchie
        WHERE IDENTITYCOL = @Sibling2ID;

    -- Werte einfügen
    SET NOCOUNT ON;

    INSERT INTO Hierarchie
      (TreeID, Hierarchy, [Text])
    OUTPUT INSERTED.IDENTITYCOL
    VALUES
      (
        @TreeID,
        @HierarchyID.GetDescendant(
            @Sibling1HierarchyID, @Sibling2HierarchyID),
        @Text
      );

    SET NOCOUNT OFF;
END;
```

Der Aufrufer dieser Prozedur muss ziemlich genau wissen, wo er den neuen Knoten eingefügt haben möchte. Das sollte jedoch für eine Anwendung mit einem TreeView-Steuerelement (oder einem ähnlichen Steuerelement) kein größeres Problem darstellen, da sich leicht abfragen lässt, ob z.B. schon Nachfahren existieren. Daher macht es weniger Sinn, solche Abfragen in der Prozedur unterzubringen.

Tabelle 2.11 beschreibt die vier Möglichkeiten und zeigt, wann @Sibling1 und/oder @Sibling2 mit welchem Wert besetzt sein müssen. Die beiden Parameter @AncestorID und @Text müssen immer gültige Werte ausweisen.

Tabelle 2.11 GetDescendant()-Wertekombinationen und ihre Ergebnisse

Rückgabe	@Sibling1	@Sibling2
Erster Knoten	NULL	NULL
Als Erster, vor allen Knoten	NULL	ID des ersten Knotens, der dann zum zweiten Knoten wird
Als Letzter, hinter allen Knoten	ID des letzten Knotens	NULL
Zwischen zwei Knoten	ID des vorherigen Knotens	ID des nachfolgenden Knotens, der dann eins nach hinten rutscht

Löschen eines Knotens und all seiner Nachfahren

Abschließend die Prozedur, mit der Knoten gelöscht werden können, die aufgrund des HierarchyID-Typs recht simpel ist. Es wird sogar auf einen Fehler verzichtet, wenn der Knoten bereits schon nicht mehr vorhanden ist. In diesem Fall macht die Prozedur einfach nichts - ein Verhalten, das sich mit dem der DELETE-Anweisung deckt.

```
CREATE PROC USP_DeleteNode
    @NodeID INT
AS
BEGIN
    DECLARE @HierarchyId HIERARCHYID,
            @TreeID INT;

    -- HierarchyID des Knotens ermitteln
    SELECT @HierarchyId=Hierarchy, @TreeID = TreeID FROM Hierarchie
        WHERE IDENTITYCOL=@NodeID    ;

    -- Prüfen, ob ID gültig war
    SET NOCOUNT ON;

    IF NOT @HierarchyId IS NULL
        DELETE FROM Hierarchie
        OUTPUT DELETED.IDENTITYCOL
        WHERE TreeID = @TreeID AND
              @HierarchyId.IsDescendant(Hierarchy) = 1;

    SET NOCOUNT OFF;
END;
```

Die IsDecendant()-Methode liefert den Wert eins, wenn es sich bei einem Knoten um den Nachfahren eines übergebenen Wertes handelt.

Das OUTPUT-Schlüsselwort sorgt auch diesmal dafür, dass die IDs der gelöschten Knoten an den Aufrufer übergeben werden. Dieses kann dann die Knoten aus der Oberfläche entfernen oder einfach ignorieren werden.

■ 2.13 Geometry & Geography

Mit SQL Server 2008 wurden die OGC[1]-konformen Spatial-Typen Geometry und Geography eingeführt, die als .NET-Datentypen Microsoft.SqlServer.Types.SqlGeometry und Microsoft.SqlServer.Types.SqlGeography zur Verfügung stehen. Sie implementieren den neuen OGC 05-129-Standard. Obwohl dies nicht nur interessant klingt, sondern es mit Sicherheit auch ist, drängt sich die Frage auf, was eine gewöhnliche Anwendung damit anfangen kann. Die einfache Antwort lautet: einiges, wenn sie mit Adressen arbeitet - und das machen fast alle.

---
[1] OGC: Open Geospatial Consortium

Beide Typen stellen Positionen im 2D-Raum dar, die mit Längen-/Breitengrad oder X-/Y-Werten beschrieben werden. Dies kann von einfachen Punkten über Linien bis hin zu Polygonen sein.

Kommen wir zunächst einmal zu den Unterschieden zwischen beiden Typen. Im Wesentlichen speichern beide die gleiche Art von Informationen, mit dem Unterschied, dass `Geometry` die Daten auf einer „flachen Erde" abbildet, während `Geography` dies auf einer „runden Erde" tut. Was nach einem kleinen Detail klingt, ist die Ursache dafür, dass z. B. Entfernungen zwischen zwei Punkten umso stärker voneinander abweichen, je weiter diese auseinanderliegen. Aufgrund dessen eignet sich `Geometry` eher für kleinere, übersichtlichere Systeme wie eine Stadt, einen Freizeitpark oder Ähnliches. Für alles Größere wie z. B. Länder, Kontinente oder der gesamte Planet Erde ist `Geography` die bessere bzw. präzisere Wahl.

Tabelle 2.12 gibt eine Übersicht über die möglichen räumlichen Objekte, die genutzt werden können.

Tabelle 2.12 Spatial-Objekte der Geometry-/Geography-Typen

Spatial-Objekt	Beschreibung
POINT	Ein einzelner, bescheidener Punkt
LINESTRING	Eine Linie von einem Punkt zu einem anderen Punkt mit endlicher Länge.
CircularString	Eine Ansammlung von mehreren stetigen Kreisbogensegmenten
CompoundCurve	Eine CompoundCurve ist eine beliebig große Ansammlung fortlaufender `CircularString` oder `LineString`.
POLYGON	Eine abgeschlossene Fläche in einem geschlossenen Polygon, d. h., dessen erster Punkt muss zwingend dem letzten entsprechen.
CurvePolygon	Ein Begrenzungsring, der ein Polygon umschließt
MULTIPOINT	Eine Menge von mehreren unabhängigen Punkten
MULTILINESTRING	Eine Menge mehrerer Linien, die nicht zusammenhängen müssen
MULTIPOLYGON	Eine Menge mehrerer Polygone, die keine Schnittpunkte haben müssen
GEOMETRYCOLLECTION	Eine Auflistung mehrerer, unterschiedlicher Spatial-Objekte – also eine gemischte Liste

Über eine Reihe von Methoden stellen beide Typen Funktionen zur einfachen Berechnung von Entfernungen, Schnittmengen sowie Mutationen der gegebenen Spatial-Objekte bereit.

Diese Spatial-Objekte finden sich in der .NET-Welt auch in den Aufzählungen `Microsoft.SqlServer.Types.OpenGisGeometryType` und `Microsoft.SqlServer.Types.OpenGisGeographyType` wieder. Beide enthalten für jedes Spatial-Objekt jeweils einen Wert.

Wie schon beschrieben, können unterschiedliche Formen wie Linien, Polygone etc. gespeichert werden. Sämtliche Formen werden dabei über Punkte definiert. Diese Punkte werden für die räumlichen Typen durch die Angabe von Breiten- und Längengraden beschrieben.

Hier beginnen schon die ersten Schwierigkeiten im Austausch mit anderen Datenbanken wie Oracle und PostgreSQL. Diese verwenden die umgekehrte Reihenfolge.

Sollen Polygone abgelegt werden, steht eine weitere Festlegung an: Müssen die einzelnen Punkte im oder gegen den Uhrzeigersinn angegeben werden? Was auf den ersten Blick unwichtig klingt, ist auf einer „runden Erde" von essenzieller Wichtigkeit, da die Drehrichtung (Ring Orientation) darüber entscheidet, ob die Fläche innerhalb des Polygons oder die außerhalb gemeint ist. Besonders offensichtlich wird dies bei einem auf dem Äquator verlaufenden Linienzug, da sonst völlig unklar ist, ob die nördliche oder südliche Hemisphäre zur Fläche des Polygons gehört. Microsoft SQL Server 2012 verlangt hier eine Angabe entgegen dem Uhrzeigersinn, wohingegen sowohl Oracle als auch PostgreSQL eine Angabe der Punkte im Uhrzeigersinn verlangen.

Bei der Projektion einer „runden Erde" auf eine „flache Erde" (und umgekehrt) wird ein Bezugssystem benötigt. Dieses wird über einen sogenannten SRID (Spatial Reference Identifier) bestimmt und bei der Erstellung eines Spatial-Objektes als Parameter übergeben. Hier wird meist die SRID 4326 verwendet, der WGS84-Standard, der insbesondere auch von GPS-Systemen verwendet wird und Entfernungen und Flächen in metrischen Einheiten zurückliefert. Es besteht keine technische Notwendigkeit, dass alle Spatial-Werte einer Spalte die gleiche SRID besitzen, solange nicht z.B. Entfernungen oder Schnittstellen berechnet werden sollen – diese Methoden setzen gleiche SRIDs voraus. Über die Systemsicht `sys.spatial_reference_systems` können alle verfügbaren Bezugssysteme abgerufen werden.

Spatial-Objekte mit unterschiedlichen SRIDs können nicht miteinander in einer Berechnung verwendet werden. Auch können `Geometry` und `Geography` nicht vermischt werden. Trotz der Ähnlichkeiten sind dies zwei völlig unterschiedliche Typen.

In der Praxis sieht die Definition von räumlichen Objekten wie folgt aus, wobei die Objekte dabei als Well-known Text (WKN) angegeben werden.

Ein Punkt wird wie folgt definiert.

```
DECLARE @g GEOGRAPHY =
    GEOGRAPHY::STGeomFromText('POINT(51.26 6.36)',4326);
```

Eine Linie so:

```
DECLARE @g GEOGRAPHY =
    GEOGRAPHY::STGeomFromText('
        LINESTRING(51.26 6.36, 50.26 6.25
    )',4326);
```

Ein Polygon auf diese Art:

```
DECLARE @g GEOMETRY =
    GEOMETRY::STGeomFromText('
        POLYGON(
            (
                47.658 -102.368,
                48.240 -122.338,
                49.750 -107.368,
```

```
                47.658 -102.368
            )
    )', 4326);
```

Eine gemischte Auflistung unterschiedlicher Typen auf folgende Weise:

```
DECLARE @g GEOMETRY =
    GEOMETRY::STGeomFromText('GEOMETRYCOLLECTION(
        POLYGON(
            (
                47.658 -102.368,
                48.240 -122.338,
                49.750 -107.368,
                47.658 -102.368
            )),
        LINESTRING
            (
                47.656 -122.360,
                47.656 -122.343
            ),
        POINT
            (
                47.656 -122.35
            )
    )', 4326);
```

Ist die Beschreibung der Werte nicht gültig, so löst die STGeomFromText()-Methode erwartungsgemäß eine .NET-Framework-Ausnahme aus.

Einsatz in einer Tabelle

Eine Tabelle, die später mit Inhalt gefüllt wird und die Umrisse von Postleitzahl-Gebieten in Deutschland beherbergt, kann wie folgt aussehen.

```
CREATE TABLE PlzGebiete
(
    ID INT IDENTITY(1,1) NOT NULL,
    PLZ char(5) NULL,
    NameOrt VARCHAR(50) NULL,
    Area GEOGRAPHY NULL,
    AreaText AS Area.ToString()
);
```

Neben der Area-Spalte besitzt die Tabelle zur Veranschaulichung auch eine berechnete AreaText-Spalte, deren Inhalt als Text angezeigt wird, da sonst nur binäre Daten angezeigt werden.

	ID	PLZ	NameOrt	Area	AreaText
1	1	01067	Dresden	0xE610000001043C0...	MULTIPOLYGON (((51.07600017 13.7189358, 51.07649616 13.71...
2	2	01069	Dresden	0xE610000001104490...	MULTIPOLYGON (((51.05443194 13.74983892, 51.05278782 13.7...
3	3	01097	Dresden	0xE6100000010442A0...	MULTIPOLYGON (((51.06863403 13.727583, 51.06833649 13.728...
4	4	01099	Dresden	0xE61000000104AD0...	MULTIPOLYGON (((51.1249428 13.82015592, 51.10539246 13.79...
5	5	01109	Dresden	0xE610000001104810...	MULTIPOLYGON (((51.1381836 13.75953588, 51.13616562 13.75...
6	6	01127	Dresden	0xE6100000010442B0...	MULTIPOLYGON (((51.08573916 13.72007952, 51.08158116 13.7...
7	7	01129	Dresden	0xE6100000010444B0...	MULTIPOLYGON (((51.11303328 13.69848816, 51.112278 13.697...

Bild 2.48 Die Tabelle im SQL Server Management Studio

Gut zu sehen sind einmal die binäre Darstellung und zum anderen die Darstellung als lesbare Beschreibung (Well-known Text oder kurz WKT) der `Geography`-Spalte, in der die Umrisse des PLZ-Gebietes gespeichert werden.

Auf Wunsch kann das SQL Server Management Studio die räumlichen Daten einer Spalte auch grafisch darstellen.

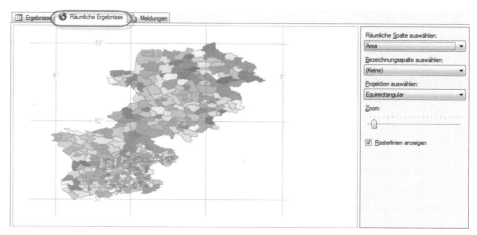

Bild 2.49 Räumliche Daten können grafisch angezeigt werden.

Auf diese Weise ist es möglich, sich schnell eine Übersicht über die Daten zu verschaffen. Dies setzt voraus, dass die einzelnen Objekte nicht zu weit auseinanderliegen und in etwa von gleicher Größe sind, da sonst aufgrund des Zooms nicht alles gleichzeitig angezeigt werden kann. Auch dürfen es nicht zu viele Objekte sein, da sonst nur ein Teil dargestellt wird.

 Ein Teil der hier gezeigten Datenbank besteht aus der Mondial-Datenbank, die von der Universität Göttingen gepflegt wird und eine Vielzahl von weltweiten, geografischen Daten enthält. So finden sich dort neben Städten, Ländern und Bergen auch Informationen über die Staatsform, die Bevölkerungsanzahl etc. Allerdings hat diese Datenbank auch einen kleinen Nachteil: Sie enthält nicht allzu viel über den deutschsprachigen Raum, sie enthält nur Punkte und keine Linienzüge oder Gebiete und ist teilweise recht ungenau. Trotzdem ist es eine interessante Datensammlung. Die hier verwendete Version enthält zudem die Umrisse als PLZ-Gebiete. Gut ist dies in Bild 2.49 zu erkennen, in dem das Bundesland NRW dargestellt wird, das sich aus diesen einzelnen Gebieten zusammensetzt.

Tabelle 2.13 zeigt eine Auswahl der wichtigsten Eigenschaften und Methoden, die für die Arbeit mit den beiden Typen zur Verfügung stehen.

Tabelle 2.13 Wichtige Methoden der Geometry-/Geography-Typen

Methode/Eigenschaft	Beschreibung
STArea()	Liefert die Fläche eines zweidimensionalen Spatial-Objektes. Die Fläche anderer Objekte ist gleich 0. Die Einheit hängt von der SRID ab und ist bei SRID 4326 „Quadratmeter".
STAsText()ToString()	Gibt den WKT des Objektes zurück. Dieser kann angezeigt oder zur Erstellung neuer Objekte verwendet werden.
STDistance()	Liefert die Entfernung (Luftlinie) zweier Spatial-Objekte. Wie die Fläche, ist die Einheit auch von der SRID abhängig. Ist diese 4326, so ist dies „Meter".
STEquals()	Liefert 1, wenn zwei Objekte die gleichen Punkte beinhalten. Ansonsten wird 0 zurückgeliefert.
STGeometryType()	Liefert den enthaltenen Spatial-Objekttyp wie POINT, LINESTRING, POLYGON etc.
STIntersection()	Liefert ein Objekt, das die Schnittstellen zweier Objekte beschreibt. Gibt es keine Schnittpunkte, so wird GEOMETRYCOLLECTION EMPTY als Ergebnis geliefert.
STIntersects()	Prüft, ob zwei Objekte gemeinsame Berührungspunkte haben. Ist dies der Fall, so wird 1 geliefert, sonst 0.
STGeomFromText()	Diese Methode dient der Erstellung neuer Spatial-Objekte aus dem OGC WKT, wie vorangehend bereits gezeigt.

AsGml()	Liefert die Geography-Markup-Language-(GML-)Repräsentation des Spatial-Objekts. Für ein LINESTRING-Objekt sieht dies z. B. so aus:
	
	`<LineString xmlns="http://www.opengis.net/gml">`
	`<posList>51.26 6.36, 50.26 6.25</posList>`
	`</LineString>`

Lat	Liefert den Breitengrad, wenn das Spatial-Objekt nur einen einzigen Punkt enthält, sonst NULL
Long	Liefert den Längengrad eines Punktes, sonst wie Lat auch nur NULL
Point()	Diese Methode erstellt einen einzelnen Punkt durch Angabe von Breiten- und Längengrad und SRID. Es stellt eine schnelle Alternative zu der STGeomFromText()-Methode dar.

Abfragen räumlicher Typen

Wie bereits erwähnt, ist die Testdatenbank für diesen Abschnitt mit den Umrissen aller PLZ-Gebiete in Deutschland befüllt, sodass z. B. folgende Abfragen möglich sind:

„Welche anderen PLZ-Gebiete grenzen an ein vorgegebenes?"

```
-- Spatial-Objekt aus Tabelle laden
DECLARE @Viersen GEOGRAHPY;
SELECT @Viersen = Area FROM PLZGebiete WHERE PLZ='41747';

-- Schauen, welche Gebiete angrenzen,
-- also Berührungspunkte besitzen
SELECT PLZ, NameOrt FROM PLZGebiet
    WHERE Area.STIntersects(@Viersen) = 1;
```

„Wie weit ist München vom Mont Blanc entfernt?"

```
-- Spatial-Objekte aus den Tabellen laden
DECLARE @Muenchen GEOGRAHPY;
SELECT @Muenchen = Area FROM PLZGebiete WHERE PLZ='80333';

DECLARE @Montblanc GEOGRAHPY;
SELECT @Montblanc  = geog FROM mountain WHERE Name = 'Montblanc';

-- Entfernung (in Metern) ausgeben
PRINT @Muenchen.STDistance(@Montblanc);
```

Damit Abfragen möglichst schnell vom SQL Server verarbeitet werden können, existiert ein entsprechender Index, der im nächsten Abschnitt beschrieben wird.

Spatial-Index

Um Abfragen auf Geo-Datentypen möglichst schnell ausführen zu können, bietet der SQL Server den passenden Index an. Isaac K. Kunen von Microsoft nannte den Spatial-Index ein „adaptive multi-level grid", das nach dem gleichen Konzept wie z. B. Virtual Earth funktioniert. Im Kern besteht der Index aus einer begrenzten Anzahl Stufen (vier Stück) von quadratischen Rastern, die aus 16 bis 256 Zellen bestehen. Jede Zelle bis auf die unterste kann wiederum aus einem Raster bestehen, sodass auch komplexere Formen gefunden bzw. schnell Bereiche bei der Suche ausgeschlossen werden können.

Eine Suche funktioniert im Kern so: Wird ein Objekt wie ein Haus in der Stadt Viersen gesucht, so muss nur auf dem Kontinent Europe („Ebene 1") gesucht werden – alle anderen Gebiete müssen nicht berücksichtigt werden. Als Nächstes muss nur das Land Deutschland („Ebene 2") abgesucht werden, anschließend das Bundesland NRW („Ebene 3"). Nun muss lediglich innerhalb Viersens die richtige Straße („Ebene 4") nach dem Haus abgesucht werden.

Zur Beschleunigung der weiteren Suche und um Platz zu sparen, kann eine Ebene im Index leer sein. Dies ist auf der Erde bei Wasserflächen der Fall. Gebiete, die hingegen besonders gefüllt sind, wie z. B. dicht besiedelte Städte, sind auf allen Ebenen mit Objekten gefüllt. So können unregelmäßige Verteilungen effizient abgebildet werden.

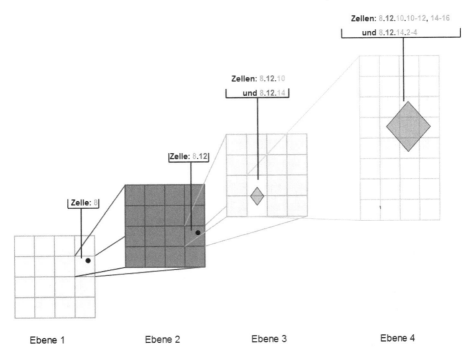

Bild 2.50 Der exemplarische Aufbau eines Spatial-Index

Per T-SQL wird ein solcher Index mit der CREATE SPATIAL INDEX-Anweisung erzeugt, wobei es keinen Unterschied macht, ob es sich um eine Spalte vom Typ GEOMETRY oder GEOGRAPHY handelt.

```
CREATE SPATIAL INDEX idxArea ON PLZGebiete
(
    Area
)
USING GEOGRAPHY_GRID
WITH
(
    GRIDS =(
        LEVEL_1 = MEDIUM,
        LEVEL_2 = MEDIUM,
        LEVEL_3 = MEDIUM,
        LEVEL_4 =     MEDIUM),
    CELLS_PER_OBJECT = 16
);
```

Zu erkennen ist, dass für jede Ebene einzeln bestimmt werden kann, wie voll deren Befüllung wahrscheinlich sein wird. Außerdem kann für alle Ebenen bestimmt werden, wie viele Objekte pro Ebene vorgesehen sein sollen.

Ansonsten wird dieser Index wie jeder andere Index verwendet, d. h., entweder indem er bei der Ausführung automatisch gewählt oder durch einen Optimizer-Hint erzwungen wird.

2.14 Table-Valued Parameters

Mittels Table-Valued-Parametern (TVP) ist es möglich, Typen zu definieren, die nicht nur einen einzelnen Wert, sondern eine ganze Tabelle enthalten. Diese Typen können dann für Parameter von Prozeduren und Funktionen verwendet werden. Auf ADO.NET-Seite können diese Parameter beim Aufruf z. B. mit einem `System.Data.DataTable`-Objekt befüllt werden. Bei der Verwendung von TVP müssen einige Punkte beachtet werden.

- Der Parameter muss zwingend mit `READONLY` gekennzeichnet werden und konsequenterweise nicht änderbar sein.
- TVPs können nicht mit `RETURN`-Variablen verwendet werden. Da sie aber eh unveränderlich sind, ist dies keine große Einschränkung.
- TVPs werden in der `tempdb`-Datenbank gespeichert, sodass diese bei sehr großen Übergabe-Tabellen entsprechend groß werden kann.

Innerhalb der gespeicherten Prozeduren oder Funktionen können die Parameter dann wie gewöhnliche Tabellen, d. h. z. B. mit `SELECT`-Anweisungen oder innerhalb eines Joins, verwendet werden – nur Änderungen an ihnen sind wie schon gesagt nicht gestattet.

Die Verwendung von TVP gestaltet sich recht einfach und übersichtlich, wie das folgende Beispiel, das die Daten aus einem `DataTable`-Objekt mit in eine Tabelle importiert.

Daten in großen Mengen mittels TVP aus einem `DataTable`-Objekt aus dem SQL-Server zu exportieren, kann eine interessante Alternative zum Einsatz der `SqlBulkCopy`-Klasse sein. Diese ist zwar ein wenig schneller (ca. 10 %), erlaubt es jedoch nicht, die von dem Datenbankmodul erzeugten, eindeutigen Identitätswerte (`IDENTITYCOL`) direkt innerhalb des gleichen Aufrufs zurückzuliefern. Mit der `OUTPUT`-Klasse ist dies, wie im folgenden Beispiel gezeigt wird, auf diesem Weg ohne Schwierigkeiten machbar.

DataTable-Objekt

Zunächst muss der Aufbau des `DataTable`-Objektes feststehen. Dies kann mittels einer Reihe von `Columns.Add()`-Aufrufen geschehen oder mittels Einsatz der `SqlDataAdapter`-Klasse.

```
// DataTable inkl. seiner Spalten erstellen
dt = new DataTable("Import");

dt.Columns.Add("ID", typeof(int));
dt.Columns.Add("CatalogID", typeof(int));
dt.Columns.Add("LanguageID", typeof(string));
dt.Columns.Add("ProductID", typeof(string));
dt.Columns.Add("Brand", typeof(string));
dt.Columns.Add("ProductFamily", typeof(string));
dt.Columns.Add("EAN", typeof(string));
dt.Columns.Add("Status", typeof(string));
dt.Columns.Add("StatusDate", typeof(DateTime));
```

Die erste Spalte („ID") ist im späteren Verlauf nicht für den Import auf den Server gedacht, sondern soll umgekehrt den dort erzeugten eindeutigen Wert für die Zeile aufnehmen.

Benutzerdefinierter Tabellentyp

Um das so erstellte `DataTable`-Objekt als Parameter zu erstellen, muss ein entsprechender benutzerdefinierter Tabellentyp existieren. Erzeugt wird dieser mit der `CREATE TYPE <Name> AS TABLE`-Anweisung. Einmal erstellt können diese nicht mehr verändert, sondern nur wieder gelöscht werden, wenn sie nicht an anderer Stelle noch verwendet werden. Es existiert also keine `ALTER TYPE`-Anweisung, sondern nur eine `DROP TYPE`-Anweisung! Diese Typen verfügen wie gewöhnliche Tabellen über Spalten, die ganz gewöhnliche Definitionen besitzen über Datentypen, maximale Größe und ob sie `NULL` gestatten. Ansonsten können sie wie gewöhnliche Tabellen über Einschränkungen, Indizes etc. verfügen.

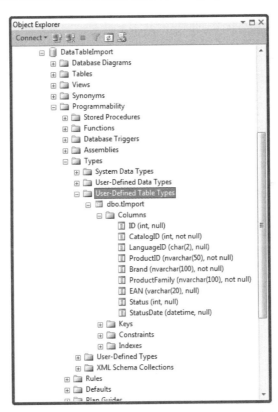

Bild 2.51 Der benutzerdefinierte Tabellentyp im SQL Server Management Studio

Der passende Tabellentyp zum vorgestellten `DataTable`-Objekt sieht wie folgt aus.

```
CREATE TYPE tImport AS TABLE(
    ID INT NULL,
    CatalogID INT NOT NULL,
    LanguageID CHAR(2) NULL,
    ProductID NVARCHAR(50) NOT NULL,
    Brand NVARCHAR(100) NOT NULL,
```

```
    ProductFamily NVARCHAR(100) NOT NULL,
    EAN VARCHAR(20) NULL,
    Status INT NULL,
    StatusDate DATETIME NULL
);
```

Da die Daten später in einer Tabelle auf dem SQL Server importiert werden sollen, muss diese natürlich ebenfalls mit einem kompatiblen Aufbau vorhanden sein. Aus Platzgründen wird diese hier jedoch nicht abgedruckt, da sich daraus nichts Interessantes für den Leser erkennen lässt.

Gespeicherte Prozedur/Funktion

Der so erstellte Typ kann nun als Typ für einen Parameter verwendet werden. Dieser Parameter muss zwingend mit READONLY versehen werden und ist konsequenterweise innerhalb der Prozedur/Funktion unveränderlich.

> Vor der Übergabe als Parameter kann die entsprechende Variable selbstverständlich verändert und somit „befüllt" werden. Ansonsten wären diese Parameter immer leer und somit eher witzlos.

Die folgende gespeicherte Prozedur übernimmt genau einen solchen Parameter (natürlich können es auch mehr sein) und fügt dessen Inhalt in eine dafür vorgesehene Tabelle ein.

```
CREATE PROC [dbo].[usp_InsertProductTVPwithID]
    @ImportTable tImport READONLY
AS
BEGIN
    INSERT INTO
    [dbo].[Products]
        ([CatalogID], [LanguageID], [ProductID], [Brand],
        [ProductFamily], [EAN], [Status], [StatusDate])
    OUTPUT inserted.IDENTITYCOL
    SELECT [CatalogID], [LanguageID], [ProductID], [Brand],
        [ProductFamily], [EAN], [Status], [StatusDate]
    FROM @ImportTable;
END;
```

Über die OUTPUT-Klausel (siehe Abschnitt 3.5.1.12, „OUTPUT-Klausel") werden alle erzeugten eindeutigen Identitätswerte an den Aufrufer übermittelt.

Aufruf T-SQL

Der Aufruf mit T-SQL gestaltet sich recht einfach und gradlinig: Die Variable wird deklariert und kann anschließend wie eine gewöhnliche Tabelle z. B. mittels INSERT-Anweisungen mit Inhalt versehen werden. Anschließend wird sie beim Aufruf der Prozedur/Funktion verwendet. Abschnitt 2.14, „Table-Valued Parameters", zeigt diesen einfachen Vorgang.

Aufruf ADO.NET

Für den Aufruf mittels ADO.NET stehen generell zwei Möglichkeiten offen, von denen allerdings nur die erste näher demonstriert wird.

- *In-memory table:* Eine Tabelle aus dem Speicher wird demnach direkt als Parameter verwendet. Zu diesem Zweck akzeptiert das `SqlParameter`-Objekt ein `DataTable`-Objekt als Wert. Dies ist recht einfach zu implementieren, hat jedoch den Nachteil, dass der Speicherbedarf direkt von der Größe der Tabelle abhängt – etwas, was bei kleinen Tabellen jedoch vernachlässigbar ist.
- *Stream row data:* Bei diesem Ansatz werden die Daten direkt per Datenstrom übermittelt. Dies wird mit einem `DbDataReader`-Objekt in Verbindung mit `IEnumerable<SqlDataRecord>` realisiert. Der Nachteil der etwas umfangreicheren Implementierung wird durch einen Speicherbedarf, der nicht von der Größe der Tabelle abhängig ist, ausgeglichen.

Als Beispiel sei die folgende Methode gezeigt, die ein korrekt erstelltes und befülltes `DataTable`-Objekt als Parameter akzeptiert und der zuvor gezeigten gespeicherten Prozedur übergibt.

```
public static void ImportDataTVPWithID(string conString, DataTable dt)
{
    const string sql = "usp_InsertProductTVPwithID";

    using (SqlConnection con = new SqlConnection(conString))
    {
        con.Open();
        using (SqlCommand cmd = con.CreateCommand())
        {
            // Abfrage festlegen
            cmd.CommandType = CommandType.StoredProcedure;
            cmd.CommandText = sql;

            // Parameter hinzufügen
            cmd.Parameters.AddWithValue("ImportTable", dt);

            // Ausführen und Identitätswerte zuordnen
            int RowIndex = 0;
            using (SqlDataReader dr = cmd.ExecuteReader())
                while (dr.Read())
                    // Identitätswert übernehmen
                    dt.Rows[RowIndex++]["ID"] = dr.GetInt32(0);

            // ggf. Änderungen annehmen
            dt.AcceptChanges();
        }
    }
}
```

Dadurch, dass die `usp_InsertProductTVPwithID`-Prozedur mithilfe der `OUTPUT`-Klausel die von der Datenbank generierten Identitätswerte für die eingefügten Zeilen zurückliefert, wird das `SqlDataReader`-Objekt mit der `ExecuteReader()`-Methode erzeugt und zeilenweise die (einspaltige) Ergebnismenge durchlaufen. Der jeweilige Wert wird dem `DataTable`-Objekt in der dafür vorgesehenen Spalte („ID") zugewiesen.

2.15 Tipps und Tricks

In diesem Abschnitt werden, wie in den meisten der folgenden Kapitel, einige Kniffe beschrieben, die für den geschätzten Leser hoffentlich von einem gewissen Nutzen sind.

2.15.1 Benutzen der erweiterten Eigenschaften der Datenbank

SQL Server 2012 bietet die Möglichkeit, zu (fast) jedem Objekt in der Datenbank erweiterte Eigenschaften abzuspeichern – dies gilt auch für die Datenbank. Über das SQL Server Management Studio können diese Werte eingesehen und verändert werden. Damit eignen sie sich als eine einfache Art der Konfiguration von z. B. T-SQL- oder .NET-Programmierungen im SQL Server.

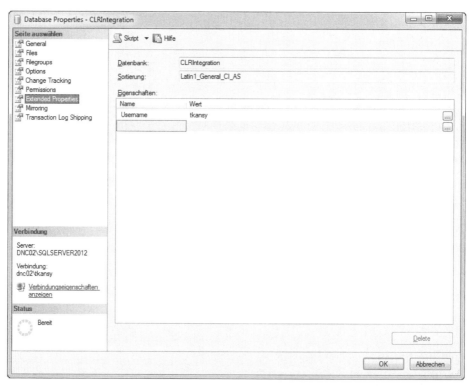

Bild 2.52 Die erweiterten Eigenschaften der Datenbank

In Bild 2.52 ist eine Eigenschaft mit dem Namen „Username" zu sehen, die im Folgenden abgefragt wird. Wir zeigen sie zuerst mit T-SQL und anschließend mit C#, sodass u. a. ein Einsatz in einem .NET-Objekt (z. B. eine gespeicherte Prozedur) denkbar ist.

Alles, was hier über die erweiterten Eigenschaften der Datenbank geschrieben steht, lässt sich auch auf andere Objekte innerhalb der Datenbank übertragen. Auch dort befinden sich erweiterte Eigenschaften, die abgefragt werden können. Lediglich die Tatsache, dass dies zu einem bestimmten Grad an Unübersichtlichkeit führen kann, wenn jedes Objekt seine eigenen Werte auf diese Art definiert bekommt, setzt eine Grenze.

Um den Wert mit T-SQL abzurufen, kann folgende kleine Skalarwertfunktion verwendet werden, die zusätzlich noch einen Wert akzeptiert, der zurückgeliefert wird, wenn die gesuchte Eigenschaft nicht gefunden werden kann.

```
CREATE FUNCTION [dbo].[fn_getDatabaseConfig]
(
    @Name VARCHAR(max), // Name der Eigenschaft
    @Fallback SQL_VARIANT // Fallbackwert
)
RETURNS SQL_VARIANT
AS
BEGIN
    DECLARE @retValue SQL_VARIANT;

    -- Wert abrufen
    SELECT @retValue = [value] FROM sys.extended_properties WHERE
        class_desc='DATABASE' AND [Name]=@Name;

    -- Rückgabe des Wertes oder (wenn diese NULL ist), von @Fallback
    RETURN ISNULL(@retValue,@Fallback);
END
```

Der Aufruf mit anschließender Ausgabe gestaltet sich nun recht einfach.

```
// Variable deklarieren und Wert zuweisen
DECLARE @Username SQL_VARIANT =
    dbo.fn_getDatabaseConfig('Username','{unbekannt}');

// Ausgabe
PRINT CAST(@Username AS VARCHAR);
```

Mit C# und ADO.NET ist die Abfrage ebenfalls recht einfach und nur ein paar Zeilen lang, wie der folgende Code zeigt.

```
string getDatabaseConfig(string Name,string Fallback)
{
    string retValue;
    // Datenbankverbindung aufbauen
    using (SqlConnection con = new SqlConnection(conString))
    {
        con.Open();
        using (SqlCommand cmd = con.CreateCommand())
        {
            // Abfragetexte festlegen
            cmd.CommandText = "SELECT [value] FROM
                               sys.extended_properties WHERE
                               class_desc='DATABASE' AND [Name]=@Name";
```

```
            // Parameter einfügen
            cmd.Parameters.Add(new SqlParameter("Name", Name));
            // Abfrage ausführen
            retValue = (string)cmd.ExecuteScalar();
            if (retValue != null)
                return retValue;
            else
                return Fallback;
        }
    }
}
```

Die Ausgabe des Ergebnisses sieht dementsprechend analog wie folgt aus.

```
string Username = getDatabaseConfig("Username", "{unbekannt}");
Debug.Print(Username);
```

Auf ähnliche Art lässt sich auch eine Funktion vorstellen, die alle erweiterten Eigenschaften auflistet.

 Die erweiterten Eigenschaften lassen sich natürlich nicht nur über das SQL Server Management Studio bearbeiten, sondern auch direkt mittels T-SQL. Dies geschieht durch die Verwendung der folgenden drei gespeicherten Prozeduren:

```
EXEC sys.sp_addextendedproperty ‚Name‘,‘Wert‘;

EXEC sys.sp_updateextendedproperty ‚Name‘,‘Wert‘;

EXEC sys.sp_dropextendedproperty ‚Name‘;
```

Das Bearbeiten der Eigenschaften über die Oberfläche hat jedoch den Charme, dass es recht einfach ist.

2.15.2 Welche T-SQL-Anweisungen verwendet das SQL Server Management Studio?

Mit dem mitgelieferten SQL Server Profiler (siehe Abschnitt 2.2.2, „SQL Server Profiler") können Sie nicht nur beliebigen Anwendungen, sondern auch dem SQL Server Management Studio auf die Finger schauen.

2.15.3 Ein T-SQL-Skript für ein Objekt oder eine Aktion erstellen

Um ein T-SQL-Skript für ein Objekt zu erstellen, stehen zwei praktische Wege zur Auswahl.

- Datenbank: Über das Kontextmenü steht über TASKS > SKRIPT GENERIEREN… die Möglichkeit offen, einen Teil oder die gesamte Datenbank zu „skripten". In einigen Schritten können Sie über einen Assistenten bestimmen, was dabei berücksichtigt werden soll.

- Objekt: Soll nur das Skript eines einzelnen Objekts, wie z. B. eine Tabelle, Sicht oder gespeicherte Prozedur, erstellt werden, so ist es bestimmt schneller, dies über den Befehl SKRIPT FÜR {OBJEKT} ALS des Objekts zu tun. Neben dem Ziel (Editorfenster, Datei etc.) können Sie so auch bestimmen, ob Sie ein Skript zum Erstellen, Anpassen oder Löschen benötigen.

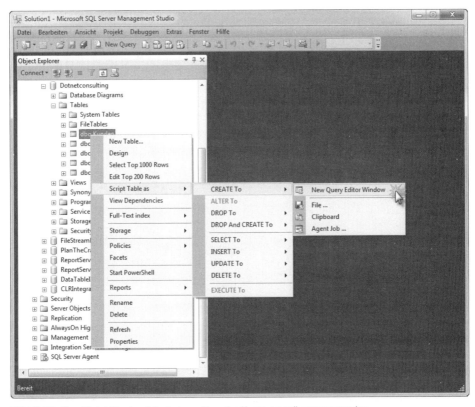

Bild 2.53 Das Skript für eine Tabelle kann über das Kontextmenü erzeugt werden.

 Aus Sicherheitsgründen wird das Kennwort einer SQL Server-Anmeldung nicht im Skript gespeichert – es wird einfach leer gelassen.

Soll das Skript für eine Aktion (z. B. das Ändern einer Einstellung) erzeugt werden, so kann dies einfach durch die Skript-Befehlsschaltfläche geschehen, die zu diesem Zweck in allen Dialogen zu finden ist.

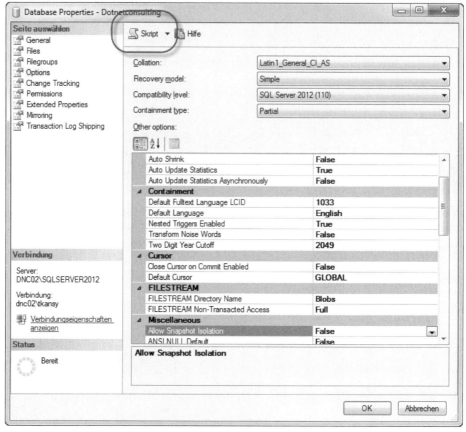

Bild 2.54 Die Skript-Schaltfläche ist in fast jedem Eigenschaften-Dialog zu finden.

Das so erstellte Skript spiegelt die gemachten Änderungen wider.

```
USE [master];
GO
ALTER DATABASE [Mondial] SET RECOVERY SIMPLE WITH NO_WAIT;
GO
```

3 T-SQL

In diesem Kapitel werden Sie den Aufbau und die Möglichkeiten der Transact Structured Query Language (T-SQL), die SQL-Variante des Microsoft SQL Servers 2012 sowie vorheriger Versionen, kennenlernen. Falls Sie schon Kenntnisse in T-SQL haben, so sollen die nächsten Seiten auch dazu einladen, diese aufzufrischen. Vielleicht findet sich das eine oder andere, das neu erscheint oder das interessant sein könnte. Allerdings muss auch erwähnt werden, dass T-SQL für sich genommen schon ein solch umfangreiches Thema ist, das man damit ein (sehr) dickes Buch für füllen könnte. Ich versuche deshalb eine intelligente Auswahl zu treffen, damit der Entwickler sinnvolle Informationen erhält, ohne dabei durch zu viele, letztendlich recht unwichtige Details das Große und Ganze aus den Augen zu verlieren.

 Auch wenn in diesem Kapitel immer vom SQL Server 2012 die Rede ist, funktionieren viele Befehle auf exakt die gleiche Art und Weise auf dem SQL Server 2008 R2 und zum Teil sogar noch in früheren Versionen; und wahrscheinlich auch in späteren Versionen.

3.1 SQL-Varianten

Trotz des Versuchs einer Standardisierung durch den ANSI SQL-92-Standard, sehen SQL-Anweisungen für verschiedene Systeme leider mehr oder weniger unterschiedlich aus und sind nicht miteinander kompatibel. Lediglich bei einfacheren Abfragen ist eine Kompatibilität für mehrere Datenbanksysteme vorhanden. Nur ist dies bei der praktischen Arbeit selten hilfreich. Beim Schreiben von SQL-Anweisungen muss daher immer die gewünschte Zieldatenbank im Blick behalten werden, da bereits die Platzhalterzeichen (Wildcards) für ein einfaches LIKE unterschiedlich sein können (der SQL Server verwendet für beliebige Zeichen hier ein %, andere Datenbanksysteme z. B. ein *).

Mit der SQL ähnlichen und datenbankunabhängigen Abfragesprache Entity SQL für das ADO.NET Entity Framework wird quasi ein weiterer Versuch unternommen (Details siehe

Kapitel 6 und 7). Entity SQL ist eine reine Abfragesprache, die keinerlei Möglichkeiten bietet, Daten oder Objekte in der Datenbank zu manipulieren.

Dass unterschiedliche Klassen (`System.Data.Odbc`, `System.Data.OleDb`, `System.Data.SqlClient`, `System.Data.OracleClient`[1]) oder sogar eine ganze ProviderFactory-Klasse (`System.Data.Common.DbProviderFactory`) für den Zugriff auf unterschiedliche Datenbanken existieren, bedeutet nicht automatisch, dass diese Klassen die notwendige Übersetzung von einer SQL-Variante zu einer anderen vornehmen.

3.2 Anweisungen mit einem Semikolon abschließen

Eine andere Frage, die schnell aufkommt, ist die, ob T-SQL-Anweisungen mit einem Semikolon abgeschlossen werden müssen oder nicht. Tatsache ist, dass viele Anweisungen ohne dieses Zeichen lauffähig sind, da bei deren Ausführung aus dem Kontext erkannt wird, ob eine Anweisung zu Ende ist oder nicht. Zumindest sind solche Anweisungen *noch* lauffähig. Der ANSI-SQL-92-Standard verlangt den Abschluss mit einem Semikolon, und Microsoft hat sich entschlossen, in zukünftigen Versionen von SQL Server diesen Standard stärker einzuhalten, sodass dieses Trennzeichen irgendwann einmal zwingend sein wird. Die mit SQL Server 2008 eingeführte `MERGE`-Anweisung muss z. B. zwingend so abgeschlossen werden. Beachten Sie daher dringend den folgenden Tipp.

Verwenden Sie bei Neuentwicklungen unbedingt ein Semikolon als Abschluss, auch wenn die aktuelle Zielversion des SQL Servers, für den die Entwicklung durchgeführt wird, dies (noch) nicht zwingend erfordert. So ist eine erhöhte Zukunftstauglichkeit sichergestellt. Für eine bestehende T-SQL-Programmierung lohnt sich dieser Aufwand in der Praxis wahrscheinlich nur, wenn das Semikolon im Zuge von Anpassungen hinzugefügt wird – es sei denn, die „zukünftige Version" wird Realität.

Abgesehen vom Standard ergibt sich jedoch auch ein praktischer Nutzen, da nicht immer richtig erkannt wird, wo eine Anweisung endet. So liefert z. B. die folgende Anweisung nicht das Ergebnis, dass zuerst die Zeichenkette „Hallo Welt" und anschließend die gespeicherte Prozedur mit dem Namen „usp_MachWasSinnvolles" ausgeführt wird.

```
SELECT 'Hallo Welt'
usp_MachWasSinnvolles
```

---

[1] `System.Data.OracleClient` ist nicht Bestandteil des .NET 4.5 Frameworks, sondern separat zu erwerben über *http://crlab.com/oranet* oder direkt bei Oracle.

Vielmehr wird „Hallo Welt" zurückgeliefert und diese Spalte mit dem Namen „sp_who2" versehen. Ein Semikolon an der richtigen Stelle sorgt dafür, dass ein Fehler darauf aufmerksam macht, dass hier etwas nicht stimmen kann.

```
SELECT 'Hallo Welt';
usp_MachWasSinnvolles;
```

Neben der Tatsache, dass die Anfälligkeit gegenüber Schreibfehlern reduziert wird, die sonst nur zu unerwünschten Effekten führen, wird der T-SQL-Code so auch lesbarer.

```
SELECT 'Hallo Welt';
EXEC usp_MachWasSinnvolles;
```

Das kleine Beispiel ist so im Sinne des Programmierers lauffähig.

> Der Batch-Separator GO ist nicht für den Abschluss eines T-SQL-Codes notwendig oder gar dazu zu gebrauchen, da er, wie später noch erläutert wird, zum Trennen einzelner Ausführungsblöcke dient. Hinzu kommt, dass GO überhaupt kein T-SQL-Befehl ist und per Konfiguration des SQL Server Management Studios komplett umbenannt werden kann – was in der Praxis jedoch kaum bis gar nicht geschieht. Eine Anweisung wie GO; wird von SQL Server allerdings mit einem Fehler quittiert, da davon ausgegangen wird, dass vor dem Semikolon eine T-SQL-Anweisung oder eine gespeicherte Prozedur steht.

Das abschließende Semikolon darf wirklich nur am Ende der gesamten Anweisung stehen. Besteht diese aus mehreren Teilanweisungen, so dürfen diese nicht selbst abgeschlossen werden.

```
SELECT 'München'; -- Semikolon führt zu Fehlern
UNION
SELECT 'Nidderau-Erbstadt'; -- dito
UNION
SELECT 'Hamburg' ORDER BY 1; -- Tatsächlicher Abschluss
```

> Der UNION-Operator (siehe Abschnitt 3.5.1.9, „Mehrere Abfrageergebnisse mittels UNION zusammensetzen") und die Sortierung mittels ORDER BY (siehe Abschnitt 3.5.1.6, „Sortierung mittels ORDER BY") werden im Laufe dieses Kapitel noch behandelt.

3.3 T-SQL-Anweisungen entwickeln und testen

Um T-SQL-Anweisungen auszuprobieren und zu entwickeln, bietet sich das SQL Server Management Studio an. Dort können, nach einem Klick auf NEUE ABFRAGE, in einem Editorfenster alle Anweisungen ausprobiert und ggf. Fehler korrigiert werden. Durch das Einfärben des Textes erhöht sich die Lesbarkeit. Folgende Farben kommen dabei zum Einsatz:

- *Blau:* T-SQL-Schlüsselwörter
- *Grau:* Operatoren wie z. B. 'AND', 'OR', '*', '+' und '/'
- *Rot:* Zeichenketten, auch solche mit nur einem Zeichen
- *Grün:* Kommentare, die vom SQL Server nicht beachtet werden
- *Rosa:* Eingebaute Funktionen oder globale Variablen
- *Schwarz:* Alles, was nicht in die anderen Rubriken fällt

Um die Anweisung (oder Anweisungen) auszuführen, wird auf AUSFÜHREN geklickt oder einfach auf F5 gedrückt.

> Wurde vor der Ausführung ein Teil der T-SQL-Anweisungen markiert (mittels Maus oder Tastatur), wird nur der Inhalt dieser Markierung ausgeführt. Dies kann zum einen bewusst genutzt werden, um einzelne (Teil-)Anweisungen auszuführen, es kann zum anderen aber auch zu Verwirrung führen, wenn die Markierung unbeabsichtigt angebracht wurde.

Die Ausführung von T-SQL-Anweisungen bewirkt, dass der Client – in diesem Fall das SQL Server Management Studio – die Eingabe unverändert an den SQL Server sendet und anschließend auf eine Antwort wartet. In vielen Fällen wird die Ausführung durch ein zeitliches Limit (Timeout) begrenzt. So wird vermieden, dass eine Abfrage die gesamte Anwendung blockieren kann. Dieses Verhalten lässt sich auch für das SQL Server Management Studio einschalten, das standardmäßig unbegrenzt lange auf die Antwort des SQL Servers wartet:

1. Im Menü EXTRAS den Punkt OPTIONEN auswählen
2. Den Punkt ABFRAGEAUSFÜHRUNG markieren

Unter AUSFÜHRUNGSTIMEOUT wird der gewünschte Wert eingetragen. Der Wert 0 steht dabei für keinerlei zeitliche Begrenzung.

Leider ist es jedoch ziemlich selten, dass ein etwas kompliziertes oder umfangreicheres Skript direkt auf Anhieb funktioniert und auch genau das tut, was es tun soll.

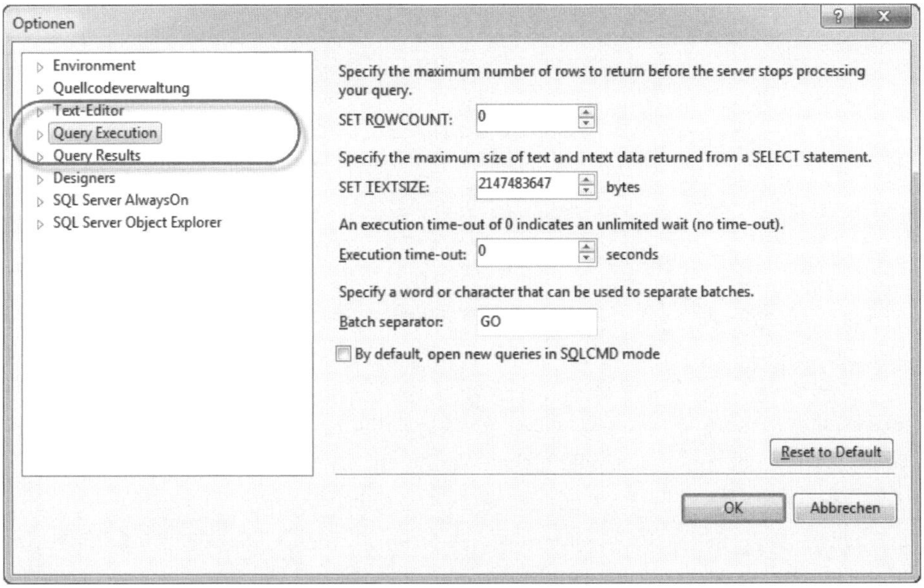

Bild 3.1 Der Dialog, um das Zeitlimit für die Ausführung einzustellen

3.3.1 Syntaktische oder deklarative Fehler

Kommt es bei der Abarbeitung der T-SQL-Anweisung zu einem syntaktischen Fehler oder wurde eine Variable falsch oder gar nicht deklariert, so kommt es zu Fehlern, die in etwa das sind, was Kompilierfehler bei der Entwicklung mit C# sind: Die Anweisungen werden vom SQL Server abgewiesen, und es kommt zu keiner Ausführung. Die folgende, fehlerhafte Anweisung

```
SELECT Fehler; -- Erzeugt einen Fehler
```

erzeugt z. B. diese Ausgabe:

```
Meldung 207, Ebene 16, Status 1, Zeile 1
Ungültiger Spaltenname 'Fehler'.
```

Die einzigen Hinweise darauf, *wo* sich der Fehler befindet, finden sich in der Angabe der Zeile und der Fehlermeldung. Während Letzeres oft nichtssagend ist, ist Ersteres bei längeren Anweisungen (z. B. in gespeicherten Prozeduren) oft auf den ersten Blick falsch.

Um nicht selbst die Zeilen zählen zu müssen, können Sie sich eine Zeilennummerierung vom SQL Server Management Studio anzeigen lassen. Leider ist dieses extrem sinnvolle Feature standardmäßig deaktiviert. Die folgenden Schritte zeigen, wie es aktiviert werden kann.

1. Wählen Sie im Menü EXTRAS den Punkt OPTIONEN aus.
2. Öffnen Sie zunächst den Punkt TEXT-EDITOR, und markieren Sie anschließend TRANSACT-SQL.

3. Nun kann mit dem Häkchen ZEILENNUMMERN die Nummerierung aktiviert werden.

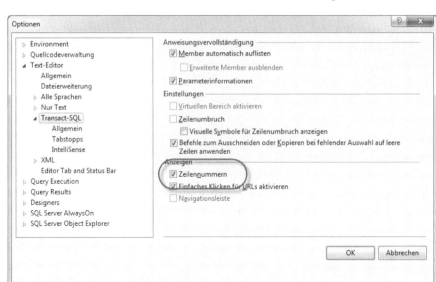

Bild 3.2 Der Dialog, um die Zeilennummerierung zu aktivieren

Leider hilft die Zeilennummer nicht immer weiter. So kann es passieren, dass dort Zeile 1 als Fehlerquelle erwähnt wird, obwohl der Fehler viel weiter unten im Skript zu finden ist. Das liegt daran, dass der SQL Server Anweisungen blockweise ausführt. So ist die komplette Eingabe ein Block, wenn nicht der sogenannte Batch-Separator GO verwendet wird. Folgende Anweisungen erzeugen jeweils in der ersten Zeile zwei Fehler:

```
SELECT Fehler; -- Erzeugt einen Fehler
GO
SELECT Fehler; -- Erzeugt einen Fehler
```

Das Ergebnis sieht dann in etwa so aus:

```
Meldung 207, Ebene 16, Status 1, Zeile 1
Ungültiger Spaltenname 'Fehler'.
Meldung 207, Ebene 16, Status 1, Zeile 1
Ungültiger Spaltenname 'Fehler'.
```

Während die erste Meldung korrekt ist, verweist die zweite ebenfalls auf Zeile 1, obwohl der Fehler in der dritten Zeile steht – zumindest in der dritten Zeile im Editor.

Gute Maßnahmen, um die betreffende Zeile dennoch zu finden, sind die folgenden:

- *Markieren durch Groß- und Kleinschreibung:* Sofern der angegebene Objektname (hier eine Spalte) häufiger in der T-SQL-Anweisung vorkommt und die Datenbankkonfiguration nicht nach Groß- und Kleinschreibung unterscheidet (siehe 3.4.3 „Groß- und Kleinschreibung") ist es hilfreich, den Namen an verschiedenen Stellen unterschiedlich mit großen und kleinen Buchstaben zu notieren. So lässt sich zweifelsfrei die Stelle finden, die für den Fehler verantwortlich ist.
- *Batch-Separatoren entfernen:* Viele GO-Anweisungen sind gerade bei automatisch generierten T-SQL-Anweisungen unnötig. Die nicht unbedingt benötigten Separatoren sollten

entfernt werden. Es sollte jedoch Schritt für Schritt überprüft werden, ob das Skript nun nicht andere Fehler erzeugt.

- *Zeilennummern addieren:* Notieren Sie die Zeilennummern, in denen ein GO vorkommt, und addieren Sie diese zu der angegebenen Zeile in der Fehlerbeschreibung hinzu, um zur fehlerhaften Stelle zu kommen. Dies ist etwas mühselig, aber bei nur wenigen GO-Separatoren durchaus schnell erledigt.
- *Anweisungen schrittweise ausführen:* Es sollte versucht werden, die Anweisungen nicht in einem Stück, sondern Stück für Stück auszuführen. Dies kann durch einzelne Abfragefenster oder durch gezielte Markierungen geschehen. Aber Vorsicht: Dies funktioniert nicht mit allen Skripten, da so oft notwendige Teile (Deklaration von Variablen etc.) nicht mitausgeführt werden.

Ist diese Hürde genommen, geht es weiter mit den wirklich schweren und den Programmierer oftmals zur Verzweiflung treibenden Fehlern.

3.3.2 Logische Fehler im Ablauf

Wenn das T-SQL-Skript zwar ausgeführt werden kann, jedoch noch logische Fehler im Ablauf enthält, so kann sich die Fehlersuche schwierig und nervenaufreibend gestalten. Seit Version 2008 bietet das SQL Server Management Studio die Möglichkeit an, solche Skripte zu debuggen. Dafür stehen gewohnte Funktionen aus dem Visual Studio wie Prozedurschritt (F10), Einzelschritt (F11), womit in eine mit T-SQL entwickelte Prozedur oder Funktion gesprungen werden kann, sowie Haltepunkte (F9) zur Verfügung. Das Debuggen kann via F5 oder die DEBUGGEN-Schaltfläche gestartet werden. Alternativ kann auch direkt mit dem Einzel- bzw. Prozedurschritt begonnen werden.

Bild 3.3 T-SQL lässt sich mit dem SQL Server Management Studio debuggen.

Läuft das Debuggen, so kann auch der Inhalt von Variablen eingesehen und verändert werden. Mit einer Aufrufliste lassen sich dann ganz einfach endlose Rekursionen erkennen.

Mit .NET entwickelte Objekte und solche, die zwar mit T-SQL entwickelt wurden, jedoch verschlüsselt angelegt wurden (mit dem WITH ENCRYPTION-Zusatz), werden als eine Anweisung behandelt. Das Gleiche gilt für DML- und DDL-Anweisungen. Die Funktionsweise einer SELECT-Anweisung kann also nicht debuggt werden.

3.3.3 Visual Studio 2012

Wie schon seine Vorgänger kann T-SQL-Code auch direkt im Visual Studio 2012 entwickelt und ausgeführt werden. Der T-SQL Editor findet sich unter dem Menüpunkt SQL\TRANSACT-SQL-EDITOR\NEUE ABFRAGE… und sieht nach Auswahl der Abfrageverbindung wie in Bild 3.4 aus.

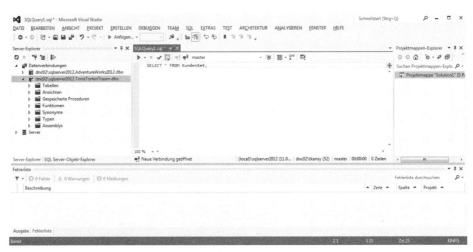

Bild 3.4 Der T-SQL Editor des Visual Studio 2012

Über die entsprechende Symbolleiste lassen sich Abfragen syntaktisch analysieren, ausführen und Clientstatistiken anzeigen, wie es auch im SQL Server Management Studio möglich ist. Dennoch ist dieser Weg bei der effizienten Entwicklung von Anwendungen für den SQL Server nur zweite Wahl. Besser ist ein direkter Einsatz des SQL Server Management Studio, da hier schnell und einfach auf alle Objekte aus einer Datenbank und des gesamten Servers sowie deren Eigenschaften zugegriffen werden kann.

3.4 Allgemeine Grundlagen

In diesem Abschnitt finden Sie eine Reihe von grundlegenden Informationen rund um T-SQL.

3.4.1 Kommentare

Kommentare in T-SQL lassen sich auf zwei Arten realisieren:
- *zeilenweise:* Ein solcher Kommentar wird mit zwei Minuszeichen ('–') eingeleitet und gilt bis zum Ende der Zeile.
- *blockweise:* Diese Art wird mit '/*' begonnen und mit '*/' beendet. Sowohl Anfang als auch Ende können sich sowohl in der gleichen Zeile als auch in unterschiedlichen Zeilen befinden.

Kommentare werden im Abfrage-Editor grün dargestellt. Erscheint in einem T-SQL-Skript zu viel Grün, so liegt die Vermutung nahe, dass ein Kommentarblock nicht rechtzeitig geschlossen wurde.

Kommentare sollten gezielt eingesetzt werden (wie auch in C#). Es ist von unschätzbarem Wert, wenn man T-SQL-Skripte nach zwei Monaten noch auf Anhieb verstehen kann. Im Moment des Programmierens ist einiges klarer als später. Hinzu kommt, dass Sie unter Umständen nicht der Einzige sind, der an dem Skript arbeitet, und die anderen vielleicht nicht Ihren Wissensstand besitzen.

3.4.2 Operatoren

Für die Arbeit mit Werten steht eine ganze Reihe von Operatoren zur Verfügung. Die meisten davon sind binärer Natur. Dies bedeutet, sie stehen zwischen zwei Werten und verarbeiten diese Werte zu einem. Nur wenige sind unär und arbeiten lediglich mit einem Wert. Die Werte können entweder zu einem Wert gleichen Typs oder zu einem booleschen TRUE bzw. FALSE verarbeitet werden. Solche booleschen Operatoren kommen oft in Verbindung mit WHERE zum Einsatz.

Tabelle 3.1 T-SQL-Operatoren

Operator	Funktion
+, -, *, /	Addition, Subtraktion, Multiplikation und Division: die vier Grundrechenarten mit Zahlen. '+' steht dabei auch für das Aneinanderfügen (Konkatenieren) von zwei Zeichenketten.
%	Modul: der ganzzahlige Rest einer Division, z. B. 4%3 = 1
&, |, ^, ~	Bitweise UND, ODER, exklusives ODER, Negierung
=	Vergleichsoperator „gleich"
>	Vergleichsoperator „größer"
<	Vergleichsoperator „kleiner"
>=	Vergleichsoperator „größer oder gleich"
<=	Vergleichsoperator „kleiner oder gleich"
<>, !=	Vergleichsoperator „ungleich"
!>	Vergleichsoperator „nicht größer"
!<	Vergleichsoperator „nicht kleiner"
LIKE	Vergleich einer Zeichenkette mit einem Muster
IS NULL	Vergleich mit NULL
BETWEEN...AND...	Prüft, ob sich ein Wert zwischen zwei anderen befindet
IN	Prüft, ob sich ein Wert in einer Menge befindet. Diese Menge kann konstant angegeben oder durch eine SELECT-Anweisung definiert werden.
NOT	Logisches NICHT. Negiert den Wahrheitsgehalt einer Aussage.
AND	Logisches UND. Beide Aussagen müssen wahr sein.
OR	Logisches OR. Eine der beiden Aussagen muss wahr sein.

3.4.3 Groß- und Kleinschreibung

T-SQL unterscheidet im Gegensatz zu C# nicht zwischen Groß- und Kleinschreibung seiner Schlüsselwörter und Objekt-/Funktionsnamen. Es ist also für den SQL Server vollkommen unerheblich, ob

```
select spalte1, spalte2 from tabelle1;
```

oder

```
SELECT spalte1, spalte2 FROM tabelle1;
```

notiert wurde.

Etwas anders sieht es bei der Groß- und Kleinschreibung von Objektnamen (Datenbanken, Tabellen, Spalten etc.) aus. Ob zwischen kleinen und großen Buchstaben unterschieden wird, ist von der Konfiguration des SQL Servers und der Datenbank abhängig. Diese Einstellung wird bei der Installation festgelegt und betrifft dann alle Datenbanken auf diesem SQL Server, die den Serverstandard verwenden.

Ganz richtig ist dies nicht, da für jede einzelne Spalte (vom Typ CHAR, NCHAR, VARCHAR, NVARCHAR, TEXT, NTEXT) einer Tabelle die Sortierung getrennt festgelegt werden kann. Doch findet diese Möglichkeit selten Anwendung, da dies die Definition der Datenbank und deren Verhalten unüberschaubar macht.

Die Einstellung, die dafür zuständig ist, ist die sogenannte Ordnung (Collation). Diese legt fest, in welcher Reihenfolge Zeichenfolgen angeordnet werden und ob die Groß- und Kleinschreibung beachtet wird oder nicht.

Zwar lässt sich diese Ordnung für einen SQL Server nicht mehr ohne weiteres verändern, es ist jedoch möglich, diese abzufragen:

```
SELECT SERVERPROPERTY('COLLATION');
```

Die Ausgabe kann wie folgt aussehen:

```
Latin1_General_CI_AS
```

Um alle verfügbaren Ordnungen abzurufen, kann folgende kleine Abfrage verwendet werden: `SELECT * FROM fn_helpcollations();`. In der Ausgabe ist eine Spalte enthalten, die in Klartext ausgibt, was berücksichtigt wird (Groß-/Kleinschreibung, Akzente etc.). Es ist zu beachten, dass nur solche „Collations" zur Verfügung stehen, die von dem Betriebssystem, auf dem der SQL Server ausgeführt wird, auch unterstützt werden.

Interessant ist in diesem Fall das *CI*. Es sagt aus, dass die konfigurierte Ordnung „case insensitive" ist und damit Groß- und Kleinschreibung nicht berücksichtigt. Das Pendant dazu ist *CS* („case sensitive") und drückt genau das Gegenteil aus. Die gleiche Ordnung sieht dann so aus:

```
Latin1_General_CS_AS
```

Zwar dürfte die überwältigende Mehrheit der SQL Server-Installationen mit der Standardeinstellung und damit ohne Berücksichtigung der Groß- und Kleinschreibung laufen, doch sollten (um auf Nummer sicher zu gehen) bei Objektnamen diese so geschrieben werden, wie sie angelegt wurden.

Ähnlich verhält es sich, wenn es darum geht, ob Akzente berücksichtigt werden sollen oder nicht. Hier ist es das *AS* („Accent Sensitive"), das Auskunft darüber gibt, dass dies geschehen soll. Das Gegenstück dazu lautet konsequenterweise *AI* („Accent Insensitive").

Auch wenn die Groß- und Kleinschreibung von T-SQL-Schlüsselwörtern für den SQL Server selbst ohne Belang ist, ist sie für eine verbesserte Lesbarkeit nicht ganz unwichtig. Mit einer durchgängigen Großschreibung aller Schlüsselwörter können solche gut lesbar gekennzeichnet werden – auch ohne Färbung des Abfrage-Editors. Ohne in diesem Absatz zu philosophisch zu werden, hier ein paar Anstöße, wie dies machbar ist:

- *Schlüsselwörter:* Schreiben Sie alle Schlüsselwörter durchgängig groß. Damit fallen sie leicht ins Auge und sind als solche leicht zu erkennen.
- *Funktionen:* Schreiben Sie alle Funktionen klein. Sie sind so ebenfalls einfach zu erkennen und bilden einen Kontrast zu den großgeschriebenen Schlüsselwörtern.
- *Objektnamen:* Lassen Sie Objektnamen mit einem großen Buchstaben beginnen. Lassen Sie bei zusammengesetzten Begriffen jedes Wort ebenfalls groß beginnen, also z. B. „Adresse", „LieferAdresse", „LieferAdresseOrt".

3.4.4 Literale

Literale sind Zeichenfolgen, die zur Darstellung von Werten wie z. B. Zahlen, Daten oder Zeichenketten dienen. Literale können nur auf der rechten Seite einer Zuweisung stehen, da ihr Wert konstant und damit unveränderlich ist. Beispiele sind:

- *Ganzzahl:* 4711, +999, -12
- *Kommazahlen::* 8.15, +10.9, 0.0, -32.33
- *Datum:* '1971-12-18'
- *Uhrzeit:* '23:59:01', '11:50:23AM', '20:15:00PM'[1]
- *Datum & Uhrzeit:* '2012-09-28 11:55:23.000AM'
- *Boolean:* true, false, 1, 0
- *Zeichenkette:* 'Harry Hirsch'
- *einzelne Zeichen:* Hier existiert keine besondere Notation. Dies sind einfache Zeichenketten mit nur einem Zeichen Länge, z. B. 'H', '2'

Literale dürfen weder von Zeilenumbrüchen noch von Kommentaren unterbrochen werden. Dies gilt besonders für Zeichenketten, da es hierbei nicht zwangsläufig zu einem Fehler kommt, sondern „lediglich" die Zeichenkette unbeabsichtigt verändert wird.

Zwar gibt es einen Datentyp für Spalten und Parameter, der CHAR bzw. NCHAR heißt, jedoch steht dieser immer in Verbindung mit einer Längenangabe. Der SQL Server kennt keinen speziellen Datentyp für genau ein Zeichen.

Datum und Uhrzeit können zwar auch in der landesspezifischen Notation des Servers und der Verbindung angegeben werden, die US-amerikanische Variante wird jedoch immer verstanden und ist damit eine sichere Alternative.

---

[1] AM: *lat.* ante meridiem (vor dem Mittag), PM: *lat.* post meridiem (nach dem Mittag)

3.4.5 Zeichenketten

Zeichenketten müssen in T-SQL mit einfachen Hochkommata umschlossen werden und stellen ASCII[1]-Zeichenketten dar, die je ein Byte pro Zeichen Speicherplatz verbrauchen. Dies sieht dann so aus:

```
SELECT * FROM Tabelle WHERE Ort = 'London';
```

Soll die Zeichenkette selbst ein Hochkomma enthalten, so müssen an der Stelle zwei Hochkommata notiert werden:

```
DECLARE @Name VARCHAR(100) = 'Harry''s Bar';
```

Auf diese Weise enthält die Variable den Wert „Harry's Bar".

> Tritt bei der Ausführung ein Fehler auf, wenn sich in Ihrem Abfrage-Editor zu viel roter Text befindet (besonders am Ende des Skripts), so ist das ein guter Hinweis darauf, dass ein abschließendes Hochkomma fehlt. Eine der Zeichenketten wurde dann nicht geschlossen, oder es wurde versehentlich eine überzählige begonnen.

3.4.6 Unicode-Zeichenketten

Unicode ist ein Standard, mit dem internationale Schriftzeichen und Textelemente aus einer Vielzahl bekannter Schriften und Zeichensysteme abgebildet werden können. SQL Server bietet zu diesem Zweck die Datentypen `NVARCHAR`, `NCHAR` und `NTEXT` an. Der Speicherbedarf pro Zeichen ist mit zwei Bytes pro Zeichen doppelt so groß wie das entsprechende ASCII-Äquivalent. Notiert werden solche Zeichenketten mit einem „N" vor dem ersten Hochkomma.

```
SELECT * FROM Tabelle WHERE Ort = N'London';
```

Ist die Spalte oder der Ausdruck, auf den sich die Unicode-Zeichenkette bezieht, selbst nicht Unicode, so findet eine automatische Umwandlung statt. Es kommt daher zu keinem Fehler. Oftmals wird daher in automatisch erzeugten Skripten diese Notation verwendet.

> Der Datentyp `String` des .NET Frameworks besteht immer aus Unicode-Zeichen.

---

[1] ASCII: American Standard Code for Information Interchange. Nein, in diesem Buch befindet sich frevelhafterweise keine ASCII-Tabelle im Anhang.

3.4.7 Zahlen mit Komma

In Kommazahlen (Fix- oder Fließkommazahlen) wird das Komma immer durch einen Punkt dargestellt. Dies ist die gleiche amerikanische Notation, wie sie auch in C# und den meisten Programmiersprachen Verwendung findet. Wird für eine solche Zahl kein Nachkommaanteil benötigt, so kann das Komma samt folgenden Nullen weggelassen werden.

```
SELECT * FROM Mitarbeiter WHERE Umsatz = 1500.90;
```

Versuchen Sie Einschränkungen mit Werten vom Typ FLOAT und REAL zu vermeiden, da diese Typen genähert sind und daher nicht zwingend an der interessanten Stelle genau sein müssen. Eine bessere Wahl für solche Abfragen ist, besonders wenn es um exakte Geldbeträge und Ähnliches geht, der DECIMAL-Typ.

3.4.8 Datum und Uhrzeit

Datum und Uhrzeit werden in einer T-SQL-Anweisung als Zeichenkette notiert. Dabei kommt ziemlich schnell das Problem auf, dass das notwendige Format durch eine Reihe länderspezifischer Einstellungen des Servers und des Clients beeinflusst wird. Um dieses Problem zu umgehen, bietet es sich an, die vorgeschlagenen Formate zu verwenden – damit ist die Abfrage unabhängig von Sprach- und Ländereinstellungen.

Es sollte besonders darauf geachtet werden, dass Monat und Tag im Gegensatz zu unserer deutschen Notation vertauscht sind. Damit kann eine Abfrage nach dem ‚12.01.2007' als 12. Januar oder als 1. Dezember interpretiert werden. Im schlimmsten Fall entwickeln Sie ein Skript, das ab dem 13. eines Monats einen Fehler produziert, da der Tag versehentlich als Monat interpretiert wird – selbstverständlich erst auf dem Produktivsystem.

3.4.8.1 Datum inklusive Uhrzeit

Das generelle Muster für die Angabe eines Datums mit Uhrzeit lautet:

```
'yyyymmdd hh:mm:ss[.mmm]'
```

Die Bedeutung der Buchstaben ist in Tabelle 3.2 dargestellt.

Tabelle 3.2 Bedeutung der Buchstaben im Muster zur Angabe von Datum und Uhrzeit

Buchstaben	Bedeutung
yyyy	Jahr
mm	Monat
dd	Tag

Buchstaben	Bedeutung
hh	Stunden
mm	Minuten
ss	Sekunden
mmm	Millisekunden (Dieser Teil ist optional.)

Die Umsetzung sähe dann zum Beispiel wie folgt aus.

```
SELECT * FROM Bestellungen WHERE Datum > '20070131 13:00:00';
```

Um das aktuelle Datum mit Uhrzeit des SQL Servers abzurufen, kann diese Abfrage verwendet werden: `SELECT getdate();`

3.4.8.2 Nur Datum oder Uhrzeit

Wird lediglich Datum oder Uhrzeit benötigt, so wird nur der entsprechende Teil notiert und der andere Teil weggelassen.

- *Datum:* `'yyyymmdd'`, z.B.: `'1971-12-18'`
- *Uhrzeit:* `'hh:mm:ss.mmm'`, z.B.: `'20:15:43.124'`

Um das aktuelle Datum des SQL Servers abzurufen, lässt sich die folgende Abfrage verwenden: `SELECT CAST(getdate() AS DATE);`

Um die aktuelle Uhrzeit des SQL Servers zu ermitteln, kann die folgende Abfrage ausgeführt werden: `SELECT CAST(getdate() AS TIME);`

3.4.9 Ungültige Zeichen und reservierte Schlüsselwörter

Wurden Objekte nach reservierten Schlüsselwörtern benannt oder beinhalten ihre Namen ungültige Zeichen, so müssen diese mit eckigen Klammern ('[' und ']') umschlossen werden.

```
SELECT [Straße], [PLZ Ort] FROM Kunden;
```

Wenn `SET QUOTED_IDENTIFIER` auf `ON` gesetzt ist, können stattdessen auch doppelte Anführungszeichen (Gänsefüßchen) verwendet werden. Dies entspricht dann dem ANSI SQL-92-Standard. Um T-SQL-Anweisungen unabhängig von dieser Einstellung zu gestalten, empfiehlt es sich, immer die eckigen Klammern zu verwenden.

Wird beim Tabellenentwurf im SQL Server Management Studio der Name einer neuen Spalte automatisch mit eckigen Klammern umschlossen, so ist dies ein sicheres Zeichen dafür, dass der Name ein verbotenes Zeichen enthält oder einem reservierten Schlüsselwort gleicht.

 Auch wenn diese Grenze selten erreicht wird: Objektnamen dürfen nicht länger als 128 Zeichen sein.

3.4.9.1 Ungültige Zeichen in Bezeichnern

Die gängigsten ungültigen Zeichen, die gerade dann Verwendung finden, wenn die Datenbank von einer anderen Datenbankplattform (z. B. Microsoft Access) importiert wurde, sind hier aufgeführt:

- *Umlaute:* „üöäÜÖÄß"
- *Sonstige Sonderzeichen:* z. B. áà+*/!"§$%&/()
- *Das Leerzeichen*

Auf der anderen Seite gilt es für die Zeichenauswahl bei der Vergabe von Objektnamen ein paar Regeln zu beachten, um so die spätere Arbeit nicht unnötig zu erschweren:

- Nur Buchstaben, Ziffern und den Unterstrich (*underscore* _) verwenden
- Die Namen mit Buchstaben beginnen lassen
- Keine Groß- und Kleinschreibung einsetzen, um Namen auf einer Ebene (also z. B. Spalten einer Tabelle oder Tabellen einer Datenbank) zu unterscheiden

3.4.9.2 Reservierte Schlüsselwörter

Die Liste der vom SQL Server reservierten Schlüsselwörter ist umfangreich und unübersichtlich. Daher wird an dieser Stelle darauf verzichtet, diese seitenweise komplett abzudrucken. Sie finden diese Liste im Internet[1]. Zur Liste gehören:

- T-SQL-Anweisungen
- ODBC-Anweisungen

Es existiert jedoch ein einfacher Test, um schnell und sicher festzustellen, ob ein bestimmter Begriff ein reserviertes Schlüsselwort ist oder nicht:

1. Öffnen Sie eine neue Abfrage durch Klicken auf NEUE ABFRAGE im SQL Server Management Studio.
2. Schreiben Sie den zu testenden Begriff in den Abfrage-Editor.
3. Wird der Begriff beim Tippen nicht schwarz dargestellt, so handelt es sich um ein Schlüsselwort.

---

[1] *http://msdn2.microsoft.com/de-de/library/ms189822.aspx* (Achtung! SQL 2005)

3.4.10 Zeilenumbrüche und Einschübe mit Tab oder Leerzeichen

In T-SQL können an fast allen Stellen Zeilenumbrüche, Leerzeichen oder Tabs eingefügt werden, ohne dass die Ausführung davon betroffen ist. Innerhalb von T-SQL-Schlüsselwörtern, Operatoren und Literalen ist dies jedoch nicht möglich, bzw. hat Auswirkungen auf die Ausführung. Folgende Aufteilung in verschiedene Zeilen hat sich in der Praxis als praktisch erwiesen:

```
SELECT * FROM Bestellung
WHERE Umsatz > 1900
ORDER BY Datum;
```

Somit ist jeder Teil der Abfrage in einer Zeile (oder mehreren) untergebracht. Zusätzlich besteht die einfache Möglichkeit, einzelne Teile für die Entwicklung und den Test durch einen Zeilenkommentar unwirksam zu machen. Es lassen sich so logische Fehler in der T-SQL-Anweisung einkreisen.

```
SELECT * FROM Bestellung
-- WHERE Umsatz > 1900
ORDER BY Datum;
```

Gerade umfangreiche T-SQL-Skripte lassen sich so durch ein paar sinnvolle Zeilenumbrüche lesbarer und somit verständlicher notieren.

3.4.11 Ausführungsblöcke (Batches)

Der SQL Server führt T-SQL-Anweisungen immer blockweise aus. Werden mithilfe des Batch-Separators GO keine Blöcke abgegrenzt, so gilt die gesamte Anweisung (oder Anweisungen), die an den Server geschickt wurde, als ein Block. Folgendes ist dabei zu beachten:

- Variablen, die mit @DECLARE eingerichtet wurden, werden am Ende des Blocks entsorgt und stehen damit im nächsten Block nicht mehr zur Verfügung.
- Anweisungsblöcke (BEGIN oder END) dürfen nicht von Blöcken unterbrochen werden.
- Blöcke werden vom SQL Server genutzt, um umfangreiche Skripte parallel zu verarbeiten und damit die Verarbeitungsgeschwindigkeit zu erhöhen. Das bedeutet, dass Skripte, die im ersten Block einen Eintrag in einer Tabelle vornehmen, der im zweiten Block dringend benötigt wird, zu schwer lokalisierbaren Fehlern führen, die mitunter auch nur sporadisch auftreten.
- Transaktionen können über Blockgrenzen hinweg existieren.

3.4.12 Ausdrücke

Ausdrücke sind ein mächtiges Mittel, um Daten auf dem SQL Server aus unterschiedlichen Werten zu berechnen. Im Einzelnen kann ein Ausdruck aus folgenden Komponenten bestehen:

- *Konstanten:* Unveränderliche und unabhängige Werte, die als Literale notiert werden
- *Spalten:* Der Inhalt der betreffenden Spalte
- *Berechnungen:* Eine Berechnung aus mehreren Ausdrücken, die durch Operatoren wie z. B. '+', '-', '*' verbunden sind
- *Funktionen:* Hier werden die Ergebnisse eines Funktionsaufrufes verwendet. Die Funktion kann dabei keine oder eine beliebige Anzahl von Parametern haben, die wiederum Ausdrücke sein können.
- Eine Kombination aus diesen Elementen

Folgende Beispiele sind gültige Ausdrücke:

- [Name]
- LEN([Name]) + 2
- 'Butterbrot'
- '2012-09-30 18:30:00'
- ISNULL(LEFT(Vorname,1)+ '. ','') + [Name]

Ausdrücke können an vielen Stellen in Abfragen auftauchen, in denen auch Spalten zulässig sind. Jedoch gibt es eine wichtige Einschränkung: Sie dürfen nicht als Ziel von Wertezuweisungen verwendet werden.

Folgende Beispiele sind daher nicht gültig, da sie Ausdrücken Werte zuweisen.

```
-- Ausdruck beim Einfügen einer Zeile
INSERT INTO Tabelle (Spalte1 + Spalte2) VALUES ('Wert');

-- Ausdruck beim Änderung von Spaltenwerten
UPDATE TABLE SET Spalte1 + Spalte 2 = 'Wert';
```

3.4.13 Lexikografische Ordnung

Die lexikografische Ordnung legt die Reihenfolge von Zeichen für Sortierung und Vergleiche fest. Dabei sind es zwei Optionen, die diesen Prozess besonders beeinflussen:

- *Groß- und Kleinschreibung:* Wird bei der Sortierung die Groß- und Kleinschreibung nicht berücksichtigt, so werden kleine in der gleichen Weise wie große Buchstaben behandelt.
- *Akzente:* Werden Akzente nicht berücksichtigt, so wird ein Zeichen mit Akzent in der gleichen Weise behandelt wie das entsprechende Zeichen ohne Akzent.

 Unter 3.4.3, „Groß- und Kleinschreibung", erfahren Sie, wie nach diesen Zeichenstellungen unterschieden wird.

Als Orientierung, in welcher Reihenfolge Zeichen sortiert werden, kann eine ASCII-Tabelle dienen. Diese unterscheidet jedoch nach Groß- und Kleinschreibung und enthält nicht alle internationalen Zeichen.

Folgendes Beispiel zeigt einige Zeichenketten, die aufsteigend lexikografisch sortiert wurden:
- 12.03.2009
- 29.01.2007
- -4
- 911er
- Abwasser
- Änderung
- C#
- München
- Münchhausen
- VB.NET

 Für einen Test, wie konkret die Sortierung in einer Datenbank durchgeführt wird, ist eine Abfrage dieser Art nützlich:
SELECT ‚München'
UNION
SELECT ‚Nidderau-Erbstadt'
UNION
SELECT ‚Hamburg' ORDER BY 1;

3.4.14 Tabellen oder Sichten

Viele Aussagen und Anweisungen lassen sich nicht nur auf Tabellen anwenden, wie es die folgenden Ausführungen vielleicht vermuten lassen könnten, sondern auch auf Sichten. Beim Manipulieren von Daten durch Sichten ergibt sich allerdings ein entscheidender Unterschied. Während Tabellen in jedem Fall „aktualisierbar" sind, d.h., dass deren Inhalt gelöscht, geändert und eingefügt werden kann, gilt dies nur für einige Arten von Sichten. Damit eine Sicht „aktualisierbar" ist, ist Folgendes zu beachten:
- Keine Verknüpfungen mittels JOIN
- Keine berechneten Spalten
- Keine Gruppierungen
- Kein UNION

Sie merken schon, es bleiben nicht viele Sichten übrig. Für diese Sichten gilt aber: Es sind die gleichen Operationen wie bei Tabellen möglich – auch wenn es im Folgenden nicht immer ausdrücklich erwähnt wird.

3.4.15 Gruppen von T-SQL-Anweisungen

Um der (Un-)Menge an T-SQL-Befehlen besser Herr zu werden, bietet es sich an, diese in unterschiedliche Gruppen einzuteilen. Diese Einteilung ist nicht als zwingend anzusehen, da eine Reihe von Befehlen existiert, die in keiner Einteilung Platz finden oder die gut in mehrere passen könnten.

- *DML (Data Manipulation Language):* Mit dieser Gruppe werden Daten in Tabellen gespeichert (INSERT), verändert (UPDATE) und wieder gelöscht (DELETE).
- *DQL (Data Query Language):* Diese Gruppe, die nur aus der SELECT-Anweisung besteht, dient der Abfrage von Daten.
- *DDL (Data Definition Language):* Diese Anweisungen sind für das Anlegen, die Änderung und das Löschen der Datenbankobjekte zuständig. Es werden also keine Daten bearbeitet, sondern es wird auf den Aufbau der Datenbank eingewirkt.
- *DCL (Data Control Language):* Diese Befehle dienen der Zuweisung und der Entziehung jeglicher Art von Berechtigungen.
- *Ablaufsteuerung:* In dieser Gruppe befinden sich die Anweisungen für Schleifen und bedingte Ablaufsteuerungen.
- *Fehlerbehandlung:* Diese Befehle sorgen für eine ordnungsgemäße Reaktion auf Fehler bei der Ausführung von T-SQL.
- *Transaktionssteuerung:* Hier finden sich alle Befehle, die zur Steuerung von Transaktionen hilfreich sind.

3.4.16 Alles unsicher?

Alles unsicher? Bestimmt nicht! Für die folgenden Ausführungen und Beispiele wird (bis auf den entsprechenden Abschnitt) die Berechtigung zur Durchführung der notwendigen Aktionen außer Acht gelassen und davon ausgegangen, dass die entsprechenden Berechtigungen vorhanden sind. Dies geschieht nicht, weil Sicherheit keine Rolle spielen soll oder unwichtig ist, sondern damit sich die Beispiele auf das Wesentliche konzentrieren können.

3.5 DML

Die Bestandteile von T-SQL, die zum Lesen, Ändern, Löschen und Einfügen von Daten zuständig sind, werden unter dem Kürzel DML (Data Manipulation Language) zusammengefasst. Oft werden diese Befehle auch unter dem Akronym CRUD[1] zusammengefasst.

- *Create:* Anlegen von Datensätzen in Tabellen
- *Retrieve:* Abrufen von Daten

---

[1] Manchmal wird alternativ auch RUDI (Retrieve, Update, Delete, Insert) verwendet.

- *Update:* Aktualisieren von Daten
- *Delete:* Löschen von Datensätzen

Da diese Anweisungen die Kernfunktionalität des SQL Servers betreffen, sind sie sicherlich die wichtigsten für die Entwicklung von Datenbankanwendungen.

Auf den ersten Blick mag es verwundern, dass auch das Abrufen von Daten zur Gruppe DML gehört, wo doch das „M" für Manipulation (*engl.* manipulation) steht. Der Grund dafür ist, dass Daten auch bei einer Ausgabe oft gefiltert oder sortiert werden.

3.5.1 Daten abfragen

Dieser Abschnitt beschäftigt sich mit dem Abrufen von Daten. Dabei werden auch Funktionen wie das Filtern mittels WHERE behandelt, die auch beim Löschen und Ändern von Daten zum Einsatz kommen.

Selbst wenn immer nur von Tabellen die Rede ist: Abfragen funktionieren auch mit Sichten (siehe Abschnitt 3.4.14, „Tabellen oder Sichten").

3.5.1.1 Spalten festlegen

Daten lassen sich zum Teil mit ganz einfachen Anweisungen aus Tabellen abfragen. Die einfachste Form, den gesamten Inhalt einer Tabelle zu erhalten, ist:

```
SELECT * FROM <Tabelle>;
```

Dies ist nicht nur die einfachste, sondern auch ungünstigste Art, Daten abzufragen. Und zwar deshalb, weil alle Zeilen zurückgeliefert werden (was in vielen Fällen gar nicht notwendig ist), und darüber hinaus auch alle Spalten - also z. B. auch die ROWGUID-Spalte, die zur Entwicklungszeit noch nicht vorhanden war, aber durch ein Replikationsszenario dazu gekommen ist.

Da dies aber selten bis gar nicht sinnvoll ist, gibt es die Möglichkeit, die benötigten Spalten anzugeben, die Tabelle also vertikal einzuschränken.

```
SELECT <Spalte1>, <Spalte2> FROM <Tabelle>;
```

Spalten können dabei mehrfach oder gar nicht vorkommen.

```
SELECT <Spalte1>, <Spalte3>, <Spalte3> FROM <Tabelle>;
```

Alles, was hier über Spalten gesagt wird, gilt auch für Ausdrücke, die sich aus den Spalten oder anderen Ausdrücken ergeben.

Namentlich aufgeführte Spalten können zusammen mit dem Sternchen ('*') als Symbol für alle Spalten gemischt werden.

```
SELECT <Spalte1>, <Spalte2>, * FROM <Tabelle>;
```

Diese Notation ist recht praktisch, wenn bei der Entwicklung von Abfragen, die eine Vielzahl von Spalten zurückliefern, noch nicht ganz klar ist, welche genau benötigt werden. So hat man die Möglichkeit, die Spalten nach und nach vor dem ‚*' zu notieren und diese erst dann zu entfernen, wenn alle gewünschten Spalten aufgeführt sind.

Um die Identitätsspalte einer Tabelle anzusprechen, ohne den Namen zu verwenden, können Sie die symbolischen Namen IDENTITYCOL oder $IDENTITY verwenden. Hat die betreffende Tabelle keine Identitätsspalte, kommt es zu einem Fehler. Um die ROWGUID-Spalte ohne deren Namen anzusprechen, kann $ROWGUID verwendet werden. Existiert keine Identitätsspalte oder keine ROWGUID-Spalte, so führt die Verwendung zu einem Fehler.

Alias

Jede Spalte kann durch die Angabe eines Alias für die Ausgabe umbenannt werden. Dies kann mit zwei unterschiedlichen Notationen geschehen. Entweder so

```
SELECT Spalte4 AS [PLZ Ort], Spalte5 AS [PLZ Postfach], Spalte6 Ort
FROM Tabelle;
```

oder so

```
SELECT Spalte4 AS 'PLZ Ort', Spalte5 AS 'PPLZ Postfach', Spalte6 Ort
FROM Tabelle;
```

In der ersten Variante wurden die Aliase mit ‚[, und ,]' und in der zweiten mit einfachen Hochkommata eingeschlossen, da sie ungültige Zeichen beinhalten (hier ein Leerzeichen).

In einer Abfrage sind auch konstante Werte für eine Spalte möglich. Deren Inhalt wird dann für jede Zeile immer gleich zurückgeliefert.

```
SELECT 3, 'München', <Spalte7> FROM <Tabelle>;
```

Es können auch nur konstante Werte zurückgeliefert werden, was allerdings selten von wirklich großem Nutzen ist.

```
SELECT 3, 'München' FROM <Tabelle>;
```

Die letzte Abfrage liefert für jede Zeile aus der Tabelle eine Zeile mit den konstanten Werten. Möchte man nur eine Zeile zurückerhalten, muss man den Teil ab FROM weglassen. Das sieht dann so aus: SELECT 3, ‚München‘;

Da für alle Spalten auch ein Ausdruck verwendet werden kann, ist folgendes Beispiel möglich, das die aktuelle Uhrzeit und das Datum des SQL Servers liefert.

```
SELECT getdate();
```

Auch die Tabelle in einer SELECT-Anweisung kann mit einem Alias versehen werden. Dies macht bei Abfragen auf nur einer Tabelle zwar keinen besonderen Sinn, leistet aber beim Einsatz von Joins gute Dienste, wenn die Tabelle notiert werden muss, um mehrdeutige Spaltennamen zu vermeiden. Auf diese Art spart man sich eine Menge Tipparbeit und umfangreiche Skripte. Dieses Beispiel zeigt, wie das aussieht:

```
SELECT b.Bemerkung, b.Betrag, b.ID, d.ID, d.* FROM
Bestellungen b LEFT JOIN Details d ON b.ID = d.BestellungID;
```

Der Tabellen-Alias wird hier verwendet, um genau anzugeben, aus welcher Tabelle die Spalten kommen.

Weitere Informationen über Joins finden Sie in Abschnitt 3.5.1.13, „JOINS".
Dort werden Sie die Tabellen-Aliase zu schätzen lernen.

Abgeleitete Tabellen

Unter einer abgeleiteten Tabelle (Derived Table), oft auch Unterabfrage genannt, versteht man die Möglichkeit, in einer Abfrage, wo ansonsten der Name einer Tabelle oder einer Sicht erscheinen kann, eine eigenständige SELECT-Anweisung zu verwenden, um die gewünschten Zeilen und Spalten zu liefern. Auf diese Weise können z. B. Einschränkungen in den so verwendeten Zeilen realisiert werden, ohne z. B. eine Sicht verwenden zu müssen, die separat erstellt werden müsste. Diese Abfragen können so kompliziert wie nötig gestaltet sein und auch wieder selbst abgeleitete Tabellen enthalten.

```
SELECT * FROM Kunden
WHERE ID IN
    (SELECT ID FROM Bestellungen
        GROUP BY ID HAVING SUM(Bestellwert) > 1000);
```

Die runden Klammern um die Abfrage der abgeleiteten Tabelle sind zwingend notwendig, ein Semikolon innerhalb der Klammern ist jedoch nicht erlaubt – schließlich ist die Abfrage an dieser Stelle noch nicht zu Ende.

Der IN-Operator wird in Abschnitt 3.5.1.5, „Zeilen mittels WHERE einschränken", näher erläutert.

In vielen Situationen können abgeleitete Tabellen auch zu einem JOIN umformuliert werden, in anderen Situationen wie z.B. bei der MERGE-Anweisung, die als Quelle ebenfalls eine abgeleitete Tabelle zulässt, nicht. Häufig sind Abfragen mit abgeleiteten Tabellen jedoch einfacher zu schreiben und zu verstehen.

Falls Ihnen das Schreiben einer entsprechenden Abfrage als JOIN nicht recht „von der Hand gehen will", versuchen Sie es einfach mal als abgeleitete Tabelle.

3.5.1.2 Anzahl der Zeilen mit TOP und TOP PERCENT begrenzen

Wenn nur die ersten Zeilen einer Abfrage benötigt werden, lässt sich dies leicht mit dem Zusatz TOP oder TOP PERCENT erreichen. Um z.B. die Ausgabe auf maximal zehn Zeilen zu begrenzen, kommt eine Abfrage wie diese zum Einsatz:

```sql
SELECT TOP 10 * FROM Tabelle;
```

In der Praxis führt diese Anweisung dazu, dass nach zehn Zeilen die Verarbeitung beendet werden kann. Anders verhält es sich, wenn ein ORDER BY mit ins Spiel kommt. In einem solchen Fall müssen alle Zeilen generiert und sortiert werden, sodass im letzen Schritt schließlich die gewünschte Anzahl an Zeilen verwendet werden kann – und dies kostet Zeit.

Alternativ können maximal auch die ersten 25% der Zeilen von Interesse sein.

```sql
SELECT TOP 25 PERCENT * FROM Tabelle;
```

Für TOP PERCENT muss für die Verarbeitung die gesamte Anzahl der Ergebnismenge ermittelt werden, damit die gewünschten Prozente zurückgeliefert werden können – auch dies kostet Zeit bei der Ausführung.

Soll der Wert in Verbindung mit TOP oder TOP PERCENT kein fester Wert, sondern eine Variable sein, so muss die verwendete Variable in runden Klammern stehen. Werden die Klammern vergessen, wird ein Fehler ausgegeben. Die folgende Anweisung demonstriert dies.

```sql
-- Variable mit dem Namen @top und dem Typ INT einrichten und zuweisen
DECLARE @top INT = 10;

SELECT TOP (@top) * FROM Tabelle;
-- oder
SELECT TOP (@top) PERCENT * FROM Tabelle;
```

Alternativ kann als Wert auch die Rückgabe einer Abfrage verwendet werden, die lediglich einen Wert in der Zeile zurückliefert. Kommen mehr oder weniger Werte, kommt es zu einem Fehler.

```sql
SELECT TOP (SELECT t FROM TopTable WHERE [Key]='BS') * FROM Bestellungen;
```

3.5.1.3 WITH TIES-Klausel

Mit der WITH TIES-Klausel wird in Verbindung mit TOP/TOP PECENT und einer ORDER BY-Klausel sichergestellt, dass zusätzlich zur maximal angeforderten Zeilenanzahl auch solche Zeilen mitgeliefert werden, die nach der letzten Zeile kommen würden und die gleichen Werte in den ORDER BY-Spalten aufweisen. Auf diese Weise wird sichergestellt, dass alle Zeilen gemäß der Sortierung zurückgegeben und keine abgeschnitten werden, die nach der Sortierung auch weiter oben hätten stehen können.

 Die WITH TIES-Klausel muss immer in Verbindung mit ORDER BY verwendet werden, sonst kommt es zu einem Fehler.

Ein kleines Beispiel soll die letzten Unklarheiten beseitigen.

Bild 3.5 Die Tabelle, die den Fuhrpark des Autos widerspiegelt[1]

Um die drei leistungsstärksten Boliden auszuwählen, sieht die Abfrage wie folgt aus:

`SELECT TOP 3 * FROM KFZTabelle ORDER BY LeistungPS DESC;`

Das Ergebnis besteht auch tatsächlich aus genau drei Zeilen. Der „Borsche Poxter" (mit der ID 2) wird nicht ausgegeben, obwohl er in der Sortierung nach PS an der gleichen Stelle steht wie sein Pendant.

Da dies mehr oder minder Willkür ist, lässt sich dies mit der WITH TIES-Klausel umgehen.

`SELECT TOP 3 WITH TIES * FROM KFZTabelle ORDER BY LeistungPS DESC;`

Das Ergebnis umfasst also keine drei, sondern vier Zeilen und gibt zwei „Borsche Poxter" aus.

Bild 3.6 Das Abfrageergebnis mit TOP und der WITH TIES-Klausel

Ohne die WITH TIES-Klausel würde das Ergebnis wie gesagt „lediglich" aus drei Zeilen bestehen.

---

[1] Leider nur die des virtuellen ...

3.5.1.4 Nur eindeutige Zeilen mit DISTINCT zurückliefern

Standardmäßig liefert eine Abfrage immer alle Zeilen einer Ergebnismenge, auch wenn diese zum Teil doppelt vorhanden sind. Dies mag bei einer Vielzahl von Abfragen nicht der Fall sein, da diese eindeutige Werte in Form von Identitäten etc. beinhalten, doch gibt es auch eine Reihe von Abfragen, die dies nicht tun. Wenn Sie z.B. wissen wollen, in welche Städte Ihre Bestellungen gehen, ist es wahrscheinlich so, dass einige Städte mehr als nur einmal in dieser Abfrage auftauchen.

```
SELECT Ort FROM Bestellungen;
```

Um genau dies zu vermeiden, kann der SQL Server doppelte Zeilen vor der Rückgabe aus der Ergebnismenge entfernen, sodass nur noch einmalige Zeilen übrig bleiben. Dies geschieht durch den Einsatz des Schlüsselwortes `DISTINCT`.

```
SELECT DISTINCT Ort FROM Bestellungen;
```

Diese Abfrage lässt pro Ort nur noch maximal eine Zeile in der Ergebnismenge zu.

Sie können auch die `TOP`- oder `TOP PERCENT`-Schlüsselwörter mit `DISTINCT` kombinieren, was zur Folge hat, dass von allen einmaligen Zeilen nur eine bestimmte Anzahl zurückgeliefert wird. Mehr zu `TOP` und `TOP PERCENT` finden Sie in Abschnitt 3.5.1.2, „Anzahl der Zeilen mit `TOP` und `TOP PERCENT` begrenzen".

Achten Sie besonders darauf, `DISTINCT` nicht in solchen Abfragen einzusetzen, deren Ergebnismenge von einem Clientprogramm aufsummiert wird. Ein Abfrage wie `SELECT DISTINCT Datum, Ort, Betrag FROM Bestellungen` würde auch bei mehreren Bestellungen aus einer Stadt, an einem Datum und mit dem gleichen Betrag nur eine Zeile zurückliefern, und damit wäre eine Aufsummierung im Clientprogramm zu niedrig. Solche Fehler sind zwar recht unwahrscheinlich, aber gerade deswegen schwer zu finden.

3.5.1.5 Zeilen mittels WHERE einschränken

Ein wichtiger Bestandteil einer Abfrage ist die Möglichkeit, nur mit solchen Zeilen zu arbeiten, die bestimmte Kriterien erfüllen. Für diese Aufgabe ist das so genannte Prädikat zuständig, ein boolescher Ausdruck, der nach dem Schlüsselwort `WHERE` notiert wird und der entscheidet, ob eine Zeile in die Ergebnismenge aufgenommen wird oder nicht.

```
SELECT * FROM Bestellungen WHERE Ort = 'Berlin';
```

Auch wenn oft darüber gesprochen wird, dass „eine Abfrage nichts zurückliefert", ist dies technisch gesehen nicht richtig. Eine Abfrage liefert immer etwas zurück, nämlich eine Ergebnismenge. Nur kann diese Ergebnismenge auch leer sein.

Alle Einschränkungen, die hier für eine SELECT-Anweisung beschrieben werden, um Zeilen einzuschränken, die angezeigt werden sollen, funktionieren auch mit einer DELETE-Anweisung, um die Zeilen zu bestimmen, die gelöscht werden sollen. Details zum Löschen von Zeilen finden Sie in Abschnitt 3.5.3, „Daten löschen".

Operatoren

Für Vergleiche von Ausdrücken steht eine ganze Reihe von Operatoren zur Verfügung.

Tabelle 3.3 Vergleichsoperatoren für den Einsatz mit WHERE

Operator	Beschreibung
=	Vergleichsoperator „gleich"
>	Vergleichsoperator „größer"
<	Vergleichsoperator „kleiner"
>=	Vergleichsoperator „größer oder gleich"
<=	Vergleichsoperator „kleiner oder gleich"
<>, !=	Vergleichsoperator „ungleich"
!>	Vergleichsoperator „nicht größer"
!<	Vergleichsoperator „nicht kleiner"
LIKE	Vergleich einer Zeichenkette mit einem Muster
IS NULL	Vergleich mit NULL
BETWEEN...AND...	Prüft, ob sich ein Wert zwischen zwei anderen befindet
IN	Prüft, ob sich ein Wert in einer Menge befindet. Diese Menge kann konstant angegeben oder durch eine SELECT-Anweisung definiert werden.
NOT	Logisches NICHT. Negiert den Wahrheitsgehalt einer Aussage.
AND	Logisches UND. Beide Aussagen müssen wahr sein.
OR	Logisches ODER. Eine der beiden Aussagen muss wahr sein.

 Vergleiche zwischen unpassenden Datentypen sollten vermieden werden. Vergleicht man z. B. eine Spalte vom Typ VARCHAR (also eine Zeichenkette) mit dem numerischen Wert 3

SELECT * FROM Bestellungen WHERE VarCharSpalte > 3;

wird diese Abfrage so lange funktionieren, wie sich nur Zahlen in der VARCHAR-Spalte befinden. Im Gegensatz zu C# versucht der SQL Server, bei der Auswertung den Inhalt der Spalte automatisch zum passenden Typ zu interpretieren – und dies führt bei dem ersten Wert, bei dem dies nicht funktioniert, zu einem Fehler!

Wird eine Abfrage benötigt, die alle Bestellungen aus den Städten Berlin, Nidderau-Erbstadt und München liefert, so ist es möglich, mehrere Vergleiche mit einem logischen Oder zu kombinieren.

```
SELECT * FROM Bestellungen
WHERE Ort = 'Berlin' OR Ort = 'Nidderau-Erbstadt' OR Ort = 'München';
```

 Da alle Bestellungen aus Berlin, Nidderau-Erbstadt und München benötigt werden, bedeutet das für eine einzelne Bestellung, dass sie *entweder* aus Berlin, Nidderau-Erbstadt *oder* München kommen muss, um den Filter zu passieren. Eine Verknüpfung mit AND würde immer nur eine leere Ergebnismenge zurückliefern, da eine Bestellung nicht aus drei Orten gleichzeitig kommen kann. Hier ist also Vorsicht bei der Übertragung der menschlichen Sprache in boolesche Ausdrücke geboten.

Die Operatoren AND und OR lassen sich beliebig in einer Abfrage kombinieren. Die folgende Abfrage liefert alle Bestellungen, die entweder aus Berlin kommen oder aus München, wenn sie einen Bestellwert von größer 1000 haben.

```
SELECT * FROM Bestellung WHERE
Ort = 'Berlin' OR Ort = 'München' AND Bestellwert > 1000;
```

Priorität der logischen Operatoren

Werden unterschiedliche logische Operatoren kombiniert, ist die Priorität zu beachten, mit der diese ausgewertet werden. Diese lautet wie folgt:

1. NOT
2. AND
3. OR

 C# und viele andere Programmiersprachen (darunter auch VB.NET, JAVA, C, C++ etc.) verwenden die gleiche Priorität.

Benötigen Sie statt der Abfrage oben alle Bestellungen aus Berlin und solche aus München mit einem Bestellwert ab 1000, so müssen Sie diese Priorität übersteuern, indem Sie runde Klammern setzen.

```
SELECT * FROM Bestellung WHERE
Ort = 'Berlin' OR (Ort = 'München' and Bestellwert > 1000);
```

Da NOT eine höhere Priorität als OR hat, liefern die folgenden beiden Abfragen die gleichen Ergebnisse, da die Klammern nicht die Priorität der Auswertung ändern.

```
SELECT * FROM Bestellung WHERE NOT ORT='Berlin' OR Bestellwert>1000;
SELECT * FROM Bestellung WHERE (NOT ORT='Berlin') OR (Bestellwert>1000);
```

Wie Sie vielleicht schon bemerkt haben, sind Leerzeichen vor und nach den Operatoren, die aus Symbolen bestehen, nicht zwingend, sondern dienen allenfalls einer besseren Lesbarkeit.

Setzen Sie Klammern gezielt ein, um möglichst kurze und übersichtliche Teilausdrücke zu erhalten, ohne dabei die Priorität der Auswertung zu verändern. Dies macht auch umfangreiche und komplizierte Prädikate halbwegs gut lesbar und verständlich.

Datums- und Uhrzeitwerte

Es können nicht nur numerische Werte zu Vergleichen herangezogen werden, sondern auch Datums- und Uhrzeitwerte. Diese Abfrage liefert z.B. alle Bestellungen, die am oder nach dem 29. September 2007 ausgeliefert wurden.

```
SELECT * FROM Bestellungen WHERE Lieferdatum >= '2012-09-29';
```

Detaillierter muss eine Abfrage aussehen, die alle am (und nur am) 29. September 2007 ausgelieferten Bestellungen liefern soll.

```
SELECT * FROM Bestellungen WHERE Lieferdatum = '2012-09-29';
```

Dies sieht zwar gut aus, kann aber Probleme bereiten. Um diese zu erkennen, muss ein genauer Blick auf den Datentyp der Spalte Lieferdatum geworfen werden. Ist dieser nicht vom Typ DATE, sondern vom Typ DATETIME oder SMALLDATETIME, so hat das Datum auch einen Anteil für die Uhrzeit. Ist dies der Fall, kann es sein, dass die Programmierung, die diese Spalte füllt, neben dem Datum auch die tatsächliche Uhrzeit in dieses Feld geschrieben hat. Die Abfrage würde dann nur diejenigen Datensätze zurückliefern, deren Uhrzeit exakt 0:00:00 beträgt, und das dürften nicht ganz so viele sein. Eine Lösung für dieses Problem sieht wie folgt aus.

```
SELECT * FROM Bestellungen WHERE CAST(Lieferdatum AS DATE)='2012-09-29';
```

Damit wird für diese Abfrage der Datentyp auf DATE konvertiert („gecastet"), einem Datentyp, der nur ein Datum ohne eine Uhrzeit speichert. Ähnlich verhält es sich mit einer Abfrage, die alle Lieferungen aus dem Zeitraum vom 24.09.2007 bis 28.09.2007 liefern soll.

```
SELECT * FROM Bestellungen
WHERE Lieferdatum >= '2012-09-24' AND Lieferdatum <= '2012-09-28';
```

Ist der Datentyp der Spalte Bestelldatum ein Typ mit Uhrzeit, dann liefert die Abfrage nur die Bestellungen bis 28.09.2007 0:00:00. Auch hier ist die Lösung mit CAST möglich.

```
SELECT * FROM Bestellungen WHERE
CAST(Lieferdatum AS DATE) >= '2012-09-24' AND
CAST(Lieferdatum AS DATE) <= '2012-09-28';
```

In Abschnitt 3.6.3.1, „Tabelle anlegen", finden Sie im Zuge der Definition der Spalten einer Tabelle eine Übersicht über die Datentypen des SQL Servers 2012.

Zeichenketten

Kommen bei Vergleichsoperatoren Zeichenketten zum Einsatz, so geschieht dies nach lexikografischen Regeln (für Details siehe Abschnitt 3.4.13, „Lexikografische Ordnung"). Da bei Zeichenketten jedoch mehr auf Gleichheit und Ungleichheit getestet wird, wird der Fokus auf diese Vergleichsoperatoren gesetzt.

Diese drei Abfragen unterscheiden sich lediglich durch ihre Notation und liefern das gleiche Ergebnis.

```
SELECT * FROM Bestellungen WHERE Ort <> 'München';
SELECT * FROM Bestellungen WHERE Ort != 'München';
SELECT * FROM Bestellungen WHERE NOT Ort = 'München';
```

Damit Vergleiche mit Zeichenketten so funktionieren, wie es erwartet wird, muss Klarheit darüber herrschen, ob die SQL Server-Installation zwischen Groß- und Kleinschreibung unterscheidet. Wie sich dies ermitteln lässt, ist unter 3.4.3, „Groß- und Kleinschreibung" beschrieben. Da eine Standard-SQL Server-Installation (und das dürften die meisten der eingesetzten sein) diese Unterscheidung nicht vornimmt, gehe ich hier ebenfalls davon aus.

Mustervergleiche mit LIKE

Mit dem LIKE-Operator können Zeichenketten nach Mustern durchsucht werden. Für die Beschreibung der Muster stehen eine Reihe von Zeichen für die Notationen zur Verfügung – so genannte Platzhalter (Wildcards).

Tabelle 3.4 Notation für LIKE-Muster

Platzhalter	Beschreibung	Beispiel	Passend ist
%	Beliebige Zeichen von beliebiger Anzahl	'Mün%'	München
			Münchhausen
_ (Underscore)	Genau ein beliebiges Zeichen	'_auer'	Mauer
			Lauer
[...]	Genau ein Zeichen aus dieser Menge	'[BS]auer'	Bauer
			Sauer
		'[0-9]TV'	1TV
			6TV
		'[0-9]%er'	2er
			3Master
[^...]	Ein Zeichen, das nicht aus dieser Menge ist	'[^BS]auer'	Dauer
			Lauer

Praktisch kann dies wie in folgender Abfrage aussehen, die alle Bestellungen aus einem PLZ-Bereich liefert.

```
SELECT * FROM Bestellungen WHERE PLZ LIKE '4%';
```

Die größere Flexibilität hat jedoch einen Preis: Abfragen mit LIKE sind immer langsamer als solche, die mit einfachen Vergleichsoperatoren arbeiten. Zwar werden Abfragen wie die folgenden ausgeführt, stellen jedoch nicht die optimale Lösung dar.

```
SELECT * FROM Bestellungen WHERE Ort LIKE 'Nidderau-Erbstadt';
```

Versuchen Sie am Anfang des LIKE-Musters keinen Platzhalter zu verwenden, da dies jeglichen Index, der die Suche beschleunigen könnte, für diese Suche unbrauchbar macht. Dem SQL Server bleibt so nur, die gesamte Tabelle durchzugehen (Tablescan).

Manche Datentypen wie TEXT und NTEXT lassen sich nur mit LIKE vergleichen, auch wenn keine Platzhalter verwendet werden. Zwar wäre es möglich, die entsprechende Spalte mittels CAST(TextSpalte AS VARCHAR(MAX)) für den Vergleich vom Datentyp her zu ändern (casten), dies verlangsamt aber die Abfrage, da kein Index verwendet werden kann und die Umwandlung selbst auch Zeit in Anspruch nimmt.

In manchen Fällen werden die Zeichen, die für das LIKE als Platzhalter dienen, als einfache Zeichen ohne jegliche Funktion benötigt. Soll eine Abfrage z. B. alle Bestellungen liefern, die in der Bemerkung das Fragment „30 % reduziert" haben, so funktioniert diese Abfrage nicht, da das %-Zeichen als Platzhalter interpretiert wird.

```
SELECT * FROM Bestellungen WHERE Bemerkung LIKE '%30% reduziert';
```

Der Ausweg ist die Definition eines sogenannten Escape-Zeichens, das vor das vermeintliche Platzhalterzeichen gestellt wird. So wird verhindert, dass das Zeichen als Platzhalter gedeutet wird. Die Anweisung sieht wie folgt aus.

```
SELECT * FROM Bestellungen
WHERE Bemerkung LIKE '%30\% reduziert' ESCAPE '\';
```

Der Backslash wurde hier als Escape-Zeichen definiert und in dem Muster verwendet, damit das Prozentzeichen nach der 30 nicht als Platzhalter dient.

Sollen umfangreiche Texte wie z. B. ganze Beschreibungen oder Verträge abgesucht werden, so ist die Volltextsuche, die in Abschnitt 2.10, „Volltextsuche", beschrieben wird, möglicherweise die bessere Technologie. Neben der Tatsache, dass die Suche hier über einen Index durchgeführt wird, stehen Möglichkeiten bereit, um unerwünschte Worte zu ignorieren und Inhalte aus kompletten Dokumenten (z. B. Word, Excel, HTML etc.) abzusuchen. Außerdem werden sprachabhängig Grundformen aller Worte gebildet, sodass eine Suche nach „Stuhl" auch „Stühle" etc. findet.

Leere Werte mit IS NULL

Spalten in Tabellen und Parameter in gespeicherten Prozeduren können so definiert werden, dass sie NULL als Wert zulassen und damit faktisch keinen Wert haben (können). Um in einer Abfrage zu prüfen, ob der Wert einer Spalte NULL ist, existiert der IS NULL-Operator.

Bei Spalten, die Zeichenketten speichern, ist NULL **nicht** gleichbedeutend mit einer Zeichenkette der Länge 0. Für Spalten, die numerische Werte speichern, gilt übertragen das Gleiche – ihr Wert ist **nicht** 0!

Verwechseln Sie den IS NULL-Operator nicht mit der ISNULL-Funktion. Diese Funktion besitzt zwei Parameter. Von diesen Parametern liefert sie den Wert des ersten, wenn dieser nicht NULL entspricht. Ist dies der Fall, so ist die Rückgabe der zweite Parameter, für den es unerheblich ist, ob er NULL ausweist oder nicht.

Die folgende Abfrage liefert alle Bestellungen, die keinen Wert in der Spalte „Bemerkung" haben, d.h., deren Wert NULL ist.

```
SELECT * FROM Bestellungen WHERE Bemerkung IS NULL;
```

Um einen IS NULL-Operator zu negieren, muss das entsprechende NOT vor dem entsprechenden Ausdruck stehen.

```
SELECT * FROM Bestellungen WHERE NOT Bemerkung IS NULL;
```

Wert in einer Menge mittels IN suchen

Gilt es zu prüfen, ob ein Ausdruck einen von mehreren Werten hat, kann eine entsprechende Reihe von Vergleichen mit OR kombiniert werden. Die folgende Abfrage ist ein Beispiel dafür.

```
SELECT * FROM Bestellungen
WHERE Ort = 'Berlin' OR Ort = 'Nidderau-Erbstadt' OR Ort = 'München';
```

Dieses Vorgehen hat jedoch zwei Nachteile:

- Bei vielen möglichen Werten wird die Abfrage schnell sehr umfangreich und unübersichtlich. Stellen Sie sich vor, Sie würden nicht nur nach drei, sondern nach zwanzig möglichen Werten suchen.
- Alle möglichen Werte müssen in der Abfrage stehen und damit bekannt sein. Es besteht so keine Möglichkeit, die Menge der möglichen Werte aus einer Abfrage zu generieren.

Um diese Mankos zu eliminieren, existiert der IN-Operator. Die vorangegangene Abfrage lässt sich mit ihm wie folgt formulieren.

```
SELECT * FROM Bestellungen
WHERE Ort IN ('Berlin', 'Nidderau-Erbstadt', 'München');
```

Die entsprechende negierte Abfrage sieht dann so aus:

```
SELECT * FROM Bestellungen
WHERE NOT Ort IN ('Berlin', 'Nidderau-Erbstadt', 'München');
```

Es ist wie gesagt nicht notwendig, die Liste der Werte zu notieren. Stattdessen können sie über eine Unterabfrage definiert werden.

```
SELECT * FROM Bestellungen
WHERE Ort IN (SELECT DISTINCT Ort FROM Liefergebiet);
```

Unterabfragen, die mit dem IN-Operator zum Einsatz kommen, dürfen nur eine Spalte zurückliefern, deren Typ zu dem des geprüften Ausdrucks passt. Ansonsten sind für diese Abfragen alle Möglichkeiten erlaubt, die einer SELECT-Anweisung zur Verfügung stehen.

Unterabfragen für den IN-Operator sind ein guter Einsatz für DISTINCT, da jeder Wert in der Menge nur einmal existieren muss. Eine Sortierung ist dagegen nicht sinnvoll.

Bereichsprüfung mittels BETWEEN ... AND

Für Abfragen, die prüfen, ob sich der Wert eines Ausdrucks in einem bestimmten Bereich befindet, existiert der BETWEEN ... AND-Operator.

```
SELECT * FROM Bestellungen WHERE Bestellwert BETWEEN 1000 AND 2000;
```

Diese Abfrage liefert alle Zeilen, deren Bestellwert zwischen einschließlich 1000 und 2000 liegt.

Diese Abfrage könnte man auch so formulieren, doch ist der BETWEEN ... AND-Operator sicherlich eleganter:

```
SELECT * FROM Bestellungen
WHERE Bestellwert >= 1000 AND Bestellwert <= 2000;
```

Um eine Abfrage mit dem BETWEEN ... AND-Operator zu negieren, muss das entsprechende NOT wieder vor dem Ausdruck stehen.

```
SELECT * FROM Bestellungen WHERE NOT Bestellwert BETWEEN 1000 AND 2000;
```

3.5.1.6 Sortierung mittels ORDER BY

Ohne Angabe einer Sortierung liefert der SQL Server Zeilen immer in der Reihenfolge, in der diese intern gespeichert werden. Meist ist dies die Reihenfolge, in der die Daten angelegt wurden – verlassen kann man sich aber nicht darauf. Daher macht es für fast alle Abfragen Sinn, ihre Ausgabe zu sortieren.

Eine einfache Sortierung nach einer Spalte sieht wie folgt aus.

```
SELECT * FROM Tabelle ORDER BY Spalte1;
```

Auch wenn hier nur von Spalten bei Sortierungen die Rede sein wird, funktioniert die Sortierung auch mit Ausdrücken.

Die Sortierung der vorherigen Abfrage erfolgte aufsteigend. Dies ist der Standard für Sortierungen unter T-SQL und muss damit nicht extra notiert werden. Die genau gleiche Ausgabe erhält man mit folgender Abfrage.

```
SELECT * FROM Tabelle ORDER BY Spalte1 ASC;
```

ASC (*engl.* ascending) steht dabei für aufsteigend. Das Gegenstück dazu lautet DESC (*engl.* descending) und sorgt für eine absteigende Sortierung.

```
SELECT * FROM Tabelle ORDER BY Spalte1 DESC;
```

Wird nach Spalten mit Zeichenketten sortiert, so geschieht dies nach lexikografischen Regeln. Weitere Details finden Sie in Abschnitt 3.4.13, „Lexikografische Ordnung".

Es kann nach Spalten sortiert werden, die selbst nicht mit ausgegeben werden, solange kein DISTINCT angegeben wird. Dies ist oft sinnvoll, wenn in der Tabelle eine Spalte existiert, die nur für die Ordnung existiert.

```
SELECT Spalte1 FROM Tabelle ORDER BY Spalte2;
```

Wenn Sie DISTINCT angeben, müssen alle Spalten, nach denen sortiert wird, ausgegeben werden (für Details zu DISTINCT siehe Abschnitt 3.5.1.4, „Nur eindeutige Zeilen mit DISTINCT zurückliefern"). Auch wenn hier nur von Spalten bei Sortierungen die Rede sein wird, funktioniert die Sortierung auch mit Ausdrücken.

Es ist möglich, nach mehreren Spalten gleichzeitig zu sortieren. In diesem Fall wird bei Gleichheit der ersten Spalte nach der zweiten entsprechend sortiert.

```
SELECT * FROM Tabelle ORDER BY Spalte1, Spalte2;
```

Bei mehrfacher Sortierung kann für jede Spalte die Sortierrichtung getrennt bestimmt werden. Dabei ist eine aufsteigende Sortierung für jede Spalte, für die weder ASC noch DESC angegeben wurde, der Standard.

```
SELECT * FROM Tabelle ORDER BY Spalte1 DESC, Spalte2 ASC;
```

Alternativ zu der Möglichkeit, die Spalten, nach denen sortiert werden soll, per Namen anzugeben, existiert die Möglichkeit, diese per Index anzugeben. Die erste Spalte hat dabei

den Index 1, nicht 0, wie es bei C#/VB.NET üblich ist. Eine entsprechende Abfrage, die nach
Spalte1 und Spalte2 sortiert, sieht dann wie folgt aus.

```
SELECT Spalte1, Spalte2, Spalte3 FROM Tabelle ORDER BY 1, 2;
```

Im Gegensatz zu der in C# üblichen Zählweise für Indexwerte, die bei 0 für
das erste Element beginnt, hat in diesem Fall die erste Spalte einen Indexwert
von 1.

Auch hier kann für jede Spalte `ASC` oder `DESC` angegeben werden.

```
SELECT Spalte1, Spalte2, Spalte3 FROM Tabelle ORDER BY 1 ASC,2 DESC;
```

Verwenden Sie nur dann die Sortierung per Index, wenn Sie mit Spalten arbeiten, die keinen Namen haben. Die Verwendung von Indizes ist immer fehleranfälliger als die Verwendung eines Namens.

3.5.1.7 Gruppierung mittels GROUP BY

Mit dem `GROUP BY`-Operator bietet T-SQL die Möglichkeit, Zeilen nach auftretenden Werten zu gruppieren und zusammen mit berechneten Werten wie Summe, Anzahl etc. auszugeben.

Folgende Abfrage liefert alle Städte, aus denen Bestellungen kommen, zusammen mit deren Anzahl.

```
SELECT COUNT(*) AS 'Anzahl', Ort FROM Bestellungen
GROUP BY Ort;
```

Soll die Ausgabe dann noch zusätzlich nach Anzahl sortiert werden, lässt sich die Anweisung entsprechend erweitern.

```
SELECT COUNT(*) AS 'Anzahl', Ort FROM Bestellungen
GROUP BY Ort ORDER BY Anzahl;
```

Gruppierungen sind nicht nur auf eine Spalte beschränkt. Die folgende Abfrage gruppiert nicht nur nach Ort, sondern auch nach den Straßen in einem Ort.

```
SELECT COUNT() AS 'Anzahl', Ort FROM Bestellungen
GROUP BY Ort, Strasse ORDER BY Anzahl;
```

Die Gruppierung nach zwei oder mehr Spalten funktioniert ähnlich wie eine Sortierung: Zuerst wird nach den Werten aus der ersten Spalte gruppiert und bei Gleichheit nach denen der zweiten und so weiter.

Es können alle Möglichkeiten des `ORDER BY`-Operators ausgeschöpft werden. Jedoch dürfen nur Werte und darauf basierende Funktionen verwendet werden, die nach `GROUP BY` aufgeführt sind. Sonstige Spalten aus der Tabelle sind nicht erlaubt.

Es kann nicht nach Spalten vom Typ TEXT, NTEXT oder IMAGE gruppiert werden.

Die Funktionen, die hier Verwendung finden können, sind sogenannte Aggregatfunktionen. Sie verdichten Werte zu Kennzahlen wie Anzahl, Summe, arithmetisches Mittel (Durchschnitt) etc. Eine kleine Übersicht hilfreicher Aggregatfunktionen finden Sie in Tabelle 3.5.

Tabelle 3.5 Aggregat-Funktionen für GROUP BY

Name	Beschreibung
COUNT(*)	Anzahl
SUM(<Ausdruck>)	Summe
AVG(<Ausdruck>)	Arithmetisches Mittel (Durchschnitt)
MIN(<Ausdruck>)	Minimum
MAX(<Ausdruck>)	Maximum

Durch die Natur der Gruppierung ist es nicht möglich, auf individuelle Zeilen zuzugreifen. Die Rückgabe einer eindeutigen Zeile ist daher nicht möglich – Gruppierungen liefern immer Übersichten und Zusammenfassungen.

Es müssen nicht immer alle Datensätze einer Tabelle in der Gruppierung erscheinen. Durch den WHERE-Operator können Zeilen herausgefiltert werden, die nicht erwünscht sind und daher nicht in die Gruppierung aufgenommen werden sollen. Diese Abfrage liefert alle Bestellungen, die aus dem Inland kommen.

```
SELECT COUNT(Ort) AS 'Anzahl', Ort FROM Bestellungen
WHERE Inland=1 GROUP BY Ort ORDER BY Anzahl;
```

 Im Gegensatz zum ORDER BY-Operator akzeptiert WHERE jede Spalte oder jeden Ausdruck der zugrunde liegenden Tabelle.

3.5.1.8 Grouping Sets

Mit den neuen Grouping Sets lässt sich die Ausgabe einer SELECT-Anweisung nach mehr als nur einem Satz Spalten gruppieren. Dadurch lassen sich u. a. ähnliche, jedoch flexiblere Abfragen, wie sie mit WITH ROLLUP und CUBE möglich sind, realisieren.

```
SELECT Mitarbeiter, Jahr, SUM(Umsatz) AS Umsatz
FROM Umsaetze
GROUP BY GROUPING SETS
(
    (Mitarbeiter), -- Gruppierungssatz 1, eine oder mehrere Spalten
    (Jahr)         -- Gruppierungssatz 2, eine oder mehrere Spalten
);
```

Die Ausgabe kann wie folgt aussehen.

```
Mitarbeiter   Jahr    Umsatz
-----------   -----   --------
NULL          2005    37000.00
NULL          2006    44000.00
NULL          2007    39000.00
TKA           NULL    32000.00
HUT           NULL    34000.00
UNE           NULL    54000.00
```

Da die gleiche `SELECT`-Anweisung quasi mehrfach hintereinander gruppiert wird, gibt es bei Kombinationen, in denen eine Spalte in einer einzelnen Gruppierung nicht zulässig wäre, lediglich den Wert `NULL` als Rückgabe.

Gruppierung mittels HAVING filtern

Eine etwas andere Filterung ist mit dem `HAVING`-Operator realisierbar. Mit ihm können die gruppierten Zeilen (Spalten und Aggregatfunktionen) vor der Ausgabe gefiltert werden. `HAVING` akzeptiert ein Prädikat, das nach „wahr" oder „falsch" ausgewertet werden kann, und darüber entscheidet, ob eine Zeile ausgegeben wird oder nicht.

Um z.B. nur solche Orte zu erhalten, die sowohl aus dem Inland kommen als auch mindestens zehn Bestellungen haben, kommt folgende Abfrage zum Einsatz.

```
SELECT COUNT(Ort) AS 'Anzahl', Ort FROM Bestellungen WHERE Inland=1
GROUP BY Ort HAVING COUNT(ORT) > 10
ORDER BY Anzahl;
```

 Leider erlaubt der SQL Server weder die Verwendung des Alias (Anzahl) noch die Angabe eines Spaltenindex wie `ORDER BY` für `HAVING`. Es gibt keine andere Möglichkeit, den Ausdruck für die Gruppierung erneut zu notieren.

3.5.1.9 Mehrere Abfrageergebnisse mittels UNION zusammensetzen

T-SQL bietet eine elegante Methode, die Ergebnismengen mehrerer Abfragen (`SELECT`) zu einer einzigen zu kombinieren, indem die Zeilen hintereinander angefügt werden. Diese Abfrage liefert Werte aus zwei Tabellen in einer zurück.

```
SELECT Ort FROM Bestellungen
UNION
SELECT Ort FROM Angebote;
```

Werden mehr als nur zwei Ergebnismengen `UNION`/`INTERSECT`/`EXCEPT` miteinander kombiniert, so gilt folgende Reihenfolge:

1. Mit runden Klammern geklammerte Ausdrücke
2. `INTERCEPT`
3. `UNION` und `EXCEPT` anhand ihrer Reihenfolge in der Abfrage

Um `SELECT`-Anweisungen mittels `UNION` zu einer Ergebnismenge zu verbinden, müssen ein paar einfache Regeln beachtet werden:

- Alle Anweisungen müssen die gleiche Anzahl an Spalten zurückliefern. Hat eine der Abfragen dafür zu wenige Spalten, so können diese mit konstanten Werten „aufgefüllt" werden.
- Alle Spalten, die an der gleichen Stelle stehen, müssen vom Datentyp her verträglich sein. Ist dies nicht bei allen Spalten der Fall, so kann der Datentyp umgewandelt (gecastet) werden.
- Eine Sortierung ist nur beim letzten `SELECT` erlaubt und betrifft dann das gesamte verbundene Ergebnis. Andere Angaben von `ORDER BY` führen zu einem Fehler.
- Einzelne Spalten können für die Ausgabe mit einem Alias versehen und umbenannt werden. Dies geschieht auf die gleiche Art wie bei `SELECT`-Anweisungen ohne `UNION`. Weitere Details finden Sie in Abschnitt 3.5.1.1, „Spalten festlegen".

Im ersten Beispiel wird die erste Abfrage des `UNION`-Operators durch eine weitere Spalte mit leerem (und daher konstantem) Inhalt erweitert.

```
SELECT Ort, PLZ FROM Bestellungen
UNION
SELECT Ort, '' FROM Angebote ORDER BY Ort;
```

Stehen beide `SELECT`-Anweisungen in umgekehrter Reihenfolge, so sollte die zweite Spalte einen Alias bekommen.

```
SELECT Ort, '' AS PLZ FROM Angebote ORDER BY Ort
UNION
SELECT Ort, PLZ FROM Bestellungen;
```

Diese Abfrage sortiert die gesamten Zeilen nach der einzigen Spalte, die sie zurückliefert.

```
SELECT Ort, '' AS PLZ FROM Angebote
UNION
SELECT Ort, PLZ FROM Bestellungen ORDER BY Ort, PLZ;
```

UNION DISTINCT

Der Standardumgang des `UNION`-Operators in Bezug auf Zeilen mit komplett identischem Inhalt besteht darin, diese aus der verbundenen Ergebnismenge zu entfernen.

> T-SQL erlaubt nicht die Angabe von `DISTINCT` nach `UNION` (also kein `UNION DISTINCT`), sondern wird indirekt, durch Nichtangabe von `UNION ALL`, aktiviert.

Die oben abgebildeten Abfragen liefern also jeden Ort bzw. jede Kombination aus Ort und PLZ nur einmal, unabhängig davon, wie oft diese vorkommt.

UNION ALL

Ist das Standardverhalten nicht erwünscht, so kann UNION ALL verwendet werden, um alle Zeilen des UNION-Operators zurückzuliefern, unabhängig davon, ob deren Inhalte eindeutig sind.

```
SELECT Ort FROM Angebote
UNION ALL
SELECT Ort FROM Bestellungen;
```

 Falls die Abfrage mehr als nur einen UNION-Operator beinhaltet, so ist es wichtig, dass alle mit ALL erweitert werden, da jeder die bis dahin gebildeten Ergebnismengen mit der folgenden SELECT-Anweisung kombiniert. Fehlt die Angabe von ALL, so werden bei diesem Schritt Zeilen mit identischen Werten entfernt.

Das folgende Beispiel verbindet mehr als nur Ergebnismengen miteinander.

```
SELECT Ort FROM Angebote
UNION ALL
SELECT Ort FROM Bestellungen
UNION ALL
SELECT Ort FROM Mahnungen;
```

3.5.1.10 Schnittmenge mehrerer Abfragen mittels INTERSECT bilden

Mittels INTERSECT kann aus zwei Ergebnismengen die Schnittmenge erzeugt werden, zu der alle Zeilen gehören, die in beiden Abfragen zu finden sind.

```
SELECT Ort FROM Angebote
INTERSECT
SELECT Ort FROM Bestellungen;
```

Ansonsten gelten die gleichen Regeln, die auch bei UNION zu beachten sind. Sie sind in Abschnitt 3.5.1.9, „Mehrere Abfrageergebnisse mittels UNION zusammensetzen", erläutert. Dort ist zudem die Reihenfolge dargestellt, die bei der Verwendung von UNION/INTERSECT/EXCEPT in Kombination gilt.

3.5.1.11 Komplementärmenge mehrerer Abfragen mittels EXCEPT bilden

Wird die Komplementärmenge zweiter Abfragen benötigt, so kann diese mithilfe von EXCEPT gebildet werden. Sie enthält dann alle Zeilen, die in einer von beiden Ergebnismengen vorkommt, jedoch nicht in beiden.

```
SELECT Ort FROM Angebote
INTERSECT
SELECT Ort FROM Bestellungen;
```

Ansonsten gelten die gleichen Regeln, die auch bei UNION zu beachten sind (siehe Abschnitt 3.5.1.9, „Mehrere Abfrageergebnisse mittels UNION zusammensetzen"). Dort ist auch die Reihenfolge dargestellt, die bei der Verwendung von UNION/INTERSECT/EXCEPT in Kombination gilt.

3.5.1.12 OUTPUT-Klausel

Mittels der OUTPUT-Klausel können Daten von DML-Anweisungen zurückgegeben werden, die dies eigentlich nicht vorsehen. Außer den SELECT-Anweisungen, deren vorrangiger Sinn es ist, Daten zu liefern, können damit die INSERT-, DELETE-, UPDATE- und MERGE-Anweisungen ohne weiteren Zugriff auf den SQL Server Informationen an den Aufrufer liefern. In einigen Fällen ist dies sogar die Königslösung, z. B. um nach dem Einfügen eines Datensatzes den Wert der Identitätsspalte sicher (ohne dass Trigger etc. „dazwischenfunken" können) zu ermitteln. Der folgende Code zeigt, wie dies gemacht werden kann.

```
INSERT INTO Kunde
(Name, Ort, Telefon, Sprache, Vorzugskunde)
OUTPUT INSERTED.IDENTITYCOL
VALUES ('dotnetconsulting.eu', 'Nidderau-Erbstadt', '+6187 123456', 2, 1);
```

Die Ausgabe besteht aus dem Wert der Identitätsspalte, die aus der virtuellen INSERTED-Tabelle geholt wird.

> Ähnlich wie bei der Ausführung von DML-Triggern (siehe Abschnitt 3.6.4.1, „DML-Trigger") stellt die virtuelle INSERTED-Tabelle die Daten in der Form zur Verfügung, wie sie nach Beendigung der Anweisung vorliegen werden. Die DELETED-Tabelle hingegen enthält alle Daten, wie sie vor dem Beginn der Anweisung vorlagen. Es liegt auf der Hand, dass die entsprechenden Tabellen nur dann verfügbar sind, wenn sie einen Sinn ergeben. So stellt die INSERT-Anweisung nur eine INSERTED-Tabelle und die DELETE-Anweisung nur eine DELETED-Tabelle bereit. Die Anweisungen UPDATE und MERGE hingegen bieten beide Tabellen.

Ähnlich funktioniert dies auch bei den anderen erwähnten DML-Anweisungen. In Abschnitt 3.5.5, „Die Merge-Anweisung", finden Sie die OUTPUT-Klausel daher noch einmal in Zusammenarbeit mit der MERGE-Anweisung.

> Berücksichtigen Sie beim Einsatz der OUTPUT-Klausel, dass dies zum Teil DML-Trigger sind.

3.5.1.13 JOINS

Der Zugriff auf nur eine Tabelle stößt in einer relationalen Datenbank schnell an seine Grenzen. Oft sind zwischen mehreren Tabellen Beziehungen vorhanden, die berücksichtigt werden müssen. Bild 3.7 zeigt ein kurzes Beispiel.

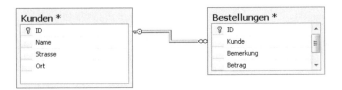

Bild 3.7 Eine 1:n-Beziehung zwischen Bestellungen und Kunden

Hier wird jeder Bestellung genau ein Kunde zugewiesen. Die Beziehung wird über die Felder „Kunde" (Tabelle „Bestellungen") und „ID" (Tabelle „Kunden") hergestellt. Um nun eine Abfrage schreiben zu können, die alle Bestellungen zusammen mit den Kundeninformationen auflistet, kommt die `JOIN`-Syntax zum Einsatz. Im Folgenden sehen Sie ein kleines Beispiel.

```
SELECT * FROM Bestellungen
JOIN Kunden ON Bestellungen.Kunde = Kunden.IDENTITYCOL;
```

Die Abfrage liefert alle Zeilen aus der Tabelle `Bestellungen`, kombiniert mit der jeweiligen Zeile aus der Tabelle `Kunden`.

Auch wenn hier die Verknüpfung mehrerer Tabellen mittels `JOIN` für die `SELECT`-Anweisung beschrieben wird, ist deren Einsatz auch bei `UPDATE`- und `DELETE`-Anweisungen möglich.

Die vorherige Anweisung kann durch die Verwendung kurzer Aliasnamen für die Tabellen kompakter notiert werden. Dies kommt der Übersichtlichkeit zugute.

```
SELECT K.Name, K.Strasse, B.Bemerkung, B.Betrag
FROM Bestellungen B JOIN Kunden K ON B.Kunde = K.IDENTITYCOL;
```

Die Namen der Spalten wurden in diesem Beispiel alle mit der Tabelle (durch den Alias) qualifiziert. Dies ist eigentlich nur dann zwingend notwendig, wenn eine Namensgleichheit zweier Spalten besteht. Abgesehen davon, dass es sich hierbei um einen guten Stil handelt, hilft es, diese lesbarer und einfacher verständlich zu machen.

Das folgende Beispiel demonstriert noch einmal eine Abfrage mit `JOIN`, die einige der vorher beschriebenen Möglichkeiten kombiniert.

```
SELECT
K.Name 'Kundenname', K.Strasse, B.Bemerkung 'Bestellbemerkung', B.Betrag
FROM Bestellungen B JOIN Kunden K ON B.Kunde = K.IDENTITYCOL
WHERE B.Betrag > 1900 ORDER BY K.Name;
```

Es sind `JOIN`-Abfragen mit mehr als nur zwei Tabellen möglich.

```
SELECT * FROM
Bestellungen B INNER JOIN Kunden K ON B.Kunde = K.IDENTITYCOL
INNER JOIN Zahlungsziele Z ON B.Zahlungsziel = Z.IDENTITYCOL;
```

Kommen mehrere `JOIN`S in einer Abfrage zum Einsatz, können diese unterschiedlichen Varianten entsprechen.

Unterschiedliche JOIN-Varianten

Um zwei Tabellen miteinander zu verbinden, gibt es unterschiedliche JOIN-Varianten, die in Tabelle 3.6 näher beschrieben werden.

Tabelle 3.6 Unterschiedliche JOIN-Varianten

Variante	Beschreibung
INNER JOIN	Dieser JOIN liefert die Schnittmenge aus beiden Tabellen. D.h., nur solche Zeilen, für welche die Bedingung zutrifft, werden berücksichtigt. Ohne weitere Angaben entspricht dies dem Standard-JOIN. Daher sind alle bisherigen Beispiele INNER JOIN-Abfragen.
LEFT [OUTER] JOIN, RIGHT [OUTER] JOIN	Gibt an, dass alle Zeilen der linken (rechten) Tabelle, selbst wenn diese die angegebene Verknüpfungsbedingung nicht erfüllen, in der Ergebnismenge enthalten sind. Die Ausgabespalten der anderen Tabelle werden auf NULL gesetzt. Dies erfolgt zusätzlich zu allen Zeilen, die von INNER JOIN zurückgegeben werden.
FULL [OUTER] JOIN	Gibt an, dass eine Zeile aus der linken oder der rechten Tabelle in der Ergebnismenge aufgeführt werden soll, auch wenn diese die Verknüpfungsbedingung nicht erfüllt. Die Ausgabespalten der anderen Tabelle werden in diesem Fall auf NULL festgelegt. Dies erfolgt zusätzlich zu allen Zeilen, die von INNER JOIN zurückgegeben werden.
CROSS JOIN	Gibt an, dass aus beiden Tabellen ein Kreuzprodukt gebildet wird. Dies bedeutet, dass jede Zeile aus der einen Tabelle mit jeder Zeile aus der anderen kombiniert wird. Dieser besondere JOIN kommt daher auch ohne ON-Syntax aus: SELECT * FROM Bestellungen CROSS JOIN Kunden;

Das folgende Beispiel liefert alle Kunden und deren Bestellungen. Dabei werden auch solche Kunden geliefert, für die keine Bestellung gespeichert ist.

```
SELECT * FROM
Kunden K RIGHT JOIN Bestellungen B ON K.IDENTITYCOL = B.Kunde;
```

INNER JOIN-Abfragen können auch ohne das JOIN-Schlüsselwort realisiert werden. Hier ein Beispiel:

```
SELECT * FROM Bestellungen B, Kunden K WHERE B.Kunde =
K.IDENTITYCOL;
```

Auch CROSS JOIN-Abfragen kommen ohne das JOIN-Schlüsselwort aus:

```
SELECT * FROM Bestellungen, Kunden;
```

3.5.1.14 Daten als XML abrufen

Die `SELECT`-Anweisung kann, mittels Erweiterung durch eine `FOR`-Klausel, Daten direkt als XML formatiert zurückliefern. Es existiert eine ganze Reihe von Kombinationsmöglichkeiten für unterschiedliche Zwecke. Im Folgenden werden die wichtigsten kurz beschrieben.

Um die Daten einer Ergebnismenge zeilenweise als XML-Elemente mit Attributen zu erhalten, wird die `FOR XML AUTO`-Variante verwendet.

```
SELECT * FROM Kunden FOR XML AUTO;
```

Das Ergebnis kann wie folgt aussehen.

```
<Kunden ID="2" Name="Neumann AG" Strasse="Neue Straße" Ort="Neuhausen"/>
<Kunden ID="3" Name="Wasser AG" Strasse=" Leitung 3" Ort="Wasserteich"/>
<Kunden ID="4" Name="Sand GmbH" Strasse="Holzweg 1" Ort="Baumhausen"/>
```

Sollen am Anfang Informationen über das XML Schema eingefügt werden, so muss die `FOR XML AUTO, XMLSCHEMA`-Variante verwendet werden. Nach dem bekannten Schema werden die Daten zeilenweise in Form von XML-Elementen und spaltenweise als XML-Attribute angehängt.

```
SELECT * FROM Kunden FOR XML AUTO, XMLSCHEMA;
```

Um mit dem `SqlXmlReader`-Objekt (ADO.NET) zu arbeiten, wird folgende Variante benötigt, welche die Daten in der entsprechenden Form liefert.

```
SELECT * FROM Bestellungen FOR XML AUTO, XMLDATA;
```

Die Ausgabe sieht wie folgt aus.

```
<Schema name="Schema13" xmlns="urn:schemas-microsoft-com:xml-data"
xmlns:dt="urn:schemas-microsoft-com:datatypes">
  <ElementType name="Kunden" content="empty" model="closed">
    <AttributeType name="ID" dt:type="i4" />
    <AttributeType name="Name" dt:type="string" />
    <AttributeType name="Strasse" dt:type="string" />
    <AttributeType name="Ort" dt:type="string" />
    <attribute type="ID" />
    <attribute type="Name" />
    <attribute type="Strasse" />
    <attribute type="Ort" />
  </ElementType>
</Schema>
<Kunden ID="2" Name="Neumann AG" Strasse="Neue Straße" Ort="Neuhausen" />
<Kunden ID="3" Name="Wasser AG" Strasse="Leitung 3" Ort="Wasserteich" />
<Kunden ID="4" Name="Sand GmbH" Strasse="Holzweg 1" Ort="Baumhausen" />
```

Das SQL Server Management Studio kann XML-Daten, nach einem Klick auf RÜCKGABE DER T-SQL-ABFRAGE, strukturiert anzeigen.

Bild 3.8 XML-Daten werden auf Wunsch (Click) strukturiert angezeigt.

3.5.1.15 Rangfolgefunktionen

Mit sogenannten Rangfolgefunktionen (Ranking Functions) sind Funktionen gemeint, die das Ergebnis einer Abfrage aufteilen und mit einem Rang, also einer aufsteigenden Nummerierung, versehen. Dieses Aufteilen kann so aussehen, dass z. B. jede Zeile für sich steht, also eine Zeilennummerierung generiert wird, dass alle Zeilen in (fast) gleich große „Abschnitte" aufgeteilt werden, oder dass unterschiedliche Werte jeweils in einem „Abschnitt" zusammengefasst und mit einem Wert versehen werden.

Da die Nummerierung gleichzeitig einen Rang darstellt, muss bestimmt werden, in welcher Reihenfolge die Zeilen zu betrachten sind. Dabei kommt eine Syntax zum Einsatz, wie sie auch bei der Sortierung mittels ORDER BY verwendet wird. Diese wird in runden Klammern nach dem Schlüsselwort OVER angegeben und bietet die gleichen Möglichkeiten (Details zu ORDER BY finden Sie in Abschnitt 3.5.1.6, „Sortierung mittels ORDER BY").

Das folgende Beispiel zeigt die Syntax anhand der ROW_NUMBER( )-Funktion.

```
SELECT ROW_NUMBER() OVER (ORDER BY ID) AS 'Zeilennummer',
   * FROM Kunden;
```

Alle Rangfolgefunktionen vergeben Werte von 1 aufsteigend. Das Ergebnis zeigt daher eine aufsteigende Nummerierung von 1 bis 6 für die Werte aus Bild 3.9.

Die folgenden Abschnitte beschreiben nun die vier Rangfolgefunktionen mit einem Beispiel und dem entsprechenden Ergebnis auf diese Daten.

DNCX.DataSet - dbo.Kunden				
ID	Name	Ort	Telefon	Sprache
6	Yokai Inc	Bochum	+81 103 123456	4
7	Smith Smith	Detroit	+1 234-123456	3
8	Meyer AG	München	+49 89-123456	2
23	Müller AG	München	+49 89-234567	2
24	Seppel GmbH	München	+49 89-345678	2
25	Mrs Smith Inc	Detroit	+1 234-234567	3
NULL	NULL	NULL	NULL	NULL

Bild 3.9 Die Daten für die folgenden Beispiele der Rangfolgefunktionen

ROW_NUMBER()

Diese Funktion liefert eine fortlaufende, lückenlose Zeilennummerierung. Ihre Syntax ist einfach und wurde bereits gezeigt, sodass an dieser Stelle nur eine Wiederholung zusammen mit dem Ergebnis für die Übersichtlichkeit erfolgt.

```
SELECT ROW_NUMBER() OVER (ORDER BY ID) AS 'Zeilennummer', *
FROM Kunden;
```

Das Ergebnis wird in Bild 3.10 gezeigt und dürfte kaum überraschen.

Zeilennummer	ID	Name	Ort	Telefon	Sprache
1	6	Yokai Inc	Bochum	+81 103 123456	4
2	7	Smith Smith	Detroit	+1 234-123456	3
3	8	Meyer AG	München	+49 89-123456	2
4	23	Müller AG	München	+49 89-234567	2
5	24	Seppel GmbH	München	+49 89-345678	2
6	25	Mrs Smith Inc	Detroit	+1 234-234567	3

Bild 3.10 Das Ergebnis der ROW_NUMBER()-Funktion

PARTITION BY

Zusätzlich ist diese Abfrage möglich, welche zum Ergebnis hat, dass sowohl alle Orte zusammengefasst als auch die Zeilen nach dem Namen sortiert und durchnummeriert werden. Das Zusammenfassen nach einer oder mehreren Spalten wird als Partitionierung bezeichnet und geschieht mittels des PARTITION BY-Schlüsselworts.

```
SELECT ROW_NUMBER() OVER (PARTITION BY Ort ORDER BY Name)
    AS 'Zeilennummer', * FROM Kunden;
```

Die so entstehende Nummerierung beginnt konsequenterweise für jeden einzelnen Ort immer wieder bei 1. Das Ergebnis der vorherigen Abfrage ist in Bild 3.11 zu sehen.

	Zeilennummer	ID	Name	Ort	Telefon	Sprache
1	1	6	Yokai Inc	Bochum	+81 103 123456	4
2	1	25	Mrs Smith Inc	Detroit	+1 234-234567	3
3	2	7	Smith Smith	Detroit	+1 234-123456	3
4	1	8	Meyer AG	München	+49 89-123456	2
5	2	23	Müller AG	München	+49 89-234567	2
6	3	24	Seppel GmbH	München	+49 89-345678	2

Bild 3.11 Das Ergebnis der ROW_NUMBER()-Funktion mit Partitionierung

Für die Partitionierung kann nach PARTITION BY mehr als nur eine Spalte oder Ausdruck jeweils durch ein Komma getrennt angegeben werden.

```
SELECT ROW_NUMBER() OVER (PARTITION BY Ort, Sprache ORDER BY Name)
    AS 'Zeilennummer', * FROM Kunden;
```

Auch die anderen Rangfolgefunktionen können über partitionierte Daten mittels PARTITION BY angewandt werden. Das Ergebnis ist dann entsprechend und bezieht sich jeweils auf den oder die Werte, die für die Partitionierung angegeben wurden.

NTILE()

Die NTILE()-Funktion ist die einzige Rangfolgefunktion, die einen Parameter akzeptiert. Dieser Parameter gibt an, in wie viele (halbwegs) gleich große „Abschnitte" die Zeilen unterteilt werden sollen. Dabei sind die folgenden beiden Ausnahmen zu berücksichtigen, die jedoch nicht zu einem Fehler führen:

- Ist der angegebene Wert gleich oder größer als die Anzahl der Zeilen, so bekommt jede Zeile einen Wert, bis alle Zeilen „versorgt" sind. Äußerlich verhält sich NTILE() dann wie die ROW_NUMBER()-Funktion.
- Für den Fall, dass die Anzahl an Zeilen sich nicht glatt durch die Anzahl der gewünschten „Abschnitte" teilen lässt, enthalten einige „Abschnitte" weniger Zeilen, damit jeder „Abschnitt" mindestens eine Zeile enthält. Dabei kann die Differenz zwischen der Anzahl des Auftretens einer Nummer und einer anderen höchstens 1 betragen.

Ein Beispiel für die NTILE()-Funktion sieht wie folgt aus.

```
SELECT NTILE(4) OVER (ORDER BY ID) AS 'Abschnitte', *
FROM Kunden;
```

Beachten Sie, dass die Zeilen insgesamt in die „Abschnitte" 1 bis 4 aufgeteilt werden, einzelne Nummern jedoch unterschiedlich oft auftauchen.

	Abschnitte	ID	Name	Ort	Telefon	Sprache
1	1	6	Yokai Inc	Bochum	+81 103 123456	4
2	1	7	Smith Smith	Detroit	+1 234-123456	3
3	2	8	Meyer AG	München	+49 89-123456	2
4	2	23	Müller AG	München	+49 89-234567	2
5	3	24	Seppel GmbH	München	+49 89-345678	2
6	4	25	Mrs Smith Inc	Detroit	+1 234-234567	3

Bild 3.12 Das Ergebnis der NTILE()-Funktion

RANK()

Mit der RANK()-Funktion werden unterschiedliche Werte(kombinationen) durchnummeriert. Hier enthalten gleiche Werte(kombinationen) die gleiche Nummerierung. Dabei wird die Nummerierung intern fortgeführt, sodass es zu entsprechenden Lücken kommt.

Folgende Abfrage

```
SELECT RANK() OVER (ORDER BY Ort) AS 'Rang', *
FROM Kunden;
```

führt z. B. zu dem Ergebnis, das in Bild 3.13 zu sehen ist.

	Rang	ID	Name	Ort	Telefon	Sprache
1	1	6	Yokai Inc	Bochum	+81 103 123456	4
2	2	7	Smith Smith	Detroit	+1 234-123456	3
3	2	25	Mrs Smith Inc	Detroit	+1 234-234567	3
4	4	8	Meyer AG	München	+49 89-123456	2
5	4	23	Müller AG	München	+49 89-234567	2
6	4	24	Seppel GmbH	München	+49 89-345678	2

Bild 3.13 Das Ergebnis der RANK()-Funktion

Betrachten Sie hier, dass der Ort „Detroit" die Nummerierung 2 bekommt, München jedoch erst bei 4 beginnt. Die 3 wird quasi vom zweiten Auftauchen von „Detroit" überlagert.

Sind diese Lücken unerwünscht, so ist die DENSE-RANK()-Funktion die richtige Wahl.

DENSE_RANK()

Die DENSE_RANK()-Funktion arbeitet wie die RANK()-Funktion, indem sie gleiche Werte zu nummerierten „Abschnitten" zusammenstellt, doch mit einem Unterschied, dass die entstehende Nummerierung lückenlos ist.

```
SELECT DENSE_RANK() OVER (ORDER BY Ort) AS 'Rang, lückenlos', *
FROM Kunden;
```

Das Ergebnis ist in Bild 3.14 zu sehen.

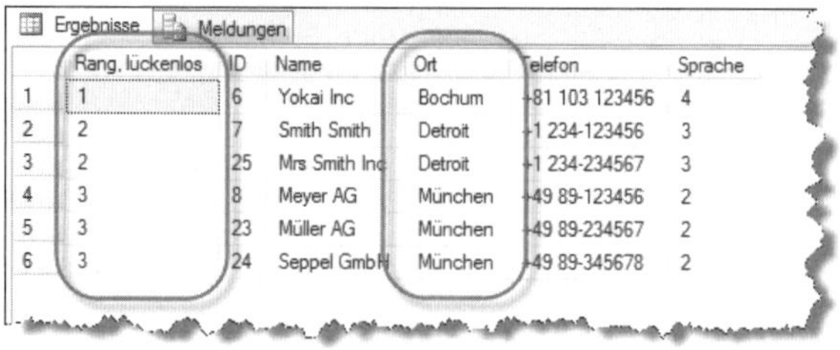

Bild 3.14 Das Ergebnis der DENSE_RANK()-Funktion

„München" besitzt nun als Dritter den Wert 3. Es entstehen also keine Lücken mehr!

Sortieren, Gruppieren und Filtern mit Rankfolgefunktionen

Während die Sortierung von Ergebnissen nach den Werten von Rangfolgefunktionen weniger interessant ist (schließlich erlauben sie bereits die Sortierung), ist das Gruppieren und besonders das Filtern schon spannender. Es ist jedoch ein kleiner Trick nötig, damit die Abfrage ausgeführt werden kann. Die Funktion muss sich in einer Unterabfrage (auch abgeleitete Tabelle oder „Derived Table" genannt) befinden, damit die äußere Abfrage nach entsprechenden Rückgabewerten filtern und gruppieren kann.

Das folgende Beispiel zeigt, wie dies gemacht wird.

```
SELECT * FROM
(SELECT ROW_NUMBER() OVER (ORDER BY ID) AS 'ZNr', * FROM Kunden) AS t
WHERE ZNr BETWEEN 50 AND 99;
```

Auf diese Weise kann z. B. mit der ROW_NUMBER()-Funktion ein Paging[1] realisiert werden. Das Beispiel zeigt alle Zeilen zwischen der 50. und 99. Zeile (jeweils einschließlich) an.

> Seit SQL Server 2012 kann ein Paging alternativ auch mit den neuen OFFSET/FETCH NEXT-Anweisungen realisiert werden. In Abschnitt 1.4 finden Sie mehr über diese Neuzugänge.

Somit kann z. B. die folgende gespeicherte Prozedur geschrieben werden, um eine Suche zu realisieren, die nicht nur die ersten Zeilen des Ergebnisses zurückliefert, sondern auf Wunsch auch jeden anderen „Abschnitt".

```
CREATE PROC usp_SucheKundenNachName
    @Name VARCHAR(100),
    -- Standardmäßig maximal die
    -- ersten 20 Zeilen zurückliefern
    @StartIndex INT = 1,
    @PageSize INT = 20
AS
BEGIN
```

---

[1] Paging ist eine Technik, mit der z. B. von einem Suchergebnis nur die Zeilen von n bis m angezeigt werden. Diese bilden quasi eine Seite (engl. page), was dieser Technik ihren Namen verliehen hat.

```
    SET NOCOUNT ON;

    -- Suchparameter für LIKE vorbereiten
    SET @Name = ISNULL(@Name, '') + '%';

    -- Suchen
    SELECT * FROM
      (SELECT ROW_NUMBER() OVER (ORDER BY ID) AS 'Zeilennr', *
       FROM Kunden WHERE Name LIKE @Name) t
      WHERE Zeilennr BETWEEN @StartIndex AND @StartIndex+@PageSize;
END;
```

Sowohl die erste Zeile (@StartIndex) also auch die maximale Größe der Rückgabe (@Page-Size) wurden als optimale Parameter mit sinnvollen Standardwerten implementiert.

Mit diesem Vorgehen können die zurückgelieferten Werte der Rangfolgefunktionen wie schon erwähnt nicht nur gefiltert, sondern auch gruppiert und, wenn es denn sein muss, sogar sortiert werden.

3.5.2 Daten einfügen

Bevor Daten aus Tabellen oder durch Sichten ausgegeben werden können, müssen diese erst einmal eingefügt werden. Dies kann mittels zweier unterschiedlicher T-SQL-Anweisungen geschehen: über die INSERT- oder SELECT INTO-Anweisung.

Auch wenn hier wieder nur von Tabellen die Rede ist, da manche Sichten änderbar sind, können in diese ebenfalls Daten eingefügt werden (die Daten werden letztendlich jedoch immer in einer Tabelle gespeichert). Details finden Sie in Abschnitt 3.4.14, „Tabellen oder Sichten".

Egal wie Daten in eine Tabelle eingefügt werden: Häufig ist die Frage interessant, welchen eindeutigen Identitätswert (ID) der letzte eingefügte Datensatz bekommen hat. Zu diesem Zweck existieren @@IDENTITY & Co. oder, noch viel besser, die OUTPUT-Anweisung, die in Abschnitt 3.5.1.12, „OUTPUT-Klausel", beschrieben wird.

INSERT

Die INSERT-Anweisung ist das primäre Mittel, um Daten in eine Tabelle einzufügen. Von ihr gibt es wiederum zwei Varianten, die sich lediglich darin unterscheiden, woher die Daten, die eingefügt werden sollen, kommen – der Teil, der angibt, in welchen Spalten der Tabelle die Daten abgelegt werden sollen, ist in beiden Fällen identisch.

Unabhängig davon, welche der beiden Varianten der INSERT-Anweisung verwendet wird, sollte immer darauf geachtet werden, dass die Anzahl der angegebenen Spalten der Anzahl der vorhandenen Werte genau entspricht.

Widmen wir uns zunächst einmal der einfacheren Variante, die mit konstanten Werten und mit Funktionen (die wiederum nur von Kostanten abhängen oder keine Parameter erwarten) arbeitet. Ein einfaches Beispiel soll dies demonstrieren.

```
INSERT INTO Bestellungen (Bemerkung, Betrag, Datum)
VALUES ('Schnelle Lieferung', 1900, getdate());
```

In Fällen, in denen wie hier z. B. ein Anlagedatum eingefügt werden soll, ist es praktischer, das Datum durch einen Standardwert einfügen zu lassen. Damit wird das Datum immer eingefügt, unabhängig davon, durch welche T-SQL-Anweisung die Daten eingefügt werden, und kann nicht vergessen werden.

Neben der Tabelle müssen stets auch alle Spalten, die einen Wert erhalten sollen, notiert werden. Wird keine Felderliste angegeben, geht der SQL Server davon aus, dass in alle Spalten ein Wert eingefügt werden soll. Diese Anweisung würde nur dann laufen, wenn die Tabelle zwei Spalten hat.

```
INSERT INTO Bestellungen VALUES ('Schnelle Lieferung', 1900);
```

Bei der Angabe der Spalten und Werte sollte Folgendes beachtet werden:

- Es müssen für alle Spalten Werte vorhanden sein, die weder `NULL` sind noch einen Standardwert definieren. Ansonsten würden Spalten `NULL`-Werte erhalten, für die dies nicht zugelassen ist.
- Datentypen und Werte müssen zusammenpassen. Ist dies nicht der Fall, so helfen `CONVERT` und `CAST`.
- Alle verwendeten Werte müssen den Regeln der Spalten (`CHECK CONSTRAINT`) und denen der Tabelle genügen. Auf Wunsch können alle oder einige Einschränkungen deaktiviert werden (für Details siehe Abschnitt 3.9.6, „Einschränkungen deaktivieren").
- Unter normalen Umständen können keine Werte in die Identitätsspalte eingefügt werden, da diese automatisch vom SQL Server vergeben werden. Wie dies für einen Import etc. möglich ist, erfahren Sie in Abschnitt 3.9.2, „Werte in die Identitätsspalte einfügen".
- Für Spalten, die einen Standardwert haben, lässt sich dieser mit dem `DEFAULT`-Symbol notieren. Dies kann so aussehen:
  ```
  INSERT INTO Bestellung (Bemerkung, Betrag) VALUES (DEFAULT, 1900);
  ```

Bevor die Daten tatsächlich in der Tabelle gespeichert werden, führt der SQL Server alle definierten Trigger (`INSERT` und `INSTEAD OF`) aus. Diese Trigger werden intern in der gleichen Transaktion ausgeführt. So besteht die Möglichkeit, durch Aufrufen der `ROLLBACK TRANSACTION`-Anweisung die Änderung abzubrechen. Damit wird die Transaktion zurückgerollt und der Zustand wieder hergestellt, der bestand, bevor die `INSERT`-Anweisung ausgeführt wurde. Details zu Triggern und Transaktionen finden sich in Abschnitt 3.6.4, „Trigger", und 3.8, „Transaktionen".

SQL Server 2012 bietet außerdem eine leicht erweiterte Syntax für die INSERT-Anweisung, mit der mehrere Zeilen durch eine einzelne Anweisung eingefügt werden können.

```
INSERT INTO Bestellungen (Bemerkung, Betrag, Datum)
VALUES
('Schnelle Lieferung 1', 2500, getdate()),
('Schnelle Lieferung 2', 1900, getdate()),
('Schnelle Lieferung 3', 2900, getdate());
```

Dieses Beispiel ist die kompakte Alternative zu den drei separaten INSERT-Anweisungen.

Die schon angesprochene Variante bezüglich der Herkunft der Werte für die INSERT-Anweisung ist ähnlich aufgebaut. Der Unterschied liegt darin, dass die Daten hierbei aus einer SELECT-Anweisung bezogen werden.

```
INSERT INTO Bestellung (Bemerkung, Betrag)
SELECT Bemerkung, Betrag FROM ImportTabelle
```

In Verbindung mit einer UNION-Anweisung existiert eine alternative Möglichkeit, mehrere Zeilen gleichzeitig einzufügen. Diese funktioniert auch unter SQL Server 2005 und früheren Versionen. Das folgende Beispiel fügt die gleichen Inhalte wie oben ein.

```
INSERT INTO Tabelle
SELECT 'Schnelle Lieferung 1', 2500, getdate() UNION ALL
SELECT 'Schnelle Lieferung 2', 1900, getdate() UNION ALL
SELECT 'Schnelle Lieferung 3', 2900, getdate();
```

Bei der SELECT-Anweisung stehen alle Möglichkeiten offen, die benötigten Daten bereitzustellen. Dies betrifft auch die Sortierung und Gruppierung (weitere Details finden Sie in Abschnitt 3.5.1, „Daten abfragen").

Eine solche Anweisung kann entweder keinen, einen oder mehr als nur einen Datensatz in die Zieltabelle einfügen – je nachdem, wie viele Zeilen die SELECT-Anweisung zurückliefert. Kommt es dabei auch nur in einer Zeile zu einem Fehler, weil eine Regel einer Spalte oder der Tabelle verletzt wurde, wird die Anweisung komplett abgebrochen und keine Zeile eingefügt. Setzt ein Trigger die Transaktion (ROLLBACK TRANSACTION, siehe Abschnitt 3.8, „Transaktionen") zurück, dann werden konsequenterweise ebenfalls keine Zeilen eingefügt.

Um beim Einfügen von Daten gleichzeitig Informationen an den Aufrufer zurückzuliefern, existiert die OUTPUT-Anweisung. Mit ihr lassen sich berechnete Spalten und Werte, die vom Server vergeben werden (Identitätsspalte), ausgeben.

```
INSERT INTO Kunden ([Name], Strasse, Ort)
OUTPUT INSERTED.IDENTITYCOL
VALUES ('Kansy','Wasserweg','Viersen');
```

Solche Anweisungen können bequem mit der SqlCommand.ExecuteScalar-Funktion ausgeführt werden und liefern den gewünschten Wert zurück. Das SQL Server Management Studio stellt das Ergebnis als eine Tabelle mit einer Zeile und einer Spalte dar.

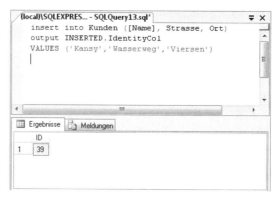

Bild 3.15 INSERT-Anweisung in Verbindung mit der OUTPUT-Klausel

Kapitel 4 beschäftigt sich ausgiebig mit ADO.NET.

 Die virtuelle Tabelle `INSERTED` wird zur Laufzeit der Anweisung vom SQL Server bereitgestellt.

SELECT INTO

Ein anderer Weg, Daten in eine Tabelle einzufügen, ist die `SELECT INTO`-Anweisung. Das Besondere daran ist, dass die angebende Tabelle nicht existieren darf und bei der Ausführung passend für die entsprechenden Daten erstellt wird. Damit wird also eine `INSERT`- und eine `CREATE TABLE`-Anweisung kombiniert.

 Wenn die Tabelle dauerhaft ist, d. h., ihr Name nicht mit ‚#' oder ‚##' anfängt, muss der Programmierer das Recht besitzen, Tabellen anlegen zu dürfen, da sonst die Anweisung scheitert.

Ihre Syntax ist fast identisch mit der einer gewöhnlichen `SELECT`-Anweisung zur Datenabfrage.

```
SELECT * INTO NeueTabelle FROM Bestellungen;
```

Um die Daten zurückzuliefern, sind auch komplexere Anweisungen möglich.

```
SELECT count(*) Anzahl, Bemerkung INTO NeueTabelle
FROM Bestellungen GROUP BY Bemerkung ORDER BY Anzahl;
```

 `SELECT INTO` sollte möglichst nur verwendet werden, um temporäre Tabellen zu erzeugen. Dauerhafte Tabellen sollten von vornherein vorhanden sein und wenn überhaupt nur sehr selten von einer laufenden Anwendung verändert werden.

Um einen Namen für Tabellen (sowohl temporäre als auch dauerhafte) erneut zu verwenden, muss die alte Tabelle vorher gelöscht werden. Dies wird mit der `DROP TABLE`-Anweisung erledigt. Da der Erzeuger eines Datenbankobjektes auch gleichzeitig dessen Besitzer ist und ein Objektbesitzer alle Berechtigungen auf das Objekt hat, ist dies in der Regel möglich. Weitere Details finden Sie in Abschnitt 3.6.3.4, „Tabellen endgültig löschen".

3.5.3 Daten löschen

Um Daten aus einer Tabelle zu löschen, stehen zwei verschiedene T-SQL-Anweisungen für unterschiedliche Anwendungsbereiche zur Verfügung. Es wird jedoch so sein, dass die `DELETE`-Anweisung für die Mehrheit der Anforderungen die richtige Wahl ist. Die `TRUNCATE TABLE`-Anweisung ermöglicht nur das Löschen des gesamten Tabelleninhalts ohne Einschränkungen und unterliegt einigen Einschränkungen – mehr dazu erfahren Sie in den folgenden Abschnitten.

DELETE

Um Daten gezielt aus einer Tabelle zu löschen, steht die `DELETE`-Anweisung zur Verfügung. Mittels des Schlüsselwortes `WHERE` können, genau wie bei einer `SELECT`-Anweisung, die zu löschenden Spalten gefiltert werden.

 Auch wenn hier wieder nur von Tabellen die Rede ist, da manche Sichten änderbar sind, können aus diesen ebenfalls Daten gelöscht werden (die Daten werden letztendlich jedoch immer aus einer Tabelle gelöscht). Details finden Sie in Abschnitt 3.4.14, „Tabellen oder Sichten".

Die `DELETE`-Anweisung arbeitet so, dass sie jede Zeile einzeln löscht. Kommt es dabei zu einem Fehler, so wird die gesamte Anweisung abgebrochen, und alle Zeilen sind so vorhanden, als wäre die Anweisung nicht ausgeführt worden.

 Bevor die Daten tatsächlich aus einer Tabelle gelöscht werden, führt der SQL Server alle definierten Trigger (`DELETE` und `INSTEAD OF`) aus. Diese Trigger werden intern in der gleichen Transaktion ausgeführt. Damit besteht die Möglichkeit, durch Aufrufen der `ROLLBACK TRANSACTION`-Anweisung, die Änderung abzubrechen. Damit wird die Transaktion zurückgerollt und der Zustand wieder hergestellt, der bestand, bevor die `DELETE`-Anweisung ausgeführt wurde. Details zu Triggern und Transaktionen finden Sie in Abschnitt 3.6.4, „Trigger" und 3.8, „Transaktionen".

Folgende Abfrage löscht ohne Einschränkung alle Zeilen aus der angebenden Tabelle.

```
DELETE FROM Bestellungen;
```

Das `FROM`-Schlüsselwort ist dabei optional und kann entfallen, sodass der Abfragetext wie folgt verkürzt werden kann.

```
DELETE Bestellungen;
```

Im Folgenden sehen Sie, wie gezielt nur solche Zeilen gelöscht werden, die aus London stammen.

```
DELETE FROM Bestellungen WHERE Ort = 'London'
```

Weitere Hinweise, wie Sie welchen Filter mit der `WHERE`-Syntax erreichen, finden Sie in Abschnitt 3.5.1.5, „Zeilen mittels WHERE einschränken".

Die Gemeinsamkeiten im Aufbau zwischen der `DELETE` und der `SELECT`-Anweisung lassen sich dazu nutzen, um Zeilen erst anzuzeigen, bevor sie gelöscht werden. Die folgende Anweisung demonstriert dies. Es ist nur eine geringfügige Veränderung der Zeilenkommentare nötig, um die Zeilen tatsächlich zu löschen:

```
SELECT *
-- DELETE
FROM Bestellungen WHERE Ort = ‚London';
```

Ähnlich wie die `SELECT`-Anweisung können Sie die Anzahl der Datensätze, die maximal gelöscht werden, mit den Anweisungen `TOP` oder `TOP PERCENT` begrenzen (für weitere Details siehe Abschnitt 3.5.1.2, „Anzahl der Zeilen mit TOP und TOP PERCENT begrenzen").

TRUNCATE TABLE

Um den kompletten Inhalt einer Tabelle möglichst schnell zu löschen, kommt die `TRUNCATE TABLE`-Anweisung zum Einsatz. Sie löscht alle Zeilen aus einer Tabelle, ohne die einzelnen Löschungen zu protokollieren. Dabei entstehen ein Geschwindigkeitsvorteil und ein reduzierter Bedarf an Systemressourcen gegenüber `DELETE`.

Die `TUNCATE TABLE`-Anweisung gehört nicht zu den DML-, sondern zur Gruppe der DDL-Anweisungen. Begründet liegt dies darin, dass der Wert der Identitätsspalte (soweit vorhanden) wieder auf seinen Anfangswert zurückgesetzt wird und somit nicht nur der Inhalt der Tabelle von der Anweisung betroffen ist. Intern wird die Tabelle durch die Anweisung gelöscht und wieder erzeugt. Das erklärt sowohl den Geschwindigkeitsvorteil als auch eine Vielzahl der Einschränkungen, die im Folgenden aufgeführt werden.

Dem Geschwindigkeitsvorteil steht einer ganzen Reihe von Einschränkungen gegenüber.

- Es kann nur der gesamte Inhalt einer Tabelle gelöscht werden. Eine Einschränkung in Form eines `WHERE`-Zusatzes, wie es `DELETE` erlaubt, ist nicht möglich.

- Es werden keine Trigger ausgelöst.
- Die Tabelle darf nicht Bestandteil einer Replikation der Datenbank sein.
- Die Tabelle darf nicht Bestandteil einer indizierten Sicht sein.
- Es dürfen keine Fremdschlüssel-Einschränkungen (`FOREIGN KEY`) auf die Tabelle verweisen.
- Es werden recht umfangreiche Berechtigungen benötigt. Es wird mindestens die Berechtigung zum Ändern des Schemas einer Tabelle (`ALTER`-Berechtigung) benötigt. Dieses Recht liegt standardmäßig beim Tabellenbesitzer, bei der Serverrolle `sysadmin` und den Datenbankrollen `db_owner` und `db_ddladmin`.

Folgendes Beispiel löscht den gesamten Inhalt einer Tabelle in Rekordzeit. Zusätzlich wird der Wert der Identitätsspalte (wenn eine vorhanden ist), wieder auf „1" gesetzt.

```
TRUNCATE TABLE ImportTabelle;
```

Diese Anweisung sollte nur dann gezielt eingesetzt werden, wenn die Geschwindigkeit des Löschens entscheidend ist, und die restlichen Einschränkungen für den konkreten Anwendungsfall kein Problem darstellen.

3.5.4 Daten manipulieren

Für das Ändern bestehender Daten steht die T-SQL-Anweisung `UPDATE` zur Verfügung. Neben den neuen Werten der Spalten für die gewünschten Zeilen können die betroffenen Zeilen durch die entsprechende `WHERE`-Syntax eingeschränkt werden.

Auch wenn hier wieder nur von Tabellen die Rede ist, da manche Sichten änderbar sind, können in diesen ebenfalls Daten geändert werden (die Daten werden letztendlich jedoch immer in einer Tabelle geändert). Details finden Sie in Abschnitt 3.4.14, „Tabellen oder Sichten".

Die `UPDATE`-Anweisung arbeitet so, dass jede Zeile einzeln geändert wird. Kommt es dabei zu einem Fehler, wird die gesamte Anweisung abgebrochen und alle Zeilen bleiben so erhalten als wäre die Anweisung nicht ausgeführt worden.

Bevor die Daten tatsächlich in der Tabelle geändert werden, führt der SQL Server alle definierten Trigger (`UPDATE` und `INSTEAD OF`) aus. Diese Trigger werden intern in der gleichen Transaktion ausgeführt. So besteht die Möglichkeit, durch Aufrufen der `ROLLBACK TRANSACTION`-Anweisung die Änderung abzubrechen. Damit wird die Transaktion zurückgerollt und der Zustand wieder hergestellt, der bestand, bevor die `UPDATE`-Anweisung ausgeführt wurde. Details zu Triggern und Transaktionen finden Sie in den Abschnitten 3.6.4 und 3.8.

Folgende Abfrage korrigiert einen Fehler in der Schreibweise der englischen Hauptstadt und setzt das aktuelle Datum nebst Uhrzeit in eine andere Spalte.

```
UPDATE Bestellungen
SET Ort = 'London', Aenderungszeitpunkt = getdate()
WHERE Ort 'Lodnon';
```

Die `UPDATE`-Anweisung akzeptiert bei den Zuweisungen für die Werte rechts des Gleichheitszeichens Ausdrücke jeglicher Art (für weitere Details siehe Abschnitt 3.4.12, „Ausdrücke").

Auch die Möglichkeiten der `WHERE`-Anweisung decken sich mit denen der `SELECT`- und der `DELETE`-Anweisung, sodass an dieser Stelle nur der Verweis auf Abschnitt 3.5.1.5, „Zeilen mittels WHERE einschränken", bleibt.

Es sollte besonders darauf geachtet werden, dass die Einschränkung mittels `WHERE` die gewünschten Zeilen betrifft. Eine falsche oder gar versehentlich vergessene Einschränkung kann fatale Folgen haben. Die Änderungen sind unwiderruflich, und bei umfangreichen Änderungen bleibt nur das Einspielen eines Backups. Im Zweifelsfall ist es daher hilfreich, die Einschränkung erst mit einer harmlosen `SELECT`-Anweisung zu überprüfen. Für das letzte Beispiel kann dies so aussehen:

`SELECT * FROM Bestellungen WHERE Ort ='London';`

Ähnlich wie die `SELECT`-Anweisung können Sie die Anzahl der maximal zu ändernden Datensätze mit den Anweisungen `TOP` oder `TOP PERCENT` begrenzen. Weitere Details finden Sie in Abschnitt 3.5.1.2, „Anzahl der Zeilen mit TOP und TOP PERCENT begrenzen".

3.5.5 Die Merge-Anweisung

Die mit SQL Server 2008 neu eingeführte `MERGE`-Anweisung kombiniert `INSERT`, `UPDATE` und `DELETE` miteinander und erlaubt es so, ein Ziel inhaltlich den Daten einer Quelle anzupassen. Die Anweisung ist ANSI SQL-konform und bietet im Kern die Möglichkeit, eine dieser drei Anweisungen pro Datenzeile auszuführen, je nachdem, ob die Zeile schon im Ziel (`UPDATE`), nur in der Quelle (`INSERT`) oder nur im Ziel, aber nicht in der Quelle vorhanden ist (`DELETE`). So ist es möglich, mit nur einer Anweisung Zeilen in einer Tabelle entweder zu aktualisieren oder einzufügen, je nachdem, ob die Zeile schon vorher existierte.

Da `MERGE` jedoch nur eine einzelne Anweisung darstellt, kann sie optimal und performanter ausgeführt werden. Dies macht sich besonders bei Abfragen bemerkbar, bei denen Quelle und Ziel auf unterschiedlichen Datenbankservern liegen.

Die MERGE-Anweisung benötigt keine Transaktion, wie eine entsprechende INSERT/UPDATE/DELETE-Kombination es sinnvollerweise voraussetzt, um die Datenintegrität zu wahren. Gerade bei verteilten Abfragen machen die Konfiguration und der Betrieb des Disturbed Transaction Coordinators (DTC), eine zusätzliche Komponente um Transaktionen über mehrere Datenbankmodule zu ermöglichen, in der Praxis immer wieder Schwierigkeiten.

Für die Ausführung der MERGE-Anweisung wird zunächst das Ziel angegeben. Dabei kann es sich um eine Tabelle oder eine (aktualisierbare) Sicht handeln. Nach dem USING-Schlüsselwort wird die Quelle benannt, bei der es sich um einen Tabelle, eine Sicht oder (in runden Klammern) eine entsprechende Abfrage handeln kann.

Die Quelle wird niemals verändert und muss daher auch nicht aktualisierbar sein. Das Ziel jedoch muss zwingend aktualisierbar sein.

Quelle und Ziel werden dann ähnlich einem JOIN miteinander verknüpft. Diese Verknüpfung muss so gestaltet sein, dass jede Zeile aus der Quelle mit keiner oder genau einer Zeile im Ziel verknüpft wird. Ist dies nicht der Fall, so wird ein Fehler ausgeworfen. In der Praxis bedeutet dies, dass das Prädikat nach ON mit dem Vergleich zweier eindeutiger Spalten arbeiten wird.

Aufgrund dieser Verknüpfung kann entschieden werden, ob die Zeile im Ziel vorhanden ist (WHEN MATCHED) oder nicht (WHEN NOT MATCHED), oder ob sie in der Quelle nicht vorhanden ist (WHEN NOT MATCHED BY SOURCE). Dabei müssen nicht alle, jedoch mindestens einer diese Fälle in der Anweisung auftauchen.

Ein möglicher Einsatz der MERGE-Anweisung kann wie gesagt das Synchronisieren zweier Tabellen sein, mit dem Ergebnis, dass die Zieltabelle anschließend den gleichen Inhalt hat wie die Quelltabelle. In einem solchen Fall müssen

- Zeilen, die vorhanden sind, auf den aktuellen Stand gebracht werden.
- Zeilen, die in der Zieltabelle nicht vorhanden sind, eingefügt werden.
- Zeilen, die sich zwar (noch) im Ziel befinden, jedoch aus irgendwelchen Gründen nicht mehr in der Quelle sind, auch aus dem Ziel entfernt werden.

Die MERGE-Anweisung setzt dies mit WHEN-Zweigen um, die wie folgt heißen und wirken:

- *WHEN MATCHED:* Die Zeilen sind in der Quelle und im Ziel vorhanden und können daher im Ziel aktualisiert werden.
- *WHEN NOT MATCHED:* Dieser Fall gilt für Zeilen, die in der Quelle, jedoch nicht im Ziel vorhanden sind und daher eingefügt werden können.
- *WHEN NOT MATCHED BY SOURCE:* Diese Zeilen sind im Ziel, jedoch nicht (mehr) in der Quelle vorhanden und können daher gelöscht werden.

Das folgende Beispiel deckt alle drei Fälle ab.

```
-- Zuerst das Ziel festlegen (Tabelle oder Sicht)
MERGE Ziel Z
-- Nun die Quelle festlegen (Tabelle, Sicht oder abgeleitete Tabelle)
```

```
USING Quelle Q
-- Verbindung zwischen Zeilen im Ziel und in der Quelle
ON Q.ID = Z.ID
-- Zeile aktualisieren, wenn in Quelle und Ziel vorhanden
WHEN MATCHED THEN UPDATE SET Name = Q.Name
-- Zeile einfügen, wenn in Quelle aber nicht im Ziel vorhanden
WHEN NOT MATCHED THEN INSERT (id, Name) VALUES (id, Name)
-- Zeile löschen, wenn im Ziel, aber nicht (mehr) in der Quelle vorhanden
WHEN NOT MATCHED BY SOURCE THEN DELETE;
```

Es muss darauf geachtet werden, dass die Zieltabelle immer hinter MERGE und die Quelltabelle immer hinter USING angegeben wird. Dies ist insoweit wichtig, da Änderungen **immer** in der Zieltabelle durchgeführt werden. Wenn statt der Zieltabelle eine Sicht verwendet wird, muss diese aktualisierbar sein.

Wie Sie sehen, benötigt die MERGE-Anweisung syntaktisch nicht immer alle WHEN-Zweige, jedoch immer mindestens einen von ihnen. WHEN-Zweige dürfen dabei nicht doppelt vorkommen. Ihre Reihenfolge untereinander ist jedoch nicht von Bedeutung.

Die MERGE-Anweisung muss (im Gegensatz zu vielen anderen T-SQL-Anweisungen) zwingend mit einem Semikolon abgeschlossen werden.

$Action

Über das Pseudonym $ACTION kann in Verbindung mit der OUTPUT-Klausel für jede einzelne Zeile ausgegeben werden, wie diese im Ziel verändert wurde. Als mögliche Werte stehen daher INSERT, DELETE und UPDATE bereit. Im folgenden Beispiel wird zu diesem Zweck eine MERGE-Anweisung lediglich mit einer Klausel zur Rückgabe erweitert.

```
MERGE Ziel Z
USING Quelle Q
ON Q.ID = Z.ID
WHEN MATCHED THEN UPDATE SET Name = Q.Name
WHEN NOT MATCHED THEN INSERT (id, Name) VALUES (id, Name)
WHEN NOT MATCHED BY SOURCE THEN DELETE
OUTPUT $ACTION, Q.IDENTITYCOL; -- Änderungen im Ziel ausgeben
```

Somit wird neben der entsprechenden Aktion auch der Identitätswert der Zieltabelle ausgegeben.

3.5.6 Allgemeine Tabellenausdrücke (CTE) für rekursive Abfragen

Allgemeine Tabellenausdrücke, auch oft Common Table Expressions (CTE) genannt, bieten die Möglichkeit, über einen rekursiven „Ausdruck" für die darauffolgende Anweisung eine Tabelle darzustellen. Der „Ausdruck" besitzt einen Namen und besteht aus zwei SELECT-Anweisungen, die mit einem UNION ALL-Operator vereint werden.

Die beiden Anweisungen haben dabei die folgenden Aufgaben:

- Die erste Anweisung ist der Anker der Rekursion, mit der festgelegt wird, mit welchen Zeilen der gesamte Ausdruck durchgeführt werden soll bzw. welche die aktuelle Zeile während der Rekursion darstellt. Im Fall einer einfachen Hierarchie, wie im anschließenden Beispiel, sind dies z. B. alle Kisten, die zwar Inhalt haben (können), sich selbst jedoch in keiner anderen Kiste befinden.
- Die zweite Anweisung ist der rekursive Teil, der selbst auf den Tabellenausdrücken zugreift, womit die Rekursion zustande kommt. An dieser Stelle steht oftmals ein innerer Bezug in Form eines INNER JOIN.

Das folgende Beispiel zeigt anhand einer einfachen Hierarchie, wie CTEs in der Praxis angewandt werden. Es basiert auf einer Tabelle, in der Lagerbestände gespeichert werden. Jede Zeile enthält ein Objekt, das entweder selbst ein Container ist (z. B. eine Kiste) oder ein einfaches Objekt, das nichts anderes enthält (z. B. Seile). Befindet sich ein Objekt in keinem anderen, so steht/liegt es direkt auf dem Boden der Lagerhalle. Die Tabelle sieht wie in Bild 3.16 aus.

ID	KisteID	Bezeichnung	Gewicht
1	NULL	Große Holzkiste	5,00
2	1	Segeltuch	1,50
3	1	Schatulle	0,50
4	3	Dicker Brief	0,05
5	3	Dünner Brief	0,01
6	1	Zeltsack	0,20
7	6	Zelt	5,00
8	NULL	Kleine Holzkiste	2,50
9	8	Seile	1,00
NULL	NULL	NULL	NULL

Bild 3.16 Eine einfache Hierarchie

Mit einem allgemeinen Tabellenausdruck lässt sich nun abfragen, welche Elemente sich in der großen Holzkiste (ID: 1) befinden. Dabei werden sowohl solche berücksichtigt, die sich direkt in der Kiste befinden, als auch solche, die sich indirekt in dieser befinden, weil sie sich selbst z. B. in einer Schatulle befinden.

```
-- ID der großen Holzkiste
DECLARE @ID INT = 1;

WITH LagerCTE (ID, Bezeichnung, Gewicht, level)
AS
(
    -- Anker
    SELECT ID, Bezeichnung, Gewicht, 0 FROM Lager WHERE ID = @ID

    -- Beide Abfragen zu einem Ergebnis kombinieren
    UNION ALL

    -- Rekursiver Teil
    SELECT L.ID, L.Bezeichnung, L.Gewicht, level + 1
    FROM Lager L INNER JOIN LagerCTE C ON L.KisteID = C.ID
)
SELECT * FROM LagerCTE ORDER BY level;
```

Das Ergebnis sieht nach der Rekursionstiefe aufsteigend sortiert so wie in Bild 3.17 aus.

Ergebnisse | Meldungen

	ID	Bezeichnung	Gewicht	level
1	1	Große Holzkiste	5.00	0
2	2	Segeltuch	1.50	1
3	3	Schatulle	0.50	1
4	6	Zeltsack	0.20	1
5	7	Zelt	5.00	2
6	4	Dicker Brief	0.05	2
7	5	Dünner Brief	0.01	2

Bild 3.17 Das Ergebnis des CTE

Mehr über den `UNION`-Operator finden Sie in Abschnitt 3.5.1.9, „Mehrere Abfrageergebnisse mittels UNION zusammensetzen“. Joins sind in Abschnitt 3.5.1.13, „JOINS“, beschrieben.

Zwar könnte man das gleiche Ergebnis auch unter Verwendung von benutzerdefinierten Funktionen realisieren, doch kann man dieser Lösung nicht ihre Einfachheit und Eleganz absprechen.

Nach einem allgemeinen Tabellenausdruck muss nicht zwingend eine `SELECT`-Anweisung stehen. Jede Art von DML-Anweisung ist erlaubt, die für die Zeilen, die generiert werden, Verwendung hat (z. B. `SELECT INTO`, `INSERT` etc.).

Die gleiche Aufgabe könnte ab SQL Server 2008 auch mit dem `HIERARCHYID`-Datentyp gut erledigt werden, doch hier sollte es ja um allgemeine Tabellenausdrücke gehen.

MAXRECURSION

Mithilfe der `MAXRECURSION`-Option kann die maximale Verschachtelungstiefe der Rekursion festgelegt werden. Ohne Angabe dieser Option liegt die Grenze bei 32. Wird die Tiefe überschritten, so wird die gesamte Verarbeitung mit einem Fehler abgebrochen; d. h., es werden auch keine Teilergebnisse geliefert. Die folgende Variante des CTE zeigt die praktische Verwendung von `MAXRECURSION`.

```
WITH LagerCTE (ID, Bezeichnung, Gewicht, level)
AS
(
    -- Anker
    SELECT ID, Bezeichnung, Gewicht, 0 FROM Lager WHERE ID = @ID

    -- Beide Abfragen zu einem Ergebnis kombinieren
```

```
    UNION ALL

    -- Rekursiver Teil
    SELECT L.ID, L.Bezeichnung, L.Gewicht, level + 1
    FROM Lager L INNER JOIN LagerCTE C ON L.KisteID = C.ID
)
SELECT * FROM LagerCTE ORDER BY level
OPTION (MAXRECURSION 5);
```

Sollen nur Zeilen geliefert werden, die bis zu einer bestimmten Verschachtelungstiefe zu finden sind, ohne dass es zu einem Fehler kommt, so muss dies selbst programmiert werden. Wie im vorherigen Code zu erkennen ist, wird neben den drei Spalten („ID", „Bezeichnung" und „Gewicht"), die aus der zugrunde liegenden Tabelle stammen, eine weitere eingeführt. Die Spalte „level" beginnt mit einem Wert von 0 und wird bei jedem weiteren rekursiven Aufruf um jeweils eins erhöht, sodass bei der anschließenden Ausgabe die Tiefe für jede Zeile bekannt ist. Ein Filter ist dann der naheliegende nächste Schritt.

```
WITH LagerCTE (ID, Bezeichnung, Gewicht, level)
AS
(
    -- Anker
    SELECT ID, Bezeichnung, Gewicht, 0 FROM Lager WHERE ID = @ID

    -- Beide Abfragen zu einem Ergebnis kombinieren
    UNION ALL

    -- Rekursiver Teil
    SELECT L.ID, L.Bezeichnung, L.Gewicht, level + 1
    FROM Lager L INNER JOIN LagerCTE C ON L.KisteID = C.ID
)
SELECT * FROM LagerCTE WHERE level <= 1 ORDER BY level
OPTION (MAXRECURSION 10);
```

Die MAXRECURSION-Option wird dann quasi nur noch als Notbremse benötigt, falls die Standardgrenze von 32 sich als zu rechenintensiv erweisen sollte oder aus anderen Gründen nicht erwünscht ist.

3.6 Data Definition Language (DDL)

Anweisungen, die nicht den Inhalt, also die Daten, einer Datenbank manipulieren, sondern die Datenbank selbst nebst den Objekten in ihr, werden DDL-Anweisungen (Data Definition Language) genannt.

Da bei der praktischen Arbeit oft Werkzeuge (Tools) wie das SQL Server Management Studio zum Einsatz kommen, um Datenbankobjekte zu manipulieren, geht dieser Abschnitt nur grob auf die konkreten T-SQL-Anweisungen ein und stellt im Folgenden lieber die Möglichkeit vor, wie diese Anweisungen automatisch erstellt werden können. Nichtsdestotrotz schadet ein grundlegendes Verständnis der DDL-Anweisungen sicherlich nicht.

3.6.1 DDL-Anweisungen automatisch erstellen lassen

Mit dem SQL Server Management Studio können DDL-Anweisungen für bestehende Datenbankobjekte einfach und komfortabel erzeugt werden. Dabei gibt es zwei Vorgehensweisen, je nachdem, ob das T-SQL-Skript nur für ein Objekt erstellt werden soll oder für mehrere.

3.6.1.1 DDL-Skript für ein einzelnes Objekt erstellen
Um dieses Feature zu nutzen, geht man wie folgt vor:
- Markieren Sie das gewünschte Objekt.
- Durch einen Klick mit der rechten Maustaste öffnet sich das Kontextmenü.
- Wenn man mit dem Mauszeiger über den Eintrag SKRIPT FÜR <OBJEKTTYP> fährt, öffnet sich das Untermenü.
- Nun lässt sich auswählen, ob eine DDL-Anweisung erstellt werden soll, die das Objekt
  - erstellt (CREATE...).
  - ändert (ALTER...).
  - löscht (DROP...).
- Anschließend bleibt nur noch festzulegen, wo das Skript erstellt werden soll:
  - in einem neuen Abfragefenster
  - in einer Datei
  - in der Zwischenablage

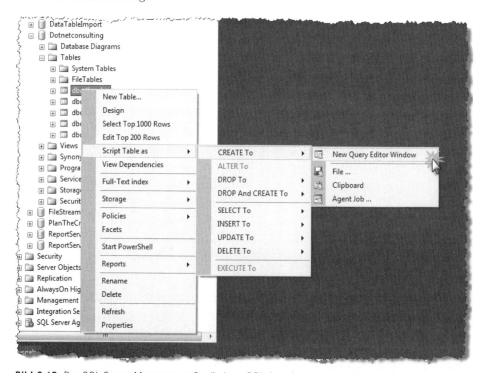

Bild 3.18 Das SQL Server Management Studio kann DDL-Anweisungen erstellen.

Da dieses Vorgehen für mehrere Objekte ein wenig mühselig ist, folgt nun das genaue Vorgehen dafür.

3.6.1.2 DDL-Skript für mehrere Objekte oder eine gesamte Datenbank erstellen lassen

Für das Erstellen eines DDL-Skripts für eine größere Anzahl von Objekten oder gar ganze Datenbanken steht ein anderer Assistent mit dem Namen SKRIPT-ASSISTENT zur Verfügung. Mit ihm lässt sich recht genau festlegen, welche Objekte mit welchen Optionen dabei berücksichtigt werden sollen.

Um den Assistenten zu starten, geht man wie folgt vor:

- Die Datenbank, welche die gewünschten Objekte enthält, wird markiert.
- Mit einem Klick auf die rechte Maustaste öffnet sich das Kontextmenü.
- Durch Bewegen des Mauszeigers auf den Eintrag TASKS öffnet sich das Untermenü.
- Über den Befehl SKRIPTS GENERIEREN... wird der Assistent gestartet.

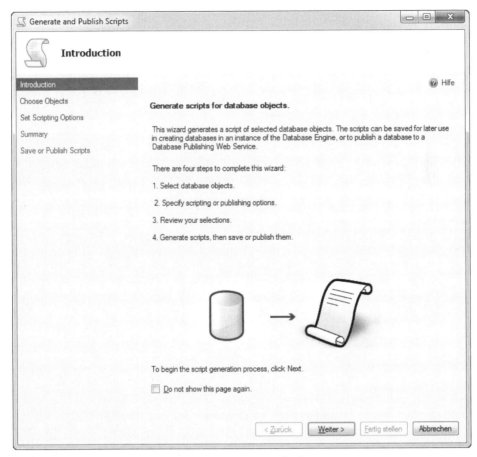

Bild 3.19 Der Skript-Assistent des SQL Server Management Studios

In den folgenden Schritten lässt sich bestimmen, für welche Objekte DDL-Skripte erstellt werden sollen. Im vorletzten Schritt kann dann schließlich noch bestimmt werden, wo das Skript (oder die Skripte) erstellt werden soll.

Bild 3.20 Die Ausgabeoptionen des Assistenten

Die DDL-Skripte, egal durch welches Vorgehen erzeugt, werden mithilfe der SMOs (Server Management Objects) erstellt. Deren Funktionalität kann auch von jedem .NET-Programm verwendet werden, das sich in der Assembly `Microsoft.SqlServer.Smo` (und `Microsoft.SqlServer.SmoEnum`) befindet.

 Nahezu alle Aktionen, die mit dem SQL Server Management Studio oder einem anderen entsprechenden Werkzeug mit dem SQL Server 2012 durchführbar sind, werden mithilfe der SMOs als T-SQL-Anweisungen formuliert und an den Server geschickt – streng genommen versteht dieser nichts anderes. Ausnahmen sind z. B. Start und Stopp des SQL Serverdienstes.

3.6.2 Datenbanken

In diesem Abschnitt werden die Erstellung, die Änderung und das Löschen einer Datenbank auf dem SQL Server 2012 mittels T-SQL beschrieben.

 Der Namen einer Datenbank muss eindeutig sein. Muss ein Name mehrfach verwendet werden, so bleibt nur der Ausweg über einen anderen SQL Server oder eine andere Instanz.

3.6.2.1 Erstellen einer Datenbank

Erstellt wird eine neue Datenbank mit der CREATE DATABASE-Anweisung. In der einfachsten Form wird dafür nur der Name der neuen Datenbank benötigt.

```
CREATE DATABASE MeineNeueDatenbank;
```

In diesem Fall wird die Datenbank mit den Standardoptionen erzeugt, und die Mediendateien werden im Standardordner abgelegt. Beides kann bei der Erstellung angegeben und später mittels ALTER DATABASE-Anweisung verändert werden. Im Folgenden sehen Sie ein Beispiel, das eine Datenbank erstellt, die bei Sortierungsabfragen Groß- und Kleinschreibung berücksichtigt.

```
CREATE DATABASE TestDB
ON
(
    NAME = TestDB_Daten,
    FILENAME = 'd:\DatenbankMedien\TestDB.mdf',
    SIZE = 10MB,
    MAXSIZE = 50MB,
    FILEGROWTH = 5MB
)
LOG ON
(
    NAME = TestDB_Log,
    FILENAME = 'd:\DatenbankMedien\TestDB.ldf',
    SIZE = 5MB,
    MAXSIZE = 25MB,
    FILEGROWTH = 5MB
)
COLLATE Latin1_General_CI_AS
WITH TRUSTWORTHY ON;
```

Eine Beschreibung der einzelnen Optionen und die Bedeutung von Mediendateien finden Sie in Kapitel 2, Abschnitt 2.6.1.1 und 2.6.1.2.

Leider ist es nicht erlaubt, Werte als Variablen der CREATE DATABASE-Anweisung zu übergeben, da SQL Server 2012 an diesen Stellen nur konstante Literale akzeptiert. Ein Ausweg kann es sein, die gesamte Anweisung in einer Variablen vom Typ VARCHAR(MAX) zusammenzusetzen und anschließend mit der EXECUTE-Anweisung auszuführen.

```
DECLARE @DBName VARCHAR(16)      = 'NeueDB'; -- Name der neuen Datenbank
DECLARE @CreateDB VARCHAR(MAX) = 'CREATE DATABASE [' + @DBName + ']';

EXECUTE (@CreateDB); --Ausführen
```

Eine erstellte Datenbank ist sofort einsatzfähig, sodass direkt damit begonnen werden kann, Objekte zu erstellen.

3.6.2.2 Ändern einer Datenbank

Um eine bereits erstellte Datenbank im Nachhinein zu ändern, steht die ALTER DATABASE-Anweisung zur Verfügung. Mit ihrer Hilfe können Optionen verändert werden, wie die folgenden Beispiele zeigen. Das erste Beispiel markiert die Datenbank als nur lesend (read only) und bringt sie anschließend wieder in den normalen Modus, der Lesen und Änderungen erlaubt.

```
ALTER DATABASE TestDB SET READ_ONLY;
ALTER DATABASE TestDB SET READ_WRITE;
```

Die folgenden Zeilen schränken den Zugriff auf die Datenbank ein.

```
-- Nur eine einzelne Anmeldung zulassen
ALTER DATABASE TestDB SET SINGLE_USER;

-- Nur Anmeldung von Datenbankbesitzern und Administratoren zulassen
-- (Mitglieder der db_owner, dbcreator und sysadmin-Rollen)
ALTER DATABASE TestDB SET RESTRICTED_USER;

-- Wieder alle Anmeldungen zulassen
ALTER DATABASE TestDB SET MULTI_USER;
```

Die Datenbank bleibt auch nach der Abmeldung in diesem Modus, bis eine entsprechende ALTER DATABASE-Anweisung ausgeführt wird. Das SQL Server Management Studio macht solche Datenbanken auf folgende Weise kenntlich.

Bild 3.21 Die Datenbank TestDB steht nur einem einzelnen Benutzer zur Verfügung.

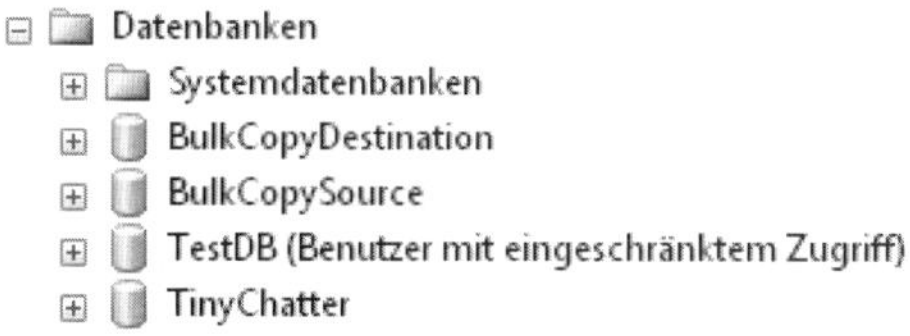

Bild 3.22 Die Datenbank TestDB steht nur für Datenbankbesitzer und Administratoren zur Verfügung.

> Ist bei dem Versuch, eine Datenbank nur für eine einzelne Verbindung zu konfigurieren (SINGLE_USER), mehr als diese eine Verbindung vorhanden, so wartet die ALTER DATABASE-Anweisung, bis nur noch eine Verbindung vorhanden ist. In der Regel kommt es dabei zu einem Timeout (CommandTimeout).

3.6.2.3 Löschen einer Datenbank

Das Löschen einer Datenbank sorgt für deren Entfernen vom SQL Server und das Löschen der Mediendatei(en) vom Server. Damit ist die Datenbank endgültig gelöscht und kann ohne ein Backup nicht wieder hergestellt werden.

```
DROP DATABASE MeineDatenbank;
```

Allerdings gibt es eine Reihe von Umständen, unter denen eine Datenbank nicht gelöscht werden kann:

- Wenn sie zurzeit in Verwendung ist: Dies kann auch durch das SQL Server Management Studio verursacht worden sein, mit dessen Abfrage gerade versucht wird, die Datenbank zu löschen. Wechseln Sie in diesem Fall in die Master-Datenbank.
- Die Datenbank wurde zur Replikation freigegeben.
- Es befindet sich ein Snapshot[1] in der Datenbank.
- Die Datenbank wird zurzeit gespiegelt.
- Die Datenbank ist zurzeit fehlerverdächtig.
- Die Daten gehören zum System (MASTER, MODEL, MSDB, TEMPDB, DISTRIBUTION).

3.6.2.4 Trennen/Anfügen

Zwar gehören das Trennen einer bestehenden Datenbank sowie das spätere Anfügen auf dem gleichen oder einem anderen SQL Server streng genommen nicht zu den DDL-Anweisungen, jedoch passen beide Aktionen gut an diese Stelle.

Der Unterschied zwischen dem Löschen und dem Entfernen einer Datenbank ist der, dass beim Entfernen die Mediendateien (*.mdf, *.ndf, *.ldf) nicht gelöscht werden, sodass diese auf dem gleichen oder einem anderen SQL Server wieder verwendet werden können.

Um eine nicht verwendete Datenbank vom SQL Server zu entfernen, steht folgende Anweisung zur Verfügung.

```
-- In die Master-Datenbank wechseln
use master;

EXEC sp_detach_db 'MeineDatenbank';
```

Für das Entfernen einer Datenbank gelten die gleichen Einschränkungen wie für das Löschen einer Datenbank.

Das Anfügen der frei gewordenen Mediendateien geschieht durch eine Variante der CREATE DATABASE-Anweisung. Wichtig ist dabei, dass die Daten von der gleichen oder einer niedrigeren Version des SQL Servers stammen.

```
CREATE DATABASE MeineDatenbank
ON (FILENAME = 'd:\Medien\MeineDatenbank.mdf')
FOR ATTACH;
```

Der Name, der für die Datenbank angegeben wird, muss nicht mit dem alten übereinstimmen. Auch können sich die Mediendatei(en) an anderen Speicherorten befinden.

 Laut Microsoft sollen für das Anfügen von Datenbanken die folgenden beiden gespeicherten Prozeduren nicht für Neuentwicklungen verwendet werden, obwohl beide noch zum Lieferumfang des SQL Servers 2012 gehören: sp_attach_db und sp_attach_single_File_db.

---

[1] Datenbank-Snapshots sind Kopien, die sich auf dem gleichen oder einem anderen SQL Server befinden und von denen nur gelesen werden kann. Stellen Sie sich einen fotografischen Schnappschuss vor, der ein Objekt zu einer bestimmten Zeit abbildet, das Sie natürlich nicht verändern können.

Ist auf dem Computer die Express-Edition oder die Express LocalDB-Edition des SQL Servers installiert, so kann die Datenbank zur Laufzeit mit Angabe des `AttachDBFilename`-Parameters in der Verbindungszeichenfolge angebunden und verwendet werden (siehe Abschnitt 4.2.5, „Verbindungszeichenfolge (Connection String)").

3.6.3 Tabellen

Tabellen gehören zweifelsfrei zu den wichtigsten Objekten innerhalb einer Datenbank und bilden deren Herzstück, da in ihnen alle Daten gespeichert werden. Die Tabellen selbst bestehen wiederum aus einer Reihe von Spalten.

Tabellen befinden sich in einem Datenbankschema, wie es in Abschnitt 3.6.10, „Datenbankschemata", beschrieben ist. Der Übersichtlichkeit halber wird an dieser Stelle jedoch auf Schemata verzichtet.

3.6.3.1 Tabelle anlegen

Für das Erstellen einer Tabelle existiert die `CREATE TABLE`-Anweisung. Ihr müssen im Wesentlichen der Name der neuen Tabelle und die Definitionen der gewünschten Spalten übergeben werden. Damit sieht sie wie folgt aus.

```
CREATE TABLE MeineNeueTabelle
(
<SpaltenName1> <SpaltenDefinition1>
...
<SpaltenNameN> <SpaltenDefinitionN>
);
```

Praktisch kann dies zum Beispiel wie folgt aussehen.

```
CREATE TABLE Mitarbeiter
(
    ID INT IDENTITY(1,1) NOT NULL,
    Name VARCHAR(100) NOT NULL,
    Vorname VARCHAR(100) NULL,
    AnzahlKinder INT NOT NULL CONSTRAINT DF_MA_AK DEFAULT ((0)),
    Einkommen DECIMALE(18, 2) NOT NULL
) ON PRIMARY;
```

Der Zusatz `ON PRIMARY` legt die Dateigruppe fest, auf der die Tabelle erzeugt werden soll. Ohne diesen Zusatz wird die Tabelle auf der primären Dateigruppe erzeugt.

Angabe von Spaltendefinitionen

Da eine Tabelle aus Spalten besteht, ist die Definition der Spalten eine der zentralen Aufgaben beim Tabellenentwurf. Zu einer Spaltendefinition gehören mindestens der in der Tabelle eindeutige Name sowie der Datentyp. Mit dem Datentyp geht in einigen Fällen noch eine Angabe über die Genauigkeit bzw. die (maximale) Größe einher.

Im Folgenden werden die Datentypen nach Gruppen aufgeteilt und beschrieben, damit Sie leichter eine Auswahl treffen können.

Zeichenketten

Für das Speichern einfacher Zeichenketten stehen die folgenden Datentypen auf dem SQL Server zur Verfügung.

Tabelle 3.7 Auf Zeichenketten bezogene Datentypen

Datentyp	Bytes	Beschreibung
char(<Größe>) nchar(<Größe>)	<Größe> 2* <Größe>	Zeichenkette mit fixer Länge. Werden kürzere Literale oder Ausdrücke zugewiesen, so wird der freie Rest mit Leerzeichen aufgefüllt. **Achtung:** Dies muss bei Vergleichen berücksichtigt werden.
varchar(<Größe>) nvarchar(<Größe>)	<Größe>+4 2*<Größe>+4	Zeichenkette, für welche die maximale Größe angegeben wird. Kürzere Literale oder Ausdrücke werden ohne Auffüllen von Leerzeichen gespeichert, wie sie sind.
varchar(MAX) nvarchar(MAX)	<Größe>+4 2*<Größe>+4	Gleicher Typ wie [n]varchar(<Größe>), nur ohne Begrenzung für die maximale Größe. **Achtung:** Ohne Begrenzung bedeutet hier 2 GB.
text ntext	<Größe>+16 2*<Größe>+16	Ähnlich wie [n]varchar(MAX). Texte werden als BLOB[1] gespeichert, sodass nicht alle Textfunktionen mit diesen Datentypen funktionieren. Verwenden Sie nach Möglichkeit [n]varchar(MAX).
xml	<Größe>+4	Zeichenkette, die als XML formatiert sein muss

Die Datentypen, die mit einem „n" beginnen, stellen die Unicode-Variante[2] dar. Das Gleiche gilt für Unicode-Literale, die mit einem N vorneweg notiert werden:

    DECLARE @NAME NVARCHAR(50) = N'Müller';

Numerische Werte

Für das Speichern numerischer Werte stehen die folgenden Datentypen bereit, die sich im Wesentlichen in ihrer Genauigkeit und der Fähigkeit, Nachkommastellen zu speichern, unterscheiden.

---

[1] BLOB (Big Large Object) steht für große Datenmengen.
[2] Unicode: Internationaler Standard mit der Aufgabe, für alle sinntragenden Zeichen und Textelemente aller bekannten Schriften einen digitalen Code zu definieren.

Tabelle 3.8 Numerische Datentypen

Datentyp	Wertebereich	Bytes
bigint	9.223.372.036.854.775.808 bis 9.223.372.036.854.775.807	8
decimal,numeric	$-10^{38} +1$ bis $10^{38} -1$	5-17
float	$-1,79E + 308$ bis $1,79E + 308$ (genähert)	4 oder 8
int	-2.147.483.648 bis 2.147.483.647	4
money	-922.337.203.685.477,5808 bis +922.337.203.685.477,5807	8
real	$-3.40E + 38$ bis $3.40E + 38$ (genähert)	4
smallint	-32.768 bis 32.767	2
smallmoney	-214.748,3648 bis +214.748,3647	4
tinyint	0 bis 255	1

Datum & Uhrzeit

Im Folgenden sind alle Datentypen zum Speichern von Datum & Uhrzeit aufgeführt.

Tabelle 3.9 Auf Datum & Uhrzeit bezogene Datentypen

Datentyp	Format	Wertebereich	Genauigkeit	Bytes	Genauigkeit bestimmbar?
time	hh:mm:ss[.nnnnnnn]	00:00:00,0000000 bis 23:59:59,9999999	100 ns	3-5	Ja

Datentyp	Format	Wertebereich	Genauigkeit	Bytes	Genauigkeit bestimmbar?
date	DD.MM.YYYY	01.01.0001 bis 31.12.9999	1 Tag	3	Nein
smalldatetime	DD.MM.YYYY hh:mm:ss	01.01.1901 bis 06.06.2079	1 Minute	4	Nein
datetime	DD.MM.YYYY hh:mm:ss[.nnn]	01.01.1753 00:00:00,000 bis 31.12.9999 23:59:59,999	0,333 s	8	Nein
datetime2	DD.MM.YYYY hh:mm:ss[.nnnnnnn]	01.01.0001 00:00:00,0000000 bis 31.12.9999 23:59:59,9999999	100 ns	6-8	Ja
datetimeoffset	DD.MM.YYYY hh:mm:ss[.nnnnnnn] +/- hh:mm	01.01.0001 00:00:00,0000000 bis 31.12.9999 23:59:59,9999999 (UTC)	100 ns	8-10	Ja

 Das Format bezieht sich auf die im deutschen Sprachraum gültige Notation.

Sonstige Datentypen

Datentypen, die zu keiner der vorherigen Gruppen gehören, werden im Folgenden aufgeführt und beschrieben.

Tabelle 3.10 Sonstige Datentypen

Datentyp	Bytes	Beschreibung
binary(<Größe>)	<Größe>+4	Binäre Daten mit einer fixen Größe, die ca. 8.000 Bytes nicht überschreiten darf
bit	1 (je 8 Bit Spalten werden zu einem Byte zusammengefasst)	Boolescher Wert, der 0 und 1 erlaubt
image	<Größe>+4	Binäre Daten mit einer variablen Länge von bis zu 2 GB

Tabelle 3.10 Sonstige Datentypen *(Fortsetzung)*

Datentyp	Bytes	Beschreibung
geography	–	Geografische Koordinaten auf der gekrümmten Erdoberfläche, die durch Längen- und Breitengrad bestimmt werden
geometry	–	Geometrische Koordinaten für eine nicht gekrümmte Fläche
hierarchyid	–	Speichert hierarchische Daten für baumähnliche Strukturen
sql_variant	–	Speichert jeden dem SQL Server bekannten Datentyp außer [n]text und timestamp
timestamp	4	Serverweit eindeutiger numerischer Wert, der bei Änderungen der Zeile aktualisiert wird. Oft auch als „Zeilenversion" bezeichnet.
uniqueidentifyer	16	Speichert eine global eindeutige ID (GUID).
varbinary varbinary(MAX)	<Größe>+4	Speichert binär Daten bis zu ca. 8.000 Bytes oder bis zu 2 GB

Eine einfache Tabellendefinition kann also wie folgt aussehen.

```
CREATE TABLE Mitarbeiter
(
    ID INT,
    Name VARCHAR(100),
    Vorname VARCHAR(100),
    AnzahlKinder INT,
    Einkommen DECIMAL(18, 2)
) ON PRIMARY;
```

Die Spaltendefinitionen finden in Abschnitt 3.6.3.3, „Tabellen ändern", noch einmal Verwendung, wenn es um das Hinzufügen und Ändern von Spalten geht.

Identitätsspalte

Der SQL Server bietet die Funktion an, den Inhalt einer Spalte je Tabelle automatisch mit einem eindeutigen numerischen Wert zu versehen, wenn eine neue Zeile eingefügt wird. Diese Spalte wird Identitätsspalte genannt, für deren Definition ein Startwert und eine Schrittweite benötigt werden.

```
CREATE TABLE Mitarbeiter
(
    ID INT IDENTITY(<Startwert>,<Schrittweite>) NOT NULL,
    ...
);
```

Folgende Dinge sind in Bezug auf die Identitätsspalte wichtig zu wissen:

- Es darf nur eine einzige Spalte pro Tabelle als Identitätsspalte definiert werden.
- Als Datentyp kommen nur numerische Werte ohne Nachkommastellen infrage. In den meisten Fällen ist dies der INT-Datentyp.

- Spalten dürfen nicht mit NULL, sondern nur mittels NOT NULL definiert werden.
- Unter normalen Umständen dürfen keine Werte in diese Spalte eingefügt werden und Änderungen sind unter keinen Umständen möglich.
- Der SQL Server garantiert nicht, dass die Werte fortlaufend und lückenlos sind.
- Ebenso wenig prüft der SQL Server, ob der Wert, der als Nächstes eingefügt werden soll, schon vorhanden ist oder nicht. Ist dies der Fall, wird ein Fehler ausgelöst, und es können keine Zeilen eingefügt werden.
- Eine Identitätsspalte gehört nicht zwangsläufig zum Primärschlüssel der Tabelle, auch wenn dies häufig der Fall ist.
- Die Identitätsspalte kann neben ihrem tatsächlichen Namen auch über die symbolischen Namen IDENTITYCOL oder $IDENTITY angesprochen werden.

Wie der aktuelle Wert der Identitätsspalte ermittelt oder verändert werden kann, finden Sie in Abschnitt 3.9.3, „Aktuellen Wert der Identitätsspalte auslesen und festlegen". In Abschnitt 3.9.2, „Werte in die Identitätsspalte einfügen", erfahren Sie, wie Werte beim Einfügen für diese Spalte festgelegt werden können.

Primärschlüssel

Der Primärschlüssel einer Tabelle dient zum eindeutigen Identifizieren einer Zeile. Es kann sich dabei um eine oder mehrere Spalten handeln. Bei der Wahl der Spalten sollte Folgendes berücksichtigt werden: so wenige wie möglich, so viele wie nötig.

Es gibt zwei verschiedene Sorten von Primärschlüsseln: natürliche und künstliche.

Ein natürlicher Primärschlüssel besteht aus Spalten, die sich in der Tabelle befinden und Daten enthalten. Für einen künstlichen Primärschlüssel hingegen wird eine spezielle Spalte angelegt, die einen eindeutigen Wert enthält. Meistens ist dies die Identitätsspalte der Tabelle.

Im Folgenden sehen Sie ein Beispiel für einen natürlichen Primärschlüssel, der aus den Spalten Name und Vorname besteht.

```
CREATE TABLE Mitarbeiter
(
    ID INT IDENTITY(1,1) NOT NULL,
    Name VARCHAR(100) NOT NULL,
    Vorname VARCHAR(100) NULL,
    AnzahlKinder INT NOT NULL CONSTRAINT DF_MA_AK DEFAULT ((0)),
    Einkommen DECIMALE(18, 2) NOT NULL
    CONSTRAINT [PK_Mitarbeiter] PRIMARY KEY CLUSTERED
    (
        Name ASC,
        Vorname ASC
    )
) ON PRIMARY;
```

Der Zusatz CLUSTERED bewirkt, dass die Daten in dieser Tabelle intern gemäß der Sortierung dieses Primärschlüssels gespeichert werden. Dies erlaubt einen sehr schnellen Zugriff, bedeutet jedoch mitunter ein Verzögern beim Einfügen von Zeilen und: Es kann nur einen einen Index mit diesem Zusatz geben.

Bei einem künstlichen Primärschlüssel sieht die Definition fast genau so aus, nur dass anstelle der Spalten Name und Vorname die Identitätsspalte verwendet wird.

```
CREATE TABLE Mitarbeiter
(
...
    CONSTRAINT [PK_Mitarbeiter] PRIMARY KEY CLUSTERED
    (
        ID ASC
    )
...
);
```

Da künstliche Primärschlüssel oft aus nur einer Spalte bestehen, wird konsequenterweise auch nur diese angegeben – eine „Vermischung" mit anderen Spalten wäre nicht zielführend.

Versuchen Sie, wann immer es möglich ist, künstliche Primärschlüssel zu verwenden. Wie Sie vielleicht schon an dem einfachen Beispiel erkennen können, haben Spalten, die in einem natürlichen Primärschlüssel verwendet werden, oft die unangenehme Eigenschaft, nicht so eindeutig zu sein, wie es wünschenswert wäre. Ein solches Problem bedeutet meist umfangreiche Änderungen an der Anwendung.

Beachten Sie, dass Spalten, die NULL-Werte zulassen, nicht in einem Primärschlüssel aufgenommen werden können.

Standardwerte

Mithilfe des DEFAULT-Zusatzes kann der Standardwert für eine Spalte definiert werden. Dieser Standardwert wird immer dann bei Einfüge-Operationen (INSERT- oder MERGE-Anweisung) verwendet, wenn kein anderer Wert explizit für diese Spalte angegeben wurde.

Bei Spalten, die weder einen Standardwert haben noch einen Wert erhalten, wird versucht, NULL zuzuweisen.

Im folgenden Beispiel wird für die Spalten Laenge und Breite ein Standardwert von jeweils 1 festgelegt.

```
CREATE TABLE Raum
(
    ID INT IDENTITY(1,1) NOT NULL,
    Laenge INT NOT NULL CONSTRAINT [DF_Raum_Laenge] DEFAULT (1),
    Breite INT NOT NULL CONSTRAINT [DF_Raum_Breite] DEFAULT (1),
```

```
        Flaeche AS Laenge * Breite
);
```

Alternativ kann dies auch ohne das `CONSTRAINT`-Schlüsselwort erledigt werden, die `Default`-Einschränkungen werden dann automatisch benannt.

```
CREATE TABLE Raum
(
    ID INT IDENTITY(1,1) NOT NULL,
    Laenge INT NOT NULL DEFAULT (1),
    Breite INT NOT NULL DEFAULT (1),
    Flaeche AS Laenge * Breite
);
```

Im SQL Server Management Studio werden diese dann konsequenterweise auch unter EIN-SCHRÄNKUNGEN angezeigt.

- dbo.Raum
  - Spalten
  - Schlüssel
  - Einschränkungen
    - DF_Raum_Breite_25869641
    - DF_Raum_Laenge_24927208
  - Trigger
  - Indizes
  - Statistik

Bild 3.23 Automatisch benannte Standardwerte im SQL Server Management Studio

Standardwerte müssen nicht konstant sein, sondern können auch der Rückgabewert einer Funktion oder einer Berechnung sein. Das vorangegangene Beispiel kann z. B. durch eine Spalte erweitert werden, die automatisch den Zeitpunkt des Anlegens des Datensatzes speichert.

```
CREATE TABLE Raum
(
    ID INT IDENTITY(1,1) NOT NULL,
    Laenge INT NOT NULL CONSTRAINT [DF_Raum_Laenge] DEFAULT ((1)),
    Breite INT NOT NULL CONSTRAINT [DF_Raum_Breite] DEFAULT ((1)),
    Flaeche AS Laenge * Breite,
    [Aufgenommen] [datetime] NULL CONSTRAINT [DF_RA] DEFAULT (getdate())
);
```

NULL oder NOT NULL

Für jede Spalte einer Tabelle kann bestimmt werden, ob diese `NULL` anstelle eines Wertes zulässt. Dies bedeutet, dass diese Spalte dann gar keinen Wert hat – im Fall einer Spalte, die Zeichenfolgen speichert (`CHAR`, `VARCHAR`, `TEXT`, `NCHAR`, `NVARCHAR`, `NTEXT`), auch keine leeren Zeichenfolgen der Länge 0. Die Spalten sind also vollständig leer. Spalten, für die dies nicht gewünscht ist, müssen mit `NOT NULL` definiert werden.

Es ist nicht zwingend notwendig, NULL oder NOT NULL für eine Spalte anzugeben. Wird diese Angabe nicht gemacht, so entscheidet die Datenbankeinstellung ANSI NULL DEFAULT (Standardwert False), von welcher Angabe ausgegangen wird. Verlassen Sie sich jedoch nicht auf diese Einstellung (es sei denn, Sie setzen diese ganz bewusst), und geben Sie immer NOT oder NOT NULL an.

Das folgende kleine Beispiel zeigt die Anwendung beider Fälle.

```
CREATE TABLE Mitarbeiter
(
    ID INT IDENTITY(1,1) NOT NULL,
    Name VARCHAR(100) NOT NULL,
    Vorname VARCHAR(100) NULL,
);
```

 Die Identitätsspalte einer Tabelle darf nicht mit NULL, sondern nur mit NOT NULL definiert werden.

Der Umgang mit NULL-Werten ist ein wenig schwierig und unterscheidet sich von dem mit anderen Werten. Das zeigt schon folgendes Beispiel, das niemals etwas zurückliefert, obwohl das WHERE-Prädikat es vermuten lässt.

```
SELECT 1 WHERE NULL = NULL OR NOT NULL = NULL;
```

Generell wird mit dem IS NULL-Operator ermittelt, ob eine Spalte leer ist und NULL enthält (für Details siehe Abschnitt 3.5.1.5, „Zeilen mittels WHERE einschränken").

```
SELECT * FROM Mitarbeiter WHERE Vorname IS NULL;
```

 Versuchen Sie, wo immer es möglich ist, NULL zu vermeiden, da es kaum einen guten Grund für den Einsatz gibt, dies meist aber Schwierigkeiten und Probleme bei der Programmierung verursacht. So liefern standardmäßig Zeichenketten, die mit NULL verbunden werden, genauso NULL wie arithmetische Operationen, an denen NULL-Werte beteiligt sind.

SPARSE-Spalten

Mit SQL Server 2008 wurden sogenannte Sparse-Spalten (*engl.* für spärlich oder „von geringer Dichte") eingeführt. Diese belegen keinen physikalischen Platz, wenn sie lediglich NULL beinhalten. Auch das Limit von 1.024 Spalten pro Tabelle kann durch ihren Einsatz gesprengt werden, da immer nur ein kleiner Teil der Spalten mit Werten belegt ist. Damit wird die maximale Spaltenanzahl auf über 32.000 erhöht. Das SQL Server Management Studio nennt die entsprechende Eigenschaft solcher Spalten „Ist von geringer Dichte", in T-SQL wird das SPARSE-Schlüsselwort eingefügt.

```
CREATE TABLE TabelleMitSparse(
    ID INT IDENTITY(1,1) NOT NULL,
    s1 NCHAR(10) SPARSE NULL,
    s2 NVARCHAR(10) SPARSE NULL,
    s3 INT SPARSE NULL,
    s4 NCHAR(10) SPARSE NULL,
    /* Über 32.000 Sparse-Spalten noch möglich */
);
```

Bei der Verwendung von Sparse-Spalten müssen folgende Punkte berücksichtigt werden:

- NULL muss gestattet sein, und die Spalten dürfen nicht als ROWGUIDCOL oder IDENTITY markiert sein.
- Es sind alle Datentypen außer den folgenden zugelassen: text, ntext, image, timestamp, geometry und geography.
- Standardwerte und Berechnungen sind für diese Spalten nicht zugelassen.
- Die Spalte darf nicht zu einem Index gehören.

Bei Abfragen à la SELECT * FROM TabelleMitSparse werden Sparse-Spalten nicht an den Aufrufer zurückgeliefert. Leider kommt das SQL Server Management Studio mit Sparse-Spalten auch nicht besonders gut zurecht: Weder beim Bearbeiten noch beim Ausgeben von Tabelleninhalten sind sie dabei – unabhängig davon, ob mit oder ohne Inhalt.

Bild 3.24 zeigt, was von der eben erstellten Tabelle zu sehen ist.

Bild 3.24 Sparse-Spalten werden vom SQL Server Management Studio ignoriert, ...

Im Entwurf und bei der Auflistung der Spalten einer Tabelle werden diese Spalten jedoch wie gewohnt aufgelistet.

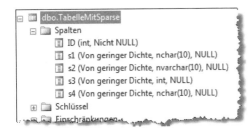

Bild 3.25 ... jedoch zusammen mit anderen Spalten aufgelistet.

 Um Fehler zur Laufzeit zu vermeiden, die aufgrund „verschwundener" Spalten auftreten, müssen alle Spalten der Tabelle namentlich angegeben werden.

Bei Sparse-Spalten kann zusätzlich eine Art „berechneter Spalte" vom Typ XML erzeugt werden, die im XML-Format die Werte der Spalten als XML-Attribut enthält, die nicht NULL sind. Die restlichen Nicht-Sparse-Spalten und solche, die NULL enthalten, tauchen nicht auf. Aus dieser Spalte kann nur gelesen werden, ein Ändern ist nicht möglich.

```
CREATE TABLE TabelleMitSparse(
    ID INT IDENTITY(1,1) NOT NULL,
    s1 NCHAR(10) SPARSE NULL,
    s2 NVARCHAR(10) SPARSE NULL,
    s3 INT SPARSE NULL,
    s4 NCHAR(10) SPARSE NULL,
    /* Über 32.000 Sparse-Spalten sind noch möglich */

    Sparse XML COLUMN_SET FOR ALL_SPARSE_COLUMNS
);
```

Die Ausgabe dieser speziellen Spalte sieht für eine Zeile, die über Daten in den Spalten S1, S2 und S4 verfügt, wie folgt aus.

```
<s1>WertS1</s1>
<s2>WertS2</s2>
<s4>WertS4</s4>
```

Da die Spalte vom Typ XML ist, bietet sich von .NET-Seite ein Zugriff via SqlXmlReader-Objekt (ADO.NET) an.

Berechnete Spalten

Für Spalten, deren Inhalt sich aus einer oder mehreren anderen Spalten ergibt, gibt es das Feature berechneter Spalten. Für diese Berechnung stehen beliebige Ausdrücke und Funktionen zur Verfügung.

```
CREATE TABLE Raum
(
    ID INT IDENTITY(1,1) NOT NULL,
    Laenge INT,
    Breite INT,
    Flaeche AS Laenge * Breite
);
```

Da der Inhalt einer berechneten Spalte automatisch bestimmt wird, darf eine solche Spalte weder bei INSERT- noch bei UPDATE-Anweisungen explizit mit Werten versehen werden.

Über den PERSISTED-Zusatz kann der SQL Server angewiesen werden, die Werte nicht nur dann zu berechnen, wenn diese benötigt werden, sondern dauerhaft in der Tabelle zu speichern. Im letzteren Fall werden die Werte immer dann aktualisiert, wenn ein Wert, auf dem die Berechnung basiert, sich verändert.

```
CREATE TABLE Raum
(
    ID INT IDENTITY(1,1) NOT NULL,
    Laenge INT,
    Breite INT,
    Flaeche AS Laenge * Breite PERSISTED
);
```

Es gibt zwei wichtige Gründe, warum eine berechnete Spalte als „dauerhaft" (PERSISTED) markiert werden sollte:

- Die Berechnung des Wertes ist recht aufwendig, und auf die Spalte muss zeitnah zugegriffen werden.

- Die Spalte soll Bestandteil eines Index oder des primären Schlüssels für die Tabelle werden.

Alle Funktionen, die in einer solchen dauerhaft berechneten Spalte Verwendung finden, müssen deterministisch sein, da der Wert jeweils nur bei Änderungen der beteiligten Spalten neu berechnet und gespeichert wird.

Umgekehrt bedeutet dies, dass für nicht deterministische Funktionen nur berechnete Spalten verwendet werden, die nicht dauerhaft sind.

 Deterministische Funktionen sind solche, die bei gleichen Parameterwerten das gleiche Ergebnis liefern. Gegenbeispiele sind die `RAND`-Funktion, die einen (Pseudo-)Zufallswert liefert, oder die `GETDATE`-Funktion.

Berechnete Spalten werden im SQL Server Management Studio auf folgende Art grafisch dargestellt.

```
dbo.Raum
   Spalten
      Laenge (int, NULL)
      Breite (int, NULL)
      Flaeche (Berechnet, datetime, Nicht NULL)
```

Bild 3.26 Grafische Darstellung einer berechneten Spalte

UNIQUE-Einschränkungen

Um die Konsistenz der Daten in einer Tabelle zu erhalten, bietet der SQL Server die Möglichkeit an, über die `UNIQUE`-Einschränkung sicherzustellen, dass zwei Zeilen in den betroffenen Spalten nicht die gleichen Werte haben. Wegen der Ähnlichkeit zum Primärschlüssel einer Tabelle, für den Gleiches gilt, wird diese Einschränkung oft auch als Sekundärschlüssel bezeichnet. Im Gegensatz zu einem Primärschlüssel kann eine Tabelle jedoch theoretisch beliebig viele Sekundärschlüssel besitzen.

```
CREATE TABLE Gebaeude
(
    ID INT IDENTITY(1,1) NOT NULL,
    Name VARCHAR(100),
    Strassenname VARCHAR(100),
    Hausnummer int,
    CONSTRAINT [UQ_Gebaeude] UNIQUE
    (
        Strassenname,
        Hausnummer
    )
);
```

In diesem Beispiel darf jede Kombination aus Straßenname und Hausnummer nur ein einziges Mal vorkommen. Im Gegensatz zum Primärschlüssel dürfen `UNIQUE`-Einschränkungen Spalten beinhalten, die `NULL`-Werte zulassen.

`UNIQUE`-Einschränkungen werden vom SQL Server Management Studio grafisch unter SCHLÜSSEL dargestellt (vgl. Bild 3.27).

- dbo.Gebaeude
  - Spalten
  - Schlüssel
    - UQ_Gebaeude
  - Einschränkungen
  - Trigger
  - Indizes
  - Statistik

Bild 3.27 Grafische Darstellung einer UNIQUE-Einschränkung unter Schlüssel

Auf Wunsch können alle oder einige Einschränkungen deaktiviert werden (für Details siehe Abschnitt 3.9.6, „Einschränkungen deaktivieren").

CHECK-Einschränkung

Über die CHECK-Einschränkungen in der Tabelle können Bedingungen für die Werte festgelegt werden, die erfüllt werden müssen, damit diese eingefügt werden können. Wird nur eine dieser Bedingungen verletzt, ist es nicht möglich, diese Werte in der Tabelle zu speichern – sei es beim Einfügen oder Ändern. Folgendes Beispiel zeigt, wie dies praktisch aussieht.

```
CREATE TABLE Raum
(
    ID INT IDENTITY(1,1) NOT NULL,
    Laenge INT,
    Breite INT,
    Flaeche AS Laenge * Breite PERSISTED,
    CONSTRAINT [CK_Laenge] CHECK (Laenge>=1),
    CONSTRAINT [CK_Breite] CHECK (Breite>=1)
);
```

Auch diese Einschränkung lässt sich alternativ ohne das CONSTRAINT-Schlüsselwort erstellen, die CHECK-Einschränkung wird dann automatisch vom SQL Server benannt.

```
CREATE TABLE Raum
(
    ID INT IDENTITY(1,1) NOT NULL,
    Laenge INT NOT NULL DEFAULT (1) CHECK (Laenge>=1),
    Breite INT NOT NULL DEFAULT (1) CHECK (Breite>=1),
    Flaeche AS Laenge * Breite PERSISTED
);
```

Einen kleinen, aber sehr feinen Unterschied gibt es zwischen beiden Varianten allerdings: Einschränkungen ohne das CONSTRAINT-Schlüsselwort erlauben nur Zugriff auf die Spalte, für die sie definiert sind. Sie sind streng dieser einen Spalte zugeordnet. Die folgende Einschränkung funktioniert deswegen nicht.

```
Laenge INT NOT NULL DEFAULT (1) CHECK (Laenge > Breite)
```

In Verbindung mit dem CONSTRAINT-Schlüsselwort ginge dies sehr wohl:

```
CONSTRAINT [CK_Laenge] CHECK (Laenge > Breite)
```

Ansonsten können Ausdrücke für die CHECK-Einschränkung beliebig komplex werden und Funktionen und andere Spalten dieser Tabelle umfassen, solange diese nur skalar sind und sich zu einem booleschen Ausdruck auswerten lassen. Unterabfragen auf andere Tabellen sind daher nicht möglich. Im Folgenden finden Sie eine Reihe von Einschränkungen, die alle gültig sind.

```
CONSTRAINT [CheckCon] CHECK (Laenge > Breite)

CONSTRAINT [CheckCon] CHECK (Laenge BETWEEN 1 AND 100)

CONSTRAINT [CheckCon] CHECK (LEN(Besitzer) > 3)

CONSTRAINT [CheckCon] CHECK (DATEDIFF(YEAR, GebDat, getdate())
```

Bedenken Sie, dass alle CHECK-Einschränkungen (wie alle anderen Einschränkungen auch) bei jedem Einfügen und jeder Veränderung der Daten ausgeführt werden müssen. Bei den CHECK-Einschränkungen ist das insofern kritisch, da die Anweisungen komplex und rechenintensiv sein können. Bei einer entsprechend großen Anzahl von CHECK-Einschränkungen kann dies zu einem massiven Leistungseinbruch führen. Versuchen Sie also, die Anzahl möglichst niedrig und die Einschränkungen möglichst einfach zu halten.

CHECK-Einschränkungen werden vom SQL Server Management Studio auf folgende Art grafisch dargestellt (vgl. Bild 3.28).

```
dbo.Raum
  Spalten
  Schlüssel
  Einschränkungen
     CK_Raum_Breite__308E3499
     CK_Raum_Laenge__2EA5EC37
     DF_Raum_Breite__2F9A1060
     DF_Raum_Laenge__2DB1C7EE
```

Bild 3.28 Grafische Darstellung zweier CHECK-Einschränkungen

Auf Wunsch können alle oder einige Einschränkungen deaktiviert werden (für Details siehe Abschnitt 3.9.6, „Einschränkungen deaktivieren").

Fremdschlüssel

Mit Fremdschlüsseln wird die Beziehung zwischen zwei Tabellen festgelegt. Soll zum Beispiel neben der Tabelle Raum auch eine Tabelle existieren, die das Mobiliar eines jeden Raumes speichert, so könnte diese Tabelle zum Beispiel wie folgt aussehen.

```
CREATE TABLE Mobiliar
(
    ID INT IDENTITY(1,1) NOT NULL,
    RaumID INT NOT NULL,
    Bezeichnung VARCHAR(50) NOT NULL
);
```

In der Spalte RaumID soll jeweils der Wert der Spalte ID aus der Tabelle Raum eingetragen werden, in dem das Möbel steht. Damit wäre eine Zuordnung von n Möbeln in einem Raum möglich, wobei jedes Möbel nur in einem Raum stehen kann. Leider stellt dies zu diesem Zeitpunkt nicht sicher, dass nur RaumID-Werte verwendet werden, die auch existieren. Und was passiert mit Möbeln, deren Räume gelöscht (abgebrannt) werden? Um die Konsistenz der Daten zwischen zwei Tabellen zu gewährleisten, kommt die Fremdschlüssel-Einschränkung zum Einsatz.

```
CREATE TABLE Mobiliar
(
    ID INT IDENTITY(1,1) NOT NULL,
    RaumID INT NOT NULL,
    Bezeichnung VARCHAR(50) NOT NULL,
    CONSTRAINT [FK_Mobiliar] FOREIGN KEY (RaumID)
        REFERENCES Raum(ID)
);
```

 Spalten, auf die verwiesen wird (wie hier die ID-Spalte in der Tabelle Raum), müssen entweder eine UNIQUE-Einschränkung besitzen oder den Primärschlüssel der Tabelle darstellen.

Durch diese neue Einschränkung ist eine 1:n-Beziehung zwischen den Tabellen Raum und Mobiliar entstanden, welche die referenzielle Integrität zwischen den beiden Tabellen sicherstellt. Da die RaumID-Spalte keine NULL-Werte zulässt, kann es keine Möbel geben, die sich nicht in einem der Räume befinden.

Das SQL Server Management Studio stellt Fremdschlüssel-Einschränkungen als kleinen grauen Schlüssel dar (vgl. Bild 3.29).

- dbo.Mobiliar
  - Spalten
  - Schlüssel
    - FK_Mobiliar
  - Einschränkungen
  - Trigger
  - Indizes
  - Statistik

Bild 3.29 Grafische Darstellung einer Fremdschlüssel-Einschränkung

Bei der Definition einer Fremdschlüssel-Einschränkung kann angegeben werden, was mit Zeilen in der abhängigen Tabelle geschehen soll, wenn der Fremdschlüssel geändert wird. Die ADD CONSTRAINT-Anweisung kennt deshalb für diese Fälle die Zusätze ON DELETE und ON UPDATE.

Folgende Aktionen sind beim Löschen oder Ändern der Werte möglich.

Tabelle 3.11 Fremdschlüssel-Aktionen für ON DELETE und ON UPDATE

Aktion	Beschreibung
NO ACTION	Das Löschen oder Ändern einer Zeile in der Primärtabelle führt zu einem Fehler, der die entsprechende Anweisung abbricht. Dies ist der Standard.
CASCADE	Die Änderungen werden weitergereicht, sodass Zeilen, die den entsprechenden Wert des Fremdschlüssels verwenden, ebenfalls gelöscht oder geändert werden.
SET NULL	Alle Zeilen, welche die geänderten oder gelöschten Werte verwenden, werden auf NULL gesetzt. Lässt eine der Spalten keine NULL-Werte zu, so kann die Einschränkung nicht angelegt werden.
SET DEFAULT	Alle Zeilen, welche die geänderten oder gelöschten Werte verwenden, werden auf ihren Standardwert gesetzt. Besitzt eine der Spalten keine Standardwerte, so kann die Einschränkung nicht angelegt werden.

Eine Fremdschlüssel-Einschränkung kann sich auf mehr als nur eine Spalte beziehen. Aus diesem Grund ist in Tabelle 3.11 von Spalten die Rede.

Obwohl es mehrere Fremdschlüssel-Einschränkungen zwischen zwei Tabellen geben kann (was eher unüblich ist), kann jeweils nur eine die CASCADE-Aktion mit ON DELETE und ON UPDATE verwenden.

Um beispielsweise beim Löschen eines Raumes die gesamten Möbel, die sich in ihm befinden, ebenfalls zu löschen, muss die Definition wie folgt aussehen.

```
CREATE TABLE Mobiliar
(
    ID INT IDENTITY(1,1) NOT NULL,
    RaumID INT NOT NULL,
    Bezeichnung VARCHAR(50) NOT NULL,
    CONSTRAINT [FK_Mobiliar] FOREIGN KEY (RaumID) REFERENCES Raum(ID)
        ON DELETE CASCADE
);
```

Damit ist sichergestellt, dass kein „Datenmüll" übrig bleibt.

Auf Wunsch können alle oder einige Einschränkungen deaktiviert werden (für Details siehe Abschnitt 3.9.6, „Einschränkungen deaktivieren").

3.6.3.2 Temporäre Tabellen

Neben regulären, dauerhaften Tabellen können auch solche erstellt werden, die von temporärem Charakter sind und deren Lebensdauer daher begrenzt ist. Solche temporären Tabellen werden in T-SQL mit der CREATE TABLE-Anweisung erzeugt und verfügen über einen speziellen Namen, um sich von regulären Tabellen abzugrenzen. Diese Tabellen werden nicht in der aktuellen Datenbank, sondern in der tempdb-Datenbank abgelegt.

Es existieren zwei unterschiedliche Arten, die sich durch ihre Sichtbarkeit für die Verbindung unterscheiden.

Tabelle 3.12 Tabellenpräfixe und ihre Bedeutung für die Lebenszeit einer Tabelle

Tabellenname beginnt mit	Sichtbarkeits-/Lebenszeit
#	Sichtbar für die Verbindung, die sie erstellt hat. Ihre Lebensdauer endet, wenn diese Verbindung abgebaut oder die DROP TABLE-Anweisung aufgerufen wird.
##	Für alle Verbindungen sichtbar. In diesem Fall endet die Lebenszeit dieser global-temporären Tabelle, wenn die letzte Verbindung abgebaut oder die DROP TABLE-Anweisung aufgerufen wird.

Das Rautezeichen (#) am Anfang gehört zum Namen, sodass #TempTbl eine andere Tabelle meint als ##TempTbl.

Im folgenden Beispiel wird eine kleine temporäre Tabelle erstellt, befüllt und das Ergebnis schließlich ausgegeben.

```
-- Temp. Tabelle erstellen
-- (Nur für diese Verbindung sichtbar)
CREATE TABLE #MeineTempTabelle
(
  Id INT IDENTITY(1,1),
  Name VARCHAR(50)
);

-- Drei Datensätze einfügen
INSERT INTO #MeineTempTabelle (Name)
VALUES ('Kansy'), ('Neumann'), ('Bond');

-- Ausgeben
SELECT * FROM #MeineTempTabelle ORDER BY Name;
```

Die so erstellte Tabelle kann wie gewohnt mit CRUD-Anweisungen verwendet werden.

Temporäre Tabellen werden oder besser wurden oft dazu verwendet, größere Datenmengen zwischen mehreren gespeicherten Prozeduren zu transportieren. Da SQL Server 2012 aber die Möglichkeit bietet, ganze Tabellen als Parameter zu verwenden (siehe Abschnitt 2.14, „Table-Valued Parameters"), ist diese Notlösung oft nicht mehr notwendig und sollte bei neuen Entwicklungen auch nicht mehr angewandt werden.

3.6.3.3 Tabellen ändern

Die zentrale Anweisung, um den Aufbau einer Tabelle zu verändern, lautet ALTER TABLE. Mit ihr können folgende Änderungen an der Tabelle durchgeführt werden:

- *Spalten:* Hinzufügen, ändern und entfernen
- *Primärschlüssel:* Hinzufügen und löschen
- *Standardwerte:* Hinzufügen und löschen
- *UNIQUE-Einschränkungen:* Hinzufügen und löschen

- *CHECK-Einschränkungen:* Hinzufügen und löschen
- *Fremdschlüssel-Einschränkungen:* Hinzufügen und löschen

Im Folgenden wird genau beschrieben, wie welche Aktion dabei zu bewältigen ist und welche Dinge es zu beachten gilt.

Spalten hinzufügen, ändern oder löschen

Um neue Spalten in eine bestehende Tabelle einzufügen, wird die ALTER TABLE-Anweisung mit dem Zusatz ADD verwendet. Nach diesem Zusatz kommt die Spaltendefinition, wie sie auch beim Anlegen der Tabelle Verwendung findet.

```
ALTER TABLE Raum
ADD Bewohner VARCHAR(100) NULL;
```

Wenn die Tabelle bereits Zeilen enthält, gibt es eine Besonderheit zu beachten, damit die Datenkonsistenz erhalten bleibt: Es können nur Spalten hinzugefügt werden, die entweder NULL zulassen, einen automatisch bestimmten Wert oder einen Standardwert haben. Wäre dies nicht der Fall, hätte die Tabelle plötzlich eine Spalte, die zwar keine Werte enthält (also NULL), auf der anderen Seite aber NULL nicht zulassen darf. Bei einer Tabelle ohne Inhalt spielt dies keine Rolle, da es dann zu so einer Situation nicht kommen kann.

```
ALTER TABLE Raum
ADD Bewohner VARCHAR(100) DEFAULT ('Unbekannt') NOT NULL;
```

Folgende Anweisung fügt einer Tabelle, die noch keine Identitätsspalte hat, eine solche hinzu.

```
ALTER TABLE Gebaeude
ADD ID INT IDENTITY(1,1) NOT NULL;
```

Berechnete Spalten lassen sich auf diese Art auch hinzufügen, da deren Werte aus anderen Spalten berechnet werden.

```
ALTER TABLE Gebaeude
ADD Grundflaeche as Laenge * Breite PERSISTED;
```

Um eine bestehende Spalte zu verändern, steht der ALTER COLUMN-Zusatz zur Verfügung. Mit ihm können der Datentyp und die Information, ob die Spalte NULL-Werte akzeptiert oder nicht, verändert werden.

```
ALTER TABLE Raum
ALTER COLUMN Bewohner VARCHAR(50) NOT NULL;
```

Unter den folgenden Bedingungen kann eine Spalte nicht verändert werden:
- Es existiert ein Standardwert oder eine sonstige Einschränkung.
- Die Spalte dient als Grundlage für mindestens eine berechnete Spalte.
- Die Spalte ist Teil des Primärschlüssels der Tabelle.

> Das Ändern des Datentyps funktioniert nur unter bestimmten Bedingungen: Beide Datentypen (der alte und der neue) müssen verträglich sein. Zusätzlich dürfen beim Kürzen von Maximalgrößen, wie in den beiden Beispielen, keine Daten verloren gehen. Das Gleiche gilt übertragen auch für NULL/NOT NULL. Alle Daten müssen der neuen Spaltendefinition genügen.

Der Name einer Spalte kann durch die ALTER TABLE...ALTER COLUMN-Anweisung nicht geändert werden. Hierfür muss mit einer neuen Spalte oder gar einer Hilfstabelle gearbeitet werden. Eine etwas schreibintensive Angelegenheit, die am besten dem SQL Server Management Studio überlassen wird – es gestattet im visuellen Entwurf das Umbenennen von Spalten.

Schließlich ist das Löschen das Letzte, was noch mit einer bestehenden Spalte geschehen kann. Für diese Aufgabe ist der Zusatz DROP COLUMN vorgesehen.

```
ALTER TABLE Raum
DROP COLUMN Bewohner;
```

Unter den folgenden Bedingungen kann eine Spalte nicht gelöscht werden:

- Es existiert ein Standardwert oder eine sonstige Einschränkung.
- Die Spalte dient als Grundlage für mindestens eine berechnete Spalte.
- Die Spalte ist Teil des Primärschlüssels der Tabelle.

In all diesen Fällen muss das entsprechende Objekt erst entfernt werden, bevor das Löschen der Spalte ausgeführt werden kann.

Primärschlüssel hinzufügen oder löschen

Tabellen, die noch keinen Primärschlüssel besitzen, können einen solchen im Nachhinein erhalten. Voraussetzung ist jedoch, dass die betroffenen Spalten keine Duplikate enthalten und dass keine von ihnen NULL-Werte erlaubt. Ist dies der Fall, so wird die Anweisung mit einem Fehler abgebrochen.

```
ALTER TABLE Raum
DROP COLUMN Bewohner;
```

Für mehrere Spalten sieht die Anweisung recht ähnlich aus.

```
ALTER TABLE Gebaeude
ADD CONSTRAINT [PK_Gebaeude] PRIMARY KEY CLUSTERED
            (Strassenname ASC, Hausnummer DESC);
```

Um einen existierenden Primärschlüssel aus einer Tabelle zu löschen, kommt die ALTER TABLE...DROP CONSTRAINT-Anweisung zum Einsatz.

```
ALTER TABLE Gebaeude
DROP CONSTRAINT [PK_Gebaeude];
```

Standardwerte hinzufügen oder löschen

Standardwerte können zu einer bestehenden Tabelle auf zweierlei Art hinzugefügt werden.

```
ALTER TABLE Raum
ADD DEFAULT (1) FOR Breite;
```

Im letzteren Fall werden die Default-Einschränkungen wieder automatisch vom SQL Server mit einem in der Datenbank eindeutigen Namen versehen.

Ein zuvor festgelegter Standardwert kann mit dieser Anweisung wieder aus der Tabelle gelöscht werden.

```
ALTER TABLE Raum
DROP CONSTRAINT DF_Raum_Laenge;
```

 Wurde kein Name für den Standardwert vergeben, so muss der vom SQL Server automatisch und zufällig generierte verwendet werden, der so aussehen kann: DF__Raum__Laenge__24927208.

UNIQUE-Einschränkungen hinzufügen oder löschen

Um einer bestehenden Tabelle nachträglich eine UNIQUE-Einschränkung hinzuzufügen, dient folgende ALTER TABLE-Anweisung.

```
ALTER TABLE Gebaeude
ADD CONSTRAINT [UQ_Gebaeude] UNIQUE (Strassenname, Hausnummer);
```

Beachten Sie, dass die betroffenen Spalten keine Duplikate aufweisen dürfen, sonst wird die Ausführung mit einem Fehler abgebrochen.

Eine zuvor erstellte UNIQUE-Einschränkung kann mit einer ALTER TABLE...DROP CONSTAINT-Anweisung wieder aus dieser Tabelle gelöscht werden.

```
ALTER TABLE Gebaeude
DROP CONSTRAINT [UQ_Gebaeude];
```

CHECK-Einschränkungen hinzufügen oder löschen

CHECK-Einschränkungen können bei Bedarf zu einer bestehenden Tabelle hinzugefügt werden. Voraussetzung dafür ist, dass keine Werte existieren, welche die neue Regel verletzen. Ist dies der Fall, so wird die Anweisung mit einem Fehler abgebrochen.

```
ALTER TABLE Raum
ADD CONSTRAINT [CK_Laenge] CHECK (Laenge >Breite);
```

Da diese Anweisung mit dem CONSTRAINT-Schlüsselwort arbeitet, gilt die Einschränkung nicht für eine einzelne Spalte, sondern für die gesamte Zeile der Tabelle. Es stehen daher die gleichen Möglichkeiten offen wie beim Anlegen einer CHECK-Einschränkung mit diesem Schlüsselwort.

Für das Löschen einer CHECK-Einschränkung wird die ALTER TABLE...DROP CONSTRAINT-Anweisung verwendet.

```
ALTER TABLE Raum
DROP CONSTRAINT [CK_Laenge];
```

Dieses Beispiel löscht die Einschränkung mit dem Namen CK_Laenge aus der Beispieltabelle.

Fremdschlüssel-Einschränkungen hinzufügen oder löschen

Um Fremdschlüssel-Einschränkungen zu einer Tabelle hinzuzufügen, muss die `ALTER TABLE...ADD CONSTRAINT`-Anweisung ausgeführt werden. Damit dies erfolgreich geschehen kann, müssen folgende Faktoren gewährleistet sein:

- Die Spalten, auf die verwiesen wird, müssen entweder eine `UNIQUE`-Einschränkung besitzen oder den Primärschlüssel der Tabelle darstellen.
- Es darf keinen Wert geben, der laut der Einschränkung ungültig wäre.
- Die `CASCADE`-Aktion darf zwischen zwei Tabellen nur jeweils einmal für `ON DELETE` und `ON UPDATE` definiert werden.

Eine einfache Anweisung sieht dann wie folgt aus.

```
ALTER TABLE Mobiliar
ADD CONSTRAINT [FK_Mobiliar] FOREIGN KEY (RaumID)
    REFERENCES Raum(ID) ON UPDATE SET DEFAULT ON DELETE CASCADE;
```

Damit eine bestehende Fremdschlüssel-Einschränkung gelöscht wird, wird die folgende Anweisung benötigt.

```
ALTER TABLE Mobiliar
DROP CONSTRAINT [FK_Mobiliar];
```

Damit ist die 1:n-Beziehung genauso gelöscht wie die referenzielle Integrität, für die sie stand.

3.6.3.4 Tabellen endgültig löschen

Tabellen können endgültig aus einer Datenbank gelöscht werden. Geschieht dies, sind alle Daten, die sich in dieser Tabelle befunden haben, konsequenterweise ebenso gelöscht.

```
DROP TABLE Raum;
```

Tabellen, auf die noch durch einen Fremdschlüssel verwiesen wird, können nicht gelöscht werden. In einem solchen Fall wird die Anweisung mit einer Fehlermeldung abgebrochen.

3.6.4 Trigger

Unter Triggern werden Prozeduren (geschrieben in T-SQL oder in .NET) verstanden, die für bestimmte Änderungen oder Ereignisse in der Datenbank oder der SQL Server-Instanz ausgeführt werden.

Trigger lassen sich grob in drei unterschiedliche Kategorien einteilen.

Transaktionen

Ein Trigger wird immer in der gleichen Transaktion ausgeführt wie die Anweisung, die ihn ausgelöst hat. Dadurch hat dieser durch ein einfaches `ROLLBACK` die Möglichkeit, die Änderungen zu annullieren. Weitere Informationen über Transaktionen finden Sie in Abschnitt 3.8, „Transaktionen".

Lassen Sie bei der Entwicklung von Triggern besondere Umsicht walten, da Fehler sonst die Daten in der Tabelle oder der Sicht quasi unveränderlich werden lassen. In solch unangenehmen Fällen hilft oft nur das (zeitweise) Deaktivieren der Trigger, bis das Problem gelöst ist (siehe Abschnitt 3.6.4.4, „Deaktivierung von Triggern").

Verschachtelte und rekursive Trigger

Auf Wunsch können Trigger auch weitere Trigger auslösen – sogar sich selbst (rekursiv). Da dies gleichzeitig Fluch und Segen ist, existiert die Möglichkeit, diese Funktion ein-/auszuschalten (standardmäßig sind rekursive Trigger nicht aktiv). Dies kann über das SQL Server Management Studio erledigt werden (Eigenschaften der Datenbank > OPTIONEN-Karteireiter > Einstellung REKURSIVE TRIGGER AKTIVIEREN) oder per T-SQL.

```
ALTER DATABASE [DatenbankName] SET RECURSIVE_TRIGGERS ON WITH NO_WAIT;
```

 Versuchen Sie, ohne diese Einstellung auszukommen. Gerade in Datenbanken mit einer großen Anzahl von Triggern sind Fehler durch unbeabsichtigte Rekursionen sehr schwer zu finden.

Im Gegensatz dazu sind verschachtelte Trigger standardmäßig aktiv, können jedoch für die gesamte SQL Server-Instanz deaktiviert werden. Im SQL Server Management Studio geschieht dies über die SERVEREIGENSCHAFTEN, den ERWEITERT-Karteireiter und durch die Einstellung TRIGGERN ERMÖGLICHEN, WEITERE TRIGGER AUSZULÖSEN.

Per T-SQL sieht eine solche Änderung folgendermaßen aus.

```
EXEC sys.sp_configure N'nested triggers', N'0';
GO
RECONFIGURE WITH OVERRIDE;
GO
```

Für das spätere Wiedereinschalten muss lediglich ein Wert von 1 übergeben werden.

Generell werden Trigger mit der `CREATE TRIGGER`-Anweisung erstellt. Das Löschen geschieht über die `DROP TRIGGER`-Anweisung, während Änderungen mittels `ALTER TRIGGER` realisiert werden.

```
□ ▦ dbo.Personen
    ⊞ ▢ Spalten
    ⊞ ▢ Schlüssel
    ⊞ ▢ Einschränkungen
      ▢ Trigger
    ⊞ ▢ Indizes
    ⊞ ▢ Statistik
```

Bild 3.30 Trigger lassen sich auch im SQL Server Management Studio verwalten.

3.6.4.1 DML-Trigger

DML-Trigger reagieren, wenn Inhalte von Tabellen oder Sichten verändert werden. Ein solcher Trigger kann dementsprechend auf `INSERT`, `DELETE` und `UPDATE` oder auf eine Kombination reagieren.

Die `TRUNCATE`-Anweisung löst beim Leeren der Tabelle z. B. keine Trigger aus. Das Gleiche gilt für `BULK`-Operationen wie z. B. Import oder auch Replikation.

Auf Wunsch können mehrere Trigger auf ein und dieselbe Änderung reagieren. Eine Reihenfolge der Ausführung wird vom SQL Server in einem solchen Fall dann nicht garantiert – es ist jedoch wahrscheinlich die, in der die Trigger erzeugt wurden.

Ein Trigger wird nicht pro veränderte Zeile, sondern pro Anweisung aufgerufen. Bedenken Sie bei Ihrer Implementierung, dass sowohl `INSERT`-, `UPDATE`- als auch `DELETE`-Anweisungen mehr als nur eine Zeile betreffen können. Ist keine Zeile betroffen, so wird der Trigger selbstverständlich nicht ausgeführt.

Während der Laufzeit des Triggers stehen die virtuellen Tabellen `INSERTED` und/oder `DELETED` zur Verfügung, welche die alten bzw. die neuen Daten beinhalten. Das folgende Beispiel nutzt die `DELETED`-Tabelle, um die Summe der gelöschten Waren zu ermitteln.

```sql
CREATE TRIGGER trg_Waren
  ON Waren
  AFTER DELETE
AS
BEGIN
    DECLARE @Total decimal(18,3) = 0.0;
    SELECT @Total = SUM(WERT) FROM DELETED;
    PRINT 'Wert der gelöschten Waren ' + CAST(@Total as VARCHAR);
END;
```

Trigger können nicht für temporäre Tabellen erstellt werden – weder für lokale noch für globale.

Um zu prüfen, ob eine bestimmte Spalte von einer `UPDATE`- oder `INSERT`-Anweisung betroffen ist, existiert die `UPDATE`-Funktion. Innerhalb des Triggers können Sie daher schreiben:

```
IF UPDATE(SpalteA)
PRINT 'Wert SpalteA wurde verändert';
```

Wird die Zeile eingefügt, so ist dies so zu verstehen, dass die `INSERT`-Anweisung für diese Spalte einen Wert definiert, der Standardwert also nicht zum Zuge kommt.

> **Achtung:** Weder bei UPDATE- noch bei INSERT-Anweisungen bedeutet dies, dass der Wert unterschiedlich sein muss. Es heißt lediglich, dass die Spalte angegeben wurde.

Für DML-Trigger existieren noch zwei weitere Varianten, die im Folgenden beschrieben werden.

AFTER-Trigger

AFTER-Trigger sind solche, die direkt nach erfolgreicher Durchführung aller Datenänderungen ausgeführt werden. Tritt vorher ein Fehler auf oder bricht ein anderer Trigger die Änderungen ab, so kommt es zu keiner Ausführung.

Das folgende Beispiel zeigt so einen AFTER-Trigger, der nach Änderungen von Daten in der Tabelle Kunden eine E-Mail an den Administrator sendet.

```
CREATE TRIGGER trg_Kunden
  ON Kunden
  AFTER INSERT, UPDATE, DELETE
AS
    EXEC msdb.dbo.sp_send_dbmail
        @profile_name = 'eMail Profile',
        @recipients = 'admin@dotnetconsulting.eu',
        @body = 'Daten wurden gelöscht ',
        @subject = 'Achtung';
```

INSTEAD OF-Trigger

INSTEAD OF-Trigger werden, wie der Name schon suggeriert, anstelle der DML-Anweisung ausgeführt. So kann z. B. realisiert werden, dass Datensätze bei einer DELETE-Anweisung nicht tatsächlich gelöscht werden, sondern lediglich deren Gelöscht-Kennzeichen gesetzt wird. Der folgende Trigger demonstriert dies.

```
CREATE TRIGGER trg_LoeschePersonen
    ON Personen
    INSTEAD OF DELETE
    AS
BEGIN
    SET NOCOUNT ON; -- Keine Information über betroffene Zeilen
    UPDATE Personen SET Geloescht=1;
    WHERE IDENTITYCOL IN (SELECT IDENTITYCOL FROM DELETED);
END;
```

Da sich nun die Datensätze aber so gar nicht mehr löschen lassen, bietet sich eine Mechanik an, die aus einer zweiten bit-Spalte besteht, deren Wert 1 sein muss, damit die Werte physikalisch gelöscht werden. Diese Spalte könnte dann z. B. nicht von einem Anwender, sondern lediglich von Admin-Tools vor dem endgültigen Löschen gesetzt werden. Technisch müsste der Trigger dabei zusätzlich noch eine DELETE-Anweisung auf die Personen-Tabelle durchführen – oder der Trigger wird für „Aufräumarbeiten" deaktiviert (siehe Abschnitt 3.6.4.4, „Deaktivierung von Triggern").

INSTEAD OF-Trigger können nicht zusammen mit Anweisungen ausgeführt werden, welche die OUTPUT-Klausel verwenden. Details zu dieser Klausel finden Sie in Abschnitt 3.5.1.12, „OUTPUT-Klausel".

3.6.4.2 DDL-Trigger

DDL-Trigger werden dann ausgeführt, wenn die entsprechende DDL-Anweisung eine Änderung am Aufbau einer Datenbank bewirkt. Während DML-Trigger mit ihren Möglichkeiten noch recht überschaubar sind, so erweitert der SQL Server 2012 die zur Verfügung stehenden Optionen für DDL-Trigger noch einmal. So gut wie jede DDL-Anweisung oder sonstige Änderung an einer Datenbank (bis hin zu deren Erstellen und Löschen) kann einen Trigger auslösen.

Bild 3.31 DDL-Trigger im SQL Server Management Studio

Über die EVENTDATA-Funktion können Details ermittelt werden, warum der Trigger ausgelöst wurde. Sie liefert eine Reihe von Informationen als XML-Daten. Dieser recht generische Ansatz ist notwendig, da sonst die Vielzahl unterschiedlicher Trigger nicht unter „einen Hut" zu bekommen wäre. Für einen DDL-Trigger, der auf ALTER TABLE reagiert, werden die folgenden Informationen geliefert.

```
<EVENT_INSTANCE>
    <EventType>type</EventType>
    <PostTime>date-time</PostTime>
    <SPID>spid</SPID>
    <ServerName>name</ServerName>
    <LoginName>name</LoginName>
    <UserName>name</UserName>
    <DatabaseName>name</DatabaseName>
    <SchemaName>name</SchemaName>
    <ObjectName>name</ObjectName>
    <ObjectType>type</ObjectType>
    <T-SQLCommand>command</T-SQLCommand>
</EVENT_INSTANCE>
```

Das folgende Beispiel verhindert das Erstellen neuer Tabellen und Sichten – seien sie auch noch so klein.

```
CREATE TRIGGER trg_KeineTabellenOderSichten
  ON DATABASE
  FOR CREATE_TABLE, CREATE_VIEW
AS
BEGIN
    DECLARE @CMD NVARCHAR(MAX)= EVENTDATA()
        .value('(/EVENT_INSTANCE/T-SQLCommand/CommandText)[1]',
               'nvarchar(max)');

    PRINT 'Unerwünschte DDL-Anweisung:';
    PRINT @CMD;
    ROLLBACK;
END;
```

3.6.4.3 Sonstige Trigger

Seit SQL Server 2005 SP2 (Service Pack 2) existiert noch ein Trigger der besonderen Art: der LOGON-Trigger. Wie der Name vermuten lässt, wird dieser ausgelöst, wenn der SQL Server eine Anmeldung durchführt. Im Gegensatz zu ORACLE-Datenbanken gibt es bis dato leider keinen LOGOFF-Trigger.

Intern wird eine Transaktion erstellt, sodass der Trigger die Möglichkeit hat, die Anmeldung abzubrechen (damit schlägt die Anmeldung natürlich fehl), indem er ein ROLLBACK ausführt.

> Dieser Trigger wird für die gesamte SQL Server-Instanz definiert und bietet schon durch einen kleinen Fehler (die Rückgabe von Werten mittels SELECT reicht auch) die fantastische Gelegenheit, sämtliche Anmeldungen zu unterbinden – außer bei dedizierten Administratoren-Verbindungen[1] zum Server, bei denen der Trigger nicht ausgelöst wird. So bleibt der Griff zum Backup (oder Setup) erspart.

Ähnlich wie bei DDL-Triggern stellt die EVENTDATA-Funktion die zur Verfügung stehenden Informationen bereit.

```
<EVENT_INSTANCE>
    <EventType>event_type</EventType>
    <PostTime>post_time</PostTime>
    <SPID>spid</SPID>
    <ServerName>server_name</ServerName>
    <LoginName>login_name</LoginName>
    <LoginType>login_type</LoginType>
    <SID>sid</SID>
    <ClientHost>client_host</ClientHost>
    <IsPooled>is_pooled</IsPooled>
</EVENT_INSTANCE>
```

---

[1] DAC (Dedicated Admin Connection): Diese besondere Art der Anmeldung, die es Administratoren in vielen (Not-)Fällen noch ermöglicht, Verbindung zu dem Datenbankserver aufzunehmen, wird in diesem Buch nicht weiter behandelt.

Das folgende Beispiel geht einen etwas anderen Weg. Es hält die Anzahl der Anmeldungen zum Server nach und beschränkt diese auf nicht mehr als drei Stück.

```
CREATE TRIGGER AnmeldungsLimit
    ON ALL SERVER WITH EXECUTE AS 'UseLogin' -- Login muss existieren
    FOR LOGON
AS
BEGIN
IF ORIGINAL_LOGIN()='UseLogin' AND
    (SELECT COUNT(*) FROM sys.dm_exec_sessions
        WHERE is_user_process = 1 AND
              original_login_name = 'UseLogin') > 3
    ROLLBACK;
END;
```

Alternativ kann auf diese Art und Weise theoretisch auch ein eigener Anmelde-Mechanismus oder eine Lizenzüberprüfung realisiert werden.

3.6.4.4 Deaktivierung von Triggern

In manchen Fällen, z.B. wenn im Trigger ein Fehler vorliegt oder wenn Daten importiert werden sollen, ist es hilfreich, Trigger zu deaktivieren und nicht gleich zu löschen. Zu diesem Zweck existiert die `DISABLE TRIGGER`-Anweisung und ihr Gegenstück, die `ENABLE TRIGGER`-Anweisung, mit der die Trigger wieder aktiviert werden können.

Bei beiden Anweisungen besteht die Möglichkeit, einen, mehrere oder pauschal alle Trigger anzusprechen. Dies wiederum kann sich auf ein Objekt (Tabelle, Sicht), eine Datenbank oder den gesamten Server beziehen, je nachdem, was für Trigger angesprochen werden sollen.

Die folgende Anweisung deaktiviert einen bestimmten Trigger für eine Tabelle.

```
DISABLE TRIGGER trg_LoeschPerson ON Personen;
```

Um alle Trigger auf dieser Tabelle anzusprechen, kommt die folgende Anweisung zum Einsatz.

```
DISABLE TRIGGER ALL ON Personen;
```

Alle datenbankbezogenen (DDL) Trigger werden auf diese Weise deaktiviert:

```
DISABLE TRIGGER ALL ON DATABASE;
```

Schließlich können noch serverweite Trigger deaktiviert werden – entweder mit

```
DISABLE TRIGGER ALL ON ALL SERVER;
```

oder mit

```
DISABLE TRIGGER AnmeldungsLimit ON ALL SERVER;
```

Wie schon erwähnt, funktioniert das Aktivieren auf die gleiche Weise, lediglich das `DISABLE` weicht einem `ENABLE`.

DML-Trigger können auch über eine `ALTER TABLE/ALTER VIEW`-Anweisung deaktiviert werden. Microsoft empfiehlt jedoch `DISABLE/ENABLE TRIGGER`. Diese haben zudem den Vorteil, dass sie keiner Änderung am Aufbau der Tabellen/Sichten entsprechen und auch in Replikationsszenarien möglich sind.

3.6.5 Sichten (Views)

Sichten auf dem SQL Server stellen nichts anderes dar als SELECT-Abfragen, die zentral gespeichert werden. Sie enthalten keine Daten, sondern basieren immer auf Tabellen oder anderen Sichten. Schlussendlich muss natürlich mindestens eine Tabelle verwendet werden. Je nach Aufbau können Daten auch aktualisierbar sein, die durch eine Sicht ermittelt werden. Auch sonst lassen sich Sichten in vielen Fällen dort verwenden, wo der Zugriff auf eine Tabelle sinnvoll ist.

 Sichten befinden sich in einem Datenbankschema, wie es in Abschnitt 3.6.10, „Datenbankschemata", beschrieben ist. Der Übersichtlichkeit halber wird an dieser Stelle jedoch auf Schemata verzichtet.

Eine einfache Abfrage sieht daher wie folgt aus.

```
SELECT * FROM vwMeinView;
```

Im Vergleich zu Ad-hoc[1]-Abfragen kann der Einsatz von Sichten in einigen Fällen sinnvoller sein:

- Eine Anwendung muss die genaue Abfrage nicht kennen, die in der Sicht steckt. Änderungen aufgrund von Bugs oder anderen Anforderungen betreffen die Anwendung nicht.
- Für den Zugriff auf die Daten muss der Aufrufer nur Zugriff auf die Sicht, nicht jedoch auf die darunter liegende Tabelle haben – ein solides Sicherheitskonzept, das garantiert, dass die Daten nur so (und genau so) sichtbar sind, wie es gedacht ist.
- Sichten werden kompiliert zusammen mit ihrem Ausführungsplan gespeichert, sodass dieser Schritt bei der Abfrage entfallen kann – die Abfrage ist im direkten Vergleich schneller.
- Im Gegensatz zum kompletten Abfragetext wird nur unwesentlich mehr als der Name der Sicht übertragen – das spart Bandbreite.

Bild 3.32 Sichten im SQL Server Management Studio

Sichten werden mit der CREATE VIEW-Anweisung erzeugt. Dazu wird neben dem (eindeutigen) Namen die entsprechende SELECT-Anweisung benötigt.

---

[1] ad hoc: „zu diesem" oder „hierfür" in der Bedeutung von „für diesen Augenblick gemacht", also Abfragen, die von der Anwendung nur für einen einzigen Einsatz generiert werden.

Für diese gibt es keine nennenswerten Einschränkungen, und sowohl JOINS als auch ORDER BY und GROUP BY sind erlaubt. Allerdings müssen alle Spalten eindeutige Namen aufweisen.

Im SQL Server Management Studio können Sichten mit einem grafischen Programm erstellt werden – dies ist sicherlich eine gute Wahl bei umfangreichen Sichten, an denen viele Tabellen beteiligt sind (Befehl NEUE SICHT im Kontextmenü des SICHTEN-Containers oder Befehl ERSTELLEN im Kontextmenü einer bestehenden Sicht).

```
CREATE VIEW vwPersonen
AS
SELECT TOP 100 PERCENT Name FROM Personen
WHERE Geloescht = 0 ORDER BY Name;
```

Möchten Sie in der Sicht per ORDER BY sortieren, so muss die SELECT-Abfrage das TOP- oder FOR XML-Schlüsselwort enthalten. Das Beispiel schließt dieses daher ein. Allerdings haftet dem Sortieren innerhalb einer Sicht der Makel des Unsinnigen an, da die Abfrage, welche die Sicht verwendet, wieder eine ganz andere Sortierung verwenden kann (wenn die Anwendung nicht ohnehin die Daten in der Tabelle für den Benutzer sortiert). Somit werden die Daten mehrfach und völlig unnütz umsortiert.

```
-- Sortierungen in einer Sicht sind oft sinnfrei und nur ein Vorschlag
SELECT * FROM vwPersonen ORDER BY Name DESC;
```

Sichten können mit der ALTER VIEW-Anweisung verändert und, wenn sie nicht mehr benötigt werden, mit der DROP VIEW-Anweisung gelöscht werden. Dies ist allerdings nur möglich, wenn kein anderes Objekt von dieser abhängt.

Für Sichten existieren einige Attribute, die bei der Erstellung/Modifikation angegeben werden können. Sollten mehrere Attribute gleichzeitig zum Einsatz kommen, so werden diese mit einem Komma getrennt aufgelistet.

Beachten Sie, dass lediglich die WITH CHECK OPTION zum Schluss der CREATE VIEW-Anweisung stehen muss. (Dies ist streng genommen auch kein Attribut, sondern eine Option, aber der Unterschied ist an dieser Stelle völlig unwichtig.)

WITH CHECK OPTION

Bei Sichten, welche Daten filtern, stellt sich immer die spannende Frage, was passiert, wenn die Daten durch die Sicht so verändert werden, dass diese sie nicht mehr anzeigt und herausfiltert. Unter normalen Umständen verschwinden die betroffenen Zeilen aus dem Dunstkreis der Sicht und können daher auch nicht erneut verändert werden. WITH CHECK OPTION löst das Dilemma, indem es Änderungen an den Daten unterbindet, die diese für die Sicht unerreichbar machen würden.

```
CREATE VIEW vwMeinView
AS
SELECT Name, Geloescht FROM Personen WHERE Geloescht = 0
WITH CHECK OPTION;

-- Diese Anweisung wird einen Fehler erzeugen
UPDATE vwMeinView SET Geloescht = 1;
```

WITH SCHEMABINDING

Soll verlässlich sichergestellt sein, dass die Sicht oder Tabelle, auf welche/r die Sicht basiert, nicht verändert werden darf, so bietet sich die WITH SCHEMABINDING-Option an. Sie stellt genau dies sicher, erfordert jedoch, dass die SELECT-Anweisung in der Sicht die benötigten Spalten namentlich angibt, ein „*" ist nicht gültig. Außerdem müssen alle verwendeten Tabellen und Sichten mit einem zweiteiligen Namen angegeben werden.

```
CREATE VIEW vwPersonen WITH SCHEMABINDING
AS
SELECT Name FROM dbo.Personen WHERE Geloescht = 0;
```

WITH ENCRYPTION

Normalerweise wird zu jedem Objekt der Bauplan, also die DDL-Anweisung, gespeichert (in der Systemtabelle syscomments), mit dem diese erstellt wurde. Dieser kann später abgerufen und verändert werden. Die WITH ENCRYPTION-Option verhindert genau dies, wirklich verschlüsselt wird jedoch nichts. Die Sicht wird wie gewohnt erzeugt, ihr Bauplan jedoch nicht gespeichert.

```
CREATE VIEW vwPersonen WITH ENCRYPTION
AS
SELECT Name FROM dbo.Personen WHERE Geloescht = 0;
```

 Wahrscheinlich ist dies völlig selbstverständlich, aber ich erwähne es trotzdem einmal: Verlieren Sie den Code der Sicht, so haben Sie von nun an eine Sicht, die Sie zwar in dieser Datenbank verwenden, jedoch niemals in eine andere übertragen oder einfach einmal ändern können. Verwahren Sie die CREATE VIEW-Anweisung also genauso gut wie den restlichen Code Ihrer Anwendung.

3.6.6 Gespeicherte Prozeduren

Gespeicherte Prozeduren sind genau das, was ihr Name suggeriert: Prozeduren, die in T-SQL programmiert und auf dem SQL Server angelegt wurden. Sie können Parameter haben und sogar einen bescheidenen Rückgabewert, der jedoch nur aus einem numerischen Wert bestehen darf. Ihre Parameter können dabei sowohl optional (indem diese einen

Standardwert besitzen) als auch Ausgabeparameter sein, deren aktueller Wert zum Ende der Ausführung an den Aufrufer zurück übermittelt wird. Innerhalb einer solchen Prozedur können Variablen, Schleifen, Fehlerbehandlungen, Cursor etc. verwendet werden. Die Prozedur kann aber auch lediglich eine einfache DML-Anweisung enthalten – alles ist möglich.

Gespeicherte Prozeduren befinden sich in einem Datenbankschema, wie es in Abschnitt 3.6.10, „Datenbankschemata", beschrieben ist. Der Übersichtlichkeit halber wird an dieser Stelle jedoch auf Schemata verzichtet.

Also das Eldorado für den geneigten Entwickler? Mitnichten. T-SQL ist eine Sprache, die mit Datenmengen operiert, und keine iterative Programmiersprache, die Schleifen etc. erlaubt. Die Entwicklung umfangreicherer Prozeduren mit komplexen Ablaufsteuerungen ist daher auch eher ein mittlerer Albtraum als das, was ein Programmierer heutzutage noch erleben muss. Die Entwicklung ist daher schwerfällig, fehleranfällig, eingeschränkt und nicht wirklich schnell in der Ausführung. Da es seit SQL Server 2005 die CLR-Integration gibt, sind gespeicherte Prozeduren für solche Aufgaben absolut nicht mehr konkurrenzfähig.

Beachten Sie daher den nachfolgenden, wirklich gut gemeinten Tipp[1]:

Nutzen Sie in T-SQL entwickelte Prozeduren nur dann, wenn deren Funktion sich auf Datenmanipulation beschränkt. In diesen Fällen ist T-SQL schnell und leistungsfähig. Das Gleiche gilt auch für Trigger, die im Kern nur gespeicherte Prozeduren sind, die automatisch bei bestimmten Ereignissen aufgerufen werden.

Aus diesem Grund werde ich an dieser Stelle auch all die Dinge nicht vorstellen, die für DML-Anweisungen unwichtig sind.

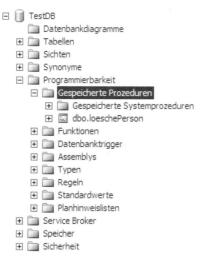

Bild 3.33 Gespeicherte Prozeduren im SQL Server Management Studio 2012

---

[1] Glauben Sie es ruhig, ich rede aus eigener, schmerzvoller Erfahrung.

Gespeicherte Prozeduren werden durch die CREATE PROCEDURE- oder CREATE PROC-Anweisung erstellt. PROC ist dabei nur eine Abkürzung für Schreibfaule, die auch bei anderen Anweisungen verwendet werden kann. Neben dem (eindeutigen) Namen müssen auch die gewünschten Parameter inkl. Datentyp und der Inhalt der Prozedur angegeben werden.

 Versehen Sie Ihre gespeicherten Prozeduren nicht mit dem Präfix „sp_". Dies bedeutet nämlich nicht, wie viele meinen, „stored procedure", sondern „system procedure", und der SQL Server sucht diese dementsprechend auch erst einmal prompt in der Master-Systemdatenbank – ein unnötiger Umweg.

```
CREATE PROC loeschePerson
    @ID int
AS
DELETE FROM Personen WHERE IDENTITYCOL=@ID;
```

Eine gespeicherte Prozedur kann nun durch ihren Namen oder mit der EXEC-Anweisung ausgeführt werden. Parameter können dabei in der korrekten Reihenfolge oder per Name angegeben werden. Letzteres ist mit Bestimmtheit sicherer gegenüber Änderungen an den Parametern. Deren Reihenfolge spielt überdies auch keine Rolle mehr.

```
EXEC loeschePerson @ID=1;
loeschePerson @ID=1;
loeschePerson 1;
```

Soll ein Parameter einen Standardwert erhalten, so sieht dies folgendermaßen aus: Das Beispiel wird um einen solchen Parameter erweitert, der angibt, ob das Löschen einer Person protokolliert werden soll oder nicht.

```
CREATE PROCEDURE loeschePerson
    @ID int,
    @WriteToLog BIT = 0
AS
BEGIN
    -- Variablen für die Prozedur
    DECLARE @MustLog BIT = 0;

    BEGIN TRY
        -- Müssen wir nach dem Löschen ins Protokoll schreiben
        IF EXISTS (SELECT ID FROM Personen WHERE IDENTITYCOL=@ID)
            SET @MustLog = 1;

        -- Löschen
        DELETE FROM Personen WHERE IDENTITYCOL=@ID;

        -- ggf. ins Protokoll schreiben
        IF (@MustLog = 1)
            PRINT 'Ins Protokoll schreiben';
    END TRY
    BEGIN CATCH
        -- @@Error könnte abgefragt werden
        PRINT 'Es ist ein Fehler aufgetreten';
    END CATCH
END;
```

Das Anlegen eines Protokolleintrags kann u.a. im Anwendungsprotokoll des Systems geschehen. In Abschnitt 3.9.4, „In das Anwendungsprotokoll des Systems schreiben", finden Sie einen Vorschlag.

 Der T-SQL-Code ist sicher nicht der Weisheit letzter Schluss, vielmehr soll er aus didaktischen Gründen einige Dinge wie z.B. die Fehlerbehandlung mit TRY/CATCH (ein FINALLY gibt es im T-SQL nicht) zumindest anhand eines Beispiels zeigen.

Im Folgenden sehen Sie, dass der Aufruf keine Überraschungen birgt.

```
EXEC loeschePerson @ID=3;
EXEC loeschePerson @WriteToLog=1, @ID=3;
EXEC loeschePerson 3,1;
```

Gelöscht werden gespeicherte Prozeduren mittels der DROP PROCEDURE-Anweisung, verändert durch einen Aufruf von ALTER PROCEDURE.

WITH EXECUTE AS

Möchten Sie nicht, dass die Prozedur mit den gleichen Rechten ausgeführt wird, die der Aufrufer besitzt, kann die EXECUTE AS-Option recht nützlich sein. Mit ihr kann bestimmt werden, welche Anmeldung für die Bestimmung der Berechtigungen herangezogen werden soll – unabhängig von denen des Aufrufers. Das folgende Beispiel zeigt, wie eine solche Prozedur angelegt werden kann.

```
CREATE PROC loeschePerson
    @ID int
WITH EXECUTE AS 'dbo'
AS
DELETE FROM Personen WHERE IDENTITYCOL=@ID;
```

WITH RECOMPILE

Normalerweise speichert der SQL Server für jede gespeicherte Prozedur einen sogenannten Ausführungsplan, der Informationen darüber enthält, auf welchem Weg (z.B. mit welchem Index) die schnellste Ausführung geschehen kann. Dies ist in den meisten Fällen auch eine gute Idee, doch kann dies auch genau den gegenteiligen Effekt haben, wenn sich die Daten zwischen den Aufrufen extrem stark gewandelt haben und ein Index, der vorher ziemlich günstig war, nun eine extreme Bremse darstellt.

Um dies zu verhindern, existiert die WITH RECOMPILE-Option; somit büßt die Prozedur zwar ein wenig von ihrer allgemeinen Ausführungsgeschwindigkeit ein, es ist jedoch auch sichergestellt, dass keine völlig unsinnigen Ausführungspläne zum Zuge kommen.

```
CREATE PROC loeschePerson
    @ID int
WITH RECOMPILE
AS
...
```

Alternativ kann WITH RECOMPILE auch beim Aufruf angegeben werden, was dann zur Erstellung des Ausführungsplans führt.

```
EXEC loeschePerson @ID = 4711 WITH RECOMPILE;
```

WITH ENCRYPTION

Ähnlich wie bei Sichten wird der Bauplan einer gespeicherten Prozedur beim Anlegen gespeichert (Tabelle syscomments). Um dies zu verhindern, existiert auch hier eine WITH ENCRYPTION-Option. Wird das vorhergehende Beispiel entsprechend erweitert, sieht dies wie folgt aus.

```
CREATE PROCEDURE loeschePerson
    @ID int
WITH EXECUTE AS 'dbo', ENCRYPTION
AS
DELETE FROM Personen WHERE IDENTITYCOL=@ID;
```

 Auch an dieser Stelle die mahnenden Worte: Bewahren Sie die CREATE PROCEDURE-Anweisung gut und sicher auf!

3.6.7 Benutzerdefinierte Funktionen

Benutzerdefinierte Funktionen, die das T-SQL-Äquivalent zu C#-Methoden darstellen, welche einen Wert an den Aufrufer zurückgeben, teilen ein wenig das Schicksal von gespeicherten Prozeduren: Alles, was auch nur ansatzweise komplex in der Programmierung (Schleifen, komplexere Arbeiten mit Zeichenketten, Zugriffe auf externe Daten, etc.) ist, lässt sich in vielen Fällen schneller und solider mit .NET entwickeln. Obwohl auch in T-SQL einiges machbar ist, lohnt es oft den Aufwand nicht, da sich schnellere und bessere Ergebnisse mittels .NET erzielen lassen.

Nichtsdestotrotz dürfen sie hier nicht fehlen und sollen daher in aller gebotenen Kürze vorgestellt werden. Es gibt zwei unterschiedliche Typen von Funktionen, die jedoch einige Merkmale miteinander teilen.

- Sie dürfen zwar Parameter besitzen, diese dürfen jedoch keine Ausgabeparameter sein, wie gespeicherte Prozeduren dies erlauben.
- Zwar können Parameter Standardwerte besitzen, sie dürfen jedoch beim Aufruf nicht einfach weggelassen werden, sondern es muss explizit das Schlüsselwort DEFAULT auftauchen.
- Es dürfen keine Seiteneffekte genutzt werden, d. h., eine Funktion darf nicht mittels einer DML-Anweisung Daten verändern.
- Jede Funktion muss einen Rückgabewert mittels RETURN ausweisen. Dieser kann, wie bei gespeicherten Prozeduren, ein einfacher numerischer Wert sein, er kann aber auch jeden beliebigen Datentypen darstellen.
- Ihr Aufruf muss immer in Verbindung mit dem Schema erfolgen, in dem die Funktion existiert (sonst einfach dbo).

Benutzerdefinierte Funktionen befinden sich in einem Datenbankschema, wie es in Abschnitt 3.6.10, „Datenbankschemata", beschrieben ist. Zugunsten der Übersichtlichkeit wird an dieser Stelle jedoch auf Schemata verzichtet.

Eine benutzerdefinierte Funktion gibt entweder einen einzelnen Skalarwert zurück oder eine ganze Tabelle.

Bild 3.34 Benutzerdefinierte Funktionen im SQL Server Management Studio

 Aggregatfunktionen, die mehrere Werte wie die SUM-Funktion verdichten, können nur mit .NET entwickelt werden.

Erzeugt werden Funktionen unabhängig vom Typ mittels CREATE FUNCTION, verändert mit ALTER FUNCTION und gelöscht letztendlich mit DROP FUNCTION.

 Im Gegensatz zu gespeicherten Prozeduren kann bei der Entwicklung von Funktionen keine Fehlerbehandlung mit TRY/CATCH eingesetzt werden.

3.6.7.1 Skalarwertfunktion

Eine Funktion, die einen einzelnen Wert zurückliefert, wird Skalarwertfunktion genannt. Das folgende Beispiel zeigt, wie eine solche Funktion aufgebaut ist. Sie liest eine Tabelle mit Personen und konstruiert aus den Namen eine durch Kommata getrennte Liste.

```
CREATE FUNCTION listeLoonesTunes
(
    -- Parameter mit Standardwert
    @AuchGeloeschte BIT = 1
```

```
)
RETURNS NVARCHAR(MAX)
AS
BEGIN
    DECLARE @result NVARCHAR(MAX) = '';

    WITH list(toon) AS
    (
        SELECT Name FROM Personen
            WHERE Geloescht=0 OR @AuchGeloeschte=1;
    )
    SELECT @result = toon + ', ' + @result FROM list
        ORDER BY toon DESC;

    IF LEN(@result)>0
        SET @result = SUBSTRING(@result,1, LEN(@result)-1);
    -- Rückgabe
    RETURN @result;
END;
```

 Diese Funktion verwendet einen sogenannten allgemeinen Tabellenausdruck (Common Table Expression oder kurz CTE), wie er in Abschnitt 3.5.6, „Allgemeine Tabellenausdrücke (CTE) für rekursive Abfragen", beschrieben wird.

Der Aufruf mit dem Ergebnis sieht wie folgt aus.

```
PRINT dbo.listeLoonesTunes(DEFAULT);

--Bugs Bunny, Duffy Duck, Elma Fudd, Tweety, Yosemite Sam
```

Wie zu erkennen ist, wird für den einzigen Parameter kein Wert übergeben, sondern lediglich angezeigt, dass der Standardwert verwendet werden soll. Hat eine Funktion keine Parameter, muss (wie in C# auch üblich) ein leeres Klammernpaar übergeben werden.

3.6.7.2 Tabellenwertfunktion

Um mit einer Funktion Tabellen zurückliefern zu können, muss auf eine Tabellenwertfunktion zurückgegriffen werden. Die Definition der Funktion ähnelt sehr der einer Skalarwertfunktion, nur dass als Rückgabetyp TABLE angegeben werden muss – und eine solche mittels RETURN-Anweisung an den Aufrufer zurückgeliefert werden muss.

```
CREATE FUNCTION listKunden
(
    @vonPLZ VARCHAR(5),
    @bisPLZ VARCHAR(5)
)
RETURNS TABLE
AS
BEGIN
    RETURN SELECT Name FROM Kunden
                WHERE PLZ BETWEEN @vonPLZ AND @bisPLZ;
END;
```

Der Aufruf hat naturgemäß etwas von einem Zugriff auf eine Tabelle oder Sicht. Dies ist jedoch nicht verwunderlich, da ja gerade diese auch zurückgeliefert wird.

```
SELECT * FROM dbo.listKunden('0','1');
```

Auch hier müssen die Parameter in ausreichender Anzahl angegeben werden (evtl. wieder durch `DEFAULT` vertreten).

3.6.8 Synonyme

Synonyme stellen an sich keine eigenen Objekte dar, sondern sind lediglich (wie der Name schon vermuten lässt) Synonyme (Alias) für andere bestehende Objekte. Diese können dann nicht nur mit ihrem ursprünglichen (originalen) Namen, sondern auch mit dem gewählten Alias angesprochen werden. Der Vorteil liegt darin, dass z. B. in der Umstellungsphase, wenn Tabelle, Prozeduren etc. einen neuen Namen erhalten, durch Synonyme sichergestellt werden kann, dass Programmteile, die noch den alten Namen verwenden, trotzdem funktionieren.

Ein Synonym ist kein abhängiges Objekt, und bei Synonymen wird SQL Server späte Bindung (Late Binding) verwenden. Dies bedeutet, dass sowohl Objekte, für die ein Synonym angelegt wurde, gelöscht/umbenannt werden können, als auch dass Synonyme für überhaupt nicht existierende Objekte erstellt werden können. Bei einem Aufruf kommt es dann zu dem erwarteten Fehler (es sein denn, das Objekt wurde zuvor doch noch erstellt bzw. wieder umbenannt).

Das ursprüngliche Objekt, für das ein Synonym erstellt wird, muss sich dabei nicht zwangsläufig in der gleichen Datenbank oder gar auf dem gleichen Server befinden.

Möglich sind Synonyme für die folgenden Objekte:

- Tabellen (auch temporäre)
- Sichten
- Prozeduren
- Funktionen

Auch wenn es möglich, ist Synonyme zu verketten, d. h., ein Synonym für ein bereits bestehendes zu erzeugen, so können solche Konstrukte nicht verwendet werden, und es kommt zu einer entsprechenden Fehlermeldung.

Erstellt werden Synonyme mit der `CREATE SYNONYM`-Anweisung:

```
CREATE SYNONYM MeineTabelle FOR Products;
```

In der Anweisung ist nicht zu erkennen, für was für eine Art von Objekt der Alias erzeugt wird. Im SQL Server Management Studio werden Synonyme direkt unter der Datenbank aufgelistet.

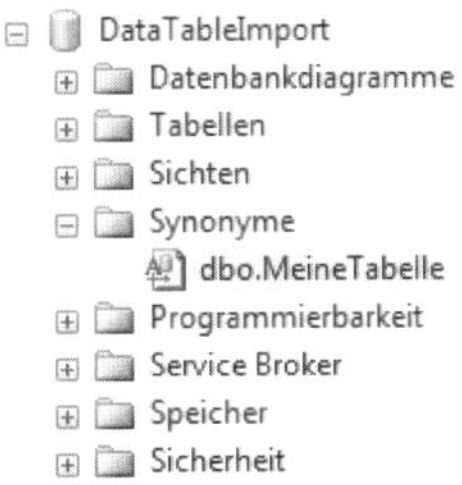

3.6 Data Definition Language (DDL)

```
DataTableImport
  Datenbankdiagramme
  Tabellen
  Sichten
  Synonyme
      dbo.MeineTabelle
  Programmierbarkeit
  Service Broker
  Speicher
  Sicherheit
```

Bild 3.35 Synonyme im SQL Server Management Studio

Der Aufruf auf diese Tabelle sieht mit dem Synonym wie folgt aus.

```
SELECT * FROM MeineTabelle;
```

Einmal erzeugt können Synonyme nicht verändert, sondern nur wieder gelöscht werden. Zu diesem Zweck existiert die CREATE SYNONYM-Anweisung.

```
DROP SYNONYM MeineTabelle;
```

3.6.9 Benutzerdefinierte Datentypen

Der SQL Server bietet das Erstellen eigener Datentypen an, die sich aus anderen Datentypen zusammensetzen oder eine Tabelle darstellen. Im Gegensatz zu mit .NET entwickelten Typen (Typen, nicht Datentypen, man achte auf den kleinen Unterschied) können diese jedoch keine Funktionalität enthalten. Eine gewünschte Datentypendefinition (z. B. CHAR(5)) kann somit einem Alias zugeordnet werden, der später für Spalten und Parameter verwendet werden kann. Damit wird der Komfort geboten, statt CHAR(5) dann also tPLZ[1] zu schreiben.

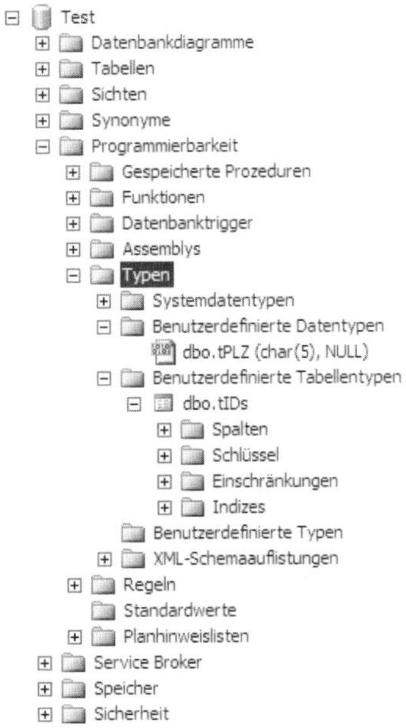

```
Test
  Datenbankdiagramme
  Tabellen
  Sichten
  Synonyme
  Programmierbarkeit
    Gespeicherte Prozeduren
    Funktionen
    Datenbanktrigger
    Assemblys
    Typen
      Systemdatentypen
      Benutzerdefinierte Datentypen
          dbo.tPLZ (char(5), NULL)
      Benutzerdefinierte Tabellentypen
          dbo.tIDs
            Spalten
            Schlüssel
            Einschränkungen
            Indizes
      Benutzerdefinierte Typen
      XML-Schemaauflistungen
    Regeln
    Standardwerte
    Planhinweislisten
  Service Broker
  Speicher
  Sicherheit
```

Bild 3.36 Benutzerdefinierte Datentypen im SQL Server Management Studio

---

[1] Postleitzahlen sind hier *das* Paradebeispiel. Ich hoffe inständig, dass die Leser außerhalb der BRD mir meine Engstirnigkeit verzeihen.

Benutzerdefinierte Typen können ausschließlich in .NET entwickelt werden.

Generell werden benutzerdefinierte Datentypen mit CREATE TYPE, ALTER TYPE und DROP TYPE erstellt, verändert und gelöscht. Das erste Beispiel zeigt einen einfachen Datentyp, so wie er oben schon beschrieben wurde.

```
CREATE TYPE tPLZ FROM CHAR(5) NULL;
```

Der so erstellte Datentyp kann als Parameter für Prozeduren und Funktionen sowie für Spaltendefinitionen verwendet werden.

Soll ein benutzerdefinierter Tabellentyp erstellt werden, so sieht die Definition größtenteils aus wie bei einer gewöhnlichen Tabelle. In der Tat können diese Tabellentypen neben den Spalten auch Indizes, Einschränkungen etc. besitzen.

```
CREATE TYPE tIDs AS TABLE
(
    ID INT NOT NULL UNIQUE
);
```

Dieser entstandene Datentyp darf nun nicht in anderen Tabellen verwendet werden, sondern lediglich für die Definition eines Parameters. Das folgende Beispiel demonstriert dies für eine gespeicherte Prozedur.

```
CREATE PROC zeigeIDs
@IDs tIDs READONLY
AS
    SELECT ID FROM @IDs;
```

 Mit SQL Server 2012 ist es noch notwendig, den Tabellentypparameter mit dem READONLY-Schlüsselwort zu versehen. Damit kann dieser innerhalb der Prozedur nicht verändert werden. Microsoft hat allerdings schon angekündigt, dass mit späteren Versionen diese Einschränkung fallen soll.

Der Aufruf inkl. eines Parameters, der eine Liste von IDs enthält, kann so aussehen.

```
-- Variable deklarieren
DECLARE @IDs tIDS;

-- Ein paar Werte einfügen
INSERT INTO @IDs
VALUES (1),(0815),(4711);

-- Aufrufen
EXEC zeigeIDs @IDs;
```

Auf diese Weise können auf elegante Weise beliebig viele Werte als Liste und nicht (wie es leider vorher notwendig war) z.B. als kommagetrennte Zeichenkette, temporäre Tabelle oder was auch immer für Lösungen erdacht wurden, übergeben werden.

Bild 3.37 Die Ausgabe ist unspektakulär, der Ansatz jedoch die Lösung vieler Probleme.

3.6.10 Datenbankschemata

Mit unterschiedlichen Schemata in einer Datenbank lassen sich Namensräume abgrenzen, und, wie in Abschnitt 3.5.10, „Datenbankschema", erläutert, effiziente Berechtigungskonzepte realisieren, die darauf basieren, dass für alle Objekte eines Typs (z. B. alle Tabellen, Sichten, Prozeduren etc.) innerhalb eines Schemas die gleichen Berechtigungen gelten.

Das Konzept der Namensräume setzt darauf, dass jedes Objekt einem Schema zugeordnet ist, sodass es mit einem zweiteiligen Namen angesprochen werden kann.

```
SELECT * FROM MeinSchema.MeineTabelle;
```

Auch im SQL Server Management Studio werden Objekte mit ihrem zweiteiligen Namen aufgeführt. Da das Standardschema dbo heißt, sieht es z. B. unter TABELLEN in vielen Dankbanken wie in Bild 3.38 aus.

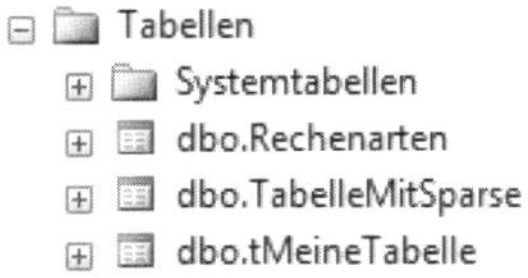

Bild 3.38 Einige Tabellen im Standardschema dbo

Dass das Schema in vielen Fällen bei Abfragen entfallen kann, liegt daran, dass jedem (Datenbank-)Benutzer und jeder Datenbankrolle ein Standardschema zugeordnet ist, das dann verwendet wird. Im Dialog, mit dem die Eigenschaften eines Benutzers/einer Datenbankrolle eingesehen werden können, ist dieses Schema zu finden (im SQL Server Management Studio unter SICHERHEIT/BENUTZER bzw. SICHERHEIT/ROLLEN/DATENBANKROLLEN).

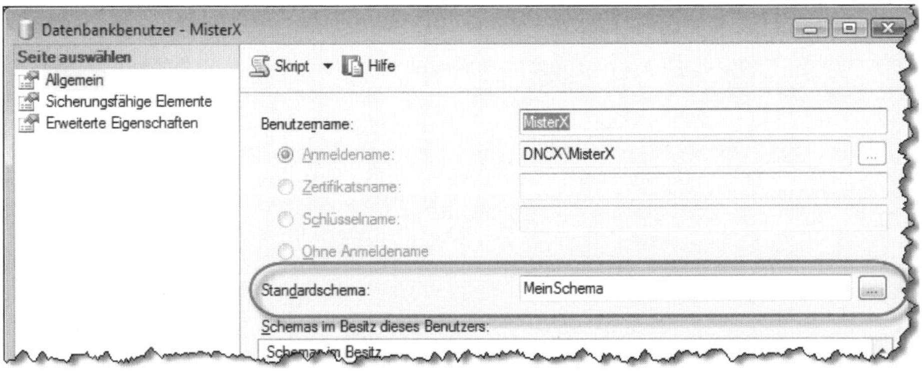

Bild 3.39 Das Standardschema eines Datenbankbenutzers

Erzeugt wird ein Schema mit der CREATE SCHEMA-Anweisung.

```
CREATE SCHEMA MeinSchema;
```

Anschließend befindet sich das neue Schema in der Gesellschaft einer Reihe von vordefinierten Schemata und kann dort angezeigt und modifiziert werden.

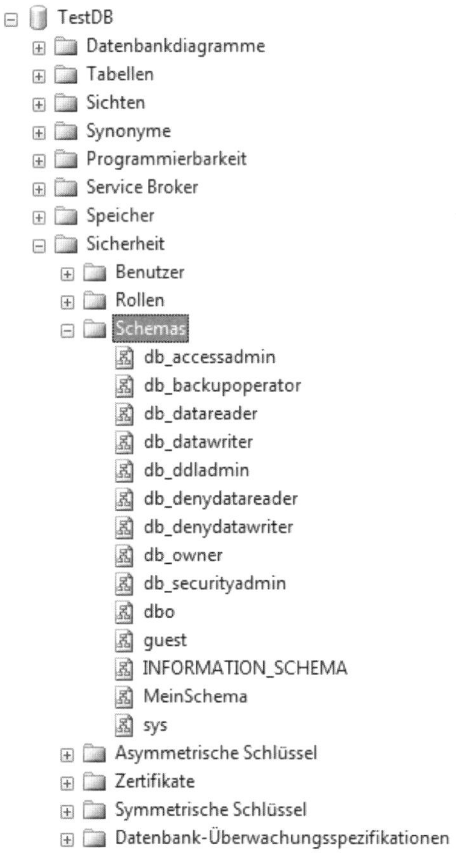

Bild 3.40 Die definierten Schemata im SQL Server Management Studio

Verwendung kann es in DDL-Anweisungen finden, indem z. B. eine Tabelle in diesem Schema erzeugt wird.

```
CREATE TABLE MeinSchema.MeineTabelle
(
<SpaltenName1> <SpaltenDefinition1>
...
<SpaltenNameN> <SpaltenDefinitionN>

);
```

Wird es später nicht mehr benötigt (und verwendet), kann es mit

```
DROP SCHEMA MeinSchema;
```

gelöscht werden.

3.7 Indizes

Zeit ist Geld. Dieser Grundsatz gilt auch für den SQL Server, der bei Abfragen vor der kniffligen Frage steht, wie er am schnellsten die gewünschten Daten liefern kann. Hat eine Tabelle oder Sicht nur ein paar Dutzend Zeilen, so ist es nicht weiter schlimm, wenn immer alle Zeilen in Augenschein genommen werden, um die entsprechenden herauszufiltern. Mit zunehmender Anzahl wird dieser Ansatz jedoch mehr und mehr zur Bremse. An dieser Stelle betreten Indizes die Bühne. Sie dienen einem schnellen Zugriff. Der Grundgedanke ist dabei recht einfach:

Stellt man sich ein Telefonbuch vor, so lässt sich recht einfach erkennen, dass eine Suche nach dem Namen eines Teilnehmers keine arbeitsintensive Angelegenheit ist, da diese in sortierter Form abgelegt sind. Die Frage „Welche Telefonnummer hat Peter Meyer?" ist also schnell zu beantworten. Anders sieht es mit der Frage „Wer hat die Nummer 123456?" aus. Was in solch einer Situation nur bleibt, ist das komplette Durchsuchen des Telefonbuchs mit dem Risiko, dass der allerletzte Eintrag der gesuchte ist oder dass einfach niemand diese Nummer besitzt. Einfacher wäre es, das Telefonbuch in einer zweiten Version nicht nach Namen, sondern nach der Telefonnummer aufzubauen und niederzuschreiben (speichern). Das ist zwar zu diesem Zeitpunkt Arbeit, erleichtert jedoch alle entsprechenden Suchen.

Soll die Frage „Welche Telefonnummern sind in der Wasserstraße vergeben?" beantwortet werden, bleibt Ihnen nichts anderes übrig, als einen weiteren Index zu erstellen.

Es ist zu erkennen, dass Indizes folgende Eigenschaften haben:

- Sie beziehen sich auf eine ganz bestimmte Art von Frage. Übersetzt in die Welt des SQL Servers bedeutet dies, dass nach bestimmten Spalten gefiltert werden muss.
- Sie konsumieren Speicherplatz, da sie (mit Verweisen) eine eingeschränkte, nach entsprechenden Spalten sortierte Version der ursprünglichen Datenmenge darstellen.
- Sie stellen Mehraufwand bei den Änderungen der Datenmenge dar. Wird das Telefonbuch um einen weiteren Teilnehmer vergrößert, so muss dieser für weitere Suchen in jeden Index eingetragen werden. Vermeiden Sie es also nach Möglichkeit, Unmengen von Indizes zu erstellen, die vielleicht mal ab und an verwendet werden könnten. Eine schnelle Abfrage alle drei Monate wiegt keine 100 langsameren Änderungen täglich auf!

Welcher Index wann Sinn macht, ist eine Wissenschaft für sich, die im Rahmen dieses Buches leider nicht abschließend geklärt werden kann. Daher liefere ich an dieser Stelle nur das technische Handwerkszeug.

 Der Datenbankoptimierungsratgeber (siehe Abschnitt 2.2.3, „Datenbankoptimierungsratgeber (Database Tuning Advisor)") unterstützt Sie bei der Analyse und Erstellung von Indizes.

Einige Spalten und deren Inhalt eignen sich besonders für Indizes, nämlich solche, die eine hohe Selektivität haben, also viele unterschiedliche Werte beinhalten. Wohnen alle (viele) Einwohner einer Stadt in einer einzelnen Straße, so macht es kaum Sinn, einen Index für die Straße zu erstellen. Datentypen wie `bit` oder Spalten, die durch Einschränkungen etc.

relativ wenige unterschiedliche Werte besitzen, sind also keine guten Kandidaten. Spalten der folgenden Typen sind sogar für einen Index technisch verboten (`ntext`, `text`, `varchar(max)`, `nvarchar(max)`, `varbinary(max)`, `xml`, und `image`).

 Ein Index kann nur verwendet werden, wenn er genau die Spalten enthält, die in der Abfrage auch wirklich verwendet werden. Definiert ein Index drei Spalten und in der Abfrage werden lediglich die zweite und dritte verwendet, so ist der Index nicht nutzbar.

Es gibt aber auch Abfragen, die so gebaut sind, dass dem SQL Server nichts anderes übrig bleibt, als sich alle Zeilen anzuschauen (der gefürchtete Tablescan). Die folgende Abfrage ist solch ein Beispiel.

```
SELECT * FROM Personen WHERE Name LIKE '%unger';
```

Da der Platzhalter für das `LIKE` am Anfang steht, kann kein Index der Tabelle verwendet werden. Stünde er am Ende, wäre dies etwas anderes.

SQL Server 2012 hält Indizes automatisch aktuell, wenn sich die Daten ändern, und wählt in den allermeisten Fällen bei Abfragen die optimalen Indizes aus. Daher sei an dieser Stelle nur erwähnt, dass es die Möglichkeit gibt, beides zu beeinflussen – in 99 % aller Fälle wird dies jedoch nicht notwendig sein und richtet mehr Schaden an, als dass es nützt.

Um einen Index per T-SQL zu erstellen, existiert die `CREATE INDEX`-Anweisung (siehe folgende Abschnitte). Gelöscht wird ein Index durch einen Aufruf der `DROP INDEX`-Anweisung. Diese muss sowohl den Namen als auch das Objekt (Tabelle/Sicht) beinhalten.

```
DROP INDEX myIndex ON Personen;
```

Alternativ können mittels der `ALTER INDEX`-Anweisung Indizes auch umdefiniert werden.

3.7.1 Clustered Index

Ein `CLUSTERED INDEX` (auch gruppierter Index) ist gleichzeitig die physikalische Reihenfolge, in der die Daten abgelegt werden, und es darf daher nur einen dieser Art pro Objekt (Tabelle/Sicht) geben. Auf diese Weise wird für den Zugriff der Umweg über einen externen Index vermieden, was noch mehr Geschwindigkeit für den Zugriff bedeutet. Allerdings kann es aus offensichtlichen Gründen pro Tabelle nur einen einzigen solchen Index geben. Oftmals ist der Primärschlüssel einer Tabelle nämlich gleichzeitig der `CLUSTERED INDEX`.

```
CREATE CLUSTERED INDEX myIndex
ON Personen (Name, Ort);
```

3.7.2 Unique Index

Kann garantiert werden, dass alle Wertekombinationen für den Index eindeutige Werte enthalten, so kann ein besonders schneller UNIQUE INDEX erstellt werden.

```
CREATE UNIQUE INDEX myIndex
ON Personen (Name, Ort);
```

Sind die Werte in der angegebenen Spaltenkombination nicht eindeutig, so scheitert die Indexerstellung. Auch müssen die Werte eindeutig bleiben. Änderungsanweisungen werden daher ggf. mit einem Fehler abgebrochen.

 Dies kann für Datenimporte durch IGNORE_DUP_KEY=ON bei Bedarf ein wenig „entschärft" werden, sollte aber nicht zur dauerhaften Einrichtung werden, da dieser Index sonst an Sinn und Effizienz beraubt wird.

3.7.3 Notclustered Index

Alle Indizes, die weder UNIQUE noch CLUSTERED sind, sind NOTCLUSTERED, was bedeutet, dass sie identische Werte erlauben und dass sie nicht die tatsächliche Reihenfolge der Daten in der Tabelle darstellen. NONCLUSTERED INDEX ist der Standard, sodass das Schlüsselwort nicht angegeben werden muss.

```
CREATE INDEX myIndex
ON Personen (Name, Ort);
```

entspricht daher

```
CREATE NONCLUSTERED INDEX myIndex
ON Personen (Name, Ort);
```

3.7.4 Filtered Index

SQL Server 2012 unterstützt sogenannte gefilterte Indizes (Filtered Index), die es erlauben, nur bestimmte Zeilen (durch ein WHERE-Prädikat definiert) in den Index aufzunehmen. Ein Beispiel ist die folgende Anweisung.

```
CREATE INDEX myIndex
ON Personen (Name, Ort)
WHERE Land IN ('A', 'CH', 'D');
```

Für das Löschen von Indizes steht die DROP INDEX-Anweisung zur Verfügung, die den Namen des Index benötigt.

```
DROP INDEX myIndex;
```

3.7.5 Spatial Index

Dieser spezielle Index ist für die ab SQL Server 2008 neuen Datentypen GEOMETRY und GEOGRAPHY gedacht und erlaubt einen schnellen Zugriff auf gesuchte Positionen oder geometrische Objekte, die bestimmte Bedingungen erfüllen, wie z. B. Schnittpunkte mit einem anderen Objekt zu besitzen.

Details und ein praktisches Beispiel zu diesen beiden Datentypen und den dafür vorgesehenen Index finden Sie in Abschnitt 2.13, „Geometry & Geography".

■ 3.8 Transaktionen

Werden Änderungen an Daten einer Tabelle vorgenommen, wird jede einzelne Änderung für sich nach dem Motto „alles oder nichts" behandelt, dies bedeutet z. B., dass entweder alle entsprechenden Zeilen gelöscht werden oder keine – nur die Hälfte zu löschen ist nicht rechtens und verstößt gegen die Atomarität des SQL Servers (siehe Abschnitt 2.1.2, „Datenbankmodul"). Sollen mehrere DML-Anweisungen wie eine einzige ausgeführt werden, muss explizit mit Transaktionen gearbeitet werden. Die für die Kontrolle der Transaktionen verwendeten Anweisungen werden oft unter dem Kürzel TCL (Transaction Control Language) zusammengefasst. Dabei spielt der Isolationsgrad eine Rolle, der die einzelnen parallel laufenden Transaktionen mehr oder weniger voneinander abschottet. In Abschnitt 5.13.2, „Isolationsgrad", finden Sie zu diesem Thema einige interessante Details.

 Halten Sie Transaktionen immer nur so lange wie unbedingt nötig offen und niemals (wirklich niemals!) während einer Benutzerinteraktion.

Das folgende Beispiel skizziert den Einsatz von Transaktionen.

```
-- Gewünschten Isolationsgrad bestimmen
-- Der Standard ist 'READ COMMITED'
SET TRANSACTION ISOLATION LEVEL REPEATABLE READ;

BEGIN TRY
    -- Transaktion beginnen
    BEGIN TRAN;

    -- Ein paar DML-Anweisungen
    -- ...

    -- Alles okay, Transaktion freigeben
    -- mit @@TRANCOUNT könnte abgefragt werden, wie viele Transaktionen
    -- derzeit noch offen sind
    COMMIT TRAN;
END TRY
BEGIN CATCH
    -- Fehlerfall, Transaktion rückgängig machen
    ROLLBACK TRAN;
END CATCH
```

Wieder kommt T-SQL dem Schreibfaulen ein wenig entgegen, indem es sowohl TRAN als auch TRANSACTION akzeptiert – sogar beim Festlegen des Isolationsgrades.

 ADO.NET bietet konsequenterweise ebenfalls die Möglichkeit, mit Transaktionen zu arbeiten. In Abschnitt 4.13, „Die SqlTransaction-Klasse", finden Sie weitere Details, die auch auf die kleinen Unterschiede eingehen.

3.9 Tipps und Tricks

3.9.1 Ermitteln der eingefügten Identitätswerte

Immer wieder taucht die Frage auf, wie sich am besten der Identitätswert ermitteln lässt, den die gerade eben eingefügte Zeile erhalten hat – und dies möglichst noch am ressourcensparendsten und elegantesten. Um die Antwort vorwegzunehmen: Verwenden Sie nicht @@IDENTITY & Co., da diese von Triggern beeinflusst werden und einen zweiten (unnötigen) Zugriff auf den SQL Server erfordern. Viel besser ist der Ansatz mit der OUTPUT-Klausel, die in Abschnitt 3.5.1.12, „OUTPUT-Klausel", beschrieben ist.

Um diesen Abschnitt nicht zu wiederholen, folgt nun ein T-SQL-Beispiel.

```
INSERT INTO Kunde
(Name, Ort, Telefon, Sprache, Vorzugskunde)
OUTPUT INSERTED.IDENTITYCOL
VALUES ('dotnetconsulting.eu', 'Nidderau-Erbstadt',
       '+6187 123456', 2, 1);
```

Dieser Ansatz hat den Vorteil, dass er auch bei mehreren Zeilen funktioniert und auch bei DELETE und UPDATE solide Ergebnisse liefert.

3.9.2 Werte in die Identitätsspalte einfügen

Normalerweise wird der Wert für die Identitätsspalte automatisch bestimmt und bei einer INSERT-Anweisung eingefügt. Bei Importen oder ähnlichen Aktionen ist es aber oft nötig, dass deren Werte ebenfalls eingefügt werden können, was der SQL Server durch einen Schutzmechanismus mit einer Fehlermeldung unterbindet.

Um trotzdem Werte einfügen zu können, muss dieser Schutz auf Tabellenbasis mit der folgenden Anweisung deaktiviert werden, für deren Ausführung die aktive Anmeldung Mitglied einer dieser Gruppen sein muss: sysadmin, db_dbowner oder db_ddladmin.

```
SET IDENTITY_INSERT Tabelle1 ON;
```

Das Einfügen von Identitätswerten darf nur für maximal eine Tabelle zu einer Zeit aktiv sein. Versuchen Sie, für zwei oder mehr Tabellen das Einfügen von Identitätswerten zu aktivieren, so kommt es zu einem Fehler. Erst wenn das vorherige Einfügen deaktiviert wurde, ist das Aktivieren für eine andere Tabelle möglich.

Nun sind Werte beim Einfügen neuer Zeilen auch für diese Spalte erlaubt. Jedoch bedeutet dies nicht, dass doppelte Werte akzeptiert werden. Dies ist in keinem Fall möglich, da dies den Sinn der Identitätsspalte ad absurdum führen würde.

Wenn Sie `IDENTITY_INSERT..ON` verwenden möchten, um Werte für die Identitätsspalte zu vergeben, dann muss die entsprechende `INSERT`-Anweisung eine Spaltenliste aufweisen. Übergeben Sie „nur" Werte für alle Spalten, kommt es zu einer Fehlermeldung.

Nachdem die gewünschten Spalten eingefügt wurden, sollte der Schutz mit der folgenden Anweisung wieder aufgehoben werden, da dieser nicht automatisch deaktiviert wird, wenn die Verbindung abgemeldet wird.

```
SET IDENTITY_INSERT Tabelle1 OFF;
```

Nun können wie gewohnt keine Werte mehr für die Identitätsspalte angegeben werden. Die `SET IDENTITY_INSERT`-Anweisung erzeugt eine Fehlermeldung, wenn die angegebene Tabelle über keine Identitätsspalte verfügt oder wenn eine Anweisung zweimal hintereinander ausgeführt wird und somit der Schutz bereits ein- bzw. ausgeschaltet ist.

Ein nachträgliches Ändern der Werte in der Identitätsspalte ist nicht möglich. Es bleibt nur der Ausweg, die vorhandenen Werte zu löschen (exportieren) und die gewünschten Werte einzufügen.

Beim Einfügen eines Wertes in die Identitätsspalte wird zwar geprüft, ob dieser schon existiert, nicht jedoch, ob er (demnächst) als automatischer Wert bestimmt wird. In einem solchen Fall wäre das Einfügen neuer Zeilen nicht möglich, da niemals doppelte Werte vorhanden sein dürfen. Um dies zu vermeiden, können Sie die `DBCC CHECKIDENT`-Anweisung verwenden, um die automatisch erzeugten Werte in einen „sicheren" Bereich zu verlegen. Mehr dazu finden Sie in Abschnitt 3.9.3, „Aktuellen Wert der Identitätsspalte auslesen und festlegen".

3.9.3 Aktuellen Wert der Identitätsspalte auslesen und festlegen

Manchmal ist es interessant, den aktuellen Wert der Identitätsspalte einer Tabelle auszulesen, ohne ihn zu verändern oder gar den nächsten Wert festzulegen. Für diese Zwecke existiert die `DBCC CHECKIDENT`-Anweisung, die als dritte Funktion die Möglichkeit bietet, den nächsten Wert für die Identitätsspalte so zu bestimmen, dass er größer als der größte Wert ist, der sich zurzeit in der Spalte befindet. Aber alles der Reihe nach. Wichtig ist zuerst, dass die aktive Anmeldung Mitglied einer dieser Gruppen sein muss: `sysadmin`, `db_dbowner` oder `db_ddladmin`.

Um den aktuellen Wert der Identitätsspalte auszugeben, muss folgende Funktion ausgeführt werden. Dieser verändert nichts, sondern zeigt nur an.

```
DBCC CHECKIDENT ( 'Tabelle1', NORESEED);
```

Am Ergebnis ist leicht zu erkennen, dass der SQL Server nicht den nächsten verfügbaren Wert speichert, sondern den Wert davor (abhängig von der Schrittweite, die für die Identitätsspalte festgelegt wurde, meist jedoch eins).

Damit der nächste Wert für die Identitätsspalte so gesetzt wird, dass er um eins größer sein wird als der zurzeit größte Wert in dieser Spalte, kommt folgende Anweisung zum Einsatz.

```
DBCC CHECKIDENT ( 'Tabelle1', RESEED);
```

Als Drittes kann der nächste Wert für die Identitätsspalte auf eigenes Risiko bestimmt werden. Dies geschieht mit folgender Anweisung, die einen weiteren Parameter, den Wert vor dem nächsten Wert, enthält.

```
DBCC CHECKIDENT ( 'Tabelle1', RESEED, 0);
```

Wie schon erwähnt, wird nicht der nächste Wert gespeichert, der eingefügt werden wird, sondern der vorherige. Damit ist der Wert des dritten Parameters von der Schrittweite abhängig, die für die Identitätsspalte per Definition festgelegt wurde. Da dieser jedoch oft eins ist, ist dieser nächste Identitätswert nach Ausführung dieser Anweisung eins (aktueller Wert 0 + Schrittweite 1 = 1). Würde als nächster Wert z. B. 1000 gewünscht werden, so müsste die Anweisung wie folgt aussehen.

```
DBCC CHECKIDENT ( 'Tabelle1', RESEED, 999);
```

Diese Anweisung prüft nicht, ob Werte, die größer als der neue Wert sind, für die Identitätsspalte schon vorhanden sind. Somit kann es passieren, dass später keine Zeilen mehr eingefügt werden können, da doppelte Werte unter keinen Umständen akzeptiert werden. Die Ausführung geschieht daher auf eigene Gefahr und sollte nur dann mit Umsicht vorgenommen werden, wenn ein guter Grund dafür existiert. Beispiel: Per `DBCC CHECKIDENT` wird der Wert wie oben auf „999" gesetzt. Der Wert „1005" existiert jedoch bereits in der Identitätsspalte. Somit können lediglich fünf Zeilen (1000 – 1004) eingefügt werden. Die sechste Zeile wird mit einem Fehler abgewiesen, da 1005 bereits verwendet wird.

Werden Werte von Hand mit dem SQL Server Management Studio eingefügt, kann es sein, dass Lücken in der Abfolge der Werte auftreten. Der Grund dafür liegt darin, dass sich eine INSERT-Anweisung (die auch hier zur Anwendung kommt) intern einen Wert zuweisen lässt und erst dann überprüft wird, ob die Werte, die eingefügt werden sollen, zulässig sind (z. B. aufgrund von Einschränkungen oder NOT NULL-Spalten). Ist dies nicht der Fall, wird die Anweisung mit einem Fehler abgebrochen, der Wert für die Identitätsspalte jedoch nicht wieder „zurückgelegt". Dies ist nicht sicher machbar, da der SQL Server als Mehrbenutzersystem nicht sicherstellen kann, ob in der Zwischenzeit nicht bereits ein weiterer Wert von einer anderen Verbindung verwendet wurde. Was bleibt, ist eine Lücke.

3.9.4 In das Anwendungsprotokoll des Systems schreiben

Um Einträge in das Anwendungsprotokoll des Systems zu schreiben, existiert die xp_log-Event-Prozedur (eine erweiterte Prozedur, daher das Präfix „xp_"). Das folgende, recht kurze Beispiel zeigt, wie ihr Aufruf aussehen kann.

```
EXEC xp_logEvent 50001,'Alarm',WARNING;
```

Der letzte Parameter, der den Schweregrad der Nachricht beschreibt, kann wahlweise INFORMATIONAL, WARNING oder ERROR sein.

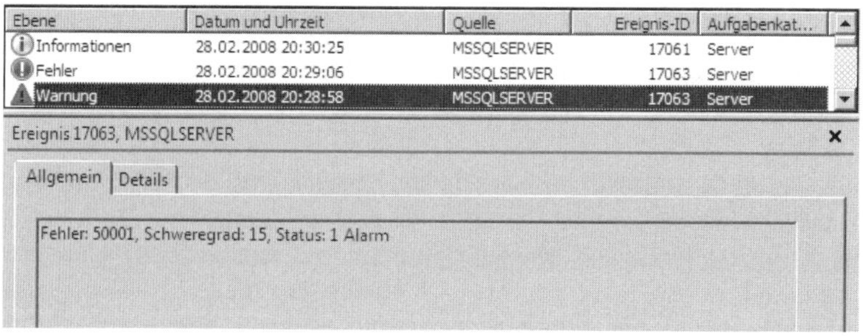

Bild 3.41 Die Einträge aus dem Anwendungsprotokoll

3.9.5 Bei der Ausführung eine Pause einlegen

Um eine T-SQL-Anweisung für eine bestimmte Zeitspanne pausieren zu lassen, bevor deren Verarbeitung fortgesetzt wird, steht die waitfor delay-Anweisung zur Verfügung. Ihr kann eine Zeitspanne von bis zu 23:59:59 als Parameter übergeben werden. Das folgende kleine Beispiel legt eine Pause von zehn Sekunden ein.

```
WAITFOR DELAY '0:00:10';
```

Um auf eine bestimmte Uhrzeit zu warten, bevor die Ausführung fortgesetzt wird, kann wiederum folgenden Anweisung genutzt werden.

```
WAITFOR TIME '20:15';
```

In diesem Beispiel geht es also erst um genau 20:15 Uhr weiter.

3.9.6 Einschränkungen deaktivieren

Ähnlich wie Trigger können auch Einschränkungen einer Tabelle für eine gewisse Zeit außer Kraft gesetzt werden. Dies kann beim Importieren von Daten nützlich sein, wenn z. B. Fremdschlüsselbeziehungen (die auch Einschränkungen darstellen) zwischen bestehenden Tabellen existieren und die Tabellen in „falscher" Reihenfolgen befüllt werden; also erst die Haupttabelle und später erst die Detailtabelle.

Alle Einschränkungen einer Tabelle können mit der folgenden Anweisung gleichzeitig deaktiviert werden.

```
ALTER TABLE <Tabellenname> NOCHECK CONSTRAINT ALL;
```

Möchten Sie nur eine Einschränkung gezielt „schlafen" legen, so muss statt ALL der Name angegeben werden.

```
ALTER TABLE <Tabellenname> NOCHECK CONSTRAINT tblConstraint1;
```

Soll die Einschränkung wieder aktiviert werden, so reicht die folgende Eingabe.

```
ALTER TABLE <Tabellenname> CHECK CONSTRAINT ALL;
```

Gezielt kann auch wieder eine Einschränkung mit ihrem Namen angesprochen werden.

```
ALTER TABLE <Tabellenname> CHECK CONSTRAINT tblConstraint1;
```

Der Versuch, eine deaktivierte Einschränkung zu deaktivieren oder eine aktive Einschränkung zu aktivieren, führt zu keinem Fehler – die Anweisung wird ohne Auswirkung ausgeführt.

> Beachten Sie, dass beim Einsatz dieser Anweisung zwar das Einfügen neuer Zeilen bzw. das Verändern bestehender Zeilen schneller durchgeführt werden kann, dies jedoch die Datenqualität beeinflussen kann. Prüfen Sie also die Daten, die Sie so einfügen auf besondere Weise.

4 SQL Server 2012 mit ADO.NET

ADO.NET ist die universelle Technologie von .NET, um auf Daten zuzugreifen. Es bietet Programmierern die benötigten Methoden für die Entwicklung mehrschichtiger, leistungsfähiger Anwendungen. Dieses Kapitel konzentriert sich bewusst auf die wichtigsten Punkte, die notwendig sind, um schnell und gezielt die gewünschte Funktion zu realisieren.

 Warum hat das gute alte ADO.NET in diesem Buch einen Platz, obwohl es schon lange Technologien wie ADO.NET Entity Framework und LINQ to SQL gibt, die alles einfacher und besser machen? Einfacher und besser vielleicht, aber nicht so performant. ADO.NET ist nach wie vor die direkteste Art, auf Datenquellen wie den SQL Server zuzugreifen!

Historisch gesehen ist ADO.NET der .NET-Nachfolger von ADO (ActiveX Data Objects), die wiederum die DAO (Data Access Objects) abgelöst haben. Trotz der Namensähnlichkeit zwischen ADO.NET und ADO stellt ADO.NET aufgrund eines grundlegenden Neudesigns keinesfalls nur einen Evolutionsschritt dar. Vielmehr konzentriert sich diese Technologie auf Disconnected-Szenarios, bei denen die Verbindung zur Datenbank immer nur so kurz wie möglich aufrechterhalten werden soll.

Alle ADO.NET-Klassen, die für den Zugriff auf den SQL Server notwendig sind, z. B. um auf Daten zuzugreifen oder T-SQL-Befehle auszuführen, befinden sich im Namensraum (Namespace) `System.Data.SqlClient`.

■ 4.1 Übersicht über die Klassen

Im Folgenden finden Sie eine Skizze mit den wichtigsten ADO.NET-Klassen, die für die Arbeit mit dem SQL Server 2012 relevant sind. Andere Provider, etwa für Datenbanken wie Oracle, existieren ebenfalls und verfügen über den gleichen strukturellen Aufbau, werden in diesem Buch jedoch nicht behandelt.

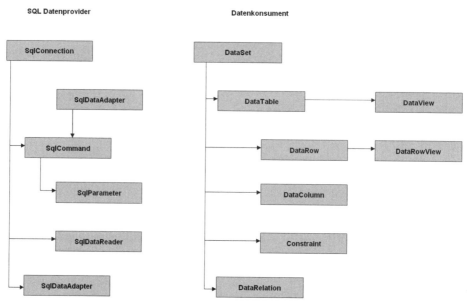

Bild 4.1 Die wichtigsten ADO.NET-Klassen für den SQL Server

In Bild 4.1 wird deutlich, dass SQL-Datenprovider und -Datenkonsument klar getrennt sind. Dies rührt daher, dass Datenprovider und -konsument nicht miteinander verbunden sind (disconnected), sodass beide unabhängig voneinander verwendet werden können. Durch diese Trennung lassen sich auf einfache Weise hochskalierbare und solide Anwendungen erstellen. Außerdem sorgt die Trennung für die heute notwendige Erweiterbarkeit in Bezug auf neue Technologien.

Um einen leichteren Überblick zu erhalten, finden Sie in Tabelle 4.1 eine Übersicht über die wichtigsten Klassen.

Tabelle 4.1 Wichtige Klassen des System.Data.SqlClient-Namensraums

Klasse	Aufgaben
SqlConnection	Stellt eine Verbindung zum SQL Server her, damit überhaupt auf dessen Daten zugegriffen werden kann
SqlConnection-StringBuilder	Hilfsklasse zum Erstellen und Analysieren von Verbindungszeichenfolgen
SqlCommand	Diese Klasse führt T-SQL-Anweisungen aus und ist damit nach der SqlConnection-Klasse sicherlich die zweitwichtigste Klasse überhaupt.
SqlParameter	Diese Klasse arbeitet mit der SqlCommand-Klasse zusammen und stellt die Parameter für vorbereitete Abfragen und gespeicherte Prozeduren dar.
SqlDependency	Mithilfe dieser Klasse können sich Anwendungen benachrichtigen lassen, wenn sich Daten oder Datenbankobjekte geändert haben, ohne regelmäßig „pollen", also auf die Datenbank zugreifen, zu müssen.

Klasse	Aufgaben
SqlDataReader	Diese Klasse stellt einen Weg dar, Daten schnell und effizient zu durchlaufen; allerdings ist nur lesender Zugriff möglich.
SqlClientPermission	Diese Klasse prüft, ob die Anwendung die benötigten Berechtigungen zur Ausführung hat.
SqlBulkCopy	Mit dieser Klasse können große Datenmengen auf schnelle Weise von einer Tabelle in eine andere kopiert werden.
SqlTransaction	Diese Klasse stellt eine datenbankbezogene Transaktion dar, um mehrere Änderungsanweisungen nach dem Alles-oder-nichts-Prinzip auszuführen.
SqlException und SqlError	Mit dieser Klasse stehen detaillierte Informationen zur Verfügung, die zeigen, warum eine Operation fehlgeschlagen ist.
SqlDataAdapter und SqlCommandBuilder	Mithilfe dieser beiden Klassen können Daten aus der Datenbank in DataSets gelesen und Änderungen auf Wunsch zurück in die Datenbank geschrieben werden.
XmlReader	Gehört in den Namensraum System.Xml und stellt eine Möglichkeit dar, Daten im XML-Format vom SQL Server zu verarbeiten

4.2 Die SqlConnection-Klasse

Über die `System.Data.SqlClient.SqlConnection`-Klasse wird eine Verbindung zur gewünschten Datenbank auf dem SQL Server aufgebaut. Die dafür notwendigen Informationen (Servername, Datenbankname etc.) werden in Form einer Verbindungszeichenfolge (Connection String) zur Verfügung gestellt. Der wichtigste Konstruktor, der am häufigsten Verwendung findet, ist folgender.

```
SqlConnection con = new SqlConnection(String connectionString);
```

Nachdem von dieser Klasse eine Instanz erzeugt wurde, muss die Verbindung mittels `Open()` geöffnet werden. Ist die gewünschte Datenbank nicht erreichbar, wird eine Ausnahme vom Typ `SqlException` erzeugt, die abgefangen werden sollte. Nach erfolgreichem Öffnen der Verbindung ist diese bereit, verwendet zu werden.

Da die `SqlConnection`-Klasse die `IDisposable`-Schnittstelle implementiert, bietet sich folgende Programmierung an.

```
using (SqlConnection con = new SqlConnection(connectionString)
{
    con.Open();
    // Irgendetwas Nützliches mit der Verbindung durchführen
}
```

Der implizite Aufruf von `con.Dispose()` beim Verlassen des `using`-Blocks sorgt dafür, dass die Verbindung geschlossen und die benötigten Ressourcen freigegeben werden.

Alternativ können Sie auch eine `try...catch...finally`-Konstruktion verwenden und im `finally`-Block die Verbindung durch einen Aufruf von `Close()` schließen.

> Es sollte in jedem Fall sichergestellt sein, dass eine Verbindung ordnungsgemäß geschlossen wurde. Es reicht nicht aus, dass die Referenzvariable der Verbindung ihren Gültigkeitsbereich verlässt! Die `Close()`-Methode der `SqlConnection`-Klasse kann auch ohne Fehler aufgerufen werden, wenn diese nicht geöffnet ist. Eine Sicherheitsabfrage vor dem Schließen, die testet, ob die Verbindung tatsächlich offen ist, ist daher nicht notwendig.

4.2.1 Wichtige Methoden und Eigenschaften

Die folgende Übersicht stellt die wichtigsten Methoden und Eigenschaften der `SqlConnection`-Klasse vor.

Tabelle 4.2 Wichtige Methoden/Eigenschaften der SqlConnection-Klasse

Methode/Eigenschaft	Beschreibung
`BeginTransaction()`	Startet eine SQL Server-Transaktion für diese Verbindung. Über das zurückgelieferte `SqlTransaction`-Objekt kann diese Transaktion gesteuert werden (für Details siehe Abschnitt 4.13, „Die SqlTransaction-Klasse."
`Close()`	Schließt eine Verbindung. Ist die Verbindung bereits geschlossen, so geschieht nichts.
`ChangeDatabase()`	Diese Methode erlaubt das Wechseln zu einer Datenbank, die sich auf dem gleichen SQL Server befindet. Der angemeldete Benutzer muss über die notwendigen Berechtigungen für die neue Datenbank verfügen. Ist dies nicht der Fall oder existiert die Datenbank nicht, wird eine Ausnahme ausgelöst. Die Wirkung entspricht der `USE`-T-SQL-Anweisung.
`ConnectionString`	Liefert die Verbindungszeichenfolge für diese Verbindung. **Achtung:** Das verwendete Kennwort (Parameter `Password`) wird aus der Zeichenfolge entfernt, wenn für den Parameter `Persistent Security Info` nicht der Wert `true` angegeben wurde.
`ConnectionTimeout`	Zeitbegrenzung (Timeout) für den Versuch des Verbindungsaufbaus in Sekunden. Der Standardwert ist 15.
`CreateCommand()`	Liefert ein `SqlCommand`-Objekt für diese Verbindung. Details über die `SqlCommand`-Klasse finden Sie in Abschnitt 4.4, „Die SqlCommand-Klasse".
`Database`	Liefert den Namen der Datenbank dieser Verbindung

Methode/Eigenschaft	Beschreibung
Datasource	Liefert den Namen der SQL Server-Instanz dieser Verbindung
FireInfoMessage EventOnUserErrors	Legt fest, ob das `InfoMessage`-Ereignis ausgelöst werden soll, wenn ein benutzerdefinierter Fehler vom Schweregrad 11 bis 16 ausgelöst wurde. Ist diese Eigenschaft auf `true` gesetzt, wird in einem solchen Fall keine `SqlException`-Ausnahme erzeugt, sondern nur das `InfoMessage`-Ereignis. Diesem steht eine `Errors`-Auflistung zur Verfügung, um Einzelheiten über die Ursache abzurufen (für Details siehe Abschnitt 4.2.3.2, „Info-Message"). Der Standardwert ist `false`.
GetSchema()	Diese Methode liefert einige Schemainformationen über die aktuelle Datenbank. Aus einem `System.Data.DataTable`-Objekt lässt sich so z. B. auslesen, wie viele (Benutzer-)Tabellen, Sichten, Benutzer etc. in der Datenbank existieren. Diese Schemainformationen sind nicht identisch mit denen, die für ein Abfrageergebnis mit der `GetSchemaTable()`-Methode der `SqlDataReader`-Klasse abgefragt werden können (siehe Abschnitt 4.17.1, „Das Schema einer Tabelle abfragen").
Open()	Öffnet eine Verbindung zu der in der Verbindungszeichenfolge angegebenen Datenbank. Ist die Datenbank nicht erreichbar, die Verbindung nicht geschlossen oder die Verbindungszeichenfolge ungültig, wird eine Ausnahme von Typ `SqlException` erzeugt.
ResetStatistics()	Setzt die statistischen Werte der Verbindung zurück
RetrieveStatistics()	Liefert die aktuellen statistischen Werte der Verbindung. Details finden Sie in Abschnitt 4.2.6, „Statistische Werte abrufen".
State	Liefert den aktuellen Zustand der Verbindung. Details finden Sie in Abschnitt 4.2.2, „Zustand der Verbindung".
ServerVersion	Liefert die Version der Datenbank als Zeichenkette
StatisticsEnabled	Legt fest oder ruft ab, ob statistische Werte für diese Verbindung gesammelt werden sollen. Der Standardwert ist `false`.
WorkStationId	Liefert die Kennung des Clients, so wie sie dem SQL Server bekannt ist. Dieser Wert wird von der `host_name()`-T-SQL-Funktion zurückgeliefert und kann über den `Workstation ID`-Parameter der Verbindungszeichenfolge bestimmt werden.

4.2.2 Zustand der Verbindung

Die Verbindung einer Datenbank kann sich in unterschiedlichen Zuständen (States) befinden. Über das `StateChanged`-Ereignis (siehe Abschnitt 4.2.3.1, „StateChanged") lassen sich diese Wechsel verfolgen. Den jeweils aktuellen Zustand einer Verbindung können Sie über die `State`-Eigenschaft abrufen. Über die `System.Data.ConnectionState`-Aufzählung werden folgende Zustände beschrieben.

Tabelle 4.3 Mögliche Zustände eines SqlConnection-Objekts

Zustand	Beschreibung
Closed	Die Verbindung ist geschlossen.
Open	Die Verbindung ist geöffnet.
Connecting	Es wird versucht, die Verbindung zu öffnen (asynchrone Verarbeitung).
Executing	Eine Anweisung wird über die Verbindung ausgeführt, die noch nicht abgeschlossen wurde (asynchrone Verarbeitung).
Fetching	Über die Verbindung werden gerade Daten zum Client geladen, z. B. durch ein DataReader-Objekt oder ein TableAdapter-Objekt (asynchrone Verarbeitung).
Broken	Die Verbindung wurde unterbrochen (z. B. durch Probleme mit dem Netzwerk).

4.2.3 Ereignisse

Ein SqlConnection-Objekt kann zwei wichtige Ereignisse auslösen: StateChanged und InfoMessage. Genauere Beschreibungen folgen.

4.2.3.1 StateChanged

Dieses Ereignis wird ausgelöst, wenn sich der Zustand der SqlConnection (Eigenschaft State) verändert. Es hat zwei Parameter, die eine Referenz auf das auslösende SqlConnection-Objekt und Informationen über den alten und neuen Zustand der Verbindung liefern. Seine Signatur sieht wie folgt aus.

```
void StateChangeEventHandler(object sender, StateChangeEventArgs e)
```

In Tabelle 4.4 und Tabelle 4.5 sind die Parameter sowie wichtige Eigenschaften der StateChangeEventArgs-Klasse beschrieben.

Tabelle 4.4 Parameter des SqlConnection.StateChanged-Ereignisses

Parameter	Beschreibung
sender	Referenz auf das auslösende SqlConnection-Objekt
e	Objekt vom Typ StateChangeEventArgs mit Informationen über den alten und neuen Zustand der Verbindung

Tabelle 4.5 Wichtige Eigenschaften der StateChangeEventArgs-Klasse

Eigenschaft	Beschreibung
CurrentState	Der jetzige, aktuelle Zustand der Verbindung
OriginalState	Der Zustand der Verbindung, der vor dem Ereignis aktuell war

Weitere Details über den Verbindungszustand finden Sie in Abschnitt 4.2.2, „Zustand der Verbindung".

Das folgende kurze Beispiel zeigt, wie das Ergebnis gebunden und verarbeitet wird.

```
con.StateChange += new StateChangeEventHandler(StateChange);

void StateChange(Object sender, StateChangeEventArgs e)
{
    // Verbindungsobjekt
    SqlConnection con = (SqlConnection) sender;
    ConnectionState alterZustand = e.OriginalState;
    ConnectionState neuerZustand = e.CurrentState;
}
```

In der Beispielanwendung zu diesem Kapitel wird dieses Ereignis verwendet, um die auftretenden Zustandswechsel der Verbindung zu protokollieren.

 Der Wert von e.CurrentState entspricht der State-Eigenschaft der aktuellen Verbindung.

4.2.3.2 InfoMessage

Dieses Ereignis wird ausgelöst, wenn eine Info-Nachricht vom SQL Server an den Client geschickt wird (z.B. durch die PRINT-Anweisung oder die SqlPipe.Send()-Methode) oder wenn Fehler vom Schweregrad 11 bis 16 auftreten und die FireInfoMessageEventOnUserError-Eigenschaft der SqlConnection-Klasse auf true gesetzt wurde. Dies muss bei einer Verarbeitung des Ereignisses berücksichtigt werden.

```
void SqlInfoMessageEventHandler(object sender, SqlInfoMessageEventArgs e)
```

In Tabelle 4.6 und Tabelle 4.7 finden Sie die Parameter und wichtigen Eigenschaften der SqlInfoMessageEventArgs-Klasse.

Tabelle 4.6 Parameter des SqlConnection.InfoMessage-Ereignisses

Parameter	Beschreibung
sender	Referenz auf das auslösende SqlConnection-Objekt
e	Objekt vom Typ SqlInfoMessageEventArgs mit Informationen über die Info-Nachricht

Tabelle 4.7 Wichtige Eigenschaften der SqlInfoMessageEventsArgs-Klasse

Eigenschaft	Beschreibung
Message	Der Text der Nachricht oder des Fehlers als Zeichenkette
Errors	Auflistung mit SqlError-Objekten. Dies entspricht der Errors-Auflistung der SqlException-Ausnahme. Weitere Details finden Sie in Abschnitt 4.14.2, „Die SqlError-Klasse".

Dieses Ergebnis wird wie folgt gebunden und verarbeitet.

```
con.InfoMessage += new SqlInfoMessageEventHandler(InfoMessage);

void InfoMessage (Object sender, SqlInfoMessageEventArgs e)
{
    SqlConnection con = (SqlConnection) sender;  // Verbindungsobjekt
    String Message = e.Message;
    if (e.Errors[0].Class > 0) // Auf Fehler prüfen
        {
            writeMessage("Es liegen {0} Fehler vor", e.Errors.Count);
            foreach (System.Data.SqlClient.SqlError SqlError
                    in e.Errors)
                {
                    writeMessage("{0}", SqlError.Message);
                    writeMessage(" Class: {0}", SqlError.Class);
                    // ..
                }
        }
        else
            writeMessage("Dies war kein Fehler");
}
```

Die Überprüfung, ob die Info-Nachricht ein Fehler ist, muss nicht gemacht werden, wenn die `FireInfoMessageEventOnUserError`-Eigenschaft des `SqlConnection`-Objekts den Wert `false` hat. `false` ist der Standardwert, sodass Fehler kein `InfoMessage`-Ereignis auslösen, sondern eine `SqlException`-Ausnahme erzeugen.

In der Beispielanwendung zu diesem Kapitel wird dieses Ereignis verwendet, um die auftretenden Zustandswechsel der Verbindung zu protokollieren.

4.2.4 Verbindungs-Pooling (Connection Pooling)

Um nicht bei jeder Erzeugung eines `SqlConnection`-Objektes eine neue Verbindung zum SQL Server aufbauen zu müssen, unterstützt ADO.NET ein sogenanntes Connection-Pooling. In diesem Pool werden alle Verbindungen der Anwendung verwaltet und bei Bedarf entnommen. Der Vorteil liegt darin, dass diese Verbindungen nicht erst extra aufgebaut werden müssen, sondern fast augenblicklich zur Verfügung stehen. Dies bedeutet einen erheblichen Geschwindigkeitsvorteil. Bei der Arbeit mit Connection-Pooling sind folgende Dinge zu berücksichtigen:

- Um zu entscheiden, welches `SqlConnection`-Objekt welchem Pool zugeordnet werden soll, verwendet ADO.NET die Verbindungszeichenfolge. Nur Objekte mit identischen Verbindungszeichenfolgen werden in einem Pool gehalten.
- Wird ein neues `SqlConnection`-Objekt erzeugt und mit einem Aufruf von `Open()` geöffnet, wird dies möglichst dem Connection-Pool entnommen. Dies ist jedoch nicht möglich, wenn:

- alle Verbindungen des Connection-Pools derzeit verwendet werden. In diesem Fall wird der Aufruf von `Open()` so lange verzögert, bis wieder eine Verbindung frei wird. Dies kann beliebig lange dauern und ist nicht mit dem `Conection Timeout`-Parameter zu verwechseln.
- die Verbindungszeichenfolge keinem existierenden Connection-Pool zugeordnet werden kann.
- der Parameter `Pooling` der Verbindungszeichenfolge den Wert `False` enthält.
- Durch den Aufruf der `Close()`-Methode der `SqlConnection`-Klasse wird die Verbindung wieder als frei markiert und kann dem Pool wieder entnommen werden (Ausnahme: Parameter `Pooling` hat den Wert `False`).

Wie ein Connection-Pool per Programmcode geleert werden kann, erfahren Sie in Abschnitt 4.17.5, „Verbindungs-Pool per Code leeren".

4.2.5 Verbindungszeichenfolge (Connection String)

Die Verbindungszeichenfolge enthält alle Werte, die notwendig sind, um mit einer Datenbank auf einem SQL Server Verbindung aufzunehmen. Ihr grundsätzlicher Aufbau sieht wie folgt aus.

`Parameter1=Wert1; Parameter 2=Wert2;....; Parameter N=WertN;`

In welcher Reihenfolge die Parameter aufgeführt werden, ist unerheblich. Es dürfen jedoch keine Parameter mehrfach vorkommen. Manche Parameter schließen sich gegenseitig aus, andere bedingen sich. Kurzum: Die Verbindungszeichenfolge muss in sich schlüssig sein, egal welche Variante verwendet wird.

4.2.5.1 Wichtige Parameter

Tabelle 4.8 zeigt eine Auflistung wichtiger Parameter, die in einer Verbindungszeichenfolge auftauchen können.

Tabelle 4.8 Wichtige Parameter in einer Verbindungszeichenfolge für SQL Server

Parameter	Beschreibung
Application Name	Legt den Namen der Anwendung fest. Dieser kann im T-SQL über die `app_name()`-Funktion abgefragt werden. Der Standard lautet `.Net SqlClient Data Provider`.
Asynchronous Processing oder Async	Legt fest, ob mit dieser Verbindung asynchrone Abfragen möglich sind. Der Standard ist `True`.
AttachDbFilename	Erlaubt die Angabe eines Datenbankmediums (MDF-Datei), um diese Datenbank für die Verbindung an den SQL Server anzufügen. Eine Verbindung, die nicht diesen Parameter mit derselben Datei angegeben hat, kann nicht mit der Datenbank arbeiten.

Tabelle 4.8 Wichtige Parameter in einer Verbindungszeichenfolge für SQL Server *(Fortsetzung)*

Parameter	Beschreibung
`Connection Timeout` oder `Connect Timeout`	Legt die Dauer (in Sekunden) fest, in der versucht wird, die Verbindung zum SQL Server aufzubauen. Der Standard von 15 wird verwendet, wenn dieser Parameter nicht angegeben wird.
`Connection Lifetime`	Legt fest (in Sekunden), wie lange eine Verbindung im Verbindungspool verwendet werden darf. Immer wenn eine Verbindung in den Pool zurückgegeben wird, wird geprüft, ob dieser Wert erreicht wurde. Der Standard ist 0 (unendlich). Ein anderer Wert macht in geclusterten Serverumgebungen Sinn, sodass Server, die vor kurzer Zeit zu dem Cluster hinzugefügt wurden, benutzt werden können.
`Context Connection`	Dieser Parameter wird bei der Programmierung von CLR-Objekten in SQL Server benötigt. Er gibt an, dass die Verbindung aus dem Kontext erzeugt werden kann. Anwendung findet diese Eigenschaft bei CLR-Objekten, damit diese in der Lage sind, auf Daten zuzugreifen. Der Standardwert ist `False`.
`Current Language`	Die Sprache, die für die Verbindung verwendet werden soll. Diese Einstellung spielt bei der Interpretation von Datums-, Zeit- und Zahlenwerten eine Rolle. Der Standard ist die Sprache, die der Anmeldung auf dem SQL Server zugewiesen wurde.
`Data Source` oder `Server`	Gibt den Namen bzw. die IP-Adresse (Port) des Servers und, wenn notwendig, den Namen der Instanz an, auf die zugegriffen werden soll. Wird eine Instanz benannt, so muss ein Backslash („\") zwischen Server und Instanz notiert werden (Beispiel: „MeinServer\MeineInstanz"). Wird keine Instanz notiert, so wird die Standardinstanz auf dem Server verwendet. Soll der lokale Computer angesprochen werden, so kann dies über einen einfachen Punkt („.") oder durch „local" geschehen.
`Failover Partner`	Legt den „Failover Partner" bei einer Verbindung zu einem SQL Server fest. Dieser Parameter wird in Verbindung mit Datenbankspiegelung oder Datenbank-Clustern verwendet, um ADO.NET anzuzeigen, auf welche SQL Server-Instanz ausgewichen werden soll, wenn primäre Server („Data Source") nicht erreichbar sind.
`File name`	Legt den Pfad zu einer UDF-Datei fest, welche die notwendigen Informationen für die Verbindungszeichenfolge enthält
`Initial Catalog` oder `Database`	Gibt den Namen der Datenbank an, die verwendet werden soll. Wird dieser Parameter nicht angegeben, wird die Standarddatenbank des SQL Server-Logins verwendet.

Parameter	Beschreibung
`Integrated Security` oder `Trusted_Connection`	Wird dieser Parameter auf `True` (oder `SSPI`) gesetzt, so wird die integrierte Windows-Authentifizierung verwendet. Die Parameter `User ID` und `Password` werden ignoriert. Der Standard ist `False`.
`MultipleActiveResultSets`	Legt fest, dass die Verbindung sowohl von `SELECT`-Abfragen als auch von `UPDATE`-, `DELETE`- und `INSERT`-Anweisungen verwendet werden kann. Der Standardwert ist `False`. Mehr Details finden Sie in Abschnitt 4.15, „MARS (Multiple Active Result Sets)".
`Max Pool Size` und `Min Pool Size`	Legt die Größe des Connection-Pools fest, aus dem die Verbindung entnommen werden kann. Der Standard für die untere Grenze beträgt 0, für die obere 100. Für Anwendungen, die eine konstant (kurze) Antwortzeit beim Öffnen von `SqlConnection`-Objekten benötigen, kann ein größerer Wert von 5 für `Min Pool Size` Sinn machen, da damit Verbindungen zum SQL Server sozusagen auf Vorrat erzeugt werden.
`Persist Security Info`	Wird diesem Parameter der Wert `True` zugewiesen, so wird der Parameter `Password` bei einem entsprechenden Zugriff über die Eigenschaft `ConnectionString` der `SqlConnection`-Klasse nicht entfernt. Der Standardwert ist `False`, sodass der Parameter `Password` entfernt wird.
`Pooling`	Erlaubt es, diese Verbindung zum Verbindungspool hinzuzufügen. Der Standard ist `True`. Mehr Details finden Sie in Abschnitt 4.2.4, „Verbindungs-Pooling (Connection Pooling)".
`User ID`	Der Benutzername für die SQL Server-Authentifizierung
`Password`	Das Kennwort für die SQL Server-Authentifizierung
`Workstation ID`	Legt den Namen des SQL Server-Clients fest. Dieser kann in T-SQL über die `host_name()`-Funktion abgefragt werden. Der Standard entspricht dem Namen des Computers, auf dem die Anwendung läuft.

 Die Reihenfolge der Parameter innerhalb der Verbindungszeichenfolge ist unwichtig. Groß- und Kleinschreibung spielt nur bei `Password` immer eine Rolle. Es ist zusätzlich bei `User ID`, `Database` und `Initial Catalog` von Bedeutung, wenn der SQL Server von seiner Installation her ebenfalls zwischen Groß- und Kleinschreibung unterscheidet.

Werden in einer Verbindungszeichenfolge ungültige oder unbekannte Parameter verwendet, wird eine Ausnahme vom Typ `Exception` erzeugt.

4.2.5.2 Verbindungszeichenfolge mit Visual Studio erzeugen

Verbindungszeichenfolgen können einfach mit dem Visual Studio erzeugt und in der Konfigurationsdatei der Anwendung gespeichert werden. Diese Datei im XML-Format befindet sich im gleichen Ordner wie die Anwendungsdatei selbst. Ihr Name ist dabei immer der Name der Anwendung, der um .CONFIG erweitert wird. So hat z. B. die Anwendung Meine-Anwendungs.exe eine Konfigurationsdatei mit dem fast identischen Namen MeineAnwendung.exe.config. Die Konfiguration ist im XML-Format aufgebaut und kann somit auch mit einfachsten Mitteln wie dem Windows eigenen Editor bearbeitet werden.

> Wenn die Konfigurationsdatei mit einem einfachen Editor bearbeitet wird, sollte besonders darauf geachtet werden, Aufbau und Struktur nicht versehentlich zu beschädigen, da sonst beim Start der Anwendung ein Fehler angezeigt wird. Daher sollte *vor* der Bearbeitung immer eine Kopie der Datei erstellt werden.

Bild 4.2 zeigt die Konfiguration der Beispielanwendung dieses Kapitels im Vista-eigenen Editor.

```
ADONet.exe.config - Editor
Datei Bearbeiten Format Ansicht ?
<?xml version="1.0" encoding="utf-8" ?>
<configuration>
    <configSections>
    </configSections>
    <connectionStrings>
        <add name="ADONet.Properties.Settings.Connection1" connectionString="Data Source=.\sqlexpress;Initia
            providerName="System.Data.SqlClient" />
        <add name="ADONet.Properties.Settings.Connection2" connectionString="file name=d:\DBVerbindung.udl"
            providerName="System.Data.SqlClient" />
        <add name="ADONet.Properties.Settings.Connection3" connectionString="ddd" />
    </connectionStrings>
</configuration>
```

Bild 4.2 Die Konfiguration im Windows eigenen Editor

So wird der Konfiguration eine Verbindungszeichenfolge mit dem Visual Studio hinzugefügt:

1. Es muss sichergestellt werden, dass das Projekt der Anwendung im Projektmappen-Explorer markiert ist. Die Eigenschaften des Projektes werden im Unterpunkt {ANWENDUNGSNAME} EIGENSCHAFTEN des Menüs PROJEKT angezeigt.
2. Durch die Auswahl EINSTELLUNGEN links in den Karteireitern werden die definierten Einstellungen der Anwendung in einer Tabelle angezeigt.
3. Der Verbindungszeichenfolge kann in der Spalte NAME ein (eindeutiger) Name gegeben werden, über den diese später im Quelltext angesprochen werden kann.
4. Der Wert „(VERBINDUNGSZEICHENFOLGE)" wird nun in der Spalte TYP ausgewählt.
5. Zur Bearbeitung der Verbindungszeichenfolge kann nun in der Spalte WERT rechts auf die „..."-Schaltfläche geklickt werden. Es öffnet sich ein Dialog, der die Bearbeitung ermöglicht.

Bild 4.3 Eine Verbindungszeichenfolge in Visual Studio bearbeiten

6. Nachdem alle notwendigen Werte eingegeben wurden, können diese mit einem Klick auf die Schaltfläche TESTVERBINDUNG ausprobiert werden.
7. Wenn alles korrekt und nach Wunsch läuft, können diese Einstellungen mit einem Klick auf die Schaltfläche OK übernommen werden. Ansonsten kann der Dialog einfach mit ABBRECHEN geschlossen werden, ohne die Werte zu übernehmen.

 Wurde angegeben, dass sowohl die SQL Server-Authentifizierung verwendet als auch das angegebene Kennwort gespeichert werden soll, so wird eine Warnung ausgegeben, die nicht leichtfertig in den Wind geschlagen werden sollte. Das Kennwort wird dann nämlich unverschlüsselt in die Konfigurationsdatei geschrieben und kann leicht dort ausgelesen werden. ∎

Zum Löschen einer Verbindungszeichenfolge wird mit der rechten Maustaste auf den gewünschten Eintrag geklickt und aus dem Kontextmenü der Befehl LÖSCHEN gewählt.

4.2.5.3 Verbindungszeichenfolgen zur Laufzeit

Für eine Anwendung, die auf eine Datenbank auf einem SQL Server zugreifen will, stellt sich zur Laufzeit die Frage, wie sie die dazu benötigte Verbindungszeichenfolge abrufen kann. Es existieren unterschiedliche Ansätze, wo die Verbindungszeichen oder die dafür notwendigen Informationen sicher abgelegt werden können. Ganz trivial ist die Frage nicht, da ein unbefugtes Auslesen von Benutzer-ID und Kennwort ein Sicherheitsrisiko darstellt.

Der sicherste Weg ist daher, keine dieser Informationen in der Konfiguration zu speichern, sondern lediglich eine unvollständige Verbindungszeichenfolge, die im Wesentlichen nur aus Server und Datenbank besteht.

Windows-Authentifizierung (integrierte Sicherheit)

Wenn Sie über eine Windows-Domäne verfügen, so können die Anmeldekonten aller Benutzer einer Anwendung leicht in einer Windows-Gruppe zusammengefasst und dieser Gruppe die notwendigen Berechtigungen auf dem SQL Server gegeben werden. Die Verbindungszeichenfolge kann dann wie folgt aussehen.

```
Data Source=dnc2\SQLExpress;Initial Catalog=Test;Integrated Security=True
```

Der notwendige Code, um eine Verbindung zur angegebenen Datenbank aufzubauen, sieht dann folgendermaßen aus.

```
string cs = @"Data Source=dnc2\SQLExpress;Initial Catalog=Test;" +
            "Integrated Security=True";
SqlConnection con = new SqlConnection(cs);
con.Open();
```

Wird die Verbindungszeichenfolge in der Konfiguration gespeichert (z. B. unter dem Namen Connection1), so würde das zu folgendem Code führen.

```
// Connection1 ist der Name der Verbindung in der Konfiguration
string cs = Properties.Settings.Default.Connection1;
SqlConnection con = new SqlConnection(cs);
con.Open();
```

Ist der Benutzer der Anwendung nicht in der entsprechenden Windows-Gruppe und hat auch nicht anderweitig die notwendigen Berechtigungen für die Datenbank, wird eine Ausnahme vom Typ `SqlException` erzeugt. Weitere Details zu dieser Ausnahme finden Sie in Abschnitt 4.14, „Die SqlException- und SqlError-Klasse".

Die Windows-Authentifizierung des SQL Servers ist immer aktiv und kann nicht wie die SQL Server-Authentifizierung deaktiviert werden.

SQL Server-Authentifizierung

Soll der Anwender sich beim Start der Anwendung mit einem Benutzernamen und Kennwort authentifizieren, so bietet sich die SQL Server-Authentifizierung an. Die Verbindungszeichenfolge muss bei dieser Art der Authentifizierung neben dem Server und der Datenbank auch Benutzernamen und Kennwort enthalten und sieht dann wie folgt aus.

```
Data Source=dnc2\SQLExpress;Initial Catalog=Test;
Persist Security Info=True;User ID=Benutzer;Password=Kennwort
```

Da Benutzername und Kennwort abhängig vom Anwender sind und auch auf keinen Fall in der Anwendungskonfiguration gespeichert werden[1] sollen, kommt bei der SQL Server-Authentifizierung meist ein Anmeldedialog zum Einsatz, der diese beiden Daten entgegennimmt. Diese Informationen werden dann am besten mit der `SqlConnectionString-Builder`-Klasse in die Verbindungszeichenfolge eingebaut, die nur die restlichen (unkritischen) Informationen enthalten muss, und finden daher gut in der Konfiguration der Anwendung Platz.

Der Dialog aus Bild 4.3, mit dem Verbindungszeichenfolgen für die Konfiguration bearbeitet werden können, kann nicht mit OK bestätigt werden, wenn die SQL Server-Authentifizierung ausgewählt, aber keine Benutzerkennung eingegeben wurde. Für diesen Fall wird irgendein Wert eingegeben und anschließend der Parameter `User ID` entfernt.

Das folgende Quelltextfragment zeigt, wie eine unvollständige Verbindungszeichenfolge mit „Benutzername" und „Kennwort" vervollständigt wird.

```
// Werte kommen aus einem Anmeldedialog
String Benutzername = "ich";
String Kennwort = "geheim";
// Wert kommt aus der Konfiguration der Anwendung
String cs = @"Data Source=dnc2\SQLExpress;Initial Catalog=Test;Persist
Security Info=True";

SqlConnectionStringBuilder csb;
SqlConnection con;

// Instanz mit unvollständiger Verbindungszeichenfolge erzeugen
csb = new SqlConnectionStringBuilder(cs);

// Benutzername und Kennwort eintragen
csb.UserID = Benutzername;
csb.Password = Kennwort;

// SqlConnection mit Verbindungszeichenfolge erzeugen und öffnen
con1 = new SqlConnection(csb.ToString());
// Erzeugt im Fehlerfall eine Ausnahme vom Typ System.Exception
con1.Open();
```

Weitere Details zur `SqlConnectionStringBuilder`-Klasse finden Sie in Abschnitt 4.3, „Die SqlConnectionStringBuilder-Klasse".

Es bietet sich an, in der Anwendung eine kleine Methode zu erstellen, die diese Zeilen enthält und als Rückgabewert ein gültiges, geöffnetes `SqlConnection`-Objekt liefert. Die Werte für Benutzername und Kennwort müssen hierfür nur, nachdem der Anmeldedialog nicht mehr existiert, in entsprechenden Variablen gespeichert werden.

---

[1] Es sei denn, dies ist eine „technische" Anmeldung, die für alle gültig sein soll. In diesem Fall darf aber auch das Kennwort keine Sicherheitsrelevanz besitzen.

4.2.5.4 Typische Verbindungszeichenfolgen

In diesem Abschnit finden Sie eine Reihe typischer Verbindungszeichenfolgen, die oft in der Praxis zum Einsatz kommen. Details zu den einzelnen Parametern der Verbindungszeichenfolge finden Sie in Abschnitt 4.2.5.1, „Wichtige Parameter". Die relevanten Parameter sind jeweils **fett** hervorgehoben.

- *SQL Server auf lokaler Maschine ansprechen:*
  Data Source=.; Initial Catalog={Datenbank}; Integrated Security=True
- *Windows-Authentifizierung*:
  Data Source={Server}; Initial Catalog={Datenbank};
  Integrated Security=True
- *SQL Server-Authentifizierung*:
  Data Source={Server}; Initial Catalog={Datenbank};
  Persist Security Info=True;User ID={Benutzername};Password={Kennwort}
- *Angabe von TCP/IP und Port anstatt des Servernamens:*
  Data Source=192.168.2.1,4532; Initial Catalog={Datenbank};
  Integrated Security=True
- *SQL Server-Instanz verwenden:*
  Data Source={Server}\{Instanz}; Initial Catalog={Datenbank};
  Integrated Security=True
- *Anfügen einer Datenbankdatei*:
  Data Source={Server}; **AttachDbFilename='{DB-Medium}'**;
  Integrated Security=True
- *Größe des Connection-Pools angeben*:
  Data Source={Server}; Initial Catalog={Datenbank};
  Integrated Security=True; **Min Pool Size=5; Max Pool Size=80**
- *Ohne Connection-Pooling:*
  Data Source={Server}; Initial Catalog={Datenbank};
  Integrated Security=True; **Pooling=False**

4.2.6 Statistische Werte abrufen

Wurde die StatisticsEnabled-Eigenschaft eines SqlConnection-Objektes auf true gesetzt, sammelt ADO.NET für diese Verbindung statistische Daten. Diese Daten stehen als Schlüssel-Werte-Paar zur Verfügung und können über die Methode RetrieveStatistics() des SqlConnection-Objektes abgerufen werden. Über die Methode ResetStatistics() hingegen können alle Werte für die entsprechende Verbindung zurückgesetzt werden.

Wurde die StatisticsEnabled-Eigenschaft nicht auf true gesetzt, stehen alle Werte auf dem Wert, den sie auch nach einem Aufruf von Statistics() haben. Alle Werte sind also in der Liste, werden nur nicht aktualisiert.

Zurzeit stehen diese 18 statistischen Werte zur Verfügung, die sich alle auf die entsprechende Verbindung zum SQL Server beziehen. Alle Werte nehmen Bezug auf den Zeitraum seit Aktivierung der Statistik bzw. den letzten Aufruf von `ResetStatistics()`.

Tabelle 4.9 Schlüssel-Werte-Paare der SqlConnection-Statistik

Schlüssel	Datentyp	Beschreibung
BuffersReceived	Int64 (long)	Stellt die Anzahl der TDS-Pakete (Tabular Data Stream) dar, die vom SQL Server gesendet wurden
BuffersSent	Int64 (long)	Stellt die Anzahl der TDS-Pakete (Tabular Data Stream) dar, die an den SQL Server gesendet wurden
BytesReceived	Int64 (long)	Anzahl der Bytes, die vom SQL Server empfangen wurden
BytesSent	Int64 (long)	Anzahl der Bytes, die an den SQL Server gesendet wurden
ConnectionTime	Int64 (long)	Zeitspanne (in ms), in der die Verbindung aktiv war
CursorOpens	Int64 (long)	Gibt an, wie oft Cursor geöffnet wurden
ExecutionTime	Int64 (long)	Zeitspanne (in ms), in der die Verbindung aktiv war (inklusive der Zeit, in der auf die Antwort des SQL Servers gewartet wurde)
IduCount	Int64 (long)	Gibt die Anzahl der INSERT-, DELETE- und UPDATE-Anweisungen an, die ausgeführt wurden (IDU = InsertDeleteUpdate)
IduRows	Int64 (long)	Anzahl der Zeilen, die durch INSERT-, DELETE- und UPDATE-Anweisungen verändert wurden (IDU = InsertDeleteUpdate)
NetworkServerTime	Int64 (long)	Zeitspanne (in ms), die dem Netzwerk zugeschrieben wird
PreparedExecs	Int64 (long)	Anzahl der vorbereiteten Befehle, die ausgeführt wurden
Prepares	Int64 (long)	Anzahl der vorbereiteten Anweisungen, die ausgeführt wurden
SelectCount	Int64 (long)	Anzahl der SELECT-Anweisungen, die ausgeführt wurden
SelectRows	Int64 (long)	Anzahl der Zeilen, die ausgewählt wurden
ServerRoundtrips	Int64 (long)	Anzahl der Befehle, die über das Netzwerk zum Server, und Antworten, die von diesem gesandt wurden
SumResultSets	Int64 (long)	Anzahl der vom Server gesendeten Ergebnismengen
Transactions	Int64 (long)	Anzahl der Benutzertransaktionen
UnpreparedExecs	Int64 (long)	Anzahl der nicht vorbereiteten Anweisungen

Die Methode `RetrieveStatistics()` ist als `Collection.IDictionary`-Schnittstelle implementiert, sodass alle Werte sowohl mit einer `foreach`-Schleife durchlaufen als auch einzelne Werte über ihren Schlüssel direkt angesprochen werden können.

Bei den Schlüsseln aus Tabelle 4.9 wird zwischen Groß- und Kleinschreibung unterschieden. Diese muss also genau eingehalten werden, wenn man auf einzelne Werte zugreifen möchte.

Im Folgenden sehen Sie, wie in der Beispielanwendung zu diesem Kapitel alle Werte mit einer for-each-Schleife ausgegeben werden.

```
using System.Collections;

writeMessage("Folgende statistische Werte stehen bereit:");
foreach (DictionaryEntry value in con.RetrieveStatistics())
    writeMessage(" {0} = {1} (Typ:'{2}')",
    value.Key, value.Value, value.Value.GetType().ToString());
```

Der Zugriff auf individuelle Werte sieht wie folgt aus.

```
Text = String.Format("Ausführungsdauer: {0} ms",
        (long) con.RetrieveStatistics()["ExecutionTime"]);
```

Es sollte darauf geachtet werden, dass die Werte als Typ Object bereit stehen und daher vor der Weiterverwendung ein „Unboxing" durchgeführt werden muss.

4.3 Die SqlConnectionStringBuilder-Klasse

Mit der System.Data.SqlClient.SqlConnectionStringBuilder-Klasse lässt sich einfach und komfortabel eine Verbindungszeichenfolge zusammenbauen oder auf die Werte einzelner Parameter zugreifen. Damit entfällt bis zu einem gewissen Maß die Notwendigkeit, die genauen Namen in einer Verbindungszeichenfolge zu kennen. Man kann sicher sein, dass das Ergebnis (formal) korrekt ist. Welche Konstruktoren/Methoden/Eigenschaften zur Verfügung stehen, finden Sie in den nächsten Abschnitten.

Die Beispielanwendung dieses Kapitels nutzt die SqlConnectionStringBuilder-Klasse zum Erzeugen einer Verbindungszeichenfolge, die auf Werte aus einer Eingabemaske basiert.

4.3.1 Wichtige Methoden und Eigenschaften

Diese Übersicht stellt die wichtigsten Methoden und Eigenschaften der SqlConnectionStringBuilder-Klasse vor. Im Wesentlichen sind dies Eigenschaften, die ihre Entsprechungen in den Parametern der Verbindungszeichenfolge haben. Details über die Parameter finden Sie in Abschnitt 4.2.5.1, „Wichtige Parameter".

Tabelle 4.10 Wichtige Methoden/Eigenschaften der SqlConnection-Klasse

Methode/Eigenschaft	Beschreibung
Add()	Fügt der internen Auflistung des `SqlConnectionStringBuilder`-Objektes ein weiteres Schlüssel-Wert-Paar hinzu
ApplicationName	Parameter `Application Name` der Verbindungszeichenfolge
AsynchronousProcessing	Parameter `Asynchronous Processing` der Verbindungszeichenfolge
AttachDBFilename	Parameter `AttachDbFilename` der Verbindungszeichenfolge
Clear()	Entfernt alle Schlüssel-Wert-Paare aus der internen Auflistung des `SqlConnectionStringBuilder`-Objektes
ConnectTimeout	Parameter `Connect Timeout` der Verbindungszeichenfolge
ContainsKey()	Prüft, ob ein bestimmter Wert mittels `Add()` hinzugefügt wurde
ContextConnection	Parameter `Conext Connection` der Verbindungszeichenfolge
CurrentLanguage	Parameter `Current Language` der Verbindungszeichenfolge
InitialCatalog	Parameter `Initial Catalog` der Verbindungszeichenfolge
IntegratedSecurity	Parameter `Integrated Security` der Verbindungszeichenfolge
FailoverPartner	Parameter `Failover Partner` der Verbindungszeichenfolge
Keys	Liefert eine Liste aller definierten Schlüssel in der internen Auflistung des `SqlConnectionStringBuilder`-Objektes
MaxPoolSize	Parameter `Max Pool Size` der Verbindungszeichenfolge
MinPoolSize	Parameter `Min Pool Size` der Verbindungszeichenfolge
MultipleActiveResultSets	Parameter `MultipleActiveResultSets` der Verbindungszeichenfolge
Password	Parameter `Password` der Verbindungszeichenfolge
PersistSecurityInfo	Parameter `PersistSecurityInfo` der Verbindungszeichenfolge
Pooling	Parameter `Pooling` der Verbindungszeichenfolge
Remove()	Mit dieser Methode kann ein zuvor mit `Add()` hinzugefügter Parameter wieder entfernt werden.
UserID	Parameter `User ID` der Verbindungszeichenfolge
WorkstationID	Parameter `Workstation ID` der Verbindungszeichenfolge

Es werden alle Werte als Parameter in der Verbindungszeichenfolge untergebracht, wenn diese dem Code zugewiesen wurden – auch wenn der Wert dem Standard entspricht. Daher ist es ratsam, vor der Zuweisung einen kleinen Vergleich zu machen:

```
if (csBuilder.Pooling != chkPooling.Checked)
    csBuilder.Pooling = chkPooling.Checked;
```

Dies sorgt dafür, dass die Verbindungszeichenfolge nicht mit (unnötigen) Parametern überflutet wird, die nur den Standardwert zuweisen.

4.3.2 Praktischer Einsatz

In diesem Abschnitt folgen Beispiele, wie mit der `SqlConnectionStringBuilder`-Klasse zu programmieren ist. Es wird dabei eine Reihe praktischer Aufgaben und deren Lösung vorgestellt.

4.3.2.1 Eine Verbindungszeichenfolge erstellen

Folgendes Beispiel zeigt, wie eine Verbindungszeichenfolge erzeugt werden kann, wenn alle dafür notwendigen Informationen vorliegen.

```
// Instanz erzeugen und Werte übergeben
SqlConnectionStringBuilder csBuilder = new SqlConnectionStringBuilder();

csBuilder.InitialCatalog = "MeineDatenbank";
csBuilder.DataSource = @"MeinSQLServer";
csBuilder.UserID = "sa";
csBuilder.Password = "geheim";

// Zeichenfolge auslesen und verwenden (anzeigen)
MessageBox.Show(csBuilder.ConnectionString);
```

4.3.2.2 Erzeugen einer Verbindungszeichenfolge mittels einer bereits vorhandenen Verbindungszeichenfolge

Folgendes Beispiel geht von einer (teilweise) vorhandenen Verbindungszeichenfolge aus, die durch Zuweisung von Eigenschaften an ein `SqlConnectionStringBuilder`-Objekt erweitert bzw. verändert wird. Dies ähnelt dem, was in Abschnitt 4.2.5.3, „Verbindungszeichenfolgen zur Laufzeit", für die SQL Server-Authentifizierung beschrieben wurde.

```
// Verbindungszeichenfolge teilweise schon als String vorhanden
String cs = @"Data Source=.\sqlexpress;Initial Catalog=Test";

// Instanz erzeugen und Werte übergeben
SqlConnectionStringBuilder csBuilder
    = new SqlConnectionStringBuilder(cs);
csBuilder.UserID = "sa";
csBuilder.Password = "geheim";
```

```
// Zeichenfolge auslesen und verwenden (anzeigen)
MessageBox.Show(csBuilder.ConnectionString);
```

4.3.2.3 Auslesen von Standardwerten für Parameter

Um die (statischen) Standardwerte der Parameter einer Verbindungszeichenfolge abzufragen, reicht es, ein `SqlConnectionStringBuilder`-Objekt zu erzeugen und anschließend die gewünschten Werte auszulesen. Statisch bedeutet dabei, dass z. B. der Standard für den Parameter `Workstation ID`, der gleich dem lokalen Namen des Computers ist, trotzdem eine leere Zeichenkette (`String.Empty`) zurückliefert.

Dies funktioniert natürlich nur bei Parametern, welche die `SqlConnectionStringBuilder`-Klasse kennt. Andere Werte können zwar auch abgefragt werden (siehe Abschnitt 4.3.2.4, „Alle definierten Parameter auflisten"), doch dies sind nicht die Standardwerte!

```
// Instanz erzeugen und Standardwert auslesen
SqlConnectionStringBuilder csBuilder = new SqlConnectionStringBuilder();

// Auslesen
int DefaultConnectionTimeout = csBuilder.ConnectTimeout;
```

Das Auslesen der Standardwerte funktioniert so lange, wie der entsprechende Parameter nicht im Konstruktor als Verbindungszeichenfolge oder per Eigenschaftszuweisung verändert wurde.

4.3.2.4 Alle definierten Parameter auflisten

Durch den Einsatz der `ICollection`- und der `IDirectory`-Schnittstellen bei der Implementierung der `SqlConnectionStringBuilder`-Klasse können alle zugewiesenen Werte mit einer `foreach`-Schleife durchlaufen werden. Des Weiteren kann per Schlüssel (dem Namen) auf einzelne Werte ohne deren Eigenschaft zugegriffen werden.

```
SqlConnectionStringBuilder csBuilder;

// csBuilder erzeugen und Werte zuweisen

foreach (String key in csBuilder.Keys)
    Debug.Print("{0} = {1} (Typ:'{2}')",
    key,csBuilder[key],csBuilder[key].GetType());
```

Groß- und Kleinschreibung spielt beim Zugriff über den Schlüssel (dem Namen) keine Rolle. Wird allerdings ein Schlüssel angegeben, der nicht vorhanden ist, wird eine Ausnahme vom Typ `ArgumentException` erzeugt.

4.4 Die SqlCommand-Klasse

Für alle Arten von Befehlen, egal ob T-SQL Abfragen oder der Aufruf von gespeicherten Prozeduren, wird die `System.Data.SqlClient.SqlCommand`-Klasse benötigt. Sie führt die T-SQL Anweisung aus und liefert das entsprechende Ergebnis vom SQL Server. Damit dies funktioniert, werden zwei Dinge benötigt: eine gültige, geöffnete Verbindung zum SQL Server (ein `SqlConnection`-Objekt) und der Text der Abfrage. Da ein `SqlCommand`-Objekt nicht ohne Verbindung auskommt, hat die `SqlConnection`-Klasse eine Methode mit dem Namen `CreateCommand()`, die alles Notwendige erledigt und ein einsatzbereites Objekt zurückliefert.

```
SqlCommand cmd;
SqlConnection con;

// con einrichten und öffnen
cmd = con.CreateCommand();
```

Da die `SqlCommand`-Klasse die `IDisposable`-Schnittstelle implementiert, bietet es sich an, dies auszunutzen und eine `using`-Anweisung zu verwenden. Dies sieht dann zusammen mit der Initialisierung der Verbindung zum SQL Server wie folgt aus.

```
// SqlConnection-Objekt erzeugen und Verbindung öffnen
using (con = new System.Data.SqlClient.SqlConnection(myConnectionString))
{
    con.open();
    // SqlCommand-Objekt erzeugen
    using (cmd = con.CreateCommand())
    {
        // Nun ist das SqlCommand-Objekt bereit zum Einsatz
        ...
    }
}
```

Muss mehr als nur eine Änderung vorgenommen werden, so ist dies mit einem einzigen `SqlCommand`-Objekt möglich. Lediglich die `CommandText`-Eigenschaft muss vor der Ausführung jeweils entsprechend angepasst werden.

```
cmd.CommandText = "DELETE FROM Bestellungen WHERE ID = 1;";
cmd.ExecuteNonQuery();

cmd.CommandText = "DELETE FROM Rechnungen WHERE ID = 33;";
cmd.ExecuteNonQuery();
```

4.4.1 Wichtige Methoden und Eigenschaften

Tabelle 4.11 stellt die wichtigsten Methoden und Eigenschaften der `SqlCommand`-Klasse vor.

Tabelle 4.11 Wichtige Methode/Eigenschaften der SqlCommand-Klasse

Methode/Eigenschaft	Beschreibung
`BeginExecuteNonQuery()` `BeginExecuteDataReader()` `BeginExecuteXmlReader()`	Diese Methoden kommen in Verbindungen mit asynchroner Ausführung zum Einsatz und starten die entsprechende asynchrone Ausführung. Mehr Details finden Sie in Abschnitt 4.16, „Asynchrone Ausführung".
`Cancel()`	Diese Methode kommt in Verbindung mit asynchroner Ausführung zum Einsatz und versucht, die laufende Ausführung abzubrechen. Mehr Details finden Sie in Abschnitt 4.16, „Asynchrone Ausführung".
`CommandText`	Die T-SQL-Anweisung, gespeicherte Prozedur oder Tabelle, die ausgeführt bzw. abgefragt werden soll
`CommandTimeout`	Zeitdauer in Sekunden, die für die Ausführung maximal gewartet wird. Der Standardwert ist 30.
`CommandType`	Legt fest, welchem Typ der Inhalt der Eigenschaft `CommandText` entspricht (weitere Details siehe Tabelle 4.12)
`CreateParameter()`	Erzeugt einen Parameter vom Typ `SqlParameter`
`EndExecuteNonQuery()` `EndExecuteDataReader()` `EndExecuteXmlReader()`	Wertet das Ergebnis einer asynchronen Ausführung aus. Diese Methoden kommen in Verbindung mit asynchroner Ausführung zum Einsatz. Mehr Details finden Sie in Abschnitt 4.16, „Asynchrone Ausführung".
`ExecuteNonQuery()`	Führt die Anweisung in der Eigenschaft `CommandText` aus und liefert die Anzahl der betroffenen Zeilen zurück. Diese Methode ist für `INSERT`-, `DELETE`- und `UPDATE`-Anweisungen geeignet. In Abschnitt 4.4.2, „ExecuteNonQuery-Methode" finden Sie weitere Details.
`ExecuteReader()`	Führt die Anweisung in der Eigenschaft `CommandText` aus und liefert die Ergebnismenge als `SqlDataReader`-Objekt. Diese Methode eignet sich für `SELECT`-Anweisungen. In Abschnitt 4.4.4, „ExecuteReader-Methode", finden Sie weitere Details.
`ExecuteScalar()`	Führt die Anweisung in der Eigenschaft `CommandText` aus und liefert einen einzigen Wert zurück. Diese Methode eignet sich für `SELECT`-Anweisungen, die lediglich einen einzelnen Wert zurückliefern. In Abschnitt 4.4.3, „ExecuteScalar-Methode", finden Sie weitere Details.
`ExecuteXmlReader()`	Führt die Anweisung in der Eigenschaft `CommandText` aus und liefert die Ergebnismenge als `System.Xml.XmlReader`-Objekt. Diese Methode eignet sich für `SELECT`-Anweisungen. In Abschnitt 4.4.5, „ExecuteXmlReader-Methode", finden Sie weitere Details.
`Parameters`	Parameterauflistung, die bei der Ausführung verwendet werden soll. Mehr Details finden Sie in den Abschnitten 4.4.7, „Parameter verwenden", und 4.5, „Die SqlParameter-Klasse".

Tabelle 4.11 Wichtige Methode/Eigenschaften der SqlCommand-Klasse *(Fortsetzung)*

Methode/Eigenschaft	Beschreibung
Prepare()	Bereitet das Objekt für die Ausführung vor. Diese Methode kann bei häufigem, mehrfachem Ausführen des Sql-Command-Objekts (z. B. in einer Schleife) bei Anweisungen mit einer großen Anzahl von Parametern einen Geschwindigkeitszuwachs bedeuten.
ResetCommandTimeout()	Setzt die CommandTimeout-Eigenschaft auf den Standardwert zurück. Dieser liegt bei 30 Sekunden.
Transaction	Stellt die Transaktion dar, in der das SqlCommand-Objekt ausgeführt werden soll
UpdateRowSource	Legt fest, wie das Ergebnis nach dem Ausführen behandelt wird, wenn die Update-Methode in Verbindung mit einem SqlDataAdapter-Objekt verwendet wird

Über die CommandType-Eigenschaft wird festgelegt, von welcher Art der Inhalt der CommandText-Eigenschaft ist. Die möglichen Werte sind in der System.Data.CommandType-Aufzählung definiert. In Tabelle 4.12 finden Sie die möglichen Werte und deren Bedeutungen.

Tabelle 4.12 Mögliche Werte der CommandType-Eigenschaft

Wert	Beschreibung
Text	Die CommandText-Eigenschaft enthält eine T-SQL Anweisung wahlweise mit Parametern, die zur Laufzeit mit Werten gefüllt werden. Dieser Typ ist der Standard, wenn kein anderer Wert zugewiesen wird.
StoredProcedure	Die CommandText-Eigenschaft enthält den Namen einer gespeicherten Prozedur oder einer CLR-Prozedur.
TableDirect	Die CommandText-Eigenschaft enthält lediglich den Namen einer Tabelle oder einer Sicht. Dies entspricht dem Wert von Text-Wert mit CommandText = „SELECT * FROM <TabelleOderSicht>". Dieser Wert wird vom SqlClient-Datenanbieter nicht unterstützt und erzeugt eine Ausnahme vom Typ ArgumentOutOfRangeException.

4.4.2 ExecuteNonQuery-Methode

Mit der ExecuteNonQuery()-Methode der SqlCommand-Klasse wird die Anweisung in der CommandText-Eigenschaft ausgeführt und lediglich die Anzahl der betroffenen Zeilen zurückgeliefert. Anweisungen, die gar keine Zeilen betreffen, liefern den Wert −1 zurück.

Damit eignet sich diese Methode für alle Arten von T-SQL Anweisungen, die keine Ergebnismenge zurückliefern. Im Wesentlichen sind dies alle Anweisungen außer der SELECT-Anweisung (also INSERT-, DELETE-, UPDATE und MERGE-Anweisungen, alle DDL-Anweisungen und solche T-SQL-Befehle, die nicht auf Daten einwirken).

Es können bei Bedarf beliebig viele Aufrufe von ExecuteNonQuery() auf ein SqlCommand-Objekt erfolgen. Jede fehlerfreie Ausführung löst ein StatementCompleted-Ereignis des beteiligten SqlCommand-Objekts aus.

Im zweiten Beispiel wird dies demonstriert.

 Halten Sie aus diesem Grund keine Verbindung zum SQL Server aufrecht, indem Sie das `SqlConnection`-Objekt nicht schließen. Dies widerspricht dem korrekten Arbeiten mit Verbindungs-Pooling. Sorgen Sie dafür, dass das `SqlConnection`-Objekt immer umgehend geschlossen wird, wenn es nicht mehr benötigt wird.

Im Folgenden sehen Sie ein Beispiel mit einer `DELETE`-Anweisung, die einige Zeilen löschen soll.

```
// SqlCommand-Objekt erzeugen
using (SqlCommand cmd = con.CreateCommand())
{
    // Anweisungstext zuweisen
    cmd.CommandText = "DELETE FROM Bestellungen WHERE erledigt=1;";

    // Die nächste Zeile ist nicht zwingend notwendig, da dies
    // der Standard ist, erhöht jedoch die Lesbarkeit des Codes
    cmd.CommandType = CommandType.Text;
    int RowsAffected = cmd.ExecuteNonQuery();

    if (RowsAffected != -1)
        MessageBox.Show(RowsAffected.ToString(), "RowAffected");
    else
        MessageBox.Show("Keine Daten", "RowAffected");
}
```

Ein weiteres Beispiel soll zeigen, wie zwei unabhängige Anweisungen nacheinander ausgeführt werden. Beide wirken nicht auf Datenzeilen ein.

```
// SqlCommand-Objekt erzeugen
using (SqlCommand cmd = con.CreateCommand())
{
    // Erste Anweisung
    cmd.CommandType = CommandType.Text;
    cmd.CommandText = "DROP TABLE Bestellungen;";
    cmd.ExecuteNonQuery();

    // Zweite Anweisung
    cmd.CommandText =
        "xp_logEvent 50001,'Tabelle gelöscht!', WARNING;";
    cmd.ExecuteNonQuery();
}
```

 Die zweite Anweisung ist inhaltlich eine gespeicherte (System-)Prozedur, wird jedoch vom `CommandType`-Objekt her nicht als solche behandelt. Dies ist an dieser Stelle nur machbar, da der Prozedur keine Parameter übergeben werden, die aus C#-Variablen entstehen. Verwenden Sie sonst immer Prozeduren mit Parametern (für Details siehe Abschnitt 4.5, „Die SqlParameter-Klasse").

4.4.3 ExecuteScalar-Methode

Diese Methode liefert bei ihrem Aufruf nur einen einzelnen Wert zurück, einen sogenannten Skalar. Dieser Wert ist nicht mit dem Rückgabewert der ExecuteNonQuery()-Methode zu verwechseln, der immer die Anzahl der betroffenen Zeilen bei Datenmanipulationen liefert. ExecuteScalar() ist geeignet, um Rückgaben von T-SQL Funktionen und globalen Variablen zu liefern.

Liefert die T-SQL-Anweisung mehr als nur einen Wert zurück, dann steht nur der erste Wert zur Verfügung. Bei einer SELECT-Anweisung auf eine Tabelle/ Sicht oder eine Anweisung mit OUTPUT-Klausel ist dies die erste Spalte der ersten Zeile. Wird kein Wert zurückgeliefert, so liefert ExecuteScalar() lediglich den Wert null zurück.

Es können bei Bedarf beliebig viele Aufrufe von ExecuteScalar() auf ein SqlCommand-Objekt erfolgen. Jede fehlerfreie Ausführung löst ein StatementCompleted-Ereignis des beteiligten SqlCommand-Objekts aus.

Im folgenden Beispiel wird gezeigt, wie dies in C# aussieht.

```
// SqlCommand-Objekt erzeugen
using (SqlCommand cmd = con.CreateCommand())
{
    // Erste Anweisung: die aktuelle SQL Server-Zeit mit Datum
    cmd.CommandText = "SELECT getdate();";

    // Die nächste Zeile ist nicht notwendig, da dies eh der Standard ist
    // cmd.CommandType = CommandType.Text;
    DateTime d = (DateTime)cmd.ExecuteScalar();
    MessageBox.Show(d.ToString(), "Serverzeit mit Datum");

    // Zweite Anweisung: die Version des SQL Servers
    cmd.CommandText = "SELECT @@version;";
    String s = (String)cmd.ExecuteScalar();
    MessageBox.Show(s, "Serverversion");
}
```

Die Rückgabe der ExecuteScalar()-Methode ist vom Typ Object. Sie müssen also wissen, von welchem Typ die Rückgabe tatsächlich ist, und vor der weiteren Verwendung ein „Unboxing" durchführen. Wählen Sie hierfür den falschen Typ, so wird eine Ausnahme vom Typ InvalidCastException erzeugt.

4.4.4 ExecuteReader-Methode

Um ganze Ergebnismengen, die von SELECT-Anweisungen geliefert werden, zu erhalten, steht die ExecuteReader()-Methode zur Verfügung. Sie liefert ein SqlDataReader-Objekt, das es erlaubt, die erhaltenen Ergebnismengen zu durchlaufen. Dabei handelt es sich immer um mindestens eine Ergebnismenge, es können aber auch mehrere sein.

Es besteht die Möglichkeit, einen Parameter zu übergeben, der angibt, wie das SqlData-Reader-Objekt sich verhalten soll. Die möglichen Werte finden Sie in Tabelle 4.13.

Die Aufzählung CommandBehavior ist mit dem Flags-Attribut implementiert. So kann eine Kombination unterschiedlicher Werte angegeben werden (z. B. SingleResult|SequentialAccess|CloseConnection).

Tabelle 4.13 Werte der CommandBehavior-Aufzählung

Wert	Beschreibung
Default	Dies ist der Standard, der auch dann Verwendung findet, wenn die ExecuteReader()-Methode ohne behavior-Parameter aufgerufen wird. Damit werden die Zeilen aller Ergebnismengen zurückgeliefert. Auf die Spalten kann in beliebiger Reihenfolge zugegriffen werden.
SingleResult	Liefert nur eine Ergebnismenge, unabhängig davon, wie viele tatsächlich vorhanden sind
SchemaOnly	Mit diesem Wert werden nur die Schemainformationen (der Aufbau) geliefert.
KeyInfo	Wird dieser Wert verwendet, werden zusätzliche Spalten für den Primärschlüssel angefügt (wenn vorhanden).
SingleRow	Dieser Wert legt fest, dass nur eine Zeile (pro Ergebnismenge) geliefert wird. Dies ermöglicht dem SQL Server Provider Zugriffsoptimierungen für erhöhte Leistung.
SequentialAccess	Erlaubt es, nur auf Spalten von links nach rechts in der Reihenfolge zuzugreifen, in der sie angefordert wurden – andernfalls wird eine Ausnahme erzeugt. Durch diese Einschränkungen können die Daten optimal als Tabular Data Stream (TDS) über das Netzwerk geschickt werden. Dies ermöglicht der Anwendung, bereits mit der Verarbeitung zu beginnen, auch wenn noch nicht alle Daten vom SQL Server empfangen wurden. Ein Verfahren, das besonders bei großen Datenmengen einen Vorteil darstellt.
CloseConnection	Sorgt dafür, dass die zugrunde liegende Verbindung geschlossen wird, wenn das SqlDataReader-Objekt geschlossen wird

Auch gespeicherte Prozeduren und CLR-Prozeduren sind in der Lage, Daten im XML-Format an den Aufrufer zu liefern, sodass auch diese mit der ExecuteReader()-Methode zum Einsatz kommen können.

Das Erzeugen eines SqlDataReader-Objekts mit dem Standardverhalten sieht wie folgt aus.

```
// Das SqlCommand-Objekt ist bereits vorhanden
cmd.CommandText = "SELECT * FROM Bestellungen;";

// Ein SqlDataReader mit dem Standardverhalten erzeugen
SqlDataReader dr = cmd.ExecuteReader();
```

Die Variante mit einem Parameter unterscheidet sich nur für die `ExecuteReader()`-Methode geringfügig.

```
// Das SqlCommand-Objekt ist bereits vorhanden
cmd.CommandText = "SELECT * FROM Bestellungen;";

// Ein SqlDataReader mit dem Standardverhalten erzeugen
SqlDataReader dr = cmd.ExecuteReader(SingleResult | SequentialAccess);
```

Jede fehlerfreie Ausführung der `ExecuteReader()`-Methode löst ein `StatementCompleted`-Ereignis aus.

Da die `SqlDataReader`-Klasse die `IDisposable`-Schnittstelle implementiert, bietet sich folgende Programmierung an.

```
// Das SqlCommand-Objekt ist bereits vorhanden
using (SqlDataReader dr = cmd.ExecuteReader())
{
    // SqlDataReader verwenden
}
```

Wenn nur eine Ergebnismenge erwartet wird, wird die schnellste Ausführung der `ExecuteReader()`-Methode beim Aufruf von `ExcuteReader()` durch Angabe von `SingleResult | SequentialAccess` erreicht. Wie die `SqlDataReader`-Klasse verwendet wird, um die Ergebnismengen einer T-SQL Abfrage zu durchlaufen, erfahren Sie in Abschnitt 4.7, „Die SqlDataReader-Klasse".

4.4.5 ExecuteXmlReader-Methode

Mit dieser Methode können Spalteninhalte, die im XML-Format vorliegen, und Daten, die mittels einer `SELECT`-Anweisung mit der `FOR XML`-Klausel angefordert wurden, gelesen werden. Werden andere Daten angefordert, so wird eine Ausnahme vom Typ `InvalidOperationException` erzeugt. Werden Daten aus einer Spalte verwendet und tritt ein struktureller Fehler während der Analyse der XML-Daten auf, so wird eine Ausnahme vom Typ `System.Xml.XmlException` ausgelöst.

Der Aufruf der `ExecuteXmlReader()`-Methode benötigt keine Parameter und liefert ein `XmlReader`-Objekt (aus dem Namensraum `System.Xml`) als Rückgabewert.

```
cmd.CommandText = "SELECT * FROM Bestellungen FOR XML AUTO, XMLDATA;";
XmlReader xmldr = cmd.ExecuteXmlReader();
```

Wie die `XmlReader`-Klasse verwendet wird, um die enthaltenen XML-Daten zu durchlaufen, können Sie in Abschnitt 4.8, „Die XmlReader-Klasse", nachlesen.

Beachten Sie, dass auch gespeicherte Prozeduren und CLR-Prozeduren in der Lage sind, Daten im XML-Format an den Aufrufer zu liefern, sodass auch diese mit der `ExecuteXmlReader()`-Methode verwendet werden können.

Jede fehlerfreie Ausführung löst ein `StatementCompleted`-Ereignis des beteiligten `SqlCommand`-Objekts aus.

4.4.6 SqlCommand in Verbindung mit SqlDataAdapter

Die `SqlCommand`-Klasse kommt auch in Verbindung mit der `SqlDataAdapter`-Klasse zum Einsatz. Mit ihr werden Änderungen, die im Client in einem `DataSet` oder `DataTable`-Objekt vorgenommen werden, in die SQL Server-Datenbank zurückgeschrieben. Insgesamt arbeiten vier `SqlCommand`-Objekte, die über die folgenden Eigenschaften des DataAdapters gesetzt bzw. ausgelesen werden können:

- `SelectCommand`: Wird durch Aufruf der `Fill()`-Methode angelegt und ist zuständig für das Einlesen der Daten vom Server
- `InsertCommand`: Zuständig für das Einfügen neuer Zeilen, die im Client erzeugt wurden und sich noch nicht in der Datenbank befinden
- `UpdateCommand`: Zuständig für das Ändern bereits bestehender Zeilen, die im Client verändert wurden
- `DeleteCommand`: Zuständig für das endgültige Löschen bestehender Zeilen

Diese `SqlCommand`-Objekte werden in der Regel durch den Konstruktor des `SqlDataAdapter`-Objekts (`SelectCommand`) oder durch ein `SqlCommandBuilder`-Objekt (`InsertCommand`, `DeleteCommand` und `UpdateCommand`) erzeugt, sodass ein direktes Erzeugen nicht notwendig ist.

Die Erstellung durch ein `SqlCommandBuilder`-Objekt sorgt automatisch für die benötigten T-SQL Anweisungen. Sie werden selten in die Verlegenheit kommen, die T-SQL-Anweisungen von Hand ändern oder gar selbst erstellen zu müssen.

```
// SqlDataAdapter erzeugen und damit intern das
// SqlCommand-Objekt fürs Lesen erzeugen lassen
// Das SqlConnection-Objekt muss an dieser Stelle schon gültig und
// geöffnet sein
SqlDataAdapter da =
    new SqlDataAdapter("Select * FROM Bestellungen;",con);

// DataTable-Objekt erzeugen
DataTable dt = new DataTable();

// Und füllen
da.Fill(dt);

// An dieser Stelle Änderungen an den Daten im DataTable-Objekt
// durchführen.

// SqlCommandBuilder verwenden, um die drei anderen SqlCommand-Objekte
// zu erzeugen
using (SqlCommandBuilder sb = new SqlCommandBuilder(da))
```

```
{
    da.InsertCommand = sb.GetInsertCommand();
    da.DeleteCommand = sb.GetDeleteCommand();
    da.UpdateCommand = sb.GetUpdateCommand();
}

// Änderungen in die Datenbank schreiben
da.Update(dt);
```

Weitere Details zur `SqlCommandBuilder`-Klasse finden Sie in Abschnitt 4.10, „Die SqlCommandBuilder-Klasse". Die `SqlDataAdapter`-Klasse wird in Abschnitt 4.9, „Die SqlDataAdapter-Klasse", näher behandelt.

4.4.7 Parameter verwenden

Häufig ist es sinnvoll, Anfragen nicht vollständig zu speichern, sondern variable Werte als Parameter erst zur Laufzeit einzufügen. Hierfür ist die `System.Data.SqlClient.SqlParameter`-Klasse vorgesehen (siehe Abschnitt 4.5, „Die SqlParameter-Klasse", für mehr Details). Mit ihr können sowohl gespeicherte Prozeduren als auch vorbereitete Abfragen mit dynamischem Werten vor der Ausführung zur Laufzeit ergänzt werden. Während bei gespeicherten Prozeduren Parameter offensichtlich bei der Definition festgelegt werden, sieht es bei anderen Abfragen anders aus. Hier werden Werte, die als Parameter fungieren sollen, mit einem Parameternamen gekennzeichnet, dem das „@" vorangestellt wurde.

Vorbereitete Abfragen erlauben dem SQL Server, einen Ausführungsplan zu speichern, der mehrfach verwendet werden kann. Dies ermöglicht eine schnellere Ausführung, ohne bei jeder Ausführung die gesamte Anweisung jedes Mal neu analysieren zu müssen.

Eine vorbereitete Anweisung für eine `SELECT`-Anweisung kann z.B. wie folgt aussehen.
```
SELECT * FROM Kunden WHERE Name = @Name AND Status = @Status;
```

Zu beachten ist, dass auch bei Parametern, die als Zeichenkette (`CHAR`, `VARCHAR`, `NCHAR`, `NVARCHAR`, `TEXT`, `NTEXT`, `DATETIME`) dargestellt werden, der Parametername nicht mit den sonst üblichen einfachen Anführungszeichen (`,`) eingeschlossen wird. Dies liegt darin begründet, dass der Wert auch `null` sein kann, sodass in die Abfrage NULL eingefügt wird – und dabei würden die Anführungszeichen stören.

Bei einer solchen Abfrage werden die einzelnen Parameter am einfachsten mit der `AddWithValues()`-Methode der `Parameters`-Auflistung eingefügt. Im Folgenden sehen Sie das passende Beispiel.

```
// Das SqlConnection-Objekt muss an dieser Stelle schon gültig und
// geöffnet sein
SqlCommand cmd = con.CreateCommand();

cmd.CommandText = "SELECT * FROM Bestellungen WHERE IDENTITYCOL=@ID;";
cmd.Parameters.AddWithValue("ID", id);

// Nun das SqlCommand-Objekt wie gewünscht verwenden
```

Achten Sie bei der Notation der Parameter darauf, das „@"-Zeichen nicht mit anzugeben, da dies sonst als Teil des Namens verstanden wird. Auch dürfen Parameter nur einmal mit der `AddWithValue()`-Methode mit Werten versehen werden. Geschieht dies mehrfach, so wird erst bei der Ausführung des `SqlCommand`-Objektes eine Ausnahme vom Typ `SqlException` erzeugt. Das Gleiche geschieht, wenn versäumt wird, eine oder mehrere Variablen mit einem Wert zu versehen. Andererseits spielt bei der Notation die Groß- und Kleinschreibung keine Rolle, sodass ein Parameter mehr als nur einmal in der `CommandText`-Eigenschaft vorkommen kann.

Das Auslesen der `CommandText`-Eigenschaft liefert auch nach dem Einfügen von Werten für die Parameter noch immer die Zeichenfolge, die ihr anfänglich zugewiesen wurde – inklusive der @-Zeichen. Dies ist kein Fehler, sondern so gewollt. Erst zur Ausführung werden in einer Kopie dieser Eigenschaft die Parameter durch Ihre Werte ersetzt. Der Vorteil: Ein `SqlCommand`-Objekt kann mehrfach mit unterschiedlichen Parameterwerten ausgeführt werden, ohne dass es notwendig wird, die `CommandText`-Eigenschaft erneut zuzuweisen.

Die Verwendung gespeicherter Prozeduren läuft im Prinzip genauso ab, wie wenn die Parameter nur übergeben werden, ohne dass sie bei der Ausführung der Prozedur einen Wert zurückgeben.

```
// Das SqlConnection-Objekt muss an dieser Stelle schon gültig und
// geöffnet sein
SqlCommand cmd = con.CreateCommand();

// Abfrage und Typ der Abfrage festlegen
cmd.CommandType = CommandType.StoredProcedure;
cmd.CommandText = "usp_getOrderInfo";

// Parameter mit Werte versorgen
cmd.Parameters.AddWithValue("ID", id);

// Nun das SqlCommand-Objekt wie gewünscht verwenden
```

Etwas komplizierter kann es werden, wenn Parameter nicht nur Werte beisteuern, sondern Werte erhalten (Out-Parameter oder Rückgabewert). In diesen Fällen muss mit einer `SqlParameter`-Klasse gearbeitet werden. Wie dies funktioniert, erfahren Sie in Abschnitt 4.5, „Die SqlParameter-Klasse".

4.4.8 Ereignisse

Die `SqlCommand`-Klasse hat nur ein Ereignis, das `StatementCompleted`-Ereignis. Es wird ausgelöst, wenn die T-SQL Anweisung erfolgreich beendet wurde und Daten zurückgeliefert hat. Wird keine Ergebnismenge geliefert (auch keine leere), wird das Ergebnis nicht ausgelöst.

 Kommt es bei der Ausführung zu einem Fehler, so wird eine `SqlException`-Ausnahme erzeugt. Mehr dazu finden Sie in Abschnitt 4.14, „Die SqlException- und SqlError-Klasse".

Im Folgenden sehen Sie die Signatur des `StatementCompleted`-Ereignisses.

```
void StatementCompletedEventHandler(object sender,
    StatementCompletedEventArgs e)
```

Es folgen die Parameter und wichtigsten Eigenschaften der `StatementCompletedEventArgs`-Klasse.

Tabelle 4.14 Parameter des SqlCommand.StatementCompleted-Ereignisses

Parameter	Beschreibung
sender	Referenz auf das auslösende `SqlCommand`-Objekt
e	Objekt vom Typ `StatementCompletedEventArgs` mit Informationen über die Anzahl der Zeilen, welche die T-SQL Anweisung zurückliefert

Tabelle 4.15 Wichtige Eigenschaften der StatementCompletedEventArgs-Klasse

Eigenschaft	Beschreibung
`RecordCount`	Stellt die Anzahl der Zeilen dar, die von der T-SQL-Anweisung zurückgeliefert wurden. Werden keine Zeilen geliefert, wird das Ereignis nicht ausgelöst.

Dieses Ergebnis wird wie folgt gebunden und verarbeitet.

```
cmd.StatementCompleted +=
    new StatementCompletedEventHandler (StatementCompleted);

void StatementCompleted
    (Object sender, System.Data.StatementCompletedEventArgs e)
{
    int RecordCount = e.RecordCount;
}
```

In der Beispielanwendung zu diesem Kapitel wird dieses Ereignis verwendet, um eine Nachricht mit der Anzahl der zurückgelieferten Zeilen zu protokollieren.

4.4.9 Praktischer Einsatz

Hier sehen Sie anhand einiger praktischer Aufgaben und deren Lösungen, wie mit der Klasse SqlCommand-Klasse gearbeitet werden kann. In einigen Beispielen wird zudem die SqlParameter-Klasse verwendet, um Parameter in die Abfrage einzufügen. Details über diese Klasse finden Sie in Abschnitt 4.5, „Die SqlParameter-Klasse".

 Alle Beispiele gehen von einem gültigen und geöffneten SqlConnection-Objekt aus. Dies kann z. B. durch einen entsprechenden using-Block realisiert werden.

4.4.9.1 Daten einfügen

In diesem Abschnitt erfahren Sie, wie Daten auf einfache Weise in eine Tabelle eingefügt werden können.

```
// Gültige und geöffnete Verbindung muss vorhanden sein
using (SqlCommand cmd = con.CreateCommand())
{
    // Abfrage vorbereiten
    cmd.CommandText = "INSERT INTO Kunden ([Name], Strasse, Ort) " +
                      "VALUES (@Name,@Strasse,@Ort);";

    // Parameter einfügen
    cmd.Parameters.AddWithValue("Name", "dotnetconsulting.eu");
    cmd.Parameters.AddWithValue("Strasse", "Wasserweg 11");
    cmd.Parameters.AddWithValue("Ort", "Viersen");

    // Ausführen
    cmd.ExecuteNonQuery();
}
```

Dieses Vorgehen ist annehmbar, wenn die folgende Programmierung nicht den Wert der Identitätsspalte oder einer berechneten Spalte benötigt. Sonst ist das Beispiel in Abschnitt 4.4.9.2 passender.

4.4.9.2 Datensatz einfügen und gleichzeitig Identitätswert erhalten

Dieses Beispiel fügt die Daten nicht mittels eines Aufrufs von ExecuteNonQuery(), sondern durch ExecuteScalar() ein. Dadurch ist es möglich, den Rückgabewert (Identitätswert) entgegenzunehmen.

```
// Gültige und geöffnete Verbindung muss vorhanden sein
using (SqlCommand cmd = con.CreateCommand())
{
    // Abfrage vorbereiten
    cmd.CommandText = "INSERT INTO Kunden ([Name], Strasse, Ort) " +
                      "OUTPUT INSERTED.IdentityCol " +
                      "VALUES (@Name,@Strasse,@Ort);";

    // Parameter einfügen
    cmd.Parameters.AddWithValue("Name", "dotnetconsulting.eu");
```

```
        cmd.Parameters.AddWithValue("Strasse", "Wasserweg 11");
        cmd.Parameters.AddWithValue("Ort", "Viersen");

        // Ausführen und Rückgabe entgegennehmen
        int id = (int)cmd.ExecuteScalar();

        // Wert ausgeben
        MessageBox.Show(id.ToString());
    }
```

Der Trick besteht in der Verwendung der OUTPUT-Anweisung, die neben der Ausführung der INSERT-Anweisung in der Lage ist, Werte zurückzuliefern. In diesem Fall ist dies der Identitätswert aus der virtuellen INSERTED-Tabelle, die der SQL Server zur Ausführung der Anweisung zur Verfügung stellt.

4.4.9.3 Daten löschen

Um gezielt Daten aus Tabellen zu löschen, existiert die DELETE-Anweisung, deren Wirkung mittels eines WHERE-Prädikats eingeschränkt werden kann. Diese in Verbindung mit dem SqlCommand-Objekt zu verwenden ist recht simpel.

```
// Gültige und geöffnete Verbindung muss vorhanden sein
using (SqlCommand cmd = con.CreateCommand())
{
    // Abfrage vorbereiten
    cmd.CommandText =
        "DELETE FROM Bestellungen WHERE IDENTITYCOL = @ID;";

    // Parameter einfügen
    cmd.Parameters.AddWithValue("ID", 4711);

    // Ausführen und Anzahl der betroffenen Zeilen entgegennehmen
    int RowsAffected = (int)cmd.ExecuteNonQuery();

    // Wert ausgeben
    MessageBox.Show(RowsAffected.ToString());
}
```

 Eine Einschränkung auf einen einzelnen Identitätswert wird immer einen Wert von RowAffected von 0 oder 1 liefern, aber so besteht die Möglichkeit, auf Nummer sicher zu gehen.

4.4.9.4 Gesamten Tabelleninhalt mit TRUNCATE TABLE löschen

Wenn die entsprechenden Berechtigungen auf dem SQL Server vorliegen, kann auch der gesamte Inhalt der Tabelle mit der TRUNCATE TABLE-Anweisung gelöscht werden. Dabei muss beachtet werden, dass der Name der Tabelle nicht als Parameter verwendet werden kann, sondern durch ein String.Replace eingefügt wird.

```
// Gültige und geöffnete Verbindung muss vorhanden sein
using (SqlCommand cmd = con.CreateCommand())
{
```

```
// Abfrage vorbereiten
cmd.CommandText =
    "TRUNCATE TABLE [@Tabelle];".Replace("@Tabelle",
        "Bestellungen");

// Ausführen
cmd.ExecuteNonQuery();// Der Rückgabewert ist immer -1
}
```

 Die TRUNCATE TABLE-Anweisung löst keine Trigger aus, kann nicht durch ein Rollback einer Transaktion rückgängig gemacht werden und funktioniert nicht mit replizierten Tabellen. Dafür ist sie sehr schnell und damit zum Leeren von Tabellen mit rein temporärem Inhalt geeignet.

4.4.9.5 Daten ändern

So wie das Einfügen und Löschen von Daten über ein `SqlCommand`-Objekt kein Problem darstellt, ist das Ändern ebenfalls recht eingängig. Im Kern ist es lediglich eine andere T-SQL Anweisung, nämlich die `UPDATE`-Anweisung. Im Folgenden sehen Sie das entsprechende Beispiel.

```
// Gültige und geöffnete Verbindung muss vorhanden sein
using (SqlCommand cmd = con.CreateCommand())
{
    // Abfrage vorbereiten
    cmd.CommandText =
        "UPDATE Kunden SET Ort = @OrtNeu WHERE Ort = @OrtAlt;";

    // Parameter einfügen
    cmd.Parameters.AddWithValue("OrtNeu", "Viersen");
    cmd.Parameters.AddWithValue("OrtAlt", "Neuss");

    // Ausführen und Anzahl der betroffenen Zeilen entgegennehmen
    int RowsAffected = (int)cmd.ExecuteNonQuery();

    // Wert ausgeben
    MessageBox.Show(RowsAffected.ToString());
}
```

4.4.9.6 Eine Tabelle erstellen

Auch DDL-Anweisungen (Data Definition Language) zum Erzeugen von Datenbankobjekten wie Tabellen, Sichten etc. sind einfach umzusetzen. Die eigentliche Schwierigkeit besteht eher darin, diese Anweisungen zu erstellen. Aber hier leistet das SQL Server Management Studio (Express) gute Dienste. Über das Kontextmenü eines Objektes (z. B. einer Tabelle) steht der Befehl SKRIPT ALS {OBJEKTTYP} ALS zur Verfügung, mit dem gesteuert werden kann, welches Skript es werden soll.

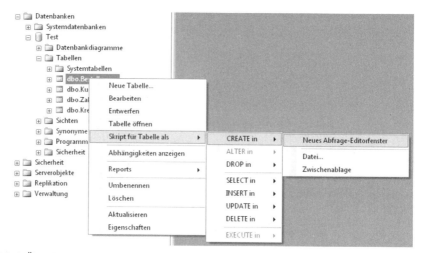

Bild 4.4 Über das Kontextmenü lassen sich beliebige Objekte aus der Datenbank „skripten".

Im Wesentlichen wird nur die CREATE-Anweisung benötigt. Der „Vorspann" ist nicht unbedingt notwendig.

Ausgeführt wird das fertige Skript dann wie folgt.

```
// Gültige und geöffnete Verbindung muss vorhanden sein
using (SqlCommand cmd = con.CreateCommand())
{
    // Abfrage vorbereiten
    cmd.CommandText = "CREATE TABLE MeineBestellungen   " +
                      "(ID int IDENTITY(1,1) NOT NULL, " +
                      "Bemerkungen varchar (100) NULL);";

    // Ausführen
    cmd.ExecuteNonQuery();
}
```

Eine Anweisung kann auch beliebig viele CREATE-Anweisungen und Ähnliches beinhalten. Ab einem gewissen Umfang macht es daher Sinn, die Anweisung(en) als eingebettete Ressource in die Anwendung einzufügen, anstatt sie umständlich im Quelltext zu notieren. Das erspart viel Arbeit und Nerven.

4.4.9.7 Eine Tabelle löschen

Auch das Löschen von Datenbankobjekten wie Tabellen, Sichten etc. gestaltet sich recht einfach und unterscheidet sich nur in der auszuführenden Anweisung.

```
// Gültige und geöffnete Verbindung muss vorhanden sein
using (SqlCommand cmd = con.CreateCommand())
{
    // Abfrage vorbereiten
```

```
    cmd.CommandText = "DROP TABLE MeineBestellungen";

    // Ausführen
    cmd.ExecuteNonQuery();
}
```

Da die DROP-Anweisungen leider einen Fehler auslösen, wenn das zu löschende Objekt nicht besteht, muss entweder die Ausnahme vom Typ SqlException abgefangen und ignoriert werden, oder es ist etwas mehr T-SQL-Code notwendig, der prüft, ob das Objekt besteht, und es nur dann mit DROP löscht.

Die Anweisung für die CommandText-Eigenschaft sieht dann folgendermaßen aus.

```
IF EXISTS (SELECT * FROM sys.objects WHERE
   object_id = OBJECT_ID('MeineBestellungen') AND type IN (N'U'))
     DROP TABLE MeineBestellungen;
```

Ähnlich sieht es beim Anlegen eines Objektes aus, wenn bereits ein Objekt mit dem gleichen Namen vorhanden ist. Auch dann gilt: Ausnahme ignorieren oder Vorsorge treffen.

4.4.9.8 T-SQL-Anweisung auf Richtigkeit prüfen, ohne sie auszuführen

Es ist möglich, T-SQL-Anweisungen vom SQL Server analysieren zu lassen, um zu sehen, ob sie (syntaktisch) einwandfrei sind, ohne sie dafür auszuführen.

Da die Überprüfung nur syntaktisch ist, ist die T-SQL-Anweisung „DROP TABLE xzy" auch dann korrekt, wenn gar keine Tabelle mit dem Namen „xzy" existiert. Laufzeitfehler können so also nicht festgestellt werden. Dafür muss die Anweisung „richtig" ausgeführt werden.

Dies lässt sich gut mittels einer Methode realisieren.

```
private bool checkTSQLStatement(SqlConnection con, string TSQL)
{
    using (SqlCommand cmd = con.CreateCommand())
    {
        // TRY/CATCH damit der "Prüfmodus" wieder ausgeschaltet wird
        try
        {
            // Prüfmodus ein
            cmd.CommandText = "SET PARSEONLY ON;";
            cmd.ExecuteNonQuery();

            // Anweisung prüfen
            cmd.CommandText = TSQL;
            cmd.ExecuteNonQuery();

            // Keine Ausnahme, also korrekt
            return true;
        }
        catch
        {
            // Fehler, also kein Fehler in der Anweisung
            return false;
        }
```

```
        finally
        {
            // Prüfmodus aus, da dieser sonst so lange aktiv ist, wie
            // die Verbindung des SqlConnection-Objektes verwendet wird
            cmd.CommandText = "SET PARSEONLY OFF;";
            cmd.ExecuteNonQuery();
        }
    }
}
```

Der Code dieser Methode befindet sich in der Beispielanwendung in der Klasse Sonstiges, wird jedoch nicht weiter verwendet.

4.4.9.9 Den SQL Server stoppen

Zum Schluss etwas, das bleibenden Eindruck hinterlässt – der Stopp des gesamten SQL Servers (nicht des darunter laufenden Windows!). Die entsprechenden Berechtigungen vorausgesetzt, sieht dies wie folgt aus.

```
// Gültige und geöffnete Verbindung muss vorhanden sein
using (SqlCommand cmd = con.CreateCommand())
{
    // Abfrage vorbereiten
    cmd.CommandText = "SHUTDOWN;";

    // Ausführen
    cmd.ExecuteNonQuery();
}
```

Für die Ausführung wird eine Mitgliedschaft in der Serverrolle sysadmin oder serveradmin benötigt. Das Recht SHUTDOWN muss vergeben worden sein. „Gewöhnliche" Anwender sollten dieses Recht nicht besitzen.

4.5 Die SqlParameter-Klasse

Um gespeicherte Prozeduren und vorbereitete Abfragen mit den zur Laufzeit notwendigen Werten für Parameter zu versorgen, existiert die System.Data.SqlClient.SqlParameter-Klasse. Außerdem bietet sie die Möglichkeit, Rückgabewerte und Werte von out-Parametern abzufragen.

Neben gespeicherten Prozeduren können so auch Funktionen (eingebaute und benutzerdefinierte) aufgerufen und deren Rückgabewert abgefragt werden. Da dies jedoch die Ausnahme sein dürfte, ist im Weiteren nur von gespeicherten Prozeduren die Rede.

Wenn es lediglich um das einfache Einfügen von Werten geht, ist dies mit der AddWithValue()-Methode einfacher zu realisieren. Mit ihr ist pro Parameter nur ein einfacher Aufruf notwendig. Dies kann für einen einzelnen Parameter so aussehen:

```
cmd.Parameters.AddWithValue("ParameterName", Wert);
```

Weitere Details finden Sie in Abschnitt 4.4.7, „Parameter verwenden".

Um eine SqlParameter-Instanz mit Parameternamen und Wert zu erstellen, bietet sich diese Version des Konstruktors an. Es werden nur der Name des Parameters und der gewünschte Wert benötigt. Aus dem CLR-Typ des Wertes kann ADO.NET den richtigen Typ für den Parameter ermitteln.

```
SqlParameter p = new SqlParameter("ID",id);
```

Erscheint dieser nicht passend, so kann er auf Wunsch in Form eines SQL Server-Datentyps angegeben werden. Allerdings ist dann keine gleichzeitige Angabe des Wertes im Konstruktor möglich. Beachten Sie, dass dies nur selten notwendig ist.

```
SqlParameter p = new SqlParameter("Name", SqlDbType.VarChar);
```

Auf Wunsch ist dies mit einer Größenangabe möglich, was besonders bei Datentypen sinnvoll ist, die eine Art von Zeichenketten darstellen.

```
SqlParameter p = new SqlParameter("Name", SqlDbType.VarChar,10);
```

Um trotzdem die Erstellung und Zuweisung eines solchen Parameters in einer Zeile erledigen zu können, bietet sich folgende Notation an, da die Add()-Methode eine Referenz auf den soeben in die Aufzählung eingefügten Parameter zurückgibt:

```
cmd.Parameters.Add("Name", SqlDbType.VarChar, 80)
  .Value ="Meyer";
```

Wollen Sie einen Parameter mit dem Wert NULL versehen, dürfen Sie C# nicht null übergeben, sondern müssen System.DBNull.Value übergeben. Das nächste Beispiel zeigt dies:

```
cmd.Parameters.Add("Name",SqlDbType.VarChar,80).Value =
System.DBNull.Value;
```

Wird dies missachtet und null übergeben, so wird Wert des Parameters nicht an den SQL Server weitergereicht. Ist die ein Pflichtparameter, so kommt es zu einer entsprechenden Fehlermeldung.

Vor der Ausführung des `SqlCommand`-Objektes muss das `SqlParameter`-Objekt der Parameters-Auflistung des `SqlCommand`-Objekts hinzugefügt werden. Dies geschieht durch einen einfachen Aufruf der `Add()`-Methode.

```
SqlCommand.Parameters.Add(p);
```

4.5.1 Wichtige Methoden und Eigenschaften

Tabelle 4.16 stellt die wichtigsten Methoden und Eigenschaften für die Arbeit mit der `SqlParameter`-Klasse vor.

Tabelle 4.16 Wichtige Methoden und Eigenschaften der SqlParameter-Klasse

Methode/Eigenschaft	Beschreibung
`CompareInfo`	Legt über Werte der `SqlCompareOptions`-Auflistung fest, wie bei Vergleichen von Zeichenketten (`SqlString`) vorgegangen werden soll
`DbType`	Stellt den Datentyp des Parameters dar. Der Standard ist der Wert `DbType.String`.
`Direction`	Richtung des Parameters (für Details siehe Abschnitt 4.5.2, „Übergaberichtung des Parameters")
`IsNullable`	Bestimmt, ob der Parameter Null-Werte (also `DBNull.Value`) akzeptiert oder nicht.
`ParameterName`	Stellt den Namen des Parameters dar
`Precision`	Gesamtanzahl der Ziffern bei numerischen Werten
`Scale`	Anzahl der Dezimalstellen bei numerischen Werten
`Size`	(Maximale) Länge
`SourceColumn`	Gibt an, für welche Spalte der Abfrage und damit des befüllten `DataTable`-Objektes dieser Parameter verwendet werden soll. Diese Eigenschaft findet Anwendung in Zusammenarbeit mit dem `SqlDataAdapter`-Objekt, wenn benutzerdefinierte Insert- und Update-Anweisungen verwendet werden, um Änderungen in die Datenbank zu schreiben.
`SourceVersion`	Bestimmt die Version der Inhalte eines DataTable-Objektes. Wird in der Regel zusammen mit der `SourceColumn`-Eigenschaft verwendet.
`SqlDbType`	Stellt den Datentyp des Parameters dar. Der Standard ist der Wert `DbType.String`.
`SqlValue`	Stellt den Wert des Parameters als SQL Server-Wert dar
`UdtTypeName`	Ist der Typ des Parameters ein benutzerdefinierter Typ, so müssen dessen Eigenschaften den korrekten Namen dieses Typs enthalten, damit ADO.NET diesen korrekt an den SQL Server übergeben kann.
`Value`	Stellt den Wert des Parameters als gewöhnlichen CLR-Wert dar

4.5.2 Übergaberichtung des Parameters

Über die `Direction`-Eigenschaften kann gesteuert werden, in welcher Richtung die Werte übergeben werden sollen (bezogen auf den SQL Server), oder ob der Parameter den Rückgabewert einer gespeicherten Prozedur entgegennehmen soll. Die Eigenschaft ist vom Typ `ParameterDirection` und lässt die folgenden Werte zu.

Tabelle 4.17 Mögliche Werte der Direction-Eigenschaft

Wert	Beschreibung
Input	Der Parameter ist ein Eingabeparameter. Werte werden vom .NET-Code zum SQL Server übertragen. Dies ist der Standard.
Output	Der Parameter ist ein Ausgabeparameter. Werte werden vom SQL Server zum .NET-Code übertragen.
InputOutput	Der Parameter wird in beide Richtungen übertragen.
ReturnValue	Der Rückgabewert einer gespeicherten Prozedur. Der Name des Parameters ist dabei unerheblich, jedoch darf es nur einen Parameter mit dieser Übergaberichtung geben.

4.5.3 Praktischer Einsatz

In diesem Abschnitt lernen Sie anhand einiger praktischer Aufgaben und deren Lösungen, wie mit der `SqlParameter`-Klasse gearbeitet werden kann.

Alle Beispiele gehen von einem gültigen und geöffneten `SqlConnection`-Objekt aus. Dies kann z. B. durch einen entsprechenden `using`-Block realisiert werden.

4.5.3.1 Parameter in eine vorbereitete Abfrage einfügen

Das Einfügen von Parametern in vorbereitete Abfragen gestaltet sich recht einfach. Im Kern müssen nur die entsprechenden Werte bereitgestellt und mit `AddWithValue()` eingefügt werden.

```
// Gültige und geöffnete Verbindung muss vorhanden sein
using (SqlCommand cmd = con.CreateCommand())
{
    // Abfrage vorbereiten
    cmd.CommandText = "INSERT INTO Kunden ([Name], Strasse, Ort) " +
                      "VALUES (@Name,@Strasse,@Ort);";

    // Parameter einfügen
    cmd.Parameters.AddWithValue("Name", "dotnetconsulting.eu");
    cmd.Parameters.AddWithValue("Strasse", "Wasserweg 11");
    cmd.Parameters.AddWithValue("Ort", "Viersen");
```

```
    // Ausführen
    cmd.ExecuteNonQuery();
}
```

Sind alle Werte eingefügt, kann die Abfrage ausgeführt werden.

4.5.4 Parameter für mehrere Abfragen wieder verwenden

Da die `Parameters`-Auflistung nach einer Ausführung nicht automatisch geleert wird, können die Werte für mehrere Ausführungen verwendet werden. Voraussetzung dafür ist natürlich, dass die Parameter in beiden Abfragen die gleichen Namen haben.

```
// Gültige und geöffnete Verbindung muss vorhanden sein
using (SqlCommand cmd = con.CreateCommand())
{
    // Abfrage I vorbereiten
    cmd.CommandText = "DELETE FROM Bestellungen WHERE KNr = @Knr;";

    // Parameter einfügen
    cmd.Parameters.AddWithValue("KNr", "11-02");

    // Ausführung I
    cmd.ExecuteNonQuery();

    // Abfrage II vorbereiten
    cmd.CommandText = "DELETE FROM Kreditkarteninfo WHERE KNr = @Knr;";

    // Ausführung II
    cmd.ExecuteNonQuery();
}
```

Das Gleiche funktioniert auch bei gespeicherten Prozeduren. Einzig entscheidend ist nur, dass bei Abfragen, welche die gleichen Parameter haben, für diese die gleichen Werte verwendet werden können.

4.5.4.1 Parameter für gespeicherte Prozeduren erstellen

So wie das Einfügen der Parameter in vorbereitete Abfragen funktioniert, so ist es auch bei gespeicherten Prozeduren umsetzbar. Einziger nennenswerter Unterschied ist, dass die `CommandType`-Eigenschaft auf den Wert `StoredProcedure` gesetzt werden muss, da der Standard `Text` ist.

```
// Gültige und geöffnete Verbindung muss vorhanden sein
using (SqlCommand cmd = con.CreateCommand())
{
    // Abfrage vorbereiten
    cmd.CommandText = "deleteCustomer";
    cmd.CommandType = CommandType.StoredProcedure;

    // Parameter einfügen
    cmd.Parameters.AddWithValue("ID", 245);
```

```
// Ausführen
cmd.ExecuteNonQuery();
}
```

Hat die gespeicherte Prozedur Parameter, die einen Standardwert definieren, so sind diese lediglich optional und müssen daher nicht zwingend angegeben werden. Nachfolgend finden Sie ein Beispiel, in dem der Parameter Country ein optionaler Parameter ist, dem kein Wert zugewiesen wird.

Falls die gespeicherte Prozedur Daten in Form von Ergebnismengen (durch eine SELECT-Anweisung) zurückliefert, wie das folgende Beispiel, können diese Werte z.B. mit einem SqlDataReader-Objekt ausgelesen werden.

```
CREATE PROCEDURE getCustomersByCity
    @City varchar(100)
    @Country varchar(3) = 'D'
AS
    SELECT * FROM Kunden WHERE
        Ort LIKE @City AND Country = @Country;
```

Der Aufruf in C# gestaltet sich recht einfach und kaum anders.

```
// Gültige und geöffnete Verbindung muss vorhanden sein
using (SqlCommand cmd = con.CreateCommand())
{
    // Abfrage vorbereiten
    cmd.CommandText = "getCustomersByCity";
    cmd.CommandType = CommandType.StoredProcedure;

    // Parameter einfügen
    cmd.Parameters.AddWithValue("City", "Viersen");

    // Ausführen
    SqlDataReader dr = cmd.ExecuteReader();
    cmd.ExecuteNonQuery();
    {
        // Werte verarbeiten
        // ...
    }
}
```

Liefert die gespeicherte Prozedur sogar mehr als nur eine Ergebnismenge, so können Sie diese mit einer kopfgesteuerten Schleife (do ... while) und der NextResult()-Methode durchlaufen.

4.5.4.2 Out-Parameter und Rückgabewert einer gespeicherten Prozedur

In diesem Abschnitt erfahren Sie, wie die SqlParameter-Klasse verwendet werden kann, um sowohl den Rückgabewert als auch einen OUT-Parameter einer gespeicherten Prozedur, nach Ausführung, auslesen zu können. Die Prozedur, die dabei zum Einsatz kommt, verdoppelt so lange einen Wert, bis eine vorgegebene Grenze erreicht wurde. Schließlich werden der erreichte Wert (Rückgabewert) und die dafür benötigte Anzahl (OUT-Paramter) von Schleifendurchläufen zurückgegeben. Die Prozedur sieht wie folgt aus.

```
ALTER PROCEDURE findBorder
    @Border INT,
    @Loops INT OUTPUT
AS
BEGIN
    DECLARE @Value INT = 1;
    SET @Loops=1;

    WHILE @Value < @Border
    BEGIN
        SET @Loops+=1;
        SET @Value*=2;
    END

    RETURN @Value;
END;
```

Der @Loop-Parameter wird durch die Angabe des OUTPUT-Parameters (alternativ auch nur OUT) nach Ausführung an den Aufrufenden zurückgeliefert. Durch den folgenden C#-Code wird eine findBorder-Prozedur ausgeführt, und die beiden Werte werden in einer Message-Box ausgegeben.

```
// SqlCommand-Objekt muss an dieser Stelle schon erzeugt und mit einem
// gültigen SqlConnection-Objekt initialisiert worden sein
cmd.CommandText = "findBorder";
cmd.CommandType = CommandType.StoredProcedure;

// Parameter erzeugen und anfügen
cmd.Parameters.AddWithValue("Border", 1000);

// Der nächste Parameter ist für den OUTPUT-Wert @Loops
SqlParameter param = new SqlParameter("Loops", SqlDbType.Int,0);
param.Direction = ParameterDirection.Output;
cmd.Parameters.Add(param);

// Nun noch einen Parameter für den Rückgabewert
param = new SqlParameter("returnValue", 0);
param.Direction = ParameterDirection.ReturnValue;
cmd.Parameters.Add(param);

// Nun ausführen und Werte ausgeben
cmd.ExecuteNonQuery();

// Werte auslesen
int loops = (int)cmd.Parameters["loops"].Value;
int returnValue = (int)cmd.Parameters["returnValue"].Value;
MessageBox.Show(
    string.Format("loops={0}; returnValue={1}", loops, returnValue));
```

Um es wieder einfach zu halten, wurde der „normale" Parameter (Border) mit der AddWithValue()-Methode hinzugefügt. Für die beiden anderen Parameter muss je ein SqlParameter-Objekt erzeugt werden, damit die Direction-Eigenschaft wie gewünscht gesetzt werden kann.

Für den `Loops`-Parameter muss der Datentyp mit `SqlDbType.Int` angegeben werden, da der spätere Rückgabewert sonst vom Typ `Int64` ist. Für den Rückgabewert ist dies nicht notwendig.

Name und Wert für den `returnValue`-Parameter (der eigentlich kein Parameter ist, sondern für den Rückgabewert der gespeicherten Prozedur steht) sind nicht weiter von Belang. Lediglich beim späteren Zugriff wird der Name verwendet, damit dafür nicht zwingend ein `SqlParameter`-Objekt verwendet werden muss.

 Der vollständige C#-Code und die gespeicherte Prozedur befinden sich in der Beispielanwendung in der Klasse `Sonstiges`, werden jedoch nicht weiter verwendet.

■ 4.6 Die SqlDependency-Klasse

Mit der `System.Data.SqlClient.SqlDependency`-Klasse existiert eine einfache Möglichkeit zur Benachrichtigung, wenn an Daten auf dem SQL Server Änderungen auftreten. In Verbindung mit einem `SqlCommand`-Objekt, das die gewünschten Daten beschreibt (Tabellen oder einen Teil davon), wird ein Ereignis ausgelöst, wenn die Daten oder die Tabelle selbst geändert werden – egal auf welche Art und von welchem Client.

Ein `SqlDependency`-Objekt kann über eine Reihe von Konstruktoren erstellt werden. Die einfachste Variante hat keine Parameter, benötigt aber einen Aufruf der `AddCommandDependency()`-Methode, um das benötigte `SqlCommand`-Objekt festzulegen.

```
SqlDependency dep = new SqlDependency();
```

Dies ist bei diesem Konstruktor nicht notwendig.

```
SqlDependency dep = new SqlDependency(cmd);
```

Um bei Änderungen an der Datenbank per Ereignis benachrichtigt zu werden, müssen im Groben folgende Schritte durchgeführt werden:

- Überprüfen Sie, ob die notwendigen Berechtigungen vorliegen.
- Durch einen Aufruf der statischen `Start()`-Methode wird die Überwachung an sich aktiviert.
- Richten Sie je ein `SqlConnection`- und `SqlCommand`-Objekt für den Zugriff auf die Datenbank ein. Die `CommandText`-Eigenschaft des `SqlCommand`-Objekts legt dabei mit einer `SELECT`-Anweisung fest, welche Daten und Datenbankobjekte überwacht werden sollen. Beide werde nach erfolgreicher Einrichtung nicht mehr benötigt und können geschlossen werden.
- Erstellen Sie ein `SqlDependency`-Objekt und richten Sie den Ereignishandler für das `OnChange`-Ereignis ein.

- Nun kann durch die `ExecuteReader()`-Methode das `SqlCommand`-Objekt aufgerufen werden. Ihr Rückgabewert (also das `SqlDataReader`-Objekt) spielt keine Rolle und kann direkt verworfen werden.
- Zum Schluss, wenn keine Überwachung mehr benötigt wird, sollte die Überwachung durch Aufruf der statischen `Stop()`-Methode wieder deaktiviert werden.

In der Beispielanwendung Tiny Chatter für dieses Kapitel wird dies demonstriert. In Abschnitt 4.6.3, „Praktischer Einsatz", finden Sie zudem noch ein paar weitere Details.

Das `OnChange`-Ereignis kann neben dem offensichtlichen Grund (nämlich dass sich Daten bzw. die entsprechenden Datenbankobjekte geändert haben) auch deswegen ausgelöst werden, weil sich bei der Einrichtung der Überwachung ein Fehler eingeschlichen hat. Signalisiert wird dies über einen speziellen Wert, wie das folgende Beispiel zeigt.

```
void OnChange(object sender, SqlNotificationEventArgs e)
{
    if (e.Type == SqlNotificationType.Subscribe)
        MessageBox.Show("Fehler! ");
}
```

 Das `OnChange`-Ereignis wird nur ein einziges Mal ausgelöst, danach muss das `SqlDependency`-Objekt neu initialisiert werden.

Auftretende Fehler können folgende Ursachen haben:

- Das Betriebssystem, auf dem die Anwendung ausgeführt ist, ist Windows 98 oder Windows 2000.
- Die verwendete Abfrage gibt die Besitzer für die beteiligten Datenbankobjekte nicht an. Dies bedeutet, dass folgende Abfrage nicht korrekt für diese Verwendung ist:
  `SELECT ID, Datum, Bemerkung FROM Bestellungen;`
  Richtig muss es lauten:
  `SELECT ID, Datum, Bemerkung FROM `**`dbo.`**`Bestellungen;`
  Bei der zweiten Anweisung wurde der Besitzer (hier die Rolle `dbo`) vor dem Namen der Tabelle angegeben.
- Die verwendete Abfrage benennt nicht die benötigten Spalten, sondern gibt ein „*" an. Folgende Abfrage ist daher nicht gültig:
  `SELECT * FROM DBO.Bestellungen;`
  Hier muss es richtig lauten:
  `SELECT ID, Datum, Bemerkung FROM dbo.Bestellungen;`
- Die verwendete Abfrage ist keine `SELECT`-Abfrage oder verwendet Aggregatfunktionen wie `COUNT`, `AVG` etc.
- Die verwendete Abfrage enthält ein `CROSS JOIN`, was nicht erlaubt ist.
- Der SQL Server läuft nicht auf dem Computer, auf dem die Anwendung ausgeführt wird, sein Dienstkonto ist jedoch das lokale Systemkonto.
- Das Dienstkonto des SQL Servers gehört nicht zu der Domäne, zu welcher der Client gehört, auf dem die Anwendung ausgeführt wird.
- Die entsprechende Datenbank ist nicht für die Überwachung konfiguriert. Dies kann mit der Anweisung `ALTER DATABASE <Datenbankname> SET ENABLE_BROKER;` geändert

werden. Beachten Sie jedoch, dass diese Anweisung exklusiven Zugriff auf die Datenbank benötigt. Jede andere (auch inaktive) Verbindung blockiert deshalb diese Anweisung.

- Der verwendete Isolationsgrad der Datenbankverbindung ist ungültig (z.B. Snapshot).

Wie Sie sehen, können eine Menge Umstände den Einsatz der `SqlDependency`-Klasse vereiteln.

Ein `SqlCommand`-Objekt kann nicht nur eine Ergebnismenge anfordern, die überwacht werden soll, sondern beliebig viele. Dazu muss die `CommandText`-Eigenschaft entsprechend mehrere `SELECT`-Anweisungen beinhalten (Batch-Abfrage).

Um die Datenmenge, die überwacht werden soll, vertikal einzuschränken, kann wie gewohnt ein `WHERE`-Prädikat angegeben werden.

4.6.1 Wichtige Methoden und Eigenschaften

Tabelle 4.18 stellt die wichtigsten Methoden und Eigenschaften der `SqlDependency`-Klasse vor, die Sie kennen sollten, wenn Sie mit dieser Klasse arbeiten.

Tabelle 4.18 Wichtige Methoden/Eigenschaften der SqlDependency-Klasse

Methode/Eigenschaft	Beschreibung
`AddCommandDependency()`	Mit dieser Methode kann dem Objekt ein `SqlCommand`-Objekt zugeordnet werden, wenn dies nicht durch den Konstruktor erledigt wurde.
`HasChanges`	Liefert den Wert `true`, wenn Änderungen vorliegen, sonst `false`
`Id`	Liefert eine eindeutige ID für diese Instanz
`Start()`	Aktiviert die Überwachung für diese Anwendung. Diese Methode muss pro Anwendung nur einmal aufgerufen werden.
`Stop()`	Deaktiviert die Überwachung für diese Anwendung wieder

Sowohl die `Start()`- als auch die `Stop()`-Methode sind statisch und können ohne Instanz direkt aus der `SqlDependency`-Klasse aufgerufen werden. Damit eignet sich die allgemeine Initialisierungsmethode einer Anwendung (oder das `Form_Load`-Ereignis) gut für einen Aufruf.

4.6.2 Ereignisse

Das Ereignis, das gleichzeitig auch die Existenzberechtigung der `SqlDependency`-Klasse erklärt, ist das `OnChange`-Ereignis. Es wird ausgelöst, wenn sich etwas an den überwachten Daten ändert.

4.6.2.1 Das OnChange-Ereignis

Wie schon gesagt, wird dieses Ereignis ausgelöst, wenn die überwachten Daten geändert wurden. Es hat zwei Parameter, die eine Referenz auf das auslösende SqlDependency-Objekt und Informationen über die geschehenen Änderungen enthalten. Seine Signatur sieht wie folgt aus.

```
void OnChangeEventHandler(object sender, SqlNotificationEventArgs e)
```

Tabelle 4.19 Parameter des SqlDependency.OnChangeEvent-Ereignisses

Parameter	Beschreibung
sender	Referenz auf das auslösende SqlDependency-Objekt
e	Objekt vom Typ SqlNotificationEventArgs mit Informationen über die Änderungen, die passiert sind

Tabelle 4.20 Wichtige Eigenschaften der SqlNotificationEventArgs-Klasse

Eigenschaft	Beschreibung
Info	Ein Wert aus der SqlNotificationInfo-Aufzählung, der den Grund für das Auslösen des Ereignisses beschreibt
Source	Ein Wert vom Typ SqlNotificationSource, der angibt, welche Quelle das Ereignis ausgelöst hat
Type	Ein Wert vom Typ SqlNotificationType, der anzeigt, warum das Ereignis ausgelöst wurde. Ist der Wert Subscribe, so liegt ein Fehler vor.

Anhand dieser drei Werte kann sehr präzise bestimmt werden, was das Ereignis ausgelöst hat. Im Folgenden finden Sie en Detail, welcher Wert dabei was für einen Sinn hat.

Die SqlNotificationInfo-Aufzählung

Die Werte der SqlNotificationInfo-Aufzählung können ausgewertet werden, um etwas über den Grund für das Auslösen des OnChange-Ereignisses zu erfahren.

Tabelle 4.21 Werte der SqlNotificationInfo-Aufzählung und ihre Bedeutung

Wert	Beschreibung
Truncate	Eine oder mehrere überwachte Tabellen wurden mit der TRUNCATE-Anweisung komplett geleert.
Insert	Es wurden Daten mit der INSERT-Anweisung eingefügt.
Update	Es wurden Daten mit der UPDATE-Anweisung geändert.
Delete	Es wurden Daten mit der DELETE-Anweisung gelöscht.
Drop	Ein oder mehrere Datenbankobjekte, die überwacht werden, wurden gelöscht.
Restart	Der SQL Server wurde erneut gestartet. Das OnChange-Ereignis wird während des Neustarts ausgelöst.

Wert	Beschreibung
Error	Es ist zu einem internen Fehler gekommen.
Query	Es wurde eine Anweisung angegeben, die nicht überwacht werden kann.
Invalid	Die Anweisung in der CommandText-Eigenschaft des SqlCommand-Objekts ist keine SELECT-Anweisung (sondern z. B. eine UPDATE-Anweisung).
Options	Es wurden ungültige Werte für den Options-Parameter des Konstruktors angegeben.
Isolation	Der Isolationsgrad der Verbindung zur Datenbank ist ungültig (z. B. Snapshot).
Expired	Das Zeitlimit des SqlDependecy-Objekts ist abgelaufen. Dieser Wert kann durch einen der Konstruktoren angegeben werden. Der Standard ohne Angabe ist 0, ein Wert, der für keinerlei Zeitlimit steht.
Resource	Ein Ressourcenengpass auf dem SQL Server macht die Überwachung unmöglich.
PreviousFire	Die Änderung wurde durch eine andere Anweisung in der gleichen Transaktion ausgelöst.
TemplateLimit	Es wurde versucht, zu viele Überwachungen hinzuzufügen.
Merge	Es wurden Daten mit einer MERGE-Anweisung geändert.
Unknown	Der Grund ist unbekannt.
AllreadyChanged	Da die Überwachung bereits begonnen hat, ist ein Aufruf der AddCommandDependency()-Methode nicht mehr erlaubt.

Die SqlNotificationSource

Die SqlNotificationSource-Aufzählung beschreibt die Quelle, die dieses Ereignis erzeugt hat.

Tabelle 4.22 Wert der SqlNotificationSource-Aufzählung und ihre Bedeutung

Wert	Beschreibung
Data	Einige Daten wurden durch eine der folgenden Anweisungen geändert: INSERT, DELETE, UPDATE, MERGE oder TRUNCATE.
Timeout	Das Zeitlimit des SqlDependecy-Objekts ist abgelaufen. Dieser Wert kann durch einen der Konstruktoren angegeben werden. Der Standard ohne Angabe ist 0, ein Wert, der für keinerlei Zeitlimit steht.
Object	Ein Datenbankobjekt, das überwacht wird, wurde geändert oder gelöscht.
Database	Die komplette Datenbank wurde gelöscht oder vom Server entfernt.
System	Ein interner Fehler ist im SQL Server aufgetreten, oder die Ressourcen reichen nicht für eine fehlerfreie Funktion aus.
Statement	Die verwendete T-SQL Anweisung im entsprechenden SqlCommand-Objekt ist keine SELECT-Anweisung oder ist nicht zur Überwachung geeignet.

Tabelle 4.22 Wert der SqlNotificationSource-Aufzählung und ihre Bedeutung *(Fortsetzung)*

Wert	Beschreibung
Environment	Der Isolationsgrad des beteiligten `SqlConnection`-Objekts ist nicht zur Überwachung geeignet (z. B. Snapshot).
Execution	Ein Laufzeitfehler ist aufgetreten.
Owner	(Für den internen Gebrauch von Microsoft)
Unknown	Es wurden ungültige Werte für den `Options`-Parameter des Konstruktors angegeben.
Client	Da die Überwachung bereits begonnen hat, ist ein Aufruf der `AddCommandDependency()`-Methode nicht mehr erlaubt.

Die SqlNotificationType-Aufzählung

In der `SqlNotificationType`-Aufzählung sind Werte enthalten, die anzeigen, warum das `OnChange`-Ereignis ausgelöst wurde.

Tabelle 4.23 Werte der SqlNotificationType-Aufzählung und ihre Bedeutung

Wert	Beschreibung
Change	Zeigt an, dass die überwachten Daten oder die entsprechenden Datenbankobjekte (in der Regel Tabellen) geändert wurden
Subscribe	Zeigt an, dass etwas mit der Einrichtung des `SqlDependency`-Objekts nicht funktioniert hat. In diesem Fall wurde das `OnChange`-Ereignis direkt nach der Einrichtung ausgelöst und nicht erst, wenn eine Änderung aufgetreten ist. Da dies einen Fehler signalisiert, werden Änderungen nicht überwacht.
Unknown	Zeigt an, dass der Grund, warum das `OnChange`-Ereignis ausgelöst wurde, unbekannt ist oder keinem der anderen beiden Werte entspricht

Das folgende kurze Beispiel zeigt, wie das Ergebnis gebunden und verarbeitet wird.

```
dep.OnChange += new OnChangeEventHandler(OnChange);

void OnChange(Object sender, SqlNotificationEventArgs e)
{
    SqlDependency dep = (SqlDependency) sender;   // SqlDependency-Objekt
    //...
}
```

 Leider hat das `OnChange`-Ereignis einen Haken: Es wird nur einmal ausgelöst. Danach müssen Sie das `SqlDependency`-Objekt inkl. des Ereignishandlers neu einrichten. Die Beispielanwendung Tiny Chatter (siehe Abschnitt 4.6.3) zeigt, wie dies effizient machbar ist.

4.6.3 Praktischer Einsatz

In diesem Abschnitt wird der praktische Einsatz der `SqlDependency`-Klasse anhand einer kleinen Beispielanwendung demonstriert. Das Tiny Chatter-Programm ist ein kleines Chatprogramm, das über eine Tabelle Nachrichten zwischen seinen laufenden Instanzen austauscht.

Bild 4.5 Das Beispielprogramm Tiny Chatter

Durch einen Klick auf die ABSCHICKEN-Schaltfläche wird eine Zeile in der Tabelle Messages eingefügt, was das `OnChange`-Ereignis auslöst. Dieses liest einfach alle Zeilen der Tabelle ein und zeigt diese in der Listbox an.

Nach dem Start prüft die Anwendung zuerst, ob genügend Berechtigungen vorhanden sind, und beendet diese, wenn dies nicht der Fall ist. Dies wird mit einem `SqlClientPermission`-Objekt realisiert.

```
private bool checkPermission()
    try
    {
        SqlClientPermission perm = new SqlClientPermission
            (System.Security.Permissions.PermissionState.Unrestricted);
        perm.Demand();

        // Keine Ausnahme, also Rechte vorhanden
        return true;
    }
    catch (System.Security.SecurityException)
    {
        return false;
    }
}
```

Der Aufruf der Demand()-Methode prüft, ob ausreichende Rechte vorhanden sind, und erzeugt eine Ausnahme vom Typ System.Security.SecurityException. Details zu diese Klasse finden Sie in Abschnitt 4.11, „Die SqlClientPermission-Klasse".

Der nächste relevante Schritt ist das Einrichten der Überwachung. Da weder das Sql-Connection- noch das SqlCommand-Objekt für die Überwachung (das Warten auf ein OnChange-Ereignis) benötigt werden, werden beide Objekte in einem using-Block verwendet.

```
void addNotification()
{
    using (SqlConnection con = new SqlConnection
     (Tiny Chatter.Properties.Settings.Default.ConString))
    {
        con.Open();
        using (SqlCommand cmd = con.CreateCommand())
        {
            // Wichtig! Tabellenname mit Schema
            cmd.CommandText = "SELECT Message, Sender, Date " +
                              "FROM dbo.Messages ORDER BY Date;";

            // Überwachung beginnen
            SqlDependency dep = new SqlDependency(cmd);
            dep.OnChange += new OnChangeEventHandler(OnChange);

            // Erst dann SqlReader-Objekt öffnen
            cmd.ExecuteReader(CommandBehavior.SequentialAccess);
        }
    }
}
```

Nun kann die Anwendung darauf warten, dass das OnChange-Ereignis ausgelöst wird und von einer Änderung an der Messages-Tabelle Nachricht erhält. Da das Ereignis von einem anderen Thread ausgeführt wird (werden kann) als dem, mit dem die Oberfläche erstellt wurde, muss ggf. der Thread gewechselt werden.

```
void OnChange(object sender, SqlNotificationEventArgs e)
{
    // Prüfen, ob es sich um eine Änderung handelt
    Debug.Print("Source: {0}, Type: {1}, Info: {2}",
        e.Source.ToString(), e.Type.ToString(), e.Info.ToString());

    if (e.Type == SqlNotificationType.Subscribe)
        MessageBox.Show("Fehler bei Einrichtung der Überwachung");

    if (e.Type == SqlNotificationType.Change &&
        e.Source == SqlNotificationSource.Data)
    {
        // Wurde etwas eingefügt?
        // if (e.Info == SqlNotificationInfo.Insert)
        loadMessages();
    }
    addNotification();
}
```

Dieser Thread-Wechsel findet in der loadMessages()-Methode mithilfe eines Delegate-Objektes und einer Invoke()-Methode der Windows Forms statt.

```
delegate void loadMessagesDelegate();

private void loadMessages()
{
    if (InvokeRequired)
        Invoke(new loadMessagesDelegate(loadMessages), new object[] {});
    else
    {
        // Füllen der Listbox hier, nun im richtigen Thread
    }
}
```

Der Start der Anwendung stellt sich recht einfach und übersichtlich dar. Die Berechtigungen werden überprüft, um die Überwachung zu starten. Wichtig ist an dieser Stelle die Start()-Methode, welche die Überwachung startet.

```
private void frmMain_Load(object sender, EventArgs e)
{
    // Erst prüfen, ob die notwendigen Berechtigungen vorhanden sind
    if (checkPermission())
    {
        // Um später die Überwachung mit dem SqlDependency-Objekt
        // ohne weitere Parameter
        // beginnen zu können, müssen wir die Überwachung
        // mit dem ConnectionString starten
        if (!SqlDependency.Start(
            Tiny Chatter.Properties.Settings.Default.ConString))
        {
            MessageBox.Show("Überwachung kann nicht aktiviert werden");
            Application.Exit();
        }

        loadMessages();
        addNotification();
    }
    else
    {
        MessageBox.Show("Unzureichende Berechtigungen");
        Application.Exit();
    }
}
```

4.7 Die SqlDataReader-Klasse

Die System.Data.SqlClient.SqlDataReader-Klasse ermöglicht, eine erhaltene Ergebnismenge zu durchlaufen. Sie kann nicht direkt mit dem new-Schlüsselwort erzeugt werden, sondern wird von einem SqlCommand-Objekt als Rückgabewert der ExecuteReader()-Methode geliefert.

```
SqlDataReader dr = mySqlCommand.ExecuteReader();
```

Daten, auf die durch ein `SqlDataReader`-Objekt zugegriffen wird, können nur gelesen, nicht aber verändert werden.

Da die `SqlDataReader`-Klasse die `IDisposable`-Schnittstelle implementiert, bietet sich folgende Programmierung an.

```
// Das SqlCommand-Objekt ist bereits vorhanden
using (SqlDataReader dr = cmd.ExecuteReader())
{
    // SqlDataReader verwenden
}
```

Weitere Details zur `ExecuteReader()`-Methode finden Sie in Abschnitt 4.4.4, „Execute-Reader-Methode".

4.7.1 Wichtige Methoden und Eigenschaften

Tabelle 4.24 stellt die wichtigsten Methoden und Eigenschaften der `SqlDataReader`-Klasse vor.

Tabelle 4.24 Wichtige Methoden und Eigenschaften der SqlDataReader-Klasse

Methode/Eigenschaft	Beschreibung
`Close()`	Schließt das `SqlDataReader`-Objekt. Wurde beim Aufruf von `ExecuteReader()` der Wert `CloseConnection` angegeben, wird die zugrunde liegende Verbindung ebenfalls geschlossen.
`Connection`	Liefert das zugrunde liegende `SqlConnection`-Verbindungsobjekt
`FieldCount`	Liefert die Anzahl der Spalten (inkl. ausgeblendeter Spalte) in der aktuellen Ergebnismenge. Eine Erklärung zu ausgeblendeten Spalten finden Sie in der Beschreibung der Eigenschaft `VisibleFieldCount` (am Ende dieser Tabelle).
`GetDataTypeName()`	Liefert den Namen des SQL Server-Datentyps der gewünschten Spalte. Die Spalte wird per Index angegeben.
`GetFieldType()`	Liefert den .NET-Datentyp der gewünschten Spalte. Die Spalte wird per Index angegeben.
`GetName()`	Liefert den Namen einer Spalte. Die Spalte wird per Index angegeben. **Achtung:** Der Name muss nicht eindeutig sein!
`GetOrdinal()`	Liefert den Index einer Spalte nach ihrem Namen. Wird der Name nicht gefunden oder ist nicht eindeutig, wird der Wert −1 zurückgeliefert. Beachten Sie, dass Abfragen sowohl Spalten ohne Namen als auch Namen für mehr als nur eine Spalte zulassen. Lediglich Abfragen in Sichten erfordern, dass Namen eindeutig sind.
`GetSchemaTable()`	Liefert ein `DataTable`-Objekt mit allen Informationen zum Schema der aktuellen Ergebnismenge. Wie diese Methode benutzt werden kann, erfahren Sie in Abschnitt 4.17.1, „Das Schema einer Tabelle abfragen".

Methode/Eigenschaft	Beschreibung
GetValue()	Liefert den Wert der Spalte als Object. Die Spalte wird per Index angegeben.
HasRows	Prüft, ob mindestens eine Zeile existiert
IsClosed	Fragt ab, ob das SqlDataReader-Objekt mit Close() geschlossen wurde
IsDBNull()	Fragt ab, ob die angegebene Spalte einen Wert enthält oder nicht
IsCommandBehavior()	Prüft, ob der übergebene Wert für CommandBehavior bei der Erstellung dieser Instanz durch die ExecuteReader()-Methode den angegebenen Werten entspricht. So kann z. B. ermittelt werden, ob auf Spalten in wahlfreier Reihenfolge zugegriffen werden darf oder nur von links nach rechts, da CommandBehavior. SequentialAccess verwendet wurde. Mehr dazu finden Sie in Abschnitt 4.4.4, „ExecuteReader-Methode".
NextResult()	Bewegt das SqlDataReader-Objekt zur nächsten Ergebnismenge. Die Methode liefert true, wenn eine weitere Ergebnismenge vorliegt, sonst false. Standardmäßig ist die erste Ergebnismenge nach Erzeugung die aktuelle, sodass diese Methode nur aufgerufen werden muss, wenn möglicherweise mehr als eine Ergebnismenge vorliegen kann.
Read()	Bewegt das SqlDataReader-Objekt zur nächsten Zeile. Die Methode liefert true, wenn eine weitere Zeile vorliegt, sonst false. Diese Funktion muss vor dem ersten Zugriff auf die zurückgelieferten Daten aufgerufen werden.
RecordsAffected	Liefert die Anzahl der verarbeiteten Zeilen. Um einen korrekten Wert zu erhalten, sollte auf diese Eigenschaft erst zugegriffen werden, wenn vorher Close() aufgerufen wurde.
VisibleFieldCount	Liefert die Anzahl der nicht ausgeblendeten Spalten in der aktuellen Ergebnismenge. Ausgeblendete Spalten sind z. B. der restliche Teil eines Primärschlüssels, wenn die SELECT-Anweisung nur einen Teil des Schlüssels zurückliefert. Sie befinden sich immer hinter den sichtbaren Spalten.

In dieser Übersicht sind bis auf die GetValue()-Methode keine Methoden enthalten, welche die Inhalte der Spalten in der aktuellen Zeile des SqlDataReader-Objektes liefern. Da für jeden nativen Datentyp eine solche Methode existiert, würde dies den Umfang der Übersicht sprengen. Hinzu kommt noch ein Satz Methoden, welche die Inhalte im jeweiligen SQL Server-konformen Datentyp liefern.

 Da die GetValue()-Methode den Inhalt der Spalte als Object zurückliefert, muss ein „Unboxing" durchgeführt werden, um den gewünschten Wert zu erhalten.

Die Methoden liefern jeweils den Datentyp, den sie im Namen tragen. Kann der Typ der Spalte nicht in den geforderten Typ umgewandelt werden, so wird eine Ausnahme vom Typ `InvalidCastException` erzeugt.

Tabelle 4.25 Zugriffsmethoden für .NET-Datentypen

GetBoolean()	GetByte()	GetChar()	GetDateTime()
GetDateTimeOffset()	GetDecimal()	GetDouble()	GetFloat()
GetGuid()	GetInt16()	GetInt32()	GetInt64()
GetString()	GetTimeSpan()		

In Tabelle 4.26 sind deren Pendants aufgeführt, die den Wert der Spalte als SQL Server-Datentyp liefern. Ist keine Umwandlung möglich, so wird auch hier eine Ausnahme vom Typ `InvalidCastException` erzeugt.

Tabelle 4.26 Zugriffsmethoden für SQL Server-Datentypen

GetSqlBoolean()	GetSqlBinary()	GetSqlByte()	GetSqlDateTime()
GetSqlDecimal()	GetSqlDouble()	GetSqlGuid()	GetSqlInt16()
GetSqlInt32()	GetSqlInt64()	GetSqlMoney()	GetSqlSingle()
GetSqlString()	GetSqlXml()		

Auf die meisten Methoden und Eigenschaften kann nur so lange zugegriffen werden, bis das `SqlDataReader`-Objekt mit einem Aufruf von Close geschlossen wurde.

Auf alle Methoden, die Werte liefern (GetXXX), kann außerdem nur dann zugegriffen werden, wenn die aktuelle Zeile vorhanden ist. Findet trotzdem ein Aufruf statt, wird eine Ausnahme vom Typ `InvalidOperationException` erzeugt.

Das nun folgende erste Beispiel ruft Zeilen aus einer Tabelle ab, damit die Werte der Spalten in lokalen Variablen abgelegt werden können. Da die `SqlDataReader`-Klasse die `IDisposable`-Schnittstelle implementiert, bietet sich folgende Programmierung an.

```
// Das SqlCommand-Objekt muss für die Verwendung initialisiert sein
cmd.CommandText = "SELECT * FROM Kunden;";

using(SqlDataReader dr = cmd.ExecuteReader(
    CommandBehavior.SequentialAccess | CommandBehavior.CloseConnection))
{
    // Alle Zeilen durchlaufen
    while (dr.Read())
    {
        // Zugriff per Index
        int ID = dr.GetInt32(0);
```

```
        // Zugriff per Name
        String Name = dr.GetString(dr.GetOrdinal("Name"));
        String Strasse = dr.GetString(dr.GetOrdinal("Strasse"));
        String Ort = dr.GetString(dr.GetOrdinal("Ort"));

        // Irgendetwas Sinnvolles damit machen
        //...
    }
}
```

Wenn die Möglichkeit besteht, dass eine der Spalten NULL enthält, so muss dies entsprechend berücksichtigt werden, da sonst eine Ausnahme vom Typ SqlNullValueException erzeugt wird.

```
// Enthält die Spalte einen Wert?
if (!dr.IsDBNull(1))
    String Name = dr.GetString(1);
```

Spalten über ihren Namen anzusprechen, ist indirekt mit der GetOrdinal()-Methode machbar, die versucht, den Namen dem entsprechenden Index der Spalte zuzuordnen. Ist dies nicht möglich, so liefert die Funktion den Wert -1.

```
String Name = dr.GetString(dr.GetOrdinal("Name"));
```

Spaltennamen können mehrfach vorkommen oder Spalten können auch gar keinen Namen haben. Die ausgeführte Abfrage selbst muss dafür sorgen, dass die gewünschten Namen vorhanden sind. Allerdings wertet die GetOrdinal()-Methode Namen nicht abhängig von Groß- und Kleinschreibung aus, sodass hierauf keine Rücksicht genommen werden muss.

Alternativ kann auch über den Indexer der SqlDataReader-Klasse auf eine Spalte per Namen zugegriffen werden. Dabei sind die gleichen Dinge bezüglich des Spaltennamens zu beachten, und der Rückgabewert muss entsprechend umgewandelt werden.

```
String Name = (string)dr["Name"];
```

Bei Bedarf kann dies in einer einzelnen Methode realisiert werden, die einen Zugriff über den Namen ermöglicht und im Falle eines NULL-Wertes einen Defaultwert liefert. Folgendes Beispiel zeigt, wie diese Methode aussehen könnte.

```
String getStringValue(SqlDataReader dr, String FieldName, String DefaultValue)
{
    int idx = dr.GetOrdinal(FieldName);
    if (idx != -1)
        if (!dr.IsDBNull(idx))
            return dr.GetString(idx);
        else
            return DefaultValue;
    else
        throw new ArgumentException("Unbekannte Spalte");
}
```

Leider müsste so eine Methode für jeden relevanten Datentyp implementiert werden, um Typensicherheit zu bewahren. Soll nur eine Methode implementiert werden, so muss der Rückgabewert jeweils in den richtigen Datentyp umgewandelt werden. Es besteht jedoch die Möglichkeit, dies als Erweiterungsmethode zu realisieren, sodass die spätere Verwendung sich halbwegs intuitiv gestaltet.

Der Code dieser Methode befindet sich in der Beispielanwendung in der Klasse Sonstiges, wird jedoch nicht weiter verwendet.

Abschließend folgt noch ein Beispiel, das in einem SqlDataReader-Objekt alle Ergebnismengen durchläuft und alle Zeilen ausgibt. Vor dieser Ausgabe werden die Namen und Datentypen der Spalten aufgelistet.

```
// Das SqlCommand-Objekt muss soweit eingerichtet sein
// T-SQL-Abfrage, die zwei Ergebnismengen liefert
cmd.CommandText = "SELECT * FROM Kunden; SELECT * FROM Bestellungen;";
using (SqlDataReader dr = cmd.ExecuteReader
    (CommandBehavior.SequentialAccess | CommandBehavior.CloseConnection))
{
    do // Alle Ergebnismengen durchlaufen
    {
        // Kein StringBuilder, so ist es einfacher
        String Header = "";

        // Namen und Datentypen der Spalten auslesen
        for (int i = 0; i < dr.VisibleFieldCount; i++)
            Header += String.Format("{0} ({1}) |",
                    dr.GetName(i), dr.GetFieldType(i).ToString());

        // Im Debug ausgeben
        Debug.Print(Header);
        Debug.Print("".PadLeft(Header.Length, '='));
        while (dr.Read()) // Alle Zeilen durchlaufen
        {
            for (int i = 0; i < dr.VisibleFieldCount; i++) // Spalten
                if (!dr.IsDBNull(i)) // NULL?
                    // Wert ausgeben
                    Debug.Write(dr.GetValue(i).ToString() + '|');
                else
                    Debug.Write("<NULL> |");
            Debug.WriteLine(""); // Zeilenumbruch
        }
    } while (dr.NextResult());
}
```

Der Code dieser Methode befindet sich in der Beispielanwendung in der Klasse Sonstiges, wird jedoch nicht weiter verwendet.

4.8 Die XmlReader-Klasse

Die `System.Xml.XmlReader`-Klasse ermöglicht, die erhaltenen Ergebnismengen in Form von XML-Daten zu durchlaufen. Sie kann nicht direkt mit dem `new`-Schlüsselwort erstellt werden, sondern wird von einem `SqlCommand`-Objekt als Rückgabewert der `ExecuteXmlReader()`-Methode geliefert.

```
XmlReader xmldr = cmd.ExecuteXmlReader();
```

Die `XmlReader`-Klasse befindet sich im Namensraum `System.Xml`.

Die `XmlReader`-Klasse arbeitet so, dass jeweils ein aktueller Knoten im XML-Dokument existiert. Auf diesen Knoten kann entweder zugegriffen werden oder der `XmlReader` kann auf den nächsten, gewünschten Knoten bewegt werden.

Für den Einsatz mit ADO.NET bedeutet dies konkret, dass der erste Knoten, der nach dem ersten Zugriff der `Read()`-Methode aktuell ist, das erste Element des XML-Dokuments darstellt. So kann bequem auf jedes Attribut (per Index) und den Wert (wenn vorhanden) des Elements zugegriffen werden.

Im folgenden Beispiel wird demonstriert, wie mit einer `XmlReader`-Klasse alle Knoten (XML-Elemente) durchlaufen und für jedes Element die Werte aller definierten XML-Attribute ausgegeben werden.

```
// Das SqlCommand-Objekt muss hier schon fertig eingerichtet worden sein
cmd.CommandText = "SELECT * FROM Kunden FOR XML AUTO, XMLDATA;";
using (System.Xml.XmlReader xmldr = cmd.ExecuteXmlReader())
{
    while (xmldr.Read())
    {
        if (xmldr.Name == "Schema" ||
            xmldr.NodeType == System.Xml.XmlNodeType.Element)

        Debug.Print("\"{0}\" (Knoten Typ: {1})",
                xmldr.Name,xmldr.NodeType.ToString());

        for (int i = 0; i < xmldr.AttributeCount; i++)
            Debug.Print(" {0}",xmldr.GetAttribute(i));
    }
}
```

Für das reine Durchlaufen der Daten eignet sich die `SqlDataReader`-Klasse besser, da hier zeilen- und spaltenweise gearbeitet werden kann, ohne sich mit der Struktur eines XML-Dokumentes auseinandersetzen zu müssen. Setzen Sie daher das `XmlReader`-Objekt nur ein, wenn Sie auf Daten zugreifen müssen, die im XML-Format in Spalten einer Tabelle vorliegen, oder wenn Sie die Daten im XML-Format weiterverarbeiten wollen (z.B. in eine Datei etc.) schreiben).

Die Beispielanwendung dieses Kapitels nutzt eine `XmlReader`-Klasse, um die Daten auszugeben, die mittels einer `SELECT`-Anweisung mit `FOR XML`-Klausel (diese muss vom Anwender eingetippt werden) geliefert werden.

4.8.1 Wichtige Methoden und Eigenschaften

Tabelle 4.27 stellt die wichtigsten Methoden und Eigenschaften der `SqlXmlReader`-Klasse vor.

Tabelle 4.27 Wichtige Methoden/Eigenschaften der SqlXmlReader-Klasse

Methode/Eigenschaft	Beschreibung
`AttributeCount`	Liefert die Anzahl der Attribute des aktuellen XML-Elementes
`BaseURI`	Liefert die Basis-URI (Uniform Resource Identifier) des aktuellen XML-Elementes
`Close()`	Schließt das `SqlXmlReader`-Objekt. Weitere Zugriffe auf die Daten sind nicht mehr möglich.
`Depth`	Liefert die Tiefe der Verschachtelung des aktuellen XML-Elementes in Bezug auf das gesamte XML-Dokument. Die erste Verschachtelung hat die Tiefe 0.
`GetAttribute()`	Liefert ein Attribut des aktuellen XML-Elements über seinen Index
`HasAttributes`	Gibt an, ob dem aktuellen XML-Element Attribute zugeordnet sind oder nicht
`HasValue`	Gibt an, ob der aktuelle XML-Knoten einen Wert besitzt oder nicht
`IsDefault`	Liefert `true`, wenn der aktuelle Knoten ein XML-Attribut ist und dieses laut DTD (Document Type Definition) oder XML-Schema nur einen Standardwert enthält, da es selbst keinen Wert definiert. Andernfalls liefert diese Eigenschaft `false`.
`IsEmptyElement`	Liefert `true`, wenn der aktuelle Knoten ein XML-Element und leer ist (also direkt mit „/>" geschlossen wird). Ansonsten wird der Wert `false` zurückgegeben.
`Name`	Liefert den Namen des aktuellen Knotens, wenn dieser einen Namen hat, sonst eine leere Zeichenkette (`String.Empty`)
`NodeType`	Liefert den Typ des aktuellen XML-Knotens als `System.Xml.XmlNodeType`
`Value`	Liefert abhängig vom Typ des aktuellen XML-Knotens den Wert oder eine leere Zeichenkette (`String.Empty`)
`ValueType`	Liefert den CLR-Typ des Wertes der `Value`-Eigenschaft
`GetAttribute()`	Diese Methode liefert den Wert eines XML-Attributs als Zeichenkette, wenn der aktuelle XML-Knoten ein XML-Element ist. Das XML-Attribut kann per Index oder Namen angegeben werden.
`IsName`	Prüft, ob der übergebene Name gültig ist oder nicht
`Skip()`	Überspringt alle untergeordneten XML-Knoten des aktuellen XML-Knotens

In dieser Übersicht ist eine Reihe von Methoden nicht enthalten. Diese werden jedoch in den folgenden Tabellen aufgeführt, damit die Übersichtlichkeit nicht durch ihre schiere Anzahl verloren geht.

Um das `XmlReader`-Objekt zum nächsten XML-Knoten zu bewegen und so zum aktuellen Knoten zu machen, stehen einige Methoden zur Verfügung. Sie haben allesamt einen Rückgabewert vom Typ `bool` und liefern `true`, wenn die gewünschte Bewegung ausgeführt werden konnte, sonst `false`.

Tabelle 4.28 Methoden zur Navigation innerhalb von XML-Daten

`MoveToAttribute()`	`MoveToContent()`
`MoveToElement()`	`MoveToFirstAttribute()`
`MoveToNextAttribute()`	

Folgende Gruppe von Methoden liefert den Inhalt des aktuellen XML-Knotens jeweils als den Datentyp, den sie im Namen tragen (Ausnahme ist die `ReadControlAs()`-Methode, ihr kann der gewünschte Datentyp als Parameter übergeben werden). Ist eine Umwandlung nicht möglich, so wird eine Ausnahme vom Typ `InvalidCastException` erzeugt.

Tabelle 4.29 Methoden zum Lesen des aktuellen XML-Knotens

`ReadContentAs()`	`ReadContentAsBase64()`
`ReadContentAsBinHex()`	`ReadContentAsBoolean()`
`ReadContentAsDateTime()`	`ReadContentAsDecimal()`
`ReadContentAsDouble()`	`ReadContentAsFloat()`
`ReadContentAsInt()`	`ReadContentAsLong()`
`ReadContentAsObject()`	`ReadContentAsString()`

Soll auf den Inhalt des aktuellen XML-Dokuments zugegriffen werden, so steht ebenfalls eine Reihe von Methoden zur Verfügung. Sie finden wieder im Namen den Zieldatentyp, in den der Inhalt vor der Rückgabe umgewandelt wird (erneute Ausnahme: die `ReadElementControlAs()`-Methode, siehe vorangegangener Absatz). Ist eine Umwandlung nicht möglich, so wird eine Ausnahme vom Typ `InvalidCastException` erzeugt.

Tabelle 4.30 Methoden zum Lesen des Inhalts des aktuellen XML-Elements

`ReadElementContentAs()`	`ReadElementContentAsBase64()`
`ReadElementContentAsBinHex()`	`ReadElementContentAsBoolean()`
`ReadElementContentAsDateTime()`	`ReadElementContentAsDecimal()`
`ReadElementContentAsDouble()`	`ReadElementContentAsFloat()`
`ReadElementContentAsInt()`	`ReadElementContentAsLong()`
`ReadElementContentAsObject()`	`ReadElementContentAsString()`

■ 4.9 Die SqlDataAdapter-Klasse

Bei der Arbeit mit `System.Data.DataSet`-Objekten oder `System.Data.DataTable`-Objekten und einer SQL Server-Datenbank führt kein Weg an der `System.Data.SqlClient.SqlDataAdapter`-Klasse vorbei. Diese fungiert als „Datenpumpe", um Daten aus der Datenbank einzulesen und die Änderungen später wieder zurück zu schreiben. Beim Einlesen werden die dafür notwendigen `DataTable`-Objekte entsprechend der Struktur der Daten erzeugt. Um die benötigen `SqlCommand`-Objekte inklusive der notwendigen T-SQL Anweisungen automatisch erstellen zu können, wird die `SqlCommandBuilder`-Klasse verwendet, welche die notwendige T-SQL-Anweisung automatisch erstellt.

Es ist auch möglich (und manchmal sogar notwendig), die T-SQL Anweisung von Hand zu erstellen, sodass die `SqlCommandBuilder`-Klasse nicht zwingend unumgänglich ist. Jedoch macht es die Arbeit um einiges leichter. `DataSet`-Objekte wollen Sie doch auch nicht von Hand befüllen, oder?!

■ 4.10 Die SqlCommandBuilder-Klasse

Die `System.Data.SqlClient.SqlCommandBuilder`-Klasse wird für das automatische Erstellen von `SqlCommand`-Objekten in Verbindung mit der `SqlDataAdapter`-Klasse verwendet. Damit entfällt das aufwendige Erstellen und Zuweisen der benötigten `DELETE`-, `INSERT`- und `UPDATE`-Anweisungen, um die Daten dauerhaft in der Datenbank zu ändern.

■ 4.11 Die SqlClientPermission-Klasse

Mit der `System.Data.SqlClient.SqlClientPermission`-Klasse kann der .NET Framework-Datenanbieter für den SQL Server sicherstellen, dass die Anwendung über die notwendigen CAS[1]-Berechtigungen (Code Access Security) verfügt. Ist dies nicht der Fall, so kann eine Anwendung schon beim Start darauf reagieren.

---

[1] Zur Laufzeit verwendet .NET die sogenannte Code Access Security (CAS). Diese Sicherheit schützt keine Ressourcen wie Datenbanken, Dateien, etc., sondern Funktionalitäten. Eine solche Funktionalität (also letztendlich eine C#-Methode) kann z. B. Folgendes sein: "Zugriffe auf das Dateisystem", "Aufrufen von Web-Diensten" etc. Nur wenn die CAS diese Funktionalität zulässt, wird die entsprechende Methode überhaupt aufgerufen. Ob schließlich der Zugriff auf ein Objekt wie einer Tabelle, Sicht etc. zugelassen wird, steht auf einem anderen Blatt.

CAS kann für Anwendungen, Computer oder das ganze Unternehmen (Enterprise) in Form einer Active Directory-Domäne verwaltet und angepasst werden. Dies wird jedoch nicht Thema dieses Buches sein, bitte konsultieren Sie stattdessen entsprechende Fachliteratur.

4.11.1 Wichtige Methoden und Eigenschaften

Tabelle 4.31 stellt die wichtigsten Methoden und Eigenschaften der `SqlClientPermission`-Klasse vor.

Tabelle 4.31 Wichtige Methoden/Eigenschaften der SqlClientPermission-Klasse

Methode/Eigenschaft	Beschreibung
`Add()`	Fügt dem Objekt die übergebene Verbindungszeichenfolge hinzu
`AllowBlankPassword`	Diese Eigenschaft entscheidet darüber, ob ein leeres Kennwort bei Anmeldungen erlaubt ist oder nicht. **Achtung:** Der Wert des `PermissionState`-Parameters des Konstruktors hat Vorrang vor diesem Wert.
`Assert()`	Sorgt dafür, dass selbst dann auf die durch eine Berechtigungsanforderung geschützte Ressource über den aufrufenden Code zugegriffen werden kann, wenn die benötigten Berechtigungen nicht vorhanden sind. Die Verwendung der Assert()-Methode kann zu Sicherheitsrisiken führen.
`Copy()`	Liefert diese Instanz als `IPermission`
`Demand()`	Erzeugt eine Ausnahme vom Typ `SecurityException`, wenn die gewünschten Berechtigungen nicht gewährt wurden
`Deny()`	Verhindert, dass übergeordnete Aufrufer in der Aufrufliste auf alle außer der von der aktuellen Instanz angegebenen Ressource über den Code zugreifen, der diese Methode aufruft
`FromXml()`	Rekonstruiert ein Objekt und seinen Zustand aus XML-Daten. Diese Daten können mit der `ToXml`-Methode erzeugt werden.
`Intersect()`	Ergibt die Schnittmenge dieses Berechtigungsobjekts und des als Parameter übergebenen Objekts
`IsSubsetOf()`	Liefert `true`, wenn das Berechtigungsobjekt eine Teilmenge des angegebenen Berechtigungsobjekts ist
`IsUnrestricted()`	Liefert den Wert `true`, wenn die Berechtigungen als uneingeschränkt dargestellt werden können, ohne dass die Berechtigungssemantik bekannt ist
`PermitOnly()`	Dieselbe Methode wie `Deny()`, nur dass hier die Berechtigungen angegeben werden, für die ein Stackwalk erfolgreich verläuft
`RevertAll()`	Macht vorherige Aufrufe der `Assert()`-, `Deny()`- und `PermitOnly()`-Methode rückgängig. Diese Methode ist statisch und muss daher direkt über die Klasse und ohne Instanz aufgerufen werden.

Tabelle 4.31 Wichtige Methoden/Eigenschaften der SqlClientPermission-Klasse *(Fortsetzung)*

Methode/Eigenschaft	Beschreibung
RevertAssert()	Macht einen vorherigen Aufruf der Assert()-Methode rückgängig. Diese Methode ist statisch und muss daher direkt über die Klasse und ohne Instanz aufgerufen werden.
RevertDeny()	Macht einen vorherigen Aufruf der Deny()-Methode rückgängig. Diese Methode ist statisch und muss daher direkt über die Klasse und ohne Instanz aufgerufen werden.
RevertPermitOnly()	Macht einen vorherigen Aufruf der PermitOnly()-Methode rückgängig. Diese Methode ist statisch und muss daher direkt über die Klasse und ohne Instanz aufgerufen werden.
ToXml()	Speichert das Objekt und seinen Zustand in XML-Daten. Diese können mit der FromXml()-Methode verwendet werden.
Union()	Ergibt die Obermenge dieses Berechtigungsobjekts und des als Parameter übergebenen

4.11.2 Praktischer Einsatz

Das folgende kleine Beispiel zeigt, wie die SqlClientPermission-Klasse verwendet werden kann, um sicherzustellen, dass die Anwendung über die notwendigen Berechtigungen verfügt. Wenn dies nicht der Fall ist, wird eine Ausnahme vom Typ SecurityException erzeugt, und die Methode liefert statt true den Wert false zurück.

```
private bool checkPermission()
{
    try
    {
        SqlClientPermission perm = new SqlClientPermission (
            Security.Permissions.PermissionState.Unrestricted);

        // Prüfen
        perm.Demand();

        // Keine Ausnahme, also erlaubt
        return true;
    }
    catch (System.Security.SecurityException)
    {
        // Die Ausnahme zeigt mangelnde Berechtigungen an
        return false;
    }
}
```

Diese Methode finden Sie im Beispielprogramm Tiny Chatter zu diesem Kapitel. Dort wird sie bei Programmstart aufgerufen, um sicherzustellen, dass alle Berechtigungen vorhanden sind.

4.12 Die SqlBulkCopy-Klasse

Für das Kopieren großer Datenmengen in eine SQL Server-Datenbank steht die `System.Data.SqlClient.SqlBulkCopy`-Klasse zur Verfügung. Mit ihr ist es möglich, Daten aus einem `SqlDataReader`-Objekt, einem `System.Data.DataTable`-Objekt oder einem Array aus `System.Data.DataRow`-Objekten schnell und mit wenig Code in eine Tabelle zu schreiben.

Die `SqlBulkCopy`-Klasse hat aufgrund des BulkCopy-Ansatzes, den sie verwendet, einen entscheidenden Nachteil: Identitätswerte, die von dem Datenbankmodul erzeugt werden, können nicht in der gleichen Operation an den Client zurück übermittelt werden. D. h., die Daten müssen bereits mit gültigen Identitätswerten (z. B. GUIDs) vorliegen, damit diese nach dem Import datenbankseitig referenziert werden können. Da dies nicht immer zu leisten ist, bietet sich eine Kombination aus Table Value Parameters (TVP) und `OUTPUT` an, die nur ein wenig langsamer ist (ca. 10 %), dafür aber die vom Datenbankmodul erzeugten ID-Werte effizient an den Aufrufer zurückliefert. In Abschnitt 2.14, „Table-Value Parameters", finden Sie dafür ein Bespiel.

Die Verwendung ist recht einfach und lässt sich in vier Schritten beschreiben:

1. Verbindung zur Quelldatenbank aufbauen (nur bei `SqlDataReader`)
2. Verbindung zur Zieldatenbank aufbauen
3. Quelldaten bereitstellen
4. `SqlBulkCopy`-Objekt erzeugen und `WriteToServer()`-Methode aufrufen

Darüber hinaus ist es möglich, einer Quellspalte eine Zielspalte jeweils per Name oder Index zuzuordnen. Mehr dazu finden Sie in Abschnitt 4.12.3, „Zuordnung von Quell- und Zielspalten".

Mit den beiden folgenden Konstruktoren kann auf unterschiedliche Art die notwendige Verbindung zur Zieldatenbank angegeben werden.

```
// Verbindungszeichenfolge
SqlBulkCopy sbc = new SqlBulkCopy(string);
```

Oder:

```
// SqlConnneciton-Objekt
SqlBulkCopy sbc = new SqlBulkCopy(SqlConnection);
```

Die Quelldatenbank kommt, wenn überhaupt, erst beim Aufruf der `WriteToServer()`-Methode in Form eines gültigen `SqlDataReader`-Objektes zum Einsatz.

Darüber hinaus existieren noch Konstruktoren, denen weitere Optionen (siehe Abschnitt 4.12.2, „Optionen für das Kopieren") und ein gültiges `SqlTransaction`-Objekt übergeben werden können. Die Transaktion muss zum `SqlConnection`-Objekt gehören.

```
SqlBulkCopy sbc = new SqlBulkCopy(string, SqlBulkCopyOptions);
```

Und:

```
sbc = new SqlBulkCopy(SqlConnection, SqlBulkCopyOptions, SqlTransaction);
```

Sie können statt des `SqlTransaction`-Objekts auch null angeben, wenn Sie keine Transaktion übergeben, aber trotzdem den Konstruktor verwenden möchten.

Da die `SqlBulkCopy`-Klasse die `IDisposable`-Schnittstelle implementiert, bietet sich folgende Programmierung an.

```
using (SqlBulkCopy sbc = new SqlConnection(...)
{
    // Objekt einrichten und kopieren lassen
    // ...
    sbc.WriteToServer(...);
}
```

Durch einen Aufruf der `WriteToServer()`-Methode beginnt das Kopieren. Wurde die Eigenschaft `NotifyAfter` auf einen Wert größer 0 gesetzt, wird nach der angegebenen Anzahl an kopierten Zeilen das `SqlRowsCopied`-Ereignis ausgelöst. Mehr dazu finden Sie in Abschnitt 4.12.4, „Ereignisse".

Die Zieltabelle muss beim Start des Kopiervorganges bereits existieren – sie wird nicht angelegt!

Wird nach dem Kopieren die `Close()`-Methode aufgerufen, wird das beteiligte `Sql-Connection`-Objekt für die Zieldatenbank geschlossen. Die Verbindung der Quelldatenbank (wenn überhaupt vorhanden) muss dagegen an anderer Stelle geschlossen werden.

4.12.1 Wichtige Methoden und Eigenschaften

Tabelle 4.32 stellt die wichtigsten Methoden und Eigenschaften der `SqlBulkCopy`-Klasse vor.

Tabelle 4.32 Wichtige Methoden und Eigenschaften der SqlBulkCopy-Klasse

Methode/Eigenschaft	Beschreibung
BatchSize	Legt fest, wie viele Zeilen jeweils in einem Schwung (Batch) kopiert werden sollen
BulkCopyTimeout	Legt die Zeitspanne (in Sekunden fest), in welcher der gesamte Kopiervorgang abgeschlossen werden muss. Ein Wert von 0 steht für keinerlei zeitliche Einschränkung. Der Standard beträgt 30 Sekunden.
Close()	Schließt das SqlBulkCopy-Objekt
ColumnMappings	Mit dieser Auflistung können Zuordnungen zwischen Quell- und Zielspalten vorgenommen werden. Ist die Liste leer, wird während des Kopierens automatisch eine 1:1-Zuordnung verwendet. Mehr Details finden Sie in Abschnitt 4.12.3, „Zuordnung von Quell- und Zielspalten".
DestinationTableName	Legt den Namen der Zieltabelle auf dem Zielserver fest
NotifyAfter	Legt fest, nach wie vielen Zeilen jeweils ein SqlRowCopied-Ereignis ausgelöst werden soll. Ist der Wert gleich 0, dann wird zu keiner Zeit ein Ereignis ausgelöst. Da der Standardwert 0 ist, muss diese Eigenschaft gesetzt werden, um mit dem Ereignis zu arbeiten.
WriteToServer()	Diese Methode startet den Kopierprozess. Als Quelle kann neben einem gültigen SqlDataReader-Objekt auch ein Array mit DataRow-Objekten oder ein DataTable-Objekt angegeben werden. Diese Methode kann mehrfach hintereinander aufgerufen werden, um unterschiedliche Daten in die Zieltabelle zu schreiben.

4.12.2 Optionen für das Kopieren

Einer der Konstruktoren der SqlBulkCopy-Klasse nimmt einen Parameter vom Typ SqlBulkCopyOptions an. Diese Aufzählung legt die gewünschten Optionen für das Kopieren fest.

Tabelle 4.33 Werte der SqlBulkCopyOptions-Aufzählung

Wert	Beschreibung
Default	Leicht erkennbar, dass dies der Standardwert ist. Keiner der folgenden Werte gehört zum Standard!
KeepIdentity	Hat die Quelltabelle eine Identitätsspalte, so wird versucht, die Werte in der Zieltabelle beizubehalten. Dies führt zu einem Fehler, wenn einzelne Werte schon vorhanden sind.
CheckConstraints	Veranlasst, dass beim Kopieren Einschränkungen (Constraints) beachtet werden

Tabelle 4.33 Werte der SqlBulkCopyOptions-Aufzählung *(Fortsetzung)*

Wert	Beschreibung
TableLock	Dieser Wert hat die Sperrung (Bulk Update Locks) der Zieltabelle zur Folge. Ansonsten wird sie nur zeilenweise gesperrt.
KeepNulls	Dieser Wert fügt den Wert NULL auch in solche Zielspalten ein (nur wenn die entsprechende Quellspalte NULL enthält), die einen Standardwert definieren. Ansonsten wird der Standardwert verwendet.
FireTriggers	Sollen Trigger während des Kopierens in der Zieltabelle ausgelöst werden, so muss dieser Wert angegeben werden. **Achtung:** Das Auslösen der Trigger kann dafür verantwortlich sein, dass der gesamte Prozess erheblich länger dauert.
UseInternalTransaction	Gibt an, dass intern eine Transaktion verwendet werden soll. Wird zusätzlich ein SqlTransaction-Objekt dem Konstruktor übergeben, wird eine Ausnahme vom Typ ArgumentException erzeugt.

Die Aufzählung SqlBulkCopyOptions ist mit dem Flags-Attribut implementiert. Daher kann eine Kombination unterschiedlicher Werte angegeben werden (z. B. KeepIdentity|CheckConstraints|KeepNulls).

4.12.3 Zuordnung von Quell- und Zielspalten

Durch die ColumnMappings-Auflistung besteht die Möglichkeit, eine Zuordnung zwischen Quell- und Zielspalten zu definieren. Alle Spalten, die in dieser Auflistung nicht vorhanden sind, werden beim Kopieren ignoriert. Sobald also eine Zuordnung gemacht wurde (d. h. wenn die ColumnMappings-Auflistung nicht mehr leer ist), müssen auch alle anderen Spalten zugeordnet werden.

Welche Quellspalte welcher Zielspalte zugeordnet werden soll, kann jeweils über den nullbasierenden Spaltenindex oder den eindeutigen Spaltennamen festgelegt werden. Beachten Sie, dass eine Spalte (egal ob aus der Quelle oder vom Ziel) nur einmal angegeben werden darf.

Sie müssen keine Zuordnung von Spalten vornehmen. In diesem Fall wird eine 1:1-Zuordnung automatisch erzeugt.

Folgende Möglichkeiten stehen für die Erstellung von Zuordnungen zur Verfügung.

```
// sbc ist das SqlBulkCopy-Objekt
sbc.ColumnMappings.Add(1, 4);            // Spalte 1 => 4
sbc.ColumnMappings.Add(1, "SpalteB");    // Spalte 1 => "SpalteB"
sbc.ColumnMappings.Add("SpalteA", 3);    // "SpalteA" => 3
// "SpalteA" => "SpalteB"
sbc.ColumnMappings.Add("SpalteA", "SpalteB");
```

Da eine Zuordnung an sich ein Objekt vom Typ `SqlBulkCopyColumnMapping` darstellt, kann diese auch erst erstellt und später der `ColumnMappings`-Auflistung hinzugefügt werden. Dabei ist es auch möglich, ein Objekt mehreren Auslistungen zuzufügen.

```
// sbc ist das SqlBulkCopy-Objekt
SqlBulkCopyColumnMapping map;
map = new SqlBulkCopyColumnMapping(1,4); // Spalte 1 => 4
sbc.ColumnMappings.Add(map);
```

So oder so: Achten Sie bei den Zuordnungen darauf, dass die Datentypen beider Spalten miteinander vereinbar sind.

Fehler, gleich welcher Art, werden in Form einer Ausnahme vom Typ `SqlException` erst bei Ausführung der `WriteToServer()`-Methode entdeckt.

4.12.4 Ereignisse

Ein `SqlBulkCopy`-Objekt kann nur ein Ereignis auslösen: `SqlRowCopied`. Sein Zweck ist dabei recht einsichtig: Es wird nach einer bestimmten Anzahl (`NotifyAfter`-Eigenschaft) von kopierten Zeilen ausgelöst, um der Anwendung ein Feedback über den Stand des Kopierprozesses zu liefern.

Das Ereignis wird nur dann ausgelöst, wenn die `NotifyAfter`-Eigenschaft einen Wert größer 0 hat. Da der Standardwert gerade 0 ist, muss diese Eigenschaft gesetzt werden, wenn das Ereignis verwendet werden soll. Bedenken Sie: Je häufiger das Ereignis erzeugt wird, desto länger dauert der gesamte Kopiervorgang, da – während das Ereignis läuft – nicht weiter kopiert wird.

4.12.4.1 SqlRowCopied

Das Ereignis `SqlRowCopied` wird ausgelöst, um den Fortschritt im Kopierprozess anzuzeigen. Durch die beiden übergebenen Parameter kann ermittelt werden, welches `SqlBulkCopy`-Objekt das Ereignis erzeugt hat und wie viele Zeilen bereits kopiert wurden.

Das Ereignis wird (konsequenterweise) während der Übertragung der Daten ausgelöst und bevor die Transaktion, in der das Kopieren stattfindet, bestätigt (commited) wurde. Dies hat leider auch zur Folge, dass nach der Übertragung einige Zeit für die Bestätigung benötigt wird, wobei dabei noch ein Fehler auftreten kann. Beispielsweise kann dies bei Verletzungen der Eindeutigkeit des Primärschlüssels der Fall sein. Praktisch sieht das dann so aus, dass durch das Ereignis suggeriert wird, der Kopiervorgang sei schon so weit, nur damit am Ende eine Ausnahme vom Typ `SqlException` erzeugt wird.

Tabelle 4.34 zeigt die Parameter, die dem `SqlRowCopied`-Ereignis übergeben werden, wenn es ausgelöst wird.

Tabelle 4.34 Parameter des SqlBulkCopy.SqlRowCopied-Ereignisses

Parameter	Beschreibung
sender	Referenz auf das auslösende `SqlConnection`-Objekt
e	Objekt vom Typ `SqlRowsCopiedEventArgs`, das über den Fortschritt des Kopiervorgangs informiert

Tabelle 4.35 Wichtige Eigenschaften der StateChangeEventArgs-Klasse

Eigenschaft	Beschreibung
Abort	Wird dieser Wert auf `true` gesetzt, so bricht das `SqlBulkCopy`-Objekt nach der Verarbeitung des Ereignisses ab.
RowsCopied	Liefert die Gesamtzahl der Zeilen, die bisher kopiert wurden

Das folgende kurze Beispiel zeigt, wie das Ergebnis gebunden und verarbeitet wird.

```
con.StateChange += new SqlRowsCopiedEventHandler(SqlRowsCopied);

void SqlRowsCopied (Object sender, SqlRowsCopiedEventArgs e)
{
    ...
}
```

In der Beispielanwendung ADOBulkCopyMachine zu diesem Kapitel wird dieses Ereignis verwendet, um den Anwender über den Fortschritt des Kopierens zu informieren.

4.12.5 Praktischer Einsatz

Um den praktischen Einsatz der `SqlBulkCopy`-Klasse zu demonstrieren, wird nun eine kleine Beispielanwendung namens ADOBulkCopyMachine vorgestellt. Wie der Name schon vermuten lässt, kopiert diese Daten von einer Quelle zu einem Ziel. Über das `SqlRowsCopied`-Ereignis wird dabei regelmäßig Auskunft über den Fortschritt des Kopiervorganges gegeben.

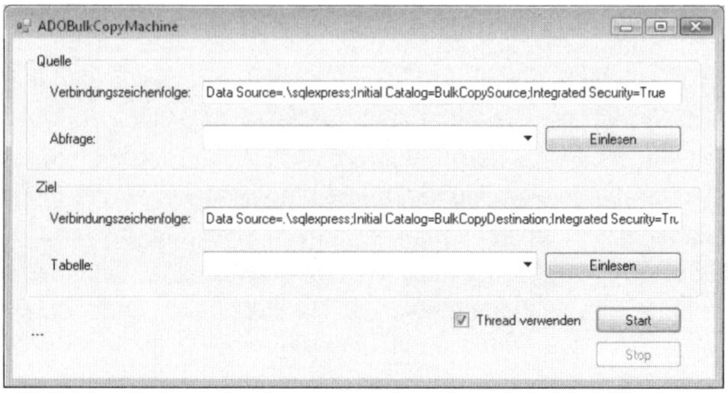

Bild 4.6 Die Beispielanwendung ADOBulkCopyMachine

Falls Sie gerade nicht über eine genügend große Tabelle mit ausreichend Zeilen verfügen, können Sie dies leicht in der folgenden INSERT-Anweisung ändern, welche die Anzahl der Zeilen pro Aufruf verdoppelt:

INSERT INTO Quelle1 (Spalte1,Spalte2)
SELECT Spalte1,Spalte2 FROM Quelle1;

Gehen Sie hierbei jedoch mit Bedacht vor, und bedenken Sie, wie die Geschichte um den Erfinder des Schachspiels mit einer Belohnung an Reiskörnern ausgegangen ist – und dort fing es mit nur einem Korn an.[1]

Das Programm an sich ist recht simpel. Nachdem die Verbindungszeichenfolgen sowie Quellabfrage und Zieltabelle angegeben wurden, kann es schon durch einen Klick auf START losgehen. Egal ob mit oder ohne Ausführung in einem eigenen Thread, aufgerufen wird die statische copyBulk()-Methode im CBulkCopy-Objekt.

Durch die Auslagerung in ein eigenes (statisches) Objekt lässt sich die copyBulk()-Methode leichter in andere Projekte integrieren.

```
public static void copyBulk(string sourceConString, string SourceQuery,
            string destinationConString, string destinationTable,
            SqlRowsCopiedEventHandler feedBackEventHandler)
{
    // Verbindung zur Quelldatenbank aufbauen
    using (SqlConnection conSource = new
            SqlConnection(sourceConString))
    {
        conSource.Open();

        // Verbindung zur Zieldatenbank aufbauen
        using (SqlConnection conDestination =
                new SqlConnection(destinationConString))
        {
            conDestination.Open();

            // Nun die Quelldaten bereitstellen
            using (SqlCommand cmd =
                    new SqlCommand(SourceQuery, conSource))
            {
                // Der Übersichtlichkeit halber kein Using-Block!
                SqlDataReader sourceDr = cmd.ExecuteReader();

                // Nun haben wir alles für das SqlBulkCopy-Objekt
                using (SqlBulkCopy sbc =
                new SqlBulkCopy(conDestination,
                KeepIdentity | UseInternalTransaction, null))
                {
                    // Ereignishandler anbinden
                    if (feedBackEventHandler != null)
                        sbc.SqlRowsCopied += feedBackEventHandler;
```

---

[1] http://www.kochmix.de/kochmagazin-reis-schach-der-weise-mann-der-koenig-das-schachbrett-203.html

```
                        // Und los geht's
                        // Alle 1000 Zeilen ein Ereignis
                        sbc.NotifyAfter = 1000
                        sbc.DestinationTableName = destinationTable;
                        sbc.WriteToServer(sourceDr);
                    }
                }
            }
        }
    }
```

Nachdem die `WriteToServer()`-Methode aufgerufen wurde, beginnt der Kopierprozess. Alle 1000 Zeilen wird das `SqlRowsCopied`-Ereignis aufgerufen, das hier in der Hauptform behandelt wird (ein entsprechendes `Delegate`-Objekt wurde per Parameter `feedBackEventHandler` übergeben) und anzeigt, wie viele Zeilen schon kopiert wurden.

```
void SqlRowsCopied(object sender, SqlRowsCopiedEventArgs e)
{
    setProgressLabel(string.Format("Zeilen {0}", e.RowsCopied));
}
```

Dass das einfache Setzen des Textes eines Label-Controls in einer eigenen Methode gekapselt wurde, hat den Grund, dass beim Einsatz von mehr als nur einem Thread bei Zugriffen auf die Elemente der Oberfläche der Thread gewechselt werden muss. Dies geschieht mithilfe der `Invoke()`-Methode. Das Gleiche gilt für die `setStartCancelButtonEnabled()`-Methode.

Dies ist der Code der `setProgressLabel()`-Methode. Weitere Details über asynchrone Verarbeitung finden Sie in Abschnitt 4.16, „Asynchrone Ausführung".

```
delegate void setProgressLabelDelegate(string text);

void setProgressLabel(string text)
{
    if (InvokeRequired)
        Invoke(new setProgressLabelDelegate(setProgressLabel),
            new object[] {text});
    else
    {
        // Den neuen Text setzen
        lblProgressLabel.Text = text;
    }
}
```

Beim Programmieren mit nur einem Thread ist der Einsatz von `Delegate`-Objekten und der `Invoke()`-Methode nicht notwendig, da in diesem Fall kein Thread-Wechsel stattfindet.

4.13 Die SqlTransaction-Klasse

Um mehrere Änderungsanweisungen (`INSERT`, `DELETE`, `UPDATE` oder `MERGE`) innerhalb einer Transaktion nach dem Alles-oder-nichts-Prinzip auszuführen, steht die `System.Data.SqlClient.SqlTransaction`-Klasse zur Verfügung. Eine Transaktion bewirkt dabei, dass der Inhalt der SQL Server-Datenbank zum Beginn der Transaktion gespeichert wird. Anschließend werden die gewünschten Änderungen wie gewohnt durchgeführt. Nun besteht die Option, die Transaktion zu bestätigen, (`Commit()`-Methode), damit die Änderungen dauerhaft in der Datenbank gespeichert werden. Ist dies nicht gewünscht, kann die Transaktion auch abgebrochen und alle vorgenommenen Änderungen können rückgängig gemacht werden (`Rollback()`-Methode). Wird eine Transaktion nicht bestätigt (weil es z. B. im Code vergessen oder die gesamte Anwendung beendet wurde), so wird sie automatisch rückgängig gemacht.

Eine Transaktion bezieht sich immer nur auf die Änderungen, die in der Verbindung gemacht werden, für die sie erstellt wurde. Andere Verbindungen und Clients können nach wie vor mit der Datenbank arbeiten. Lediglich der Isolationsgrad (`Isolationlevel`-Eigenschaft) legt fest, ob Änderungen, die noch nicht freigegeben wurden, von ihnen gelesen werden können oder ob Sperren dies verhindern.

Eine Transaktion besteht immer aus einem Start (`BeginTransaction()`-Aufruf) und entweder einem `Commit()`- **oder** einem `Rollback()`-Aufruf.

Zusätzlich besteht die Möglichkeit, Transaktionen zwischenzuspeichern und diesem Speicherpunkt einen Namen zu geben. Somit können Änderungen bis zu diesen Speicherpunkten rückgängig gemacht werden.

ADO.NET-Transaktionen unterscheiden sich in zwei sehr wichtigen Punkten von T-SQL-Transaktionen (`BEGIN TRAN`, `COMMIT TRAN`, `ROLLBACK TRAN`, `SAVE TRAN`) auf dem SQL Server:

- Durch das Zurücksetzen auf einen vorher gesicherten Punkt mit der `Rollback()`-Methode wird die Transaktion beendet. Bei T-SQL bewirkt dies lediglich ein Zurückrollen bis zu diesem Datenbestand. Hier ist nach wie vor eine `COMMIT`- oder `ROLLBACK`-Anweisung notwendig, um die Transaktion zu beenden.
- Es sind keine verschachtelten (parallelen) Transaktionen erlaubt. D. h., ein Aufruf der `BeginTransaction()`-Methode, bevor die letzte Transaktion mit `Commit()` oder `Rollback()` beendet wurde, führt dazu, dass eine Ausnahme vom Typ `InvalidOperationException` erzeugt wird.

Da neue Transaktionen nicht per Konstruktor erstellt werden können, existiert die `BeginTransaction()`-Methode des `SqlConnection`-Objekts. Von ihr existieren vier Überladungen, die wahlweise den Isolationsgrad und/oder den Namen des ersten Speicherpunktes akzeptieren.

Dieser Aufruf erstellt eine neue Transaktion mit dem Isolationsgrad `ReadUncommited`. Mehr Details dazu finden Sie in Abschnitt 4.13.2, „Isolationsgrad".

```
SqlTransaction t = con.BeginTransaction();
```

Um einen anderen Grad zu bestimmen, kommt folgende Überladung zum Einsatz.

```
SqlTransaction t = con.BeginTransaction(IsolationLevel.ReadUncommitted);
```

Zudem kann der Transaktion direkt ein Name gegeben werden. Damit wird dem Anfang der Transaktion ein Name gegeben, der später beim Aufrufen der `Commit()`-Methode oder der `Rollback()`-Methode angegeben werden kann, um diese bis zu diesem Punkt zu bestätigen bzw. wiederherzustellen.

```
SqlTransaction tran = con.BeginTransaction("PunktA");
```

Soll auch der Isolationsgrad bestimmt werden, so steht folgende Überladung zur Verfügung.

```
SqlTransaction tran = con.BeginTransaction(
                    IsolationLevel.ReadUncommitted, "PunktA");
```

> Der Name einer Transaktion darf nicht länger als 32 Zeichen sein, sonst wird eine Ausnahme vom Typ `SqlException` erzeugt.

Nachdem eine Transaktion begonnen wurde, können nun Änderungen z. B. mithilfe eines `SqlCommand`-Objekts in der Datenbank durchgeführt werden.

Um dies zu erreichen, muss das `SqlCommand`-Objekt die Transaktion durch die `Transaction`-Eigenschaft zugewiesen bekommen. Ansonsten wird bei der Erstellung der Instanz der richtige Konstruktor gewählt.

```
SqlCommand cmd = new SqlCommand(sql, con, tran));
```

Auch `SqlCommand`-Objekte, die mit der `CreateCommand()`-Methode erzeugt wurden, müssen die `Transaction`-Eigenschaft zugewiesen bekommen.

```
SqlCommand cmd = con.CreateCommand();
cmd.Transaction = t;
```

Nun können wie gewohnt Daten geändert werden. Für mehrere Änderungen wird nur ein `SqlCommand`-Objekt benötigt, da dieses mehrfach mit unterschiedlichen Anweisungen (`CommandText`-Eigenschaft) ausgeführt werden kann (`ExecuteNonQuery()`-Methode).

```
cmd.CommandText = "DELETE FROM Bestellungen WHERE IDENTITYCOL = 1;";
cmd.ExecuteNonQuery();

cmd.CommandText = "DELETE FROM Rechnungen WHERE IDENTITYCOL > 100;";
cmd.ExecuteNonQuery();
```

> Wird gegen eine Verbindung, der eine Transaktion zugeordnet wurde, eine Anweisung ausgeführt, die diese Transaktion nicht benutzt, wird eine Ausnahme vom Typ `SqlException` erzeugt.

Nachdem nun Änderungsanweisungen durchgeführt wurden, kann eines der folgenden Dinge passieren:

- Alle Änderungen werden freigegeben. Dies geschieht durch den Aufruf von `tran.Commit()`. Damit sind alle Änderungen dauerhaft in der Datenbank gespeichert. Die Transaktion ist damit beendet.
- Alle Änderungen werden rückgängig gemacht. Dies geschieht durch den Aufruf von `tran.Rollback()`. Damit stehen alle Daten in der Datenbank wieder so da, wie sie vor der ersten Änderung standen. Die Transaktion ist damit beendet.
- Alle Änderungen werden bis zu einem benannten Punkt rückgängig gemacht. Dies ist durch den Aufruf `tran.Rollback("PunktA")` möglich. Die Transaktion ist damit beendet.
- Das betroffene `SqlConnection`-Objekt wird einfach geschlossen. Dies entspricht einem Aufruf von `tran.Rollback()`.
- Die Transaktion kann gespeichert werden, was bedeutet, dass diesem Stand der Änderungen ein Name zugewiesen wird. Ein Aufruf von `tran.Save("PunktA")` erledigt dies. Findet ein solcher Aufruf mehrfach mit dem gleichen Namen statt, wird einfach der neue Punkt benannt. Zu diesen benannten Punkten kann später unter Verwendung dieses Namens zurückgekehrt werden (`tran.Rollback("PunktA")`).

Um die gesamten Änderungen freizugeben, reicht ein einfacher Aufruf der `Rollback()`-Methode.

```
tran.Commit();
```

Stattdessen können aber auch alle Änderungen rückgängig gemacht werden. Damit sind alle gemachten Änderungen unwirksam.

```
tran.Rollback();
```

Durch die Angabe des Namens eines zuvor gesicherten Punktes können alle Änderungen nach diesem Punkt rückgängig gemacht werden. Wurde der angegebene Punkt vorher nicht gesichert, wird eine Ausnahme vom Typ `SqlException` erzeugt.

```
tran.Rollback("PunktA");
```

Für die Abfrage, ob für ein `SqlTransaction`-Objekt noch ein `Commit` oder ein `Rollback`-Aufruf aussteht, lässt sich die `Connection`-Eigenschaft abfragen. ADO.NET setzt diesen Wert bei Beendigung auf `null`, da das Objekt keinen Sinn mehr erfüllt.

Es ist möglich, mehrere eigenständige Transaktionen pro Verbindung zu verwenden, solange diese nicht verschachtelt werden. Dies bedeutet, eine Transaktion muss beendet werden, bevor die nächste beginnt.

4.13.1 Wichtige Methoden und Eigenschaften

Tabelle 4.36 stellt die wichtigsten Methoden und Eigenschaften der `SqlTransaction`-Klasse vor.

Tabelle 4.36 Wichtige Methoden und Eigenschaften der SqlTransaction-Klasse

Methode/Eigenschaft	Beschreibung
`Commit()`	Bestätigt alle Änderungen, die seit dem Beginn der Transaktion gemacht wurden
`Connection`	Liefert das `SqlConnection`-Objekt, zu dem die Transaktion gehört. Diese Eigenschaft kann nur gelesen werden, da ein nachträglicher Wechsel der Verbindung nicht möglich ist.
`IsolationLevel`	Gibt den Isolationsgrad an. Dieser entspricht wenn möglich dem Wert, der bei Erzeugung durch die `BeginTransaction()`-Methode angegeben wurde.
`Rollback()`	Macht alle Änderungen rückgängig; alle, die seit dem Beginn der Transaktion oder seit dem angegebenen Punkt (der vorher durch die `Save()`-Methode markiert wurde) gemacht wurden.
`Save()`	Markiert einen Punkt in der Transaktion, um später nach diesem Punkt eventuell alle Änderungen mit der `Rollback()`-Methode rückgängig zu machen. Wird der Name des Punktes mehrfach verwendet, so ersetzt der neue Punkt den bestehenden alten.

4.13.2 Isolationsgrad

Die Eigenschaft `IsolationLevel` ist vom gleichnamigen Aufzählungstyp `IsolationLevel` und legt den Isolationsgrad der Transaktion fest. Der Isolationsgrad legt fest, welche Art von Sperren auf dem SQL Server verwendet werden sollen und wie andere Verbindungen auf die geänderten und noch nicht freigegebenen Änderungen zugreifen können.

Tabelle 4.37 Mögliche Isolationslevel der SqlTransaction-Klasse

Isolationsgrad	Beschreibung
`Chaos`	Der Isolationsgrad wird von einer höheren Transaktionsebene festgelegt und kann nicht bestimmt werden.
`ReadUncommited`	Dieser Grad bietet die geringste Isolation. Sogar noch nicht freigegebene Änderungen können von anderen Verbindungen gelesen werden. Da keine Sperren verwendet werden, bietet er den größten Schutz gegen Deadlocks (gegenseitiges Sperren zweier Zugriffe, die aufeinander warten).
`ReadCommitted`	Durch die Verwendung von Sperren werden Änderungen erst dann für andere Verbindungen sichtbar, wenn diese bestätigt werden. Versuchen andere Verbindungen in dieserr Zeit auf die Daten zuzugreifen, müssen sie warten, bis die Sperren entfernt werden (durch `COMMIT` oder `ROLLBACK`). Dies ist der Standardwert.

Isolationsgrad	Beschreibung
RepeatableRead	Durch weitere Sperren wird für diesen Isolationsgrad Sorge getragen, dass Daten auch bei mehrfachem Lesen den gleichen Wert haben – unabhängig davon, ob sie von einer anderen Verbindung geändert wurden oder vielleicht schon gar nicht mehr existieren (sogenannte Phantomzeilen).
Serializable	Dieser Isolationsgrad sperrt großzügig alle betroffenen Daten einer Abfrage, wodurch ein noch höherer Schutz realisiert wird. Auf der anderen Seite steigen die Chancen eines Deadlocks. Dieser Grad findet oft mit dem DataSet-Objekt Verwendung.
Snapshot	Dieser Isolationsgrad bietet das beste Umfeld für die laufenden Abfragen. Änderungen werden in einer Kopie der betroffenen Datenbank gemacht. Damit werden Änderungen ohne Einsatz von hinderlichen Sperren erst dann sichtbar, wenn sie bestätigt werden. **Achtung:** Dieser Isolationsgrad ist sehr ressourcenhungrig und muss vor Verwendung in der Datenbank mit der Anweisung ALTER DATABASE <Datenbank> SET ALLOW_SNAPSHOT_ISOLATION ON; konfiguriert werden. Dieser Isolationsgrad kann nicht zusammen mit dem FileStream-Feature verwendet werden.
Unspecified	Der Isolationsgrad kann nicht bestimmt werden. Mit diesem Wert können keine Transaktionen begonnen werden, und er sollte beim Einsatz mit dem SQL Server nicht auftreten.

Beachten Sie, dass die Isolationsgrade von ReadUncomitted bis Snaphot nicht nur immer komfortabler werden, sondern auch immer mehr Ressourcen des SQL Servers beanspruchen.

4.13.3 Praktischer Einsatz

Im Folgenden finden Sie eine Reihe von Beispielen, wie mit der SqlTransaction-Klasse gearbeitet werden kann.

4.13.3.1 Transaktion für den Fehlerfall verwenden

Diese Methode soll nach Angabe einer Kundennummer sowohl den Stammdatensatz als auch die Kreditkartendaten (die aus sicherheitstechnischen Gründen in einer anderen Tabelle gespeichert werden) eines Kunden löschen. Wird in einem der beiden Schritte nicht genau eine Zeile gelöscht, dann wird dies als Fehler interpretiert und eine Ausnahme vom Typ ArgumentException erzeugt. Tritt ein Fehler auf, so sollen keinerlei Änderungen durchgeführt werden.

```
private void deleteCustomer(string CustomerNo)
{
    // Stammdaten und Kreditkartendaten löschen
    SqlTransaction tran;
    try
    {
```

```csharp
        // Verbindung zum Server aufbauen
        using (SqlConnection con = new SqlConnection
        (@"Data Source=.\SQLExpress;Initial Catalog=Test;" +
          "Integrated Security=True"))
        {
            // Verbindung öffnen
            con.Open();

            tran = con.BeginTransaction(); // Transaktion starten
            try
            {
                using (SqlCommand cmd = con.CreateCommand())
                {
                    cmd.Transaction = tran; // Transaktion zuweisen
                    cmd.CommandType = CommandType.Text;

                    // Stammdaten löschen
                    cmd.CommandText =
                      "DELETE FROM Kunden WHERE " +
                      "CustomerID=@CustomerID;";

                    // Parameter einsetzen
                    cmd.Parameters.AddWithValue
                      ("CustomerID", CustomerNo);

                    // Ausführen und Anzahl betroffener Zeilen prüfen
                    if (cmd.ExecuteNonQuery() != 1)
                        throw new ArgumentException("Fehler!");

                    // Kreditkartendaten ebenfalls löschen
                    cmd.CommandText =
                      "DELETE FROM Kreditkarten WHERE " +
                      "CustomerID = @CustomerID;";

                    // Der Wert für Parameter CustomerID ist noch in der
                    // Auflistung und kann weiter genutzt werden
                    // Ausführen und Anzahl der betroffenen Zeilen prüfen
                    if (cmd.ExecuteNonQuery() != 1)
                        throw new ArgumentException("Fehler!");
                }
                // Alles okay, Transaktion bestätigen
                tran.Commit();
            }
            catch
            {
                // Bei Fehler Transaktion rückgängig machen
                tran.Rollback();
                throw; // Ausnahme weiterreichen
            }
        }
    }
    catch (ArgumentException ex)
    { /* In einem Fall wurde nicht genau eine Zeile gelöscht*/ }
    catch (SqlException ex)
    { /* SQL Server-bezogener Fehler. Server erreichbar? */}
    catch (Exception ex)
    { /* Sonstiger Fehler */;}
}
```

Was dieser Methode fehlt, ist die Verarbeitung der Ausnahmen, die erzeugt wurden. Üblicherweise kann man hier eine anwendungsbezogene Ausnahme erzeugen, damit beim Aufrufen erkennbar ist, dass ein Fehler aufgetreten ist.

 Der Code dieser Methode befindet sich in der Beispielanwendung in der Klasse Sonstiges, wird jedoch nicht weiter verwendet.

4.13.3.2 Transaktion zwischenspeichern

Das folgende Beispiel ist eine Erweiterung des Beispiels aus Abschnitt 4.13.3.1, „Transaktion für den Fehlerfall verwenden". Die Methode wird so erweitert, dass nicht nur eine einzelne Kundennummer als Parameter akzeptiert wird, sondern eine generische Liste aus beliebig vielen Kundennummern. Nachdem jeweils die Stammdaten und die Kreditdateninformationen eines Kunden gelöscht wurden, wird die Transaktion gesichert, sodass im Fehlerfall dieser Punkt wiederhergestellt werden kann.

```
private List<string> deleteCustomers(List<string> CustomerNos)
{
    // Stammdaten und Kreditkartendaten löschen
    // Alle gelöschten Kunden werden zurückgeliefert
    SqlTransaction tran;
    List<string> geloescht = new List<string>();
    try
    {
        // Verbindung zum Server aufbauen
        using (SqlConnection con = new SqlConnection
        (@"Data Source=.\SQLExpress;Initial Catalog=Test;" +
            "Integrated Security=True"))
        {
            // Verbindung öffnen
            con.Open();

            // Transaktion starten
            tran = con.BeginTransaction("RB");
            using (SqlCommand cmd = con.CreateCommand())
            {
                cmd.Transaction = tran; // Transaktion zuweisen
                cmd.CommandType = CommandType.Text;

                // Alle Kundennummern durchlaufen
                foreach (string cno in CustomerNos)
                {
                    try
                    {
                        // Stammdaten löschen
                        cmd.CommandText =
                            "DELETE FROM Kunden WHERE CustomerID = " +
                            "@CustomerID;";

                        // Parameter vom letzten Durchlauf entfernen
                        cmd.Parameters.Clear();

                        // Parameter einsetzen
```

```
                    cmd.Parameters.AddWithValue("CustomerID", cno);
                    if (cmd.ExecuteNonQuery() != 1)
                        throw new ArgumentException("Fehler!");

                    // Kreditkartendaten löschen
                    cmd.CommandText = "DELETE FROM Kreditkarten " +
                     "where CustomerID = @CustomerID;";

                    // Der Wert für Parameter CustomerID ist noch in
                    // der Auflistung und kann weiter genutzt werden
                    if (cmd.ExecuteNonQuery() != 1)
                        throw new ArgumentException("Fehler!");

                    // Ein Kunde konnte komplett gelöscht werden
                    // Transaktion sichern
                    tran.Save("RB");

                    // In Rückgabemenge aufnehmen
                    geloescht.Add(cno);
                }
                catch
                {
                    // Fehler, also Transaktion rückgängig machen
                    tran.Rollback("RB");

                    // Leider ist damit die Transaktion beendet,
                    // sodass wir die Schleife verlassen müssen
                    throw;
                }
            }
        }
        // Alles okay, Transaktion bestätigen
        tran.Commit();
      }
  }
  catch (ArgumentException ex)
  { /* In einem Fall wurde nicht genau eine Zeile gelöscht*/ }
  catch (SqlException ex)
  { /* SQL Server-bezogener Fehler. Server erreichbar? */}
  catch (Exception ex)
  { /* Sonstiger Fehler */;}
  // Rückgabe der gelöschten Kundennummern
  return geloescht;
}
```

Was dieser Methode fehlt, ist die Verarbeitung der Ausnahmen, die erzeugt werden. Üblicherweise kann man hier eine anwendungsbezogene Ausnahme erzeugen, damit beim Aufrufen erkennbar ist, dass ein Fehler aufgetreten ist. Ein Aufruf könnte testweise wie folgt aussehen.

```
List<string> r = deleteCustomers(
             new List<string>(new string[] { "K1", "K2", "K3" }));
```

 Der Code dieser Methode befindet sich in der Beispielanwendung in der Klasse Sonstiges, wird jedoch nicht weiter verwendet.

■ 4.14 Die SqlException- und SqlError-Klasse

Kommt es bei der Arbeit mit ADO.NET zu einem Fehler, wird eine Ausnahme vom Typ `System.Data.SqlClient.SqlException` erzeugt. Diese Ausnahme enthält neben den üblichen Informationen eine Auflistung aller SQL-Fehler, die vom SQL Server zurückgeliefert wurden. Jeder dieser Fehler wird in Form der `System.Data.SqlClient.SqlError`-Klasse dargestellt.

Der SQL Server gruppiert Fehler nach ihrem Schweregrad (Severity) von 0 bis 25. Dabei gilt: Je höher der Schweregrad, desto schwerwiegender der Fehler.

- *0 bis 10:* Dies sind keine richtigen Fehler, sondern eher benutzerdefinierte Warnungen. Daher lösen diese Grade keine `SqlException`-Ausnahme aus, sondern lediglich das `InfoMessage`-Ereignis der `SqlConnection`-Klasse.
- *11 bis 16:* Bei diesen Schweregraden ist es von der `FireInfoMessageEventOnUserError`-Eigenschaft des `SqlConnection`-Objektes abhängig, ob ein `InfoMessage`-Ereignis ausgelöst oder eine `SqlException`-Ausnahme erzeugt wird.
- *17 bis 18:* Bei diesen Graden wird immer eine `SqlException`-Ausnahme erzeugt.
- *19 bis 25:* Diese Fehler können nur vom SQL Server selbst, von Mitgliedern der `sysadmin`-Rolle oder Benutzern mit `ALTER TRACE`-Berechtigung erzeugt werden. Ab 20 werden sie als schwerwiegend betrachtet. Wird ein solcher Fehler ausgelöst, wird dies vom Server protokolliert, und die Verbindung zum Client wird abgebrochen. In jedem Fall wird eine `SqlException`-Ausnahme erzeugt.

 Der Begriff „Severity" (Ernst, Ernsthaftigkeit, Härte etc.) wird in der deutschen Version des SQL Servers etwas ungünstig mit „Ebene" übersetzt. Gemeint ist eigentlich „Schweregrad".

Bild 4.7 Mit „Ebene" ist eigentlich „Schweregrad" gemeint.

 Inhaltlich entspricht die `SqlException`-Ausnahme dem ersten Element (Index 0) der `Errors`-Auflistung. Die Ausnahme stellt lediglich die „Spitze des Eisberges" dar, sodass immer mindestens ein Element in der `Errors`-Auflistung existiert.

 Durch Aufruf des T-SQL Befehls `RAISERROR` können Sie per T-SQL Fehler erzeugen.

4.14.1 Wichtige Eigenschaften der SqlException-Klasse

Wie üblich stehen die Details zur Ausnahme durch deren Eigenschaften zur Verfügung. Die Werte, die dadurch ausgelesen werden, gehören zu dem Fehler, der an erster Stelle einer möglichen Fehlerkette steht, d. h., der dem .NET-Code am nächsten liegt. Um an Informationen über Fehler zu gelangen, die tiefer verborgen sind, muss die Errors-Auflistung durchlaufen werden.

Tabelle 4.38 Wichtige Eigenschaften der SqlException-Klasse

Eigenschaft	Beschreibung
Class	Liefert den Schweregrad des Fehlers
Errors	Eine Auflistung der bei der Ausführung aufgetretenen Fehler. In Abschnitt 4.14.2 finden Sie dazu mehr Details.
LineNumber	Liefert die Zeilennummer, in welcher der Fehler aufgetreten ist
Number	Liefert eine Nummer, die den Typ des Fehlers beschreibt
Message	Enthält die Nachricht als Text
Procedure	Liefert den Namen der gespeicherten Prozedur, die den Fehler ausgelöst hat
State	Liefert den numerischen Code für den Status des Fehlers. Dieser kann dazu verwendet werden, bei benutzerdefinierten Fehlern, die an mehreren Stellen ausgelöst werden können, durch eindeutige Werte die betreffende Stelle im Quelltext schneller zu finden.

Da die SqlException-Klasse (wie jede andere Ausnahme) von System.Exception abgeleitet ist, kann auch auf die gewohnten Eigenschaften einer Ausnahme zugegriffen werden.

4.14.2 Die SqlError-Klasse

Die Errors-Eigenschaft der SqlException-Klasse stellt eine Auflistung aller Fehler in Form von SqlError-Objekten bereit, die während einer Ausführung aufgetreten sind.

Damit lassen sich die beteiligten Fehler bis zu dem Fehler in die Tiefe verfolgen, welcher der eigentliche Auslöser war.

Tabelle 4.39 Wichtige Eigenschaften der SqlError-Klasse

Eigenschaft	Beschreibung
Class	Liefert den Schweregrad des Fehlers
Errors	Eine Auflistung der bei der Ausführung aufgetretenen Fehler
LineNumber	Liefert die Zeilennummer, in welcher der Fehler aufgetreten ist

Eigenschaft	Beschreibung
Number	Liefert eine Nummer, die den Typ des Fehlers beschreibt
Message	Enthält die Nachricht als Text
Procedure	Liefert den Namen der gespeicherten Prozedur, die den Fehler ausgelöst hat
State	Liefert den numerischen Code für den Status des Fehlers. Dieser kann dazu verwendet werden, bei benutzerdefinierten Fehlern, die an mehreren Stellen ausgelöst werden können, durch eindeutige Werte die betreffende Stelle im Quelltext schneller zu finden.

4.14.3 Alle relevanten Informationen im Fehlerfall auswerten

Das folgende kleine Beispiel aus der Beispielanwendung dieses Kapitels zeigt, wie im Falle eines Fehlers durch Abfangen der `SqlException`-Ausnahme auf alle relevanten Informationen über die beteiligten Fehler zugegriffen werden kann.

Beachten Sie, dass nicht das `SqlException`-Objekt selbst ausgewertet wird, sondern die `SqlErrors`-Auflistung dafür durchlaufen wird.

```
try
{
    // Stelle, welche die SqlException-Ausnahme erzeugt
}
catch (SqlException ex)
{
    writeMessage("== SqlException ==");
    writeMessage(" SqlErrors: Anzahl {0}",ex.Errors.Count);
    foreach (SqlError SqlError in ex.Errors)
    {
        writeMessage("{0}", SqlError.Message);
        writeMessage(" Class: {0}", SqlError.Class);
        writeMessage(" LineNumber: {0}", SqlError.LineNumber);
        writeMessage(" Number: {0}", SqlError.Number);
        writeMessage(" Procedure: {0}", SqlError.Procedure);
        writeMessage(" State: {0}", SqlError.State);
    }
}
```

In jedem Fall sollte sichergestellt sein, dass das beteiligte `SqlConnection`-Objekt durch einen Aufruf von `Close()` ordnungsgemäß geschlossen wird. In Abschnitt 4.2.1, „Wichtige Methoden und Eigenschaften", finden Sie Details, wie sich dies mittels eines `using`-Blocks oder einer `try...catch... finally`-Konstruktion erreichen lässt.

■ 4.15 MARS (Multiple Active Result Sets)

Um mit einem `SqlConnection`-Objekt mehr als nur ein `SqlDataReader`-Objekt und zusätzlich noch T-SQL-Anweisungen wie `INSERT`, `DELETE` oder `UPDATE` verwenden zu können, muss in der Verbindungszeichenfolge der Parameter `MultipleActiveResultSets` (`MARS`) den Wert `True` erhalten. Dies aktiviert `MARS` für diese Verbindung, womit dem Programmierer folgende Eigenschaften zur Verfügung stehen, die ohne nicht möglich sind:

- Es ist mehr als nur ein Aufruf der Methoden `SqlCommand.ExecuteDataReader()` und `SqlCommandExecuteXmlReader()` möglich.
- Zusätzlich können die Methoden `SqlCommand.ExecuteNonQuery()` und `SqlCommand.ExecuteScalar()` ausgeführt werden.

Möglich ist mit solchen Eigenschaften z. B. das Durchlaufen der Zeilen eines `SqlDataReader`-Objektes, verbunden mit dem Ausführen einer `UPDATE`-Anweisung mittels `ExecuteNonQuery()`-Methode – alles mit einem einzigen `SqlConnection`-Objekt.

Im Folgenden sehen Sie ein Beispiel für eine `MARS`-fähige Verbindungszeichenfolge.

```
Data Source=dnc2\SQLExpress;Initial Catalog=Test;
Integrated Security=True; MultipleActiveResultSets=True;
```

■ 4.16 Asynchrone Ausführung

Häufig kommt es bei den Arbeiten mit Datenbanken dazu, dass eine Operation etwas länger dauert – unschöne Effekte wie das Einfrieren der Oberfläche sind die Folge. Um dies zu vermeiden, gibt es eine Reihe von Möglichkeiten:

- Asynchrone Ausführung mittels der `IAsyncResult`-Schnittstelle
- `BackgroundWorker`-Komponente
- Threads

Im Folgenden werden diese Möglichkeiten erläutert.

4.16.1 Die IAsyncResult-Schnittstelle

Die `SqlCommand`-Klasse unterstützt die `IAsyncResult`-Schnittstelle und besitzt daher für die folgenden drei Methoden jeweils ein Pärchen von `BeginExecuteXXX()`- und `EndExecuteXXX()`-Methoden, um asynchrone Aufrufe zu realisieren.

Tabelle 4.40 Synchrone/Asynchrone Methoden des SqlCommand-Objektes

Synchrone Methode	Asynchrone Methodenpärchen
ExecuteNonQuery()	BeginExecuteNonQuery()/EndExecuteNonQuery()
ExecuteDataReader()	BeginExecuteDataReader()/EndExecuteDataReader()
ExecuteXmlReader()	BeginExecuteXmlReader()/EndExecuteXmlReader()

Leider besitzt die `SqlDataAdapter`-Klasse keine Schnittstelle, sodass Sie beim Befüllen umfangreicher `DataSet`-Objekte auf eine der beiden anderen Methoden ausweichen müssen.

Um asynchrone Zugriffe auf die Datenbank zu ermöglichen, muss in der verwendeten Verbindungszeichenfolge der Parameter `Asynchronous Processing` (oder einfach `Async`) den Wert `True` erhalten.

```
string conString = @"Data Source=.\SQLExpress; " +
        "Initial Catalog=Test; " +
        "Integrated Security=True;Async=True;";
```

Ein asynchroner Aufruf unterscheidet sich bei der Vorbereitung ansonsten nicht von einem synchronen Aufruf.

```
try
{
    using (SqlConnection con = new SqlConnection(conString))
    {
        con.Open();
        using (SqlCommand cmd = con.CreateCommand)
        {
            // Gespeicherte Prozedur aufrufen,
            // die eine Zeit lang laufen wird
            cmd.CommandTimeout = 0; // Unbegrenzt lange warten
            cmd.CommandType = CommandType.TableDirect;
            cmd.CommandText = "performMaintenance";
            // Ausführung starten
            IAsyncResult result = cmd.BeginExecuteNonQuery();
            Debug.Print("Wartung gestartet");
            while (!result.IsCompleted)
            {
                Threading.Thread.Sleep(1000);
                Debug.Print("{0:t} Wartung läuft", DateTime.Now);
            }
            Debug.Print("Wartung abgeschlossen);
            // Ergebnis
            int MaintenanceResult = cmd.EndExecuteNonQuery(result);
            // ..
        }
    }
}
catch (SqlException ex)
{
    // Vorsicht beim Zugriff auf die Oberfläche, die Ausnahme
    // kann von einem anderen Thread erzeugt worden sein
    Debug.Print("Fehler! {0}", ex.ToString());
}
```

Als Alternative zur regelmäßigen Abfrage, die prüft, ob die Ausführung abgeschlossen ist (Polling), kann mit einer Callback-Methode gearbeitet werden, die aufgerufen wird, wenn die Ausführung zu einem Ende gekommen ist.

In diesem Fall ändert sich der Start der asynchronen Ausführungen, und das regelmäßige Abfragen entfällt selbstverständlich.

```
// Ausführung starten
cmd.BeginExecuteNonQuery
    (new AsyncCallback(AsyncCallbackFunction), null);

// Ausgabe in das Debug-Objekt
Debug.Print("Wartung begonnen");
```

Der zweite Parameter der `BeginExecuteNonQuery()`-Methode, der in dem Beispiel den Wert `null` erhält, kann ein beliebiges, benutzerdefiniertes Objekt sein, das in der Callback-Methode über `ar.AsyncState` zur Verfügung steht. Damit kann eine Callback-Methode für mehrere, unterschiedliche asynchrone Ausführungen gleichzeitig verwendet werden, die über diesen Wert unterschieden werden können.

Die Callback-Methode sieht dann wie folgt aus.

```
void AsyncCallbackFunction(IAsyncResult ar)
{
    Debug.Print("Wartung abgeschlossen");

    // Ergebnis
    int MaintenanceResult = cmd.EndExecuteNonQuery(result);

    // ...
}
```

Das Ereignis kann von einem anderen Thread ausgeführt werden als dem, mit dem die Operation gestartet und die Oberfläche erzeugt wurde. Dies macht einen Thread-Wechsel notwendig, bevor auf die Oberfläche zugegriffen werden kann. In Abschnitt 4.16.3, „Thread", erfahren Sie, wie dies mit `Delegate`-Objekten und der `Invoke()`-Methode funktioniert.

Für das vorzeitige Abbrechen asynchroner Aufrufe existiert die `Cancel()`-Methode des `SqlCommand`-Objektes. Durch deren Aufruf wird versucht, die laufende Operation abzubrechen. Gelingt dies nicht, so wird eine Ausnahme erzeugt.

Ist die Ausführung zum Zeitpunkt des Aufrufes bereits abgeschlossen, passiert nichts.

4.16.2 BackgroundWorker-Komponente

Durch die Entwurfszeitkomponente `BackgroundWorker` ist es relativ leicht, umfangreiche Aufgaben im Hintergrund auszuführen, während die Oberfläche nicht blockiert wird und weiter vom Anwender Eingaben entgegennehmen kann. Leider hat diese Komponente eine Eigenschaft, die ihre Verwendung in Verbindung mit ADO.NET relativ unbrauchbar macht: Sie lässt sich nicht zu einem beliebigen Zeitpunkt unterbrechen.

Zwar gibt es prinzipiell die Möglichkeit, ihre Ausführung abzubrechen (`CancelAsync()`-Methode), dies bewirkt jedoch keinen Abbruch, sondern lediglich, dass die `CancellationPending`-Eigenschaft den Wert `true` erhält. Dieser muss dann bei der Ausführung (`DoWork`-Ereignis) berücksichtigt werden. Da dies jedoch nicht während der synchronen Datenbankoperation möglich ist, geschieht der Abbruch frühestens nach deren Beendigung. Aufgrund dieser Einschränkung, ist die `BackgroundWorker`-Komponente für die asynchrone Ausführung bei länger dauernden Aufrufen nicht brauchbar – nur für viele kürzere, die in einer Schleife laufen, da sonst das Abfragen der `CancellationPending`-Eigenschaft den Code aufbläht.

4.16.3 Thread

Die flexibelste Lösung stellt die Verwendung eines Threads für die Ausführung längerer Datenbankoperationen dar. Da Threads nicht auf die `IAsyncResult`-Schnittstelle angewiesen sind, eignen sie sich optimal zur parallelen Ausführung verschiedenster Operationen. Durch den Einsatz mehrerer Threads kann neben der Datenbeschaffung auch eine andere Aktion wie z. B. die Darstellung einer kleinen Animation einfach umgesetzt werden.

Die Beispielanwendung ADOServerTester nutzt Threads, um zu testen, ob die Verbindungszeichenfolge gültig ist und der benannte Server erreicht werden kann. Damit wird der Effekt vermieden, dass während des Verbindungsversuchs die Anwendung „einfriert".

Die einzige kleinere Hürde liegt darin begründet, dass ein Thread nicht auf Oberflächenelemente zugreifen darf, wenn er diese nicht selbst erzeugt hat. Die einzige Lösung liegt in diesem Fall darin, mittels eines `Delegate`-Objekts und der `Invoke()`-Methode einen Thread-Wechsel zu veranlassen.

> Die Beispielanwendung ADOBulkCopyMachine dieses Kapitels verwendet ebenfalls Threads, um Daten asynchron zu kopieren.

Wie das funktioniert, zeigt der folgende kleine Code-Ausschnitt für Windows Forms.

```
delegate void showThreadResultDelegate(string msg, bool success);

void showThreadResult(string msg, bool success)
{
    if (InvokeRequired)
        Invoke(new showThreadResultDelegate(showThreadResult), new object[] { msg, success });
    else
```

```
        {
            button1.Text = "Test";
            MessageBox.Show(string.Format("Erfolg: {0}", success), msg);
        }
    }
```

Die Schaltfläche button1 fungiert sowohl zum Starten als auch zum Abbrechen des Verbindungsversuchs. Über die Variable workingThread, die bei Ausführung eine Referenz auf den Thread enthält, wird entschieden, was genau bei einem Klick geschehen muss.

```
private void button1_Click(object sender, EventArgs e)
{
    // Wird der Thread gerade ausgeführt, brechen wir ihn ab
    // Sonst aber wird er gestartet
    if (workingThread == null)
    {
        // Start vorbereiten
        workingThread = new System.Threading.Thread(
            new System.Threading.ParameterizedThreadStart(ThreadStart));
        workingThread.IsBackground = true;

        // Und Starten
        workingThread.Start(txtConString.Text);

        // Schaltfläche anpassen
        button1.Text = "Abbrechen";
    }
    else
    {
        // Thread abbrechen
        workingThread.Abort();

        // Schaltfläche anpassen
        button1.Text = "Test";
    }
}
```

Die Implementierung der ThreadStart()-Methode, die den Verbindungsaufbau versucht, ist recht einfach. Es muss einzig darauf geachtet werden, dass eine Ausnahme vom Typ ThreadAbortException zu jedem Zeitpunkt erzeugt werden kann, wenn der Thread beendet wird. Dies ist dann kein Fehler, sondern nur das Signal aufzuhören.

 Nachdem eine Ausnahme vom Typ ThreadAbortException abgefangen wurde, wird lediglich der finally-Teil noch ausgeführt. Der Teil nach dem try...catch kommt nicht mehr zur Ausführung.

```
void ThreadStart(object ConString)
{
    // Testet, ob eine Verbindung mit der Verbindungszeichenfolge
    // geöffnet werden kann.
    try
    {
        using (SqlConnection con = new SqlConnection((string)ConString))
        {
            con.Open();
```

```
            showThreadResult("Erfolg", true);
        }
    }
    catch (System.Threading.ThreadAbortException)
    {
        showThreadResult("Abbruch", false);
    }
    catch
    {
        showThreadResult("Fehler", false);
    }
    finally
    {
        // Wird bei einem Thread-Abbruch noch ausgeführt
        workingThread = null;
    }
    // Alles, was nach dem try...catch kommt, wird nach einem
    // Thread-Abbruch nicht mehr ausgeführt!
}
```

Den kompletten Quelltext finden Sie in der Beispielanwendung ADOServer-Test dieses Kapitels.

4.17 Tipps und Tricks

4.17.1 Das Schema einer Tabelle abfragen

Das Vorgehen, um das Schema einer Tabelle (oder Sicht) abzufragen, unterscheidet sich nur geringfügig vom Abrufen von Daten mit einem `SqlDataReader`-Objekt. Durch einen Aufruf der `SqlCommand.ExecuteDataReader()`-Methode wird neben dem Inhalt immer auch das Schema der zugrunde liegenden Daten mitgeliefert.

Wenn Sie nur am Schema, nicht aber an den Daten interessiert sind, so kann für diesen Zweck der Wert `CommandBehavior.SchemaOnly` beim Aufruf der `ExecuteReader()`-Methode verwendet werden. Das folgende Beispiel demonstriert dies.

Die `GetSchemaTable()`-Methode der `SqlDataReader`-Klasse liefert alle verfügbaren Schemainformationen in Form eines `DataTable`-Objekts.

Werden lediglich die Namen und Datentypen (indirekt auch der Index) der Spalten benötigt, so ist dieses Vorgehen nicht notwendig, da diese Informationen auch durch das `SqlDataReader`-Objekt zur Verfügung stehen.

In Tabelle 4.41 befinden sich zeilenweise für jede Spalte der angebenden Abfrage die verfügbaren Schemainformationen.

Tabelle 4.41 Verfügbare Schemainformationen

Information	Bedeutung
ColumnName	Liefert den Namen der Spalte oder `null`, wenn die Spalte keinen Namen hat
ColumnOrdinal	Liefert den Index der Spalte
ColumnSize	Die maximale Länge der Daten, die in dieser Spalte Platz finden können
NumericPrecision	Liefert bei numerischen Werten die Anzahl der möglichen Stellen, sonst den Wert 255
NumericScale	Liefert bei numerischen Werten die Anzahl der Stellen nach dem Komma, sonst den Wert 255.
IsUnique	Liefert den Wert `true`, wenn diese Spalte eindeutig ist
IsKey	Liefert den Wert `true`, wenn diese Spalte zum Primärschlüssel gehört
DataType	Liefert den Datentyp als CLR-Datentyp
AllowDBNull	Liefert den Wert `true`, wenn diese Spalte auf dem SQL Server den Wert `NULL` akzeptiert
ProviderType	Liefert den Datentyp der Spalte
IsAliased	Liefert den Wert `true`, wenn diese Spalte in der Abfrage einen Alias erhalten hat
IsExpression	Liefert den Wert `true`, wenn diese Spalte ein berechneter Ausdruck ist
IsIdentity	Liefert den Wert `true`, wenn diese Spalte die Identitätsspalte der Tabelle ist.
IsAutoIncrement	Liefert den Wert `true`, wenn der Wert dieser Spalte für neue Zeilen automatisch erhöht wird (AutoIncrement-Spalte).
IsRowVersion	Liefert den Wert `true`, wenn diese Spalte die RowGuid-Spalte ist
IsHidden	Liefert den Wert `true`, wenn diese Spalte ausgeblendet ist. Ausgeblendete Spalten sind z. B. der restliche Teil eines Primärschlüssels, wenn die `SELECT`-Anweisung nur einen Teil des Schlüssels zurückliefert. Sie befinden sich immer hinter den sichtbaren Spalten.
IsLong	Liefert den Wert `true`, wenn diese Spalte `BLOB`-Werte enthält.
IsReadOnly	Liefert den Wert `true`, wenn diese Spalte vor Änderungen gesperrt ist
ProviderSpecificDataType	Liefert den Datentyp der Spalte als Wert der `Sytem.Data.SqlTypes`-Aufzählung.
DataTypeName	Der Datentyp der Spalte auf dem SQL Server

Das folgende Beispiel ruft das Schema ab und gibt die vorhandenen Informationen der Reihe nach aus.

```
public static void queryTableSchema(string conString, string query)
{
    DataTable Schema;

    // Verbindung zur Datenbank aufbauen und öffnen
    using (SqlConnection con = new SqlConnection(conString))
    {
        con.Open();
        using (SqlCommand cmd = con.CreateCommand())
        {
            cmd.CommandText = query;

            // Nun lediglich das Schema abrufen
            // Und using-Block verlassen, damit die Verbindung zur
            // Datenbank geschlossen werden kann
            Schema = cmd.ExecuteReader(CommandBehavior.SchemaOnly).
                    GetSchemaTable();
        }
    }

    // Nun die Schemadaten auswerten
    foreach (DataRow dr in Schema.Rows)
    {
        // Namen anzeigen
        Debug.Print("Spalte: '{0}'", dr["ColumnName"]);
        Debug.IndentLevel = 1;

        // Nun alle Eigenschaften anzeigen
        for (int i = 0; i < Schema.Columns.Count - 1; i++)
            Debug.Print("'{0}' = {1}", Schema.Columns[i].Caption,dr[i]);
        Debug.IndentLevel = 0;
    }
}
```

 Der Code dieser Methode befindet sich in der Beispielanwendung in der Klasse Sonstiges, wird jedoch nicht weiter verwendet.

4.17.2 Das Kennwort über SqlConnection.ConnectionString erhalten

Um das Kennwort für die SQL Server-Authentifizierung zu erhalten, muss die Verbindungszeichenfolge dem Parameter Persistent Security den Wert True zuweisen. Ist dies nicht der Fall, wird die Verbindungszeichenfolge beim Abfragen der ConnectionString-Eigenschaft ohne Kennwort zurückgeliefert. Ähnlich sieht es mit der SqlConnection-StringBuilder-Klasse aus. Bei dieser wird beim Auslesen der Password-Eigenschaft eine leere Zeichenkette geliefert. Weitere Details finden Sie in Abschnitt 4.3, „Die SqlConnectionStringBuilder-Klasse".

4.17.3 Das Kennwort bei der SQL Server-Authentifizierung ändern

Um das Kennwort einer SQL Server-Anmeldung zu ändern, steht die statische Methode `ChangePassword()` zur Verfügung. Sie erwartet zwei Parameter.

Tabelle 4.42 Parameter der SqlConnection.ChangePassword()-Methode

Parameter	Beschreibung
`connectionString`	Eine Verbindungszeichenfolge, die den Benutzernamen und das alte Kennwort enthält sowie genügend Informationen, um auf den SQL Server zuzugreifen. Es darf keine Windows-Authentifizierung gefordert werden (Parameter `Integrated Security`).
`newPassword`	Das neue Kennwort – dieses muss alle konfigurierten Richtlinien erfüllen.

In der Praxis sieht dies wie folgt aus.

```
String cs = @"Data Source=.\sqlexpress;User ID=sa;Password=geheim";
String newPassword = "auch geheim";

// Kennwortänderung durchführen
SqlConnection.ChangePassword(cs, newPassword);
```

Das neue Kennwort ist dann augenblicklich gültig und muss daher bei allen folgenden Verbindungen zum SQL Server verwendet werden.

Die Verwendung dieser Methode hat im Gegensatz zu einem direkten Aufruf der gespeicherten Systemprozedur `sp_password` den Vorteil, dass alle nicht mehr benötigten Verbindungen aus den von ADO.NET verwalteten Verbindungspools entfernt werden – die Änderung des Kennwortes macht sie unbrauchbar.

4.17.4 Feststellen, warum eine SQL Server-Anmeldung fehlschlägt

Manchmal reicht es nicht, nur zu erkennen, dass eine SQL Server-Anmeldung fehlgeschlagen ist. Man möchte auch wissen warum. Für diesen Fall enthält die `SqlException`-Ausnahme nähere Informationen in den Eigenschaften `Number` und `Class`.

Tabelle 4.43 Werte der SqlException.Number-Eigenschaft bei fehlerhaftem Login

Number-Wert	Class-Wert	Bedeutung
–1	20	SQL Server konnte nicht erreicht werden.
17142	14	Der SQL Server pausiert und nimmt keine neuen Verbindungen an. Benutzername und Kennwort wurden daher auch nicht überprüft.

Number-Wert	Class-Wert	Bedeutung
18456	14	Benutzername oder Kennwort sind falsch.
18487	14	Das Kennwort ist abgelaufen und muss vor der nächsten Anmeldung geändert werden.
18488	14	Das Kennwort muss vor der nächsten Anmeldung zurückgesetzt werden.

In C# kann dies wie folgt abgefragt werden.

```
try
{
    myConnection.Open(); // Dies schlägt fehl
    ...
}
catch (SqlException ex)
{
    switch (ex.Number)
    {
        case -1:
            if (ex.Class == 20)
                MessageBox.Show("SQL Server nicht erreichbar.");
            break;
        case 18487:
            MessageBox.Show("Das Kennwort ist abgelaufen");
            break;
        case 18488:
            MessageBox.Show("Das Kennwort muss zurückgesetzt werden");
            break;
        default:
            // Dies behandelt auch ex.Number == 18456
            MessageBox.Show("Benutzername/ Kennwort sind falsch");
            break;
    }
}
```

4.17.5 Verbindungs-Pool per Code leeren

Es gibt zwei Wege, den Verbindungs-Pool des ADO.NET zu leeren und damit den Zustand herzustellen, der beim Start der Anwendung herrschte. Um gezielt den Connection-Pool zu leeren, dem ein geöffnetes SqlConnection-Objekt angehört, existiert die statische Methode SqlConnection.ClearPool(). Ihr Aufruf sieht wie folgt aus.

```
// SqlConnection-Objekt erzeugen und öffnen
SqlConnection con = new SqlConnection(MeinConnectionString);
con.Open();

// Connection-Pool der angegebenen Verbindung leeren
SqlConnection.ClearPool(con);
```

Sollen, unabhängig von einer bestimmten Verbindung, alle Connection-Pools geleert werden, so lässt sich dies wie folgt tun.

```
// Alle Connection-Pools leeren
SqlConnection.ClearAllPools();
```

 Das regelmäßige Leeren der Connection-Pools sollte vermieden werden, da dies die Ausführung der Anwendung bei jedem Erzeugen eines `SqlConnection`-Objektes merklich senkt. Sollte ein Connection-Pool „leerlaufen" (d.h., alle Verbindungen sind in Verwendung), ist dies oft ein Hinweis darauf, dass irgendwo `SqlConnection`-Objekte geöffnet, jedoch nicht wieder geschlossen wurden. Details, wie dies zuverlässig machbar ist, finden Sie in Abschnitt 4.2, „Die SqlConnection-Klasse".

5 LINQ

Language Integrated Query (LINQ) ist eines der neuen, wesentlichen Bestandteile seit .NET Framework 3.5, mit denen der Entwickler unterschiedlichste Daten mittels einer einheitlichen Abfragesprache verarbeiten kann. LINQ ist in den Sprachen C# und VB.Net direkt eingebaut, sodass der Compiler ein hohes Maß an Kontrolle darüber hat. Die Vorteile sollen an dieser Stelle kurz vorgestellt werden.

- LINQ vereinheitlicht Abfragen auf unterschiedlichste Datenquellen. Ob XML, DataSets, Auflistungen, (Sequenzen) oder relationale Datenbanken – die Syntax für den Zugriff ist immer dieselbe.
- T-SQL-Anweisungen werden als Zeichenketten in der Anwendung vorgehalten und als solche an den SQL Server geschickt, ohne dass der Compiler Syntax und Inhalt überwachen kann. Kommt es zu einem Fehler, so geschieht dies erst zur Laufzeit. Bei LINQ ist der Compiler in der Lage, die Syntax zu überwachen.
- LINQ ist typsicher und vollzieht damit den Brückenschlag zwischen Daten und Anwendung. Der Compiler kann zur Entwurfszeit überprüfen, ob Spalten und Rückgabewerte korrekt sind.
- Entwickler müssen sich nur noch in eine Sprache wie C# einarbeiten. Es ist nicht zwingend notwendig, über SQL-Kenntnisse zu verfügen (jedoch bestimmt von großem Vorteil).

LINQ selbst kann für extrem unterschiedliche Datengrundlagen zum Einsatz kommen. Praktisch bedeutet dies, dass eine Abfrage wie die folgende (korrekt) ausgeführt werden kann, unabhängig davon, ob diese auf XML-Daten oder Daten aus einer SQL Server-Datenbank zugreift.

```
var autos =
from a in Autos
where a.Marke == "Mazda"
select new { a.Marke, a.Baujahr };
```

Wichtig ist nur, dass die Struktur der Daten identisch ist, da sonst der Compiler einen Fehler meldet.

Damit dies möglich ist, bedient sich LINQ eines Mehrschichtenmodells, in dem die Abfragesprache nur die oberste Schicht darstellt. Über eine Vielzahl von datenquellenspezifischen Implementierungen werden die Daten aus sogenannten LINQ-fähigen Datenquellen (LINQ enabled Data Sources) bereitgestellt. Das Schema in Bild 5.1 zeigt den Aufbau.

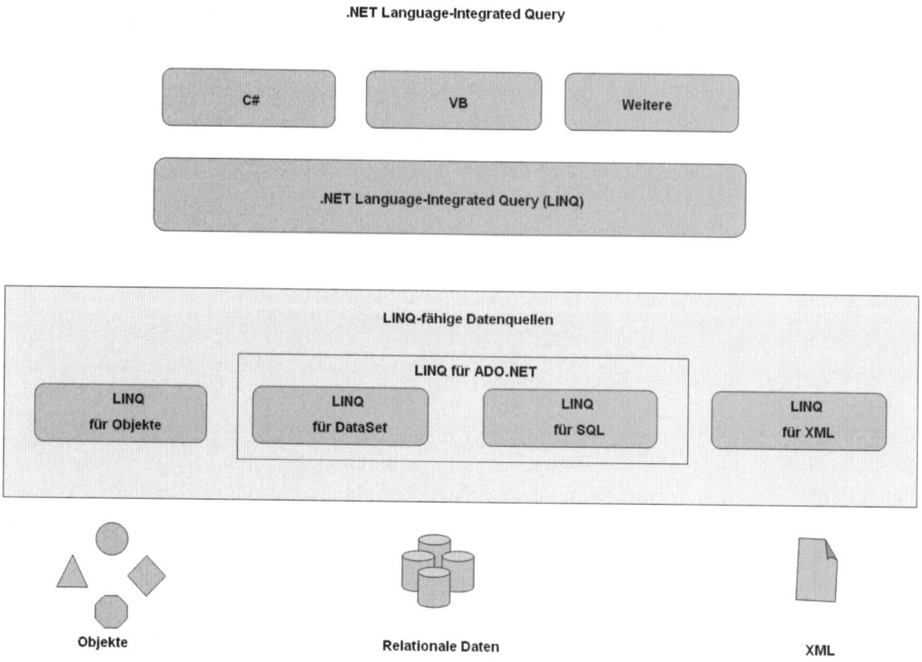

Bild 5.1 LINQ im Überblick

Die Trennung zwischen Zugriffssprache und Datenquellen hat dafür gesorgt, dass in der letzten Zeit mehr als hundert unterschiedliche Datenquellen entstanden sind. Von allen möglichen relationalen Datenbanken bis hin zu LINQ to CSV, LINQ to Amazon, LINQ to Google, um nur einige zu nennen.

Der Auszug der im Folgenden vorgestellten Datenquellen erscheint vor diesem Hintergrund ein wenig bescheiden:

- *LINQ to SQL:* LINQ-Abfragen werden in SQL-Anweisungen umgewandelt und gegen eine relationale Datenbank ausgeführt. Daten können so abgefragt und auch dauerhaft geändert werden. Diese Variante wird grob unter „LINQ to ADO.NET" eingeordnet.
- *LINQ to Entities (ADO.NET Entity Framework):* Dies ist ein Weiterentwicklung von LINQ to SQL, die nicht mehr über die typische 1:1-Zuordnung zwischen Tabelle auf dem SQL Server und Klasse in C# verfügt (für Details zum ADO.NET Entity Framework siehe Kapitel 6 und 7).
- *LINQ to DataSets:* Über LINQ können hier Daten verarbeitet werden, die bereits in Form von DataSets vollständig im Speicher liegen.
- *LINQ to Objects:* LINQ-Abfragen können auf allen Auflistungen durchgeführt werden, welche die `System.Collection.Generic.IEnumerable<T>`-Schnittstelle implementieren.
- *PLINQ:* Ist eine Variante von „LINQ to Objects", welche die Parallel-Computing-Möglichkeiten des .NET Frameworks ausnutzt. Umfangreiche Abfragen können damit schnell, weil auf mehrere Threads verteilt, ausgeführt werden. PLINQ ist nicht Bestandteil dieses Buches.
- *LINQ to XML:* LINQ-Abfragen können auf XML-Dokumente angewendet werden.

Der Code in LINQ-Syntax wird intern vor der Kompilierung in eine Abfolge der entsprechenden Methoden umgewandelt. So wird z. B. folgende Abfrage

```
var expr =
    from k in Kunden
    where (k.Sprache == eSprache.Deutsch)
    orderby (k.Name)
    select (k);
```

in folgenden Code umgesetzt.

```
var expr = Kunden
    .Where (k=> k.Sprache == eSprache.Deutsch)
    .OrderBy (k=> k.Name)
    .Select (k);
```

Eine Reihe von Funktionalitäten (z. B. das Sortieren nach mehr als nur einem Wert) ist nicht direkt über die LINQ-Syntax verfügbar, sondern nur über die dahinter stehenden Methoden. In diesen Fällen wird in den folgenden Abschnitten auf die punkt-orientierte Syntax zurückgegriffen, wie sie sonst auch bei „gewöhnlichen" Methoden verwendet wird.

Der Grund, warum eine LINQ-Abfrage im Gegensatz zu einer SQL-Abfrage mit `from` beginnt, ist der, dass auf diese Weise Visual Studio mit IntelliSense den Entwickler mit Vorschlägen unterstützen kann. Damit wird das Schreiben von Bedingungen, Auswahllisten etc. beschleunigt.

Um das Ergebnis schließlich auszugeben, können `foreach`-Schleifen verwendet werden. Im Folgenden sehen Sie eine einfache Schleife. Es gibt jedoch auch Situationen, in denen mehrere Schleifen ineinander verschachtelt werden müssen.

```
foreach (var i in qErgebnis)
    Debug.WriteLine(i);
```

In diesem Kapitel werden lediglich die Fälle gezeigt, bei denen die Informationen mit dem `Debug`-Objekt ausgegeben werden, um den Effekt der jeweiligen Operatoren zu demonstrieren. Da die Ergebnissequenz jedoch ebenfalls die `System.Collection.Generic.IEnumerable<T>`-Schnittstelle implementiert, stehen neben dem Durchlaufen in einer `foreach`-Schleife auch alle anderen Methoden offen, die diese Schnittstelle voraussetzen.

Wenn Sie die Informationen, die angezeigt werden, nicht für sehr sprechend halten (z. B. weil für jedes Objekt nur der Typ ausgegeben wird), dann bedenken Sie, dass die `ToString()`-Methode auch überschrieben werden kann, um dieses Manko wettzumachen. Für die Klasse `cKunde` kann dies z. B. so aussehen:

```
public override string ToString()
{
    return string.Format("({0}): {1} aus {2}",,ID,Name,Ort);
}
```

> Im Code zu diesem Kapitel wurde dies für die Klassen `cKunde`, `cWare` und `cBestellung` getan, ohne dies hier abzudrucken, damit der Blick auf das Wesentliche erhalten bleibt.
>
> Werden anonyme Typen ausgegeben, so wird die `ToString()`-Methode automatisch so überschrieben, dass diese einfach alle Eigenschaften per Name und aktuellem Wert aufführt.

5.1 LINQ-Abfragen

In diesem Abschnitt wird alles Wichtige über Abfragen mittels LINQ beschrieben. Da diese Daten am einfachsten zu handhaben sind, werden zum Speichern der Daten Klassen verwendet, welche die Schnittstelle `System.Collection.Generic.IEnumerable<T>` implementieren. Da die Sprachelemente immer die gleichen sind (einer der Vorteile von LINQ), werden die notwendigen Schritte und feinen Unterschiede für den Zugriff auf unterschiedliche Datenquellen in den Abschnitten 5.2, „LINQ to SQL", und 5.3, „LINQ to DataSets" beschrieben. Weitere LINQ-Versionen wie z. B. LINQ to XML werden in diesem Buch nicht näher behandelt.

5.1.1 Klassen/Tabellen für die Beispiele

Für die gesamten Beispiele über LINQ-Abfragen kommt diese einfache Datenstruktur auf Basis von Klassen zum Zuge. Bild 5.2 zeigt die Zusammenhänge der vier Klassen, die für LINQ to SQL im weiteren Verlauf des Kapitels auch als Tabellen abgebildet werden. Im Folgenden sind die Beziehungen als Tabellendiagramm abgebildet.

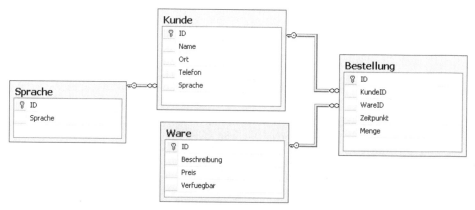

Bild 5.2 Die Zusammenhänge der vier Klassen/Tabellen

Entsprechend werden die Klassen im folgenden Quelltext definiert.

```
// Aufzählung der Sprachen der Kunden
public enum eSprache
{
    Daenisch =1030,
    Deutsch = 1031,
    EnglischUSA = 1033,
    Japanisch = 1041
}

// Ein Kunde
public class cKunde
{
    public int ID;
    public string Name;
    public string Ort;
    public string Telefon;
    public eSprache Sprache;
}

// Eine Ware
public class cWare
{
    public int ID;
    public string Beschreibung;
    public decimal Preis;
    public bool Verfuegbar;
}

// Eine Bestellung eines Kunden
public class cBestellung
{
    public int ID;
    public int KundeID;
    public int WareID;
    public DateTime Zeitpunkt;
    public int Menge;
}
```

Nun muss nur noch die Initialisierung folgen, damit ein paar Daten für die Abfragen zur Verfügung stehen.

```
// Auflistungen initialisieren
cKunde[] Kunden = new cKunde[]
{
    new cKunde { ID=1, Name="Müller AG", Ort="Bochum",
        Telefon="+49 234-123456", Sprache=eSprache.Deutsch },
    new cKunde { ID=2, Name="Yokai Inc", Ort="Tokio",
        Telefon="+81 103 123456", Sprache=eSprache.Japanisch },
    new cKunde { ID=3, Name="Smith Inc", Ort="Detroit",
        Telefon="+1 234-123456", Sprache=eSprache.EnglishUSA },
    new cKunde { ID=4, Name="Meyer AG", Ort="München",
        Telefon="+49 89-123456", Sprache=eSprache.Deutsch },
    new cKunde { ID=5, Name="Hanse AG", Ort="Hamburg",
        Telefon="+49 40-123456", Sprache=eSprache.Deutsch }
};
```

```
cWare[] Waren = new cWare[]
{
    new cWare { ID=100, Beschreibung="Wasserbett", Preis=499.90M,
        Verfuegbar=true },
    new cWare { ID=101, Beschreibung="Blumentopf", Preis=9.90M,
        Verfuegbar=false },
    new cWare { ID=102, Beschreibung="Tisch", Preis=49.90M,
        Verfuegbar=true },
    new cWare { ID=103, Beschreibung="Stuhl", Preis=39.90M,
        Verfuegbar=true },
    new cWare { ID=104, Beschreibung="Teppich (groß)", Preis=59.90M,
        Verfuegbar=true },
    new cWare { ID=105, Beschreibung="Teppich (klein)", Preis=49.90M,
        Verfuegbar=true }
};

cBestellung[] Bestellungen = new cBestellung[]
{
    new cBestellung { ID=1000, KundeID=1, WareID=100, Menge=1,
        Zeitpunkt=new DateTime(2012,11,13) },
    new cBestellung { ID=1001, KundeID=2, WareID=102, Menge=1,
        Zeitpunkt=new DateTime(2012,11,14) },
    new cBestellung { ID=1002, KundeID=2, WareID=103, Menge=4,
        Zeitpunkt=new DateTime(2012,11,13) },
    new cBestellung { ID=1003, KundeID=4, WareID=105, Menge=2,
        Zeitpunkt=new DateTime(2012,10,5) },
    new cBestellung { ID=1004, KundeID=3, WareID=104, Menge=1,
        Zeitpunkt=new DateTime(2012,11,7) },
    new cBestellung { ID=1005, KundeID=1, WareID=100, Menge=1,
        Zeitpunkt=new DateTime(2012,11,16) }
};
```

Sie finden die Quelltexte für die Deklaration und Initialisierung der Auflistungen im Projekt *LINQ* zu diesem Kapitel.

Mit dieser Struktur und diesen Daten werden nun im Folgenden die Operatoren (LINQ-Befehle) erklärt; später dann mit einer ähnlichen Tabellenstruktur LINQ to SQL.

5.1.2 LINQ-Operatoren

Befehle für LINQ werden Operatoren genannt. Viele dieser Operatoren sind als Erweiterungsmethoden für die generische Schnittstelle IEnumerable<T> implementiert.

Die folgende Beschreibung der unterschiedlichen LINQ-Operatoren ist (auch) zum Nachschlagen gedacht. Dabei bleibt es an einigen Stelle nicht aus, dass sich Hinweise oder Beschreibungen ein wenig ähneln. Dies ist nicht meiner sicherlich vorhandenen Grundfaulheit zuzuschreiben, sondern dient dazu, auch denen, die per Quereinstieg über das Stichwortverzeichnis einsteigen, alle wichtigen Hinweise zu geben.

In Tabelle 5.1 finden Sie eine kurze Übersicht über die Operatoren, die in LINQ Anwendung finden. Im Anschluss daran folgen vertiefende Erklärungen mit Beispielen.

Tabelle 5.1 LINQ-Operatoren

Operator	Beschreibung	SQL-Äquivalent
Aggregate	Erlaubt die Erstellung benutzerdefinierter Aggregatfunktionen, mit denen Sequenzen durchlaufen werden	Benutzerdefinierte Aggregatfunktion
All	Liefert true, wenn alle Elemente einer Sequenz die angegebene Bedingung erfüllen	–
Any	Liefert true, wenn mindestens ein Element der Sequenz die angegebene Bedingung erfüllt	EXISTS-Funktion
Average	Bildet den Mittelwert (arithmetischen Durchschnitt) einer Sequenz	AVG-Funktion
Cast	Versucht, alle Elemente einer Sequenz in einen anderen Typen umzuwandeln (casten)	–
Concat	Verkettet zwei Sequenzen zu einer	UNION-Schlüsselwort
Contains	Prüft, ob eine Sequenz ein bestimmtes Element enthält	IN-Schlüsselwort
Count	Ermittelt die Anzahl der Elemente in einer Sequenz. Der Wert ist vom Typ int.	COUNT-Funktion
LongCount	Ermittelt die Anzahl der Elemente in einer Sequenz. Der Wert ist vom Typ long.	COUNT-Funktion
Distinct	Liefert aus einer Sequenz die eindeutigen Elemente. Dubletten werden entfernt.	DISTINCT-Schlüsselwort
ElementAt	Liefert das Element in einer Sequenz an einer bestimmten Stelle (Index)	–
ElementAtOrDefault	Liefert das Element in einer Sequenz an einer bestimmten Stelle (Index) oder einen Standardwert, wenn der Index negativ oder größer als die Anzahl der Elemente ist	–
Empty	Erstellt eine leere Sequenz vom angegebenen Typus	–
Except	Vergleicht zwei Sequenzen und liefert nur diejenigen Elemente, die nur in einer der beiden Sequenzen vorhanden sind	–

Tabelle 5.1 LINQ-Operatoren *(Fortsetzung)*

Operator	Beschreibung	SQL-Äquivalent
First	Liefert das erste Element einer Sequenz	TOP(1)-Schlüsselwort
FirstOrDefault	Liefert das erste Element einer Sequenz oder einen Standardwert, wenn die Sequenz leer ist	-
GroupBy	Gruppiert eine Sequenz	GROUP BY-Schlüsselwort
GroupJoin	Verbindet zwei Sequenzen durch einen OUTER JOIN	JOIN-Schlüsselwort
Intersect	Liefert die Schnittmenge zweier Sequenzen	-
Join	Verbindet zwei Sequenzen durch einen INNER JOIN	JOIN-Schlüsselwort
Last	Liefert das letzte Element einer Sequenz	-
LastOrDefault	Liefert das letzte Element einer Sequenz oder einen Standardwert, wenn die Sequenz leer ist	-
Max	Ermittelt den maximalen Wert einer Sequenz	MAX-Funktion
Min	Ermittelt den minimalen Wert einer Sequenz	MIN-Funktion
OfType	Liefert alle Elemente einer Sequenz, die einen bestimmten Typ haben	-
OrderBy	Sortiert eine Sequenz aufsteigend	ORDER BY-Schlüsselwort
OrderByDescending	Sortiert eine Sequenz absteigend	ORDER BY DESC-Schlüsselwort
Range	Erzeugt eine Sequenz mit den numerischen Werten von n bis m	-
Repeat	Erzeugt eine Sequenz mit n mal dem gleichen Element	-
Select	Projiziert die Elemente einer Sequenz und bildet sie so ab, wie sie benötigt werden	SELECT-Schlüsselwort
SelectMany	Durchläuft Sequenzen, die selbst Mitglieder anderer Sequenzen sind, und liefert eine flache Liste	-
SequenceEqual	Prüft, ob zwei Sequenzen identisch sind	-
Single	Durchsucht eine Sequenz mittels eines Prädikats (Lambda-Ausdruck) und liefert das erste gefundene Element	-

Operator	Beschreibung	SQL-Äquivalent
SingleOrDefault	Arbeitet wie der Single-Operator, nur dass keine Ausnahme erzeugt wird, wenn kein Element gefunden werden kann. Liefert stattdessen den Standardwert für das Element.	-
Skip	Überspringt die ersten n Elemente einer Sequenz und liefert den Rest	OFFSET-Klausel oder ROW_NUMBER-Funktion
SkipWhile	Überspringt so lange Elemente, wie eine Bedingung erfüllt wird, und liefert den Rest	-
Sum	Summiert die Elemente einer Sequenz	SUM-Funktion
Take	Liefert die ersten n Elemente einer Sequenz	TOP-Schlüsselwort
TakeWhile	Liefert so lange Elemente, wie eine Bedingung erfüllt wird	-
ThenBy	Sortiert wie der OrderBy-Operator eine Sequenz, mit dem Unterschied, dass eine bereits bestehende Sortierung weiter verfeinert wird	ORDER BY nach zwei und mehr Spalten/ Ausdrücken
ThenByDescending	Sortiert wie der OrderByDescending-Operator eine Sequenz, mit dem Unterschied, dass eine bereits bestehende Sortierung weiter verfeinert wird	ORDER BY nach zwei und mehr Spalten/ Ausdrücken
ToArray	Konvertiert eine Sequenz zu einem Array	-
ToDictionary	Konvertiert eine Sequenz zu einem generischen Dictionary<K,T>-Objekt	-
ToList	Konvertiert eine Sequenz zu einem generischen List<T>-Objekt	-
ToLookup	Konvertiert eine Sequenz zu einem generischen Loopup<K,T>-Objekt	-
Union	Vereint zwei Sequenzen zu einer einzigen	UNION-Schlüsselwort
Where	Filtert eine Sequenz nach einem Prädikat	WHERE-Schlüsselwort

Es ist ratsam, diese Operatoren in unterschiedliche Kategorien einzuordnen, um eine klare Übersicht zu erhalten. Dies wird auf den folgenden Seiten getan.

5.1.3 Sequenzen

LINQ arbeitet mit sogenannten Sequenzen. Sequenzen sind mit einem Iterator implementiert, der jedes Mal, wenn ein weiteres Element benötigt wird (z. B. in einer Ausgabe-Schleife, wenn der nächste Wert dargestellt werden soll), dieses bereitstellt, oder signalisiert, dass kein weiteres Element mehr vorliegt. Solche Iteratoren werden durch die IEnumerable-Schnittstelle bereitgestellt.

Dieses Vorgehen hat den Vorteil, das auch bei einer großen Anzahl von Elementen nicht alle erzeugt werden müssen, auch wenn im späteren Verlauf der Abfrage nur noch z. B. das erste benötigt wird. Die Effizienz wird also dadurch erreicht, das nur das Element bereitgestellt wird, das gerade benötigt wird (quasi eine Just-in-time-Bereitstellung).

Da jede Auflistung (sei sie generisch oder nicht) als Sequenz betrachtet werden kann, aus der jeweils bei Bedarf das nächste Element entfernt wird, stellt jede Auflistung eine Sequenz dar – nicht jedoch umgekehrt. Eine Sequenz ist keine Auflistung, wie die im Folgenden beschriebene verzögerte Auswertung klar werden lässt.

5.1.4 Verzögerte Ausführung

Beim Einsatz von LINQ-Abfragen gilt es immer zu bedenken, dass deren Auswertung nicht bei der Definition geschieht, sondern wenn diese benutzt werden. Das zeigt sich auch darin, dass das Ergebnis variiert, wenn die zugrunde liegenden Sequenzen sich ändern. Das folgende Beispiel demonstriert dies.

```
// Eine Liste mit den natürlichen Zahlen 1 bis 10
Zahlen = Enumerable.Range(1, 10).ToList<int>();

// Eine LINQ-Abfrage, die alle Elemente liefert
var expr = (from z in Zahlen select z);

// Erwartungsgemäß ist dies 10
Debug.WriteLine(expr.Count());
```

Nun wird die zugrunde liegende Liste (Zahlen) verändert und bewirkt, dass die Abfrage bei der nächsten Verwendung ein anderes Ergebnis liefert.

```
// Ein Element entfernen
Zahlen.RemoveAt(0);

// Erwartungsgemäß ist dies nur noch 9
Debug.WriteLine(expr.Count());
```

Dieses Verhalten von LINQ-Abfragen wird verzögerte Ausführung genannt. Ist diese nicht erwünscht und werden unabhängige Auflistungen benötigt, so können diese über einige Konvertierungsoperatoren erzeugt werden. Mehr zu dieser Operatorengruppe finden Sie in Abschnitt 5.1.16, „Konvertierungsoperatoren".

5.1.5 Projektionsoperatoren

In diesem Abschnitt werden die sogenannten Projektionsoperatoren beschrieben. Ihre Aufgabe ist es, die gewünschten Inhalte aus der Quellsequenz in das Ergebnis zu übertragen. Wurde ein Filter, eine Sortierung oder eine Gruppierung angewendet, so wurde dieser/diese vorher ausgeführt.

5.1.5.1 Select

Der `Select`-Operator projiziert das Abfrageergebnis auf eine Sequenz, welche die `IEnumerable<T>`-Schnittstelle implementiert. Dabei wird eine flache Liste erstellt. Die einfachste Anwendung sieht wie folgt aus.

```
var expr = Kunden.Select(c => c);
```

Das Ergebnis ist lediglich ein Abbild der Quellsequenz. Soll eine Sequenz mit nur einem Wert erstellt werden, dann kann die Abfrage wie folgt aussehen.

```
var expr = Kunden.Select(c => c.Name);
```

Die Ausgabe dieser Liste besteht aus sämtlichen Namen der initialisierten Kunden. Einfache LINQ-Abfragen, die den `select`-Projektionsoperator verwenden, können folgendermaßen aussehen.

```
var expr =
    from k in Kunden
    select k;
```

Das Ergebnis ist wiederum lediglich eine Abbildung der Quellsequenz.

```
var expr =
    from k in Kunden
    select new {Kundenname = k.Name, k.Ort};
```

Die so entstandene Liste besteht aus anonymen Objekten, die über die Mitglieder `Kundenname` und `Ort` verfügen.

```
{ Kundenname = Müller AG, Ort = Bochum }
{ Kundenname = Yokai Inc, Ort = Tokio }
{ Kundenname = Smith Inc, Ort = Detroit }
{ Kundenname = Meyer AG, Ort = München }
{ Kundenname = Hanse AG, Ort = Hamburg }
```

Auf Wunsch kann der `select`-Operator auch gewöhnliche Klassen erstellen. Dies kann auf althergebrachte Weise (wenn der entsprechende Konstruktor angelegt wurde) oder durch die neue Syntax geschehen. Die folgenden beiden Beispiele demonstrieren dies.

Althergebracht:

```
var expr =
    from k in Kunden
    select new IrgendEineKlasse (k.Name, k.Ort );
```

LINQ-Variante:

```
var expr =
    from k in Kunden
    select new IrgendEineKlasse { Wert1 = k.Name, Wert2 = k.Ort };
```

Da es sich bei Zeichenketten und Wertetypen auch nur um Objekte handelt, können auch diese erstellt und in die Ergebnissequenz aufgenommen werden. In diesem Fall jedoch ohne das new-Schlüsselwort.

```
var expr =
    from k in Kunden
    select string.Format("Firma: {0}", k.Name);
```

Oder für alle Preise der Waren:

```
var expr =
    from w in Waren
    select w.Preis;
```

 Bedenken Sie, dass von den Wertetypen eine Kopie erstellt wird, bei Referenztypen lediglich eine Referenz. Somit kann sich das Erstellen umfangreicher Listen von Wertetypen negativ auf die Performance auswirken.

5.1.5.2 SelectMany

Der select-Operator fügt jedes Element in die Ergebnissequenz ein, abhängig von dessen Typ. Der SelectMany-Operator verhält sich ähnlich, mit einer wichtigen Ausnahme: Ist der Typ eine Sequenz, wird diese intern durchlaufen und jedes der enthaltenen Objekte in die Ergebnissequenz aufgenommen. Dadurch ist das Ergebnis eine flache Sequenz, und der folgende Code muss sich nicht darum kümmern, dass er kein Element, sondern eine Liste vor sich hat.

5.1.6 Filteroperatoren

Die Operatoren in dieser Gruppe dienen dem Filtern der Elemente einer Sequenz, da oftmals nicht alle von Interesse sind, sondern nur solche, auf die eine bestimmte Bedingung zutrifft.

5.1.6.1 Where

Mit diesem Operator lassen sich die Elemente einer Sequenz filtern, die weiterverarbeitet werden sollen. Die dabei verwendeten Prädikate werden in ganz gewöhnlichen C#-Bedingungen formuliert. Somit stehen alle bekannten Möglichkeiten offen. Das folgende Beispiel filtert alle Kunden heraus, die Deutsch sprechen.

```
var expr =
    from k in Kunden
    where k.Sprache == eSprache.Deutsch
    select k;
```

Da konsequenterweise auch Methoden in Verbindung mit dem `where`-Operator verwendet werden können, ist auch das folgende Beispiel gültig.

```
var expr =
    from k in Kunden
    where ((k.Telefon.StartsWith("+49") || k.Sprache == eSprache.Deutsch)
           && isValidCustomer(k))
    select k;
```

Durch die `isValidCustomer()`-Methode kann elegant überprüft werden, ob der Kunde gültig ist oder nicht. Um die Übersichtlichkeit bei komplexen Einschränkungen ein wenig zu wahren, steht die Möglichkeit offen, mehr als nur einen `where`-Operator zu verwenden. Es werden nur solche Elemente in das Ergebnis aufgenommen, die allen Prädikaten genügen. Es werden also logische Und-Verknüpfungen zwischen den einzelnen `where`-Operatoren angewandt.

Die folgende Abfrage ist also inhaltlich identisch mit der vorherigen.

```
var expr =
    from k in Kunden
    where (k.Telefon.StartsWith("+49") || k.Sprache == eSprache.Deutsch)
    where isValidCustomer(k)
    select k;
```

Da streng genommen nur ein Filter auf eine zuvor schon gefilterte Sequenz angewendet wird, ist es effizienter, zuerst solche Prädikate zu verwenden, die schnell ausgeführt werden und möglichst viele Elemente herausfiltern können.

 Neben Methoden können auch Variablen in LINQ-Abfragen verwendet werden. Wichtig ist nur, dass sich der gesamte Ausdruck wie bei der `if`-Abfrage zu `true` oder `false` auswerten lässt.

5.1.6.2 OfType

Der `OfType`-Operator durchläuft eine Sequenz und liefert alle Elemente, die dem übergebenen Typ entsprechen. Andere Elemente werden ausgefiltert.

Nützlich kann dieser Operator in jenen Fällen sein, in denen z. B. in einer Auflistung unterschiedliche Ableitungen einer Basisklasse vereint sind.

Das folgende Beispiel macht es nicht so kompliziert, sondern demonstriert, wie aus einer gemischten Auflistung nach Typ gefiltert werden kann.

```
// ArrayList-Objekt erzeugen
System.Collections.ArrayList element =
    new System.Collections.ArrayList();

// Elemente mit unterschiedlichen Typen einfügen
element.AddRange(new string[] {"Hund", "Katze", "Maus"} );
element.AddRange(new int[] {1,2,3} );

// Alle Zeichenketten herausfiltern
var Tiere = element.OfType<string>();
```

```
// Und ausgeben
foreach (string s in Tiere)
    Debug.WriteLine (s);
```

Die Ausgabe enthält die drei Tiere, nicht aber die Zahlen.

```
Hund
Katze
Maus
```

Ist es kein Element vom geforderten Typ, wird eine leere Auflistung als Rückgabe geliefert.

5.1.7 Sortieroperatoren

Möchte man die Ergebnissequenz vor der weiteren Verwendung sortieren, so ist dies über die Sortieroperatoren möglich. Wie von SQL-Anweisungen bekannt, kann dies mehrfach nach unterschiedlichen Werten, auf Wunsch auf- oder absteigend, geschehen. Für die Sortierung werden die standardmäßigen Vergleichsmechanismen angewendet.

5.1.7.1 OrderBy/OrderBy ... Descending

Um z. B. die Liste aller Kunden, für die als Sprache „Deutsch" angegeben wurde, nach ihrem Namen zu sortieren, kann die LINQ-Abfrage wie folgt aussehen.

```
var expr =
    from k in Kunden
    where k.Sprache == eSprache.Deutsch
    orderby k.Name
    select k;
```

Um die Sortierung umzukehren, wird das Schlüsselwort descending angefügt.

```
var expr =
    from k in Kunden
    where k.Sprache == eSprache.Deutsch
    orderby k.Name descending
    select k;
```

Soll die Sortierung (egal ob auf- oder absteigend) nicht standardmäßig durchgeführt werden, kann dies nicht direkt über die LINQ-Syntax geschehen, sondern nur über die OrderBy()-Methode in Verbindung mit der punktorientierten Syntax. Eine der Überladungen akzeptiert eine Referenz auf eine Klasse, welche die IComparer<T>-Schnittstelle implementiert.

Eine Abfrage darf jeweils nur eine OrderBy()- bzw. OrderByDescending()-Methode beinhalten, die allerdings eine beliebige Anzahl von Sortierungen (auf- und absteigend) durchführen kann. Das folgende Beispiel sortiert erst nach k.Name und dann nach k.Sprache.

```
var expr =
    from k in Kunden
    where k.Sprache == eSprache.Deutsch
    orderby k.Name, k.Ort
    select k;
```

Für jede einzelne Sortierung kann bei Bedarf descending angegeben werden, um genau diese Sortierung umzukehren.

5.1.7.2 ThenBy/ThenByDescending

Um bei der punktorientierten Notation nach mehr als nur einem Ausdruck zu sortieren, stehen die beiden Methoden ThenBy() und ThenByDescending() zur Verfügung. Von ihnen dürfen beliebig viele nacheinander direkt im Anschluss an OrderBy() oder OrderByDescending() angegeben werden. Ähnlich wie bei einer SQL-Anweisung, die nach mehreren Spalten oder Ausdrücken sortiert, wird auch hier eine bereits sortierte Liste bei Gleichheit der Werte aus der vorherigen Sortierung verfeinert. Das folgende Beispiel, das eine solche punktorientierte Notation verwendet, demonstriert dies.

```
var expr = Kunden
    .Where (k=> k.Sprache == eSprache.Deutsch)
    .OrderBy(k => k.Name)
    .ThenBy(k => k.Ort)
    .ThenByDescending (k=> k.ID)
    .Select(k => k);
```

Genau wie bei den Methoden OrderBy() und OrderByDescending() kann eine Klasse, welche die IComparer<T>-Schnittstelle implementiert, in einer Überladung verwendet werden, um Einfluss auf die Art und Weise der Sortierung zu nehmen.

5.1.7.3 Reverse

Mit dem Reverse-Operator verfügt LINQ über eine Möglichkeit, die gesamte Ausgabe umzukehren, sodass das letzte Element zuerst und das erste zuletzt im Ergebnis vorhanden ist. Der Operator kann nur mit der punktorientierten Syntax verwendet werden.

```
var expr = Kunden
    .Where (k => k.Sprache == eSprache.Deutsch)
    .OrderBy(k => k.Name)
    .ThenBy(k => k.Ort)
    .ThenByDescending (k => k.ID)
    .Select(k => k)
    .Reverse();
```

Eine Verwendung mit der LINQ-Syntax ist nur möglich, wenn die gesamte Abfrage geklammert wird.

```
var expr =
    (from k in Kunden
    where k.Sprache == eSprache.Deutsch
    orderby k.Name, k.Sprache
    select k).Reverse();
```

Durch die Klammerung ist die Reverse()-Methode nach wie vor kein Bestandteil der LINQ-Abfrage, sondern wird lediglich auf deren Ergebnis angewendet.

5.1.8 Gruppierungsoperatoren

Neben dem Filtern und Sortieren ist das Gruppieren von Ergebnissen eine der wichtigsten Funktionen, die mit Abfragen gelöst werden müssen. LINQ macht da keine Ausnahme und stellt den `OrderBy`-Operator bereit. Er ersetzt den `select`-Operator und kann daher nicht zusammen mit diesem eingesetzt werden. Die einfachste Gruppierung sieht wie folgt aus.

```
var expr = Kunden.GroupBy(k => k.Sprache);
```

Durch die Natur einer Gruppierung sind für die Ausgaben zwei verschachtelte Schleifen notwendig.

```
foreach (IGrouping<eSprache, cKunde> KundenGruppen in expr)
{
    Debug.Print("Sprache: {0}", KundenGruppen.Key);

    foreach (var i in KundenGruppen)
        Debug.WriteLine(i);
}
```

Die Ausgabe sieht folgendermaßen aus und ist durch die Überschreibung der `ToString()`-Methode in der `cKunde`-Klasse recht ansehnlich.

```
Sprache: Deutsch
(1): Müller AG aus Bochum
(4): Meyer AG aus München
(5): Hanse AG aus Hamburg
Sprache: Japanisch
(2): Yokai Inc aus Tokio
Sprache: EnglischUSA
(3): Smith Inc aus Detroit
```

Mit der LINQ-Synatx sieht die gleiche Abfrage (die logischerweise auch das gleiche Ergebnis liefert) wie folgt aus.

```
var expr =
    from k in Kunden
    group k by k.Sprache;
```

Durch eine Überladung des `GroupBy`-Operatoren kann die Ausgabe, die sonst gleich dem Typ der Elemente der grundlegenden Sequenz ist, bestimmt werden. Das folgende Beispiel zeigt, wie dies funktioniert, und liefert, statt einer Liste mit `cKunden`-Objekten, Zeichenketten (`Systen.String`-Objekte) zurück.

```
var expr = Kunden.GroupBy(k => k.Sprache, k=> k.Name);
```

Die Ausgabe spiegelt sich auch in den `foreach`-Schleifen wider, die nun konsequenterweise auch mit Zeichenketten arbeiten müssen.

```
foreach (IGrouping<eSprache, string> KundenGruppen in expr)
{
    Debug.Print("Sprache: {0}", KundenGruppen.Key);
    foreach (var i in KundenGruppen)
        Debug.WriteLine(i);
}
```

Nachdem die Schleifen durchlaufen wurden, sieht die Ausgabe wie folgt aus.

```
Sprache: Deutsch
Müller AG
Meyer AG
Hanse AG
Sprache: Japanisch
Yokai Inc
Sprache: EnglischUSA
Smith Inc
```

In Verbindung mit einem Projektionsoperator kann im Rahmen des Möglichen die Gruppierung auch eine flache Liste wie bei SQL erzeugen. Das folgende Beispiel zeigt, wie dies aussehen kann.

```
var expr = from k in Kunden
           group k by k.Sprache into g
           select new { Sprache = g.Key};

foreach (var i in expr)
    Debug.WriteLine(i);
```

Die Ausgabe sieht wie folgt aus.

```
{ Sparache = Deutsch }
{ Sparache = Japanisch }
{ Sparache = EnglischUSA }
```

Genau wie bei SQL-Abfragen können Gruppierungen zusammen mit Filtern und Sortierungen verwendet werden.

```
var expr =
    from k in Kunden
    where k.Sprache != eSprache.Japanisch
    orderby k.Ort
    group k by k.Sprache;
```

Diese LINQ-Abfrage schließt alle Kunden mit japanischer Sprache aus und sortiert nach dem Ort, bevor die Gruppierung nach der Sprache durchgeführt wird.

5.1.9 Join-Operatoren

Um Beziehungen zwischen Sequenzen in LINQ-Abfragen herzustellen, dienen die Join-Operatoren. Ihre Funktionsweise kommt denen der JOIN-Operatoren bei SQL-Abfragen für relationale Datenbanken gleich.

5.1.9.1 Join

Der Join-Operator ist das LINQ-Äquivalent zu einem Inner-Join aus der SQL-Welt. Er ordnet Elemente einer Sequenz solchen einer anderen Sequenz zu, bei denen das Prädikat zutrifft. Elemente, bei denen eine solche Zuordnung nicht möglich ist, werden nicht in das Ergebnis übernommen. Eine Abfrage, die z.B. Kunden mit deren Bestellungen in Beziehung setzt, sieht wie folgt aus.

```
var expr =
    from k in Kunden
    join b in Bestellungen
    on k.ID equals b.KundeID
    select new { k.Name, b.Zeitpunkt };
```

Die Zuordnung findet über die Mitglieder cKunde.ID und cBestellung.KundeID statt. Ähnlich wie bei einer T-SQL-Abfrage kann der anschließende select-Operator bei der Erzeugung des anonymen Typen auf die beiden beteiligten Objekte zugreifen. Das Ergebnis ist im Folgenden abgebildet. Beachten Sie, dass ein Kunde (z. B. Hanse AG) ohne Bestellung nicht und ein Kunde mit mehr als nur einer Bestellung mehrfach erscheint.

```
{ Name = Müller AG, Zeitpunkt = 13.11.2012 00:00:00 }
{ Name = Müller AG, Zeitpunkt = 16.11.2012 00:00:00 }
{ Name = Yokai Inc, Zeitpunkt = 14.11.2012 00:00:00 }
{ Name = Yokai Inc, Zeitpunkt = 13.11.2012 00:00:00 }
{ Name = Smith Inc, Zeitpunkt = 07.11.2012 00:00:00 }
{ Name = Meyer AG, Zeitpunkt = 05.10.2012 00:00:00 }
```

Um mehr als nur zwei Sequenzen miteinander zu verbinden, können entsprechend viele join-Operatoren hintereinander verwendet werden. Um das obige Beispiel mit der Sequenz der Waren zu erweitern (über die Mitglieder cBestellung.WareID und cWare.ID), wird die folgende Abfrage verwendet.

```
var expr =
    from k in Kunden
    join b in Bestellungen
    on k.ID equals b.KundeID
    join w in Waren
    on b.WareID equals w.ID
    select new { k.Name, w.Beschreibung };
```

Damit stehen nun auch Informationen über die gekauften Waren zur Verfügung. Das Ergebnis sieht wie folgt aus.

```
{ Name = Müller AG, Beschreibung = Wasserbett }
{ Name = Müller AG, Beschreibung = Wasserbett }
{ Name = Yokai Inc, Beschreibung = Tisch }
{ Name = Yokai Inc, Beschreibung = Stuhl }
{ Name = Smith Inc, Beschreibung = Teppich (groß) }
{ Name = Meyer AG, Beschreibung = Teppich (klein) }
```

Die punktorientierte Syntax des join-Operators bietet den Vorteil, dass über die Angabe eines Objektes als vierten Parameter, das die IEqualityComparer<T>-Schnittstelle implementiert, in den Vergleichsmechanismus der beiden Schlüssel eingegriffen werden kann – <T> steht dabei für deren beider Typ. Hat dieser Parameter den Wert null oder wird nicht angegeben, dann kommt auch hier der Standardwert wieder zum Einsatz.

```
var expr =
    Kunden.Join(Bestellungen,
                k=> k.ID,
                b => b.KundeID,
                (k,b)=> new {k.Name, b.Zeitpunkt},
                        new myComparer());
```

Die entsprechende Klasse, die den Vergleich durchführt, sieht wie folgt aus.

```
private class myComparer : IEqualityComparer<int>
{
    public bool Equals(int a, int b)
    {
        return a.Equals(b);
    }

    public int GetHashCode(int obj)
    {
        return obj.GetHashCode();
    }
}
```

Durch Änderungen an der `Equals()`-Methode kann festgelegt werden, wann zwei Werte (oder Objekte) gleich sind und der `Join`-Operator eine Zuordnung herstellen soll.

Zugegeben, dieser Code macht nichts anderes als der Standard. Aber der Vergleich zweier `int`-Werte lässt nicht so viel Spielraum, und es soll hier nur das Vorgehen gezeigt werden.

5.1.9.2 GroupJoin

Um einen Outer-Join (Left Outer Join oder Right Outer Join) zu realisieren, wird der `GroupJoin`-Operator benötigt. Mit ihm wird eine Sequenz durchlaufen, und alle Elemente, die dem Prädikat entsprechen, werden einer zweiten Sequenz zugeordnet. Das Ergebnis ist keine flache Liste, sondern besteht, ähnlich wie bei einer Gruppierung, aus einer äußeren und einer inneren Sequenz.

Eine Abfrage, die jeden Kunden mit dessen Bestellungen liefert, sieht folgendermaßen aus.

```
var expr =
    from k in Kunden
    join b in Bestellungen
    on k.ID equals b.KundeID
    into KundenBestellungen
    select new { k.Name, Bestellungen = KundenBestellungen };
```

Um das Ergebnis anzuzeigen, werden, wie schon angedeutet, wieder zwei geschachtelte Schleifen benötigt.

```
foreach (var k in expr)
{
    Debug.WriteLine(k.Name);

    foreach (var b in k.Bestellungen)
        Debug.WriteLine(b);
}
```

Die Ausgabe zeigt, dass Kunden ohne Bestellungen ebenfalls aufgeführt werden.

```
Müller AG
(1000): Kunde '1', Ware '100', Menge '1', Zeitpunkt '13.11.2012 00:00:00'
```

```
(1005): Kunde '1', Ware '100', Menge '1', Zeitpunkt '16.11.2012 00:00:00'
Yokai Inc
(1001): Kunde '2', Ware '102', Menge '1', Zeitpunkt '14.11.2012 00:00:00'
(1002): Kunde '2', Ware '103', Menge '4', Zeitpunkt '13.11.2012 00:00:00'
Smith Inc
(1004): Kunde '3', Ware '104', Menge '1', Zeitpunkt '07.11.2012 00:00:00'
Meyer AG
(1003): Kunde '4', Ware '105', Menge '2', Zeitpunkt '05.10.2012 00:00:00'
Hanse AG
```

Um mehr Details über die bestellten Waren zu erhalten, wird auf eine Unterabfrage zurückgegriffen, die den ersten (Inner-)Join zwischen den Bestellungen und den Waren herstellt und als Ergebnis einen anonymen Typ mit den entsprechenden Elementen liefert. Dieses Ergebnis wiederum wird anschließend über einen (Outer-)Join mit den Kunden verbunden.

```
var expr =
    from k in Kunden
    join w in
        (
            from Bestellung in Bestellungen
            join Ware in Waren
            on Bestellung.WareID equals Ware.ID
            select new { Bestellung, Ware }
        )
    on k.ID equals w.Bestellung.KundeID
    into KundenBestellungen
    select new { k.Name, Bestellungen = KundenBestellungen };
```

Auch hier sind Kunden ohne Bestellungen mit in der Sequenz, diesmal stehen jedoch weitere Informationen über die Bestellung und die bestellte Ware zur Verfügung. Die folgenden beiden Schleifen geben die Elemente als Ergebnis aus.

```
foreach (var k in expr)
{
    Debug.WriteLine(k.Name);

    foreach (var b in k.Bestellungen)
        Debug.Print("{0}, {1} Stk für {2:0.00}€",
            b.Ware.Beschreibung, b.Bestellung.Menge, b.Ware.Preis);
}
```

Die Ausgabe ähnelt vom Aufbau her der vorherigen und sieht wie folgt aus.

```
Müller AG
Wasserbett, 1 Stk für 499.90€
Wasserbett, 1 Stk für 499.90€
Yokai Inc
Tisch, 1 Stk für 49.90€
Stuhl, 4 Stk für 39.90€
Smith Inc
Teppich (groß), 1 Stk für 59.90€
Meyer AG
Teppich (klein), 2 Stk für 49.90€
Hanse AG
```

Wie für den `Join`-Operator existiert für den `GroupJoin`-Operator bei Anwendung der punktorientierten Syntax die Möglichkeit, über die Angabe eines Objekts, das die `IEqualityComparer<T>`-Schnittstelle implementiert, in den Vergleichsmechanismus der beiden

Schlüssel einzugreifen – <T> steht dabei für deren beide Typen. Hat dieser Parameter den Wert null oder wird nicht angegeben, dann kommt auch hier wieder der Standard zum Einsatz.

5.1.10 Set-Operatoren

Die Gruppe der Set-Operatoren dient dem Umgang mit Mengen (Sets) von Elementen. Ihr Funktionsumfang beinhaltet aus der Mengenlehre bekannte Funktionen wie z. B. das Erstellen von Schnittmengen, Vereinigungsmengen, etc. Allen Operatoren steht nur die punktorientierte Syntax zur Verfügung.

5.1.10.1 Distinct

Soll in einem Ergebnis sichergestellt werden, dass in der Sequenz identische Elemente nur genau ein einziges Mal vorkommen, so kommt der Distinct-Operator zum Einsatz. Er durchläuft eine Sequenz und prüft für jedes Element, ob dieses bereits vorgefunden wurde. Ist dies der Fall, wird es entfernt.

Die Funktionsweise des Distinct-Operators entspricht dem DISTINCT-Schlüsselwort, das in SQL-Abfragen verwendet werden kann, um sicherzustellen, dass eine Ergebnismenge keine Dubletten enthält.

Um z. B. eine Liste aller tatsächlich von Kunden verwendeten Sprachen zu erhalten, kann folgende Abfrage verwendet werden.

```
var expr =
    (from k in Kunden
     orderby k.Sprache.ToString()
     select k.Sprache).Distinct();
```

Über eine zweite Überladung ist es möglich, durch Angabe eines Objektes, das die IEqualityComparer<T>-Schnittstelle implementiert, zu bestimmen, wann zwei Elemente gleich sind. Das Vorgehen ist dabei das gleiche wie in Abschnitt 5.1.9.1, „Join", beschrieben, nur dass diesmal die Elemente der fertigen Auflistung den benötigten Datentyp bestimmen.

5.1.10.2 Union

Über den Union-Operator ist es möglich, zwei Sequenzen miteinander zu verbinden, indem eine an die andere angehängt wird. Damit dies funktionieren kann, müssen die Elemente beider Sequenzen verträglich sein. Verträglich sind Elemente dann, wenn diese:
- aus dem gleichen Wertetyp bestehen.
- aus dem gleichen Referenztyp bestehen.
- anonyme Typen sind, die sich in Reihenfolge, Benennung und Datentypen der Mitglieder gleichen.

Auch hier lässt sich eine recht große Ähnlichkeit zum UNION-Schlüsselwort in SQL-Anweisungen erkennen. Auch dort müssen Sie sicherstellen, dass Spaltenanzahl und -datentyp miteinander harmonieren, um zwei Ergebnismengen miteinander zu verbinden.

Das folgende Beispiel zeigt, wie zwei Sequenzen mit anonymen Typen mittels des Union-Operators verbunden werden und anschließend eine einzige Sequenz bilden.

```
var expr =
    (from k in Kunden
     where k.Ort == "Detroit"
     select new { k.Name, k.Ort})
     .Union(
         from k in Kunden
         where k.Sprache == eSprache.Deutsch
         select new { k.Name, k.Ort});
```

Um auf Wunsch doppelte Elemente zu unterdrücken, steht der Distinct-Operator zur Verfügung.

5.1.10.3 Intersect

Um die Schnittmenge zweier Sequenzen zu erhalten, kann der Intersect-Operator angewendet werden. Er liefert nur solche Elemente, die in beiden Sequenzen vorkommen. Wie beim Union-Operator (für Details siehe Abschnitt 5.1.10.2, „Union") müssen die Elemente beider Sequenzen verträglich sein, sonst wirft der Compiler einen Fehler aus. Die Funktionsweise dieses Operators lässt sich am ehesten mit dem IN-Schlüsselwort in SQL-Abfragen vergleichen.

Folgendes Beispiel liefert alle Kunden, die in „Detroit" ansässig sind und gleichzeitig „Englisch" als Sprache haben.

```
var expr =
    (from k in Kunden
     where k.Ort == "Detroit"
     select new { k.Name, k.Ort})
     .Intersect(
         from k in Kunden
         where k.Sprache == eSprache.EnglischUSA
         select new { k.Name, k.Ort});
```

Das Ergebnis ist genau eine Firma, nämlich die „Smith Inc".

Über eine zweite Überladung ist es möglich, durch Angabe eines Objektes, das die IEqualityComparer<T>-Schnittstelle implementiert, auf die Art und Weise, wann zwei Elemente gleich sind, einzuwirken. Das Vorgehen ist das gleiche wie in Abschnitt 5.1.9.1, „Join", beschrieben, nur dass diesmal die Elemente der fertigen Sequenz den benötigten Datentyp bestimmen.

5.1.10.4 Except

Das mengentechnische Gegenstück zum `Intersect`-Operator ist der `Except`-Operator. Er nimmt alle Elemente der ersten Sequenz in das Ergebnis auf, die nicht gleichzeitig in der zweiten Sequenz vorkommen. Wie beim `Union`-Operator (für Details siehe Abschnitt 5.1.10.2, „Union") und beim `Intercept`-Operator müssen die Elemente beider Sequenzen verträglich sein, sonst wirft der Compiler einen Fehler aus. Die Funktionsweise dieses Operators lässt sich am ehesten mit dem `IN`-Schlüsselwort, in Verbindung mit `NOT`, in SQL-Abfragen vergleichen.

Das folgende Beispiel zeigt, wie dieser Operator angewendet werden kann, um nur solche Kunden zu erhalten, die als Sprache eine andere als Japanisch gespeichert haben.

```
var expr =
    (from k in Kunden
    select k)
    .Except(
    from k in Kunden
    where k.Sprache == eSprache.Japanisch
    select k
    );
```

Genau wie beim `Intercept`-Operator kann durch die Angabe eines Objektes, das die `IEqualityComparer<T>`-Schnittstelle implementiert, festgelegt werden, wann Elemente gleich sind. Da dies das gleiche Vorgehen wie beim `Join`-Operator ist, verweise ich an dieser Stelle auf Abschnitt 5.1.9.1, „Join".

5.1.11 Aggregat-Operatoren

Für das Aggregieren von Elementen, also das Zusammenfassen von Informationen, stehen die folgenden Operatoren zur Verfügung. Mit ihnen können Elemente gezählt, summiert, der Durchschnitt (arithmetische Mittel) oder das Maximum/Minimum bestimmt werden. Für alle Operatoren in dieser Kategorie existiert nur eine punktorientierte Syntax.

5.1.11.1 Count/LongCount

Um die Anzahl der Elemente in einer Sequenz als Wert zu erhalten, existieren die Operatoren `Count` und `LongCount`. Ihre Anwendung ist die gleiche, der Unterschied liegt lediglich im Datentyp der Rückgabe, der im Fall des `Count`-Operators `int` und im Fall des `LongCount`-Operators `long` ist.

Sollen beispielsweise alle Kunden mit deren Anzahl an Bestellungen abgerufen werden, kann dies mit einer solchen Abfrage geschehen.

```
var expr =
    from k in Kunden
    select new { k.Name, AnzahlBestellungen=
        (from b in Bestellungen
        where b.KundeID == k.ID
        select b).Count()
    };
```

Das Ergebnis ist eine Sequenz anonymer Elemente und sieht wie folgt aus.

```
{ Name = Müller AG, AnzahlBestellungen = 2 }
{ Name = Yokai Inc, AnzahlBestellungen = 2 }
{ Name = Smith Inc, AnzahlBestellungen = 1 }
{ Name = Meyer AG, AnzahlBestellungen = 1 }
{ Name = Hanse AG, AnzahlBestellungen = 0 }
```

Der `Count/LongCount`-Operator kann in einer Überladung einen Lambda-Ausdruck übergeben bekommen, der einen booleschen Wert (`true/false`) liefert und somit dafür sorgt, dass nur solche Elemente gezählt werden, bei denen der Lambda-Ausdruck `true` liefert. Damit eröffnet sich die Möglichkeit, die vorangegangene Abfrage alternativ wie folgt zu gestalten.

```
var expr =
    from k in Kunden
    select new
    {
        k.Name,
        AnzahlBestellungen =
            (from b in Bestellungen
             select new {b.KundeID, k.ID}).Count(c => c.KundeID == c.ID)
    };
```

Die Ausgabe ist identisch.

5.1.11.2 Sum

Um die Summe von numerischen Elementen zu bestimmen, kann auf den `Sum`-Operator zurückgegriffen werden. Der Rückgabetyp hängt vom Datentyp der Elemente ab und entspricht der `nullable`-Version des Datentyps (wenn der Datentyp des Elements also z.B. `int` ist, dann ist der Datentyp der Rückgabe `int?`).

Ab C# 2.0 kann ein Nullable-Datentyp, also einer, der auch keine Werte erhalten kann, mit einem Fragezeichen hinter dem Datentyp deklariert werden, z.B. `int?` für `Nullable<int>`.

Diese Abfrage summiert den Wert aller Bestellungen der Kunden, wobei der Einzelpreis einer Ware vorher mit der bestellten Menge multipliziert wird.

```
var expr =
    from k in Kunden
    select new
    {
        k.Name,
        WertBestellungen =
            (from b in Bestellungen
             join w in Waren
             on b.WareID equals w.ID
             where b.KundeID == k.ID
             select new { b.Menge, w.Preis }).Sum(c => c.Menge * c.Preis)
    };
```

Die Ausgabe der Sequenz sieht wie folgt aus.

```
{ Name = Müller AG, WertBestellungen = 999,80 }
{ Name = Yokai Inc, WertBestellungen = 209,50 }
{ Name = Smith Inc, WertBestellungen = 59,90 }
{ Name = Meyer AG, WertBestellungen = 99,80 }
{ Name = Hanse AG, WertBestellungen = 0 }
```

Der Datentyp des `WertBestellungen`-Mitglieds ist `decimal?` (`Nullable<decimal>`).

Für den Fall, dass die Sequenz, auf die der `Sum`-Operator angewendet wird, lediglich einen numerischer Wert enthält, kann er auch ohne Lambda-Ausdruck angewendet werden. Soll z. B. der Wert aller Waren ermittelt werden, so kann die Abfrage folgendermaßen aussehen.

```
decimal m =
    (from w in Waren
    select w.Preis).Sum();
```

Das Ergebnis lautet 709,4.

5.1.11.3 Min/Max

Wird das Minimum/Maximum benötigt, so stehen die `Min/Max`-Operatoren zur Verfügung. Sie ermitteln den kleinsten (größten) Wert aus einer Sequenz. Am Beispiel der Waren wird mit den folgenden Abfragen der niedrigste Wert ermittelt.

```
decimal m =
    (from w in Waren
    select w.Preis).Min();
```

Die Variable m hat anschließend den Wert 9,9.

Liefert die Sequenz nicht nur einen numerischen Wert, sondern z. B. ein Objekt, so muss mithilfe eines Lambda-Ausdrucks festgelegt werden, wie die Werte für die `Min/Max`-Operatoren bestimmt werden. Das folgende Beispiel ist dahingehend eine Variante der vorherigen Abfrage, die zudem statt des Minimums das Maximum ermittelt.

```
decimal m =
    (from w in Waren
    select w).Max(c => c.Preis);
```

Erwartungsgemäß beträgt der Wert der Variablen m genau 499,9.

5.1.11.4 Average

Soll das arithmetische Mittel berechnet werden, so kann dies mittels des `Average`-Operators erledigt werden. Er wird wie die `Min/Max`-Operatoren benutzt. Um den durchschnittlichen Wert einer Ware abzurufen, sieht die Abfrage wie folgt aus.

```
decimal a =
    (from w in Waren
    select w.Preis).Average();
```

Für den Fall, dass der Selektor keinen numerischen Wert aus der Sequenz liefert, muss wieder ein Lambda-Ausdruck verwendet werden, um genau zu beschreiben, welcher Wert für die Ermittlung verwendet werden soll.

```
decimal a =
    (from w in Waren
    select w).Average(c => c.Preis);
```

In beiden Fällen ist das Ergebnis, dass die Variable a den Wert 118,2333... hat.

5.1.11.5 Aggregate

Sollte keiner der vorangegangenen Operatoren für den gewünschten Zweck ausreichend sein, steht mit dem Aggregate-Operator die Möglichkeit offen, eigene Funktionen für die Ermittlung aggregierter Werte zu implementieren. Bei diesen Funktionen handelt es sich um Lambda-Ausdrücke, die C#-Methoden für die Berechnungen verwenden können. Dafür stehen drei Überladungen für unterschiedliche Vorgehensweisen zur Verfügung. Gemein ist allen Überladungen, dass sie für jedes Element der Sequenz, auf die der Aggregate-Operator angewendet wird, einmal aufgerufen werden.

Überladung 1

Die erste Überladung bekommt für jeden Aufruf das bisherige Ergebnis sowie das aktuelle Element übergeben. Auf diese Weise lässt sich gut das „beste" Element (also das billigste/teuerste, kleinste/größte etc.) Element finden. Das folgende Beispiel demonstriert dies, indem es die teuerste Ware ermittelt.

```
cWare TeuersteWare =
    (from w in Waren
    select w).Aggregate((a, b) => a.Preis > b.Preis ? a : b);
```

a steht hier für das bisher teuerste („beste") Element, b für das aktuelle. Ist das Element a teurer als Element b, so wird a weiter verwendet, sonst b.

Überladung 2

Die zweite Überladung stellt für jeden Aufruf das bisherige Zwischenergebnis und das aktuelle Element zur Verfügung. Zudem wird ein Wert übergeben, der als Startwert für die Berechnung fungiert und beim ersten Durchlauf als bisheriges Zwischenergebnis verwendet wird. Diese Überladung eignet sich für das Zusammenrechnen von Werten (Summe etc.). Das folgende Beispiel zeigt, wie die konkrete Anwendung aussehen kann, indem die Preise der Waren mithilfe einer C#-Methode aufsummiert werden, wobei die Methode je nach Preis einen bestimmten Rabatt berücksichtigt.

```
private decimal berechneRabatt(cWare w)
{
    if (w.Preis < 50) return w.Preis * 0.95m;   // 5% Abzug
    if (w.Preis < 250) return w.Preis * 0.90m;  // 10% Abzug
    return w.Preis * 0.80m;                      // 20% Abzug
}
```

Der Aufruf des `Aggregate`-Operators sieht wie dann wie folgt aus.

```
decimal rabattierterWarenwert =
    (from w in Waren
     select w).Aggregate(0m, (a, b) => a += berechneRabatt (b));
```

Der erste Parameter stellt den Startwert der Berechnung dar und ist einfach mit `0m` notiert. Des Weiteren ist `a` das aktuelle Zwischenergebnis und `b` das aktuelle Element.

Überladung 3

Die dritte und letzte Überladung ähnelt stark der vorherigen, bietet aber zusätzlich noch die Möglichkeit, einen Lambda-Ausdruck anzugeben, der vor Rückgabe auf das gesamte Ergebnis angewendet wird. Auf diesem Wege können alle Berechnungen realisiert werden, die zum Abschluss durchgeführt werden müssen (z. B. Rabatt auf alles oder Berechnen des arithmetischen Mittels). Im Folgenden wird das vorherige Beispiel variiert, um nicht die Gesamtsumme aller rabattierten Waren zu berechnen, sondern lediglich den durchschnittlichen Preis, umgerechnet auf alle Waren.

```
decimal rabattierterWarenwertDurchschnitt =
    (from w in Waren select w)
     .Aggregate(0m,
                (a, b) => a += berechneRabatt(b),
                c=> c/ Waren.Count());
```

Der Lambda-Ausdruck, der an dritter Stelle übergeben wird (`c`), führt die abschließende Berechnung durch und teilt durch die Gesamtanzahl der Waren.

Sollen z. B. nicht alle Waren berücksichtigt werden, sondern nur solche mit einem Preis > 10, so bietet es sich an, die Abfrage in zwei einzelne aufzuteilen: Eine, die erst alle Waren zusammenstellt, für die der Preis > 10 gilt, und eine zweite, die dann den durchschnittlichen Preis berechnet. Damit muss die Sequenz aus der ersten Abfrage nicht zweimal erstellt werden (jeweils für den `Aggregate`- und den `Count`-Operator).

5.1.12 Generierungsoperatoren

Mit den Operatoren aus dieser Gruppe hat der Programmierer die Möglichkeit, einfache Sequenzen mit einfachen Mitteln erzeugen zu lassen. Neben einem numerischen Bereich (n..m) und dem wiederholten Erstellen eines Elements kann dies auch eine leere Liste sein. Um diese Operatoren zu verwenden, muss die punktorientierte Syntax verwendet werden.

5.1.12.1 Range

Dieser einfache Operator kann eine Sequenz von Integer-Werten erzeugen, indem er einen Startwert und die Anzahl der gewünschten Werte übergeben bekommt. Das Ergebnis ist eine Sequenz von Zahlen, die mit dem Startwert beginnt und deren nächster Wert jeweils um eins größer ist als der vorherige. Das folgende Beispiel zeigt dies, indem die Zahlen von 1 bis 5 erzeugt werden.

```
var expr = Enumerable.Range(1, 5);
```

In Verbindung mit dem `Aggregate`-Operator kann damit z. B. die Summe der Quadrate von 1...n berechnet werden.

```
private int QuadratSumme(int s, int a)
{
    return Enumerable.Range(s, a).Aggregate(0, (a, b) => a += b*b);
}
```

Nach einem Aufruf durch

```
int qs = QuadratSumme(1, 11);
```

hat `qs` den Wert von 506.

Leider können Sie dem `Range`-Operator weder eine Schrittweite übergeben noch einen anderen (numerischen) Datentyp als Integer verwenden. Dies schränkt seine Nützlichkeit stark ein.

5.1.12.2 Repeat

Wird für eine Problemlösung n mal das gleiche Element in einer Auflösung benötigt, so kann diese Sequenz vom `Repeat`-Operator erzeugt werden. Sein primärer Einsatzbereich dürfte damit die Initialisierung von Sequenzen sein. Die folgenden Beispiele zeigen den Einsatz.

```
var expr = Enumerable.Repeat("Ich bin ein Drilling", 3);
```

Oder:

```
var expr = Enumerable.Repeat(new { Name = "Drilling", Alter = 21 }, 3);
```

Dadurch, dass der erste Parameter entsprechend oft durchlaufen wird, ist eine gezählte Schleife denkbar, die z. B. eine Abfrage oder C#-Methode, die eine Sequenz liefert, mehrfach ausführt. Diese Abfrage führt dreimal die gleiche LINQ-Abfrage durch und erstellt mit dem `SelectMany`-Operator eine flache Sequenz aus den drei Ergebnissequenzen. Damit ist das Endergebnis vergleichbar mit dem dreifachen Aufruf in Verbindung mit dem `Union`-Operator.

```
var expr = Enumerable.Repeat((from w in Waren select w), 3)
                     .SelectMany(x => x);
```

Ohne die Verwendung des `SelectMany`-Operators bestünde das Endergebnis aus drei identischen Listen, und es würden zwei verschachtelte Schleifen für die Ausgabe benötigt. Weitere Details zu diesem Operator finden Sie in Abschnitt 5.1.5.2, „SelectMany".

5.1.12.3 Empty

Der letzte Operator in dieser Gruppe ist der `Empty`-Operator, der, wie der Name sagt, eine leere Liste liefert. Die Liste besteht aus Elementen vom angegebenen Typ. Um eine leere Sequenz von Bestellungen zu erhalten, sieht der Aufruf wie folgt aus.

```
var KeineBestellungen = Enumerable.Empty<cBestellung>();
```

Der hauptsächliche Einsatz des `Empty`-Operators dürfte das Initialisieren von Sequenzen oder die bewusste Rückgabe leerer Mengen in Fehlerfällen sein, die man nicht mit einer Ausnahme abhandeln möchte.

5.1.13 Quantifizierungsoperatoren

Die nächste Gruppe an Operatoren bietet Funktionen, die prüfen, ob alle/einige Elemente einer Bedingung entsprechen, oder ob ein bestimmter Wert in einer Sequenz vorhanden ist oder nicht. Angesprochen werden alle Operatoren über die punktorientierte Syntax.

5.1.13.1 All

Der `All`-Operator liefert nur dann den Wert `true`, wenn eine Bedingung auf alle Elemente in einer Sequenz zutrifft. Andernfalls liefert er `false`.

Folgende Abfrage prüft, ob für alle Waren Preis > 10 gilt.

```
bool r = (from w in Waren select w).All(c => c.Preis > 10);
```

Das Ergebnis ist `false`, da der Blumentopf günstiger ist.

> Wird der `All`-Operator auf eine leere Liste angewendet, so liefert er immer `true`. Dies liegt an der internen Implementierung, die beim ersten Element abbricht, für welches das Prädikat nicht zutrifft. Ist die Liste leer, kann dies nicht passieren, und es wird `true` geliefert.
>
> Die Variable r hat nach folgender Ausführung daher den Wert `true`, auch wenn dies durch das Prädikat bei einer nicht leeren Liste nicht möglich ist:
>
> ```
> bool r = Enumerable.Empty<cWare>()
>   .All(a => a.Preis > decimal.MaxValue);
> ```

5.1.13.2 Any

Im Gegensatz zum `All`-Operator prüft der `Any`-Operator nicht, ob alle Elemente einem Prädikat entsprechen, sondern nur, ob es mindestens ein Element gibt, das dies tut. Damit ist er man ehesten mit der `EXISTS`-Funktion in einer SQL-Abfrage vergleichbar, die eine `SELECT`-Anweisung mit Prädikat als Argument hat.

```
bool r = (from w in Waren select w).Any(c => c.Preis > 450);
```

Das Ergebnis ist diesmal `true`, da das Wasserbett einen höheren Preis hat.

Im Gegensatz zum All-Operator liefert der Any-Operator, wenn er auf eine leere Liste angewandt wird, immer false, egal wie das Prädikat aussieht. Die folgende Abfrage liefert also auch dieses Ergebnis:

```
bool r = Enumerable.Empty<cWare>()
    .Any(a => a.Preis > decimal.MinValue);
```

5.1.13.3 Contains

Während die beiden vorherigen Operatoren nur prüfen, ob ein Prädikat erfüllt ist oder nicht, ohne zu sehen, für welches Element dies zutrifft, funktioniert der Contains-Operator anders. Er überprüft kein Prädikat, sondern durchsucht eine Sequenz nach dem übergebenen Element und testet, ob dies vorhanden ist oder nicht. Ein einfaches Beispiel mit Wertetypen kann wie folgt aussehen.

```
bool r = Enumerable.Range(1, 10).Contains(10);
```

Erwartungsgemäß hat r anschließend den Wert true.

Weitere Details zum Range-Operator finden Sie in Abschnitt 5.1.12.1, „Range".

Etwas schwieriger kann es werden, wenn der Contains-Operator auf eine Sequenz mit Referenztypen Anwendung findet. In einem solchen Fall reicht es nicht, dass gesuchte Elemente die gleichen Werte für alle Mitglieder aufweisen, sondern die Referenz muss tatsächlich identisch sein. Daher ist der Wert für r nach der folgenden Zeile false.

```
cWare w = new cWare() { ID=100,
                       Beschreibung="Wasserbett",
                       Preis=499.90M,
                       Verfuegbar=true };
bool r = Waren.Contains(w);
```

Um Referenztypen korrekt zu vergleichen, ohne direkt auf eine Referenz in der Sequenz zuzugreifen, existiert eine Überladung, welche die Übergabe eines Objektes, das die IEqualityComparer<T>-Schnittstelle implementiert, erlaubt. Waren sind z.B. gleich, wenn das ID-Mitglied den gleichen Wert aufweist.

Die benötigte Klasse, die diesen Vergleich auf diese Weise durchführt, sieht wie folgt aus.

```
private class myComparer : IEqualityComparer<cWare>
{
    public bool Equals(cWare a, cWare b)
    {
        return (a.ID == b.ID);
    }

    public int GetHashCode(cWare obj)
    {
```

```
        return obj.GetHashCode();
    }
}
```

Die Abfrage sieht aus wie die vorangegangene, nur dass ein weiterer Parameter übergeben wird.

```
cWare w = new cWare() { ID=100,
                        Beschreibung="Wasserbett",
                        Preis=499.90M,
                        Verfuegbar=true };
bool r = Waren.Contains(w, new myComparer());
```

Das Ergebnis ist nun wie erwartet `true`, da die angegebene ID von 100 in der Sequenz der Waren existiert.

 Da nur der Wert des `ID`-Mitgliedes für den Vergleich wichtig ist, können für die Abfrage theoretisch auch völlig andere Werte für die restlichen Mitglieder angegeben werden, ohne dass dies das Ergebnis beeinflusst.

5.1.14 Aufteilungsopertoren

Um andere Operatoren auf Teile von Sequenzen anzuwenden, existiert die Möglichkeit, Sequenzen aufzuteilen. Für diesen Zweck stehen die Operatoren in dieser Gruppe zur Verfügung, auf die nur über eine punktorientierte Syntax zugegriffen werden kann.

 In Zusammenarbeit können die `Skip`- und die `Take`-Operatoren direkt für das seitenweise Anzeigen größerer Datenmengen (Paging) verwendet werden.

5.1.14.1 Take

Wird von einer Sequenz nur eine maximale Anzahl von Elementen benötigt, so kann dies mit dem `Take`-Operator bewerkstelligt werden. Seine Arbeitsweise ist vergleichbar mit dem `TOP`-Schlüsselwort, das in einer SQL-Abfrage zusammen mit einer `SELECT`-Anweisung zum Einsatz kommt. Das folgende Beispiel liefert die ersten beiden Waren.

```
var expr = (from w in Waren select w).Take(2);
```

 Wird dem `Take`-Operator ein negativer Wert angegeben, so ist das Ergebnis eine leere Liste. Wird hingegen ein Wert angegeben, der größer als die Anzahl der Sequenz ist, so wird die gesamte Sequenz zurückgeliefert.

5.1.14.2 TakeWhile

Ist die konkrete Anzahl der gewünschten Elemente nicht bekannt, so werden alle Elemente benötigt, solange ein Prädikat erfüllt ist. Das erste Element, für das dies nicht mehr zutrifft, wird nicht mehr in die Ergebnissequenz übernommen, und der Operator beendet seine Verarbeitung. Eine Abfrage, die alle Waren liefert, bis die erste nicht verfügbar ist, sieht wie folgt aus.

```
var expr = (from w in Waren select w).TakeWhile(c => c.Verfuegbar);
```

Das dies bereits für die zweite Ware zutrifft (Blumentopf), hat die Ergebnissequenz nur ein Element.

```
(100): Wasserbett für 499,90€
```

Zur Unterscheidung von einem Filter mit dem Where-Operator sei darauf hingewiesen, dass dieser eine Sequenz aller Elemente liefern würde, auf die das Prädikat zutrifft – unabhängig von der Reihenfolge, in der die Elemente in der ursprünglichen Sequenz vorliegen.

5.1.14.3 Skip

Während der Take-Operator die ersten n Elemente liefert und den Rest ignoriert, geht der Skip-Operator so vor, dass er die ersten Elemente ignoriert und nur die restlichen Elemente liefert. Das folgende Beispiel liefert also die letzten vier Waren aus der Gesamtmenge von sechs Waren, da die ersten beiden übergangen werden.

```
var expr = (from w in Waren select w).Skip(2);
```

 Wird dem Skip-Operator ein negativer Wert angegeben, so ist das Ergebnis die gesamte Sequenz. Wird hingegen ein Wert angegeben, der größer als die Anzahl der Sequenz ist, so wird eine leere Liste als Ergebnis geliefert.

5.1.14.4 SkipWhile

Ist die konkrete Anzahl der Elemente aus einer Sequenz, die übersprungen werden soll, nicht bekannt, bevor der Rest geliefert wird, sondern nur ein Prädikat, so ist dies mit dem SkipWhile-Operator machbar. Es werden so lange Elemente übersprungen, wie dieses Prädikat erfüllt ist und der Rest der Sequenz (inkl. des Elements, bei dem das Prädikat als erstes nicht erfüllt wird) zurückgeliefert wird. Im Extremfall kann dies bedeuten, dass das Ergebnis leer ist, wenn das Prädikat für alle Elemente erfüllt ist. Das folgende Beispiel liefert die fünf letzten Waren, da bereits die zweite Ware (der „Blumentopf") nicht verfügbar ist.

```
var expr = (from w in Waren select w).SkipWhile(c => c.Verfuegbar);
```

Das Ergebnis sieht dann im Detail wie folgt aus.

```
(101): Blumentopf für 9,90€
(102): Tisch für 49,90€
(103): Stuhl für 39,90€
(104): Teppich (groß) für 59,90€
(105): Teppich (klein) für 49,90€
```

5.1.15 Elementoperatoren

Diese Gruppe von Operatoren dient für den direkten Zugriff auf ein einzelnes Element einer Sequenz. Dies kann z. B. das erste, das letzte oder ein Element an einer bestimmten Indexposition sein. Zudem bieten einige von diesen Operatoren Überladungen an, welche die Übergabe von Prädikaten erlauben, sodass nicht die gesamte Sequenz betrachtet wird, sondern nur solche Elemente, bei denen dieses Prädikat (in Form eines Lambda-Ausdrucks) zutrifft. Auch diese Operatoren stehen nur in Form der punktorientierten Syntax zur Verfügung.

5.1.15.1 First/FirstOrDefault

Die beiden Operatoren `First` und `FirstOrDefault` dienen für den Zugriff auf das erste Element in einer Sequenz. Der Unterschied zwischen beiden besteht darin, dass `First` eine Ausnahme vom Typ `InvalidOperationException` erzeugt, wenn:

- die zugrunde liegende Sequenz leer ist.
- für kein Element der Sequenz das Prädikat zutrifft.

`FirstOrDefault` liefert in einem solchen Fall den Standardwert (`default(T)`) zurück.

Das folgende Beispiel liefert das erste Element der Sequenz („Wasserbett").

```
cWare f = Waren.First();
```

Sollen die Waren vorher alphabetisch nach der Beschreibung sortiert werden, so kann der `First`-Operator auf eine sortierte LINQ-Abfrage angewandt werden.

```
cWare f1 =
    (from w in Waren
     orderby (w.Beschreibung)
     select w).First();
```

Das nun gelieferte Element ist damit der „Blumentopf". Alternativ kann die Sequenz auch solche Elemente einschränken, für die ein Prädikat (ein Lambda-Ausdruck) zutrifft. Das folgende Beispiel zeigt, wie dies funktioniert. Es wählt die erste Ware, die mit „T" beginnt („Tisch").

```
cWare f = Waren.First(c => c.Beschreibung.StartsWith("T"));
```

Wie schon beschrieben, würde eine Ausnahme gelöst werden, wenn das Prädikat auf keines der Elemente zutrifft. Dies wird mit dem `FirstOrDefault`-Operator vermieden, der dann den Standardwert (`default(T)`) liefert.

```
cWare f = Waren.First(c => c.Beschreibung.StartsWith("X"));
```

Der Wert von f ist einfach `null`, eine Ausnahme wird nicht erzeugt.

5.1.15.2 Last/LastOrDefault

Die `Last`- und `LastOrDefault`-Operatoren stellen die Pendants zu den `First`/`FirstOrDefault`-Operatoren dar. Anstatt auf das erste greifen sie auf das letzte Element zu. Details finden Sie daher in Abschnitt 5.1.15.1, „First/FirstOrDefault".

5.1.15.3 ElementAt/ ElementAtOrDefault

Die beiden Operatoren `ElementAt` und `ElementAtOrDefault` gestatten den Zugriff auf ein Element in der Sequenz über den Index. Der Unterschied zwischen beiden besteht darin, dass `ElementAt` bei einem ungültigen Index (negativer oder zu großer Wert) eine Ausnahme vom Typ `ArgumentOutOfRangeException` (Index negativ) oder `InvalidOperationException` (Index zu groß) erzeugt, während `ElementAtOrDefault` einfach den Standardwert (`default(T)`) liefert.

Das folgende Beispiel liefert den dritten Kunden („Meyer AG aus München").

```
cKunde f = Kunden.ElementAt(3);
```

 `ElementAt(1)` **entspricht dem** `First`**-Operator.**

Um die Kunden vor dem Zugriff nach ihren Namen zu sortieren, kann der Operator auch auf LINQ-Abfragen angewendet werden.

```
cKunde f =
    (from k in Kunden
    orderby k.Name
    select k).ElementAt(3);
```

Das Ergebnis ist diesmal „Müller AG aus Bochum". Durch den Einsatz eines Filters kann unklar sein, ob an dem angegebenen Index ein Element existiert. Damit keine Ausnahme erzeugt wird, kommt hier der `ElementAtOrDefault`-Operator zum Einsatz.

```
cKunde f =
    (from k in Kunden
    orderby k.Name
    where k.Sprache == eSprache.Daenisch
    select k).ElementAtOrDefault(1);
```

Da es keinen Kunden mit dänischer Sprache gibt, hat `f` den Wert `null`.

5.1.15.4 Single/SingleOrDefault

Soll der Zugriff auf ein einzelnes Element über die Angabe eines Prädikats in Form eines Lambda-Ausdrucks geschehen, sind die Operatoren `Single` und `SingleOrDefault` die richtige Wahl. Die Elemente müssen dafür über eindeutige Eigenschaften verfügen, damit das Prädikat funktionieren kann. Das einzelne Element wird dann zurückgeliefert und kann weiterverwendet werden.

Der `Single`-Operator erzeugt jedoch eine Ausnahme vom Typ `InvalidOperationException`, wenn:

- kein Prädikat übergeben wurde und die zugrunde liegende Sequenz etwas anderes als genau ein Element enthält.
- das Prädikat auf etwas anderes als für genau ein Element zutrifft.

Der `SingleOrDefault`-Operator liefert im Gegensatz dazu nur dann eine solche Ausnahme, wenn das Prädikat auf mehr als ein Element zutrifft. Trifft es auf kein Element zu, so wird der Standardwert (`default(T)`) zurückgeliefert.

Folgende Abfrage liefert einen Kunden („Müller AG aus Bochum") durch Angabe seiner (eindeutigen) ID.

```
cKunde k = Kunden.Single(c => c.ID == 1);
```

Ist nicht sicher, ob das Prädikat überhaupt auf mindestens ein Element zutrifft (weil z. B. die ID nicht vergeben wurde), kann die Abfrage wie folgt aussehen.

```
cKunde k = Kunden.SingleOrDefault(c => c.ID == 100);
```

Die Variable k hat anschließend den Wert null.

5.1.15.5 DefaultIfEmpty

Der DefaultIfEmpty-Operator liefert einen Standardwert, wenn die zugrunde liegende Sequenz leer ist. Verwendet werden kann dies, um niemals eine leere Sequenz zu bekommen, wenn sicher sein muss, dass immer ein („leeres") Element existiert. Die Klasse cKunde hat z. B. eine statische Methode cKunden Empty(), die ein grundlegend initialisiertes cKunden-Objekt erzeugt. Diese Methode kann verwendet werden, wenn ein Standardwert benötigt wird, weil eine Abfrage eine leere Sequenz liefern würde.

Die Empty()-Methode sieht wie folgt aus.

```
public static cKunde Empty()
{
    return new cKunde {ID=-1, Name="n.n.", Ort="?",
                       Telefon="?", Sprache=eSprache.Deutsch };
}
```

Die folgende LINQ-Abfrage liefert an sich eine leere Sequenz, da kein Kunde eine ID von 4711 besitzt.

```
var expr =
    (from k in Kunden
     where k.ID == 4711
     select k).DefaultIfEmpty(cKunde.Empty());
```

Daher ist die Ausgabe nicht leer, sondern sieht folgendermaßen aus.

```
(-1): n.n. aus ?
```

 Der DefaultIfEmpty-Operator besitzt auch eine Überladung, die keine Parameter erwartet. In diesem Fall wird der übliche Standardwert (default(T)) zurückgeliefert.

5.1.16 Konvertierungsoperatoren

Die Operatoren in dieser Gruppe dienen zur Konvertierung von Sequenzen oder deren Elementen in den gewünschten Typ. Manche Operatoren sind zudem, durch das Erstellen einer Kopie, in der Lage, ein stabiles Ergebnis zu garantieren. Damit lassen sich die Probleme lösen, die sich eventuell mit der verzögerten Ausführung von LINQ-Abfragen ergeben, wenn sich die zugrunde liegenden Sequenzen verändern. Mehr Details dazu finden Sie in Abschnitt 5.1.4, „Verzögerte Ausführung".

5.1.16.1 ToArray

Der `ToArray`-Operator liefert einen Array mit allen Elementen der zugrunde liegenden Sequenz zurück. Das Ergebnis ist stabil, da es aus den Elementen der ursprünglichen Sequenz besteht. Das folgende kleine Beispiel zeigt die Anwendung.

```
// Eine Liste mit den natürlichen Zahlen 1 bis 10
Zahlen = Enumerable.Range(1, 10).ToList<int>();

// Array erzeugen
int[] meineZahlen = (from z in Zahlen select z).ToArray();

// Zugrunde liegende Auflistung leeren
Zahlen.Clear();

// Array hat nach wie vor 10 Elemente
Debug.WriteLine(meineZahlen.Length);
```

 Bedenken Sie, dass das Anlegen einer Kopie aller Elemente bei einer großen Menge an Elementen nicht unerhebliche Ressourcen in Anspruch nehmen kann.

5.1.16.2 ToList

Der `ToList`-Operator arbeitet ähnlich wie der `ToArray`-Operator, nur mit dem Unterschied, dass er eine generische Liste vom Typ `List<T>` liefert. Auch er erstellt ein stabiles Ergebnis, das mit den Element der Sequenz befüllt wird. Analog zum vorangegangenen Beispiel sieht die Anwendung wie folgt aus.

```
// Eine Liste mit den natürlichen Zahlen 1 bis 10
Zahlen = Enumerable.Range(1, 10).ToList<int>();

// Array erzeugen
List<int> meineZahlen = (from z in Zahlen select z).ToList();

// Zugrunde liegende Auflistung leeren
Zahlen.Clear();

// Liste hat nach wie vor 10 Elemente
Debug.WriteLine(meineZahlen.Count());
```

 Bedenken Sie auch hier, dass das Anlegen einer Kopie aller Elemente bei einer großen Menge an Elementen nicht unerhebliche Ressourcen in Anspruch nehmen kann.

5.1.16.3 ToDictionary

Mit dem `ToDictionary`-Operator kann ein Objekt vom Typ `Dictionary<K,T>` erstellt werden, das die Elemente der zugrunde liegenden Sequenz erhält. Über einen Lambda-Ausdruck können die benötigten, eindeutigen Schlüsselwerte generiert werden. Über dieses `Dictionary<K,T>`-Objekt kann durch die direkte Angabe des Schlüsselwertes auf das zugeordnete Objekt zugegriffen werden.

Sind die erzeugten Schlüsselwerte nicht eindeutig, so wird eine Ausnahme vom Typ `ArgumentException` erzeugt.

Dieser Code zeigt, wie der Aufruf aussehen kann. In diesem Fall wird das komplette Element dem entsprechenden Schlüsselwert zugeordnet.

```
Dictionary<int,cKunde> = Kundenverzeichnis =
    (from k in Kunden select k).ToDictionary(k => k.ID);
```

Alternativ kann auch bestimmt werden, was in das `Dictionary`-Objekt eingefügt wird. Im folgenden Fall wird lediglich der Namen des Kunden eingefügt.

```
Dictionary<int,string> Kundenverzeichnis =
    (from k in Kunden select k).ToDictionary(k => k.ID, t => t.Name);
```

Die Ausgabe des Inhalts erfolgt mittels folgenden Codes.

```
foreach (int ID in Kundenverzeichnis.Keys)
    Debug.Print("{0}: {1}",ID,Kundenverzeichnis[ID]);
```

Wie erwartet sieht die Ausgabe wie folgt aus.

```
1: Müller AG
2: Yokai Inc
3: Smith Inc
4: Meyer AG
5: Hanse AG
```

Bedenken Sie bei diesem Operator, dass das Anlegen einer Kopie aller Elemente bei einer großen Menge an Elementen nicht unerhebliche Ressourcen in Anspruch nehmen kann.

5.1.16.4 ToLookup

Der `ToLookUp`-Operator funktioniert ähnlich wie der `ToDictionary`-Operator, nur dass er, wie sein Name vermuten lässt, ein Objekt vom Typ `Lookup<K,T>` erzeugt. Diesmal müssen jedoch die Werte, die mit einem Lambda-Ausdruck für die Schlüssel generiert werden (im Gegensatz zu `Dictionary<K,T>`-Auflistungen), nicht eindeutig sein – Zugriffe sind daher nicht ganz so performant.

Wenn Sie sicherstellen können, dass Schlüsselwerte eindeutig sind, sollten Sie Dictionary<K,T> verwenden, das besonders bei Zugriffen in größeren Auflistungen schneller ist.

Dieses Beispiel zeigt, wie die kompletten Elemente dem entsprechenden Schlüsselwert zugeordnet werden, in diesem Fall der Sprache eines Kunden.

```
var meineKunden = (from k in Kunden select k).ToLookup(k => k.Sprache);
```

Alternativ kann auch bei diesem Operator festgelegt werden, was eingefügt werden soll. Im folgenden Fall ist dies lediglich der Name des Kunden.

```
var meineKunden =
    (from k in Kunden select k).ToLookup(k => k.Sprache, t => t.Name);
```

Die Ausgabe des erzeugten Ergebnisses kann durch zwei verschachtelte Schleifen geschehen.

```
foreach (var Kunde in meineKunden)
{
    Debug.Print ("Sprache: {0}", Kunde.Key);

    foreach (var k in Kunde)
        Debug.WriteLine(k);
}
```

Die Ausgabe sieht letztendlich wie folgt aus.

```
Sprache: Deutsch
(1): Müller AG aus Bochum
(4): Meyer AG aus München
(5): Hanse AG aus Hamburg
Sprache: Japanisch
(2): Yokai Inc aus Tokio
Sprache: EnglischUSA
(3): Smith Inc aus Detroit
```

Bedenken Sie bei diesem Operator, dass das Anlegen einer Kopie aller Elemente bei einer großen Menge an Elementen nicht unerhebliche Ressourcen in Anspruch nehmen kann.

5.1.16.5 Cast

Der Cast-Operator durchläuft eine Sequenz und versucht, alle Elemente zum gewünschten Typ zu casten. Ist dies nicht möglich, weil die Typen unverträglich sind, dann wird eine Ausnahme vom Typ InvalidCastException erzeugt.

Auch dieser Operator kann in den Fällen nützlich sein, in denen z. B. in einer Sequenz unterschiedliche Ableitungen einer Basisklasse vereint sind.

Der folgende Aufruf liefert alle Controls, die sich auf einer Form befinden, und gibt sie aus.

```
// Alle Elemente umwandeln
var ControlList = this.Controls.Cast<Control>();

// Ausgeben
foreach (Control c in ControlList)
    Debug.Print("Typ: {0}, Name: {1}", c.GetType().ToString(), c.Name);
```

Die Ausgabe hängt natürlich von den Controls ab, die sich auf der Form befinden, sollte jedoch folgender Ausgabe ähneln.

```
Typ: System.Windows.Forms.GroupBox, Name: groupBox1
Typ: System.Windows.Forms.ComboBox, Name: comboBox1
Typ: System.Windows.Forms.CheckBox, Name: checkBox1
Typ: System.Windows.Forms.Button, Name: button2
Typ: System.Windows.Forms.Button, Name: button1
```

5.1.16.6 AsEnumerable

Der vorletzte Operator in dieser Gruppe ist der `AsEnumerable`-Operator, der die zugrunde liegende Sequenz einfach als `IEnumerable<T>` liefert. Dadurch können die universellen Erweiterungsmethoden angewendet werden, auch wenn der grundlegende Typ der Sequenz dies nicht zulassen würde.

5.1.16.7 AsParallel

Zum Abschluss dieser Gruppe sei hier noch der `AsParallel`-Operator erwählt, der für die parallele Verarbeitung via PLINQ zur Verfügung steht. Er lieferte ein `ParallelQuery`-Objekt, das für diese Art der Verteilung die Grundlage darstellt. PLINQ ist nicht im Fokus dieses Buches, so dass für weitere Details zu dieser interessanten Technik auf entsprechende Literatur verwiesen werden muss.

5.1.17 Sonstige Operatoren

Die beiden Operatoren, die in keinem der anderen Abschnitte Platz gefunden haben, folgen nun.

5.1.17.1 Concat

Der `Concat`-Operator kann als Verkettungsoperator zwei Sequenzen verbinden, indem er eine Sequenz an die andere anhängt. Voraussetzung dafür ist, dass die Elemente in beiden Sequenzen streng verträglich sind. Dies ist nur der Fall, wenn die Typen identisch sind (auch abgeleitete Klassen werden vom Compiler abgewiesen) oder bei anonymen Typen mit den gleichen Mitgliedern in Bezug auf Namen und Datentyp identisch sind.

 Möchten Sie zwei Listen verbinden, die zwar unterschiedliche Typen enthalten, welche sich aber voneinander ableiten, kann der `Cast`-Operator hilfreich sein. Weitere Details finden Sie in Abschnitt 5.1.16.5, „Cast".

Folgender Code erzeugt zwei Sequenzen mit Kunden, die nach ihrer Sprache gefiltert werden. Anschließend werden beide Listen mit dem `Concat`-Operator verkettet und ausgegeben.

```
// Zwei Abfragen => zwei Sequenzen
var expr1 =
    (from k in Kunden where k.Sprache == eSprache.Deutsch select k);
var expr2 =
    (from k in Kunden where k.Sprache == eSprache.EnglischUSA select k);

// Beide Sequenzen verbinden und ausgeben
foreach (var k in expr1.Concat(expr2))
    Debug.WriteLine(k);
```

Die Ausgabe besteht aus den vier Kunden, die eine der beiden Sprachen zugewiesen bekommen haben.

```
(1): Müller AG aus Bochum
(4): Meyer AG aus München
(5): Hanse AG aus Hamburg
(3): Smith Inc aus Detroit
```

5.1.17.2 SequenceEqual

Muss geprüft werden, ob zwei Sequenzen identisch sind, so kann der `SequenceEqual`-Operator verwendet werden. Zwei Sequenzen sind nur dann identisch, wenn beide die gleichen Elemente in der gleichen Reihenfolge aufweisen. Für Referenzwerte hat dieser Operator eine Überladung, die ein Objekt als Parameter akzeptiert, das die `IEqualityComparer<T>`-Schnittstelle implementiert. Somit lässt sich der Vergleichsmechanismus, der bestimmt, wann zwei Referenzwerte gleich sind, beeinflussen. Werden Sequenzen mit anonymen Typen verglichen, so muss jedes Element über die gleichen Mitglieder (in Name und Datentyp) verfügen, um als gleich zu gelten.

Aus genau diesem Grund werden die folgenden beiden Sequenzen vom `SequenceEqual`-Operator als gleich bewertet.

```
// Zwei Abfragen => zwei Sequenzen
var expr1 =
    (from k in Kunden
     where k.Sprache == eSprache.Deutsch
     select new { k.ID, k.Name });
var expr2 =
    (from k in Kunden
     where k.Telefon.StartsWith("+49")
     select new { k.ID, k.Name });

// Sind es beides Mal die gleichen Kunden?
if (expr1.SequenceEqual(expr2))
    Debug.WriteLine("Gleich");
else
    Debug.WriteLine("Ungleich");
```

Wie schon beschrieben, ist die Ausgabe „gleich".

5.2 LINQ to SQL

Eine der interessantesten Einsatzmöglichkeiten von LINQ sind sicherlich relationale Datenbanken, wie sie der Microsoft SQL Server bietet. Dabei können Daten wie erwartet abgefragt, verändert, eingefügt und gelöscht werden – alles ohne eine einzige SQL-Anweisung schreiben zu müssen. Diese werden zwar nach wie vor für die Kommunikation mit dem SQL Server benötigt, werden jedoch automatisch erstellt und ausgeführt.

Unterstützt werden dabei die folgenden Versionen:

- SQL Server 2012
- SQL Server 2008 R2
- SQL Server 2008
- SQL Server 2005
- SQL Server Compact 3.5

Für andere Version, wie z.B. SQL Server 2000 oder gar noch früher, funktionieren lediglich einige einfache Abfragen, sodass von deren Einsatz in Zusammenarbeit mit LINQ abgesehen werden sollte.

Die technische Fortentwicklung in Form von „LINQ to Entities" finden Sie in den Kapiteln 6 und 7, die sich ausschließlich um das ADO.NET Entity Framework drehen.

Die Schemata der Tabellen werden als Entitäten-Klassen mit speziellen Attributen abgebildet, sodass C# selbst nur mit Objekten zu tun hat. Über eine `DataContext`-Klasse, die den Kontext für die Daten beschreibt, werden diese Klassen gefüllt und Änderungen auf Wunsch wieder zurück in die Datenbank geschrieben.

Die benötigten Klassen und Attribute befinden sich im Namensraum `System.Data.Linq` und `System.Data.Linq.Mapping`. Das Projekt muss daher einen Verweis auf die Datei `System.Data.Linq.dll` besitzen.

Auch wenn LINQ theoretisch das Erlernen von SQL-Dialekten überflüssig macht, ist es sicher nicht falsch, mindestens ein paar gesunde Grundlagen zu beherrschen. Ob sich LINQ in diesem Bereich durchsetzen wird, muss sich erst erweisen.

Zusätzlich ist es über LINQ to SQL möglich, gespeicherte Prozeduren und Funktionen durch eine gewöhnliche C#-Methode aufzurufen. Auch hier wird die Brücke zwischen .NET-Welt und SQL Server mittels Attributen geschlagen.

Für die folgenden Beispiele in diesem Abschnitt existiert eine Datenbank („LINQ"), für welche die notwendigen Entitäten-Klassen mit dem Designer erstellt wurden.

5.2.1 Der Datenkontext

Bei der Arbeit mit LINQ to SQL ist die `System.Data.Linq.DataContext`-Klasse von zentraler Bedeutung. Sie beschreibt den Kontext, der für das Laden und Speichern der Daten benötigt wird. In diesem Kontext ist zudem hinerlegt, wie die Datenbank erreicht werden kann. Außerdem erlaubt sie den direkten Aufruf von gespeicherten Prozeduren und Funktionen als C#-Methode. Im Gegensatz zu ADO.NET-Klassen wird von dieser Klasse jedoch nur an einer Stelle eine Instanz erzeugt und für die gesamte Dauer der Anwendung verwendet – sie verbraucht sich dabei nicht wie z. B. eine Datenbankverbindung (`System.Data.SqlClient.SqlConnection`).

Tabelle 5.2 zeigt die wichtigen Methoden/Eigenschaften der `DataContext`-Klasse.

Tabelle 5.2 Wichtige Methoden/Eigenschaften der DataContext-Klasse

Methode/Eigenschaft	Beschreibung
`CommandTimeout`	Zeitdauer in Sekunden, die für die Ausführung maximal gewartet wird. Der Standardwert ist 30.
`ConflictChanges`	Eine Auflistung der Konflikte, die durch den Aufruf der `SubmitChanges()`-Methode entstanden sind. Solche Konflikte treten dann auf, wenn die Daten, die durch LINQ to SQL geladen wurden, zwischenzeitlich auf dem SQL Server verändert wurden.
`Connection`	Liefert ein Verbindungsobjekt für die zugrunde liegenden Daten. Dies ist vom Basistyp `System.Data.Common.DbConnection` und muss ggf. vor der Verwendung zu `System.Data.SqlClient.SqlConnection` gecastet werden.
`DeferredLoadingEnabled`	Mit einem Wert von `true` wird das verzögerte Laden für Objekte, die mit einer 1:1- oder einer 1:n-Beziehung zusammenhängen, aktiviert. Der Standardwert ist `true`.
`LoadOptions`	Legt die Optionen fest, die für das Laden der Daten für die Entitäten-Klassen verwendet werden sollen.
`Log`	Mit dieser Eigenschaft können alle SQL-Anweisungen, die LINQ to SQL erzeugt, in eine Datei oder das Direktausgabe-Fenster des Visual Studios ausgegeben werden. In Abschnitt 5.2.4, „Abfragen protokollieren", finden Sie ein Beispiel, wie dies realisiert werden kann.
`ObjectTrackingEnabled`	Mit einem Wert von `true` werden Änderungen überwacht, die mit der `GetChangeSet()`-Methode abgerufen werden können.
`Transaction`	Eine Transaktion vom Typ `System.Data.Command.DbTransaction`. Diese muss vor der Verwendung ggf. zu einem `System.Data.SqlClient.SqlTransaction` gecastet werden.
`CreateDatabase()`	Erstellt die Datenbank aus den vorhandenen Metadaten
`DatabaseExists()`	Prüft, ob die zugrunde liegende Datenbank auf dem SQL Server existiert

Methode/Eigenschaft	Beschreibung
DeleteDatabase()	Versucht, die zugrunde liegende Datenbank vom SQL Server zu löschen
ExecuteCommand()	Führt eine SQL-Anweisung auf der zugrunde liegenden Datenbank aus
ExecuteQuery()	Führt eine Abfrage auf der zugrunde liegenden Datenbank aus
GetChangeSet()	Liefert alle Änderungen, wenn die ObjectTracking-Enabled-Eigenschaft auf true gesetzt wurde
GetCommand()	Liefert ein System.Data.Common.DbCommand, das ggf. vor der Verwendung zu einem System.Data.SqlClient.SqlCommand gecastet werden muss
Refresh()	Aktualisiert die Daten in Entitäten-Klassen. Wie genau, das hängt von dem Parameter mode ab. Dieser ist vom Typ RefreshMode und kann einen der folgenden Werte annehmen: *KeepCurrentValues:* Vorhandene Werte bleiben erhalten, nur neue Werte werden aus der Datenbank geladen *KeepChanges:* Liest neue Werte aus der Datenbank; lediglich bereits gemachte Änderungen bleiben erhalten OverwriteCurrentValues: Überschreibt auch die aktuellen Werte Für Details lesen Sie bitte unter „Daten erneut einlesen" in Abschnitt 5.2.3.1, „Daten abrufen", weiter.
SubmitChanges()	Schreibt alle Änderungen zurück in die Datenbank

Zur Erstellung einer Instanz steht eine Reihe von Konstruktoren zur Verfügung. Die wichtigsten finden Sie im Anschluss. Wenn die Verbindungszeichenkette vorliegt, um auf die Datenbank zuzugreifen, so kann diese verwendet werden.

```
DataContext dc = new DataContext("<Verbindungszeichenfolge>");
```

Eine andere Möglichkeit ist es, direkt eine mdf-Datei anzugeben, welche die Mediendatei für die gewünschte Datenbank darstellt.

```
DataContext dc = new DataContext(@"c:\Datenbanken\LINQ.mdf");
```

Weitere Details über den Aufbau von Verbindungszeichenfolgen sowie das direkte Verwenden von mdf-Datenbank-Mediendatein finden Sie in Abschnitt 4.2.5, „Verbindungszeichenfolge (Connection String)".

Existiert bereits eine Verbindung zur gewünschten Datenbank, so kann das entsprechende SqlConnection-Objekt für das Erstellen verwendet werden.

```
SqlConnection con = null;

// con-Objekt erstellen und initialisieren
DataContext dc = new System.Data.Linq.DataContext(con);
```

Wurde die `DataContext`-Klasse automatisch mit dem Visual Studio Designer oder durch die `SqlMetal`-Anwendung erstellt und ist damit eine direkte Ableitung, so existiert zusätzlich noch ein praktischer Konstruktor ganz ohne Parameter. Dieser Konstruktor liest die benötigte Verbindungszeichenfolge aus den Einstellungen der Anwendung.

```
LINQDataContext DataContext = new LINQDataContext();
```

Damit kann diese auch nach Auslieferung der Anwendung einfach angepasst werden.

Bild 5.3 Die Verbindungszeichenfolge für LINQ

 Die Einstellungen werden in einer Datei mit dem Namen der Anwendung plus der Erweiterung „config" (also z. B. LINQ.EXE.CONFIG) gespeichert. Diese ist im XML-Format und kann außerhalb des Visual Studios mit jedem Texteditor bearbeitet werden.

5.2.2 Entitäten-Klassen

Sogenannte Entitäten-Klassen bilden die Tabellen auf dem SQL Server als Klassen ab, sodass LINQ-Abfragen auf die Daten zugreifen können. Das Erstellen dieser Klassen von Hand ist ein aufwendiges Unterfangen, das sich mit dem Designer, den das Visual Studio bietet, und dem Kommandozeilen-Werkzeug SqlMetal automatisieren lässt. Doch ist es sicherlich interessant, die Grundlagen zu kennen, um zu verstehen, wie LINQ to SQL funktioniert. Daher wird erst gezeigt, wie die Klassen aufgebaut sind, und anschließend, wie sie erstellt werden können.

5.2.2.1 Aufbau der Klassen

Damit LINQ to SQL funktionieren kann, muss jede Tabelle in der Datenbank als Entitäten-Klasse abgebildet werden. Diese Klassen entsprechen Tabellen in der Datenbank und deren Eigenschaften (und Mitglieder) den Spalten in diesen. Über spezielle Attribute wird diese Zuordnung durchgeführt. Diese befinden sich alle im Namensraum `System.Data.Linq.Mapping`.

> Wenn Sie den Namenraum `System.Data.Linq.Mapping` importieren, können die benötigten Attribute einfach durch ihren Namen angesprochen werden, sodass weniger Code erstellt werden muss. Die folgende Zeile ist daher auch in den Demo-Klassen zu finden:
>
> ```
> using System.Data.Linq.Mapping;
> ```

Database-Attribut

Die Klasse, die sich von der `DataContext`-Klasse ableitet, ist mit dem `Database`-Attribut versehen, das nur einen einzigen Parameter kennt. Dieser Parameter heißt `Name` und legt den Namen der Datenbank fest, für den diese Klasse als Kontext fungieren soll.

```
using System.Data.Linq.Mapping;

    [DatabaseAttribute(Name="LINQ")]
    public partial class LINQDataContext : System.Data.Linq.DataContext
{
        ...
}
```

Dieses kurze Beispiel zeigt den Einsatz des Attributs für die `DataContext`-Klasse, die den Zugriff auf die LINQ-Datenbank steuert.

Table-Attribut

Das `Table`-Attribut wird direkt auf die Klasse angewendet und sorgt für die Verknüpfung zwischen der Klasse und der Tabelle auf dem SQL Server. Es hat nur einen benannten Parameter mit dem Namen der Tabelle, in der die Datenbank festgelegt wird. Damit ist der Name der Klasse an sich technisch ohne Bedeutung und muss nicht identisch mit dem der Tabelle sein. Ohne dessen Angabe wird als Tabellenname der Name der Klasse verwendet.

> Auch wenn technisch keine Notwendigkeit mehr besteht, dass sich die Namen der Entitäten-Klassen und Datenbanktabellen ähneln, so ist es doch für die Übersichtlichkeit und Lesbarkeit nicht ganz unerheblich, dass beide denselben Namen haben.

Die einfachste Anwendung des Attributes kann dann wie folgt aussehen und setzt voraus, dass Klassen und Tabellen den gleichen Namen besitzen.

```
using System.Data.Linq.Mapping;
```

```
[Table]
class Kunden
{
    ...
}
```

Weichen die beiden Namen voneinander ab, so wird es nur unwesentlich komplizierter.

```
using System.Data.Linq.Mapping;

[Table(Name="Kunden")]
class CKunden
{
    ...
}
```

 Auch wenn des Weiteren immer von Tabellen die Rede sein wird, können alternativ auch Sichten verwendet werden, die ggf. natürlich aktualisierbar sein müssen. In Abschnitt 3.4.14, „Tabellen oder Sichten", finden Sie Details, wann eine Sicht aktualisierbar ist.

Damit ist der Rahmen angelegt, und es kann nun mit den Eigenschaften/Spalten weitergehen.

Column-Attribut

Über dieses Attribut werden Spalten in einer Tabelle den einzelnen Mitgliedern oder Eigenschaften zugeordnet. Für diese Felder stehen die Modifikatoren private, public und internal zur Verfügung. Über benannte Parameter des Attributes können alle notwendigen Angaben für die Zuordnung vorgenommen werden.

Tabelle 5.3 Parameter des Column-Attributes

Parameter	Beschreibung
AutoSync	Gibt mit true/false an, ob der Wert automatisch synchronisiert werden soll
CanBeNull	Gibt mit true/false an, ob dieses Feld null-Werte zulässt. Der Standardwert ist false, wenn dieser Parameter nicht angegeben wurde.
DbType	Gibt, als Zeichenkette, die Spaltendefinition der Spalte an, die verwendet werden soll. Diese sieht ähnlich aus wie in einer CREATE TABLE- oder ALTER TABLE-Anweisung. Folgende Zeichenkette stellt eine solche Spaltendefinition dar: Name VARCHAR(100) NOT NULL Weitere Details über die o. g. Anweisung finden Sie in Abschnitt 3.6.3, „Tabellen".
Expression	Gibt den Ausdruck an, mit dem der Inhalt dieser Spalte berechnet wird

Parameter	Beschreibung
IsDbGenerated	Gibt mit true/false an, dass der Wert dieses Feldes automatisch von der Datenbank erzeugt wird
IsDiscriminator	Legt mit true/false fest, ob der Inhalt dieser Spalte zur Unterscheidung mehrerer .NET-Typen, die in einer Tabelle gespeichert werden, dient. Weitere Details dazu finden Sie unter „InheritancingMapping-Attribut" in Abschnitt 5.2.2.1, „Aufbau der Klassen".
IsPrimaryKey	Gibt mit true/false an, ob dieses Feld Teil des Primärschlüssels ist
IsVersion	Gibt mit true/false an, ob das Feld nach Aktualisierung ebenfalls aktualisiert werden soll. Spalten vom Typ timestamp sind solche Spalten auf dem SQL Server.
Name	Legt den Spaltennamen für dieses Feld fest. Wird dieser Parameter nicht angegeben, dann nimmt LINQ to SQL den Namen des Feldes an.
Storage	Legt den Namen der Eigenschaft fest, über die diese Werte gelesen und geschrieben werden. Der Standard ist der eigentliche Name des Feldes.
UpdateCheck	Diese Eigenschaft legt fest, wie LINQ to SQL Konflikte durch gleichzeitige Änderungen in einer Mehrbenutzer-Umgebung erkennen soll (Optimistic Concurrency). Mögliche Werte sind: • *Default:* Das ist der Standard und lässt LINQ to SQL die Wahl. • *Always:* Immer beim Einfügen und Ändern von Daten • *Never:* Niemals, weder beim Einfügen noch beim Ändern • *OnInsert:* Nur beim Einfügen neuer Elemente • *OnUpdate:* Nur beim Ändern vorhandener Elemente

Nachfolgend sehen Sie ein kurzes Beispiel, das ein Mitglied und eine Eigenschaft über Attribute zuordnet.

```
[Table(Name="dbo.Kunden")]
public class Kunden
{
    ...
    [Column(Storage="_ID", AutoSync=AutoSync.OnInsert,
        DbType="Int NOT NULL IDENTITY", IsPrimaryKey=true,
        IsDbGenerated=true)]
    public int ID
    {
        // Implementierung des Feldes/ Eigenschaft
    }
}
```

Association-Attribut

Mit diesem Attribut werden Beziehungen zwischen Tabellen, wie z.B. Fremdschlüssel, beschrieben. Diese Informationen dienen dazu, dass LINQ bei Änderungen direkt sicherstellen kann, dass diese Änderungen nicht die Relationen der Daten zerstören und somit nicht zurück in die Datenbank schreibbar wären.

Das Attribut besitzt die folgenden benannten Parameter.

Tabelle 5.4 Parameter des Association-Attributes

Parameter	Beschreibung
DeleteOnNull	Gibt mit `true`/`false` an, ob beim Wert `null` gelöscht werden soll
DeleteRule	Legt die Regel fest, die beim Löschen ausgeführt werden soll. Soll nichts unternommen werden, so ist `NO ACTION` dafür vorgesehen.
IsForeignKey	Weist diese Beziehung als Fremdschlüssel-Einschränkungen aus. Der Standard ist `false`.
IsUnique	Wenn dies eine Fremdschlüssel-Einschränkung ist, dann legt diese Eigenschaft fest, ob die Werte eindeutig sein müssen.
Name	Legt den Namen des Attributes fest
OtherKey	Legt den Namen der Eigenschaft für diese Seite der Beziehung fest. Der Standard für diesen Parameter ist die ID der enthaltenen Klasse.
Storage	Legt den Namen der Eigenschaft fest, über welche die Werte gelesen und geschrieben werden. Der Standard ist der eigentliche Name des Feldes.
ThisKey	Legt den Namen der Eigenschaft für die andere Seite der Beziehung fest

Das folgende Beispiel definiert die Beziehung zwischen Kunden und Bestellungen und der Demo-Datenbank.

```
[Association(Name="Kunden_Bestellungen",
             Storage="_Bestellungens",
             OtherKey="KundeID")]
public EntitySet<Bestellungen> Bestellungens
{
    get
    {
        return this._Bestellungens;
    }
    set
    {
        this._Bestellungens.Assign(value);
    }
}
```

Das Attribut wird auf eine Eigenschaft angewendet, über diese Beziehung wird LINQ to SQL hergestellt.

InheritancingMapping-Attribut

Besteht die Notwendigkeit, unterschiedliche .NET-Klassen in einer Tabelle zu speichern, so kann LINQ to SQL mit diesem Attribut entsprechend verwendet werden. Mit ihm können die notwendigen Zuordnungen gesteuert werden, ohne dass unterschiedliche Tabellen existieren müssen.

Folgende Parameter existieren für dieses Attribut.

Tabelle 5.5 Parameter des InheritancingMapping-Attributes

Parameter	Beschreibung
Code	Legt den Wert fest, den die Spalte, die über das Column-Attribut mit dem Parameter IsDiscriminator=true verfügt, enthalten muss, damit diese Zuordnung angewandt wird.
IsDefault	Legt mit true/false fest, ob dies die Standardzuordnung ist, die verwendet wird, wenn keine andere bestimmt werden kann. Dies kann der Fall sein, wenn die Spalte, die über das Column-Attribut mit dem Parameter IsDiscriminator=true verfügt, mit keinem der Code-Parameter übereinstimmt.
Type	Gibt den .NET-Typ an, der für diese Zuordnung steht

Angenommen es existieren die drei Klassen CArzt, CKrankenschwester und CPfleger, die alle von der gleichen Klasse CPersonen abgeleitet wurden. Es sei weiter angenommen, dass die Tabelle TPersonen alle Eigenschaften für alle Klassen speichert, zuzüglich einer Spalte (TYP), in der für jede Klasse ein anderer Wert angelegt wird, sodass unterscheidbar ist, in welcher Zeile welche Klasse gespeichert wird. Das folgende Beispiel umreißt dieses Szenario kurz.

```
[Table(Name="Personal")]
[InheritanceMapping(Code="Arzt",
                   Type=typeof(CArzt))]
[InheritanceMapping(Code="Krankenschwester",
                   Type=typeof(CKrankenschwester))]
[InheritanceMapping(Code="Pfleger",
                   Type=typeof(CPfleger))]
public class Personal
{
    // Eine Klasse für LINQ to SQL
    [Column(IsPrimaryKey=true)] public int ID;
    [Column(IsDiscriminator = true)] public string Typ;
    // Alle weiteren Felder
}

public class CArzt : Personal
{
    // Spezialisierung für Ärzte
}

public class CKrankenschwester : Personal
{
    // Spezialisierung für Krankenschwestern
}
public class CPfleger : Personal
{
    // Spezialisierung für Pfleger
}
```

Bei Zugriffen auf die spezialisierten Klassen müssen diese aus der Personal-Klasse gecastet werden.

Function-Attribut und Parameter-Attribut

Neben den Zugriff auf Tabellen und Sichten ist es über LINQ to SQL auch möglich, gespeicherte Prozeduren und Funktionen direkt durch C#-Code auszuführen. Realisiert wird dies durch das Zuordnen von C#-Methoden zu SQL Server-Prozeduren oder Funktionen mittels der entsprechenden Attribute. Ähnlich wird mit den Parametern der C#-Methoden verfahren, um diese direkt den Parametern der SQL Server-Objekte zuzuordnen.

In beiden Fällen (gespeicherte Prozedur und benutzerdefinierte Funktion) wird das `Function`-Attribut verwendet, jedoch mit dem Unterschied, dass für Funktionen der Parameter mit einem Wert von `true` angegeben werden muss.

Tabelle 5.6 Parameter des Function-Attributes

Parameter	Beschreibung
IsComposable	Ein Wert von `false` (dem Standardwert) bedeutet, dass dies eine gespeicherte Prozedur ist. Ein Wert von `true` weist auf eine Funktion hin. Da der Standardwert `false` ist, kann dieser Parameter bei gespeicherten Prozeduren entfallen, ist jedoch für Funktionen zwingend.
Name	Legt den Namen der gespeicherten Prozedur oder Funktion fest. Wird dieser Parameter nicht angegeben, so wird als Name der Name der C#-Funktion angenommen. Dieser Parameter ist für Funktionen zwingend, da zu ihrem Namen immer das Schema gehört (z. B. „dbo.verfuegbareWaren") und für C# ein Punkt nicht als Teil eines Namens fungieren kann.

Neben dem Zuordnen der C#-Methoden müssen auch deren Parameter den entsprechenden Parametern der SQL Server-Objekte zugeordnet werden. Dies wird mit dem `Parameter`-Attribut bewerkstelligt, das zwei benannte Parameter hat.

Tabelle 5.7 Parameter des Parameter-Attributes

Parameter	Beschreibung
DbType	Gibt als Zeichenkette die serverseitige Definition des Parameters an
Name	Legt den Namen des Parameters fest. Wird dieser Wert nicht angegeben, so wird als Name der Name des C#-Parameters angenommen.

Der Parameter `DbType` ist dabei die Entsprechung der Definition des Parameters, so wie er auf dem SQL Server festgelegt wurde. Dies bedeutet, dass z. B. eine gespeicherte Prozedur folgendermaßen definiert wurde.

```
CREATE PROCEDURE [dbo].[loescheBestellung]
(
    @BestellungID int
)
AS
...;
```

Der Typ für den Parameter BestellungenID wird wie folgt über Attribute zugeordnet.

```
[Parameter(Name="BestellungID", DbType="Int")]
```

Der Parametername kann für den Fall entfallen, wenn der Parameter der C#-Methode exakt dem der gespeicherten Prozedur oder Funktion entspricht. Allerdings ist dies sicherlich nicht ratsam, da so etwas von der Lesbarkeit des Codes verloren geht.

> Nicht jeder Parameter der C#-Methode muss an den SQL Server weitergereicht werden. Es ist denkbar, dass ein Teil der Parameter (ohne `Parameter`-Attribut) von der C#-Methode verwendet werden, während ein anderer Teil (mit `Parameter`-Attribut) an die gespeicherte Prozedur oder Funktion weitergereicht wird. Theoretisch kann sogar beides der Fall sein, d.h. ein Parameter, der sowohl von der C#-Methode verwendet als auch an SQL Server-Objekte weitergereicht wird.

Der Rückgabewert dieser Prozeduren muss dem der jeweiligen gespeicherten Prozedur oder Funktion entsprechen. In Fällen, in denen eine Tabellenwertfunktion abgebildet wird, ist eine vollständige Klasse notwendig, die der Rückgabetabelle entspricht und über die benötigten `Table`- und `Column`-Attribute verfügt.

Um z. B. eine einfache gespeicherte Prozedur mittels einer C#-Methode aufrufen zu können, sieht der Code wie folgt aus.

```
[Function(Name="dbo.loescheBestellung")]
public int loescheBestellung(
    [Parameter(Name="BestellungID", DbType="Int")]
    System.Nullable<int> bestellungID)
{
    IExecuteResult result =
        this.ExecuteMethodCall(this,
        ((MethodInfo)(MethodInfo.GetCurrentMethod())), bestellungID);
    return ((int)(result.ReturnValue));
}
```

Diese Methode (wie auch die folgende) wurde automatisch per Designer erzeugt und zeigt, wie der Rückgabewert in den benötigten Datentyp umgewandelt wird. Der Rückgabewert ist vom generischen Typ `System.Nullable<int>`.

> Eine gespeicherte Prozedur kann nur einen numerischen Wert ohne Nachkommastellen als Rückgabewert verwenden.

Der Aufruf gestaltet sich denkbar einfach, da es nichts anderes ist als der Aufruf einer Methode der `DataContext`-Klasse.

```
System.Nullable<int> result = DataContext.loescheBestellung(1);
if (result == 1)
    Debug.Print("Löschen erfolgreich");
else
    Debug.Print("Löschen nicht erfolgreich");
```

Wie schon gesagt, ist die Verwendung der Attribute in Verbindung mit Funktionen nahezu identisch. Nachfolgend befindet sich der Aufruf zu einer solchen benutzerdefinierten Skalarwertfunktion, die über einen Rückgabetyp von `DECIMAL(18,2)` verfügt.

```
[Function(Name="dbo.WertBestelleWaren", IsComposable=true)]
public System.Nullable<decimal> WertBestelleWaren(
    [Parameter(Name="KundeID", DbType="Int")] Nullable<int> kundeID)
{
    return ((System.Nullable<decimal>)
    (this.ExecuteMethodCall(this, ((MethodInfo)
        (MethodInfo.GetCurrentMethod())), kundeID).ReturnValue));
}
```

Da es sich um eine Funktion handelt, muss der `IsComposable`-Parameter mit dem Wert `true` angegeben werden. Auch dieser Rückgabetyp ist die `Nullable`-Variante des Datentyps, den die zugrunde liegende Funktion zurückliefert.

Der Aufruf und die Ausgabe des Ergebnisses gestalten sich recht unspektakulär.

```
LINQDataContext DataContext = new LINQDataContext();
decimal? result = DataContext.WertBestelleWaren(1);
Debug.Print("Ergebnis: {0:0.00}€", result);
```

Die Ausgabe sieht letztendlich so aus: `Ergebnis: 999.80€`.

Die Notation `decimal?` wird hier als Kurzform für `System.Nullable-<decimal>` verwendet, welches der Rückgabetyp für diese Methode ist.

Als Letztes zeigt der folgende Code, wie eine Tabellenwertfunktion definiert und aufgerufen wird. Die Rückgabe ist eine Klasse (`verfuegbareWarenResult`), deren Mitglieder den einzelnen Spalten der zurückgelieferten Abfrage entsprechen.

```
[Function(Name="dbo.verfuegbareWaren", IsComposable=true)]
public IQueryable<verfuegbareWarenResult> verfuegbareWaren()
{
    return this.CreateMethodCallQuery<verfuegbareWarenResult>
        (this, ((MethodInfo)(MethodInfo.GetCurrentMethod())));
}
```

Die Rückgabe kann wie gewohnt als Sequenz oder in einer LINQ-Abfrage verwendet werden.

```
LINQDataContext DataContext = new LINQDataContext();
var items = (from v in DataContext.verfuegbareWaren()
             orderby v.Beschreibung
             select v);
```

Die Ausgabe kann mit einer einfachen `foreach`-Schleife stattfinden.

```
foreach (var i in items)
    Debug.Print("{0} für {1:0.00}€", i.Beschreibung, i.Preis);
```

Sie besteht aus fünf Zeilen und sieht wie folgt aus.

```
Stuhl für 39.90€
Teppich (groß) für 59.50€
Teppich (klein) für 49.90€
```

```
Tisch für 49.90€
Wasserbett für 499.90€
```

Durch den Einsatz der `Function`- und `Parameter`-Atttribute ist der direkte Aufruf von gespeicherten Prozeduren und Funktionen durch LINQ to SQL möglich.

5.2.2.2 Manuell oder per Code erzeugen

Alle Klassen können unter Verwendung der entsprechenden Attribute von Hand oder per eigenem Code erstellt werden. Dieser Prozess ist allerdings mehr als nur arbeitsintensiv und auch sehr fehleranfällig. Er sollte nur in solchen Situation angewendet werden, in denen es unausweichlich erscheint.

Eine solche Situation könnte das dynamische Erstellen von Code zu dessen On-the-Fly-Kompilierung sein. Selbst in einer solchen (schon recht seltenen) Situation wird es effizienter sein, das Programm SqlMetal auszuführen und seine Ausgabe zu benutzen.

5.2.2.3 Per Designer erzeugen

Visual Studio bietet den Komfort, die benötigten Klassen per integrierten Designer zu erstellen. Der Designer erzeugt alle Entitäten-Klassen und die entsprechenden Klassen für den Datenkontext, die umgehend einsatzfähig sind und sofort genutzt werden können. Folgende Schritte sind für die Erstellung notwendig:

- Öffnen Sie das Kontextmenü des gewünschten Projektes oder das Projektmenü und wählen dann HINZUFÜGEN (CRTL+SHIFT-A).
- Wählen Sie nun zuerst HINZUFÜGEN, dann NEUES ELEMENT. Es erscheint der Auswahldialog für neue Elemente.

Bild 5.4 Auswahldialog für neue Elemente

- Geben Sie der dbml-Datei einen sprechenden Name und klicken Sie anschließend auf HINZUFÜGEN.
- Nun erscheint ein leerer Bereich, in den sowohl Tabellen als auch gespeicherte Prozeduren und Funktionen aus dem Server Explorer gezogen werden können. Nach dem Schließen lässt sich dieser Bereich immer wieder öffnen, wenn Sie auf die dbml-Datei doppelklicken, hinter der gleich zwei Dateien stehen.
  - Die DBML.LAYOUT-Datei speichert grafische Informationen, die angeben, wo welches Objekt angezeigt werden soll.
  - Die DESIGNER.CS-Datei enthält die relevanten Klassen für LINQ, welche die Datenbankobjekte reflektieren.
- Öffnen Sie den Server Explorer, und erzeugen Sie eine Datenbankverbindung zur gewünschten Datenbank, wenn diese noch nicht existiert.
- Wenn die Datenbankverbindung vorliegt, können die gewünschten Objekte in den leeren Bereich gezogen werden. Diese Objekte sind im Wesentlichen:
  - Tabellen
  - Sichten
  - Gespeicherte Prozeduren
  - Tabellenwertfunktionen
  - Skalarwertfunktionen

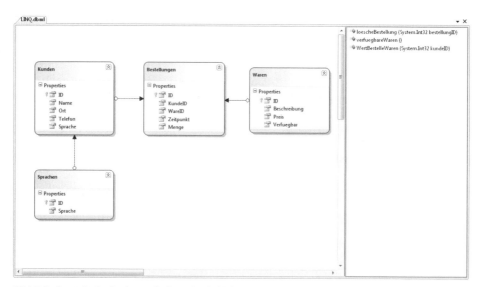

Bild 5.5 So stellt der Designer die Datenbankobjekte dar.

- Die Verbindungszeichenfolge für den Datenbankzugriff wurde als Einstellung angelegt und kann dort (später) modifiziert werden.
- Beziehungen zwischen Tabellen können über das Kontextmenü mit dem Befehl HINZUFÜGEN > ZUORDNUNG angelegt werden. Später können bestehende Zuordnungen über deren Eigenschaften verändert werden.

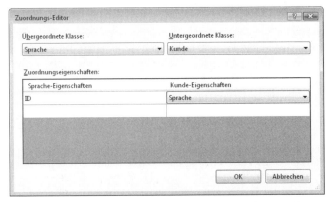

Bild 5.6 Beziehungen zwischen Tabellen können mit diesem Dialog bestimmt werden.

Sinnvollerweise lässt der Designer nur Objekte aus einer Datenbank zu. Wird ein Objekt aus einer anderen Datenbank dazugezogen, dann erscheint ein Dialog, der fragt, ob die Datenbank verändert werden soll. Wird dieser bestätigt, werden alle vorherigen Objekte aus der ursprünglichen Datenbank ungültig. Werden Objekte aus mehreren Datenbanken benötigt, so müssen zwei dbml-Dateien getrennt, mit unterschiedlichen Namen, verwendet werden.

 Wie Sie im Folgenden sehen werden, ist das SqlMetal-Werkzeug auch in der Lage, Entitäten-Klassen und Datenkontext-Klassen zu erstellen. Es bietet zwar nicht den Komfort einer grafischen Oberfläche, bietet aber einige Funktionen (wie z. B. die Angabe einer Basisklasse), sodass sich ein Blick auf die Parameter unter Umständen lohnen kann.

5.2.2.4 SqlMetal

Eine andere Möglichkeit, die sich gut zum Automatisieren eignet, um die von LINQ to SQL benötigten Entitäten-Klassen automatisch erstellen zu lassen, ist der Einsatz der `SqlMetal`-Anwendung. Diese ist eine Kommandozeilen-Anwendung und Bestandteil des .NET Frameworks SDK. Neben dem Erzeugen der .cs-Klassen können auch XML-Dateien erstellt werden, die alle relevanten Informationen für die Datenbankstruktur als Metadaten enthalten. Diese XML-Dateien können später für Dokumentationszwecke, manuelle Bearbeitung und zum Erstellen der .cs-Klassen in einem zweiten Schritt verwendet werden.

Die .cs-Klassen, die von `SqlMetal` erstellt werden, enthalten neben den Entitäten-Klassen auch die benötigte `DataContext`-Klasse, die inhaltlich gleichwertig mit den Klassen ist, die vom Visual Studio Designer erstellt werden.

 Der genaue Pfad, wo sich `SqlMetal` befindet, hängt von der genauen Version des SDK ab. Ein möglicher Pfad auf einer Windows Vista-Installation kann z. B. *C:\Program Files\Microsoft SDKs\Windows\v6.0A\bin* sein.

Die erstellten .cs-Klassen können nach Erzeugung in das gewünschte Projekt eingebunden werden.

Alle Parameter, die Werte erhalten sollen, werden durch einen Schrägstrich (/) eingeleitet und durch einen Doppelpunkt (:) von ihren Werten abgetrennt. Die restlichen Parameter beginnen lediglich mit einem Schrägstrich (/).

Tabelle 5.8 zeigt eine Aufstellung der wichtigen Parameter dieses Werkzeuges.

Tabelle 5.8 Die Parameter der SqlMetal-Anwendung

Parameter	Beschreibung
/server:	Name, TCP/IP-Adresse, ggf. zusammen mit dem Namen der Instanz des SQL Servers. Außerdem kann ein einziger Punkt (.) oder der Alias (local) für den lokalen Computer verwendet werden.
/database:	Name der Datenbank. Wird dieser Parameter nicht angegeben, so wird die Standarddatenbank der folgenden Anmeldung verwendet.
/user:	Name der SQL Server-Anmeldung. Soll die Windows-Authentifizierung verwendet werden, so muss dieser Parameter weggelassen werden.
/password:	Das Kennwort der SQL Server-Anmeldung. Dieser Parameter macht nur Sinn, wenn der Parameter /user: ebenfalls angegeben wird und damit die SQL Server-Authentifizierung verwendet werden soll.
/conn:	Verbindungszeichenfolge, die für die Verbindung mit der Datenbank verwendet werden soll. Die Verwendung dieses Parameters ist eine Alternative zu den Parametern /user, /password, /server, /database und /timeout.
/timeout:	Gibt die Zeitbegrenzung (Timeout) in Sekunden an. Der Standard ist 0, was für endlos steht.
/views	Wird dieser Parameter angegeben, so werden alle Sichten neben den Tabellen extrahiert.
/functions	Durch diesen Parameter werden die Funktionen aus der Datenbank extrahiert.
/sprocs	Dieser Parameter sorgt dafür, dass die gespeicherten Prozeduren aus der Datenbank extrahiert werden.
/language:	Legt die .NET-Sprache fest, für die Codedateien erstellt werden sollen. CSharp oder C# stehen dabei für C# und z. B. VB oder VisualBasic für Visual Basic. Ohne die Angabe dieses Parameters geht SqlMetal von C# aus und muss damit nicht zwingend angegeben werden.
/code:	Legt den Namen der Code-Datei fest
/xml:	Durch diesen Parameter wird der Name einer XML-Datei bestimmt, in der die Metadaten über die Datenbank gespeichert werden.
/map:	Gibt den Namen der Zuordnungsdatei an. Schließt den /dbml-Parameter aus.
/dbml:	Gibt den Namen der dbml-Datei an. Kann nicht zusammen mit /map verwendet werden. Schließt den /map-Parameter aus.
/pluralize	Dieser Parameter sorgt dafür, dass Klassen, Eigenschaften und Felder im Plural, statt wie sonst im Singular, benannt werden. Dies geschieht nach den Regeln der englischen Sprache.

Parameter	Beschreibung
/namespace:	Legt den Namensraum fest, der für die Erzeugung der Code-Dateien verwendet werden soll
/entitybase:	Wird dieser Parameter angegeben, so kann mit ihm die Basisklasse der Entitäten-Klassen bestimmt werden. Standardmäßig haben Entitäten-Klassen keine explizite Basisklasse.
/serialization:	Gibt mit dem Wert „Unidirectional" an, dass serialisierbare Klassen erstellt werden sollen
/provider:	Legt den zu verwendenden Datenbankprovider fest. Wird dieser Parameter nicht angegeben, so wird dieser zur Laufzeit festgelegt.

 Wenn Sie *localhost* verwenden, um den lokalen Computer anzusprechen, wird intern die IP-Adresse 127.0.0.1 verwendet und der SQL Server wird möglicherweise auf diese IP-Adresse nicht reagieren. Zuverlässiger ist es daher, wie vorangehend beschrieben, einen Punkt (.) oder *(local)* zu verwenden.

Das folgende Beispiel verwendet SqlMetal, um für eine Datenbank mit dem Namen LINQ die Entitäten-Klassen unter D:\LINQ.cs zu erstellen.

```
SqlMetal /server:.\sqlexpress /database:LINQ /namespace:LINQ /code:"D:\LINQ.cs"
```

Um die Metadaten für die gleiche Datenbank im XML-Format zu speichern, sieht der Aufruf wie folgt aus.

```
SqlMetal /server:.\sqlexpress /database:LINQ /namespace:LINQ /xml:"D:\LINQ.xml"
```

Bild 5.7 zeigt die so entstandenen Metadaten.

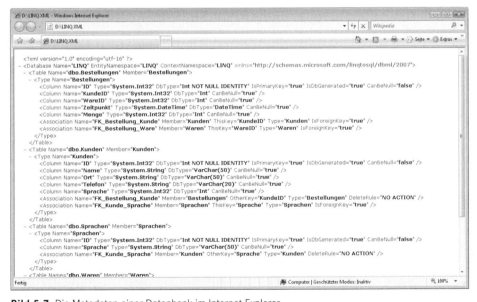

Bild 5.7 Die Metadaten einer Datenbank im Internet Explorer

Um aus diesen Metadaten einen .NET-Code zu erstellen, kann SqlMetal folgendermaßen aufgerufen werden. Die XML-Datei wird mit den Metadaten als Eingabe verwendet.

```
SqlMetal /code:"d:\LINQ.cs" "D:\LINQ.xml"
```

Alternativ kann die dbml-Datei ebenfalls dazu verwendet werden.

```
SqlMetal /code:"d:\LINQ.cs" "D:\LINQ.dbml"
```

Die Eingabedatei (XML oder dbml) ist kein Parameter ist, sondern wird einfach nach den Parametern angegeben.

Datenbankstruktur aus Metadaten erstellen

Die so erstellten Metadaten können dazu verwendet werden, die benötigte Datenbank zu erzeugen und damit eine dauerhafte Datenhaltung zu ermöglichen. Möglich sind die folgenden Aktionen:

- die Datenbank erstellen
- prüfen, ob die Datenbank existiert
- die Datenbank löschen

Das folgende Beispiel zeigt zuerst, wie die Datenbank erstellt werden kann.

```
// DataContext erstellen, die benötigte Verbindungszeichenfolge
// wird aus der Konfiguration der Anwendung ermittelt
LINQDataContext DataContext = new LINQDataContext();

// Nun die Datenbank erstellen
DataContext.CreateDatabase();
...
```

Nun wird getestet, ob die Datenbank existiert, und wenn das der Fall ist, wird die Datenbank gelöscht.

```
if (DataContext.DatabaseExists())
   DataContext.DeleteDatabase();
```

Die Methode `CreateDatabase()` erstellt die Datenbank und verwendet die Standardwerte des SQL Servers in Bezug auf Größe, Speicherort etc.

Es gilt zu bedenken, dass sowohl das Erzeugen als auch das Löschen einer Datenbank voraussetzt, dass die verwendete Anmeldung (aus der Verbindungszeichenfolge) über die notwendigen Berechtigungen verfügt. Bei gewöhnlichen Anmeldungen, die lediglich auf die Daten zugreifen, ist dies in der Regel nicht der Fall.

5.2.3 Abfragen

Ein großer Vorteil von LINQ besteht darin, dass Abfragen unabhängig von der verwendeten Speichertechnologie immer gleich ablaufen. Daher wird dieser Abschnitt nicht sehr viel Neues liefern können. Die einzigen grundlegenden Unterschiede liegen im Wesentlichen darin, wie die Daten aus der Datenbank geladen und wie gemachte Änderungen anschließend wieder in diese zurückgeschrieben werden – beide beschränken sich jedoch auf einen Funktionsaufruf.

Egal welche Art von Zugriff vorliegt, die entsprechenden Entitäten-Klassen müssen vor dem Einsatz von LINQ to SQL erstellt worden sein. Neben dem aufwendigen manuellen Ansatz stehen hier der visuelle Designer des Visual Studios und die SqlMetal-Anwendung zur Verfügung. Details finden Sie in den jeweiligen Abschnitten.

5.2.3.1 Daten abrufen

Das Abrufen von Daten via LINQ to SQL gestaltet sich denkbar einfach. Über ein DataContext-Objekt kann auf jede Tabelle, Sicht und Tabellenwertfunktion wie auf eine Sequenz zugegriffen werden – was diese im Wesentlichen aus der Sicht von LINQ auch sind. Um z. B. auf alle Kunden zuzugreifen, sieht die entsprechende LINQ-Abfrage wie folgt aus.

```
// DataContext erzeugen, Verbindungszeichenfolge
// aus Anwendungseinstellungen nehmen
LINQDataContext DataContext = new LINQDataContext();

// Alle Kunden auflisten und nach Name, Ort sortieren
var Kunden = (from k in DataContext.Kundens
              orderby k.Name
              orderby k.Ort
              select new { k.Name });

// Ausgabe durch einfache Schleife
foreach (var k in Kunden)
    Debug.WriteLine(k);
```

Die Ausgabe ist wie erwartet eine Liste, deren Elemente ein anonymer Typ mit genau einer Eigenschaft (Name) sind, und die alle Kundennamen, entsprechend der angegebenen Sortierung, notieren.

```
{ Name = Müller AG }
{ Name = Smith Inc }
{ Name = Hanse AG }
{ Name = Meyer AG }
{ Name = Yokai Inc }
```

Wenn Sie im Visual Studio den Mauszeiger auf Kunden von var Kunden =... bewegen, erscheint ein Hinweis (Tooltipp), der die SQL-Abfrage anzeigt, die zur Ermittlung der Daten zum Einsatz kommt.

Der Zugriff auf das Ergebnis der Abfrage muss dabei nicht über einen anonymen Typen geschehen, sondern kann auch über das Element selbst erfolgen. Für die Ausgabe muss dann allerdings die gewünschte Ausgabezeichenfolge bestimmt werden, da die automatisch generierten Klassen die `ToString()`-Methode nicht überschreiben.

Der folgende Code erzeugt also ein (fast) identisches Ergebnis, lässt aber mehr Spielraum für die Weiterverarbeitung, da alle Spalten der zugrunde liegenden Tabelle in Form von Eigenschaften zur Verfügung stehen.

```
// LINQ Abfrage
var Kunden = (from k in DataContext.Kundens
              orderby k.Name
              orderby k.Ort
              select k);

// Ausgabe durch eine einfache Schleife
foreach (var k in Kunden)
    Debug.WriteLine(k.Name);
```

Die Ausgabe sieht fast gleich aus.

```
Müller AG
Smith Inc
Hanse AG
Meyer AG
Yokai Inc
```

Auf Wunsch geht eine solche Abfrage auch noch einfacher und kommt ganz ohne LINQ-Abfrage aus.

```
foreach (var k in DataContext.Kundens)
    Debug.WriteLine(k.Name);
```

Die Ausgabe ist identisch zu der vorherigen, abgesehen von der Sortierung.

Die hier gezeigten Klassen wurden mithilfe des Visual Studio Designers erstellt. Dieser verhält sich standardmäßig so, als hätte man die `SqlMetal`-Anwendung mit dem Parameter `/pluralize` aufgerufen. Daher bildet er die Namen der Auflistungen als Plural nach den Regeln der englischen Sprache. So kommt es zu Kreationen wie „Kundens". Auf Wunsch kann dieses Verhalten jedoch unter EXTRAS > OPTIONEN, und dort unter DATENBANKTOOLS > O/R-DESIGNER > PLURALISIERUNG VON NAMEN angepasst werden.

Daten erneut einlesen

Die Daten aus der Datenbank werden beim ersten Zugriff in den Speicher geladen. Dies gilt sowohl für die angesprochenen Sequenzen selbst als auch, wenn die `DeferredLoading`-`Enabled`-Eigenschaft auf den Wert `false` gesetzt wurde, für solche Sequenzen, die mit einer 1:1- oder einer 1:n-Beziehung verbunden sind. Dabei werden keineswegs alle Zeilen eingelesen, sondern nur solche, die dem Filter entsprechen, wenn ein solcher angegeben wurde. Das folgende Beispiel zeigt dies. Die erste Abfrage liefert gemäß dem Filter genau einen Kunden.

```
var Kunde = (from k in DataContext.Kundens
             where k.Name == "Müller AG"
             select k).First();

Debug.Print("{0} in {1}", Kunde.Name, Kunde.Ort);
```

Die Ausgabe sieht wie folgt aus.

```
Müller AG in Bochum
```

Wird nun z. B. der Ort dieses Kunden in der Datenbank verändert und gleichzeitig auch bei einem der anderen Kunden, so liefert die Ausgabe dieser Abfrage

```
var Kunden = (from k in DataContext.Kundens
              select k);

foreach (var k in Kunden)
   Debug.Print("{0} in {1}", k.Name, k.Ort);
```

nach wie vor „Bochum" als Ort für den Kunden „Müller AG", jedoch den aktuellen Ort aller anderen Kunden. Ist eine Zeile erst einmal im Speicher, greifen alle Abfragen auf diese Kopie im Speicher zu. Werden weitere Zeilen benötigt, so werden diese bei Bedarf geladen.

In vielen Situationen kann es jedoch vorkommen, dass die Daten in der Datenbank von anderer Seite modifiziert wurden, nachdem diese bereits als Kopie im Speicher vorliegen. Für solche Zwecke steht die `Refresh()`-Methode des `DataContext`-Objektes zur Verfügung.

Soll im vorangegangenen Beispiel die aktuelle Änderung am Ort für den Kunden „Müller AG" verfügbar sein, so kann dies mit folgendem Aufruf zwischen den beiden LINQ-Abfragen sichergestellt werden.

```
DataContext.Refresh(System.Data.Linq.RefreshMode.KeepChanges,
                    DataContext.Kundens);
```

Wie der erste Parameter dabei schon vermuten lässt, bleiben Änderungen, die an den Eigenschaften vorgenommen wurden, dabei erhalten. Wurde z. B. der Name des Kunden mit folgender Zeile geändert

```
Kunde.Name = "Müller KG";
```

sieht die Ausgabe der zweiten LINQ-Abfrage trotzdem wie folgt aus, da die lokale Änderung nicht verloren gegangen ist.

```
Müller KG in Bochum
Yokai Inc  in Tokio
Smith Inc in Detroit
Meyer AG in München
Hanse AG in Hamburg
```

Sollen die lokalen Änderungen bei der Aktualisierung mit den Daten aus der Datenbank nicht erhalten bleiben, so muss der erste Parameter einen anderen Wert erhalten.

```
DataContext.Refresh(
    System.Data.Linq.RefreshMode.OverwriteCurrentValues,
    DataContext.Kundens);
```

Durch diesen Aufruf werden die Daten aller Zeilen im Speicher bei der nächsten Abfrage neu eingelesen (wenn diese noch vorhanden sind).

Die `Refresh()`-Methode kann außerdem auch auf die Inhalte einzelner Elemente oder gezielt auf das Ergebnis einer LINQ-Abfrage angewendet werden.

Das erste Beispiel demonstriert dies für ein einzelnes Objekt, das vorangehend mit einem `First`-Operator ermittelt wurde.

```
DataContext.Refresh(System.Data.Linq.RefreshMode.KeepChanges, Kunde);
```

Das zweite Beispiel macht das Gleiche für das Ergebnis der letzten LINQ-Abfrage.

```
DataContext.Refresh(System.Data.Linq.RefreshMode.KeepChanges, Kunden);
```

Für den Fall, dass die `DeferredLoadingEnabled`-Eigenschaft eines `DataContext`-Objektes auf den Wert `false` gesetzt wurde, werden auch Zeilen aus solchen Sequenzen, die mit einer 1:1- oder einer 1:n-Beziehung verbunden sind, aktualisiert.

Sofortiges Laden

Um bei einer Abfrage nicht nur alle direkt betroffenen Objekte, sondern auch solche, die mit diesen nur in Beziehung stehen und von denen z.B. nur die Anzahl interessant ist, mit in den Speicher zu laden (z.B. bei einer Abfrage wie „Gib mir alle Kunden und die Anzahl derer Bestellungen aus."), kann sofortiges Laden anstelle von verzögertem Laden verwendet werden. Dies geschieht durch Verwendung eines `DataLoadOptions`-Objektes, das die relevanten Beziehungen enthält. Das folgende Beispiel zeigt, wie dies aussieht.

```
// DataContext erzeugen
LINQDataContext db = new LINQDataContext();

// DataLoadOptions-Objekt erstellen
DataLoadOptions options = new DataLoadOptions();

// Beziehungen bestimmen und zuweisen
options.LoadWith<Kunden>(Kunden => Kunden.Sprachen);
db.LoadOptions = options;
```

Nun können anschließend die Abfragen durchgeführt werden.

Abfragen kompilieren

Werden Abfragen mehrfach, eventuell nur mit unterschiedlichen Parametern, aufgerufen, kann es aus Performance-Gründen sinnvoll sein, diese zu kompilieren. Damit muss der SQL Server vor der Ausführung keine Zeit und Ressourcen darauf verwenden, Parameter einzufügen und einen Ausführungsplan zu entwickeln.

 Der SQL Server versucht automatisch, Abfragen, die an ihn geschickt werden, mit Parametern zu versehen, um damit feststellen zu können, ob eventuell ein schon vorhandener Ausführungsplan einer vorherigen Abfrage wieder verwendet werden kann.

Damit eine Abfrage kompiliert wird, kommt die statische Methode `CompiledQuery.Compile()` (aus dem Namensraum `System.Data.Linq`) zum Zuge. Das folgende Beispiel zeigt, wie dies praktisch aussieht. Diese einfache Abfrage, die einen einzelnen Kunden liefert, dessen ID bekannt ist

```
var Kunde = (from k in DataContext.Kundens
             where k.ID == ID
             select k).First();
```

kann durch folgenden Aufruf kompiliert werden und steht anschließend für Aufrufe bereit.

```
using System.Data.Linq;

var AbfrageKunde = CompiledQuery.Compile(
                    (LINQDataContext Context, int ID) =>
                       from k in Context.Kundens
                       where k.ID == ID
                       select k).First());
```

Über einen Lambda-Ausdruck werden zum einen ein `DataContext`-Objekt, das die Verbindung festlegt, über welche die Abfrage ausgeführt werden soll, und zum anderen alle gewünschten Parameter übergeben, die dann wie gewohnt in der Abfrage verwendet werden. Konkret sieht der Aufruf wie folgt aus und liefert das gewünschte Ergebnis.

```
var Kunde = Abfrage(DataContext, 1);
```

Direkte Abfragen

Abfragen durch LINQ sind ein mächtiges Mittel, jedoch ist es ab und an praktisch oder gar notwendig, direkt SQL-Anweisungen an den SQL Server zu senden und mit dem resultierenden Ergebnis weiterzuarbeiten. Für solche Zwecke stellt die `DataContext`-Klasse die `ExecuteQuery()`-Methode zur Verfügung. Ihr kann die gewünschte SQL-Abfrage übergeben werden, und sie liefert eine Liste vom gewünschten Typ zurück. Damit dies funktionieren kann, muss der Basistyp der Liste den Spalten der Abfrage zuordenbar sein.

```
var Kunden = DataContext.ExecuteQuery<Kunden>
    ("Select * from Kunden");

foreach (var i in Kunden)
    Debug.Print("{0} aus {1}", i.Name, i.Ort);
```

Die Ausgabe sieht auch hier aus wie erwartet.

```
Müller AG aus Bochum
Yokai Inc aus Tokio
Smith Inc aus Detroit
Meyer AG aus München
Hanse AG aus Hamburg
```

Ist der Basistyp nicht zuordenbar, so wird beim Durchlaufen der Liste eine Ausnahme vom Typ `InvalidCastException` erzeugt.

Liegt kein Ergebnis vor, ist es unwichtig oder wird es nicht in Form einer Liste benötigt, so kann ein direkter Aufruf alternativ auch wie folgt aussehen – in diesem Beispiel, um die Version des SQL Servers abzurufen.

```
using System.Data;

using (SqlClient.SqlConnection con =
    (SqlClient.SqlConnection)DataContext.Connection)
{
    // Verbindung muss geöffnet werden
    con.Open();
    using (SqlClient.SqlCommand cmd = con.CreateCommand())
    {
        // Datenbankversion abrufen
        cmd.CommandText = "SELECT @@version;";
        string version = (string)cmd.ExecuteScalar();
    }
}
```

Über die `Connection`-Eigenschaft steht nach entsprechender Umwandlung ein Verbindungsobjekt für den Zugriff auf den SQL Server bereit, das vor der Verwendung nur noch geöffnet werden muss.

Die prinzipielle Möglichkeit, eine „eigene" Verbindung mittels der Verbindungszeichenfolge zu erstellen und zu verwenden, die auch LINQ to SQL verwendet, sei hier nur der Vollständigkeit wegen erwähnt.

Gespeicherte Prozeduren

Durch den Einsatz des `Function`-Attributs können gespeicherte Prozeduren auf den SQL Server direkt aufgerufen werden. Parameter werden dabei zusätzlich mit dem `Parameter`-Attribut versehen. Die Definition einer gespeicherten Prozedur als C#-Methode kann exemplarisch wie folgt aussehen.

```
[Function(Name="dbo.loescheBestellung")]
public int loescheBestellung(
    [Parameter(Name="BestellungID", DbType="Int")]
    System.Nullable<int> bestellungID)
{
    IExecuteResult result =
        this.ExecuteMethodCall(this,
        ((MethodInfo)(MethodInfo.GetCurrentMethod())), bestellungID);
    return ((int)(result.ReturnValue));
}
```

Da es sich um eine C#-Methode handelt, ist der Aufruf an sich als Methode eines `DataContext`-Objektes keine große Sache und unterscheidet sich nicht von Aufrufen gewöhnlicher C#-Methoden.

```
// DataContext erzeugen, Verbindungszeichenfolge
// aus Anwendungseinstellungen nehmen
LINQDataContext DataContext = new LINQDataContext();

// Aufruf der gespeicherten Prozeduren
if ((bool)DataContext.loescheBestellung(1))
```

```
        Debug.Print("Löschen erfolgreich");
else
        Debug.Print("Löschen nicht erfolgreich");
```

Wenn der Kunde mit einer ID von 1 (noch) existiert, wurde dieser gelöscht und die entsprechende Nachricht in das Direktfenster ausgegeben.

Benutzerdefinierte Funktionen

Wie schon in den vorangegangen Abschnitten erwähnt, können auch benutzerdefinierte Funktionen sowie gespeicherte Prozeduren direkt als C#-Methode durch LINQ to SQL aufgerufen werden. Auch hier werden das `Function`-Attribut für die C#-Methode und die `Parameter`-Attribute für die Parameter verwendet. Welche Rückgabe eine solche C#-Methode liefert, hängt von der Art der benutzerdefinierten Funktion ab. Im Fall einer Skalarwertfunktion wird einfach der entsprechende .NET-Datentyp verwendet, während bei einer Tabellenwertfunktion das Ergebnis eine Auflistung ist, die auf der generischen `IQueryable`-Schnittstelle basiert, die wiederum als Elemente eine Klasse enthält, die der Rückgabe der Funktion entspricht.

Eine einfache Skalarwertfunktion kann wie folgt definiert sein.

```
[Function(Name="dbo.verfuegbareWaren", IsComposable=true)]
public IQueryable<verfuegbareWarenResult> verfuegbareWaren()
{
    return this.CreateMethodCallQuery<verfuegbareWarenResult>
        (this, ((MethodInfo)(MethodInfo.GetCurrentMethod())));
}
```

Für eine Tabellenwertfunktion, die eine Ergebnismenge liefert, sieht der Code wie folgt aus.

```
[Function(Name="dbo.WertBestelleWaren", IsComposable=true)]
public System.Nullable<decimal>
    WertBestelleWaren([Parameter(Name="KundeID", DbType="Int")]
        System.Nullable<int> kundeID)
{
    return ((System.Nullable<decimal>)(this.ExecuteMethodCall
        (this, ((MethodInfo)(MethodInfo.GetCurrentMethod())),
            kundeID).ReturnValue));
}
```

Der Aufruf der Funktionen gestaltet sich erwartungsgemäß einfach und unterscheidet sich lediglich in der Behandlung des Ergebnisses. Im Fall einer Skalarwertfunktion ist dies der entsprechende `Nullable`-Datentyp (`Nullable<Typ>` oder wie im Beispiel mit einem Fragezeichen „?" notiert) gemäß der Definition der Funktion auf dem SQL Server.

```
// DataContext erzeugen, Verbindungszeichenfolge
// aus Anwendungseinstellungen nehmen
LINQDataContext DataContext = new LINQDataContext();

// Funktion aufrufen
decimal? Wert = DataContext.WertBestelleWaren(1);

// Ausgabe
Debug.Print("Wert {0:0.00}€", Wert);
```

Die Ausgabe sieht wie folgt aus.

```
Wert 999.80€
```

Ein Aufruf einer Tabellenwertfunktion gestaltet sich gleich. Nur bei der Ausgabe oder weiteren Verwendung muss anders vorgegangen werden, da es in diesem Fall eine Auflistung ist.

```
// DataContext erzeugen, Verbindungszeichenfolge
// aus Anwendungseinstellungen nehmen
LINQDataContext DataContext = new LINQDataContext();

// Funktion aufrufen
var Waren = DataContext.verfuegbareWaren();

// Ausgabe
foreach (var w in Waren)
    Debug.Print("{0} für {1:0.00}€", w.Beschreibung, w.Preis);
```

Die Ausgabe der Auflistung ist unspektakulär und sieht wie folgt aus.

```
Wasserbett für 499.90€
Tisch für 49.90€
Stuhl für 39.90€
Teppich (groß) für 59.50€
Teppich (klein) für 49.90€
```

 Sowohl gespeicherte Prozeduren als auch benutzerdefinierte Funktionen werden mit dem Function-Attribut versehen. Lediglich der benannte Parameter IsComposable weist mit einem Wert von true auf eine Prozedur hin. Da der Standardwert false ist (bei einer Funktion), kann dieser Parameter entfallen.

5.2.3.2 Ändern, Löschen und Hinzufügen

Um die Daten in den Entitäten-Klassen und den Auflistungen zu ändern, wird auf die üblichen Mittel zugegriffen, mit denen Eigenschaften und Auflistungen sonst auch manipuliert werden. Da dies im Wesentlichen über das einfache Zuweisen von Werten sowie die Methoden Add() und Remove() (oder einer Variante von ihnen) der entsprechenden Auflistungen geschieht, folgen hier nur drei einfache Beispiele.

Als Erstes sollen die Eigenschaften eines Objektes geändert werden.

```
// DataContext erzeugen, Verbindungszeichenfolge
// aus Anwendungseinstellungen nehmen
LINQDataContext DataContext = new LINQDataContext();

// Einen Kunden auswählen
var Kunde = (from k in DataContext.Kundens
             where k.ID == 5
             select k).First();

// Einen oder mehrere Werte ändern
Kunde.Sprache = (int)eSprache.Japanisch;
```

Das Ändern der Werte funktioniert nicht, wenn anonyme Typen mittels des Select-Operators zurückgeliefert werden. Deren Werte können nur gelesen und daher nicht zurück in die Datenbank geschrieben werden.

Ein Objekt, hier ein Kunde, wird über ähnlichen Code wie den folgenden hinzugefügt.

```
// DataContext erzeugen, Verbindungszeichenfolge
// aus Anwendungseinstellungen nehmen
LINQDataContext DataContext = new LINQDataContext();

// Neue Kunden erstellen
Kunden neuerKunde = new Kunden()
    { Name = "Kohle AG", Ort="Essen", Telefon="+49 201 12345678",
      Sprache=(int)eSprache.Deutsch};

// Und hinzufügen
DataContext.Kundens.Add(neuerKunde);
```

Das Löschen geschieht auch mit der Liste und der Remove()-Methode.

```
LINQDataContext DataContext = new LINQDataContext();

// Einen Kunden auswählen
var Kunde = (from k in DataContext.Kundens
             where k.ID == 5
             select k).First();

// Und entfernen
DataContext.Kundens.Remove(Kunde);
```

Darüber hinaus kann auch mehr als nur ein einzelnes Objekt pro Aufruf entfernt werden – in der gleichen Weise, wie dies auch beim Hinzufügen möglich ist.

Änderungen an den Werten der Entitäten-Klassen oder das komplette Hinzufügen oder Löschen von Elementen sind nur dann wirklich interessant, wenn diese Änderungen dauerhaft in der Datenbank gespeichert werden können. Um dies zu ermöglichen, existiert die SubmitChanges()-Methode.

```
// DataContext erzeugen, Verbindungszeichenfolge
// aus Anwendungseinstellungen nehmen
LINQDataContext DataContext = new LINQDataContext();

// Einen Kunden auswählen
var Kunde = (from k in DataContext.Kundens
             select k).First();

// Werte ändern
Kunde.Ort = "Viersen";

// Änderungen dauerhaft in der Datenbank speichern
DataContext.SubmitChanges();

// Änderungen sind nun in der Datenbank
```

Die `SubmitChanges()`-Methode akzeptiert in einer Überladung den Parameter `failureMode`, der vom Typ `ConflictMode` ist, einer Auflistung, die bestimmt, was im Falle eines Konfliktes geschehen soll. Ein Konflikt tritt dann ein, wenn die Daten, die durch LINQ to SQL geladen wurden, zwischenzeitlich auf dem SQL Server verändert wurden. Der Parameter kann zwei Werte annehmen:

- *FailOnFirstConflict:* Hierdurch wird sofort beim ersten auftretenden Konflikt die Methode abgebrochen und eine Ausnahme vom Typ `ChangeConflictException` erzeugt. Dies ist der Standard, wenn die `SubmitChanges()`-Methode ohne Parameter aufgerufen wird.
- *ContinueOnConflict:* Bei diesem Wert wird auch im Falle eines Konfliktes versucht, weitere, noch ausstehende Änderungen in der Datenbank zu aktualisieren, wenn dies möglich ist.

Um auf Konflikte im Nachhinein noch zugreifen zu können, steht die `DataContext.ChangeConflicts`-Auflistung bereit, die jeden Konflikt in Form eines `ObjectChangeConflict`-Objektes bereithält.

Bedenken Sie, dass auch eine einzelne Änderung durchaus mehrere Konflikte in unterschiedlichen Tabellen nach sich ziehen kann.

Welche Strategie verwendet werden soll, um Konflikte zu ermitteln, kann für jedes Feld individuell durch den benannten Parameter `UpdateCheck` des `Column`-Attributes festgelegt werden. In jedem Fall können aber nur Konflikte für die Zeilen auftreten, die sich im Speicher befinden. Bei allen anderen Zeilen kann es zu keinem Konflikt kommen.

Des Weiteren kann die Markierung eines Feldes mit dem `IsVersion`-Parameter oder mit dem `IsDBGenerated`-Parameter die Erkennung von Konflikten durch kürzere SQL-Anweisungen effizienter machen. Während `IsVersion` ein Feld als Zeit- oder Versionsstempel ausgibt (auf dem SQL Server eine Spalte vom Typ `timestamp`), weist `IsDBGenerated` ein Feld als solches aus, das von der Datenbank gefüllt wird (auf SQL Servern eine Identitätsspalte).

Tabellen, die eine Spalte vom Typ `timestamp` enthalten, können nicht vom SQL Server repliziert werden, da eine Änderung in dieser Tabelle, also auch während der Replikation, der Spalte einen neuen Wert zuweist. Damit würde diese Zeile gleich erneut repliziert werden müssen, und ein regelrechter Pingpong-Effekt wäre die Folge.

Der folgende Code verfeinert das vorangegangene Beispiel so, dass es auf Konflikte reagiert, indem es den Anwender fragt, ob noch ein Versuch unternommen werden soll, die Daten in die Datenbank zu schreiben. Alternativ zu der Rückfrage kann auch eine gezählte Schleife für vielleicht vier oder fünf Versuche sinnvoll sein.

```
// DataContext erzeugen, Verbindungszeichenfolge
// aus Anwendungseinstellungen nehmen
LINQDataContext DataContext = new LINQDataContext();

// Einen Kunden auswählen
```

```csharp
var Kunde = (from k in DataContext.Kundens
             where k.ID == 5
             select k).First();

// Werte verändern
Kunde.Ort = "München";

// Nun werden die Daten dieser Kunden
// von anderer Seite aus verändert
while (true) // Endlosschleife
    try
    {
        // Änderungen dauerhaft in der Datenbank speichern
        DataContext.SubmitChanges(ConflictMode.FailOnFirstConflict);

        // Kein Konflikt => while-Schleife verlassen
        break;
    }
    catch (System.Data.Linq.ChangeConflictException)
    {
        // Es ist ein Konflikt aufgetreten
        string msg = "Konflikt an\n\n";
        foreach (ObjectChangeConflict conflict in
                  DataContext.ChangeConflicts)
             msg += conflict.Object.GetType().ToString()+ "\n";
        // Benutzer fragen, ob er wiederholen möchte
        if (MessageBox.Show(msg + "\nMöchten Sie es erneut versuchen?",
              "LINQ-Konflikt", MessageBoxButtons.YesNoCancel)
              == DialogResult.Yes)
             // Daten des Kunden aktualisieren,
             // eigene Änderungen dabei behalten
             DataContext.Refresh(RefreshMode.KeepChanges, Kunde);
        else
             // Keinen weiteren Versuch unternehmen
             break;
    }
    catch (Exception ex)
    {
        // Irgendetwas anderes ist schiefgelaufen
        MessageBox.Show(ex.ToString());
    }
```

Über die `DataContext.Refresh()`-Methode wird hier versucht, die geänderten Daten aus der Datenbank zu lesen, ohne die eigenen Änderungen zu verlegen. Je nach Anwendung stehen auch die Werte `RefreshMode.KeepCurrentValues` oder `RefreshMode.OverrideCurrentValues` als Parameter zur Verfügung.

Werden durch den Aufruf von `SubmitChanges` neue Elemente, die zuvor mit `Add` einer Auflistung hinzugefügt wurden, in der Datenbank angelegt, dann stehen Werte von Feldern, die in ihrem `Column`-Attribut den genannten Parameter `IsDbGenerated=true` erhalten haben, zur Verfügung. Dies ist besonders bei Identitätswerten von Wichtigkeit.

Transaktionen

Änderungen, die durch die `DataContext.SubmitChanges()`-Methode aus dem Speicher in die Datenbank geschrieben werden, werden intern immer in einer einzigen Transaktion zusammengefasst, sodass das Alles-oder-nichts-Prinzip greift. Darüber hinaus steht die

Möglichkeit offen, über die `TransactionScope`-Klasse solche Änderungen transparent zusammen mit anderen Operationen in einer Transaktion zu verarbeiten.

 Das Projekt muss zu diesem Zweck einen Verweis auf die `System.Transaction.dll` besitzen. Dieser muss ggf. noch eingefügt werden.

Die System.Transaction Assembly ist seit .NET 2.0 Bestandteil des Frameworks. Über die `Complete()`-Methode können die umschlossenen Anweisungen freigegeben werden (Commit), wenn kein Fehler aufgetreten ist. Ein Abbruch (Rollback) geschieht lediglich indirekt, indem kein Aufruf der `Complete()`-Methode stattfindet.

Der nachfolgende Code demonstriert, wie dies im Groben aussehen kann.

```
using System.Transactions;

LINQDataContext DataContext = new LINQDataContext();

try
{
    // Transaktion beginnen
    using (TransactionScope tran = new TransactionScope())
    {
        var Kunde = (from k in DataContext.Kundens
                     where k.ID == 5
                     select k).First();
        Kunde.Ort = "Oberhausen";

        // Andere Anweisungen gegen die Datenbank ausführen.
        // Ob mit oder ohne LINQ to SQL spielt keine Rolle

        // Änderungen schreiben
        DataContext.SubmitChanges();
        // Noch ein paar Anweisungen

        // Alle Anweisungen waren erfolgreich
        tran.Complete();
    }
}
catch (System.Data.Linq.ChangeConflictException)
{
    MessageBox.Show("Konflikt. Daten wurden zwischenzeitlich geändert.");
}
catch (Exception ex)
{
    MessageBox.Show(ex.ToString());
}
```

5.2.4 Abfragen protokollieren

LINQ to SQL bietet die Möglichkeit, über eine Klasse, die sich von `System.IO.TextWriter` ableitet, alle SQL-Anweisungen, die erzeugt wurden, zu protokollieren. Die Beispielanwendung für LINQ to SQL benutzt dies mittels Implementierung der Klasse `LINQDebugWriter`.

Die Verwendung ist denkbar einfach, indem eine neue Instanz der Log-Eigenschaft der `DataContext`-Klasse zugewiesen wird.

Das folgende Beispiel demonstriert dies.

```
LINQDataContext DataContext = new LINQDataContext();
DataContext.Log = new LINQDebugWriter();
```

Müssen weitere Änderungen an den Entitäten-Klassen zurück in die Datenbank geschrieben werden (z. B. der Aufruf der `SubmitChanges()`-Methode), so sehen die protokollierten SQL-Anweisungen in etwa wie folgt aus.

```
INSERT INTO [dbo].[Bestellungen]([KundeID], [WareID], [Zeitpunkt], [Menge])
VALUES (@p0, @p1, @p2, @p3)

SELECT [t0].[ID]
FROM [dbo].[Bestellungen] AS [t0]
WHERE [t0].[ID] = (SCOPE_IDENTITY())
-- @p0: Input Int32 (Size = 0; Prec = 0; Scale = 0) [1]
-- @p1: Input Int32 (Size = 0; Prec = 0; Scale = 0) [100]
-- @p2: Input DateTime (Size = 0; Prec = 0; Scale = 0) [03.12.2012 21:48:06]
-- @p3: Input Int32 (Size = 0; Prec = 0; Scale = 0) []
-- Context: SqlProvider(Sql2005) Model: AttributedMetaModel Build:
3.5.20706.1
```

Auf diese Art ist es recht einfach und informativ, LINQ to SQL auf die Finger zu schauen und zu sehen, mit welchen SQL-Anweisungen die Daten in der Datenbank automatisch aktualisiert werden.

Den Code für die `LINQDebugWriter`-Klasse finden Sie im Verzeichnis zu diesem Kapitel in der Datei LINQDEBUGWRITER.CS.

■ 5.3 LINQ to DataSets

Um relationale Daten im Speicher darzustellen, existieren die `DataSet`-Objekte. Diese sind unabhängig von der ursprünglichen Datenquelle und sehr schnell und komfortabel in der Verwendung. Das Laden und Speichern der Daten erfolgt jedoch nach wie vor über die üblichen Wege (z. B. ein `DataAdapter`-Objekt). Ein `DataContext`-Objekt mit seinen `Refresh()`- und `SubmitChanges()`-Methoden existiert nicht.

5.3.1 Daten laden und abfragen

LINQ erlaubt das Abfragen von `DataTable`-Objekten wie bei gewöhnlichen Sequenzen. Da diese jedoch die benötigte `System.Collection.Generic.IEnumerable<T>`-Schnittstelle nicht implementieren, muss der `AsEnumerable`-Operator für die notwendige Umwandlung verwendet werden. Mehr Details zu diesem Operator finden Sie in Abschnitt 5.1.16.6, „AsEnumerable".

Zuerst müssen die gewünschten Daten jedoch erst einmal in das DataSet geladen werden. Dies kann u. a. per eigenen Code oder per `SqlDataAdapter`-Objekt geschehen. Es liegt in der Natur der `DataSets`, das es unerheblich ist, welcher Ansatz verwendet wird, wichtig ist nur, dass Daten in der gewünschten Struktur vorliegen.

Da der Einsatz von einem `SqlDataAdapter`-Objekt für den Zugriff auf Daten aus einer SQL Server-Datenbank einfacher und effizienter ist, wird dieser Ansatz gewählt, um in der folgenden kurzen Methode die benötigten Daten aus zwei Tabellen zu laden und im `DataSet`-Objekt `ds` zu speichern.

```
using System.Data.SqlClient;
using System.Diagnostics;

public void loadDataUsingDataAdapter()
{
    // DataSet erstellen
    ds = new DataSet("LINQ");

    // DataAdapter einrichten und Verbindungszeichenfolge
    // aus der Konfiguration verwenden
    da = new SqlDataAdapter(sql,
        global::LINQ.Properties.Settings.Default.LINQConnectionString);

    // Name der Tabelle zuordnen
    da.TableMappings.Add("Table", "Kunden");
    da.TableMappings.Add("Table1", "Sprachen");

    // Daten einlesen
    da.Fill(ds);

    // Ausgabe der Anzahl der Zeilen
    foreach(DataTable dt in ds.Tables)
        Debug.Print("Zeile Tabelle '{0}': {1}",
                    dt.TableName, dt.Rows.Count);
}
```

Nachdem die Daten nun vorliegen, können diese mittels LINQ aus dem Speicher abgefragt werden. Wie schon erwähnt, muss der `AsEnumerable`-Operator verwendet werden, da die benötigte Schnittstelle dafür nicht vorliegt. Außerdem muss für alle verwendeten Felder ein entsprechender Datentyp angegeben werden. Als Rückgabe wird ein anonymer Typ gebildet, der die gewünschten Daten enthält.

```
// LINQ-Abfrage
var Kunden = (from k in ds.Tables["Kunden"].AsEnumerable()
              join s in ds.Tables["Sprachen"].AsEnumerable()
              on k.Field<int>("Sprache") equals s.Field<int>("ID")
              select new { Name = k.Field<string>("Name"),
                           Ort = k.Field<string>("Ort"),
                           Sprache = s.Field<string>("Sprache") });
// Ausgabe
foreach (var kunde in Kunden)
    Debug.WriteLine(kunde);
```

Das ausgegebene Ergebnis sieht wie erwartet unspektakulär aus.

```
{ Name = Müller AG, Ort = Bochum, Sprache = Deutsch }
{ Name = Yokai Inc, Ort = Tokio, Sprache = Japanisch }
{ Name = Smith Inc, Ort = Detroit, Sprache = EnglischUSA }
{ Name = Meyer AG, Ort = München, Sprache = Deutsch }
```

5.3.2 Daten ändern und speichern

Sollen Werte geändert werden, so stehen prinzipiell zwei Wege offen. Zum einen existiert die direkte Zuweisung über den Index der `DataTable`-Klasse, der den Namen der betroffenen Spalte oder deren Index akzeptiert.

```
Kunde["Ort"]="Flensburg";
```

Alternativ existiert die `SetField()`-Methode, die den gewünschten Feldnamen und den neuen Wert übergeben bekommt.

 Sowohl die `Field`- als auch die `SetField()`-Methode sind als Erweiterungen der `DataRow`-Klasse in einer Klasse namens `System.Data.DataRowExtensions` implementiert.

Das folgende kleine Beispiel, in dem ein Kunde in eine neue Stadt „umzieht", demonstriert dies.

```
// LINQ-Abfrage eines Kunden
var Kunde = (from k in ds.Tables["Kunden"].AsEnumerable()
             where k.Field<int>("ID") == 4
             select k).First();
// Ort ändern
Kunde.SetField<string>("Ort", "Flensburg");
```

Damit wurde der Wert des entsprechenden Feldes geändert. Sollen nun diese Änderungen in die Datenbank geschrieben werden (und evtl. noch andere Änderungen), so kann dies recht kompakt durch die folgende kleine Methode geschehen, die das `SqlDataAdapter`-Objekt, das in der `loadDataUsingDataAdapter()`-Methode erstellt wurde, verwendet und zusammen mit einem `SqlCommandBuilder`-Objekt die Änderungen zurück in die Datenbank schreibt.

```
public void saveDataUsingDataAdapter()
{
    // Wenn es Änderungen gegeben hat, diese speichern
    if (ds.GetChanges() != null)
    {
        // SqlCommandBuilder-Objekt zur automatischen Erstellung
        // der SQL-Anweisungen erzeugen
        using (SqlCommandBuilder sb = new SqlCommandBuilder(da))
        {
            // SQL-Anweisungen für Insert-, Update- und Delete-Anweisung
            // erstellen lassen
```

```
            da.InsertCommand = sb.GetInsertCommand();
            da.UpdateCommand = sb.GetUpdateCommand();
            da.DeleteCommand = sb.GetDeleteCommand();

            // Angefallene Änderungen speichern
            da.Update(ds);
        }
    }
}
```

5.3.3 Typisierte DataSets

Der Unterschied zwischen dem Zugriff auf untypisierte DataSets, wie er gerade beschrieben wurde, und dem auf typisierte (typsichere) DataSets besteht darin, dass die Syntax ein wenig vereinfacht wird. Dies liegt daran, dass typisierte `DataTable`-Klassen, die mit Visual Studio erstellt wurden, sich von der Basisklasse `TypedTableBase<T>` ableiten und diese die `IEnumerable<T>`-Schnittstelle implementiert. Ein Aufruf des `AsEnumerable`-Operators wie bei den untypisierten DataSets ist also nicht notwendig. Zudem kommt, dass durch die Typisierung die Verwendung der `Field()`-Methode inkl. der Angabe eines Datentyps entfällt, was noch einmal für eine kürzere Syntax sorgt.

```
var Kunden = (from k in dsTyped.Kunden
              join s in dsTyped.Sprachen
              on k.Sprache equals s.ID
              select new { k.Name, k.Ort, s.Sprache });
```

Das Verändern von Werten ist dank der Wrapper-Klassen des typisierten DataSets nur noch eine einfache Zuweisung.

```
var Kunde2 = (from k in dsTyped.Kunden
              where k.ID == 4
              select k).First();
Kunde2.Ort = "Münster";
```

Die verwendete Syntax sieht damit beinahe so aus wie die für „gewöhnliche" Sequenzen. Dass es sich um DataSets handelt, bleibt fast verborgen – dank LINQ.

Das Laden und Speichern der Daten in und aus einem typisierten DataSet funktioniert auf die gleiche Art und Weise wie bei den untypisierten Pendants.

5.4 Tipps und Tricks

5.4.1 Bei LINQ to SQL statt null einen Fallback-Wert erhalten

Oft ist es nicht sinnvoll, null als Wert zu erhalten, auch wenn in der Datenbank dieser Wert vorhanden ist. Zwar ist es auch möglich, vor jedem Zugriff auf ein solches Feld eine Überprüfung mit IsNull durchzuführen, dies führt aber schnell zu unnötig kompliziertem Code. Mit einer Klassenerweiterung der DataRow-Klasse geht es eleganter. Diese Erweiterung kann so aussehen, dass die Field()-Methode generisch mit einer Variante überladen wird, die einen Fallback-Wert akzeptiert, der dann anstelle von null zurückgeliefert wird.

Der folgende Code zeigt diese Erweiterung, die sich als statische Klasse mit einer zweifach überladenen generischen Methode im entsprechenden Projekt oder einer referenzierten Assembly befinden muss.

```
public static class MyDataRowExtensions
{
    public static T DbNullSaveField<T>(this DataRow row,
                                       string columnName,
                                       T FallBackValue)
    {
        // Auf DBNull prüfen und Wert oder FallBackValue zurückliefern
        return !row.IsNull(columnName) ? row.Field<T>(columnName) :
                                         FallBackValue;
    }
}
```

Der Aufruf sieht wie folgt aus und kann natürlich auch innerhalb einer LINQ-Abfrage verwendet werden.

```
string Ort = Kunde.DbNullSaveField<string>("Ort", "unbekannt");
```

6 ADO.NET Entity Framework

Schon seit .NET Framework 3.5 Service Pack 1 bietet Microsoft einen eigenen O/R-Mapper an: das ADO.NET Entity Framework (EF). Übrigens: Was genau ein O/R-Mapper ist, erfahren Sie gleich. Dieser O/R-Mapper wurde mit .NET Framework 4.5 überarbeitet und ist mit grafischem Designer verfügbar. Das EF kann als technische Weiterentwicklung zu LINQ to SQL gesehen werden.

Das ADO.NET Entity Framework wurde bei seiner Entwicklung so konzipiert, dass Entwickler Datenzugriffsanwendungen erstellen können, indem sie für ein konzeptionelles Anwendungsmodell und nicht für ein relationales Datenbankschema programmieren. Das Ziel war es dabei auch, die Menge des Codes und den Wartungsaufwand zu verringern, die für datenorientierte Anwendungen erforderlich sind.

Dieses Kapitel stellt eine Einführung dar, die in Kapitel 7 um eine Vertiefung erweitert wird. Dort werden einige Themen aufgegriffen, die hier im Folgenden nur einführend behandelt werden.

■ 6.1 Was ist ein O/R-Mapper?

Vorneweg sei erklärt, dass O/R-Mapper für „objektrelationaler Mapper" steht und eine Schicht zwischen Anwendung und Datenbank darstellt. Er kümmert sich um das komplette Mapping zwischen Codeobjekten und Tabellen auf der Datenbankseite. Dieser Vorgang ist für den Entwickler unsichtbar, und das ist durchaus gewollt, auch wenn ein gewisses Grundverständnis darüber, wie eine Abfrage später ausgeführt wird, sicherlich nicht schaden kann.

Prinzipiell kann sich gerade zu Beginn die Frage stellen, warum sollten Sie überhaupt einen O/R-Mapper verwenden? Schließlich gibt es eine schiere Menge von Programmen auf diesem Planeten, die ihn nicht nutzen und trotzdem gut laufen. Der Hauptgrund ist einfach: schnellere Entwicklung mit weniger Fehlerpotenzial, da es so einfach möglich ist, auf Spalten einer Tabellenzeile als Eigenschaft einer Entität/Klasse zuzugreifen. Die gesamten Tabellen werden als Auflistung von Instanzen dieser Klassen dargestellt. Auf diese Weise ist es möglich, sich mit Unterstützung der IntelliSense-Funktion des Editors ein wenig bei der

Quellcodeerstellung unterstützen zu lassen – sicherlich ein Fortschritt bei der Softwareentwicklung.

Allerdings sei auch gesagt, dass diese Erleichterung schnell zum Handicap werden kann, wenn ungewöhnliche Datenzugriffe realisiert werden müssen. In solchen Fällen gibt es immer zwei Gedanken, die es wert sind, kurz durchdacht zu werden. Erstens: Wird der Zugriff wirklich in dieser Form benötigt? Dass eine einfache Realisierung mittels eines O/R-Mappers nicht machbar ist, kann ein Indiz dafür sein, dass der Grundgedanke des Zugriffs der Funktionsweise einer relationalen Datenbank widerspricht. Zweitens: Muss ich den Zugriff mittels des O/R-Mapper durchführen? Schließlich stehen Technologien wie ADO.NET trotz O/R-Mapper zur Verfügung.

Abfragen können via LINQ to Entities oder mit dem von der eigenen Datenbank unabhängigen SQL-Dialekt mit dem Namen Entity SQL durchgeführt werden[1].

Ein Beispiel einer LINQ to Entities-Abfrage kann wie folgt aussehen.

Listing 6.1 Einfache LINQ to Entities-Abfrage mit Filtern

```
// Objektkontext für LINQ-Abfrage erstellen.
TonisTortenTraum.TonisTortenTraumEntities TonisTortenTraumContext =
   new TonisTortenTraumEntities();

// Die eigentliche LINQ-Abfrage
var KundenMitK = from k in TonisTortenTraumContext.Kunden where
            k.Name.StartsWith("K") orderby k.PLZ select k;

// Die hier bei Durchlaufen der Menge ausgeführt wird
foreach (Kunde K in KundenMitK)
{
    ...
}

...
// Wurden Änderungen vorgenommen, werden diese erkannt und
// mit diesem Aufruf in der Datenbank gespeichert
TonisTortenTraumContext.SaveChanges();
```

In Abschnitt 6.7.2, „Abfragen ausführen und Änderungen speichern", finden Sie weitere Beispiele mit Erläuterungen.

---

[1] Entity SQL wird nicht weiter in diesem Buch behandelt, da sich diese Sprache zwar gut für Abfragen in Textform eignet, jedoch im Vergleich zu LINQ to Entities nicht die konsequente Compiler- und IntelliSense-Unterstützung bietet.

6.2 Architektur des ADO.NET Entity Framework

Da ein Bild bekanntlich mehr sagt als Tausend Worte, zeige ich Ihnen zunächst eine Abbildung der Architektur des ADO.NET Entity Framework (Bild 6.1).

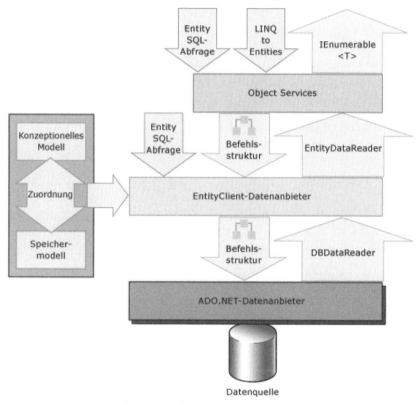

Bild 6.1 Die Architektur des ADO.NET Entity Framework (Quelle: MSDN)

Am oberen Rand sind die Zugriffsmöglichkeiten für Anwendungen gut zu erkennen: Entity SQL, LINQ to Entities oder einfache Auflistungen via `IEnumerable<T>`. Dazwischen befindet sich der EntityClient-Datenanbieter, der über die Definitionen im konzeptionellen und physikalischen (Speicher-)Modell den Zugriff über ADO.NET-Datenanbieter auf die Datenquellen durchführt.

6.3 Der grafische Designer

Herzstück beim Entwurf von Entitätenmodellen ist mit Sicherheit der grafische Designer, der in Visual Studio integriert wurde. Mit seiner Hilfe können Entitätenmodelle komfortabel mit der Maus erstellt und bearbeitet werden.

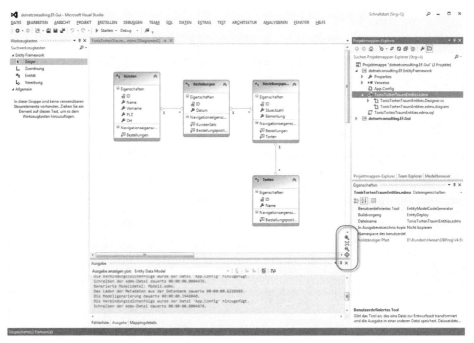

Bild 6.2 Der grafische Designer für Entitätenmodelle

Unten rechts in Bild 6.2 (Rahmen) sind die Schaltflächen zu sehen, um das Modell zu zoomen, zu zentrieren und um bequem in umfangreicheren Modellen zu navigieren. Zusätzlich ist auf der linken Seite der Werkzeugkasten(Toolbox) zu sehen, der die Elemente enthält, die hinzugefügt werden können.

Ist der Werkzeugkasten verborgen oder gar geschlossen, so kann er über das Menü ANSICHT oder die Tastaturkombination (Strg) + (W), (X) geöffnet bzw. nach vorne geholt werden.

 Ab Visual Studio 2012 hat ein Entitätenmodell ein oder mehrere Diagramme, die jeweils einzelne Ausschnitte des gesamten Modells repräsentieren. Mehr dazu finden Sie in Abschnitt 6.4, der den Modellbrowser behandelt, in dem alle Diagramme eines Entitätenmodells aufgeführt werden.

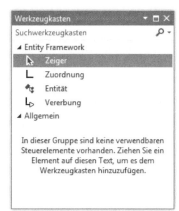

Bild 6.3 Der Werkzeugkasten des grafischen Designers ist recht übersichtlich.

6.4 Modellbrowser

Der Modellbrowser, der standardmäßig an der rechten Seite angezeigt wird, stellt das Entitätenmodell dar, sowohl das konzeptionelle als auch das physikalische Modell. Wozu beide (Teil-)Modelle verantwortlich sind und wozu sie gut sind, wird in Abschnitt 6.10, „Metadata Workspace", behandelt.

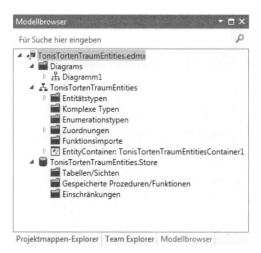

Bild 6.4 Der Modellbrowser zeigt sowohl das konzeptionelle als auch das physikalische Modell an.

Über das Kontextmenü des Entitätenmodells kann der Modellbrowser, wenn er nicht geöffnet oder sichtbar ist, zum Vorschein gebracht werden.

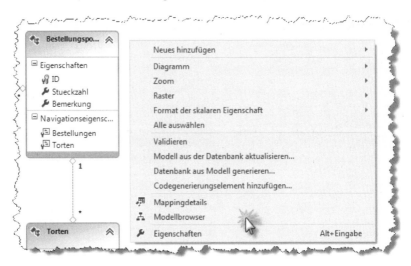

Bild 6.5 Der Modellbrowser lässt sich über das Kontextmenü einblenden.

Der Modellbrowser stellt als übersichtliche Baumstruktur das konzeptionelle und das physikalische Modell dar, aus dem sich das Entitätenmodell zusammensetzt.

Um die Übersichtlichkeit gerade beim umfangreicheren Entitätenmodell zu erhöhen, können unterschiedliche Aspekte/Teile des Gesamtmodells in unterschiedlichen Diagrammen organisiert werden.

Bild 6.6 Entitätenmodelle können über mehrere Diagramme verfügen.

Dabei gilt, dass jedes Entitätenmodell immer mindestens über ein Diagramm verfügen muss, um einsetzbar zu sein. Beim Öffnen eines Entitätenmodells wird automatisch das erste Diagramm geöffnet, was es leider leicht macht, andere Diagramme zu übersehen. Weitere Details zu Diagrammen finden Sie in Abschnitt 6.6.8 in diesem Kapitel.

6.5 Das Entitätenmodell

Der Dreh- und Angelpunkt des ADO.NET Entity Framework ist das Entitätenmodell. Es hält alle beteiligten Bestandteile zusammen und dient damit sozusagen als Container. Es ist sowohl der Rahmen für alle Entitäten inklusive ihrer skalaren und komplexen Werte als auch der Beziehungen und Vererbungen der Entitäten untereinander.

In den meisten Fällen wird dieses Modell wohl durch den grafischen Designer, der mit Visual Studio mitgeliefert wird, bearbeitet werden, doch es gibt auch einen Ansatz, dieses auf reiner Codebasis zu tun (siehe Abschnitt 7.4, „Code only").

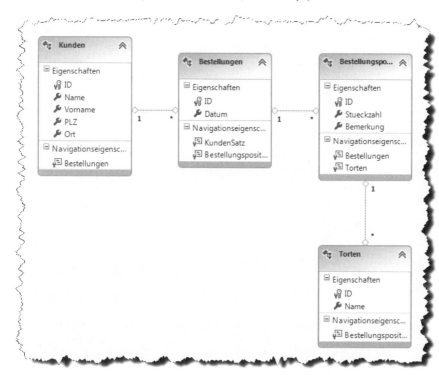

Bild 6.7 Ein Entitätenmodell im grafischen Designer von Visual Studio

Aus diesem Modell werden per Generator die entsprechenden Klassen für die Entitäten, Datenkontext etc. erzeugt. Diese liegen anschließend als Code-Behind-Datei vor, die zwar geöffnet, jedoch nicht verändert werden sollte.

6.5.1 Automatische Codegenerierung

Der sogenannte T4[1]-Codegenerator übernimmt die Aufgabe, um gemäß der Vorgaben und Definitionen im Entitätenmodell die benötigten Codedateien, sei es C# oder auch VB.NET, zu erstellen. Streng genommen ist die Arbeit mit dem grafische Designer, der später in diesem Kapitel vorgestellt und mit dem das Entitätenmodell bearbeitet wird, nichts anderes, als einen grafischen Weg zu programmieren – jede Änderung[2] führt zu einer erneuten Generierung der Codedateien und damit zu einer entsprechenden Anpassung des Codes.

Das ist auch der Grund, warum keine direkten Änderungen an diesen automatisch erzeugten Codedateien vorgenommen werden sollten – denn schließlich haben sie keine lange Lebensdauer. Deshalb sind die Klassen auch als partiell markiert (mit dem `partial`-Schlüsselwort): So können die Klassen in getrennten Dateien erweitert werden. Also Finger weg von diesen Dateien!

Welche T4-Vorlage für die Generierung verwendet wird, kann dabei sogar beeinflusst werden, sodass das Entitätenmodell sehr flexibel für die Erzeugung unterschiedlicher Codedateien verwendet werden kann; und das geschieht unter Miteinbeziehung eines großen Teiles des Entity Framework inklusive des doch recht aufwendigen und benutzerfreundlichen grafischen Designers. Auf diese Weise können auch Varianten des Entity Framework wie POCOs und Selftracking Entities realisiert werden.

6.5.2 Entitätenmodell erstellen und bearbeiten

Ein Entitätenmodell wird, wie auch gewöhnliche Klassen, Schnittstellen, Formen etc., als neues Element einem Projekt zugefügt. Dies kann einmal über das Kontextmenü des Projekts geschehen oder alternativ durch die Tastenkombination Strg + Umschalt + A.

Egal wie, es erscheint der gleiche Dialog, der das Hinzufügen über eine installierte Vorlage gestattet. Das Einfachste ist es wohl, links die Kategorie *Daten* auszuwählen, damit die Suche nach der Vorlage *ADO.NET Entity Data Model* möglichst mit einem kurzen Blick abgeschlossen werden kann.

---

[1] Auch wenn „T4" ein wenig nach einer Modellbezeichnung aus Hollywood für einen Actionstreifen à la Terminator klingt oder nach einem Automodell eines deutschen Herstellers – es steht für „Text Template Transformation Toolkit" und stellt Code in Verbindung mit Vorlagen dar. Die Funktionsweise ist dem klassischem ASP ähnlich, um HTML zu erzeugen.
[2] Ausgenommen sind einige Änderungen, die Informationen betreffen, wo sich welches Element in der grafischen Anzeige befindet. Solche Informationen werden nur vom Designer selbst verwendet, damit das Modell von den Positionen seiner Elemente nicht nach erneutem Öffnen völlig „durcheinander" angeordnet wird.

Bild 6.8 Der Dialog zum Hinzufügen eines neuen Entitätenmodells

Auch wenn die deutsche Übersetzung nicht ganz einwandfrei ist[1], stehen diese beiden grundlegenden Alternativen zur Auswahl:

- *Aus Datenbank generieren* ermöglicht es, das Modell aus einer bestehenden Datenbank generieren zu lassen. Da die Datenbank zuerst existiert, wird dieser Ansatz „Database-First-Ansatz" genannt.
- *Leeres Modell* ist die richtige Wahl, wenn das Modell zunächst erst einmal erstellt und schließlich auf die Datenbank übertragen werden soll. Da hier das Modell als Erstes existiert, heißt dieser Ansatz „Model-First-Ansatz".

Beide Ansätze werden im Folgenden genauer beschrieben.

6.5.3 Welcher Ansatz ist der richtige?

Sicherlich ist das eine sehr pauschale Frage und die Antwort mitunter nicht weniger pauschal, doch gibt es bei der aktuellen Version des Entity Framework und von Visual Studio einige Dinge zu bedenken, bevor der Entwurf beginnt. Der Model-First-Ansatz ist sicherlich der richtige für die Anfangsphase. Steht fest, was benötigt wird, so kann das Modell bequem erstellt werden. Die benötigte Datenbank für die Entwicklung ist nach Abschluss auch schnell erstellt. Müssen im Fortgang der Entwicklung jedoch Änderungen am Entitätenmodell vorgenommen werden, die sich auf die Datenbank auswirken, so müssen in der Daten-

---

[1] Statt „Was sollte das Modell beinhalten?" sollte es wohl „Was soll das Modell beinhalten?" lauten!?

bank mindestens die betroffenen Tabellen gelöscht und neu erstellt werden – und etwaige Daten müssen erneut eingespielt werden. Führt dies zu unangemessen großem Aufwand, so besteht die ratsame Möglichkeit, erst die Datenbank entsprechend anzupassen und anschließend das Modell zu aktualisieren. Wurde für die Abfragen größtenteils LINQ verwendet, so wird der Compiler an den Stellen Fehler melden, an denen die Anpassungen die Kompatibilität zwischen Alt und Neu zerstört haben.

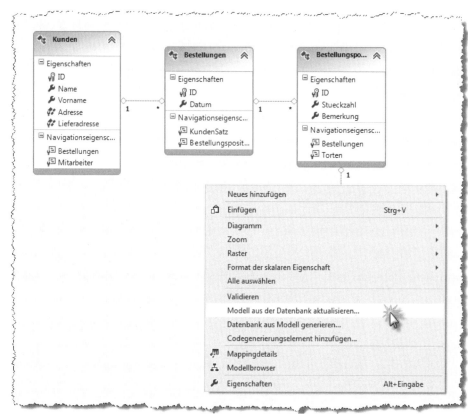

Bild 6.9 Das Entitätenmodell kann aus der Datenbank aktualisiert werden.

Bei Migrationsprojekten, die das Entity Framework einführen, ist der Database-First-Ansatz unschlagbar, da er viel monotone Arbeit bei der Nachbildung der Tabellen in Entitäten erspart. Jedoch wird auch hier der Punkt kommen, wo Entitätenmodell/Datenbank angepasst werden müssen. An dieser Stelle ist es in den meisten Situationen das Beste, erst die Datenbank anzupassen und anschließend das Modell zu aktualisieren.

6.5.3.1 Model-First-Ansatz

Beim Model-First-Ansatz ist der Name auch Programm: Das erzeugte Modell ist vollständig leer und die gesamte Arbeit liegt quasi noch vor dem Entwickler.

Bild 6.10 Der Name ist Programm und das Modell ist (noch) leer.

Dieser Ansatz zieht in der Regel nach sich, dass nach Abschluss am Entwurf des Entitätenmodells dieses in der Datenbank des Datenanbieters abgebildet wird. Dieses Abbilden geschieht durch den Befehl DATENBANK AUS MODELL GENERIEREN… aus dem Kontextmenü des Entitätenmodells (standardmäßig durch rechten Mausklick auf einen leeren Bereich zu öffnen), mit dem ein entsprechendes Skript erstellt werden kann.

Beim ersten Aufruf dieses Befehls müssen der Datenanbieter und dessen Datenbank ausgewählt werden. Der Name der Datenbank findet sich im erstellten Skript wieder (im Falle, dass SQL Server gewählt wurde, in Form einer USE-Anweisung).

Bild 6.11 Die Auswahl des Datenanbieters und der Datenbank

Das Dialogfeld, das in Bild 6.11 zu sehen ist, bietet in einer Auswahl alle Datenverbindungen an, die Visual Studio bekannt sind und die auch im Server-Explorer angezeigt werden. Ist der Wunschkandidat nicht dabei, so kann eine neue Verbindung hinzugefügt werden.

Zusätzlich kann hier eine Verbindungszeichenfolge in der Konfiguration der Anwendung (App.Config) hinterlegt werden, sodass es möglich ist, den Objektkontext ohne weitere Angaben zu instanziieren. Ist dies nicht erwünscht, muss eine gültige Verbindungszeichenfolge übergeben werden.

Zum Abschluss wird das erzeugte Skript im nächsten Dialog angezeigt und kann begutachtet und/oder per Zwischenablage außerhalb von Visual Studio verwendet werden. Ein Klick auf FERTIG STELLEN fügt schließlich das Skript unter dem festgelegten Namen in das Projekt ein, in dem sich auch das Entitätenmodell befindet.

Der Name des Skripts, der automatisch vorgeschlagen wird, hängt von dem Namen des Entitätenmodells ab.

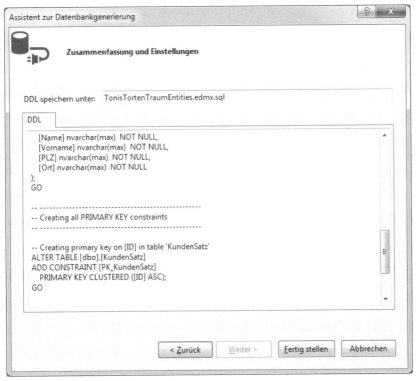

Bild 6.12 Das Skript wird zunächst angezeigt, dann dem Projekt hinzugefügt.

Das Skript an sich, im konkreten Aussehen abhängig vom gewählten Datenanbieter, ist klar in einzelne Abschnitte aufgeteilt. Nach einem einleitenden Kopfteil mit allgemeinen Informationen kommen in dieser Reihenfolge die folgenden Abschnitte mit klar definierten Aufgaben:

- Fremdschlüssel löschen
- Tabellen löschen
- Tabellen anlegen
- Primärschlüssel anlegen
- Fremdschlüssel anlegen

 Achten Sie besonders darauf, dass das Skript zunächst alle Tabellen löscht (!), bevor sie wieder angelegt werden. Sämtliche Inhalte, nur um explizit darauf aufmerksam zu machen, sind dann natürlich weg. Damit ist klar, dass dieser Ansatz nicht dazu geeignet ist, um nachträgliche Änderungen am Entitätenmodell in die Datenbank zu übertragen. Leider gibt es zurzeit (noch) kein automatisches Vorgehen, das solche Änderungen gezielt in der Datenbank vornimmt. Der beste Ansatz ist vielleicht, neben dem mühseligen und fehleranfälligen manuellen Vorgehen, mit dem Skript eine zweite Datenbank aufzubauen und sich anschließend die Unterschiede im Aufbau skripten zu lassen – entweder mit Visual Studio oder mit einem anderen Tool.

Das Skript wird dem Projekt hinzugefügt und kann über Visual Studio direkt oder durch ein anderes Tool ausgeführt werden.

6.5.3.2 Database-First-Ansatz

Um aus der anderen Richtung von einer bereits existierenden Datenbank kommen zu können, ist der Databse-First-Ansatz vorgesehen. Konsequenterweise muss bei diesem Ansatz zunächst die zu verwendende Datenbankverbindung ausgewählt werden.

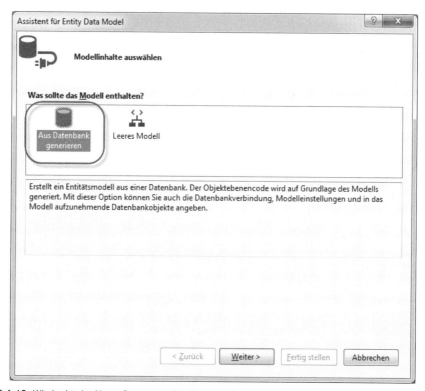

Bild 6.13 Wieder ist der Name Programm: Die Datenbank existiert bereits.

Um aus einer Datenbank ein Modell zu generieren, muss eine Verbindung zu der gewünschten Datenbank angegeben werden. Dies geschieht mit dem gleichen Dialog, wie er schon in Bild 6.11 gezeigt wurde. Auch hier existiert demnach die Möglichkeit, die Verbindungszeichenfolge in der Konfiguration der Anwendung (App.Config) zu hinterlegen. Und ebenfalls geschieht dies hier in der Absicht, den Objektkontext ohne weitere Angaben zu instanziieren. Ist dies nicht erwünscht, muss eine gültige Verbindungszeichenfolge übergeben werden.

Wurde die Datenbank ausgewählt, können nun die Objekte aus dieser Datenbank selektiert werden, die in das Entitätenmodell übernommen werden sollen. Gemäß den vorhandenen Möglichkeiten, können dies Tabellen, Sichten, Funktionen und Prozeduren sein. Die letzten beiden befinden sich unter Gespeicherte Prozeduren.

Bild 6.14 Der Dialog zur Auswahl der Datenbankobjekte

Neben der Auswahl der Objekte kann in diesem Dialog festgelegt werden, ob die generierten Objektnamen im Singular oder Plural gesetzt werden sollen. Dies hat Auswirkungen auf den Namen der Entitätenmenge, wie er über den Objektkontext verfügbar ist. Wurde die Einstellung *Generierte Objektnamen in den Singular oder Plural setzen* selektiert, so wird eine Tabelle mit dem Namen „KundenSatz" durch eine Entität mit dem Namen „Kunden" repräsentiert. Gleichzeitig wird außerdem für den Objektkontext eine Entitätenmenge mit dem Namen „KundenSatz" generiert – eine weitgehend sprachneutrale Regel, die auch in der deutschen Sprache fast funktioniert.

Wie das im erzeugten Code aussieht, zeigt der folgende Auszug. Gut zu erkennen ist, dass eine Entitätenmenge technisch als generische `ObjectSet`-Klasse umgesetzt wird:

Listing 6.2 Entitätenmenge mit pluralisiertem Namen

```
public partial class TonisTortenTraumEntities : ObjectContext
{
...
    /// <summary>
    /// Keine Dokumentation für Metadaten verfügbar.
    /// </summary>
    public ObjectSet<KundenSatz> Kundensatzs
    {
        Get
        {
            if ((_Kundens == null))
            {
                _Kundens = base.CreateObjectSet<Kunden>("Kundens");
```

```
                }
            return _Kundens;
        }
    }
    private ObjectSet<Kunden> _Kundens;
    ...
}
```

Wurde die Option nicht ausgewählt, so wie es Standard ist und ich es Ihnen auch raten würde, so wird als Name für die Entitätenmengen der Name der Tabelle ohne jegliche Veränderung übernommen.

Die zweite Einstellung, die in dem Dialog festgelegt werden kann, ist, ob Fremdschlüssel angelegt werden sollen oder nicht. Erläuterungen zu Fremdschlüsseln, die von der Idee her in jeder relationalen Datenbank zu finden sind, finden Sie in Abschnitt 6.6.7, „Fremdschlüsseleinschränkung".

Als Letztes muss in diesem Dialog der Name des Modellnamensraums (*engl.* model namespace) festgelegt werden, der den Namensraum im Code steuert.

6.5.3.3 Modell aktualisieren

Unabhängig davon, welcher Ansatz zum Einsatz gekommen ist, ist es zu jedem Zeitpunkt möglich, das Modell aus der Datenbank zu aktualisieren, um damit neue Änderungen aus der Datenbank im Modell widerzuspiegeln. Voraussetzung dazu ist natürlich, dass beim Model-First-Ansatz die Datenbank überhaupt schon erstellt wurde.

 Die umgekehrte Richtung, also die Datenbank zu aktualisieren, wie in Abschnitt 6.5.3.1, „Model-First-Ansatz", beschrieben, ist nur möglich, wenn es akzeptabel ist, das alle Tabellen dabei gelöscht werden dürfen. Ein Aktualisieren im sensiblen Sinn, also dass nur alle Unterschiede berücksichtigt werden, ist zurzeit ohne großes manuelles Eingreifen nicht möglich.

Die Modellaktualisierung ist über das Kontextmenü des Entitätenmodells über den Befehl MODELL AUS DER DATENBANK AKTUALISIEREN verfügbar.

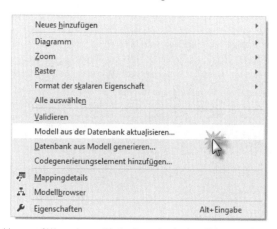

Bild 6.15 Das Model kann auf Wunsch gemäß der Datenbank aktualisiert werden.

In dem daraufhin erscheinenden Dialog können Sie detailliert festlegen, was bei der Aktualisierung im Modell berücksichtigt werden soll. Somit ist es ohne Weiteres möglich, nur ganz bestimmte Aspekte dabei zu berücksichtigen.

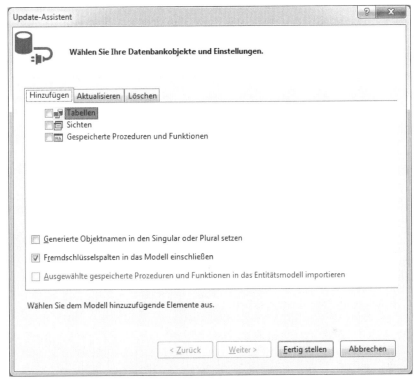

Bild 6.16 (Teil-)Aktualisierung am Entitätenmodell gemäß Datenbank

In dem Dialog ist es möglich, genau zu bestimmen, was hinzugefügt, was angepasst (aktualisiert) und was gelöscht werden soll. Auf allen drei Registerkarten lässt sich per Häkchen bestimmen, welches Objekt (Tabelle, Sicht und gespeicherte Prozedur/Funktion) berücksichtigt werden soll – alle anderen bleiben selbstredend unangetastet.

Auf der Registerkarte lässt sich zudem nachträglich festlegen, ob Objektnamen im Singular oder Plural ersetzt und ob Fremdschlüssel einbezogen werden sollen. Mehr Details hierzu finden Sie in Abschnitt 6.5.3.1, „Model-First-Ansatz".

6.5.4 Verwendung im gleichen Projekt

Wird das Modell in dem Projekt verwendet, in dem es auch angelegt wurde, so gibt es nichts weiter zu beachten. Der Objektkontext und die Klassen der Entitäten sind vorhanden und können entsprechend im Code verwendet werden. So weit ist es wenig überraschend.

6.5.5 Verwendung in einem anderen Projekt

Soll das Entitätenmodell von einem anderen Projekt aus verwendet werden, so müssen diesem Projekt zwei Verweise hinzugefügt werden:

1. Zunächst ist dies ein Verweis auf das Projekt, in dem das EF-Modell definiert wurde. Damit sind der Objektkontext und die Entitätenklassen bekannt und verfügbar.
2. Als Zweites ist dies ein Verweis auf die `System.Data.Entity`-Assembly, in der alle notwendigen Basisklassen, von denen der Objektkontext und die Entitätenklassen ableiten, definiert sind.

Erst wenn beide Verweise vorhanden sind, kann das Model verwendet werden, und der Compiler erzeugt keine diesbezüglichen Fehler mehr.

> Beachten Sie auch unbedingt, dass die Verbindungszeichenfolge sich in der Konfiguration des ausgeführten Projektes (meist die .exe) befinden muss. Wird dieser Punkt übersehen, kommt es zu einer zunächst widersinnigen Fehlermeldung, die aussagt, dass die Verbindungszeichenfolge nicht gefunden werden kann. Auch ich habe schon mehrere Minuten meines Lebens damit verbracht, in die falsche `App.Config` zu schauen und zu rätseln.

Wird auf diesen Punkt geachtet, so sollte einem erfolgreichen Einsatz aus einer anderen Assembly heraus nichts im Wege stehen.

6.6 Grundlegende Bestandteile des Entitätenmodells

Und damit ist es so weit, die wichtigsten Elemente eines Entitätenmodells (EDM = Entity Data Model) zu beleuchten. Das EDM wird als Datei gespeichert, die intern einen XML-Aufbau und die Dateierweiterung .EDMX besitzt. Auch hier gilt: Ein direktes Öffnen ist möglich, ein direktes Ändern am grafischen Designer vorbei sollte tunlichst vermieden und notfalls nur in Anwesenheit eines aktuellen Dateibackups durchgeführt werden.

6.6.1 Objektkontext

Das wichtigste Objekt im Entity Framework ist, neben den Entitäten selbst, der Objektkontext. Er hat einige wichtige Aufgaben zu bewältigen, die im Folgenden erläutert werden:

- Er verwaltet die Verbindung zur Persistenzschicht und sorgt somit dafür, dass über die entsprechende Verbindungszeichenfolge auf die Datenbank zugegriffen werden kann.
- Durch den Objektkontext werden alle Informationen des EDM (konzeptionelles und physikalisches Modell) verwaltet und intern zum richtigen Zeitpunkt bereitgestellt.

Der Objektkontext überwacht alle Änderungen, die an den Daten der Entitäten vorgenommen werden, und stellt diese beim Speichern in der Persistenzschicht zur Verfügung.

Aufgrund der zentralen Bedeutung des Objektkontextes ist seine Instanziierung zwingend notwendig, bevor eine Abfrage, sei es per LINQ oder Entity SQL, durchgeführt oder Änderungen in die Datenbank geschrieben werden können. Die notwendige Verbindungszeichenfolge kann übergeben werden oder befindet sich in der Konfiguration der Anwendung. Diese kann dann beispielsweise wie folgt aussehen.

Listing 6.3 Verbindungszeichenfolge für das Entity Framework

```xml
<?xml version="1.0" encoding="utf-8"?>
<configuration>
  <connectionStrings>
    <add name="TonisTortenTraumEntities" connectionString="metadata=res://*/
TonisTortenTraumEntities.csdl|res://*/TonisTortenTraumEntities.ssdl|res://*/
TonisTortenTraumEntities.msl;provider=System.Data.SqlClient;provider connection
string=&quot;Data Source=.\sqlserver2008r2;Initial Catalog=TonisTortenTraum;
Integrated Security=True;MultipleActiveResultSets=True&quot;"
providerName="System.Data.EntityClient" />
  </connectionStrings>
</configuration>
```

Der Name der Verbindungszeichenfolge hier lautet „TonisTortenTraumEntities". Damit wird die Instanziierung zu einem eleganten Einzeiler.

Listing 6.4 Objektkontext mit Verbindungszeichenfolge aus der Anwendungskonfiguration instanziieren

```
TonisTortenTraumEntities TonisTortenTraumContext =
    new TonisTortenTraumEntities();
```

Da eine der Aufgaben des Objektkontexts darin besteht, Änderungen an den Entitäten zu überwachen, muss er in vielen Anwendungsfällen erzeugt und über einen längeren Zeitraum verwendet werden – der Objektkontext hat also, gemessen an der Gesamtlebensdauer der Anwendung, eine recht hohe Lebenserwartung. Es ist somit zu erwarten, dass er oftmals beim Anwendungsstart erzeugt und erst nach einer Weile (beim Anwendungsende) wieder zerstört wird. Nichtsdestotrotz implementiert der Objektkontext durch seine Basisklasse die System.IDisposable-Schnittstelle, sodass bei kurzfristigen Anwendungsszenarien der Einsatz von using-Blöcken möglich und auch ratsam ist. Auf diese Weise werden Ressourcen wie Datenbankverbindungen so schnell wie möglich freigegeben.

6.6.2 Entitäten

Entitäten sind das zentrale und namensgebende Element in einem Entitätenmodell. Der Leser, der sich immer noch ein wenig unklar ist, was eine Entität eigentlich ist, kann sich eine Entität als Zeile in einer entsprechenden Tabelle vorstellen. Eine Tabelle hat dabei typischerweise Spalten und eine Entität entsprechend Eigenschaften. Welche Eigenschaft dabei welcher Spalte in welcher Tabelle zugeordnet ist, steht nicht fest und kann durch das sogenannte Mapping festgestellt werden. Des Weiteren entspricht den Zeilen einer Tabelle das Objektset, das über eine entsprechende Eigenschaft des Objektkontexts (`Object Set Name`-Eigenschaft) verfügbar ist. Bevor jedoch auf die einzelnen Eigenschaften näher eingegangen wird, sei im anschließenden Abschnitt auf eine einfache Möglichkeit hingewiesen, die automatisch generierten Klassen durch eigenen Code zu erweitern.

Über die technischen Eigenschaften einer Entität (erreichbar über die F4-Taste) im grafischen Designer kann eine Farbe für die Darstellung festgelegt werden. Dies sorgt für mehr Übersicht.

Jede Entität besitzt eine ganze Reihe von Eigenschaften. Im Folgenden werden die wichtigsten Eigenschaften vorgestellt.

Name

Mit dieser Eigenschaft wird der Name der Entität und damit der der entsprechenden Klasse festgelegt. Dieser Name muss den Regeln eines Bezeichners für C# genügen. Außerdem darf sich der Name nicht nur durch Groß-/Kleinschreibung von dem einer anderen Eigenschaft der Entität unterscheiden.

Access

Hiermit lässt sich der Zugrifflevel der Klasse bestimmen. Damit wird also festgelegt, von „wo" aus die Klasse sichtbar ist. Mögliche Werte sind hierfür:

- `internal`
- `private`
- `protected`
- `public`

Der Wert `public` ist der Standard, womit der größte mögliche lesende Zugriff für die Entitäten-Eigenschaft geleistet wird. Über die Setter-Eigenschaft kann Gleiches für den schreibenden Zugriff gesteuert werden.

Abstract

Diese Eigenschaft bestimmt, ob es sich bei einer Klasse dieser Entität um eine reine Basisklasse, also eine Klasse, die mit `abstract` ausgezeichnet ist, handelt. Von solchen Klassen kann keine Instanz erzeugt werden, lediglich können andere Klassen von diesen Klassen wiederum ableiten.

Base Type

Diese Eigenschaft gibt den Basistyp der Entitätenklasse an. Dabei muss es sich um eine Entitätenklasse aus dem gleichen Entitätenmodell handeln. Andere Klassen sind hierfür nicht zulässig. Der Standardwert ist lediglich (None), sodass sich die generierte Klasse direkt von der `System.Data.Objects.DataClasses.EntityObject`-Klasse ableitet.

Im grafischen Designer werden Klassen und deren Basisklassen (also Vererbungen) auf zweierlei Weise dargestellt: In beiden Fällen zeigt die Spitze eines Pfeils auf den Namen der Basisklasse – entweder direkt unter dem Namen der Entität oder als Vererbungspfeil auf die Entität.

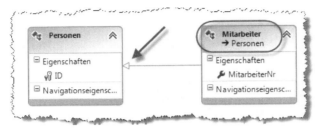

Bild 6.17 Basisklassen und Vererbung im grafischen Designer

Entity Set Name

Durch die `Entity Set Name`-Eigenschaft wird bestimmt, wie die Eigenschaft des Objektkontextes heißt, über welche diese Entität aufgelistet, einzelne Entitäten gelöscht oder neue hinzugefügt werden können. Diese Eigenschaft verfügt nur über einen Getter, sodass zwar die genannten Änderungen erlaubt sind, jedoch kein anderes Objektset zugewiesen werden kann (oder `null`).

Der Standardname, der für diese Eigenschaft verwendet wird, entspricht dem Namen der Entität plus dem Zusatz „Satz".

Partielle Entitätenklassen

Alle Entitätenklassen (und im Übrigen auch die Klassen des Objektkontextes) sind als partiell (partial) gekennzeichnet, damit der eigenen Erweiterung in separaten Codedateien ohne größeren Aufwand nichts im Wege steht. Aus naheliegenden Gründen sollten Sie selbstverständlich keine direkten Änderungen an der automatisch generierten Codedatei vornehmen, da diese nach dem nächsten automatischen Generierungsprozess eh verloren wären.

Das folgende Beispiel zeigt die Definitionen der Klasse für die Entität „Kunden".

Listing 6.5 Alle generierten Entitätenklassen sind als partielle Klassen angelegt.
```
[EdmEntityTypeAttribute(NamespaceName="TonisTortenTraumModel",
Name="Kunden")]
[Serializable()]
[DataContractAttribute(IsReference=true)]
public partial class Kunden : EntityObject
{
    ...
}
```

Alle partiell gekennzeichneten Klassen lassen sich wie gesagt in eigenen Codedateien erweitern, so als würde direkt der Code der bestehenden Klasse erweitert werden. Dabei kann die Klasse nur durch weitere Mitglieder erweitert werden – ein Entfernen oder Überlagern in andere Codedateien der definierten Mitglieder ist nicht möglich.

Die folgenden Punkte sind bei der Verwendung von partiellen Klassen zu berücksichtigen.

- Die Aufteilung der partiellen Klasse auf mehrere Dateien ist lediglich eine physikalische Trennung. Das absolut gleiche Ergebnis ließe sich erzielen, wenn der gesamte Code sich in einer einzelnen Datei befände.
- Durch die Trennung wird sichergestellt, dass das automatische Erzeugen von Code die eigene Programmierung unangetastet lässt.
- Da der Code zur gleichen Klasse gehört, ist ein uneingeschränkter Zugriff auf private Mitglieder möglich.
- Alle Teile der Klasse müssen im gleichen Namensraum definiert werden
- Alle Teile der Klasse müssen sich im gleichen Projekt befinden.

Mit diesem Wissen ausgestattet ist es ein Leichtes, die Klasse in einer eigenen, getrennten Datei zu erweitern. Das folgende Beispiel implementiert eine Methode, welche die Klasse serialisiert als SOAP auf der Festplatte speichert. Beachten Sie, dass der eigene Teil der partiellen Klasse nicht mit dem `Serializable`-Attribut ausgezeichnet werden darf, da dieses Attribut bereits von der automatischen Codegenerierung angebracht wurde.

Listing 6.6 Die generierte Entitätenklasse durch eigene Methoden erweitern

```
// Referenz auf System.Runtime.Serialization.Formatters.Soap notwendig!
using System.Runtime.Serialization.Formatters.Soap;
namespace TonisTortenTraum
{
    partial class Kunden
    {
        public void WriteToDisk(string filename)
        {
            // Parameter prüfen
            if (string.IsNullOrWhiteSpace(filename))
                throw new ArgumentException("filename");
            // SOAP-Formatter erzeugen
            SoapFormatter sf = new SoapFormatter();
            // Ausgabe in Datei
            using (System.IO.StreamWriter sw =
                    new System.IO.StreamWriter(filename))
                sf.Serialize(sw.BaseStream, this);
        }
    }
}
```

6.6.2.1 Skalare Eigenschaft einer Entität

Skalare Eigenschaften stellen einzelne Werte einer Entität dar und bilden in der Analogie zu Datenbanken einzelne Spalten einer Tabelle. Jede Entität hat mindestens eine Eigenschaft, meist jedoch erheblich mehr. Vergleicht man die Entität mit einer Tabelle, so sind die Eigenschaften deren Spalten. Und so wie es sich für eine Eigenschaft/Spalte gehört, können für diese Name, Datentyp, Genauigkeit, maximale Größe etc. festgelegt werden.

Bild 6.18 zeigt eine solche Entität, die fünf solcher Eigenschaften umfasst.

6.6 Grundlegende Bestandteile des Entitätenmodells

Bild 6.18 Eine Entität mit einigen skalaren Eigenschaften

 Einige Eigenschaften machen nur dann Sinn und sind nur dann verfügbar, wenn der entsprechende Datentyp (Type) ausgewählt wurde.

Skalare Eigenschaften verfügen wiederum über eine Reihe von Eigenschaften (diesmal technischer Natur), von denen wir die wichtigsten hier vorstellen.

Name

Legt den eindeutigen Namen der Eigenschaft innerhalb der Entität fest. Dieser Name muss den Regeln eines Bezeichners für C# genügen. Außerdem darf sich der Name nicht nur durch Groß-/Kleinschreibung von dem einer anderen Eigenschaft der Entität unterscheiden.

 Sie können den Namen auch direkt im grafischen Designer ändern, indem Sie auf den Namen klicken, sodass eine kleine Textbox an der Stelle eingeblendet wird, die Ihre Eingaben entgegennimmt.

Default Value

Bestimmt den Standardwert für die Entitäten-Eigenschaft bei neu erstellten Entitäten. Der Wert muss zum Typ der Eigenschaft passen, darf aber auch leer sein. In einem solchen Fall muss (None) ausgewählt werden. Letzteres ist auch der Standardwert[1].

Documentation

Diese Eigenschaft gestattet die Angabe einer erklärenden Beschreibung in Langform (Long Description) und eine kurze Zusammenfassung (Summary).

---

[1] Achtung, nicht durcheinanderkommen: Gemeint ist der Standardwert der Eigenschaft, die den Standardwert der Entitäten-Eigenschaft bestimmt!

Entity Key

Mit dieser Eigenschaft kann bestimmt werden, ob diese Entitäten-Eigenschaft Teil des Schlüssels ist, mit dem auf eine bestimmte Entität zugegriffen werden kann. Jede Entität muss mindestens eine solche Eigenschaft besitzen, es können aber durchaus auch mehrere sein. In einem solchen Fall handelt es sich um einen zusammengesetzten Schlüssel.

Im Datenbank-Jargon wird ein solcher Schlüssel als Primärschlüssel bezeichnet (mehr Details erhalten Sie in Abschnitt 6.6.3, „Primärschlüssel").

Fixed Length

Diese Eigenschaft legt fest, ob die Entitäten-Eigenschaft von einer festen Länge ist oder nicht. Ist eine feste Länge gewünscht, so gibt die `Max Length`-Eigenschaft diese an.

Max Length

Hiermit geben Sie die maximal erlaubte Länge des Inhaltes an. Erlaubt sind die folgenden Werte:

(None): Keine Begrenzung schränkt die Länge ein

Jeder Wert größer 0: Gibt die tatsächliche erlaubte maximale Länge an

Getter

Hiermit lässt sich der Zugriffslevel des Getters der Entitäten-Eigenschaft bestimmen. Damit wird also festgelegt, von „wo" aus die Eigenschaft gelesen werden kann. Mögliche Werte sind hierfür:

- internal
- private
- protected
- public

Der Wert „public" ist der Standard, mit dem der größte mögliche lesende Zugriff für die Entitäten-Eigenschaft gewährleistet wird. Über die Setter-Eigenschaft kann Gleiches für den schreibenden Zugriff gesteuert werden.

Setter

Hiermit lässt sich der Zugrifflevel des Setters der Entitäten-Eigenschaft bestimmen. Dies ist das entsprechende Gegenstück zur Getter-Eigenschaft.

Nullable

Gibt an, ob die Eigenschaft `null` zulässt oder nicht. Werttypen werden als jeweilige Nullable-Variante im Code eingefügt (also `int` wird zu `Nullable<int>` oder kurz `int?`).

Precision

Diese Eigenschaft erlaubt die Angabe der Präzision für Datumswerte und numerische Werte mit Nachkommastellen (`Decimal`).

StoreGeneratedPattern

Legt das Verfahren fest, mit dem der Wert dieser Eigenschaft von dem Datenanbieter erzeugt wird. Möglich sind:

- Computed: Der Wert wird in der Datenbank berechnet.
- Identity: Der Wert ist ein Identitätswert (Autowert) aus der Datenbank.
- None: Der Wert wird nicht vom Datenanbieter geliefert.

Der Standardwert, der auch für die meisten Entitäten-Eigenschaften passend sein dürfte, ist None, da die wenigsten Werte von der Datenbank vorgegeben/berechnet werden.

Type

Diese Eigenschaft legt den Datentyp der Entitäten-Eigenschaft fest. Erlaubt ist ein Wert aus dieser Aufzählung:

- Binary
- Bool
- Byte/ SByte
- DateTime
- DateTimeOffeset
- Decimal
- Double
- Guid
- Int16/ Int32/ Int64
- Single
- String
- Time
- Geometry, GeometryCollection, GeometryLineString, GeometryMultiLineString, GeometryMultiPoint, GeometryMultiPolygon, GeometryPoint, GeometryPolygon
- Geography, GeographyCollection, GeographyLineString, GeographyMultiLineString, GeographyMultiPoint, GeographyMultiPolygon, GeographyPoint, GeographyPolygon
- Frei definierbare Enumerationstypen (siehe Abschnitt 6.6.5, „Enumerationstyp").

Die Typen für räumliche Daten (also Geometry, Geography & Co.), die das Entity Framework hier anbietet, dienen zum Speichern von einfachen geometrischen Objekten wie Punkten bis hin zu komplexen Gebilden wie Polygonen. Der Unterschied zwischen den beiden liegt im Kern in dem verwendeten Bezugssystem, das bei Geometry flach (wie eine Scheibe) und bei Geography gekrümmt (wie eine Kugel) ist. Mehr zu diesen Datentypen finden Sie in Abschnitt 2.13, „Geometry & Geography".

Diese Eigenschaft ist selbstredend maßgebend für die `Default Value`-Eigenschaft und bestimmt indirekt, welche anderen Eigenschaften für diese Entitäten-Eigenschaft im Designer angezeigt werden. Solche, die für die aktuelle Auswahl keine Bedeutung haben, werden komfortablerweise ausgeblendet. Der Standardwert für diese Eigenschaft ist String.

Parallelitätsmodus

Beim Speichern von Änderungen kann es immer zu Situationen kommen, dass Änderungskonflikte, auch Parallelitätsverletzungen (Concurrency Conflicts) genannt, auftreten. Durch die Parallelitätsmodus-Eigenschaft kann gesteuert werden, ob eine Entitäteneigenschaft dabei berücksichtigt werden soll oder nicht. Mögliche Werte sind in Tabelle 6.1 aufgelistet.

Tabelle 6.1 Mögliche Werte für den Parallelitätsmodus (EdmConcurrenyMode)

Mode/ Wert	Beschreibung
None	Diese Eigenschaft wird nie während des Schreibvorgangs überprüft. Dies ist der Standardparallelitätsmodus.
Fixed	Diese Eigenschaft wird immer während des Schreibvorgangs überprüft.

Der Parallelitätsmodus und Parallelitätsverletzungen im Allgemeinen sind wichtig genug, dass ihnen ein eigener Abschnitt in diesem Kapitel gewidmet wurde (siehe 6.14, „Parallelitätsverletzungen").

6.6.2.2 Komplexe Eigenschaften einer Entität

Nicht alle Eigenschaften bestehen nur aus einer einzelnen skalaren Information, sondern setzen sich aus mehreren Daten zusammen. So besteht eine Ortsangabe in einfacher Form aus einem Land, einer PLZ und dem Namen des Ortes/der Stadt. Die Eigenschaft „Ortsangabe" wiederum kann in unterschiedlichsten Entitäten verwendet werden, jedoch sind immer alle einzelnen Eigenschaften, hier „Land", „PLZ" und „Ort", mit von der Partie. Komplexe Eigenschaften setzen sich also aus mehreren skalaren oder anderen komplexen Eigenschaften zusammen.

Um komplexe Eigenschaften nutzen zu können, müssen diese erst im konzeptionellen Modell definiert werden. Die geschieht über den entsprechenden Befehl im Kontextmenü des grafischen Designers oder über das Kontextmenü des Modellbrowsers.

Bild 6.19 Komplexe Typen können über den Modellbrowser angelegt werden.

Ist der Typ erst einmal angelegt, kann er nach und nach mit skalaren Typen (mit den gewünschten Datentypen) und, wie schon erwähnt, anderen komplexen Typen aufgebaut werden, und zwar so lange, bis er den gewünschten Inhalt repräsentiert.

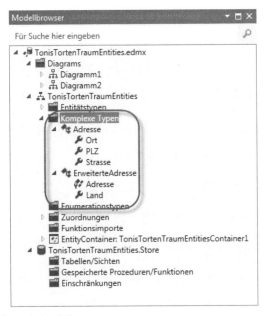

Bild 6.20 Komplexe Typen im Modellbrowser

Schließlich kann der komplexe Typ in einer Entität verwendet werden. Zu diesem Zweck steht im Kontextmenü einer Entität der Befehl NEUES HINZUFÜGEN/KOMPLEXE EIGENSCHAFT zur Auswahl – um welchen komplexen Typ es sich konkret handelt, kann über die Eigenschaften (F4) abgelesen und bestimmt werden.

Bild 6.21 Die komplexen Eigenschaften in einer Entität

Da der Bedarf an komplexen Typen oftmals erst beim Entwurf von Entitäten entdeckt wird (wenn z. B. mehrfach eine (Post-)Adresse mit immer gleichen Eigenschaften definiert wird), unterstützt der Designer die Möglichkeit, aus mehreren skalaren/komplexen Eigenschaften eine neuen komplexen Typ zu erstellen und diesen gleich an Ort und Stelle zu verwenden. Konkret bedeutet dies, dass die ausgewählten Eigenschaften entfernt und durch den neuen komplexen Typ ersetzt werden.

Dazu müssen die betreffenden Eigenschaften nur markiert und der Befehl UMGESTALTEN/IN NEUEN KOMPLEXEN TYP VERSCHIEBEN ausgewählt werden.

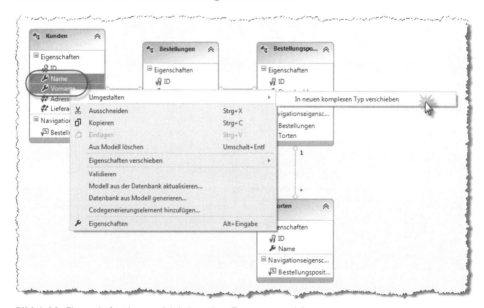

Bild 6.22 Eigenschaften lassen sich in komplexe Typen umwandeln.

Komplexe Eigenschaften werden als „Unterobjekte" von Klassen im .NET-Code generiert. Allerdings müssen beim Erstellen neuer Instanzen einer Entitätenklasse diese nicht gesondert erstellt werden – dies geschieht automatisch. Folgender Codeausschnitt ist daher kein Problem.

Listing 6.7 Die Verwendung komplexer Eigenschaften einer Entität

```
// Kunden im Speicher erzeugen
Kunden k = new Kunden();

// Name festlegen
k.Name = "Kansy AG";

// Adresse (komplexe Eigenschaft) festlegen
k.Adresse.Ort = "Nidderau";
k.Adresse.PLZ = "61130";
k.Adresse.Strasse = "Wasserweg";

// Lieferadresse (ebenfalls komplex) festlegen
k.Lieferadresse.Ort = "Frankfurt a. M.";
k.Lieferadresse.PLZ = "60329 ";
k.Lieferadresse.Strasse = "Untermainkai";

// Weiter mit dem Objekt arbeiten
// ...
```

In der Datenbank werden dann für die einzelnen skalaren Eigenschaften einer komplexen Eigenschaft wie gewohnt Spalten angelegt – eine Art Normalisierung, d. h., das Auslagern in eine eigene Tabelle findet nicht statt.

 Dies bedeutet auch, dass Entitätenmodelle, die später mit einer solchen Datenbank erzeugt werden, nichts von den komplexen Eigenschaften wissen. In diesen Modellen finden sich nur die einfachen skalaren Eigenschaften wieder. Um Szenarien abzubilden, in denen z. B. alle Adressen in einer Tabelle gesammelt (normalisiert) werden sollen, müssen mehrere Entitäten mit entsprechenden Beziehungen zueinander erzeugt werden.

In der Datenbank sieht dies, hier ein Beispiel für den SQL Server, wie folgt aus.

Spaltenname	Datentyp	NULL zula...
ID	int	☐
Name	nvarchar(50)	☐
Vorname	nvarchar(50)	☐
Status_ID	int	☐
Adresse_Ort	nvarchar(MAX)	☐
Adresse_PLZ	nvarchar(MAX)	☐
Adresse_Strasse	nvarchar(MAX)	☐
Lieferadresse_Ort	nvarchar(MAX)	☐
Lieferadresse_PLZ	nvarchar(MAX)	☐
Lieferadresse_Strasse	nvarchar(MAX)	☐
		☐

Bild 6.23 Tabelle der Entität mit komplexen Eigenschaften in der Datenbank

Die teilweise recht großen Datentypen der Spalten (NVARCHAR(MAX)) rühren daher, dass für diese Beispiele keine Längenbeschränkungen definiert wurden.

6.6.2.3 Navigationseigenschaften einer Entität

Navigationseigenschaften, die es erlauben, von einer Entität zu einer anderen zu navigieren, mit denen diese in Beziehung steht, gibt es in zwei unterschiedlichen Ausprägungen: entweder eine, die nur eine Instanz der Entität liefert, oder eine, die eine ganze Auflistung liefert. Begründet ist dies in der Multiplizität (siehe Abschnitt 6.6.4, „Beziehungen").

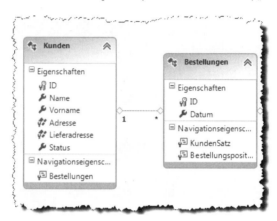

Bild 6.24 Die beschriebene Beziehung zwischen Kunden und Bestellungen

So kann z. B. ein Kunde über beliebig viele Bestellungen verfügen (siehe Bild 6.24). In diesem Fall führt eine Navigation hin zu einer Auflistung, die mehrere Elemente (Bestellungen) enthält. Sie kann aber auch leer sein. Von einer Bestellung führt die Navigation zurück zum Kunden zu einem einzelnen Element, da eine Bestellung eindeutig nur einem Kunden zugeordnet werden kann.

> Beachten Sie, dass eine Navigation auch quasi ins Nichts führen kann. Zwar muss eine Bestellung immer einen Kunden haben, sodass dies in diesem Beispiel nicht denkbar wäre. Doch kann eine Beziehung durch eine „0...1"-Multiplizität verfügen, dass es genau ein oder kein Element ist. In letzterem Fall wird beim Auslesen null geliefert. Dies kann nicht passieren, wenn eine Auflistung geliefert wird, die einfach leer ist – aber auch eine leere Auflistung ist eine Auflistung!

Navigationseigenschaften werden im generierten Code einer Entitätenklasse in der Region (zwischen #region und #endregion) der Navigationseigenschaften zusammengefasst. In Abschnitt 6.6.4 werden Beziehungen behandelt.

Navigation zu einer Auflistung

Die Navigation zu einer Auflistung von Entitäten, wie von einem Kunden zu seinen Bestellungen, geschieht über den RelationshipManager. Im Getter und im Setter der erzeugten Navigationseigenschaft kommt dazu die generische `GetRelatedReference()`-Methode zum Einsatz, deren Wert zurückgegeben wird (Getter) oder einen neuen Wert enthält (Setter). Die Methode kümmert sich auch darum, dass bei neuen Instanzen ein Objekt für die Auflistung erzeugt wird, sodass dies erst bei Verwendung eingerichtet wird.

Navigation zu einem einzelnen Element

Führt die Navigation zu einem einzelnen Element, wie zu dem Kunden einer Bestellung, so geschieht dies über die `GetRelatedReference()`-Methode des RelationshipManagers. Dieser sorgt unter anderem dafür, dass die benötigte Entität aus der Persistenzschicht geladen wird, falls dies nicht schon zuvor geschehen ist, sodass die Entität aus dem Cache entnommen werden kann. Im Getter wird die Entität zurückgeliefert, während im Setter der neue Wert zugewiesen wird.

Wenn es die Beziehung (Multiplizität) gestattet, ist eine Zuweisung von `null` erlaubt, um anzuzeigen, dass keine Entität vorhanden ist. In der Datenbank wird dann kein Datensatz angelegt bzw. dieser gelöscht, wenn er vorhanden ist.

6.6.3 Primärschlüssel

Ein Primärschlüssel, auch Schlüsseleigenschaft genannt[1], dient dazu, eine Entität oder die Zeile einer Tabelle eindeutig zu kennzeichnen. Ist der Schlüssel also bekannt, so kann damit eindeutig eine Ausprägung einer Entität oder die Zeile einer Tabelle angesprochen werden. Da ein Primärschlüssel eindeutig sein muss, können es niemals zwei oder mehrere Ausprägungen/Zeilen[2] sein!

Jede Entität muss über einen Primärschlüssel verfügen. Im Fall einer Vererbung gilt diese Aussage auch dann, wenn die Entität den Primärschlüssel ebenfalls erben kann und damit keinen eigenen definieren muss. Umgekehrt dürfen auch nicht beide beteiligte Klassen einer Vererbung einen eigenen Primärschlüssel definieren. Dies würde zu zwei Primärschlüsseln führen, was nicht zulässig ist.

Da ein Primärschlüssel vorhanden sein muss, wird beim Anlegen einer neuen Entität deren Erstellung im entsprechenden Dialog auch standardmäßig direkt mit angeboten. Für die Fälle, die eine geeignete Vererbung oder schlicht den Primärschlüssel später selbst anlegen, ist es sinnvoll, das Häkchen vor *Schlüsseleigenschaft erstellen* zu entfernen.

---

[1] Da Primärschlüssel geläufiger und auch für die relationale Datenbank richtiger ist, wird dieser Begriff im Weiteren verwendet.

[2] Ab dieser Stelle werde ich nur noch von Entitäten und deren Ausprägungen schreiben. Das macht den Text leichter zu lesen (und zu schreiben). Es sei jedoch angemerkt, dass die Aussagen über Primärschlüssel auch für Tabellen und deren Zeilen in relationalen Datenbanken gültig sind.

Bei einem ungültigen, also nicht existierenden Primärschlüssel wird keine Ausprägung geladen. Dies ist nicht zwangsläufig als Fehler zu betrachten, sondern lediglich die zwingende Konsequenz aus den vorliegenden Daten.

 Oft und gerne wird übersehen, dass sich ein Primärschlüssel durchaus über mehrere Eigenschaften erstrecken bzw. aus mehreren Eigenschaften bestehen kann. In einem solchen Fall muss konsequenterweise die Wertekombination aller Eigenschaften eindeutig sein! Oftmals ist es nur eine einzige Eigenschaft, was der Tatsache geschuldet ist, dass häufig künstliche Primärschlüssel verwendet werden. Was das ist, erfahren Sie im Folgenden.

Grafisch werden Primärschlüssel mit einem gelben Schlüsselsymbol dargestellt – da macht auch der Designer im Visual Studio keine Ausnahme.

Bild 6.25 Die Eigenschaft „ID" ist der Primärschlüssel der Kunden-Entität.

Wiederum im Eigenschaftenfenster einer Skalareigenschaft kann für diese festgelegt werden, ob sie ein Teil des Primärschlüssels sein soll oder nicht.

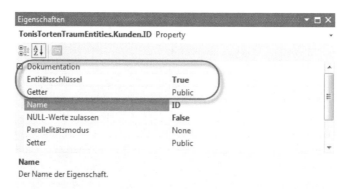

Bild 6.26 Diese Eigenschaft gehört zum Primärschlüssel der Entität.

Künstliche Primärschlüssel

Künstliche Primärschlüssel sind solche, die, wie der Name schon sagt, künstlich erzeugt werden und nichts mit den sonstigen Eigenschaften der Entität zu tun haben. Beispiele hierfür sind Mitarbeiternummern, Produktnummern etc. Solche Primärschlüssel können auch Buchstaben, Ziffern und sogar Prüfziffern enthalten.

Künstliche Primärschlüssel fallen meist in eine der folgenden beiden Gruppen:

- Numerische (Int32-)Werte, die vom Datenanbieter verwaltet (hoch gezählt) werden (Identity oder Autowert). In diesem Fall ist für die Eigenschaft der Wert StoreGeneratedPattern auf Identity zu stellen.
- Zufällige GUID-Werte, die entweder vom Datenanbieter oder vom .NET-Code erzeugt werden. Zwar sind andere Werte als GUID-Werte denkbar, doch müssen doppelte Werte unter allen Umständen vermieden werden – und da bieten sich GUIDs aufgrund der statistischen Unmöglichkeit von doppelten Werten an.

Ein Nachteil von künstlichen Primärschlüsseln (der in manchen Fällen allerdings auch zum Vorteil werden kann) ist deren Anonymität. Der Schlüssel lässt keinen direkten Rückschluss auf die Entität zu. Der Vorteil liegt im einfachen Generieren und der Garantie, dass keine eineindeutigen Werte entstehen können (siehe natürliche Primärschlüssel).

Natürliche Primärschlüssel

Natürliche Primärschlüssel setzen sich auch aus anderen Eigenschaften der Entität zusammen. So kann z. B. ein Mitarbeiter (wahrscheinlich) über seinen Name, Vornamen und sein Geburtsdatum eindeutig identifiziert werden.

Natürliche Primärschlüssel haben den Vorteil, dass keine zusätzlichen Informationen abgespeichert werden müssen und dass der Primärschlüssel direkten Rückschluss auf die Entität zulässt[1]. Ein Nachteil, der schnell zur berühmten „bösen Falle" werden kann, ist, dass die Werte eines natürlichen Primärschlüssels sich oftmals als doch nicht so ganz eindeutig erweisen wie beim Entwurf einstmals gedacht.

Auswirkungen auf den erzeugten Code

Die Wahl des Primärschlüssels hat direkte Auswirkung auf den generierten Code. Zwar verfügen die Entitätenklassen nur über einen parameterlosen Konstruktor (aus Gründen der Serialisierung, die bei der Übertragung von einem System zum anderen benötigt wird), doch verfügen die entsprechenden „Factory-Methoden" des Objektkontexts zum Instanziieren der Klassen über entsprechende Parameter, die den Eigenschaften des Primärschlüssels entsprechen.

Existiert beispielsweise eine Person-Entität mit einem Primärschlüssel, der sich über die Eigenschaften ID (Int32) und Datenbankversion (String) erstreckt, so wird folgende Methode für deren Instanziierung erzeugt.

Listing 6.8 Die CreatePerson()-Methode, deren Parameter dem Primärschlüssel entspricht

```
public static Person CreatePerson(global::System.Int32 id, global::System.String datenbankversion)
{
    Person person = new Person();
    person.ID = id;
    person.Datenbankversion = datenbankversion;
    return person;
}
```

---

[1] Wie bereits erwähnt, kann dies auch ein Nachteil sein, da so eine Anonymität nicht gewährleistet ist.

Die Eigenschaften selbst werden über die benannte Eigenschaft EntityKeyProperty des EdmScalarProperty-Attributes gekennzeichnet.

Listing 6.9 Das EdmScalarProperty-Attribut für Schlüsseleigenschaften im Code

```
[EdmScalarPropertyAttribute(EntityKeyProperty=true,
IsNullable=false)]
[DataMemberAttribute()]
public global::System.Int32 ID
{
    get { ... }
    set { ... }
}
```

Ob die Werte des Primärschlüssels eindeutig sind, so wie es zwingend gefordert ist, wird beim Persistieren geprüft und erzeugt eine Ausnahme, wenn die Eindeutigkeit nicht gegeben ist.

6.6.4 Beziehungen

Beziehungen, auch Assoziationen genannt, sind das, was in einer relationalen Datenbank Relationen sind. Wie unter *Navigationseigenschaften* erläutert, wird so festgelegt, wie die einzelnen Entitäten zusammenhängen. So kann ein Kunde über beliebig viele Bestellungen verfügen, die ihrerseits wiederum über beliebige Bestellpositionen verfügen. Beziehungen können von oben nach unten (hier von Kunde zu Bestellungen) als auch umgekehrt von unten nach oben (hier von einer Bestellung zum Kunden) verfolgt werden. Die geschieht über die bereits beschriebenen Navigationseigenschaften, die für die Entitäten angelegt werden. Eine Beziehung „steht" dabei immer zwischen zwei Entitäten. Und je nachdem wie viele Entitäten auf einer Seite und welche Anzahl von Entitäten auf der anderen Seite möglich sind, spricht man von unterschiedlichen Multiplizitäten. Um bei dem Beispiel zu bleiben: Da ein Kunde beliebig viele Bestellungen haben kann, sind die Multiplizitäten auf der Seite der Kunden „1" und auf der der Bestellungen „*", was für beliebig viele steht. Zusammen ist dies also „1:*", was allerdings auch die Möglichkeit eröffnet, dass ein Kunde gar keiner Bestellung zugeordnet werden kann.

Für jedes der beiden Enden sind die folgenden Multiplizitäten möglich, sodass deren Kombinationen die Möglichkeiten für Beziehungen darstellen.

Tabelle 6.2 Die möglichen Multiplizitäten für Beziehungen zwischen Entitäten

Symbol/Notation	Bedeutung
1	Genau eine Entität – nicht mehr und nicht weniger
0..1	Entweder eine oder keine
*	Beliebig viele Entitäten – das schließt keine, eine und jede andere Anzahl ein

Im grafischen Designer von Visual Studio finden sich zur leichteren Übersicht entsprechende Symbole, dargestellt an beiden Enden einer Beziehungslinie zwischen zwei Entitäten.

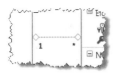

Bild 6.27 Die Beziehung zwischen Kunden (links) und Bestellungen (rechts)

Beziehungen bestehen immer zwischen zwei unterschiedlichen Entitäten oder zwischen einer Entität mit sich selbst, um z. B. Hierarchien abzubilden.

6.6.4.1 RelationshipManager

Der RelationshipManager ist für die Überwachung der Beziehungen, oft auch Assoziationen genannt, und entsprechender (Fremdschlüssel-)Einschränkungen zuständig. Beziehungen werden aus den Daten des konzeptionellen Modells gewonnen und als System.Data.Objects.DataClasses.EdmRelationshipAttribute-Attribut für die Assembly angelegt, in der sich das Entitätenmodell befindet.

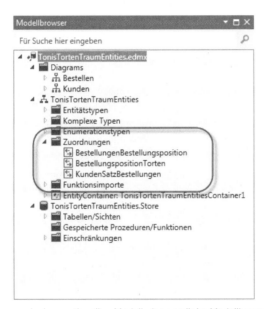

Bild 6.28 Die Beziehungen im konzeptionellen Modell, dargestellt im Modellbrowser

In der Code-Behind-Datei tauchen die Definitionen dann im Abschnitt EDM-Beziehungsmetadaten auf und sehen wie im folgenden Ausschnitt aus.

Listing 6.10 Das EdmRelationshipAttribute im Einsatz

```
#region EDM-Beziehungsmetadaten

[assembly: EdmRelationshipAttribute("TonisTortenTraumModel", "FK_Bestellungen_
Kunden", "Kunden", RelationshipMultiplicity.One, typeof(TonisTortenTraum.
Kunden), "Bestellungen", RelationshipMultiplicity.Many,
typeof(TonisTortenTraum.Bestellungen), true)]

[assembly: EdmRelationshipAttribute("TonisTortenTraumModel",
```

```
"FK_Bestllungspositionen_Bestellungen", "Bestellungen",
RelationshipMultiplicity.One, typeof(TonisTortenTraum.Bestellungen),
"Bestellungspositionen", RelationshipMultiplicity.Many,
typeof(TonisTortenTraum.Bestellungspositionen), true)]

[assembly: EdmRelationshipAttribute("TonisTortenTraumModel",
"FK_Bestllungspositionen_Torten", "Torten", RelationshipMultiplicity.One,
typeof(TonisTortenTraum.Torten), "Bestellungspositionen",
RelationshipMultiplicity.Many, typeof(TonisTortenTraum.
Bestellungspositionen), true)]

[assembly: EdmRelationshipAttribute("TonisTortenTraumModel",
"FK_StatusKunden", "StatusMenge", RelationshipMultiplicity.One,
typeof(TonisTortenTraum.StatusMenge), "Kunden", RelationshipMultiplicity.
Many, typeof(TonisTortenTraum.Kunden), true)]

#endregion
```

Das Attribut wird zur Laufzeit vom RelationshipManager gelesen und sorgt somit für die nötige referenzielle Sicherheit. Im eigenen Code können solche Beziehungen über die Navigationseigenschaften „verfolgt werden".

6.6.4.2 Zuordnungen

Über Navigationseigenschaften, wie der Name schon andeutet, besteht die Möglichkeit, von einer Entität zu einer anderen zu „navigieren". Natürlich nicht beliebig, sondern nur so, wie es durch Zuordnungen (auch Beziehungen genannt) im Entitätenmodell festgelegt wurde. So kann z. B. ein Kunde über beliebig viele Bestellungen verfügen, die ihrerseits wiederum über eine beliebige Anzahl von Bestellpositionen verfügen können.

In diesem Fall kann von einem Kunden zu seinen Bestellungen (eine Auflistung) und von einer speziellen Bestellung zu deren Positionen (ebenfalls eine Auflistung) navigiert werden. Der umgekehrte Weg ist auch möglich: So kann von einer bestimmten Bestellposition zu einer einzelnen Bestellung hin und von dort zu einem einzelnen Kunden navigiert werden.

Navigationseigenschaften werden im grafischen Designer von Visual Studio abgegrenzt im unteren Teil einer Entität dargestellt.

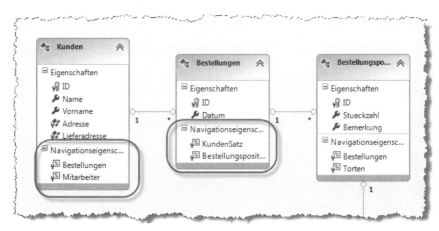

Bild 6.29 Entitäten mit zwei jeweils Navigationseigenschaften

Der Code, um diese Navigationseigenschaften zu nutzen, kann wie folgt aussehen. Zunächst gehen wir in die Richtung vom Kunden zu den Positionen seiner Bestellungen.

Listing 6.11 Die Navigation vom Kunden hin zur Bestellungsposition ...

```
// Objektkontext erstellen
TonisTortenTraumEntities TonisTortenTraumContext = new TonisTortenTraum
Entities();

// Einen Kunden ermitteln
Kunden kunde = (from k in TonisTortenTraumContext.Kunden select
k).FirstOrDefault();

// Anzeigen, wenn vorhanden
if (kunde != null)
{
    // Kundenname ausgeben
    Debug.Print("Kunde: {0}", kunde.Name);

    // Bestellungen des Kunden ausgeben
    Debug.Print("Kunden hat {0} Bestellungen",
            kunde.Bestellungen.Count);

    foreach (Bestellungen bestellung in kunde.Bestellungen)
    {
        // ID der Bestellung ausgeben
        Debug.Print("Bestellung: {0}", bestellung.ID);

        // Positionen der aktuellen Bestellung ausgeben
        Debug.Print("Bestellung hat {0} Positionen",
                bestellung.Bestellungspositionen.Count);

        foreach (Bestellungspositionen position in
                bestellung.Bestellungspositionen)
            Debug.Print(position.Bemerkung);
    }
}
```

Nun gehen wir in die umgekehrte Richtung von einer Bestellungsposition hin zum Kunden.

Listing 6.12 ... und die Navigation von der Position zum Kunden

```
// Objektkontext erstellen
TonisTortenTraumEntities TonisTortenTraumContext = new TonisTortenTraum
Entities();

// Eine Bestellungsposition ermitteln
Bestellungspositionen position =
    (from b in TonisTortenTraumContext.Bestellungspositionen select
b).FirstOrDefault();

// Navigation nur möglich, wenn die Position gefunden wurde
if (position != null)
{
    // Bestellung abfragen (muss vorhanden sein!)
    Bestellungen bestellung = position.Bestellungen;

    // Kunde abfragen (muss vorhanden sein!)
```

```
Kunden kunde = bestellung.Kunden;

// Kundenname ausgeben
Debug.Print("Kunde: {0}", kunde.Name);
}
```

 In einer relationalen Datenbank werden solche Zusammenhänge bei Abfragen über SQL-Joins hergestellt. Solche Joins sind bei Entity SQL zwar auch möglich, jedoch meist nicht notwendig, soweit die Beziehung im Entitätenmodell bereits definiert ist.

6.6.4.3 Zuordnungen modifizieren

Neue Zuordnungen können einem Entitätenmodell auf zwei Wegen hinzugefügt werden: zum einen aus dem Werkzeugkasten, der dann angezeigt wird, wenn der grafische Entitätenmodell-Designer aktiv ist.

Bild 6.30 Zuordnungen stehen im Werkzeugkasten bereit.

Der andere Weg führt über das Kontextmenü des Entitätenmodells, das sich beispielsweise mit der rechten Maustaste öffnen lässt (auf einen leeren Bereich geklickt). Dort befindet sich der Befehl HINZUFÜGEN/ZUORDNUNG, der das Dialogfeld aus Bild 6.31 öffnet, in dem sich wichtige Eigenschaften einer Zuordnung festlegen lassen.

Besteht eine Zuordnung bereits, so können deren Eigenschaften einfach eingesehen und verändert werden. Dies geschieht wieder über ein Kontextmenü im grafischen Designer. Dort wählen Sie einfach den Befehl EIGENSCHAFTEN aus.

 Alternativ kann, anstatt das Kontextmenü zu öffnen, auch Alt + Eingabe gedrückt werden, um die Eigenschaften einer Zuordnung anzuzeigen.

Bild 6.32 zeigt das Eigenschaften-Fenster einer Zuordnung.

6.6 Grundlegende Bestandteile des Entitätenmodells

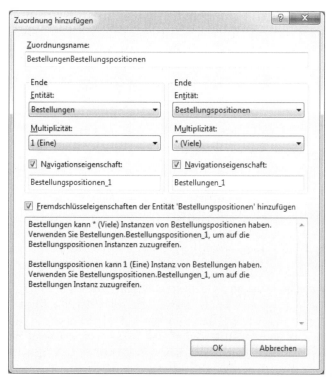

Bild 6.31 Zuordnungen per Dialog anlegen oder modifizieren

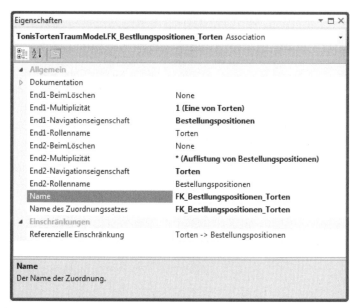

Bild 6.32 Die gesamten Eigenschaften einer Zuordnung

Wird eine Zuordnung nicht mehr benötigt, so kann sie einfach mit der Maus markiert und über das Kontextmenü durch den Befehl LÖSCHEN oder durch einen Druck auf die ENTF-Taste entfernt werden.

Nachdem dargestellt wurde, was eine Zuordnung ist, wie neue angelegt und bestehende eingesehen, verändert bzw. gelöscht werden können, beleuchten die folgenden Abschnitte die wichtigen Merkmale dieser wichtigen „Verbindungsstücke" zwischen den Entitäten.

6.6.5 Enumerationstyp

Die Enumerationstypen (Aufzählungstypen) sind technisch nichts anderes als `enum`-Definitionen, die einen frei definierten Wertevorrat zur Verfügung stellen. Enumerationstypen werden nicht in der Datenbank abgebildet. Stattdessen wird für Spalten, die einen solchen Typen verwenden, nur eine Spalte mit dem zugrunde liegenden Datentyp (mein `Int32`) angelegt. Der erlaubte Wertevorrat existiert einzig im Code des Entitätenmodells.

Und gerade hier liegt der berühmte Hund begraben. Es wird zur Laufzeit ein Fehler generiert, wenn ein Wert vorgefunden wird, der nicht von dem Enumerationstyp abgedeckt wird. Dies kann zum einen dann passieren, wenn die Daten von anderer Seite beladen werden oder wenn der Enumerationstyp im Laufe des Lebenszyklus einer Anwendung verändert wird. Leider gibt es kein Patentrezept, wie in solchen Situationen verfahren werden sollte, Fakt ist nur, dass die Daten gültig sein müssen. Um dies zumindest vonseiten der Datenbank zu gewährleisten, wäre eine Einschränkung (`CHECK CONSTRAINT`) denkbar. Für SQL Server sähe diese für dieses Beispiel wie folgt aus:

```
ALTER TABLE KundenSatz ADD CONSTRAINT checkKundenStatus
CHECK ([Status] >= 0 AND [Status] <= 3);
```

Die Grenzen (0 und 3) kommen zustande, da die automatische Wertevergabe bei 0 beginnt und sukzessiv hochzählt – und bei vier Werten landet man so bei 3. Ein späteres Löschen entspricht dieser Anweisung:

```
ALTER TABLE KundenSatz DROP CONSTRAINT checkKundenStatus;
```

Da Einschränkungen immer zusammen mit ihrer Tabelle gelöscht werden, muss nach einer Neugenerierung immer auch die Einschränkung neu erzeugt werden.

Angelegt werden können Enumerationstypen über das Kontextmenü des grafischen Designers oder des Modellbrowsers, in dem auch alle existierenden Typen ausgeführt sind und verändert werden können.

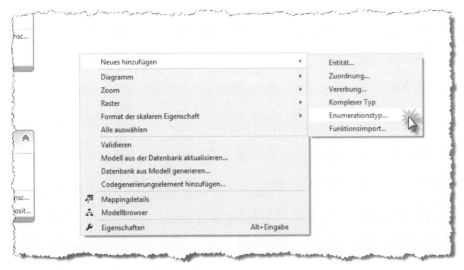

Bild 6.33 Einen neuen Enumerationstyp anlegen

Im nun folgenden Dialog können der Name, der zugrunde liegende Datentyp (erlaubt sind hier nur `Int16`, `Int32`, `int64`, `Byte` und `SByte`) und alle erlaubten Werte festgelegt werden.

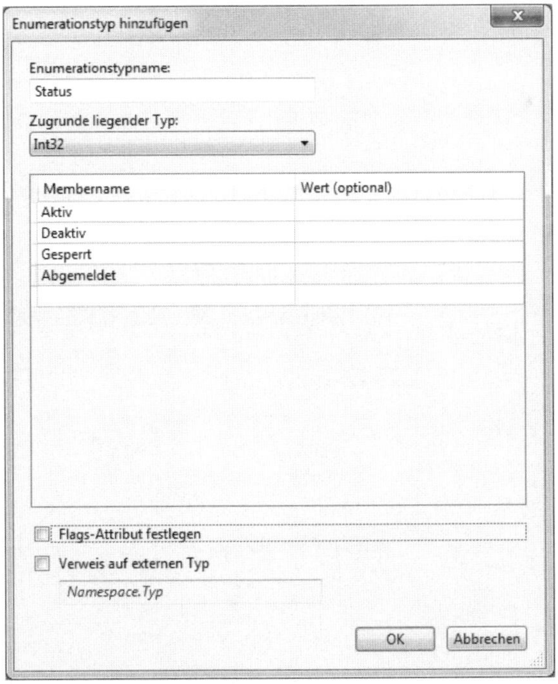

Bild 6.34 Ein Enumerationstyp wird hinzugefügt.

Mit dem Häkchen bei *Flags-Attribut festlegen* kann besagtes Attribut an dem erzeugten `enum`-Typen generiert werden.

Das Flags-Attribut für enum-Typen sorgt dafür, dass das IntelliSense dem Programmierer nach und nach nicht nur einen Wert anbietet, sondern so viele wie erwünscht. Deren Werte sind oftmals binär codiert (also zur Basis 2) und stellen z. B. kombinierbare Zustände dar. Parktisch bedeutet dies für Enumerationstypen, dass die einzelnen Werte vergeben werden sollten.

Der generierte Code sieht später wie folgt aus.

Listing 6.13 Code, der für einen Enumerationstyp generiert wurde

```
[EdmEnumTypeAttribute(NamespaceName="TonisTortenTraumEntities",
                     Name="Status")]
[DataContractAttribute()]
public enum Status : int
{
    /// <summary>
    /// Keine Dokumentation für Metadaten verfügbar.
    /// </summary>
    [EnumMemberAttribute()]
    Aktiv = 0,

    /// <summary>
    /// Keine Dokumentation für Metadaten verfügbar.
    /// </summary>
    [EnumMemberAttribute()]
    Deaktiv = 1,

    /// Gekürzt um Platz zu sparen
}
```

Der Enumerationstyp kann für Eigenschaften aller Entitäten in dem Modell verwendet werden.

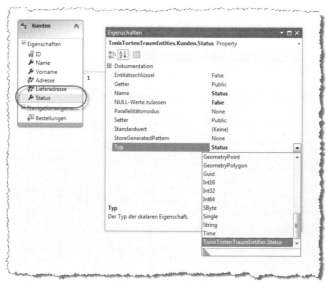

Bild 6.35 Enumerationstyp für eine Entitäteneigenschaft festlegen

Später im Code kann der Eigenschaft einfach und bequem ein Wert zugewiesen werden – oder natürlich auch abgefragt werden.

Listing 6.14 Beispiel für einen neuen Kunden mit Status „Aktiv"

```
// Kunden im Speicher erzeugen
Kunden k = new Kunden();

// Name festlegen
k.Name = "Kansy AG";

// Status (Enumerationstyp) festlegen
k.Status = Status.Aktiv;

// Weiter mit dem Objekt arbeiten
// ...
```

Eine LINQ-Abfrage, die alle aktiven Kunden liefert, sähe als Beispiel in etwa wie folgt aus.

Listing 6.15 Beispiel für eine LINQ-Abfrage nach allen aktiven Kunden

```
// Objektkontext für LINQ-Abfrage erstellen.
TonisTortenTraumContext TonisTortenTraumContext =
    new TonisTortenTraumContext ();

// Alle aktiven Kunden abfragen
var AktiveKunden = from k in TonisTortenTraumContext.KundenSatz
                   where k.Status == Status.Aktiv
                   select k;

// Die hier bei Durchlaufen der Menge ausgeführt wird
foreach (Kunde K in AktiveKunden)
{
    // ...
}
```

Die Beispiele zeigen, dass sich Enumerationstypen (wie `enum`-Typen im Allgemeinen) in erster Line für gut lesbaren Code eignen. Ein `where k.Status == 0` wäre sicherlich nicht so einfach verständlich.

6.6.6 Vererbung

Entitäten sind im ADO.NET Entity Framework technisch nicht anders als C#-Klassen. Was liegt da näher, als hier die Möglichkeit zu schaffen, von diesen Klassen (die dann über alle grundlegenden Eigenschaften verfügen) abzuleiten, um diese abgeleiteten Klassen um eigene Eigenschaften zu erweitern und ebenfalls als Entitäten nutzen zu können.

 Werden vererbte Entitäten in einer relationalen Datenbank abgebildet, ist es später kaum noch möglich, diese Entität aus der Datenbank zu aktualisieren bzw. das komplette Entitätenmodell aus der Datenbank zu generieren (siehe Abschnitt 6.5.3.2, „Database-First-Ansatz"). Das Ergebnis sieht nicht so aus, wie es zu erwarten wäre, und ist nicht wirklich brauchbar.

Entitäten können über ihre Eigenschaften sogar gänzlich als abstrakt (via abstract-Schlüsselwort) markiert und somit nur als Basisentität oder Basistyp verwendet werden.

Ableitungen werden im grafischen Designer als Pfeil dargestellt, der von der abgeleiteten Klasse hin zur Basisklasse zeigt.

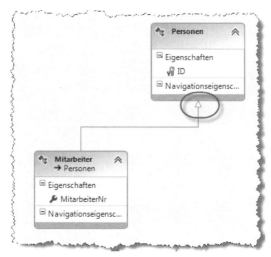

Bild 6.36 Ableitungen werden als Pfeil von der abgeleiteten Klasse hin zur Basisklasse dargestellt.

Eine Vererbung wird indirekt angelegt, indem eine neue Entität hinzugefügt und eine der bereits existierenden Entitäten als Basistyp ausgewählt wird.

Existiert die ableitende Entität bereits und soll die Vererbungsbeziehung nachträglich hinzugefügt werden, so geschieht dies über den Befehl HINZUFÜGEN/VERERBUNG aus dem Kontextmenü des Entitäten-Designers (üblicherweise über einen rechten Mausklick auf einen leeren Bereich).

Beim Hinzufügen einer Vererbung auf diesem Weg muss die erbende Entität einige Bedingungen erfüllen: Neben der ganz offensichtlichen Einschränkung, dass es natürlich keine Eigenschaften mit identischen Namen geben darf (das betrifft im Wesentlichen auch gewöhnliche Klassen, bei denen Vererbung im Spiel ist), darf die erbende Entität über keinen Primärschlüssel verfügen. Ist dies der Fall, kommt es zu keinem Fehler, sondern vielmehr entfernt der Designer automatisch diesen Primärschlüssel – ein Verhalten, das bei einer Fehlerauswahl schnell zu ärgerlichem Nachbessern führen kann, wenn der Fehler nicht sofort bemerkt wird oder eine Sicherungskopie der .EDMX-Datei vorliegt.

Ein Blick in den Quellcode

Im Quellcode findet sich diese Vererbung, wie nicht anders zu erwarten, als Ableitung einer Klasse von einer Basisklasse wieder. Die folgenden, stark gekürzten Auszüge des automatisch generierten Codes zeigen die Definition der Basisklasse Person sowie der ableitenden Klasse Mitarbeiter, so wie sie dem Beispiel entsprechen, das auch in Bild 6.36 zu sehen ist.

Listing 6.16 Vererbung von Entitäten auf Basis gewöhnlicher Klassenvererbung

```
// Die Basisklasse
[EdmEntityTypeAttribute(NamespaceName="EntityModel2",
Name="Person")]
[Serializable()]
[DataContractAttribute(IsReference=true)]
[KnownTypeAttribute(typeof(Mitarbeiter))]
public partial class Person : EntityObject
{
...
}
// Die abgeleitete Klasse
[EdmEntityTypeAttribute(NamespaceName="EntityModel2",
Name="Mitarbeiter")]
[Serializable()]
[DataContractAttribute(IsReference=true)]
public partial class Mitarbeiter : Person
{
...
}
```

Die Basisklasse selbst leitet in diesem Fall von der abstrakten `EntityObject`-Klasse des Entitiy Framework ab.

Ein Blick in die Datenbank

Wie werden Vererbungen durch den Datenanbieter in der Datenbank dargestellt? Dies hängt im Detail zwar von dem Datenanbieter ab, dürfte aber der Ablage in relationalen Datenbanken recht ähnlich sein, wie in Bild 6.37 zu sehen ist.

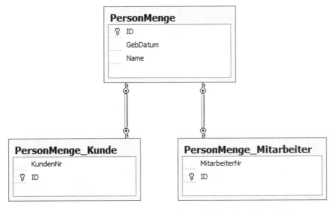

Bild 6.37 Diese Abbildung zeigt, wie Vererbungen in einer relationalen Datenbank umgesetzt werden.

Achten Sie darauf, dass diese Tabellen, die auf diese Weise in der Datenbank erzeugt wurden, nicht dazu verwendet werden dürfen, um das Entitätenmodell aus der Datenbank aktualisieren zu können. Das, was das Visual Studio dann nämlich erzeugt, hat nur entfernt etwas mit dem zu tun, was man erwarten könnte.

6.6.7 Fremdschlüsseleinschränkung

Fremdschlüsseleinschränkungen, auch als referenzielle Einschränkungen bezeichnet, sorgen für die Integrität im Entitätenmodell. Die Einschränkung sorgt dafür, dass z. B. eine Bestellung nur ein einziges Mal einem Kunden zugeordnet werden kann – weder zwei unterschiedlichen Kunden noch dem gleichen.

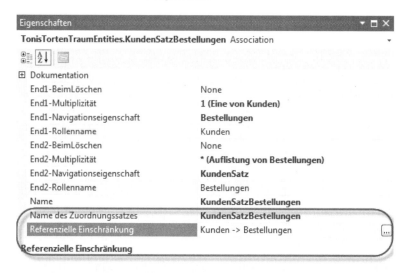

Bild 6.38 Die referenziellen Einschränkungen in den Eigenschaften einer Beziehung

Durch diese Angaben ist klar definiert, wie das Entity Framework prüfen soll. Durch die kleine Schaltfläche mit dem Auslassungszeichen (…) öffnet sich ein Dialogfeld, über das alle gewünschten Festlegungen vorgenommen werden können – bis hin zum Löschen der Einschränkung.

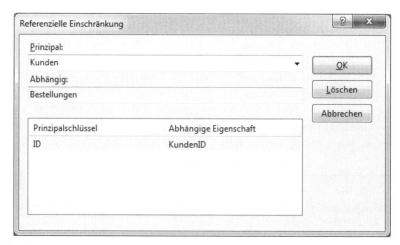

Bild 6.39 Dieses Dialogfeld erlaubt die Definition der referenziellen Einschränkungen.

Über das Feld PRINZIPAL wird die Entität festgelegt, die in der referenziellen Einschränkung geprüft werden soll. In unserem Beispiel, in dem ein Kunde beliebig viele Bestellungen haben kann, ist dies der Kunde. Im Dialogfeld in Bild 6.39 wird diese Entität als Prinzipal bezeichnet. Die Bestellungen sind von diesem abhängig. Wie beide Entitäten zusammenhängen, ist in der kleinen Liste festgelegt. Die ID-Eigenschaft des Prinzipals muss der KundenID-Eigenschaft der abhängigen Entität entsprechen. Bei Bedarf und Aufgabenstellung können dies auch mehrere Pärchen sein, wichtig ist nur, dass die Werte des Prinzipals, die den Prinzipalschlüssel bilden, eindeutig sind. Auf Wunsch kann die Einschränkung hier auch über die LÖSCHEN-Schaltfläche entfernt werden.

> Schon beim Anlegen einer Beziehung (auch Zuordnung genannt) bietet das entsprechende Dialogfeld (erreichbar über das Kontextmenü des Entitätenmodells, Befehl: NEUES HINZUFÜGEN/ZUORDNUNG) standardmäßig das Anlegen einer entsprechenden Fremdschlüsseleinschränkung an. Das angesprochene Häkchen sollte nur deaktiviert werden, wenn die Fremdschlüsseleinschränkung nicht benötigt wird. Sollte sich dies später einmal ändern, so kann das Dialogfeld aus Bild 6.39 dazu verwendet werden, nachträglich eine Einschränkung zu erzeugen. Der Dialog ist über die Eigenschaften einer jeden Beziehung erreichbar (siehe Bild 6.38).

Fremdschlüsseleinschränkungen werden ebenfalls direkt in der Persistenzschicht, also der Datenbank, abgebildet und dienen dort ebenfalls dazu, die Konsistenz der Daten sicherzustellen. Durch die Einschränkungen kommt es in jedem Fall zu einem Fehler, wenn versucht wird, einen Wert in die KundenID-Spalte (Tabelle Bestellungen) einzufügen, der nicht in der ID-Spalte (Tabelle Kunden) vorhanden ist.

6.6.8 Diagramme

Ein neues Feature ist die Möglichkeit, in einem Entitätenmodell unterschiedliche Diagramme zu verwenden. Ein solches Diagramm ist dabei ein Teil des gesamten Modells und verfügt über eigene Entitäten mit Beziehungen etc. Im Modellbrowser lassen sich alle Diagramme mit ihren Entitäten einsehen.

Bild 6.40 Diagramme mit deren Entitäten im Modellbrowser

Wichtig ist dabei, dass die definierten Entitäten zwar in einem bestimmten Diagramm dargestellt werden, jedoch zu dem gesamten Entitätenmodell gehören. Daher muss z. B. der Name einer Entität eindeutig im gesamten Modell und nicht nur im Diagramm sein.

 Diagramme lassen sich rein praktisch als Sicht auf einen Teil des Entitätenmodells verstehen; insbesondere auch deswegen, weil ein Doppelklick auf ein Diagramm dieses im grafischen Designer öffnet.

So weit zur Übersicht. Konsequenterweise lassen sich nun auch Entitäten in einem Diagramm für Beziehungen (Zuordnungen)/Vererbungen verwenden, die in einem anderen Diagramm definiert wurden – in den entsprechenden Dialogen lassen sich immer alle Entitäten aus allen Diagrammen auswählen. Die Kehrseite allerdingst besteht darin, dass der grafische Designer diagrammübergreifende Zusammenhänge nicht besonders übersichtlich anzeigen kann.

Beide (also Beziehungen und Vererbungen) werden zwar angezeigt, aber ohne die hilfreichen Linien, da die „andere" Entität nicht in diesem Diagramm definiert ist. Bild 6.41 zeigt auszugsweise zwei Entitäten, die je eine Beziehung und eine Vererbung zu einer anderen Entität aus einem anderen Diagramm verwenden.

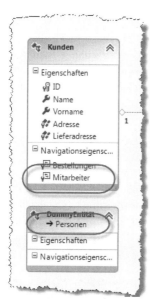

Bild 6.41 Beziehungen/Vererbung zu Klassen aus anderen Diagrammen

Kurz zum Vergleich: Bild 6.42 zeigt eine Entität, die sich mit den anderen in einem Diagramm befindet. Besonders ärgerlich ist, dass die Multiplizitäten der Beziehungen nicht dargestellt werden.

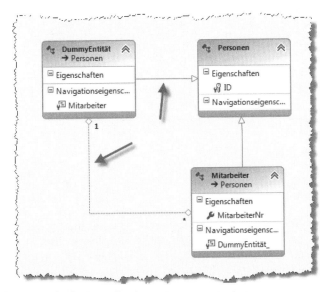

Bild 6.42 Multiplizitäten zwischen Entitäten

Um es nochmals zu betonen: Dies beeinträchtigt nicht die Funktionsweise, sondern lediglich die Übersichtlichkeit im grafischen Designer.

 Entitäten lassen sich zwar nicht mit Drag & Drop zwischen Diagrammen verschieben, aber via Zwischenablage. Dafür sollten Sie einfach die betreffenden Entitäten markieren, ausschneiden (via Kontextmenü oder STRG-X), das Zieldiagramm öffnen und einfügen (wieder via Kontextmenü oder STRG-V).

In Abschnitt 6.6.4 wird auf Beziehungen der Entitäten untereinander eingegangen.

6.7 Objektkontext

Der Objektkontext ist, neben den Entitäten selbst, einer der zentralen Bestandteile des Entity Framework. Ohne diesen Kontext ist so gut wie keinerlei sinnvolle Aktion möglich. Seien es Abfragen oder das Speichern von Änderungen, immer wird eine Kontextinstanz benötigt. Indirekt überwacht er zudem Änderungen an den Entitäten sowie die Einhaltung definierter Assoziationen zwischen den Entitäten. Indirekt deswegen, da dafür andere Manager zu Hilfe gezogen werden: der ObjectStateManager und der RelationshipManager – beide finden Sie ebenfalls in diesem Abschnitt erläutert.

Neben dieser Aufgabe ist der Objektkontext der Aufrufpunkt für Funktionsimporte, das Löschen von Entitäten, das Erstellen neuer Entitäten und das komplette Löschen der Datenbank, kurzum ein extrem wichtiges Element.

Der Objektkontext, besser seine Basisklasse `System.Data.Objects.ObjectContext`, implementiert die `IDisposable`-Schnittstelle und ist daher mit `using`-Blöcken einsetzbar. Dies sollte auch immer dann geschehen, wenn der Objektkontext nur kurze Zeit benötigt wird (da er z. B. nicht die Änderungen an Entitäten nachverfolgen muss). Damit ist sichergestellt, dass Ressourcen möglichst schnell und zuverlässig freigegeben werden. Besonders die Verbindung zur Datenbank ist hier besonders heikel.

6.7.1 Objektkontext erzeugen

Für das Erstellen der benötigten Instanz bieten sich drei Konstruktoren an: Da ist zunächst einmal der ohne Argument. In diesem Fall werden die notwendigen Verbindungsinformationen, wie z. B. um welchen Datenanbieter es sich handelt und welche Verbindungszeichenfolge dieser verwenden soll, aus der Konfiguration der Anwendung (`App.Config`/ `Web.Config`) genommen. Dies setzt voraus, dass beim Erzeugen des Entitätenmodells durch den Assistenten eine solche abgespeichert werden durfte.

Listing 6.17 Objektkontext erzeugen

```
TonisTortenTraumEntities TonisTortenTraumContext =
    new TonisTortenTraumEntities();
```

Der Objektkontext verfügt über zwei Konstruktoren, die es gestatten, entweder den Schlüssel, unter dem die Verbindungszeichenfolge in der Konfiguration zu finden ist (dies erlaubt ein wenig mehr Flexibilität), oder den eines initialisierten `EntityConnection`-Objektes zu übergeben.

Egal welcher Konstruktor verwendet wird, das Instanziieren des Objektkontexts ist meistens der erste Schritt bei der Programmierung mit dem Entity Framework.

6.7.2 Abfragen ausführen und Änderungen speichern

Wurde der Objektkontext erzeugt, folgen in einem Szenario als Nächstes das Abfragen und ggf. das Ändern der gefundenen Entitäten. Die anderen Szenarien, die im Anschluss gezeigt werden, stellen das Anlegen und Löschen von Entitäten dar.

Listing 6.18 Änderungen einer Entität schreiben

```
// Objektkontext erstellen
using (TonisTortenTraumEntities TonisTortenTraumContext =
    new TonisTortenTraumEntities())
{
    // Abfrage durchführen: Kunde auswählen...
    Kunden Kunde = TonisTortenTraumContext.Kunden
        .Where(k => k.Name == "Müller AG").FirstOrDefault();

    if (Kunde != null)
```

```
{
    // ...und Änderungen an Daten durchführen,
    // wenn Kunde gefunden wurde
    Kunde.Name = "Müller GmbH";
    Kunde.Ort = "Frankfurt";
}

// Änderungen speichern
TonisTortenTraumContext.SaveChanges();
}
```

Damit sind die Änderungen dauerhaft in der Datenbank gespeichert.

6.7.3 Entität erstellen

Neue Entitäten werden entweder wie gewöhnliche Klassen (etwas anderes sind sie ja auch eigentlich nicht) mit dem new-Schlüsselwort oder über die generische CreateObject()-Methode des Objektkontexts erstellt.

Listing 6.19 Das Erstellen einer neuen Entität

```
// Objektkontext erstellen
TonisTortenTraumEntities TonisTortenTraumContext = new
TonisTortenTraumEntities();
// Neue Entität erstellen. So...
Kunden NeuerKunde = new Kunden();
// Neuen Kunden anpassen

// ...oder so
Bestellungen NeueBestellung =
TonisTortenTraumContext.CreateObject<Bestellungen>();
NeueBestellung.Kunden = NeuerKunde;
// Neue Position anpassen
// ... weiter im nächsten Listing
```

Wichtig ist anschließend, dass die neue Entität dem Objektkontext über die entsprechende Auflistung hinzugefügt wird. Ansonsten existiert die Entität zwar im Speicher, wird jedoch nicht in der Datenbank persistiert.

Der folgende Codeausschnitt zeigt, wie es aussehen kann.

Listing 6.20 Die neue Entität muss dem Objektkontext hinzugefügt werden.

```
// Neue Entität hinzufügen, damit diese gespeichert werden kann
TonisTortenTraumContext.Kunden.AddObject(NeuerKunde);
TonisTortenTraumContext.Bestellungen.AddObject(NeueBestellung);

// Speichern
TonisTortenTraumContext.SaveChanges();
```

Die AddToXXX()-Methoden des Objektkontexts, die für jede Entität existieren, sind nun als veraltet markiert und sollten für neue Entwicklungen nicht mehr verwendet werden.

6.7.4 Entität löschen

Das Löschen von Entitäten gestaltet sich durch die `DeleteObject()`-Methode des Objektkontextes denkbar einfach. Diese Methode stellt das Pendant zur im vorherigen Abschnitt vorgestellten `AddObject()`-Methode dar.

Das folgende Beispiel zeigt das Löschen der im vorherigen Abschnitt hinzugefügten Entitäten (Kunden und Bestellung). Dabei wird bewusst außer Acht gelassen, dass bei einem Löschen des Kunden auch seine Bestellungen gelöscht werden.

Listing 6.21 Entitäten können über den Objektkontext gelöscht werden.

```
// Entitäten löschen
TonisTortenTraumContext.Bestellungen.DeleteObject(NeueBestellung);
TonisTortenTraumContext.Kunden.DeleteObject(NeuerKunde);
// Dauerhaft löschen
TonisTortenTraumContext.SaveChanges();
```

Selbstverständlich wird eine Entität nur dann aus der Datenbank gelöscht, wenn sie zuvor daraus geladen oder zumindest gespeichert wurde. Ist das nicht der Fall, unterbleibt auch der dann unnötige Datenbankzugriff.

6.7.5 Datenbank erstellen/löschen

Mithilfe des Objektkontextes ist es möglich, zur Programmlaufzeit die benötigte Datenbank zu erstellen. Die notwendigen Informationen werden dabei aus den Metadaten gewonnen.

Aus den Metadaten werden nur die Tabellen/Sichten, Primär- und Fremdschlüssel erzeugt. Andere Objekte wie z. B. Funktionen gehören nicht dazu und fehlen in der neuen Datenbank.

Die in Tabelle 6.3 dargestellten Methoden stehen zu diesem Zweck bereit.

Tabelle 6.3 Unterschiedliche Methoden zur Datenbankbereitstellung

Methode	Beschreibung
`CreateDatabase()`	Erzeugt die Datenbank nach den Metadaten im Entitätenmodell
`DeleteDatabase()`	Löscht die Datenbank mit dem Namen aus den Verbindungsinformationen
`DatabseExists()`	Prüft, ob eine Datenbank mit dem Namen aus den Verbindungsinformationen existiert
`CreateDatabaseScript()`	Erzeugt ein Skript (DDL) zur Datenbankerstellung aus den Metadaten im Entitätenmodell. Das Skript wird als Zeichenfolge geliefert und nicht (!) ausgeführt.

Dieses Vorgehen eignet sich sicherlich in erster Linie für mobile Datenbanken (Compact Edition/Express Edition) und weniger für den zentralen Serverbetrieb im Unternehmensnetzwerk.

Listing 6.22 Die Datenbank kann zur Programmlaufzeit erstellt werden.

```
// Objektkontext erstellen
// Vor Verwendung Datenbank erstellen
if (!TonisTortenTraumContext.DatabaseExists())
    TonisTortenTraumContext.CreateDatabase();

// Der Objektkontext ist nun nutzbar, da die Datenbank ggf. erstellt
Wurde
// ...
// Datenbank samt Inhalt wieder löschen
if (TonisTortenTraumContext.DatabaseExists())
    TonisTortenTraumContext.DeleteDatabase();
```

Durch dieses Vorgehen ist die Installation einer Anwendung, die das Entity Framework nutzt, einfacher, da die Erstellung der Datenbank nicht berücksichtigt werden muss.

6.8 ObjectStateManager

Der ObjectStateManager ist dafür verantwortlich, Änderungen, die an den Werten der Entitäten vorgenommen werden, zu überwachen. Zwar ist der Objektkontext später führend dafür verantwortlich, diese Änderungen in der Persistenzschicht zu speichern, doch erhält diese die Informationen, was sie wie verändert hat (durch Neuerstellung, Änderung oder Löschung), vom ObjectStateManager.

Der ObjectStateManager gehört fest zu seinem Objektkontext und ist über die `Object-StateManager`-Eigenschaft verfügbar.

Ob eine Entität verändert wurde, kann über deren jeweilige `EntityState`-Eigenschaft abgerufen werden. Diese Eigenschaft liefert einen Wert der `EntityState`-Auflistung, die über die folgenden fünf Werte verfügt:

- `Detached`: Die Entität wird nicht von dem ObjectStateManager überwacht.
- `Unchanged`: Die Entität wurde nicht verändert.
- `Added`: Die Entität wurde neu dem Objektkontext hinzugefügt (aber noch nicht gespeichert).
- `Deleted`: Die Entität wurde aus der Datenbank geladen und später gelöscht. Entitäten, die gerade erst hinzugefügt wurden und dann gelöscht werden, verschwinden einfach aus dem Objektkontext, da sie für die Persistenzschicht irrelevant sind.
- `Modified`: Die Entität gehört zum Objektkontext und wurde an mindestens einer Eigenschaft verändert.

Der Zustand einer Entität kann, abgesehen vom offensichtlichen Ändern, auf zwei Wegen beeinflusst werden (die `EntityState`-Eigenschaft kann nur gelesen werden): speichern oder vom Objektkontext entfernen. Beide Wege werden im Folgenden beschrieben.

6.8.1 Speichern in der Persistenzschicht

Wird die `SaveChanges()`-Methode des Objektkontextes erfolgreich aufgerufen, so werden alle Entitäten auf `Unchanged` gesetzt (wenn sie nicht gelöscht wurden). Auf diese Weise verursacht ein erneuter Aufruf der Methode bei unveränderten Entitäten keine weiteren Aktionen gegen die Datenbank.

War der Aufruf nicht erfolgreich, so behalten die Entitäten ihren `EntityState`-Wert.

6.8.2 Attach/Detach

Entitäten können über die Methoden `Attach()` und `Detach()` des Objektkontextes zu diesem hinzugefügt bzw. von diesem entfernt werden. Auf diese Weise ändert sich der Wert der `EntityState`-Eigenschaft entsprechend und die Entität kann (sofern beide Objektkontexte über die gleichen Metadaten bezüglich der Entität verfügen) von einem Objektkontext zu einem anderen transferiert werden.

Die Informationen, welche Änderungen an der Entität vorgenommen wurden, gehen verloren, da diese vom ObjectStateManager verwaltet werden. Eine Ausnahme bilden Selftracking Entities, die, wie der Name schon andeutet, die an ihnen gemachten Änderungen selbst verwalten. Das macht diese Entitäten zu den optimalen Kandidaten in verteilten Szenarien (SOAP, WCF etc.), da hier die Notwendigkeit entfällt, den gesamten Objektkontext zu serialisieren und zu übertragen.

6.9 Praktischer Entwurf eines Entitätenmodells

Für den Entwurf eines Entitätenmodells stehen zwei unterschiedliche Ansätze zur Auswahl. Welcher der richtige ist, hängt davon ab, ob die Datenbank für die Entitäten bereits fertig ist (Database-First) oder ob zunächst das Entitätenmodell vorhanden, also erstellt wurde oder wird und anschließend die entsprechende Datenbank erstellt werden soll.

In beiden Fällen wird das Entitätenmodell, wie auch gewöhnliche Klassen, Schnittstellen, Formen etc., als neues Element einem Projekt zugefügt. Dies kann alternativ über das Kontextmenü des Projekts geschehen oder alternativ durch die Tastenkombination Strg + Umschalt + A.

Bild 6.43 Ein Entitätenmodell im Visual Studio hinzufügen

Es stehen diese beiden grundlegenden Alternativen zur Auswahl:

- *Aus Datenbank generieren* ermöglicht es, das Modell aus einer bestehenden Datenbank generieren zu lassen. Da die Datenbank zuerst existiert, entspricht dies dem Database-First-Ansatz.
- *Leeres Modell* ist die richtige Wahl, wenn das Modell zunächst erst einmal erstellt und schließlich auf die Datenbank übertragen werden soll. Dies ist der Model-First-Ansatz.

Beide Ansätze werden in diesem Buch in den Abschnitten 6.5.3 ff näher beschrieben.

 Auch zur Laufzeit kann über den Objektkontext die benötigte Datenbank erzeugt, gelöscht und geprüft werden, ob diese vorhanden ist. Weitere Details zum genauen Vorgehen finden Sie in Kapitel 7.

6.10 Metadata Workspace

Der sogenannte Metadata Workspace, oft auch nur als Metadata bezeichnet, beinhaltet alle deklarativen Bestandteile des Entitätenmodells. Vereinfacht ausgedrückt bedeutet dies, dass hier im XML-Format alle Informationen für das konzeptionelle und für das physikalische Modell untergebracht sind, die das Entitätenmodell ausmachen. Beide Informationsarten werden zur Laufzeit benötigt. Aus dem konzeptionellen Modell werden zudem alle Klassen für Objektkontext, Entitäten etc. generiert.

Der Metadata Workspace wird vom Visual Studio in der EDMX-Datei gespeichert. Bild 6.44 zeigt den konzeptionellen Aufbau der in dem Workspace enthaltenen drei Schichten, die anschließend dann in diesem Abschnitt kurz erläutert werden.

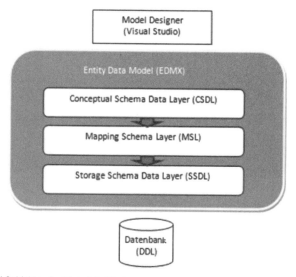

Bild 6.44 Die drei Schichten im Metadata Workspace

Generell kann man sagen, dass von oben nach unten gesehen die Angaben von abstrakt auf der konzeptionelle Ebene bis hin zu konkret auf der physikalischen Ebene aufgeteilt sind.

Die Verwendung von Entitäten greift oben auf die konzeptionelle Ebene zu, ohne Wissen um den konkreten Aufbau der Datenbank (wie was wo gespeichert wird) haben zu müssen.

> Zusätzlich zu diesen auch zur Laufzeit benötigten Angaben werden hier einige Informationen abgelegt, die „nur" für den grafischen Designer von Visual Studio von Belang sind und festlegen, wo in der Darstellung welche Entität liegt und wo welche Beziehungslinie verläuft. Technisch haben diese Metadaten jedoch keine Bedeutung.

6.10.1 Konzeptionelles Modell

Im konzeptionellen Modell sind alle Entitäten, ihre Eigenschaften und Beziehungen definiert. Die dafür erdachte Sprache heißt Conceptual Schema Definition Language, kurz CSDL.

Listing 6.23 Auszug aus der Definition des konzeptionellen Modells

```
<edmx:Runtime>
...
    <!-- CSDL content -->
    <edmx:ConceptualModels>
      <Schema xmlns="http://schemas.microsoft.com/ado/2009/11/edm"
xmlns:cg="http://schemas.microsoft.com/ado/2006/04/codegeneration"
xmlns:store="http://schemas.microsoft.com/ado/2007/12/edm/EntityStore
SchemaGenerator" Namespace="TonisTortenTraumEntities" Alias="Self"
xmlns:annotation="http://schemas.microsoft.com/ado/2009/02/edm/annotation"
annotation:UseStrongSpatialTypes="false">
        <EntityContainer Name="TonisTortenTraumEntitiesContainer1" annotation
:LazyLoadingEnabled="true">
          <EntitySet Name="KundenSatz" EntityType="TonisTortenTraumEntities.
Kunden" />
          <EntitySet Name="BestellungenSatz" EntityType="TonisTortenTraum
Entities.Bestellungen" />
          <EntitySet Name="BestellungspositionSatz" EntityType="TonisTorten
TraumEntities.Bestellungsposition" />
          <EntitySet Name="TortenSatz" EntityType="TonisTortenTraumEntities.
Torten" />
          <AssociationSet Name="KundenSatzBestellungen" Association="Tonis
TortenTraumEntities.KundenSatzBestellungen">
            <End Role="Kunden" EntitySet="KundenSatz" />
            <End Role="Bestellungen" EntitySet="BestellungenSatz" />
          </AssociationSet>
          <AssociationSet Name="BestellungenBestellungsposition" Association=
"TonisTortenTraumEntities.BestellungenBestellungsposition">
            <End Role="Bestellungen" EntitySet="BestellungenSatz" />
            <End Role="Bestellungsposition" EntitySet="Bestellungsposition
Satz" />
          </AssociationSet>
...
</edmx:Runtime>
```

6.10.2 Mapping Specification Language

In der Mitte befindet sich die Zuordnungsschicht, deren Sprache Mapping Specification Language, kurz MSL, heißt. Hier ist definiert, wie welches konzeptionelle Element in der physikalischen Schicht persistiert werden soll.

Listing 6.24 Auszug aus der Zuordnungsschicht

```
<edmx:Runtime>
...
    <!-- C-S mapping content -->
```

```xml
<edmx:Mappings>
   <Mapping Space="C-S"
xmlns="http://schemas.microsoft.com/ado/2008/09/mapping/cs">
      <EntityContainerMapping
StorageEntityContainer="TonisTortenTraumModelStoreContainer"
CdmEntityContainer="TonisTortenTraumEntities">
         <EntitySetMapping Name="Bestellungen"><EntityTypeMapping
TypeName="TonisTortenTraumModel.Bestellungen"><MappingFragment
StoreEntitySet="Bestellungen">
            <ScalarProperty Name="ID" ColumnName="ID" />
            <ScalarProperty Name="KundenID" ColumnName="KundenID" />
            <ScalarProperty Name="Datum" ColumnName="Datum" />
         </MappingFragment></EntityTypeMapping></EntitySetMapping>
         <EntitySetMapping
Name="Bestellungspositionen"><EntityTypeMapping
TypeName="TonisTortenTraumModel.Bestellungspositionen"><MappingFrag
ment StoreEntitySet="Bestellungspositionen">
            <ScalarProperty Name="ID" ColumnName="ID" />
            <ScalarProperty Name="BestellungenID"
ColumnName="BestellungenID" />
            <ScalarProperty Name="TortenID" ColumnName="TortenID" />
            <ScalarProperty Name="Stueckzahl"
ColumnName="Stueckzahl" />
            <ScalarProperty Name="Bemerkung" ColumnName="Bemerkung"
/>
         </MappingFragment></EntityTypeMapping></EntitySetMapping>
         <EntitySetMapping Name="StatusMenge"><EntityTypeMapping
TypeName="TonisTortenTraumModel.StatusMenge"><MappingFragment
StoreEntitySet="StatusMenge">
            <ScalarProperty Name="ID" ColumnName="ID" />
            <ScalarProperty Name="Text" ColumnName="Text" />
...
</edmx:Runtime>
```

6.10.3 Physikalisches Modell

Im physikalischen Modell werden alle Zuordnungen zwischen Eigenschaften der Entitäten hin zu den Spalten der Tabelle festgelegt. Die dafür erdachte Sprache heißt »Store Schema Definition Language«, kurz SSDL.

Listing 6.25 Auszug aus der Definition des physikalischen Modells

```xml
<edmx:Runtime>
   <!-- SSDL content -->
     <edmx:StorageModels>
     <Schema Namespace="TonisTortenTraumModel.Store" Alias="Self"
Provider="System.Data.SqlClient" ProviderManifestToken="2008"
xmlns:store="http://schemas.microsoft.com/ado/2007/12/edm/EntityStor
eSchemaGenerator"
xmlns="http://schemas.microsoft.com/ado/2009/02/edm/ssdl">
       <EntityContainer Name="TonisTortenTraumModelStoreContainer">
         <EntitySet Name="Bestellungen"
EntityType="TonisTortenTraumModel.Store.Bestellungen"
store:Type="Tables" Schema="dbo" />
```

```xml
            <EntitySet Name="Bestellungspositionen"
EntityType="TonisTortenTraumModel.Store.Bestellungspositionen"
store:Type="Tables" Schema="dbo" />
            <EntitySet Name="Kunden"
EntityType="TonisTortenTraumModel.Store.Kunden" store:Type="Tables"
Schema="dbo" />
            <EntitySet Name="StatusMenge"
EntityType="TonisTortenTraumModel.Store.StatusMenge"
store:Type="Tables" Schema="dbo" />
            <EntitySet Name="Torten" EntityType="TonisTortenTraumModel.Store.
Torten" store:Type="Tables"
Schema="dbo" />
            <AssociationSet Name="FK_Bestellungen_Kunden"
Association="TonisTortenTraumModel.Store.FK_Bestellungen_Kunden">
                <End Role="Kunden" EntitySet="Kunden" />
                <End Role="Bestellungen" EntitySet="Bestellungen" />
            </AssociationSet>
...
</edmx:Runtime>
```

6.11 Prozeduren/Funktionen

Unterstützt der Datenanbieter gespeicherte Prozeduren und Funktionen, so wie es z.B. Microsoft SQL Server tut, so ist es möglich, diese zum Importieren und als „gewöhnliche" Methoden und Funktionen für C# nutzbar zu machen. Im Modellbrowser sind die Funktionen sowohl im konzeptionellen als auch im physikalischen Modell gut zu erkennen.

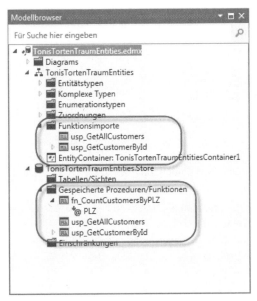

Bild 6.45 Prozeduren/Funktionen der Datenbank im Modellbrowser

Im physikalischen Modell wird die Funktion wie üblich so gezeigt, wie sie in der Datenbank vorliegt. Im konzeptionellen Modell hingegen wird die Funktion dargestellt, wie sie per Code ausgerufen werden können soll. Zu diesem Zweck kann z. B. die Funktion hier umbenannt werden.

Per Code lässt sich diese Funktion dann wie eine normale Methode ansprechen.

Listing 6.26 Der Aufruf einer importierten Funktion

```
// Objektkontext erzeugen
TonisTortenTraumEntities TonisTortenTraumContext = new TonisTortenTraumEntities();

// Funktionsaufruf durchführen
int Anzahl =
TonisTortenTraumContext.fn_CountCustomersByPLZ("61130");
```

Bei den Rückgabewerten von Funktionen kann es sich um eine der folgenden Möglichkeiten handeln.

Typ	Beschreibung
Kein	Keine Rückgabe
Skalare	Einfache Werte wie Zahlen, Zeichenketten etc. werden als Skalare zurückgeliefert.
Komplex	Komplexe Datentypen, so wie sie auch von komplexen Eigenschaften geliefert werden
Entität	Liefert eine Entität oder genauer gesagt nicht eine einzelne, sondern eine Auflistung aus Entitäten zurück. Durch z. B. den `FirstOrDefault()`-Operator ist es aber auch ohne Weiteres möglich, das erste (und einzige) Element zu erhalten – schließlich ist ein einzelnes Element nur eine Sonderform einer recht kleinen Auflistung.

■ 6.12 Mappings

Das ADO.NET Entity Framework kennt zwei unterschiedliche Arten von Mappings[1]: Tabellenmappings, die festlegen, welche Entität und Eigenschaft welcher Tabelle und Spalte zugeordnet sein soll, und Funktionsmappings, um eigene Prozeduren für das Einfügen, Ändern und Löschen von Daten in der Persistenzschicht zu ermöglichen.

Um die Mappings generell anzuzeigen, muss aus dem Kontextmenü des grafischen Designers der Befehl MAPPINGDETAILS aufgerufen werden. Anschließend kann die Entität markiert werden, deren Mappings angezeigt werden sollen. Die Anzeige befindet sich standardmäßig direkt unter der grafischen Ansicht des Entitätenmodells.

---

[1] Auch wenn es verlockt, „Mappings" mit „Zuordnungen" zu übersetzen, geschieht dies in diesem Buch aus zwei Gründen nicht. Zunächst verwendet auch die deutsche Version des Visual Studios den englischen Begriff, zum anderen wird der Begriff „Zuordnungen" bereits für Beziehungen von Entitäten untereinander verwendet.

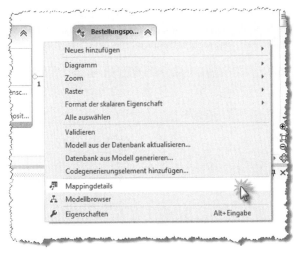

Bild 6.46 Mappings werden über das Kontextmenü eingeblendet.

 Beide Mappings werden erst mit Inhalten angezeigt, wenn das Modell entweder aus der Datenbank aktualisiert oder eine Datenbank für das Modell generiert wurde. Ist dies nicht geschehen, ist schlicht nicht bekannt, welche Funktionen/Prozeduren in der Datenbank vorhanden sind oder welche Tabellen-/Spaltendefinitionen existieren.

Kurze Erläuterungen folgen in den nächsten beiden Abschnitten.

6.12.1 Tabellenmappings

Sogenannte Tabellenmappings, im Deutschen Tabellenzuordnungen, dienen dazu, festzulegen, in welcher Tabelle eine Entität persistiert, also gespeichert wird. Zusätzlich bestimmt das Mapping, welche Entität in welcher Tabellenspalte abgelegt werden soll.

Dabei kann es sich immer um die gleiche Tabelle handeln (was in den meisten Fällen wahrscheinlich auch der Fall sein wird), es können aber auch Bedingungen festgelegt werden, die bestimmen, wann welche Tabelle verwendet werden soll. Auf diese Weise ist es möglich, ein Szenario abzudecken, in dem z. B. in einer Spalte ein Kunde als sensibel eingestuft und daher in einer gesonderten Tabelle gespeichert wird. Ein anderes Szenario wäre eines, in dem eine Spalte die jeweilige Produktgruppe speichert, wobei diese Information dazu verwendet wird, unterschiedliche Gruppen in unterschiedlichen Tabellen zu speichern.

 Ein Tabellenmapping muss immer ohne Bedingungen definiert werden, sodass dieses sicherstellt, dass die Entität zur Laufzeit auch gespeichert werden kann. Die anderen Bedingungen beschreiben dann also die Ausnahmen, wann dieser Standard nicht verwendet werden soll.

Die Tabellenmappings sind über den gleichnamigen Befehl aus dem Kontextmenü einer jeden Entität im grafischen Designer verfügbar und werden standardmäßig im unteren Teil von Visual Studio unterhalb des Modells in einem Fenster angezeigt.

Bild 6.47 Tabellenmapping der Kunden-Entität

In dem Fenster ist auf den ersten Blick erkennbar, welche Tabelle, die in dem physikalischen Modell bekannt sein muss, für die Ablage verwendet werden soll. Diese kann bei Bedarf theoretisch verändert werden, indem auf die Zuordnungen geklickt und aus einer Liste eine Alternative ausgewählt wird.

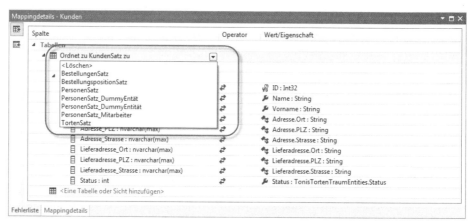

Bild 6.48 Die Tabelle zur Ablage kann durch die Auswahlliste verändert werden.

Ähnlich können auch die Tabellenspalten für die Ablage jeder Eigenschaft verändert werden. Dabei ist es auch möglich, eine Eigenschaft gar nicht zu persistieren. Zu diesem Zweck wird dies, wie in Bild 6.48 zu sehen ist (zu Demonstrationszwecken), für die Eigenschaften Ort und PLZ konfiguriert – diese beiden Eigenschaften würden so weder geladen noch gespeichert werden.

Wie schon erwähnt, können auch Bedingungen festgelegt werden, wann das Mapping verwendet werden soll. Dies geschieht einfach durch einen Klick auf <BEDINGUNGEN FESTLE-

gen>, wodurch eine Auswahl einer Eigenschaft, eines Vergleichsoperators und eines Wertes möglich wird.

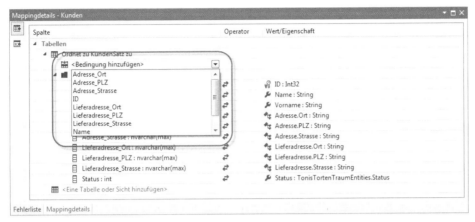

Bild 6.49 Ein Tabellenmapping kann durch Bedingungen gesteuert werden.

Als Vergleichsoperatoren stehen das Gleichheitszeichen (=) und das Wort „Ist" zur Verfügung. Während der erste Operator für einen direkten Vergleich mit einem Wert verwendet werden kann, dient der zweite für eine Prüfung auf null. Jedes Mapping erlaubt mehrere Teilbedingungen, die alle erfüllt sein müssen, damit das Mapping verwendet wird.

 Jede Tabelle darf in jeder Entität nur einmal verwendet werden. Das bedeutet, auch mit unterschiedlichen Bedingungen kann jede Tabelle nur einmal angegeben werden. Zusätzlich darf jede Tabellenspalte (pro Bedingung) nur einer Eigenschaft zugewiesen werden.

Eigene Prozeduren zum Laden, Speichern, Löschen

Neben den eben beschriebenen Zuordnungen (Mappings) gibt es auch andere Zuordnungen, die dazu verwendet werden, eigene Funktionen zu erstellen (für den SQL Server also gespeicherte Prozeduren), um Entitäten in der Datenbank einzufügen, zu löschen und/oder zu aktualisieren.

Die Funktionen müssen selbstverständlich vor der Verwendung an dieser Stelle erst importiert werden. Mehr dazu später in Abschnitt 6.11 über Prozeduren und Funktionen.

Welcher Funktionsparameter dabei für welche Entitäten-Eigenschaft verwendet werden soll, kann nach Auswahl einer Funktion bestimmt werden. Automatisch werden alle Parameter den Eigenschaften zugewiesen, die den gleichen Namen besitzen – der Rest muss manuell zugeordnet werden.

Eigene Prozeduren für Laden, Speichern und Löschen werden in diesem Buch nicht weiter vertieft.

6.12.2 Funktionsmappings

Wer möchte, kann das Einfügen, Ändern und Löschen von Entitäten in der Datenbank von eigenen Prozeduren erledigen lassen, die zuvor im Entitätenmodell angelegt wurden. Im Visual Studio wird diese Möglichkeit etwas umständlich „Mapping der gespeicherten Prozedur" (kurz: Prozedurmapping) genannt und meint damit eine explizite Zuordnung für die CUD[1]-Aktionen zu einer Prozedur und im Detail die Zuordnung von Eigenschaften zu deren Parametern.

Notwendig ist dies sicherlich nicht, da es Aufgabe des Datenanbieters ist. Er sorgt dafür, dass für den richtigen Zweck die jeweils korrekte Anweisung zur Verfügung steht, die dann auch die Datenbanktechnologie verstehen und ausführen kann. Eigene Prozeduren sind daher nicht nur aufwendig in der Entwicklung (schließlich müssen auch alle Änderungen wie zusätzliche/gelöschte Eigenschaften, andere Datentypen etc. immer mit gepflegt werden), sondern auch ein gewisses Stück weit kontraproduktiv, da so eine Abhängigkeit zu einer bestimmten Datenbanktechnologie erzeugt wird. Sicherlich ist es auch denkbar – jeweils vom gewählten Datenanbieter abhängig –, unterschiedliche Anweisungen zu entwerfen, doch ist dies für den Nutzen des Entity Framework der Todesstoß. Abgesehen davon, nimmt es dem Projekt die (zumindest theoretische) Chance, mit bis dato unbekannten Datenanbietern zusammen zu arbeiten. Wer diesen Weg wählen möchte, sollte überlegen, sich gegen das EF zu entscheiden und eine Eigenentwicklung zu nutzen.

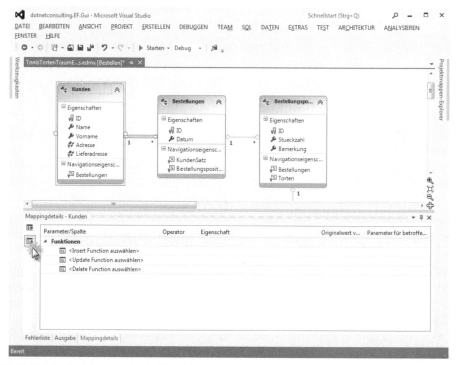

Bild 6.50 Ein Funktionsmapping im Visual Studio

---

[1] CUD: Create, Update & Delete

Da das Erstellen eigener Funktionen für das Handling von Entitäten eher von geringer Bedeutung ist, wird dieses Buch es bei der Erwähnung der Möglichkeit belassen.

■ 6.13 Lazy Loading

Bei der Auseinandersetzung mit Beziehungen zwischen Entitäten eines Modells kommt schnell eine Frage auf: Was wird aus der Persistenzschicht geladen, wenn z. B. auf einen Kunden zugegriffen wird? Nur der Kunde oder gleich alle seine Bestellungen, deren Positionen usw.? Beide Ansätze haben Vor- und Nachteile. Während das komplette Lesen aus der Datenbank natürlich dazu führt, dass (zu) viele Daten gelesen werden, die möglicherweise an dieser Stelle nicht benötigt werden, können sich in Situationen, in denen sowieso alle Details der Kundenbestellungen benötigt werden, weitere Zugriffe auf die Datenbank erübrigen. Das Verhalten des Entity Framework sieht so aus, dass standardmäßig nur die direkten Objekte geladen werden, nicht jedoch diejenigen, die von dieser abhängig sind; in dem genannten Beispiel also nur der Kunde.

Das beschriebene Verhalten ist als Lazy Loading bekannt. Manchmal wird auch das genaue Gegenteil mit Eager Loading benannt. Da es nicht immer günstig ist, Lazy Loading zu verwenden, kann dieses Verhalten durch eine Eigenschaft des Entitätenmodells gesteuert werden – je nachdem was in der jeweiligen Situation das Sinnvollste ist.

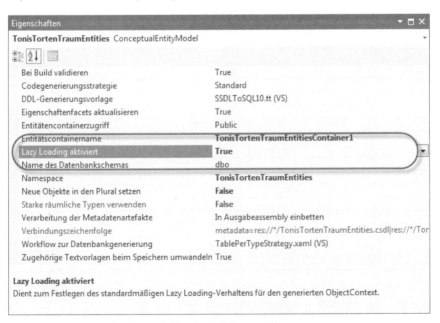

Bild 6.51 Lazy Loading in den Eigenschaften des Entitätenmodells

Um den Standardwert für das Lazy Loading, der durch die Eigenschaften einem Entitätenmodell mitgegeben wird, zur Laufzeit zu verändern oder schlicht den Wert auszulesen, steht eine gleichnamige Eigenschaft zur Verfügung.

Listing 6.27 Prüfen, ob Lazy Loading aktiviert wurde

```
// Objektkontext erstellen
TonisTortenTraumEntities TonisTortenTraumContext = new
TonisTortenTraumEntities();
// Wurde Lazy Loading aktiviert?
if (TonisTortenTraumContext.ContextOptions.LazyLoadingEnabled)
    // Aktiviert
Else
    // Nicht aktiviert
```

■ 6.14 Parallelitätsverletzungen

Kommt es beim Speichern von Änderungen zu Situationen, dass Daten im gleichen Zeitraum sowohl im Speicher des Clients als auch in der Persistenzschicht unterschiedlich geändert wurden, so nennt man dies Änderungskonflikte oder auch Parallelitätsverletzungen (Concurrency Conflicts). In einem solchen Fall muss per Code geregelt werden, welche Änderungen die Oberhand gewinnen und tatsächlich gespeichert werden sollen.

Die Parallelitätsmodus-Eigenschaft, die jede Entitäteneigenschaft besitzt, legt fest, wie (oder besser ob) ein solcher Konflikt erkannt werden soll. Dabei kann diese Einstellung für jede Eigenschaft einer jeden Entität festgelegt werden.

Möglich sind dafür die Werte aus Tabelle 6.4, die auch als Aufzählung mit dem Namen `System.Data.Metadata.EdmConcurrencyMode` zur Verfügung stehen.

Tabelle 6.4 Mögliche Werte für den Parallelitätsmodus (EdmConcurrenyMode)

Modus/Wert	Beschreibung
None	Diese Eigenschaft wird nie während des Schreibvorgangs überprüft. Dies ist der Standardparallelitätsmodus.
Fixed	Diese Eigenschaft wird immer während des Schreibvorgangs überprüft.

Tritt nun beim Aufruf der `SaveChanges()`-Methode des Objektkontextes, welche die Änderungen dauerhaft speichert, ein solcher Konflikt auf, so wird dies durch eine `OptimisticConcurrencyException`-Ausnahme signalisiert. Diese kann abgefangen und es kann entschieden werden, ob der Client (also die eigenen Änderungen) oder die Datenbank (also die Änderungen, die von anderer Seite gemacht wurden) dabei gewinnt.

Zu diesem Zweck wird die `Refresh()`-Methode aufgerufen, deren erster Parameter einen Wert aus der `System.Data.Objects.RefreshMode`-Aufzählung darstellt, die dafür genau zwei Werte zulässt.

Tabelle 6.5 Die RefreshMode-Aufzählung legt fest, wessen Änderungen bleiben.

Wert	Beschreibung
StoreWins	Die Änderungen aus der Persistenzschicht werden übernommen und im lokalen Speicher überschrieben – die Änderungen von anderer Seite gewinnen also.
ClientWins	Die eigenen Änderungen werden gespeichert und gewinnen somit. Für andere Clients kann dies wiederum zu eigenen Konflikten führen.

Das folgende Codebeispiel zeigt, wie das generelle Vorgehen konkret aussieht. Es zeigt, wie Änderungen an Kundendaten durchgeführt werden.

Listing 6.28 Das Schreiben von Änderungen mit Berücksichtigung des Parallelitätsmodus

```
// Objektkontext erstellen
using (TonisTortenTraumEntities TonisTortenTraumContext = new TonisTorten
TraumEntities())
{
    // Kunde auswählen...
    Kunden Kunde = TonisTortenTraumContext.Kunden
        .Where(k => k.Name ==
            "Müller AG").FirstOrDefault();
    if (Kunde != null)
    {
        // ...und Änderungen an Daten durchführen, wenn Kunde gefunden wurde
        Kunde.Name = "Müller GmbH";
        Kunde.Ort = "Frankfurt";
    }

    try
    {
        // Zunächst der Versuch, die Änderungen zu speichern

        TonisTortenTraumContext.SaveChanges();
    }
    catch (OptimisticConcurrencyException)
    {
        // Die Parallelitätsverletzungen auflösen
        TonisTortenTraumContext.Refresh(RefreshMode.ClientWins, Kunde);

        // Nun können die Daten gespeichert werden. Dabei kann es theoretisch
        // wieder zu einer OptimisticConcurrencyException-Ausnahme kommen.
        // Diese führt dann zum Abbruch des Speicherns
        TonisTortenTraumContext.SaveChanges();
    }
}
```

Durch dieses Vorgehen kann auch für unterschiedliche Entitäten von Fall zu Fall ClientsWins oder StoreWins angegeben werden. Wichtig ist nur, dass alle Konflikte beseitigt sind, bevor ein erneuter Versuch unternommen wird, um die Änderungen zu speichern.

Ist nicht bekannt, um welche Entität es sich handelt, so kann diese Information aus der OptimisticConcurrencyException-Ausnahme gewonnen werden. Zu diesem Zweck steht die StateEntries-Auflistung zur Verfügung. Diese enthält alle Entitäten und deren Zustand, die in einem Konflikt stehen. Damit sähe der try-Block wie folgt aus.

Listing 6.29 Änderungskonflikte flexibel lösen

```
...
    try
    {
        // Zunächst der Versuch, die Änderungen zu speichern
        TonisTortenTraumContext.SaveChanges();
    }
    catch (OptimisticConcurrencyException ex)
    {
        // Die Parallelitätsverletzungen auflösen
        foreach (ObjectStateEntry entry in ex.StateEntries)
            TonisTortenTraumContext.Refresh(RefreshMode.ClientWins,
                                            entry.Entity);

        // Nun können die Daten gespeichert werden. Dabei kann es theoretisch
        // wieder zu einer OptimisticConcurrencyException-Ausnahme kommen.
        // Diese führt dann zum Abbruch des Speicherns
        TonisTortenTraumContext.SaveChanges();
    }
...
```

6.15 Datenanbieter

Das Entity Framework arbeitet mit einem Datenanbieter, der Abfragen für ein Datenmodell in Befehle umwandelt, die von der Ziel-Datenbank verstanden werden. Diese Befehle werden anschließend von dem entsprechenden .NET Framework-Datenanbieter beim Zugriff auf die Datenbank verwendet.

Es spielt bei beiden Abfragen keine Rolle, ob es sich dabei um LINQ-Abfragen handelt oder um solche, die mittels Entity SQL durchgeführt werden. Beide werden, wenn auch auf unterschiedlichem Wege, in die native, manchmal auch als kanonisch bezeichnete Abfragesprache der Datenbank umgewandelt.

6.15.1 LINQ

In Zusammenarbeit mit dem Entity Framework heißt der Flavor LINQ to Entities. Eine Abfrage aller Kunden, geordnet nach ihrem Namen, sieht wie folgt aus.

Der Datenanbieter übersetzt die jeweilige LINQ-Abfrage in den für die Datenbank verständlichen SQL-Dialekt. Da LINQ nur Abfragen, aber keine Datenmanipulation kennt, werden an dieser Stelle nur reine Datenabfragen erstellt.

Ein großer Vorteil von LINQ ist zweifellos der, dass der Compiler in die Lage versetzt wird zu überprüfen, ob jede Entität und Eigenschaft existiert, diese richtig geschrieben wurde und ob für die geplante Operation auch die verwendeten Datentypen kompatibel sind –

ein Vergleich eines Namen mit einem Datum wäre zum Beispiel nicht möglich, da beide Datentypen eben nicht kompatibel sind. Mehr zu Abfragen mit LINQ finden Sie in Kapitel 5.

6.15.2 Datenmanipulation

Jedoch ist der Datenanbieter konsequenterweise auch für die Generierung von DML-Anweisungen zuständig. Dieses geschieht immer dann, wenn an Entitäten Änderungen vorgenommen wurden und diese Änderungen mittels `SaveChanges()` in der Datenbank gespeichert werden sollen (siehe Abschnitt 6.7.2, „Abfragen ausführen und Änderungen speichern", für weitere Details).

6.16 Transaktionen

Innerhalb des Entity Framework werden neben der Verbindung zur Datenbank auch entsprechende Transaktionen automatisch verwaltet, sodass der Programmierer sich oftmals nicht selbst darum kümmern muss; Transaktionen stehen also nicht im Zentrum bei der Programmierung mit dem Entity Framework.

Falls es dennoch notwendig sein sollte, mit Transaktionen zu arbeiten, stehen zwei Möglichkeiten zur Verfügung: implizite Transaktionen und Umgebungstransaktionen (`System.Transactions.TransactionScope`-Klasse). Während Erstere die `EntityTransaction`-Klasse verwenden, stammen weitere aus dem `System.Transactions`-Namensraum. An dieser Stelle wird die `TransactionScope`-Klasse verwendet, da dies der einfachste Ansatz ist.

 Um eine der Klassen zu nutzen, muss dem Projekt ein Verweis auf die `System.Transactions`-Assembly in Version 4.0.0.0 oder höher hinzugefügt werden.

Mittels besagter `System.Transactions.TransactionScope`-Klasse wird der Geltungsbereich einer Transaktion über einen gewöhnlichen `using`-Block gesteuert. Um dies zu ermöglichen, implementiert die `TransactionScope`-Klasse die `IDisposable`-Schnittstelle. Alle transaktionsfähigen Operationen (zu diesen gleich mehr) in diesem Block werden einheitlich zurückgerollt, wenn nicht durch einen Aufruf der `Complete()`-Methode angezeigt wird, dass alle erfolgreich abgeschlossen wurden. Dies wird durch die `Dispose()`-Methode der `IDisposable`-Schnittstelle erledigt. Innerhalb dieses Blockes wird dann eine Instanz der `System.Transactions.Transaction`-Klasse als gemeinsames Transaction-Objekt bereitgestellt. Diese Transaktion wird als umgebende Transaktion (ambient transaction) bezeichnet.

Der Transaktion-Manager verwaltet automatisch den Transaktionskontext, der bei der Erstellung einer `TransactionScope`-Instanz eingerichtet wird.

Listing 6.30 TransactionScope im Einsatz

```
using System.Transactions;
// Transaktionsbereich einleiten
using (TransactionScope ts = new TransactionScope())
{
    // Alle Operationen waren erfolgreich => Transaktionen freigeben
    ts.Complete();
}
```

Durch den Aufruf der `Complete()`-Methode werden alle beteiligten Transaktionen der einzelnen Verbindungen freigegeben (Commit) und die möglicherweise durchgeführten Änderungen bleiben dauerhaft. Ohne `Complete()`-Aufruf werden alle Transaktionen zurückgenommen (Rollback). Dies geschieht automatisch durch die `Dispose()`-Methode, wenn der `TransactionScope`-Block (eigentlich der `using`-Block) durch eine Ausnahme wider Erwarten verlassen wird.

Zeitliche Lebensdauer für Transaktion festlegen

Beim Erstellen eines Transaktionsbereiches kann über mehrere der Verbindung zur Verfügung stehende Konstruktoren durch ein `System.Timespan`-Objekt bestimmt werden, wie viel Zeit verstreichen darf, bis die umgebende Transaktion in diesem Bereich spätestens mit `Complete()` freigegeben werden muss.

Listing 6.31 Die maximale Lebensdauer für die umgebende Transaktionen beträgt 1 Minute 20 Sekunden.

```
using (TransactionScope ts = new
    TransactionScope(TransactionScopeOption.Required,
        new TimeSpan(0, 1, 20)))
{
    ...
}
```

Damit soll das Thema Transaktionen für das Entity Framework abgeschlossen sein, da deren Bedeutung wie schon gesagt nicht so überragend ist.

7 ADO.NET Entity Framework – Vertiefung

Mit diesem Kapitel ist es an der Zeit, einen Blick in die Details zu werfen. Schließlich kann der interessierte Entwickler nie genug über eine eingesetzte Technologie wissen[1]. Nach einem Blick auf den generellen Aufbau des vom Designer erstellten Codes, werden alle wichtigen (Basis-)Klassen und Attribute vorgestellt.

Zu guter Letzt werden noch weitere Varianten für die Verwendung des Entity Frameworks vorgestellt und zwei Alternativen für Codegenerierung ohne die Verwendung des Visual Studios.

■ 7.1 Genereller Aufbau der Designer-Code-Klassen

In diesem Kapitel finden Sie den Aufbau des automatisch mittels T4-Vorlage erzeugten Codes, um dem interessierten Leser das Zurechtfinden zu erleichtern.

Die Code-Behind-Dateien, in denen sich der gesamte generierte Code befindet, finden Sie am einfachsten im Projektmappen-Explorer des Visual Studios, indem Sie das Entitätenmodell „aufklappen". Dies schließt nun seit Visual Studio 2012 auch Elemente in der Klasse wie die einzelnen Entitäten, Enumerationstypen etc. ein.

Seit dem neuen Visual Studio können des Weiteren auch alle Mitglieder einer Klasse wie z.B. Methoden, Eigenschaften etc. ebenfalls aufgeklappt und mit einem Doppelklick angesprungen werden.

---

[1] Zumindest ist dies meine Meinung.

Bild 7.1 Die Code-Behind-Datei im Projektmappen-Explorer

7.1.1 Objektkontext

Der Objektkontext ist das zentrale Element, das für so ziemlich jede sinnvolle Aktion mit dem Entitätenmodell zur Laufzeit benötigt wird. Dieser wird als Klasse generiert, die von der `System.Data.Objects.ObjectContext`-Basisklasse ableitet.

Konstruktoren

Der Objektkontext verfügt über mehrere Konstruktoren, um neue Instanzen zu erstellen. Weitere können bei Bedarf in einigen Teilen der partiellen Klasse angelegt werden.

Im Folgenden finden Sie, als kurzen Auszug aus der Objektkontext-Klasse, die Konstruktoren, die erzeugt werden.

Listing 7.1 Konstruktoren des Objektkontexts mit abgespeicherter Verbindungszeichenfolge (gekürzt)

```
public TonisTortenTraumEntities()
    : base("name=TonisTortenTraumEntities",
        "TonisTortenTraumEntities")
{
    this.ContextOptions.LazyLoadingEnabled = true;
    OnContextCreated();
}

public TonisTortenTraumEntities(string connectionString)
    : base(connectionString, "TonisTortenTraumEntities")
{
    this.ContextOptions.LazyLoadingEnabled = true;
    OnContextCreated();
}

public TonisTortenTraumEntities(EntityConnection connection)
    : base(connection, "TonisTortenTraumEntities")
{
    this.ContextOptions.LazyLoadingEnabled = true;
    OnContextCreated();
}
```

Der parameterlose Konstruktor wird dann angelegt, wenn beim Erstellen des Modells angegeben wurde, dass die Verbindungszeichenfolge in der Konfiguration (App.Config) abgelegt werden soll. Und genau diese Verbindungszeichenfolge kommt zum Einsatz, um den Datenanbieter zu bestimmen und eine Verbindung zu einer Datenbank aufzubauen.

Bei den beiden übrigen Konstruktoren muss entweder schon eine Verbindung in Form einer gültigen EntityConnection-Instanz vorliegen oder zumindest eine Verbindungszeichenfolge parat stehen.

 In den Konstruktoren wird auch die LazyLoadingEnabled-Eigenschaft gesetzt. Deren Wert (ein Boolean) muss nicht immer zwangsläufig false sein; vielmehr hängt der konkrete Wert von dem gewählten Wert im Designer ab.

Partielle Methoden

Die Objektklasse definiert eine partielle Methode, die implementiert werden kann als Reaktion darauf, dass der Objektkontext erzeugt wurde.

Definiert ist diese Methode wie folgt.

```
partial void OnContextCreated();
```

Die Methode wird konsequenterweise in jedem der Konstruktoren aufgerufen. Besagte Implementierung der partiellen OnContextCreated()-Methode kann in der Praxis, dann natürlich in einer anderen Codedatei, wie in Listing 7.2 aussehen.

Listing 7.2 Implementierung der partiellen OnContextCreated()-Methode

```
partial class TonisTortenTraumContainer
{
    partial void OnContextCreated()
    {
        Debug.WriteLine("Objektkontext wurde erzeugt");
    }
}
```

Auf diese Weise kann leicht auf das Erzeugen der Objektkontexte reagiert und eigene Initialisierungen können durchgeführt werden.

 Wenn Sie eigene Konstruktoren für den Objektkontext schreiben, stellen Sie sicher, dass Sie einen der automatisch erzeugten Konstruktoren via `this` aufrufen. Somit ist gewiss, dass auch die partielle Methode aufgerufen wird.

AddTo<Entitätenname>()-Methoden

Der Objektkontext verfügt für jede Entität des Entitätenmodells über eine Methode, um diese hinzuzufügen, nachdem zuvor eine Instanz erstellt wurde.

Listing 7.3 Die AddTo()-Methode für die Entität „Bestellungen"

```
public void AddToBestellungen(Bestellungen bestellungen)
{
    base.AddObject("Bestellungen", bestellungen);
}
```

Die benötigte Instanz kann wie gewohnt mithilfe des `new`-Operators oder der entsprechenden Factory-Methode (siehe Absatz „Factory-Methode/Konstruktoren" in Abschnitt 7.1.2, „Entitäten") der jeweiligen Entität erstellt werden.

7.1.2 Entitäten

Entitäten sind das namensgebende Herzstück des Entity Frameworks. In diesem Abschnitt finden Sie die wichtigsten Bestandteile einer Entität aus technischer Sicht.

Factory-Methode/Konstruktoren

Entitäten besitzen standardmäßig nur den parameterlosen Konstruktor, den jede Klasse ohne überladene Konstruktoren besitzen muss. Wird dieser verwendet, um eine neue Instanz einer Entität zu erzeugen, so wird durch den Konstruktor der Basisklasse (`System.Data.Objects.DataClasses.EntityObject`), der automatisch aufgerufen wird, jeder Eigenschaft ihr Standardwert zugewiesen.

Die Factory-Methode für eine Entität weist für jede Eigenschaft einen Parameter auf und heißt `Create<Entitätenname>`. Damit sie einfach aufgerufen werden kann, ist sie als „static" gekennzeichnet, sodass keine Instanz notwendig ist (diese zu erzeugen ist ja gerade

Aufgabe dieser Methode). Das folgende Codefragment zeigt, wie eine solche Factory-Methode aussehen kann.

Listing 7.4 Die Factory-Methode einer Entität

```
public static Bestellungen CreateBestellungen(
    global::System.Int32 id,
    global::System.Int32 kundenID,
    global::System.DateTime datum)
{
    Bestellungen bestellungen = new Bestellungen();
    bestellungen.ID = id;
    bestellungen.KundenID = kundenID;
    bestellungen.Datum = datum;
    return bestellungen;
}
```

In der Methode passiert eigentlich nichts Spannendes – nach Erstellung der Instanz für die Rückgabe werden die übergebenen Parameter den Eigenschaften zugewiesen.

Partielle Methoden

Die erzeugten Klassen werden für jede Eigenschaft (primitiv/skalar und komplex) mit zwei partiellen Methoden generiert. Diese Methoden können in anderen Teilen der Klasse implementiert werden, müssen jedoch nicht. Die beiden Methoden haben den folgenden Aufbau.

```
On<Eigenschaft>Changing
On<Eigenschaft>Changed
```

Wie üblich nach .NET-Namenkonventionen wird die erste Methode mit der Verlaufsform (z. B. Changing) vor der Änderung aufgerufen. Durch eine Ausnahme kann so eine Werteänderung verhindert werden. Der Parameter dieser Methode erhält den neuen Sollwert.

Bei Aufruf der Vergangenheitsform (z. B. Changed) wurde der Wert bereits geändert und der alte Wert steht nicht mehr zur Verfügung.

Für eine Vorname-Eigenschaft sehen die beiden Methoden also wie folgt aus.

```
partial void OnVornameChanging(global::System.String value);
partial void OnVornameChanged();
```

Im folgenden Abschnitt über primitive Eigenschaften findet sich der Code ebenfalls wieder zusammen mit dem Aufruf, der durch den generierten Code geschieht.

Primitive Eigenschaften

Primitive (skalare) Eigenschaften liefern einen einzelnen Wert in einem mit dem .NET Framework konformen Datentyp. Für jede Eigenschaft wird im Code ein Getter/Setter generiert. Der meiste Code, der dabei entsteht, definiert und löst die partiellen Methoden (On<Eigenschaft>Changing und On<Eigenschaft>Changed) aus und nimmt die vorgefallene Werteänderung in das Entity Framework auf. Das folgende Beispiel zeigt den Code für die Vorname-Eigenschaft einer Entität.

Listing 7.5 Der Getter/Setter einer skalaren Eigenschaft

```
[EdmScalarPropertyAttribute(EntityKeyProperty=false, IsNullable=false)]
[DataMemberAttribute()]
public global::System.String Vorname
{
    Get
    {
        return _Vorname;
    }
    Set
    {
        OnVornameChanging(value);
        ReportPropertyChanging("Vorname");
        _Vorname = StructuralObject.SetValidValue(value, false);
        ReportPropertyChanged("Vorname");
        OnVornameChanged();
    }
}
private global::System.String _Vorname;
partial void OnVornameChanging(global::System.String value);
partial void OnVornameChanged();
```

Komplexe Eigenschaften

In diesem Abschnitt des Codes befinden sich alle Codeelemente, die für die komplexen Eigenschaften der Entität benötigt werden. Die Logik dafür sorgt im Wesentlichen für das Initialisieren des komplexen Typs (der auch nichts anderes als eine Klasse ist) sowie den Aufruf der partiellen Methoden `On<Eigenschaft>Changing` und `On<Eigenschaft>-Changed`.

Listing 7.6 Der Getter/Setter einer komplexen Eigenschaft

```
[EdmComplexPropertyAttribute()]
[DesignerSerializationVisibility(DesignerSerializationVisibility.Content)]
[XmlElement(IsNullable=true)]
[SoapElement(IsNullable=true)]
[DataMemberAttribute()]
public Adresse Adresse
{
    Get
    {
        _Adresse = GetValidValue(_Adresse, "Adresse",
                                 false, _AdresseInitialized);
        _AdresseInitialized = true;
        return _Adresse;
    }
    Set
    {
        OnAdresseChanging(value);
        ReportPropertyChanging("Adresse");
        _Adresse = SetValidValue(_Adresse, value, "Adresse");
        _AdresseInitialized = true;
        ReportPropertyChanged("Adresse");
        OnAdresseChanged();
```

```
        }
    }
    private Adresse _Adresse;
    private bool _AdresseInitialized;
    partial void OnAdresseChanging(Adresse value);
    partial void OnAdresseChanged();
```

Navigationseigenschaften

Navigationseigenschaften, die für den Zugriff von einer Entität zu einer anderen, in Beziehung stehenden, Entität stehen, werden mithilfe des RelationshipManagers im Code umgesetzt.

Listing 7.7 Der Getter/Setter einer Navigationseigenschaft

```
[XmlIgnoreAttribute()]
[SoapIgnoreAttribute()]
[DataMemberAttribute()]
[EdmRelationshipNavigationPropertyAttribute("TonisTortenTraumModel",
"FK_Bestellungen_Kunden", "Bestellungen")]
public EntityCollection<Bestellungen> Bestellungen
{
    Get
    {
        return
          ((IEntityWithRelationships)this)
            .RelationshipManager.GetRelatedCollection<Bestellungen>
                ("TonisTortenTraumModel.FK_Bestellungen_Kunden",
                 "Bestellungen");
    }
    Set
    {
        if ((value != null))
        {
            ((IEntityWithRelationships)this)
              .RelationshipManager
              .InitializeRelatedCollection<Bestellungen>
                  ("TonisTortenTraumModel.FK_Bestellungen_Kunden",
                   "Bestellungen", value);
        }
    }
}
```

7.1.3 Komplexe Typen

Hinter komplexen Typen stehen Klassen (wie könnte es auch anders sein), die von der abstrakten `System.Data.Objects.DataClasses.ComplexObject`-Klasse ableiten. Wie Entitäten, verfügen komplexe Typen über Abschnitte für Factory-Methoden und (wenn der Typ über solche verfügt) primitive und/oder komplexe Eigenschaften. Im folgenden Auszug wird der Aufbau skizziert.

Listing 7.8 Die Klasse eines komplexen Typs (stark gekürzt)

```
[EdmComplexTypeAttribute(NamespaceName="TonisTortenTraumModel",
Name="Adresse")]
[DataContractAttribute(IsReference=true)]
[Serializable()]
public partial class Adresse : ComplexObject
{
    #region Factory-Methode
    #endregion

    #region Primitive Eigenschaften
    #endregion
}
```

7.1.4 Enumerationstypen

Neu sind sogenannte Enumerationstypen, die technisch jedoch im Kern nichts anderes als enum-Typen sind, die wir im folgenden Listing kurz darstellen.

Listing 7.9 C# enum

```
public enum Status
{
    Aktiv,
    Deaktiv,
    GoldKunde
}
```

Dieses neue Element ist in Abschnitt 6.6.5, „Enumerationstyp", im Detail beleuchtet.

■ 7.2 Basisklassen

Das Entity Framework arbeitet mit einigen Basisklassen, die von den automatisch generierten Klassen für Objektkontext, Entität und komplexen Typ ableiten. Diese Klassen stellen wir in diesem Abschnitt in alphabetischer Reihenfolge vor.

7.2.1 ComplexObject

Komplexe Typen leiten von der abstrakten `System.Data.Objects.DataClasses.ComplexObject`-Basisklasse ab.

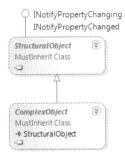

Bild 7.2 Diese Klasse verfügt über alle notwendigen Eigenschaften und Methoden, die für den Zugriff benötigt werden.

Komplexe Typen können einander beerben, sodass es nicht zwangsläufig sein muss, dass die direkte Basisklasse vom Typ `ComplexObject` ist.

7.2.2 EntityObject

Alle Entitäten leiten von der `System.Data.Objects.DataClasses.EntityObject`-Bassiklasse ab, die ebenfalls abstrakt ist.

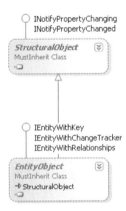

Bild 7.3 Die EntityObject-Klasse im Klassen-Designer

Entitäten können einander beerben, sodass es nicht zwangsläufig sein muss, dass die direkte Basisklasse vom Typ `EntityObject` ist.

7.2.3 ObjectContext

Der Objektkontext wird von der ebenfalls abstrakten `System.Data.Objects.ObjectContext`-Basisklasse abgeleitet.

Bild 7.4 Die ObjectContext-Klasse

Da der Objektkontext in der Regel nicht als Basisklasse für einen anderen Objektkontext verwendet wird (möglich ist aber alles), ist `ObjectContext` oftmals die direkte Basisklasse.

7.2.4 Attribute

In diesem Abschnitt finden Sie die Attribute, die Ihnen in der automatisch generierten Codedatei begegnen. Einige davon gehören zum Entity Framework. Diese sind daran zu erkennen, dass deren Namen mit „Edm" beginnen und diese auch nur im Kontext des Frameworks Verwendung finden. Andere wiederum werden hier auch eingesetzt, gehören jedoch nicht zum Entity Framework, sondern zu einer anderen Technik aus dem großen Fundus des .NET Frameworks, die vom Entity Framework möglicherweise mit genutzt wird oder die Verwendung der generierten Klassen lenken/erleichtern soll.

Die Attribute werden alphabetisch nach ihrem Namen aufgeführt.

BrowsableAttribute

Mit dem `System.ComponentModel.BrowsableAttribute`-Attribut kann gesteuert werden, ob eine Eigenschaft oder ein Ereignis in einem Eigenschaftenfenster angezeigt werden soll. Oftmals wird dieses Attribut mit einem negativen Wert verwendet, um die standardmäßige Anzeige zu unterdrücken. Dieses Attribut ist kein Bestandteil des Entity Framework und findet auch in anderen Kontexten Anwendung.

DataContractAttribute

Mit dem `System.Runtime.Serialization.DataContractAttribute`-Attribut wird angegeben, dass der Typ einen WCF[1]-Datenvertrag definiert oder implementiert. Dieses Attribut ist kein Bestandteil des Entity Frameworks und findet auch in anderen Kontexten Anwendung, in denen mit WCF gearbeitet wird.

DataMemberAttribute

Das `System.Runtime.Serialization.DataMemberAttribute`-Attribut wird benutzt, um anzugeben, dass das Mitglied ein Teil eines WCF-Datenvertrags ist. Dieses Attribut ist kein Bestandteil des Entity Frameworks und findet auch in anderen Kontexten Anwendung, in denen mit WCF gearbeitet wird.

EdmComplexPropertyAttribut

Das `System.Data.Objects.DataClasses.EdmComplexPropertyAttribut`-Attribut gibt an, dass die Eigenschaft eine komplexe Eigenschaft darstellt. Es verfügt über keinerlei benannte Eigenschaften. Dieses Attribut gehört zum Entity Framework.

---

[1] WCF: Windows Communication Foundation

EdmEntityTypeAttribute

Das `System.Data.Objects.DataClasses.EdmEntityTypeAttribute`-Attribut markiert eine Klasse und gibt an, dass diese einen Entitätentyp darstellt. Dieses Attribut gehört zum Entity Framework.

EdmEnumTypeAttribute

Mit dem `System.Data.Objects.DataClasses.EdmSchemaAttribute`-Attribut werden Enumerationstypen als solche gekennzeichnet. Dieses Attribut gehört zum Entity Framework.

EdmRelationshipAttribute

Das `System.Data.Objects.DataClasses.EdmRelationshipAttribute`-Attribut definiert auf Grundlage einer Zuordnung im konzeptionellen Modell eine Beziehung zwischen zwei Entitätentypen und wird auf die gesamte Assembly, in der sich das Entitäten-Modell befindet, definiert. Dieses Attribut gehört zum Entity Framework.

EdmRelationshipNavigationPropertyAttribute

Mit dem `System.Data.Objects.DataClasses.EdmRelationshipNavigationPropertyAttribute`-Attribut wird eine Navigationseigenschaft als solche gekennzeichnet. Dieses Attribut gehört zum Entity Framework.

EdmScalarPropertyAttribute

Durch das `System.Data.Objects.DataClasses.EdmScalarPropertyAttribute`-Attribut wird eine skalare Eigenschaft gekennzeichnet. Dieses Attribut gehört zum Entity Framework.

EnumMemberAttribute

Das `System.Runtime.Serialization.EnumMemberAttribute`-Attribut markiert die einzelnen Mitglieder/Werte von Enumerationstypen. Dieses Attribut gehört zum Entity Framework.

SerializableAttribute

Das `System.SerializableAttribute`-Attribut zeigt an, dass diese Klasse/Struktur/Aufzählung (Enum) serialisiert werden kann. Dieses Attribut ist kein Bestandteil des Entity Framework und findet auch in anderen Kontexten Anwendung.

SoapIgnoreAttribute

Mit dem `System.Xml.Serialization.SoapIgnoreAttribute`-Attribut kann eine Eigenschaft oder ein rein öffentliches Feld so markiert werden, dass es bei der XML-Serialisierung (System.Xml.Serialization.XmlSerializer) ignoriert wird. Dieses Attribut ist kein Bestandteil des Entity Framework und findet auch in anderen Kontexten Anwendung.

XmlIgnoreAttribute

Durch das `System.Xml.Serialization.XmlIgnoreAttribute`-Attribut wird eine Eigenschaft oder ein öffentliches Feld so markiert, dass die `System.Xml.Serialization.XmlSerializer.Serialize()`-Methode diesen ignoriert. Dieses Attribut ist kein Bestandteil des Entity Framework und findet auch in anderen Kontexten Anwendung.

■ 7.3 POCOs (Plain Old CLR Objects)

Ab Version 4.0 bietet das Entity Framework interessante Neuerungen, von denen in diesem Kapitel einige vorgestellt werden sollen. Genauer gesagt sind dies geplante Neuerungen für eine der nächsten Versionen des Entity Frameworks. Diese Neuerungen gehören noch nicht zum regulären Lieferumfang. Dieses Kapitel bietet also einen Blick in die Zukunft.

Die Neuerung, die angesprochen werden soll, ist die Möglichkeit, POCOs zu persistieren. POCO steht für „Plain Old CLR Object" und meint damit Objekte, die nicht von speziellen Klassen ableiten oder spezielle Schnittstellen implementieren müssen, damit das Entity Framework sie verwenden kann – eine gute Option für die Umstellung älterer Implementierungen oder solcher, die ihre eigenen Basisklassen benötigen.

7.3.1 Das Problem

Das Problem oder, wie man auch sagen könnte, die Herausforderung ist schnell beschrieben und dargestellt: Eine Klasse muss, um eine Entität für das Entity Framework bilden zu können, von der abstrakten Klasse `System.Data.Objects.DataClasses.EntityObject` ableiten. Dazu kommen noch einige Attribute wie z.B.

- `System.Data.Objects.DataClasses.EdmEntityTypeAttribute`
- `System.Runtime.Serialization.DataContractAttribute`
- `System.SerializableAttribute`

die selbstredend alle benötigt werden und daher nicht so ohne Weiteres entfernt werden dürfen.

Stellt ein Projekt eigene Basisklassen bereit, die aus anderen Gründen verwendet werden müssen, so ergibt sich das Problem, dass .NET nur genau eine Basisklasse zulässt.

Nun könnte der einfallsreiche Programmierer in einem Szenario, in dem die volle Kontrolle über diese Basisklassen besteht, dessen „oberste" Klasse, die selbst nur von `System.Object` ableitet, stattdessen von `EntityObject` ableiten lassen. Auch könnten so die notwendigen Attribute angebracht werden. Doch dies wäre niemals von Hand machbar, da sonst bei der nächsten Änderung durch den Designer alle Änderungen am durch den Designer generierten Code konsequenterweise verloren gingen. Ein praktikabler Ausweg wäre hier, eine entsprechende T4-Vorlage für die Codegenerierung zu erstellen.

Auch in Szenarien, in denen z. B. Legacy-Code zum Einsatz kommt, ist diese notwendige Ableitung die Ursache weiterer Probleme. Der folgende Ausschnitt aus dem automatisch generierten Code stellt das in ein paar Zeilen dar.

> **Listing 7.10** Entitäten-Klassen basieren auf einer spezifischen Basisklasse und sind gespickt mit Attributen.
>
> ```
> [EdmEntityTypeAttribute(NamespaceName="TonisTortenTraumModel",
> Name="Kunden")]
> [Serializable()]
> [DataContractAttribute(IsReference=true)]
> public partial class Kunden : EntityObject
> {
>     // Der Rest der Klasse wurde entfernt
> }
> ```

Aber es geht auch anders, wie dieser Abschnitt im Weiteren zeigen wird.

7.3.2 Die Lösung

Die Lösung ist einfacher als gedacht. Im Kern basiert sie darauf, dass eine spezielle T4-Vorlage (.TT-Datei) verwendet wird, um die notwendigen Entitäten-Klassen zu erstellen. Diese sind als partiell gekennzeichnet und leiten von keinerlei anderen Klassen explizit ab. Die Ableitung kann dann in den eigenen Klassen geschehen.

 Die eigenen Klassendefinitionen müssen als partiell markiert sein (`partial`-Schlüsselwort).

Für die erstrebte Lösung sind einige Vorbereitungen notwendig, die in diesem Absatz beschrieben werden.

Entitätenmodell

Als Nächstes muss das gewünschte Entitätenmodell erstellt werden. Alternativ können Sie natürlich auch ein schon vorhandenes verwenden. Das Modell muss auch nicht vollständig sein. Spätere Änderungen werden automatisch durch die T4-Vorlage in entsprechenden Code umgesetzt.

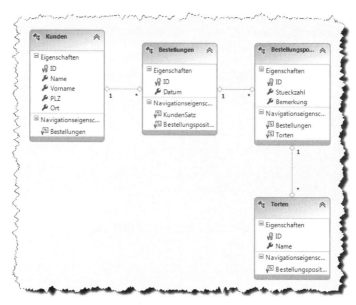

Bild 7.5 Auch der POCO-Ansatz arbeitet mit einem Entitätenmodell.

Bei Änderungen am Modell wird die Codegenerierung wie gewohnt ebenfalls erneut durchgeführt, um die gemachten Änderungen widerzuspiegeln.

Codegenierungselement hinzufügen

Dieser etwas sperrige Begriff, der aus der deutschsprachigen Version des Visual Studio 2012 entliehen ist, meint den POCO-Entitäten-Generator (T4-Vorlage), der nun noch mit dem vorhandenen Entitätenmodell zum Einsatz kommen muss.

Dies kann über das Kontextmenü des Entitätenmodells geschehen. Dieses können Sie einfach in einem leeren Bereich des grafischen Designers öffnen (meist durch die rechte Maustaste), wo Sie den Befehl CODEGENERIERUNGSELEMENT HINZUFÜGEN... anklicken.

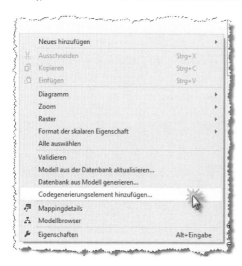

Bild 7.6 Der Entitäten-Generator wird als neues Codegenerierungselement über das Kontextmenü hinzugefügt.

7.3 POCOs (Plain Old CLR Objects)

Durch den Befehl öffnet sich der Dialog zum Hinzufügen neuer Elemente zu einem Projekt. Angezeigt werden in ihm allerdings nur alle zur Verfügung stehenden Generatoren für das ADO.NET Entity Framework.

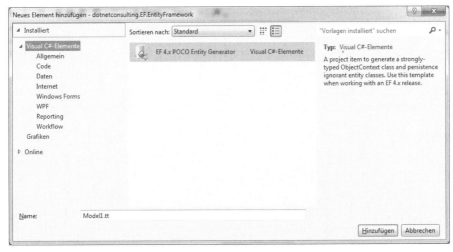

Bild 7.7 Der POCO-Entitäten-Generator wird als neues Element hinzugefügt.

POCO-Entitäten-Generator installieren

Vor der ersten Verwendung müssen die benötigten T4-Vorlagen für den POCO-Entitäten-Generator heruntergeladen werden. Der Download geschieht über Visual Studio selbst, und zwar über den folgenden Dialog. Hier müssen Sie einfach ONLINE/VORLAGEN/VISUAL C#/ EF 4.0 POCO ENTITY GENERATOR FOR C# auswählen und den Anweisungen folgen.

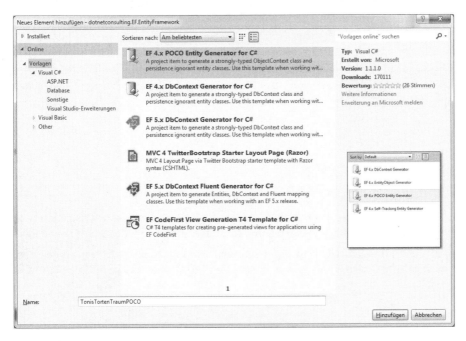

Der Name kann beliebig vergeben werden und erscheint anschließend entsprechend im Projektmappen-Explorer.

Der Einsatz

Den praktischen Einsatz von POCOs in Zusammenarbeit mit dem Entity Framework zu zeigen, ist gar nicht so leicht, wie ich zunächst dachte. Da es leider nicht möglich ist, alten (Legacy-)Code zu zeigen und zu demonstrieren, dass POCOs hier die Lösung sein können, und da es auch nicht zielführend ist, aufwendige Serialisierungen mit SOAP- oder WCF-Diensten vorzustellen (die mit dem eigentlichen Thema nur noch sehr begrenzt zu tun haben), habe ich mich entschlossen, an dieser Stelle einen einfachen Aufruf zu zeigen.

Listing 7.11 POCO im Einsatz

```
// Objektkontext erzeugen
using (TonisTortenTraumPOCOContext context = new
TonisTortenTraumPOCOContext())
{
    // Neuen Kunden erstellen
    Kunden kunde = new Kunden();
    kunde.Name = "Schleck";
    kunde.Vorname = "S.";

    // Kunden hinzufügen
    context.Kunden.AddObject(kunde);
    // Speichern
    context.SaveChanges();
    // Und den Kunden abfragen
    // Genauer gesagt, wird der erste Kunde geliefert
    Kunden q = context.Kunden.First();
    // Ausgabe
    Debug.Print("Name: {0}, Vorname: {1}", q.Name, q.Vorname);
    // Wie üblich entsorgt der using-Block
    // den Kontext mittels Dispose()
}
```

Leicht zu erkennen ist, dass bei dem Vorgehen sich kaum etwas ändert. Nachdem der Objektkontext erstellt wurde, wird dieser für Abfragen und das Speichern gemachter Änderungen verwendet.

■ 7.4 Code Only

Der Code-Only-Ansatz bietet die Möglichkeit, das Entity Framework ohne Designer und mit einfachsten Mitteln, nämlich als reinen und recht überschaubaren Code zu verwenden.

Dieser Abschnitt stellt Code Only vor, beschreibt den Einsatz in einfachen Schritten und versucht, alle interessanten Aspekte zu beleuchten, ohne dabei zu sehr ins Detail zu gehen.

7.4.1 Entitätenmodell

Das Entitätenmodell muss konsequenterweise per Code aus einzelnen Klassen für den Einsatz erstellt werden.

Listing 7.12 Die Entitäten als Code

```
public class Produkt
{
    public int Id { get; set; }
    public string Bezeichnung { get; set; }
    public int Typ { get; set; }
    [Display(Description="Mengeneinheit 1", Name="Mengeneinheit1")]
    public int Me1_Fk { get; set; }

    // #Navigation
    public virtual Mengeneinheit Mengeneinheit {get; set;}
    public virtual ICollection<ProductListItem> KomponentenList
        { get; set; }

    public Produkt()
    {
        Typ = (int) ProductTyp.Product;
    }
}

/* Komponenten */
public class Komponente : Produkt
{
    // #Navigation
    public virtual ICollection<ProductListItem> ListElement { get; set; }

    // Konstruktor
    public Komponente(){Typ = (int) ProductTyp.Component;}
}

/* Referenztabelle */
public class ProductListItem
{
    public int ProduktId { get; set; }
    public int KomponentenId { get; set; }
    public decimal Menge { get; set; }
    public int Me { get; set; }

    // #Navigation
    public virtual Mengeneinheit Mengeneinheit { get; set; }
    public virtual Produkt Product { get; set; }
    public virtual Komponente Komponente { get; set; }
}

/* Mengeneinheiten*/
public class Mengeneinheit
{
    public int Id { get; set; }
    public string Bezeichnung { get; set; }

    //#Navigation
```

```
        public virtual ICollection<Produkt> Produkte { get; set; }
        public virtual ICollection<ProductListItem> Produktlist
            { get; set; }
}

public enum ProductTyp
{
    Product,
    Component,
    Menu
}

public class Menue : Komponente
{
    public Menue() { base.Typ = (int)ProductTyp.Menu; }
}
```

Als Nächstes muss es einen Kontext geben, dem bekannt ist, welche Entitäten wie zusammenhängen. Zu diesem Zweck wird für die nächste Klasse ein `MenuContext` erstellt und deren überschriebene Methode `OnModelCreating()` dazu verwendet, genau diese Information zu definieren – rein per Code natürlich.

```
Public class MenuContext : DbContext
{
    public DbSet<Produkt> Produkte { get; set; }
    public DbSet<Mengeneinheit> Mengeneinheiten { get; set; }
    public DbSet<Komponente> Komponenten {get; set; }
    public DbSet<Menue> Menues { get; set; }
    public DbSet<ProductListItem> Produktliste { get; set; }

    protected override void OnModelCreating(
        DbModelBuilder modelBuilder)
    {
        modelBuilder.Entity<Produkt>()
            .HasRequired(p => p.Mengeneinheit)
            .WithMany(m => m.Produkte)
            .HasForeignKey(k => k.Me1_Fk)
            .WillCascadeOnDelete(false);

        modelBuilder.Entity<ProductListItem>()
            .HasKey(k => new {k.ProduktId, k.KomponentenId});

        modelBuilder.Entity<ProductListItem>()
            .HasRequired(m => m.Mengeneinheit)
            .WithMany(p => p.Produktlist)
            .HasForeignKey(k => k.Me)
            .WillCascadeOnDelete(false);

        modelBuilder.Entity<ProductListItem>()
            .HasRequired(m => m.Product)
            .WithMany(p => p.KomponentenList)
            .HasForeignKey(k => k.ProduktId)
            .WillCascadeOnDelete(false);

        modelBuilder.Entity<ProductListItem>()
            .HasRequired(k => k.Komponente)
            .WithMany(p => p.ListElement)
```

```
                .HasForeignKey(k => k.KomponentenId)
                .WillCascadeOnDelete();
        }
    }
```

Damit ist bekannt, welche Entitäten mit welchen Eigenschaften existieren sollen und wie deren Verhältnis untereinander aussieht.

7.4.2 Code Only im Einsatz

Der Einsatz ist letztendlich recht einfach und klar. Der folgende Code zeigt, wie's geht! Um sowohl die Datenbank also auch ein wenig Inhalt zu haben, wird zunächst die Methode `DbFuellen()` aufgerufen, die bei Bedarf die Datenbank erstellt und mit Inhalt bestückt. Aus Platzgründen ist Listing 7.13 ein wenig gekürzt – Rezepte für leckere Speisen hat schließlich hoffentlich jeder.

Listing 7.13 DBFuellen() zur Erstellung und Befüllung der Datenbank

```
private static void DbFuellen(MenuContext ctx)
{
    // Datenbank (und Daten) schon vorhanden
    if (ctx.Database.Exists()) return;

    // Datenbank erzeugen
    ctx.Database.Create();

    // Inhalt generieren und speichern
    List<Mengeneinheit> lMe = new List<Mengeneinheit>
    {
        new Mengeneinheit {Bezeichnung = "kg"},
        new Mengeneinheit {Bezeichnung = "g"},
        new Mengeneinheit {Bezeichnung = "Stück"},
        new Mengeneinheit {Bezeichnung = "Portion"},
        new Mengeneinheit {Bezeichnung = "l"}
    };

    foreach (Mengeneinheit me in lMe)
    {
        ctx.Mengeneinheiten.Add(me);
    }

    // Speichern
    ctx.SaveChanges();

    /* -- Produkte erstellen -- */
    var einheiten = (from k in ctx.Mengeneinheiten
        select k).ToList();

    var p = new List<Produkt>
    {
        new Produkt{
            Bezeichnung = "Bratwurst 120g",
            Me1_Fk = (einheiten.Where(
                z => z.Bezeichnung == "Stück").FirstOrDefault().Id)},
```

```csharp
        new Produkt{Bezeichnung = "Kartoffeln",
            Me1_Fk = (
            einheiten.Where(z => z.Bezeichnung ==
            "g").FirstOrDefault().Id)},
        new Produkt{
        Bezeichnung = "Milch",
            Me1_Fk = (einheiten.Where(
            z => z.Bezeichnung == "l").FirstOrDefault().Id)},
        // ...
    };

foreach (Produkt produkt in p)
    ctx.Produkte.Add(produkt);

// Speichern
ctx.SaveChanges();

var komp = new Komponente
{
    Bezeichnung = "Kartoffelpüree",
    Me1_Fk = (einheiten.Where(
        z => z.Bezeichnung == "Portion").FirstOrDefault().Id),
};

/* -- Der Komponente Artikel hinzufügen */
var list = new List<ProductListItem>();

var p1 = ctx.Produkte.Where(
    k => k.Bezeichnung == "Kartoffeln" ).FirstOrDefault();
list.Add(new ProductListItem {Product = p1,Menge = 200,
    Me = p1.Me1_Fk,Komponente = komp});
p1 = ctx.Produkte.Where(
    k => k.Bezeichnung == "Butter" ).FirstOrDefault();
// ...

komp.ListElement = list;
ctx.Komponenten.Add(komp);

// Speichern
ctx.SaveChanges();

/* -- Menü hinzufügen -- */
var mn1 = new Menue
{
    Bezeichnung = "Bratwurst mit Kartoffelbrei und Sauerkraut",
    Me1_Fk = (from x in einheiten where x.Bezeichnung ==
        "Portion" select x).FirstOrDefault().Id};

/* -- Dem Menü Komponenten und Produkte hinzufügen -- */
var mlist = new List<ProductListItem>
    {new ProductListItem {Product = komp, Menge = 250,
        Me = komp.Me1_Fk, Komponente = mn1}};
p1 = ctx.Produkte.Where(k => k.Bezeichnung ==
    "Bratwurst 120g").FirstOrDefault();
mlist.Add(new ProductListItem {Product = p1, Menge = 1,
    Me = p1.Me1_Fk, Komponente = mn1});
p1 = ctx.Produkte.Where(k => k.Bezeichnung ==
    "Sauerkraut").FirstOrDefault();
mlist.Add(new ProductListItem {Product = p1, Menge = 150,
```

```
            Me = p1.Me1_Fk, Komponente = mn1});
    mn1.ListElement = mlist;
    ctx.Menues.Add(mn1);

    // Speichern
    ctx.SaveChanges();
}
```

Damit ist alles bereit für den Einsatz, der in Listing 7.14 vorgestellt wird.

Listing 7.14 Code Only im Einsatz

```
// DbContext erstellen
MenuContext ctx = new MenuContext();

DbFuellen(ctx);

var artikel = (from arr in ctx.Menues
               where arr.Id == 7
               select arr.ListElement).SelectMany(item => item);


foreach (var pl in artikel)
{
    Console.WriteLine(pl.Menge + " " +
        pl.Mengeneinheit.Bezeichnung + " " +
        pl.Product.Bezeichnung);
    if (pl.Product.Typ <= 0) continue;
    ProductListItem pll = pl;
    foreach
    (
        var pr in
            (from brr in ctx.Komponenten
            where brr.Id == pll.Product.Id
            select brr.ListElement).SelectMany(item => item))
    {
        Console.WriteLine(" - " + pr.Menge + " " +
                          pr.Mengeneinheit.Bezeichnung + " " +
                          pr.Product.Bezeichnung);
    }
}
```

Damit wurden Daten angelegt und abgefragt, ohne dass der gewohnte grafische Designer zum Einsatz gekommen ist.

■ 7.5 Selftracking Entities

Dieser Abschnitt beschäftigt sich mit den sogenannten „Selftracking Entities" (STE), die im Deutschen „Selbstnachverfolgungen" genannt werden. Diese Technologie ist noch kein regulärer Bestandteil des Entity Frameworks und damit ein Teil der zukünftigen Entwicklungen, die jedoch schon heute genutzt werden kann. Im Folgenden erhalten Sie eine kleine Übersicht zum Einsatz der Selftracking Entities.

7.5.1 Das Problem

In Szenarien, in denen die Entitäten serialisiert, auf andere Computer serialisiert und übertragen (WCF, SOAP-Service, etc.) oder auch schlicht für längere Zeit im Dateisystem gespeichert werden sollen, ist es hinderlich, dass dies mit dem Objektkontext nicht möglich ist. Das wäre an sich nicht so dramatisch, da es schließlich um die Entitäten und deren Werte geht. Werden jedoch Änderungen an Entitäten vorgenommen, ihr Zustand also verändert, so werden diese Änderungen im Objektkontext nachgehalten und beim Persistieren über den Datenanbieter zur Verfügung gestellt. Wenn der Objektkontext also „verloren" geht oder einfach nicht mehr zur Verfügung steht, können auch die Änderungen, die er überwacht hat, nicht mehr nachvollzogen werden können.

Streng betrachtet hat dies alles nichts mit dem Serialisieren von Entitäten zu tun. Ausschlaggebend ist der Umstand, dass der Objektkontext zum benötigten Zeitpunkt (also beim Speichern) nicht mehr zur Verfügung steht. Und dabei reicht es nicht aus, einfach eine neue Instanz des Objektkontexts zu erzeugen. Es muss aus naheliegenden Gründen die Instanz sein, zu der die Entität gehört hat, als sie verändert wurde, oder die Instanz, zu der sie hinzugefügt/gelöscht wurde.

7.5.2 Die Lösung

Die Lösung für dieses Problem sind die Selftracking Entities, also Entitäten, welche die Änderungen an sich selbst nachverfolgen und zur Verfügung stellen können – ähnlich wie es auch `System.Data.DataTable`-Objekte vermögen. Der Objektkontext ist dann immer noch ein wichtiges Element, über das die vorgefallenen Änderungen gespeichert werden können (und im Vorfeld die Entitäten natürlich auch abgerufen werden können). Der große Unterschied bei der Verwendung von Selftracking Entities ist der, dass der Objektkontext nicht mehr die Änderungen überwacht und daher kurzfristig erzeugt und wieder entsorgt werden kann.

Im Kern werden Selftracking Entities durch eigene T4-Vorlagen realisiert, welche wie die ursprüngliche Codegenierung die Metadaten des Entitätenmodells auslesen und für dieses Szenario geeignete Klassen sowohl für die Entitäten als auch den Objektkontext erzeugen.

Deren Verwendung unterscheidet sich, wie in Abschnitt 7.5.3, „Der praktische Einsatz", zu sehen ist, massiv von denen gewöhnlicher Entitäten, wenn es um das dauerhafte Persistieren von Änderungen an den Entitäten geht – und das ist schließlich die Lösung.

Ein wenig Vorbereitung ist natürlich auch für die Verwendung von Selftracking Entities nötig. Dabei fällt auf, dass der größte und wichtigste Teil sich nicht von der Arbeit mit gewöhnlichen Entitäten unterscheidet. Der Dreh- und Angelpunkt in beiden Technologien ist das Entitätenmodell.

Entitätenmodell

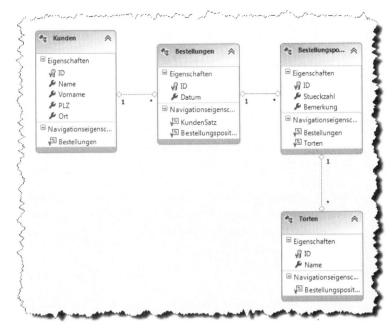

Bild 7.8 Auch der STE-Ansatz arbeitet mit einem Entitätenmodell.

Codegenerierungselement hinzufügen

Das Hinzufügen des Codegenerierungselements kann wieder über das Kontextmenü des Entitätenmodells geschehen. Dieses können Sie einfach in einem leeren Bereich des grafischen Designers öffnen (meist durch die rechte Maustaste), wo Sie den Befehl CODE-GENERIERUNGSELEMENT HINZUFÜGEN... anklicken.

Bild 7.9 Der Entitäten-Generator wird als neues Codegenerierungselement über das Kontextmenü hinzugefügt.

Durch den Befehl öffnet sich der Dialog zum Hinzufügen neuer Elemente zu einem Projekt. Angezeigt werden in diesem allerdings nur alle zur Verfügung stehenden Generatoren für das ADO.NET Entity Framework.

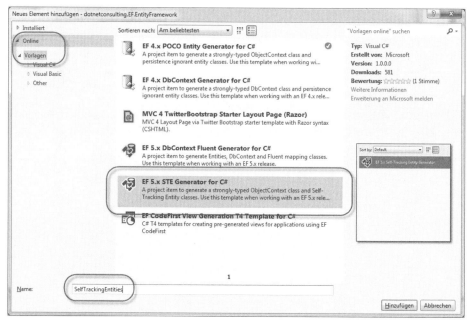

Bild 7.10 Der STE-Generator wird als neues Codegenerierungselement über das Kontextmenü hinzugefügt.

Der Name kann beliebig vergeben werden und erscheint anschließend entsprechend im Projektmappen-Explorer.

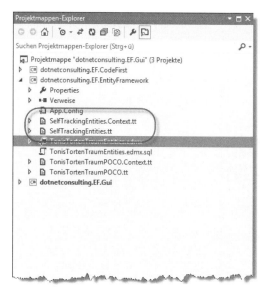

Bild 7.11 Der gewählte Name des Selftracking Entity Generators im Projektmappen-Explorer

Wie in Bild 7.11 zu sehen wird der Name zweimal für unterschiedliche T4-Vorlagen verwendet, die als aufklappbare Knoten im Visual Studio 2012 angezeigt werden:

- {Name}.Context.tt: Diese Vorlage erzeugt nach Angaben des Entitätenmodells, den benötigten Objektkontext. Dieser Objektkontext verfügt über die üblichen Methoden und Code zum Laden, Speichern, Erzeugen von Entitäten, etc.
- {Name}.tt: Durch diese Vorlage werden alle Entitäten-Kassen mit den sie verbindenden Assoziationen erzeugt.

Die beiden T4-Vorlagen sind also fest mit dem Entitätenmodell (der .EDMX-Datei) verbunden und spiegeln daher etwaige Änderungen umgehend wieder.

Während ein Doppelklick auf die T4-Vorlage diese nur öffnet, erlaubt das „Aufklappen" einen Blick auf die generierten Quellcode-Dateien.

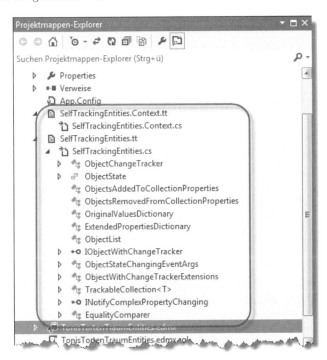

Bild 7.12 Die Quellcode-Dateien, welche die T4-Vorlagen für Selftracking Entities erzeugt haben

Für diese Dateien gilt (wie für jeden automatisch erzeugten Code): Anschauen ja, das Ändern ist auf längere Sicht sinnlos, da jede Änderung am Entitätenmodell die T4-Vorlagen indirekt ausführt und der Code damit erneut und (garantiert ohne die manuellen Änderungen) erzeugt wird.

Da sich nun alle Code-Dateien unterhalb der erzeugenden T4-Vorlage befinden, stellt sich die Frage, was in der Code-Datei unter der .EDMX-Datei zu finden ist, wo sich zuvor Objektkontext und Entitätenklassen befunden haben. Die Antwort ist so einfach wie logisch: Nichts!

Die folgende Liste ist der Platzhalter, der sich seit Einsatz des Selftracking Entities-Generators an dieser Stelle befindet.

Listing 7.15 Anstelle des Codes wird dieser Text angezeigt.

```
// Die standardmäßige Codegenerierung für Modell
// '<Pfad>\TonisTortenTraumEntities.edmx' ist deaktiviert.
// Ändern Sie zur Aktivierung der standardmäßigen Codegenerierung
// den Wert der Designer-Eigenschaft 'Codegenerierungsstrategie'
// in einen anderen Wert. Diese Eigenschaft ist im Fenster
// 'Eigenschaften' verfügbar, wenn das Modell
// im Designer geöffnet ist.
```

7.5.3 Der praktische Einsatz

Der praktische Einsatz gestaltet sich denkbar einfach. Beim Einsatz von Selftracking Entities wird wie schon erwähnt auch ein Objektkontext benötigt, um Daten zu laden bzw. Änderungen dauerhaft zu speichern. Dieser kann kurz vor dem Einsatz erzeugt und kurz danach wieder verworfen werden.

> Für einen solchen Einsatz eignet insbesondere ein `using`-Block, der im folgenden Listing zum Einsatz kommt. Die `Dispose()`-Methode, die dann automatisch beim Verlassen des Blocks aufgerufen wird, sorgt für das Verwerfen und Freigeben der verwendeten Ressourcen.

Als Beispiel soll die Klasse gezeigt werden, die im Zusammenspiel mit dem WCF als Service (`OperationContracts`) genutzt wird.

Für den Einsatz von WCF nach dem Service-First-Pattern wird zunächst ein Interface definiert, das die benötigten Methoden enthält und deren Mitglieder mit dem `OperationContract`-Attribut markiert sind. Die Schnittstelle selbst trägt das `ServiceContract`-Attribut.

Listing 7.16 Der Service-Contract für einen WCF-Dienst

```
using System.ServiceModel;

namespace TonisTortenTraum
{
    [ServiceContract]
    public interface TonisTortenTraumEntitiesSvc
    {
        [OperationContract]
        Kunden GetCustomerById(int ID);

        [OperationContract]
        void UpdateCustomter(Kunden kunde);
    }
}
```

Die Klasse, die als WCF-Dienst veröffentlicht wird und die dafür die soeben definierte Schnittstelle implementiert, verwendet schließlich den Kontext für Abfragen und zum Speichern von Änderungen. Der Code kann wie in Listing 7.17 aussehen. Der Objektkontext ist fett hervorgehoben.

Listing 7.17 Der Objektkontext für das Laden und Speichern im WCF-Dienst

```
namespace TonisTortenTraum
{
    public class TonisTortenTraumService :
                    TonisTortenTraumEntitiesSvc
    {

        #region TonisTortenTraumEntitiesSvc Member
        public Kunden GetCustomerById(int ID)
        {
            using (var context = new TonisTortenTraumEntities())
            {
                Kunden kunde = (from k in context.Kunden
                    where k.id == ID select k).FirstOrDefault();

                if (kunde == null)
                    throw new ArgumentOutOfRangeException("ID");
                else
                    return kunde;
            }
        }

        public void UpdateCustomer(Kunden kunde)
        {
            using (var context = new TonisTortenTraumEntities())
            {
                context.Entries.ApplyChanges
                    (kunde,
                     EntityChangeTrackerAdapter
                    .GetSelfTrackingEntityInfo);
                context.SaveChanges();
            }
        }
        #endregion
    }
}
```

Der Aufruf des WCF-Services von einem Client aus spielt an dieser Stelle keine Rolle. Wichtig ist nur, dass die Entitäten für den Client zur Verfügung stehen müssen. Es muss also eine entsprechende Aufteilung in unterschiedlichen Projekten (ein Projekt mit den Entitäten) vorhanden sein.

7.6 Alternativen zu Visual Studio bei der Codegenerierung

Neben dem automatisierten Ablauf zur Codegenerierung im Visual Studio, gibt es weitere Alternativen, die in diesem Abschnitt vorgestellt werden. Beide haben ihre Existenzberechtigungen, auch wenn vermutlich die Generierung via Visual Studio oftmals das Mittel der Wahl darstellt.

7.6.1 Per Befehlszeilentool

Der EDM-Generator ist ein Befehlszeilentool (`EdmGen.exe`), mit dem sich alle Metadaten und Codedateien erstellen lassen, ohne dass das Visual Studio zum Einsatz kommen muss. Damit eignet sich das Tool für den automatisierten Einsatz.

Die folgenden Aktionen können mit dem Tool durchgeführt werden:

- Herstellen einer Verbindung zu einer Datenquelle mithilfe eines spezifischen .NET Framework-Datenanbieters (via ADO.NET) und Erstellen der Metadaten für das konzeptionelle Modell (CSDL), das Speichermodell (SSDL) und die Zuordnungen (MSL), die von Entity Framework verwendet werden
- Überprüfen bestehender Modelle
- Erstellen einer C#- oder VB.NET-Codedatei, die die Objektklassen enthält, die aus einer Datei für das konzeptionelle Modell (CSDL) generiert wurden
- Generieren einer C#- oder Visual Basic-Codedatei, die die vorab generierten Sichten für ein vorhandenes Modell enthält

Das Tool ist dabei in der Lage, die beiden Modelle aus mehreren Dateien (die sich in einem gemeinsamen Ordner befinden sollten) zu berücksichtigen. Das Tool kann bequem über die Verknüpfung VISUAL STUDIO TOOLS\EINGABEAUFFORDERUNG VON VS2012 X64 NATIVE TOOLS in der Visual Studio 2012-Programmgruppe gestartet werden.

 Der EDM-Generator eignet sich besonders für den Einsatz als PostBuild-/PreBuild-Ereignis oder für den Einsatz bei Nightly-Builds. Auf diese Weise kann z. B. sichergestellt werden, dass die Entitäten-Klassen immer der Struktur der Datenbank entsprechen.

Der Aufruf geschieht immer nach dem gleichen Muster: Es wird über den Parameter `/mode` ein Modus angegeben, gefolgt von weiteren Optionen.

`EdmGen.exe /mode:modus [optionen]`

Die in Tabelle 7.1 dargestellten Modi sind dem Tool bekannt.

Tabelle 7.1 Alle zur Verfügung stehenden Modi des EdmGen.exe-Tools

Modus	Beschreibung
ValidateArtifacts	Überprüft die CSDL-, SSDL- und MSL-Dateien und zeigt alle Fehler und Warnungen an. Diese Option erfordert mindestens eines der Argumente /inssdl oder /incsdl. Wird /inmsl angegeben, sind auch die Argumente /inssdl und /incsdl erforderlich.
FullGeneration	Verwendet die in der /connectionstring-Option angegebenen Informationen zur Datenbankverbindung und erstellt die CSDL-, SSDL-, .MSL-, Objektebenen- und Sichtdateien. Diese Möglichkeit erfordert die /connectionstring- sowie entweder eine /project-Option oder die Optionen /outssdl, /outcsdl, /outmsdl, /outobjectlayer, /outviews, /namespace und /entitycontainer.
FromSSDLGeneration	Generiert CSDL- und MSL-Dateien, Quellcode und Ansichten mithilfe der angegebenen SSDL-Datei. Diese Option erfordert das /inssdl- und entweder ein /project-Argument oder die Argumente /outcsdl, /outmsl, /outobjectlayer, /outviews, /namespace, und /entitycontainer.
EntityClass-Generation	Erstellt in einer Quellcode-Datei die Entitätenklassen auf Basis der CSDL-Datei(n). Dieser Modus erfordert die /incsdl- sowie die /project-Option oder die /outobjectlayer-Option.
ViewGeneration	Erstellt eine Quellcode-Datei, welche die aus den CSDL-, SSDL- und MSL-Dateien generierten Sichten enthält. Dieser Modus erfordert die Optionen /inssdl, /incsdl und /inmsl sowie entweder die /project- oder die /outviews-Optionen.

Die zur Verfügung stehenden Optionen sind in Tabelle 7.2 aufgelistet. Einige von ihnen sind optional und müssen daher nicht angegeben werden, andere sind zwingend. Welche dies sind, hängt von dem gewählten Modus ab.

Tabelle 7.2 Die Optionen des EdmGen.exe-Tools

Option	Beschreibung
/p[roject]:<string>	Gibt den zu verwendenden Projektnamen an
/prov[ider]:<string>	Gibt den Namen des .NET Framework-Datenanbieters zum Erstellen der Speichermodelldatei (SSDL) an. Der Standardanbieter ist der .NET Framework-Anbieter für SQL Server (System.Data.SqlClient).
/c[onnectionstring]:<connection string>	Gibt die Zeichenfolge an, die verwendet wird, um eine Verbindung mit der Datenquelle herzustellen
/incsdl:<file>	Gibt die CSDL-Datei oder ein Verzeichnis an, in dem sich die CSDL-Dateien befinden. Diese Option kann mehrmals angegeben werden.
/refcsdl:<file>	Gibt die zusätzliche CSDL-Datei bzw. -Dateien an, die verwendet werden, um die Verweise in der CSDL-Quelldatei aufzulösen

Tabelle 7.2 Die Optionen des EdmGen.exe-Tools *(Fortsetzung)*

Option	Beschreibung
`/inmsl:<file>`	Gibt die MSL-Datei oder ein Verzeichnis an, in dem sich die MSL-Dateien befinden. Dieses Argument kann mehrmals angegeben werden.
`/inssdl:<file>`	Gibt die SSDL-Datei oder ein Verzeichnis an, in dem sich die SSDL-Datei befindet
`/outcsdl:<file>`	Gibt den Namen der CSDL-Datei an, die erstellt wird
`/outmsl:<file>`	Gibt den Namen der MSL-Datei an, die erstellt wird
`/outssdl:<file>`	Gibt den Namen der SSDL-Datei an, die erstellt wird
`/outobjectlayer:<file>`	Gibt den Namen der Quellcodedatei an, die die mit der CSDL-Datei generierten Objekte enthält
`/outviews:<file>`	Gibt den Namen der Quellcodedatei an, die die generierten Sichten enthält
`/language:[VB|CSharp]`	Gibt die Sprache für die erstellten Quellcodedateien an. Die Standardsprache ist C#, die Option muss also nur für VB.NET angegeben werden.
`/namespace:<string>`	Gibt den zu verwendenden Namensraum für das Modell an. Der Namensraum wird im Modus `/mode:FullGeneration` oder `/mode:FromSSDLGeneration` in der CSDL-Datei festgelegt. Beim Ausführen des Modus `/mode:EntityClassGeneration` wird der Namensraum nicht verwendet.
`/entitycontainer:<string>`	Gibt den Namen an, der dem `<EntityContainer>`-Element in den generierten Modell- und Zuordnungsdateien hinzugefügt wird
`/pl[uralize]`	Wendet für das Englische geltende Regeln für Singular- und Pluralbildung auf die Namen von `Entity`, `EntitySet` und `NavigationProperty` im konzeptionellen Modell an
`/SupressForeignKeyProperties/nofk`	Verhindert, dass Fremdschlüsselspalten als skalare Eigenschaften von Entitätentypen im konzeptionellen Modell verfügbar gemacht werden
`/help?`	Zeigt die Befehlssyntax und Optionen für das Tool an
`/nologo`	Unterdrückt die Copyright-Meldung

Ein beispielhafter Aufruf des Tools wird im folgenden Beispiel dargestellt. Die erstellten Dateien werden dabei in dem aktuellen Verzeichnis abgelegt. Der Übersichtlichkeit halber wurden einige Zeilenumbrüche eingefügt und ein wenig Struktur in Modus/Optionen gebracht[1].

---

[1] Im praktischen Einsatz ist dies natürlich die übliche Zeichenkolonne, die Befehlszeilentools mit vielen Parametern eigen ist.

```
edmgen.exe
    /mode:fullgeneration
    /c:"Data Source=.\mssqlServerr2;Initial
Catalog=TonisTortenTraum;Integrated Security=True;"
    /project:TonisTortenTraum
    /entitycontainer:TonisTortenTraumEntities
    /namespace:TonisTortenTraumModel
    /language:CSharp
```

Das Ergebnis sind die folgenden fünf Dateien. Deren Größe auf der Festplatte ist für einen besseren Eindruck in Klammern angefügt worden.

```
TonisTortenTraum.csdl (ca. 6 KB)
TonisTortenTraum.msl (ca. 4 KB)
TonisTortenTraum.ObjectLayer.cs (ca. 44 KB)
TonisTortenTraum.ssdl (ca. 10 KB)
TonisTortenTraum.Views.cs (ca 39 KB)
```

Leicht zu erkennen ist, dass das Tool die Metadaten für die beiden Modelle und deren Mapping in jeweils getrennten Dateien anlegt.

7.6.2 Per Code

Auch eine Erstellung per Code ist bei Bedarf ohne Weiteres mit ein paar Zeilen Code realisierbar, obwohl dieses Vorgehen vermutlich nicht häufig notwendig sein wird.

 Damit die im Folgenden gezeigten Code-Beispiele funktionsfähig sind, muss dem Projekt ein Verweis auf die `System.Data.Entity.Design`-Assembly hinzugefügt werden. Ohne ihn stehen die erzeugenden Klassen nicht zur Verfügung. Beachten Sie außerdem, dass diese Assembly nicht im NET 4.5 Client Profile existiert. Wenn Sie also einen Client entwickeln, der diese Assembly (direkt oder durch eine andere Assembly) verwendet, ist dieses Zielframework tabu!

Die beiden Kernklassen für die Erstellung, die zum Einsatz kommen, sind `System.Data.Entity.Design.EntityStoreSchemaGenerator` und `System.Data.Entity.Design.EntityModelSchemaGenerator`. Beide verfügen jeweils über eine Methode, um die entsprechenden Metadaten zu generieren, die dann in einem weiteren Schritt aufgerufen werden können.

Die folgenden Beispiele zeigen, wie SSDL, CSDL und MSL anhand einer vorhandenen Datenbank (Microsoft SQL Server) erstellt werden können. Es sei jedoch angemerkt, dass die Metadaten alternativ auch über ein `System.Xml.XmlWriter`-Objekt geschrieben werden können. Das folgende Beispiel zeigt, wie das Vorgehen dabei ist.

Listing 7.18 Metadaten des Entity Framework per Code erstellen

```
using System.Data.Entity.Design;
using System.Data.Metadata.Edm;
```

```
public static void createMetaData()
{
    // Wichtige Werte als Konstanten. Dies sind unter
    // anderem die Angaben für den Datenanbieter
    // (Typ und Verbindungszeichenfolge) sowie Namen
    // des Containers und des Namensraum
    const string Provider = "System.Data.SqlClient";
    const string ConnectionString =
        @"Data Source=.\mssqlserverr2; " +
         "Initial Catalog=TonisTortenTraum; " +
         "Integrated Security=True";
    const string Namespace = "TonisTortenTraum";
    const string ContainerName = "TonisTortenTraumContainer";
    // StoreSchema Generator instanziieren
    EntityStoreSchemaGenerator generatorSSDL =
        new EntityStoreSchemaGenerator(Provider,
                                       ConnectionString,
                                       Namespace);
    // Benötigte Metadaten generieren lassen
    generatorSSDL.GenerateStoreMetadata();
    // SSDL schreiben
    generatorSSDL.WriteStoreSchema
        (@"D:\TonisTortenTraum\TonisTortenTraumStore.ssdl");
    // ModelSchemaGenerator instanziieren
    EntityModelSchemaGenerator generatorCSDL_MSL =
        New EntityModelSchemaGenerator
            (generatorSSDL.EntityContainer,
             Namespace,
             ContainerName);
    // Benötigte Metadaten generieren lassen
    generatorCSDL_MSL.GenerateMetadata();

    // CSDL schreiben
    generatorCSDL_MSL.WriteModelSchema
        (@"D:\TonisTortenTraum\TonisTortenTraumConcept.csdl");
    // Mapping schreiben
    generatorCSDL_MSL.WriteStorageMapping
        (@"D:\TonisTortenTraum\TonisTortenTraumMapping.msl");
}
```

■ 7.7 T4-Vorlagen

Schon seit Version 2008[1] besitzt das Visual Studio von Haus aus eine T4-Engine, die mit vorliegendem Code in T4-Dateien Code erzeugt, der wiederum dann in dem entsprechenden Projekt kompiliert wird. Dieses Kapitel soll einen kleinen Überblick und Einstieg in das Schreiben und Erstellen von Code liefern.

„T4" steht dabei für Text Template Transformation Toolkit und bezeichnet den Teil des Visual Studio, das mit (Classic) ASP-ähnlichem Code in C# oder VB.NET C#, T-SQL, XML oder anderem Code Codedateien erzeugen kann.

---

[1] Für Visual Studio 2005 war noch eine getrennte Installation dafür nötig.

Das Entity Framework nutzt diese Technologie, um die Codedateien für die Entitätenklassen, den Objektkontext etc. zu erzeugen.

7.7.1 Einsatzgebiete

Die Frage, die sich natürlich stellt, ist die: Warum sollten Sie den Aufwand auf sich nehmen und eigene T4-Vorlagen schreiben? Sich dieser Herausforderung zu stellen, kann sinnvoll sein, wenn es z.B. nötig ist, die Entitäten von einer eigenen (abstrakten) Klasse ableiten zu lassen. Standardmäßig leiten alle von `System.Data.Objects.DataClasses.EntityObject` ab, sodass es nicht möglich ist, auf diesem Wege eigene Basisklassen zu verwenden. Oder es gibt noch den Fall, wenn alle Entitäten automatisch über ein weiteres Attribut verfügen sollen[1], um eine bestimmte Schnittstelle zu implementieren. Des Weiteren ist es natürlich sogar möglich, eigene Methoden auf diesem Wege in die Entitätenklassen zu bringen oder gar deren kompletten Aufbau zu verändern (was sicherlich seltener der Fall sein dürfte). Sie sehen, auch ohne radikalen Umbau kann es nicht schaden, die flexiblen Möglichkeiten, welche die T4-Codegenierung bietet, im Hinterkopf zu behalten – die erste dringend benötigte Detailänderung kommt schneller als zunächst gedacht.

7.7.2 Funktionsweise

T4-Vorlagen werden wie jeder Code kompiliert und ausgeführt (vorausgesetzt, es treten keine Fehler dabei auf). Der Unterschied zu „gewöhnlichem" Code ist jedoch der, dass dies nicht zur Laufzeit, sondern zur Entwurfszeit geschieht.

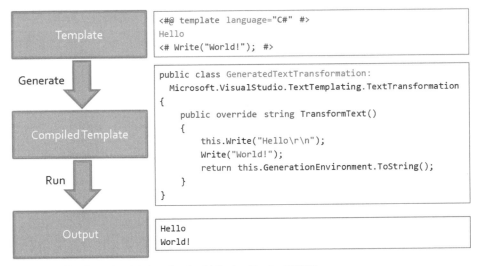

Bild 7.13 Die allgemeine Arbeitsweise der T4-Engine (Quelle: MSDN)

---

[1] Diese könnte man auch noch über eigene Codedateien der partiellen Klassen erreichen. Doch dann dürften Sie diesen manuellen Schritt für keine der Entitäten vergessen! Von späteren Änderungen wie Umstellungen auf andere (zusätzliche) Attribute ganz zu schweigen.

Der hierbei als Output entstehende Code kann entweder direkt beim Kompilieren des Projektes mit kompiliert (C#, VB.NET etc.) oder einfach zum Teil des Projektes werden, um bei Bedarf genutzt zu werden (T-SQL, XML etc.).

Listing 7.19 Ein einfaches Beispiel

```
using System;
using System.Collections.Generic;
using System.Linq;
using System.Text;
using System.Diagnostics;
namespace cs
{
    class Test
    {
        <# for(int i = 0; i < 3; i++)
        { #>
        private void methode<#= i #>()
        {
            Debug.WriteLine("<#= i #>");
        }
        <# } #>
    }
}
```

Das Ergebnis sind eine Reihe von Methoden mit durchnummerierten Namen und jeweils eine Codezeile, die den Wert von „i" im Template ausgibt.

Listing 7.20 Endergebnis der T4-Demo

```
class Test
{
    private void methode0()
    {
        Debug.WriteLine("0");
    }
    private void methode1()
    {
        Debug.WriteLine("1");
    }
    private void methode2()
    {
        Debug.WriteLine("2");
    }
}
```

In Visual Studio wird das Endergebnis als abhängige Datei zur T4-Vorlage zum Aufklappen angezeigt.

7.7 T4-Vorlagen

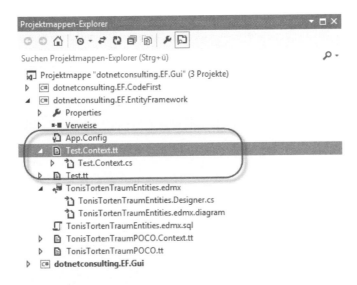

Bild 7.14 Die T4-Demo und das Endergebnis im Projektmappen-Explorer

Das Endergebnis wird wiederum kompiliert und steht mit seiner Funktionalität zur Verfügung. Änderungen an der T4-Vorlage sorgen dafür, dass dieser Vorgang wiederholt wird und somit Änderungen zur Verfügung stehen.

 Ein (Syntax-)Fehler in der T4-Vorlage führt zur einfachen Ausgabe `Error-GeneratingOutput` und in der Projektausgabe/Fehlerliste befinden sich (grobe) Details darüber, was schiefgelaufen ist.

Das Entity Framework bedient sich dieser Technik in der Form, dass alle Änderungen, die über den grafischen Designer durchgeführt werden, von einer T4-Vorlage aus der edmx-Datei gelesen und in Code umgesetzt werden – im Prinzip einfach, aber genial!

Index

Symbole

$ACTION 220
__$end_lsn 100, 102
$IDENTITY 184, 234
__$operation 100, 102
$ROWGUID 184
__$seqval 100, 102
__$start_lsn 100, 102
__$update_mask 100, 102
.DBML 428, 430
.LDF 87, 88
.MDF 87, 88
.NDF 87, 88
^ Operator 172
- Operator 172
!< Operator 172, 189
!= Operator 172, 189
!> Operator 172, 189
* Operator 172
/ Operator 172
& Operator 172
% Operator 172
+ Operator 172
< Operator 172, 189
<= Operator 172, 189
<> Operator 172, 189
= Operator 172, 189
=> Operator 377
> Operator 172, 189
>= Operator 172, 189
| Operator 172
~ Operator 172
_ Platzhalter 192
% Platzhalter 192
# Präfix 246
Präfix 246
@role_name 98
– siehe Kommentare 171
*/ siehe Kommentare 171
/* siehe Kommentare 171
@source_name 98
@source_schema 98

A

Abstract 470
Access 470
ActiveX-Skript 64
AFTER-Trigger 253
Aggregate-Operator 400
Allgemeiner Tabellenausdruck siehe Common Table Expression 14, 220
All-Operator 403
ALLOW_SNAPSHOT_ISOLATION 124
ALTER DATABASE 227, 89
– AUDIT SPECIFICATION 114
ALTER FUNCTION 264
ALTER PROCEDURE 262
ALTER SCHEMA 270
ALTER SERVER AUDIT 113
ALTER TABLE 246
ALTER TRIGGER 251
ALTER TYPE 268
ALTER VIEW 258
Analysis Services 67
AND-Operator 172, 189, 190
Anmeldungen 77
ANSI SQL-92 163
Any-Operator 403
Architektur 453
ASC 196
ASCII 175
AsEnumerable-Operator 413
AsParallel-Operator 413
Association-Attribut 421
Attach() 504
Auditing 110
– Aktivierung 114
– Auswertung 115
– Überwachungsobjekt 111
– Überwachungsspezifikation 114
Aufzählungstyp. Siehe Enumerationstyp
Ausführungsblöcke 179

Authentifizierung 76
Average-Operator 399
AVG 198

B

BackgroundWorker-Komponente 367
BACKUP DATABASE-Anweisung 92
BACKUP LOG 89
Base Type 470
Batches siehe Ausführungsblöcke 179
Batch-Separatoren siehe GO 168
BEGIN 179
BEGIN TRAN 274
Benutzer anlegen 82
Benutzerdefinierte Datentypen 267
Benutzerdefinierte Funktionen 263
Berechnete Spalten 240
Berechtigungen 76, 80
Besitzer 82
BETWEEN-Operator 172, 189, 195
Beziehung. Siehe Zuordnung
bigint 232
binary 233
bit 233
BLOB 123
BrowsableAttribute siehe System.ComponentModel.Browsable-Attribute 530
bulkadmin 81
Business Intelligence Edition 61

C

CASCADE 245
CAS siehe Code Access Security 342

CAST *141*
Cast-Operator *412*
CDC *96*
– Aktivieren *98*
– DDL-Änderungen *103*
– Deaktivierung *104*
– DML-Bruttoänderungen *101*
– DML-Nettoänderungen *103*
cdc.captured_columns *99*
cdc.change_tables *99*
cdc.dbo_Kundendaten_CT *99*
cdc.ddl_history *99, 103*
cdc.fn_cdc_get_net_changes *103*
cdc.index_columns *99*
cdc.lsn_time_mapping *99*
Change Data Capture *siehe* CDC *96*
Change Tracking *104*
– Abfragen *107*
– Aktivierung *105*
– Änderungskontext *109*
– Deaktivierung *110*
char *231*
CHECK-Einschränkung *242*
– Hinzufügen *249*
– Löschen *249*
Choose() *28*
CLUSTERED INDEX *272*
CmdExec *64*
Code Access Security *342*
Code Only *536*
Collation *173*
Column-Attribut *420*
Columnstore-Indizes *49*
CommandType-Aufzählung *304*
Commit()-Methode *355*
COMMIT TRAN *274*
Common Table Expression *220*
Compact Edition *61*
ComplexObject *siehe* System.Data.Objects.ComplexObject *528*
ComplexObject *siehe* System.Data.Objects.DataClasses.ComplexObject *527*
Concat() *28*
Concat-Operator *413*
Conceptual Schema Definition Language *507*
Concurrency Conflicts *siehe* Concurrency Mode *476, 516*
Concurrency Mode *siehe* Parallelitätsmodus *476*
Connection Pooling *siehe* Verbindungs-Pooling *288*
ConnectionState-Aufzählung *285*
CONSTRAINT *siehe* Einschränkung *241*

Contained Databases *38*
CONTAINS *121*
Contains-Operator *404*
CONTAINSTABLE *122*
COUNT *198*
Count/LongCount-Operator *397*
CreateDatabase() *502*
CREATE DATABASE *227*
– FOR ATTACH *229*
CREATE DATABASE AUDIT SPECIFICATION *114*
CreateDatabaseScript() *502*
CREATE FUNCTION *264*
CREATE INDEX *272*
CREATE PROCEDURE *261*
Create Retrieve Update Delete *182*
CREATE SCHEMA *270*
CREATE SERVER AUDIT *112*
CREATE SPATIAL INDEX *153*
CREATE SYNONYM *266, 267*
CREATE TABLE *230*
CREATE TRIGGER *251*
CREATE TYPE *268*
CREATE TYPE [AS TABLE] *155*
CREATE VIEW *258*
CRUD *siehe* Create Retrieve Update Delete *182*
CSDL *siehe* Conceptual Schema Definition Language *507*
CSDL *siehe* Konzeptionelles Modell *507*
CSV *68*
CTE. *Siehe* Common Table Expression *220*
CUBE *198*
Cume_Dist() *33*

D

Database-Attribut *419*
Database-First-Ansatz *464*
Database Tuning Advisor *siehe* Datenbankoptimierungsratgeber *70*
DatabaseExists() *502*
DataContext-Klasse *416*
– Erzeugen *417*
– RefreshMode *417*
DataContractAttribute *siehe* System.Runtime.Serialization.DataContractAttribute *530*
Data Control Language *siehe* DCL *182*
Data Definition Language *siehe* DDL *182*
DataLoadOptions *436*
Data Manipulation Language *siehe* DML *182*

DataMemberAttribute *siehe* System.Runtime.Serialization.DataMemberAttribute *530*
Data Query Language *siehe* DQL *182*
DataTable. *Siehe* System.Data.DataTable
date *191, 233*
Datefromparts() *29*
Datenanbieter *518*
Datenbanken
– Erstellen *89*
– Löschen *93*
– Sichern *90*
– Wiederherstellen *92*
Datenbankmodul *62*
Datenbankoptimierungsratgeber *70*
Datenbankrollen *82*
Datenbankschema *269, 84*
Datendateien *88*
Datenmedien *siehe* Datendateien
Datentypen *231*
datetime *191, 233*
datetime2 *233*
Datetime2fromparts() *29*
Datetimefromparts() *29*
datetimeoffset *233*
Datetimeoffsetfromparts() *29*
Datum und Uhrzeit *176, 191*
db_accessadmin *82*
db_backupoperator *82*
DBCC CHECKIDENT *277*
dbcreator *81*
db_datareader *82*
db_datawriter *82*
db_ddladmin *82*
db_dennydatareader *82*
db_dennydatawriter *82*
dbo *80*
db_owner *82*
db_securityadmin *82*
DCL *182*
DDL *182*
DDL-Trigger *254*
decimal *232*
DEFAULT *236*
DefaultIfEmpty-Operator *409*
Default Value *473*
Deferred Execution *siehe* Verzögerte Ausführung *384*
DELETE *215*
DeleteDatabase() *502*
DENSE_RANK() *209*
DENY *81*
DESC *196*
Detach() *504*
Developer Edition *61*

Diagramm *497*
Dienstkonto *72*
Differenzielle Sicherung *91*
DISABLE TRIGGER *256*
diskadmin *81*
DISTINCT *188*
Distinct-Operator *395*
distribution-Datenbank *66*
DML *182*
DML-Trigger *252*
Documentation *473*
DQL *182*
Drehrichtung *148*
DROP DATABASE *228, 94*
DROP FUNCTION *264*
DROP INDEX *272*
DROP PROCEDURE *262*
DROP SCHEMA *270*
DROP SERVER AUDIT *113*
DROP TABLE *250*
DROP TRIGGER *251*
DROP TYPE *268, 155*
DROP VIEW *258*
DUMP TRANSACTION *89*

E

Eager Loading *siehe* Lazy Loading *515*
EdmComplexPropertyAttribut *siehe* System.Data.Objects.DataClasses.EdmComplexPropertyAttribut *530*
EdmEntityTypeAttribute *siehe* System.Data.Objects.DataClasses.EdmEntityTypeAttribute *531*
EdmEnumTypeAttribute *siehe* System.Data.Objects.DataClasses. EdmEnumTypeAttribute *531*
EdmRelationshipAttribute *siehe* System.Data.Objects.DataClasses.EdmRelationshipAttribute *485, 531*
EdmRelationshipNavigationPropertyAttribute *siehe* System.Data.Objects.DataClasses.EdmRelationshipNavigationPropertyAttribute *531*
EdmScalarPropertyAttribute *siehe* System.Data.Objects.DataClasses.EdmScalarPropertyAttribute *531*
Einschränkung *241, 242, 243*
ElementAt/ ElementAtOrDefault-Operator *408*
E-Mail *66*

Empty-Operator *403*
END *179*
Enterprise Edition *61*
Entitäten *418, 469, 524*
Entitätenmodell *457*
Entity Key *474*
EntityModelSchemaGenerator *siehe* System.Data.Entity.Design.EntityModelSchemaGenerator *551*
EntityObject *siehe* System.Data.Objects.DataClasses.EntityObject *524, 529*
Entity Set Name *471*
EntityStoreSchemaGenerator *siehe* System.Data.Entity.Design.EntityStoreSchemaGenerator *551*
Enumerationstyp *490, 528*
EnumMemberAttribute *siehe* System.Runtime.Serialization.EnumMemberAttribute *531*
Eomonth() *29*
Erweiterte Datenbankeigenschaften *158*
EVENTDATA *254*
EXCEPT *201*
Except-Operator *397*
EXEC *261*
EXISTS() *132*
Express Edition *61*
Extended Events *111*

F

Featureauswahl *74*
FileStream *123*
– Aktivierung *124*
– Datenbankvorbereitung *127*
– FileStream API *134*
– Tabellenvorbereitung *128*
– Zugriff *130*
FileStream_access_level *126*
FileStream API *siehe* FileStream *134*
FILESTREAM_ON *128*
FileTable *2*
Filtered Index *273*
First/ FirstOrDefault-Operator *407*
First_Value() *30*
Fixed Length *474*
float *232*
FOREIGN KEY
– Hinzufügen *250*
– Löschen *250*
Format() *27*
FOR XML AUTO *205*
FREETEXT *121*

FREETEXTTABLE *122*
Fremdschlüsseleinschränkung *496*
Fremdschlüssel *siehe* FOREIGN KEY *243*
FTS *siehe* Volltextsuche *116*
FullGlobe *58*
Full Text Search *siehe* Volltextsuche *116*
Function-Attribut *424*

G

geography *234*
– AsGml() *151*
– CircularString *58, 147*
– CompoundCurve *58, 147*
– CurvePolygon *58, 147*
– GEOMETRYCOLLECTION *147*
– Index *152*
– Lat *151*
– LINESTRING *147*
– Long *151*
– MULTILINESTRING *147*
– MULTIPOINT *147*
– MULTIPOLYGON *147*
– Point() *151*
– POINT *147*
– POLYGON *147*
– STArea() *151*
– STAsText() *151*
– STDistance() *151*
– STEquals() *151*
– STGeometryType() *151*
– STGeomFromText() *151*
– STIntersection() *151*
– STIntersects() *151*
– ToString() *151*
Geography *146*
GEOGRAPHY *58*
geometry *234*
– AsGml() *151*
– CircularString *58, 147*
– CompoundCurve *58, 147*
– CurvePolygon *58, 147*
– GEOMETRYCOLLECTION *147*
– Index *152*
– Lat *151*
– LINESTRING *147*
– Long *151*
– MULTILINESTRING *147*
– MULTIPOINT *147*
– MULTIPOLYGON *147*
– Point() *151*
– POINT *147*
– POLYGON *147*
– STArea() *151*
– STAsText() *151*

– STDistance() *151*
– STEquals() *151*
– STGeometryType() *151*
– STGeomFromText() *151*
– STIntersection() *151*
– STIntersects() *151*
– ToString() *151*
Geometry *146*
GEOMETRY *58*
Gespeicherte Prozeduren *259*
getdate() *185*
GET_FILESTREAM_TRANSACTION_CONTEXT() *134*
Getter *474*
GO *168, 179*
GRANT *81*
Groß- und Kleinschreibung *172*
GROUP BY *197*
GroupBy-Operator *390*
Grouping Sets *198*
GroupJoin-Operator *393*
Gruppen *siehe* Berechtigungen *80*
guest *80*

H

HAVING *199*
hierarchyid *234*
– GetAncestor() *140*
– GetDescendant() *140, 144*
– GetLevel() *140*
– GetRoot() *140, 142*
– IsDescendant() *140, 143*
– Parse() *141*
– Reparent() *141*
– ToString() *141*
HierarchyID *139*
HIERARCHYID *15*

I

IAsyncResult-Schnittstelle *364*
– Callback-Methode *366*
Identitätsspalte *234*
Identitätswert erhalten *313*
IDENTITY *239*
IDENTITYCOL *184, 234*
IEnumerable<>-Schnittstelle *380*
IIF() *28*
image *233*
Indizes *271*
InheritancingMapping-Attribut *422*
IN-Operator *172, 189, 194*
INSERT *211*
Installation *72*
Instanz *59*
Instanzkonfiguration *74*
INSTEAD OF-Trigger *253*

int *232*
Integration Services *68*
INTERSECT *201*
Intersect-Operator *396*
INTO *212*
ISABOUT *siehe* CONTAINS *122*
IS NULL-Operator *172, 189, 194*
IsolationLevel-Aufzählung *356*
IS_SRVROLEMEMBER() *45*

J

JOIN *202, 221*
– CROSS JOIN *204*
– FULL [OUTER] JOIN *204*
– INNER JOIN *204*
– LEFT [OUTER] JOIN *204*
– RIGHT [OUTER] JOIN *204*
Join-Operator *391*

K

KEY *siehe* FREETEXTTABLE *122*
Kommazahlen *176*
Kommentare *171*
Komplexe Eigenschaft *476*
Komplexe Typen *527*
Komprimierte Ordner *72*
Konzeptionelles Modell *siehe* Conceptual Schema Definition Language

L

Lag() *31*
Language Code *116*
Language Integrated Query *siehe* LINQ *375*
Last/ LastOrDefault-Operator *407*
Last_Value() *30*
Lazy Loading *515*
LazyLoadingEnabled *523*
LCID *siehe* Language Code *116*
Lead() *31*
Lexikografische Ordnung *180, 192*
LIKE-Operator *172, 189, 192*
LINQ *375*
LINQ Metadata *432*
LINQ to DataSets *445*
– Daten ändern und speichern *447*
– Daten laden und abfragen *445*
– Fallback-Wert *449*
– Typisierte DataSets *448*
LINQ to SQL
– Abfragen kompilieren *436*
– ConflictMode *442*
– Daten lesen *433*

– Daten verändern *440*
– Direkte Abfragen *437*
– Funktion *439*
– Gespeicherte Prozeduren *438*
– Protokoll erstellen *444*
– Transaktion *443*
– Verzögertes Laden umgehen *436*
Literale *174*
LocalDB *61*
LOGON-Trigger *255*
Log Sequence Number *97*
LSN *siehe* Log Sequence Number *97*

M

Mapping Specification Language *507*
MARS *364*
master-Datenbank *66*
MAX *198*
Max Length *474*
MAXRECURSION *222*
MERGE *218*
Metadata Workspace *506*
Microsoft Access *68*
Microsoft Excel *68*
Microsoft Management Console *72*
MIN *198*
Min/Max-Operator *399*
MMC *siehe* Microsoft Management Console *72*
model-Datenbank *67*
Model-First-Ansatz *461*
Modellbrowser *455*
money *232*
msdb-Datenbank *67, 92*
MSL *siehe* Mapping Specification Language *507*
Multiple Active Result Sets *siehe* MARS *364*
Multiplizitäten *484*
MultiThreading *367*

N

Name *470, 473*
nchar *231*
NEAR *52*
NEAR *siehe* CONTAINS *122*
NET SEND *66*
NEWID() *129*
NEWSEQUENTIALID() *129*
NO ACTION *245*
NONCLUSTERED INDEX *273*
NOT NULL *237*

NOT-Operator   *172, 189, 190*
ntext   *231*
NTILE()   *208*
NULL   *237*
Nullable   *474*
numeric   *232*
nvarchar   *231*
nvarchar(MAX)   *231*

O

ObjectContext   *500, 522, 529*
ObjectStateManager   *503*
Objektkontext   *468, 499*
OfType-Operator   *387*
OLAP *siehe* Online Analytical Processing   *67*
OnContextCreated()   *523*
Online Analytical Processing   *67*
OpenGisGeographyType   *147*
OpenGisGeometryType   *147*
ORDER BY   *195, 206*
OrderBy/OrderBy... Descending-Operator   *388*
OR-Operator   *172, 189, 190*
Out-Parameter   *323*
OUTPUT   *275, 202, 211, 220, 146*

P

Paging   *22*
Parallelitätsmodus   *476, 516*
Parameter-Attribut   *424*
ParameterDirection-Aufzählung   *321*
Partielle Klassen   *471*
PARTITION BY   *31, 32, 207*
PathName()   *124, 134*
Percentile_Cont()   *34*
Percentile_Disc()   *34*
Percent_Rank()   *33*
PERSISTED   *240*
Physikalisches Modell   *508*
Plain old CLR-Object. *Siehe* POCO
POCO   *532*
PowerShell   *64*
Precision   *474*
Primärschlüssel   *235, 481*
– CLUSTERED   *235*
– Hinzufügen   *248*
– Löschen   *248*
PRIMARY KEY *siehe* Primärschlüssel   *235*
Priorität logischer Operatoren   *190*
processadmin   *81*
Projektion   *385*
PROPERTY   *52*
public   *81, 82*

R

Range-Operator   *401*
Rangfolgefunktionen   *206*
RANK()   *209*
RANK *siehe* FREETEXTTABLE   *122*
READ_COMMITTED_SNAPSHOT   *124*
READONLY   *154, 268, 156*
real   *232*
Referenzielle Einschränkung *siehe* Fremdschlüsseleinschränkung   *496*
Rekursion   *220*
RelationshipManager   *481, 485*
Repeat-Operator   *402*
Replikation   *66*
Reporting Services   *68*
Reservierte Schlüsselwörter   *178*
RESTORE DATABASE   *93*
RETURN   *265*
Reverse-Operator   *389*
REVOKE   *81*
Ring Orientation *siehe* Drehrichtung   *148*
Rollback()-Methode   *355*
ROLLBACK TRAN   *274*
Rollen *siehe* Berechtigungen   *80*
ROWGUIDCOL   *239, 128*
ROW_NUMBER()   *207*
Rückgabeparameter   *323*

S

sa   *80*
SAVE TRAN   *353*
Schlüsseleigenschaft *siehe* Primärschlüssel   *481*
securityadmin   *81*
SELECT   *183, 188*
SELECT INTO   *214*
SelectMany-Operator   *386*
Select-Operator   *385*
Selftracking Entities   *541*
SEMANTICKEYPHRASETABLE   *55*
SEMANTICSIMILARITYTABLE   *55*
SequenceEqual-Operator   *414*
Sequenzen   *18, 384*
Serializable-Attribut   *472*
SerializableAttribute *siehe* System.SerializableAttribute   *531*
serveradmin   *81*
Serverkonfiguration   *74*
SERVERPROPERTY   *17*
Serverrollen   *81*
– Benutzerdefinierte   *44*
SET DEFAULT   *245*
SET IDENTITY_INSERT   *275*
SET NULL   *245*
SET PARSEONLY   *317*
SET QUOTED_IDENTIFIER   *177*
Setter   *474*
setupadmin   *81*
Sicherheit   *76*
Sichten *siehe* Views   *257*
Single/SingleOrDefault-Operator   *408*
Skalare Eigenschaft   *472*
Skalarwertfunktion   *264*
Skip-Operator   *406*
SkipWhile-Operator   *406*
Skript   *160*
smalldatetime   *191, 233*
Smalldatetimefromparts()   *29*
smallint   *232*
smallmoney   *232*
SNAPSHOT_ISOLATION   *107*
SoapIgnoreAttribute *siehe* System.Xml.Serialization.SoapIgnoreAttribute   *531*
sp_addsrvrolemember   *82*
Spalten
– Ändern   *247*
– Hinzufügen   *247*
– Löschen   *248*
SPARSE   *238*
Spatial-Index   *152*
Spatial Reference Identifier   *148*
sp_attach_single_File_db   *229*
sp_cdc_disable_table   *104*
sp_configure   *251*
sp_detach_db   *229*
SqlBulkCopy-Klasse   *345*
– Ereignisse   *349*
– Spaltenzuordnung   *348*
– SqlBulkCopyOptions-Aufzählung   *347*
SqlBulkCopyOptions-Aufzählung   *347*
SqlClientPermission-Klasse   *342*
SqlClientSqlDataReader   *132*
SqlCommandBuilder-Klasse   *342*
SqlCommand-Klasse   *302*
– CommandType-Aufzählung   *304*
– Daten ändern   *315*
– Daten einfügen   *313*
– Daten löschen   *314*
– Ereignisse   *312*
– ExecuteNonQuery()-Methode   *304*
– ExecuteReader()-Methode   *306*
– ExecuteScalar()-Methode   *306*
– ExecuteXmlReader()-Methode   *308*
– In Verbindung mit SqlDataAdapter   *309*

– Parameter verwenden *310*
– SQL Server stoppen *318*
– Tabelle erstellen *315*
– Tabelle löschen *316*
– T-SQL-Anweisung prüfen *317*
SqlConnection-Klasse *283*
– ConnectionState-Aufzählung *285*
– Ereignisse *286*
– Statistische Werte *296*
– Wichtige Methoden *284*
SqlConnectionStringBuilder-Klasse *298*
SqlDataAdapter-Klasse *342*
SqlDataReader-Klasse *333*
– Zugriffsmethoden *336*
SqlDependency-Klasse *325*
– Ereignisse *327*
– SqlNotification-Aufzählung *328*
– SqlNotificationSource-Aufzählung *329*
– SqlNotificationType-Aufzählung *330*
SqlError-Klasse *361*
SqlException-Klasse *361*
SqlFileStream *134*
SqlLocalDB.exe *49*
SqlMetal-Anwendung *429*
SqlNotification-Aufzählung *328*
SqlNotificationSource-Aufzählung *329*
SqlNotificationType-Aufzählung *330*
SqlParameter-Klasse *318*
– Out-Paramter *323*
– ParameterDirection-Aufzählung *321*
– Parameter einfügen *321*
– Parameter für Prozedur *322*
– Parameterrichtung *321*
– Parameter wieder verwenden *322*
SQL Server Agent *62, 97*
– Aufträge *64*
– Operatoren *66*
– Warnungen *65*
SQLSERVERAGENT-Dienst *siehe* SQL Server Agent *76*
SQL Server-Authentifizierung *77*
SQLSERVER-Dienst *76*
SQL Server-Konfigurationsmanager *71*
SQL Server Management Studio *68*
SQL Server Profiler *69*
SqlTransaction-Klasse *353*
– IsolationLevel-Aufzählung *356*

– Isolationsgrad *354, 356*
– Transaktion zwischenspeichern *359*
sql_variant *234*
SRID 4326 *siehe* Spatial Reference Identifier *148*
SRID *siehe* Spatial Reference Identifier *148*
SSDL *siehe* Physikalisches Modell *508*
SSDL *siehe* Store Schema Definition Language *508*
Standard Edition *61*
Standardwert
– Hinzufügen *248*
– Löschen *249*
Standardwert einer Spalte *236*
STE. *Siehe* Selftracking Entities
Stored Procedures *siehe* Gespeicherte Prozeduren *259*
StoreGeneratedPattern *475*
Store Schema Definition Language *508*
SUM *198*
Sum-Operator *398*
Synonyme *266*
sysadmin *81, 126*
sys.change_tracking_databases *108*
sys.change_tracking_tables *108*
sys.databases *98*
sys.extended_properties *159*
sys.fn_cdc_get_max_lsn *103*
sys.fn_cdc_get_min_lsn *103*
sys.fn_cdc_has_column_changed *102*
sys.fn_cdc_map_time_to_lsn *100*
sys.sp_cdc_enable_db *98*
sys.sp_cdc_enable_table *98*
System.ComponentModel.BrowsableAttribute *530*
System.Data.DataTable *542*
System.Data.Entity.Design.EntityModelSchemaGenerator *551*
System.Data.Entity.Design.EntityStoreSchemaGenerator *551*
System.Data.Objects.ComplexObject *528*
System.Data.Objects.DataClasses.ComplexObject *527*
System.Data.Objects.DataClasses.EdmComplexPropertyAttribut *530*
System.Data.Objects.DataClasses.EdmEntityTypeAttribute *531*
System.Data.Objects.DataClasses.EdmEnumTypeAttribute *531*

System.Data.Objects.DataClasses.EdmRelationshipAttribute *485, 531*
System.Data.Objects.DataClasses.EdmRelationshipNavigationPropertyAttribute *531*
System.Data.Objects.DataClasses.EdmScalarPropertyAttribute *531*
System.Data.Objects.DataClasses.EntityObject *524, 529, 532, 553*
System.Data.Objects.ObjectContext *500, 522, 529*
Systemdatenbanken *66*
System.Runtime.Serialization.DataContractAttribute *530*
System.Runtime.Serialization.DataMemberAttribute *530*
System.Runtime.Serialization.EnumMemberAttribute *531*
System.SerializableAttribute *531*
System.Transactions.Transaction *519*
System.Transactions.TransactionScope *519*
System.Xml.Serialization.SoapIgnoreAttribute *531*
System.Xml.Serialization.XmlIgnoreAttribute *532*
System.Xml.Serialization.XmlSerializer *531*
System.Xml.XmlWriter *551*

T

T4 *siehe* Text Template Transformation Toolkit *458, 552*
Tabellen
– Ändern *246*
– Entwerfen *94*
– Erstellen *230*
– Löschen *250*
Tabellen-Alias *185*
Tabellenmapping *511*
Tabellenschema abfragen *369*
Tabellenwertfunktion *265*
Table-Attribut *419*
Table-Valued Parameter *154*
Take-Operator *405*
TakeWhile-Operator *406*
tempdb-Datenbank *245, 66*
Temporäre Tabellen *245*
text *231*
Text Template Transformation Toolkit *552*
ThenBy/ThenByDescending-Operator *389*
Thesaurus *siehe* Volltextsuche *121*
Thread *367*

time *232*
Timefromparts() *29*
timestamp *234*
tinyint *232*
ToArray-Operator *410*
ToDictionary-Operator *411*
ToList-Operator *410*
ToLookup-Operator *411*
TOP *186*
TOP PERCENT *186*
TransactionScope *siehe* System.
 Transactions.Transaction-
 Scope *519*
Transaction *siehe* System.
 Transactions.Transaction *519*
Transaktionen *274*, *353*
– Commit *274*
– Rollback *274*
– Rollback *251*
– Save *353*
Transaktionsprotokoll *88*
– Sichern *91*
Trigger *250*
– Aktivieren *256*
– Deaktivieren *256*
TRUNCATE TABLE *216*, *314*
Try_Convert *26*
T-SQL debuggen *169*
TVP *siehe* Table-Valued Parameter *154*
Type *475*

U

Ungültige Zeichen *178*
Unicode *175*
UNION *199*
– UNION ALL *201*
– UNION DISTINCT *200*
UNION ALL *220*
Union-Operator *395*
UNIQUE *241*

UNIQUE-Einschränkung *241*
– Hinzufügen *249*
– Löschen *249*
UNIQUEIDENTIFIER *128*, *234*
UNIQUE INDEX *273*
UPDATE *218*
USE MeineDatenbank *104*
USING *219*

V

VALUES *212*
varbinary *234*
varbinary(MAX) *234*
varchar *231*
varchar(MAX) *231*
Verbindungs-Pooling *288*
– Pool leeren *373*
Verbindungszeichenfolge *289*
– Mit Visual Studio erzeugen *292*
– SQL Server-Authentifizierung *294*
– Typische *296*
– Windows-Authentifizierung *294*
Vererbung *493*
Verschlüsselte Ordner *72*
Verzögerte Ausführung *384*
Views *257*
Vollständige Sicherung *91*
Volltextsuche *51*, *67*, *116*
– Abfragen *121*
– Einrichten *118*
– Stopplisten *119*
– Thesaurus *121*

W

WAITFOR *278*
– DELAY *278*
Well-known Text *150*
WGS84 *siehe* Spatial Reference Identifier *148*

WHEN MATCHED *219*
WHEN NOT MATCHED *219*
WHEN NOT MATCHED BY SOURCE *219*
WHERE *188*
Where-Operator *386*
Wiederherstellungsmodell *88*
Windows-Authentifizierung *77*
WITH CHECK OPTION *258*
WITH ENCRYPTION *259*, *263*
WITH EXECUTE AS *262*
WITH RECOMPILE *262*
With Result Sets *35*
With Result Sets None *37*
With Result Sets Undefined *38*
WITH ROLLUP *198*
WITH SCHEMABINDING *259*
WITH TIES *187*
WKT *siehe* Well-known Text *150*
WMI *65*

X

XML *205*, *68*, *231*
XmlIgnoreAttribute *siehe* System.Xml.Serialization.XmlIgnore-Attribute *532*
XmlReader-Klasse *339*
– Navigationsmethoden *341*
XMLSCHEMA *205*
XmlSerializer *siehe* System.Xml.Serialization.XmlSerializer *531*
Xml.XmlWriter *siehe* System.Xml.XmlWriter *551*
xp_logEvent *278*

Z

Zeichenketten *175*
Zuordnung *486*

DAS PROFIMAGAZIN FÜR SOFTWARE-ENTWICKLER

Testen Sie jetzt

dotnetpro und sichern Sie sich 2 Ausgaben kostenfrei!

Schwerpunkte:

- Tools
- Architektur
- Technologien
- Visual Studio
- .NET Framework

Jetzt anfordern unter:

www.dotnetpro.de/probelesen

HANSER

Der Allround-Begleiter für VB-Programmierer.

Doberenz/Gewinnus
**Visual Basic 2012 –
Grundlagen und Profiwissen**
ca. 1200 Seiten
ISBN 978-3-446-43429-5
→ Auch als E-Book erhältlich

Sprachumfang und Einsatzgebiete von Visual Basic decken mit jeder neuen Version ein immer breiteres, kaum mehr überschaubares Spektrum ab. Dieses Übungs- und Nachschlagewerk führt Sie mit sicherer Hand quer durch den Dschungel der .NET-Programmierung auf Basis von Visual Basic 2012.

Nach dem Prinzip »so viel wie nötig« lernt der Einsteiger die wesentlichen Aspekte der .NET-Programmierung mit Visual Basic 2012. Für den Profi stellt das Buch eine Vielzahl von Informationen und Lösungen bereit, nach denen er in der Dokumentation, im Internet und in der Literatur bislang vergeblich gesucht hat. Einer der Schwerpunkte dieser Neuauflage ist das Programmieren von Apps für Windows 8.

Ein besonderes Plus ist das kostenlose E-Book inside mit zusätzlichen 1000 Seiten Bonuskapiteln.

Mehr Informationen zu diesem Buch und zu unserem Programm
unter **www.hanser-fachbuch.de/computer**

HANSER

Eine runde Sache!

Doberenz/Gewinnus
**Visual C# 2012 –
Grundlagen und Profiwissen**
1168 Seiten
ISBN 978-3-446-43439-4
→ Auch als E-Book erhältlich

- Breitband-Mix quer durch den Dschungel der .NET-Programmierung
- Inkl. Programmierung der neuen Windows 8-Apps
- Mit Grundlagen »so viel wie nötig« und ganz viel Praxis
- Erfolgsgarantie für Einsteiger anhand sorgfältig ausgewählter Beispiele
- Nirgends sonst zu haben: Eine Vielzahl von Infos und Lösungen speziell für Profis
- Besonderes Plus: E-Book inside mit zusätzlichen 1000 Seiten Bonuskapiteln
- Im Internet: Sämtliche Quellcodes bzw. Beispiele aus dem Buch

Mehr Informationen zu diesem Buch und zu unserem Programm
unter **www.hanser-fachbuch.de/computer**